CONDOMÍNIO
E INCORPORAÇÕES

Edições Anteriores:

1ª edição – 1965	10ª edição – 1997 – 3ª tiragem
2ª edição – 1969	10ª edição – 1998 – 4ª tiragem
3ª edição – 1976	10ª edição – 1999 – 5ª tiragem
4ª edição – 1981	10ª edição – 1999 – 6ª tiragem
4ª edição – 1983 – 2ª tiragem	10ª edição – 2000 – 7ª tiragem
5ª edição – 1985	10ª edição – 2001 – 8ª tiragem
5ª edição – 1988 – 2ª tiragem	10ª edição – 2002 – 9ª tiragem
6ª edição – 1992	11ª edição – 2004 – 10ª tiragem
7ª edição – 1993	12ª edição – 2016
8ª edição – 1994	13ª edição – 2018
9ª edição – 1995	14ª edição – 2021
10ª edição – 1996	15ª edição – 2022
10ª edição – 1997 – 2ª tiragem	16ª edição – 2024

O GEN | Grupo Editorial Nacional – maior plataforma editorial brasileira no segmento científico, técnico e profissional – publica conteúdos nas áreas de concursos, ciências jurídicas, humanas, exatas, da saúde e sociais aplicadas, além de prover serviços direcionados à educação continuada.

As editoras que integram o GEN, das mais respeitadas no mercado editorial, construíram catálogos inigualáveis, com obras decisivas para a formação acadêmica e o aperfeiçoamento de várias gerações de profissionais e estudantes, tendo se tornado sinônimo de qualidade e seriedade.

A missão do GEN e dos núcleos de conteúdo que o compõem é prover a melhor informação científica e distribuí-la de maneira flexível e conveniente, a preços justos, gerando benefícios e servindo a autores, docentes, livreiros, funcionários, colaboradores e acionistas.

Nosso comportamento ético incondicional e nossa responsabilidade social e ambiental são reforçados pela natureza educacional de nossa atividade e dão sustentabilidade ao crescimento contínuo e à rentabilidade do grupo.

CAIO MÁRIO DA SILVA PEREIRA

Professor Emérito na Universidade Federal do Rio de Janeiro
e na Universidade Federal de Minas Gerais.

CONDOMÍNIO E INCORPORAÇÕES

Atualizadores
Melhim Chalhub
André Abelha

17ª edição revista e atualizada

- O autor deste livro e a editora empenharam seus melhores esforços para assegurar que as informações e os procedimentos apresentados no texto estejam em acordo com os padrões aceitos à época da publicação, e todos os dados foram atualizados pelo autor até a data de fechamento do livro. Entretanto, tendo em conta a evolução das ciências, as atualizações legislativas, as mudanças regulamentares governamentais e o constante fluxo de novas informações sobre os temas que constam do livro, recomendamos enfaticamente que os leitores consultem sempre outras fontes fidedignas, de modo a se certificarem de que as informações contidas no texto estão corretas e de que não houve alterações nas recomendações ou na legislação regulamentadora.

- Fechamento desta edição: 15.05.2025

- O Autor e a editora se empenharam para citar adequadamente e dar o devido crédito a todos os detentores de direitos autorais de qualquer material utilizado neste livro, dispondo-se a possíveis acertos posteriores caso, inadvertida e involuntariamente, a identificação de algum deles tenha sido omitida.

- **Atendimento ao cliente:** (11) 5080-0751 | faleconosco@grupogen.com.br

- Direitos exclusivos para a língua portuguesa
  Copyright © 2025 by
  Editora Forense Ltda.
  Uma editora integrante do GEN | Grupo Editorial Nacional
  Travessa do Ouvidor, 11 – Térreo e 6º andar
  Rio de Janeiro – RJ – 20040-040
  www.grupogen.com.br

- Reservados todos os direitos. É proibida a duplicação ou reprodução deste volume, no todo ou em parte, em quaisquer formas ou por quaisquer meios (eletrônico, mecânico, gravação, fotocópia, distribuição pela Internet ou outros), sem permissão, por escrito, da Editora Forense Ltda.

- Capa: Danilo Oliveira

- **CIP – BRASIL. CATALOGAÇÃO NA FONTE.**
  SINDICATO NACIONAL DOS EDITORES DE LIVROS, RJ.

P49c
17. ed.

Pereira, Caio Mário da Silva, 1913-2004
Condomínio e incorporações / Caio Mário da Silva Pereira; atualizadores Melhim Namen Chalhub, André Abelha. – 17. ed., rev. e atual. – Rio de Janeiro: Forense, 2025.

Inclui bibliografia
ISBN 978-85-3099-752-6

1. Condomínios – Legislação – Brasil. 2. Incorporação imobiliária – Brasil. I. Chalhub, Melhim Namen. II. Abelha, André. III. Título.

25-97849.0   CDU: 347.238(81)

Meri Gleice Rodrigues de Souza – Bibliotecária – CRB-7/6439

À minha mulher, Marina Célia.
Aos meus filhos, Clio, Tânia,
Leopoldo e Sérgio.

NOTA DOS ATUALIZADORES

Atualizar uma obra do Professor Caio Mário da Silva Pereira representa, para quem recebeu o honroso convite para fazê-lo, não só motivo de orgulho profissional, como, também, de grande responsabilidade.

Mestre de várias gerações de advogados e magistrados, inclusive da nossa, os livros do Professor Caio Mário continuam sendo uma fonte essencial de consulta e citação para todos nós, e os conceitos e princípios por ele emitidos permanecem íntegros, apesar do tempo decorrido.

Sentindo com enorme antecedência para onde sopram os ventos das mudanças sociais, o que lhe confere, com justiça, o título de jurista, como poucos merecem ostentá-lo, o Professor Caio Mário nos legou obras premonitórias, como, para citar apenas um exemplo, a *Lesão nos contratos*, que parece ter sido escrita nos dias de hoje, após o advento dos novos paradigmas da boa-fé objetiva e da função social do direito. Suas *Instituições,* por várias décadas, conduziram os estudantes pelo complexo e desafiador mundo do Direito Civil e continuam a servir como alicerce doutrinário para todos os profissionais de direito.

A primeira edição desta obra foi publicada logo após o advento da Lei n. 4.591/1964, cujo anteprojeto é de exclusiva autoria do Professor Caio Mário. Tanto assim que até hoje ela é, com toda a justiça, referida como "Lei Caio Mário", pois foi ele o sistematizador da estrutura jurídica do condomínio em planos horizontais, que o Código Civil atual denomina "condomínio edilício".

O Código Civil de 1916, que só tratava dos condomínios legal e voluntário, já não conseguia disciplinar o processo de verticalização das cidades, decorrente de seu descontrolado crescimento e da especulação imobiliária.

Nesse ambiente, surgiu o Decreto n. 5.481/1928, que pela primeira vez permitiu a alienação autônoma de apartamentos em edifícios, destacando as propriedades comum e exclusiva dos condôminos. Entretanto, a nova estrutura condominial era restrita a "edifícios de mais de cinco andares, construídos de cimento armado ou matéria similar incombustível, sob a forma de apartamentos isolados, entre si, contendo cada um, pelo menos, três peças, e destinados a escritórios ou residência particular" (art. 1.º).

Nas duas décadas seguintes, conforme o processo de urbanização se acelerava, e com ele a necessidade de criação de mais condomínios edilícios, a redação do art. 1.º foi sendo alterada, a fim de aumentar a abrangência do dispositivo legal:

- primeiro, o Decreto-Lei n. 5.234/1943 estendeu a possibilidade para edifícios menores, de três a cinco pavimentos, e permitiu apartamentos com um ou dois cômodos, viabilizando o condomínio especial para prédios mais baixos e projetos contendo quitinetes mais simples;
- depois, a Lei n. 285/1948 autorizou a estrutura condominial também para os edifícios de dois pavimentos.

Isso, entretanto, não bastava para proteger os adquirentes de unidades condominiais a serem construídas. Os empreendimentos não dispunham de regulação legal adequada nem registro imobiliário prévio contendo os documentos necessários para aumentar a probabilidade de que os imóveis prometidos seriam construídos e entregues no tempo e na forma sugeridos pelo empreendedor. Mesmo em uma escala muito inferior aos dias atuais, o resultado era o frequente desrespeito ao contratado, com prejuízo aos compradores.

Foi neste cenário de perigosa turbulência política, econômica e social que o governo recorreu à genialidade do Professor Caio Mário, encomendando-lhe um projeto de lei que pudesse disciplinar as incorporações imobiliárias com maior segurança jurídica, e que se converteu na Lei n. 4.591/1964.

No entanto, é evidente que a Lei não podia deixar de sofrer os impactos da profunda modificação econômica e social dos últimos quarenta anos, inclusive com o advento do Código Civil de 2002 e do Código de Defesa do Consumidor.

Sua atualização era imperativo da cultura jurídica brasileira, a fim de preservar na memória social uma obra de tamanha relevância histórica, cujos princípios fundamentais permanecem intactos.

Como atualizadores, buscamos manter a originalidade do texto, limitando-nos a interferir no estritamente necessário para adaptá-lo às atualizações legislativas novas e à jurisprudência posterior.

Para que o leitor possa identificar o texto original (cor preta), as intervenções foram todas introduzidas na cor cinza.

A tarefa foi árdua em razão das relevantes alterações legislativas materiais e processuais no tocante aos dois grandes temas, com inserção de novos mecanismos legais e diversas alterações de regras. O resultado disso, além da atualização dos próprios capítulos, foi a necessidade de criar novos capítulos sobre *Patrimônio de afetação*, *Efeitos tributários*, *Incorporação imobiliária e o Código de Defesa do Consumidor* e *Reformulação do SFI*.

Todos os subitens dos capítulos indicados com letras também são de autoria dos atualizadores.

A 15.ª edição marcou a estreia do trabalho conjunto dos Professores Melhim Chalhub e André Abelha, este como sucessor do Professor Sylvio Capanema de Souza, e trouxe novidades relevantes de estrutura e conteúdo:

- os subitens de cada capítulo receberam títulos de acordo com o respectivo assunto e passam a constar do sumário, com o objetivo de permitir ao leitor navegar com maior proveito pelo livro, encontrando mais rapidamente o tema a consultar;
- a obra passou a contar com um capítulo final em que foram listados os enunciados aprovados nas Jornadas do Conselho da Justiça Federal relacionados ao condomínio edilício e à incorporação imobiliária, assim como súmulas, temas repetitivos e teses de repercussão geral do Superior Tribunal de Justiça e do Supremo Tribunal Federal que guardam relação com os temas do livro; e
- temas inéditos passaram a ser abordados, incluindo a Lei n. 14.382/2022, e outros foram aprofundados, atualizados e sistematizados, com o cuidado de manter a essência da obra do Professor Caio Mario.

Na 16.ª edição, com o permanente cuidado de não descaracterizar a obra do Professor Caio Mário, e ao mesmo tempo mantê-la moderna, atualizamos a jurisprudência do Superior Tribunal de Justiça (STJ) aplicáveis aos temas do livro, com destaque para o Tema n. 1.095, e criamos um item dedicado ao Programa Minha Casa Minha Vida, em nova fase por força da Lei n. 14.620/2023.

Nesta 17.ª edição, e sempre com objetividade, para não exacerbarmos o papel de meros atualizadores que nos foi confiado, fizemos um cuidadoso trabalho de revisão, a fim de tornar a clássica obra do Professor Caio Mário ainda mais acessível. Para tanto:

- os itens sobre Partes Comuns e Privativas, Vagas de Garagem, Despesas Condominiais e Penalidades, antes tratados em itens dispersos ao longo da obra, passaram a ser objeto de quatro novos capítulos;
- diversos itens, antes também espalhados pelo livro, foram transferidos para cada capítulo com conexão temática direta. Por exemplo, os itens sobre usucapião, privatização e retomada agora estão no novo Capítulo V-A, especialmente dedicado às partes comuns e exclusivas;
- alguns itens foram criados, a exemplo dos itens 31-A (Fracionamento da propriedade imobiliária urbana), 31-B (Condomínio edilício e outras figuras: tabela comparativa) e 52-A (Toda incorporação imobiliária origina um condomínio edilício?);
- enquanto outros foram aprofundados, tais como os itens 42 (Condomínio e personalidade jurídica), 52-B (O momento em que nasce o condomínio edilício), 87-C (Juros moratórios) e 88-A (Legitimidade passiva);
- o antigo Capítulo 16-A (Efeitos Tributários – Aspectos Fundamentais), de autoria dos atualizadores, foi excluído, e seu conteúdo foi atualizado e transferido para outros capítulos, para melhor distribuição do tema;

- muitos itens, incluindo os supracitados, foram atualizados em razão de mudanças legislativas ocorridas após a publicação da 16.ª edição, ou da afetação e do julgamento de novos Temas pelo Superior Tribunal de Justiça, ou de decisões judiciais ou administrativas que, embora sem efeito vinculante geral, impactam a matéria de modo relevante.

O resultado, esperamos, é uma obra ainda mais abrangente e atual e sistematizada de modo a atender à expectativa tanto do leitor que deseja percorrer o livro do início ao fim, como daquele que precisa realizar consultas pontuais.

Agradecemos, emocionados, a confiança no desafiador e prazeroso trabalho de atualização, que segue sendo depositada pelo Grupo GEN, Editora Forense, e pela família do Professor Caio Mário, em especial Tânia Pereira, fazendo os mais sinceros votos de que sigamos correspondendo e colaborando para perpetuar uma obra clássica, de imensa relevância jurídica e social.

SOBRE OS ATUALIZADORES

Melhim Chalhub

Advogado. Especialista em Direito Privado pela Faculdade de Direito da Universidade Federal Fluminense. Pós-graduado em Administração Financeira pela Northwestern University, Evanston, Illinois, EUA. Cursou Especialização para Advogados de Empresa pelo CEPED – Fundação Getulio Vargas, em convênio com a Universidade de Yale e com a Fundação Ford.

Autor do anteprojeto de lei que institui a alienação fiduciária de imóveis (Lei n. 9.514/1997) e do anteprojeto que regulamenta o patrimônio de afetação nas incorporações imobiliárias (Lei n. 10.931/2004).

Publicou as obras *Alienação Fiduciária – Negócio fiduciário, propriedade imobiliária*: função social e outros aspectos, *Trust* – Perspectivas do direito contemporâneo na transmissão da propriedade para administração de investimentos e garantia, *Incorporação imobiliária, Alienação Fiduciária, Incorporação Imobiliária e Mercado de Capitais – Estudos e Pareceres*, todas pela Editora Renovar; *Direitos reais, Novo Direito Imobiliário e Registral, Direito Imobiliário Brasileiro* – Novas fronteiras na legalidade constitucional.

André Abelha

Advogado. Cofundador, Presidente (2021-2024) e, atualmente, Diretor Institucional e Financeiro do Instituto Brasileiro de Direito Imobiliário (IBRADIM). Presidente da Comissão de Direito Notarial e Registral na OAB Nacional (2019-2022). Membro do Conselho da Associação para o Desenvolvimento Imobiliário e Turístico do Brasil (ADIT Brasil). Mestre em Direito Civil pela Universidade do Estado do Rio de Janeiro (UERJ). Certificado pelo *Program on Negotiation and Leadership* da Harvard University. Professor convidado dos cursos de Pós-Graduação e Extensão em Direito Imobiliário e Direito Civil da PUC-Rio, da UERJ, da Escola de Magistratura do Estado do Rio de Janeiro (EMERJ) e de outras instituições.

Publicou as obras *Abuso do direito no condomínio edilício* e *Direito Imobiliário: reflexões atuais*. Coordenou as obras *Estudos de Direito Imobiliário: Homenagem a Sylvio Capanema de Souza* e *Patrimônio de Afetação: Aspectos fiscais, contábeis, societários, trabalhistas, registrais e consumeristas*. É coautor de diversos livros de Direito Imobiliário e Civil.

PREFÁCIO DA 2.ª EDIÇÃO

Com o agravamento do problema habitacional, a superposição de unidades residenciais, profissionais e comerciais e a proliferação crescente de edifícios em regime condominial nas capitais e no interior, todos estavam conscientes da necessidade de um provimento urgente, de vez que a disciplina legal da matéria se limitava ao Dec. n. 5.481, de 25 de junho de 1928, com as alterações superficiais que lhe trouxeram o Dec.-Lei n. 5.234/1943 e a Lei n. 285/1948. Contrastava com o alto padrão técnico da indústria de construção civil a estagnação legislativa. O arquiteto superara o legislador. Multiplicavam-se os conflitos, que um sistema legal desaparelhado não lograva desatar.

Em 1959, no centenário de Clóvis Beviláqua, realizado em Fortaleza, Ceará, o I Congresso Nacional de Direito, relatei uma tese sobre o assunto, publicada na Revista Forense, vols. 185, p. 52; 186, p. 44.

Em 1961, publiquei o livro *Propriedade Horizontal*. Desenvolvi a dogmática do instituto, focalizei a necessidade de se atentar para o fato de sua repercussão na economia popular, e de ser indispensável armar a Justiça de meios mais eficazes para decidir os pleitos e coibir os abusos. Aditei-lhe em anexo um *projeto de lei* neste sentido.

Estudei a figura do "incorporador", criação empírica do mundo dos negócios, elaborei a sua configuração empresarial. Conclamei o jurista, e sobretudo o legislador, a tratar do assunto com a merecida atenção e a ouvir o apelo dos que foram lesados pelo mau êxito de incorporações mal dirigidas.

Naquela monografia, estudei de ângulos diversos o condomínio em edifícios divididos em unidades autônomas, focalizei a realidade econômica e os problemas que suscita, sugeri solução para questões nascidas do choque de interesses que a minha atuação como advogado frequentemente testemunhara. Sugeri, de *iure condendo*, a reestruturação do condomínio especial e a regulamentação efetiva da atividade do incorporador. Defendi o caráter de ordem pública que a preceituação tem de adotar.

Algumas tentativas de regulamentação das incorporações foram promovidas, mas lamentavelmente frustraram-se. Ao final da minha obra, *Propriedade Horizontal*, já fiz alusão ao Projeto n. 498/1955, a que o deputado Bilac Pinto ofereceu emendas destinadas, precisamente, a pôr cobro aos abusos que se verificavam nos lançamentos desordenados. Nesse mesmo livro, redigi esboço de lei disciplinando o Condomínio e a Incorporação. Em 1963, o deputado Gama Lima propôs à Assembleia Legislativa de São Paulo a votação de lei, determinando rigorosa fiscalização das empresas incorporadoras. Em 1964, o deputado Emanuel Weissman submeteu à Câmara dos Deputados o Projeto n. 1.817/1964 com o objetivo de dar ordenamento aos negócios imobiliários. Ainda em 1964, organizações imobiliárias e o Colégio Notarial de São Paulo elaboraram projeto com a mesma finalidade.

Ao assumir a Chefia do Gabinete do Ministério da Justiça, levantei de novo a questão, encontrando da parte do Presidente Castelo Branco e do Ministro Milton Campos a melhor acolhida.

Anunciado o propósito de ordenar o Governo o *Condomínio e Incorporações*, logo se manifestaram, trazendo valiosas achegas, os profissionais, as organizações técnicas, as entidades de classe, dentre as quais merecem ser salientadas, pela sistematização que deram às contribuições:

a) o Sindicato da Indústria da Construção Civil do Estado da Guanabara promoveu um "Dia de Estudos sobre Legislação de Incorporações e Condomínios", coordenado pelo Engenheiro João Machado Fortes, do qual participei como Presidente de Honra;

b) a Associação dos Advogados de São Paulo, o Instituto dos Arquitetos do Brasil (seção de São Paulo) e o Instituto de Engenharia de São Paulo realizaram, em conjunto, uma Jornada de Estudos, coordenados pelo advogado Luís Adolfo Nardy, dando-me, também, a honra da sua presidência;

c) o Sindicato dos Corretores de Imóveis do Rio de Janeiro debateu o tema após conferência que ali pronunciei;

d) a Faculdade de Direito da Universidade de Minas Gerais e o Centro Acadêmico Afonso Pena, provocando o encaminhamento das reformas legislativas então em andamento, revelaram seu particular interesse pela nova lei do *Condomínio e Incorporações*.

De todos os estudos, debates, contribuições e sugestões, extraí e aperfeiçoei valioso material, com que pude elaborar anteprojeto, oferecido pelo Ministro da Justiça ao Senhor Presidente da República, o qual, adotado pelo Governo e encaminhado ao Congresso Nacional, onde constituiu o Projeto n. 19, de 1964 (CN), veio a converter-se na Lei n. 4.591, de 16 de dezembro de 1964.

Foi pena que o relator da Comissão Mista, devido provavelmente a urgência da tramitação, não tivesse tido autoridade bastante para repelir algumas emendas que, sem desfigurarem a sua estrutura, enfearam a lei com definições desnecessárias, e um certo exagero técnico, inconveniente em diplomas legislativos. Felizmente, porém, alguns vetos apostos pelo Presidente da República eliminaram da proposição aprovada pelo Congresso Nacional excessos introduzidos pela Comissão Mista, a qual só não pôde retomar a pureza primitiva do anteprojeto porque as omissões do substitutivo em relação a ele não lhe permitiram restaurar-se. Foi a final coroado de êxito o meu Projeto.

A nova lei reguladora do *Condomínio e Incorporações* veio preencher lacuna sempre lamentada e imprimir sistema e ordem à matéria.

Todos sentiam a falta, todos reclamavam. E a todos veio a nova lei atender.

Vencendo certas resistências, predominou a opinião por mim defendida de que o mesmo provimento deve abraçar, em conjunto, a disciplina do Condomínio e da Incorporação, pela simbiose orgânica dos dois fenômenos: a criação do edifício coletivo e o regime condominial. E prevaleceu a orientação do meu Anteprojeto.

Esta lei, pela qual me bati e em cuja redação trabalhei com afinco e com entusiasmo, vem agora preencher aquela falha e pôr ordem num setor e numa atividade que desempenham relevante função social, mas que foram daí desviados pelos que a exerciam mal.

Tratando aqui do *Condomínio e Incorporações*, tenho presentes os fundamentos teóricos, a explicação da nova lei e contribuições de ordem prática.

Reeditando este livro, que encontrou extraordinária receptividade, afeiçoei-o às modificações advindas da Lei n. 4.728, de 14 de julho de 1965, reguladora do mercado de capitais; da Lei n. 4.864, de 29 de novembro de 1965, que cria medidas de estímulo à indústria de construção civil, e demais disposições (inclusive tributárias) referentes ao *Condomínio e Incorporações*.

Caio Mário da Silva Pereira
Rio de Janeiro, 1969

PREFÁCIO DA 3.ª EDIÇÃO

Decorridos dez anos de vigência da Lei n. 4.591, de 16 de dezembro de 1964, foi tempo suficiente para submetê-la ao crivo da experiência.

E, no balanço de seus benefícios e de suas falhas, o saldo lhe é favorável.

Ela não foi perfeita. Nenhuma obra jamais o será. Padece dos defeitos, das deficiências, das imperfeições advindas da contingência humana.

Votada como base no Anteprojeto que eu redigi, sofreu na sua passagem pelo Congresso a influência de forças diversas, como sói ser na elaboração de toda lei que visa a exercer impacto mais profundo sobre atividades econômicas que se exercem dentro de conflitos de interesses. Já eu o salientara nas edições anteriores. Não é, aliás, novo nem local este fenômeno. Num livro que fez época (*Le Regime Démocratique et le Droit Civil Moderne)*, Georges Ripert estuda, com certa amargura mesmo, a influência das forças políticas atuantes no seio dos Parlamentos como fator da evolução do direito civil. E evidencia quão poderosas elas se revelam, a ponto de modelarem as novas leis, não sob o império de forças puras, mas sob o influxo da imposição de classes, de grupos, de partidos, de setores vários da sociedade.

O depoimento dos juristas, a aplicação jurisprudencial e a apreciação dos técnicos vieram, nesta década, consolidar a convicção dos indisfarçáveis préstimos da *Lei do Condomínio e Incorporações*. Não faltou, mesmo, que se dissesse que o "regime das incorporações no Brasil pode ser dividido em duas fases: antes e depois da Lei n. 4.591 de 1964".

Com efeito, ela veio inequivocamente moralizar uma atividade que se achava deformada pela cupidez e pela irresponsabilidade. Imprimiu seriedade e trouxe confiança ao mercado especializado. Preparou campo ao advento da era imobiliária, de tal modo que o surto de progresso neste ramo, atingindo proporções quase agigantadas, não seria viável se lhe faltasse suporte legislativo. É mesmo com orgulho patriótico e com certo carinho paternal que eu pude identificar, no regime da *prehorizontalidad*, instituído na

Argentina com a Lei n. 19.724, de 6 de julho de 1972, em vigor a partir de 26 de julho de 1972, muitas disposições da Lei n. 4.591, de 1964, com as naturais adaptações ao regime jurídico argentino e às suas peculiaridades.

Dez anos passados sobre uma lei de origem polêmica e de aplicação controvertida são tempo suficiente para lhes apontar as imperfeições.

Mais do que isso, neste decênio, o progresso material e o surto de construções suscitaram problemática que a elaboração jurisprudencial foi convocada a resolver. Na sua maioria com felicidade. Em alguns casos, sem a percepção de que o regime do condomínio especial nos edifícios coletivos adotou conceitos que não se filiavam às ideias tradicionais. E desta sorte, algumas vacilações ocorreram, e ainda existem, reclamando afeiçoadas à conceptualística específica ao regime peculiar da propriedade horizontal.

Nesta reedição, tive o cuidado de lhe introduzir as contribuições jurisprudenciais mais importantes. Desenvolvi questões que a prática negocial suscitou e que tive de esclarecer em pareceres que produzi.

Um outro campo das atividades imobiliárias foi aberto com a construção maciça de unidades habitacionais para pessoas de renda baixa, quer em conjuntos habitacionais unifamiliares, quer em edifícios coletivos.

Daí haver eu aditado um capítulo "Condomínios de pessoas de renda baixa".

Volta, pois, o meu livro com a sua finalidade originária: desenvolver a dogmática do condomínio e da incorporação, enriquecido por indicação bibliográfica adicional, especialmente pátria, que neste período veio a lume. Nem sempre concordo com as opiniões expendidas. Mas nesta discordância mesma eu vejo a vitalidade da elaboração jurídica, avançando sempre, progredindo dia a dia, contribuindo para a apuração desta instituição que se avoluma incoercivelmente.

Não omito referências aos projetos do Código Civil, publicados após a sua vigência (Projeto de 1965, em cuja elaboração trabalhei juntamente com o saudoso mestre Ministro Orozimbo Nonato e com o Prof. Orlando Gomes; meu Projeto de Código de Obrigações; Anteprojeto de 1972, enviado ao Congresso Nacional em 1975), cujas disposições atinentes ao condomínio especial e à incorporação reproduzo na parte final deste livro.

Caio Mário da Silva Pereira
Rio de Janeiro, 1976

PREFÁCIO DA 6.ª EDIÇÃO

Promulgada a Constituição Federal de 5 de outubro de 1988, tornou-se necessário registrar inovações e mudanças que a nova Carta introduziu na sistemática legal da propriedade, com repercussão nos temas versados neste livro.

Abalançando-me a fazê-lo, aproveitei o ensejo para mencionar decisões judiciais mais recentes, em pontos aqui versados.

Caio Mário da Silva Pereira
Rio de Janeiro, 1991

SUMÁRIO

INTRODUÇÃO

Sociologia da Propriedade	3
1. O fenômeno da propriedade	3
2. A primeira trilogia: propriedade, religião e família.	4
3. A segunda trilogia: propriedade, política e economia	5
4. Propriedade e individualismo	5
5. A propriedade ao longo dos tempos.	6
6. Revolução e guerra	7
7. Socialização do direito	8
8. A moderna propriedade	9
9. Linha mestra	10
10. Desapropriação	11
11. Limitações à propriedade.	13
12. Individualismo *versus* socialização	13
13. Subsolo e espaço aéreo	15
14. Obrigação de vender	16
15. Função social da propriedade	16
16. Axiologia da propriedade	17
17. Tratamento constitucional	19
18. Propriedade urbana	20

19. Tendência reformista 21

20. Propriedade rural... 22

21. Plano Nacional de Habitação.. 24

22. Locações 25

23. A Lei n. 4.591/1964 26

23-A. O Código Civil revogou os arts. 1.º a 27 da Lei n. 4.591/1964?.............. 27

PRIMEIRA PARTE – CONDOMÍNIO

Capítulo I – O Novo Condomínio 31

24. A crise habitacional como estímulo ao desenvolvimento dos condomínios.... 31

25. Superposição habitacional desde os tempos romanos..................... 33

26. A divisão horizontal nos grandes Códigos Civis............................. 35

27. A divisão horizontal no direito brasileiro.. 36

28. A divisão horizontal em tempos recentes.. 37

29. Condomínio edilício *versus* propriedade horizontal 37

30. Elementos essenciais da propriedade horizontal............................. 39

31. Conjunto de edificações.. 40

31-A. Fracionamento da propriedade imobiliária urbana 41

31-B. Condomínio edilício e outras figuras: tabela comparativa.......... 42

31-C. Condomínio de lotes.. 43

31-D. Condomínio urbano simples... 44

31-E. Multipropriedade em condomínio edilício 45

Capítulo II – A Natureza Jurídica do Condomínio Edilício 49

32. Ausência de consenso doutrinário 49

33. Características elementares... 50

34. Propriedade comum e exclusiva 50

35. Fusão de direitos.. 51

36. Conexão necessária entre propriedade comum e exclusiva........... 55

37. Paradoxo.. 56

38. Instituto novo requer regras novas.. 56

39. Condomínio não é sociedade.. 57

40. Direito comparado.. 58

41. Novo conceito dominial... 60

42. Condomínio e personalidade jurídica.. 62

Sumário | **XXIII**

Capítulo III – Fração Ideal 65

43. Conexão entre a propriedade exclusiva e comum 65

44. Obrigatoriedade de fixação da fração ideal 65

45. Não há condomínio edilício sem fixação de fração ideal 67

46. Fração ideal e valor da unidade 68

46-A. Fração ideal, área privativa e coeficiente de rateio de despesas 71

47. A fração ideal é inalterável? 71

Capítulo IV – Constituição do Condomínio 73

47-A. Constituição como sinônimo de instituição 73

48. Meios de instituição do condomínio edilício 74

49. Elementos e requisitos 77

50. O condomínio edilício não se institui de pleno direito 79

51. Obrigatoriedade do registro imobiliário 80

52. Sucessão do art. 7.º da Lei n. 4.591/1964 pelo art. 1.332 do Código Civil 80

52-A. Toda incorporação imobiliária origina um condomínio edilício? 82

52-B. O momento em que nasce o condomínio edilício 85

Capítulo V – Convenção do Condomínio 89

53. Padrões legais mínimos 89

54. Natureza jurídica da convenção (parte 1) 90

55. Natureza jurídica da convenção (parte 2) 91

56. Obrigatoriedade das regras da convenção (parte 1) 92

57. Obrigatoriedade das regras da convenção (parte 2) 92

57-A. Oponibilidade da convenção a terceiros 94

57-B. Convenção outorgada pelo titular único do condomínio edilício 95

57-C. Condomínio sem convenção 95

57-D. Minuta de convenção 96

58. Unanimidade para aprovação da convenção? 96

59. Vinculação de futuros condôminos 98

60. Convenção por instrumento público ou particular 98

61. Quórum e modo de aprovação 99

62. Regra convencional *contra legem* 100

63. Alteração da convenção 101

64. Cláusulas obrigatórias 102

Capítulo V-A – Partes Comuns e Privativas 107

64-A. Classificação 107

65. Tetos, paredes e laje de cobertura 108

66. Garagem 110

67. Parede mestra 111

68. Usucapião de unidade autônoma 111

69. Usucapião de partes comuns por condômino e por estranho 112

69-A. Privatização do uso de partes comuns 113

69-B. Retomada de partes comuns 114

69-C. Conversão de uso da edificação e/ou das unidades 114

69-D. Alteração de áreas comuns nos pavimentos 118

70. Obras em partes comuns 119

Capítulo V-B – Vagas de Garagem 123

71. Garagem 123

71-A. As quatro possíveis naturezas jurídicas da vaga 125

71-B. Natureza jurídica *versus* identificação e demarcação da vaga 125

71-C. Locação da vaga 126

71-D. Alienação da vaga 126

71-E. Sorteio de vagas 127

71-F. Reivindicação da vaga 128

71-G. Penhora de vaga de garagem 128

Capítulo VI – Direitos dos Condôminos 129

72. Direitos sobre as propriedades exclusiva e comum 129

73. Ressalva 130

74. Composse das partes comuns 131

74-A. Animais 133

75. Uso e fruição exclusivos do titular da unidade imobiliária 134

76. Livre alienação da unidade autônoma 135

77. Constituição de ônus real 139

78. Promessa de compra e venda, cessão e penhora 140

78-A. Incomunicabilidade, impenhorabilidade e inalienabilidade 141

78-B. Alienação da edificação 141

78-C. O art. 1.335 do Código Civil 141

78-D. Art. 1.335, I: Direito de usar, fruir e livremente dispor da unidade 141

78-E. Art. 1.335, II: Direito de uso das áreas e serviços comuns 143

Sumário | **XXV**

Capítulo VII – Deveres dos Condôminos 145

    79. Regras de convivência. 145

    79-A. Os deveres condominiais no atual Código Civil 146

    79-B. Saúde, sossego, segurança e bons costumes 146

    80. Boa vizinhança (parte 1) 147

    81. Boa vizinhança (parte 2) 148

    82. Boa vizinhança (parte 3) 149

    83. Harmonia arquitetônica 150

    83-A. Danos 153

Capítulo VII-A – Despesas Condominiais 157

    84. Despesas e cotas condominiais 157

    85. Impostos e taxas 158

    85-A. IPTU e alienação fiduciária em garantia 158

    85-B. IPTU e promessa de compra e venda 159

    86. Seguro da edificação 159

    86-A. Critério de rateio 160

    86-B. Modificação do critério de rateio 161

    86-C. Rateio de despesas relativas a partes comuns de uso exclusivo 161

    86-D. A loja térrea e o art. 1.340 do Código Civil 162

    87. Inovações na edificação e rateio de despesas 163

    87-A. Desconto por pagamento antecipado. 163

    87-B. Multa moratória 164

    87-C. Juros moratórios 164

    88. Prescrição 167

    88-A. Legitimidade passiva 168

    88-B. Título executivo extrajudicial e cotas vencidas durante o processo 170

    88-C. Penhora do bem de família 171

    88-D. Penhora da unidade do condômino que não foi réu na ação de cobrança 172

    88-E. Penhora de unidade gravada com alienação fiduciária em garantia 173

    88-F. Penhora de vaga de garagem 173

    88-G. Responsabilidade do arrematante pelos débitos anteriores 173

Capítulo VII-B – Penalidades e Condômino Antissocial 177

    89. Sanções 177

    89-A. Multa moratória 178

    89-B. Primeira Multa: Violação singular 178

89-C. Segunda Multa: Violação reiterada 180

89-D. Terceira Multa: Incompatibilidade de convivência 182

89-E. Suspensão do direito de participar e votar nas reuniões 184

89-F. Suspensão do direito de usar partes comuns 184

Capítulo VIII – Assembleia Geral 187

90. A assembleia geral 187

91. Órgão deliberativo 188

92. Quóruns de deliberação 190

92-A. Tabelas de apuração de quóruns 192

93. Competências (1): Orçamento 193

94. Competências (2): Eleição do síndico 194

95. Competências (3): Áreas comuns 195

96. Competências (4): Alteração da convenção 197

96-A. Ata notarial 198

96-B. Reunião em sessão permanente 198

96-C. Assembleia virtual 199

96-D. Nulidade e anulabilidade 199

Capítulo IX – Administração do Condomínio 201

97. Representante geral 201

98. Perpetuidade 202

99. Funções 203

100. Representação em juízo 204

101. Representação legal 206

102. Empregado ou mandatário? 206

102-A. Seguro da edificação 207

103. Porteiro 208

104. Prestação de contas 208

105. Delegação dos poderes de administração 210

106. Subsíndico 211

107. Comunicação das deliberações 211

108. Conselhos Consultivo e Fiscal 212

108-A. Quórum de destituição do síndico 214

Capítulo X – Extinção do Condomínio 217

109. A extinção do condomínio edilício 217

110. Desapropriação	218
111. Desapropriação parcial	220
112. Perecimento	221
113. Destruição	221
114. Não reconstrução	221
115. Incêndio com destruição parcial	222
116. Incêndio com destruição total	222
117. Abandono e renúncia	225
118. Renúncia parcial	226
119. Extinção por convenção	227

SEGUNDA PARTE – INCORPORAÇÕES

Nota Introdutória – As alterações da Lei n. 14.382/2022	231
119-A. As relevantes alterações da Lei n. 14.382/2022	231
Capítulo XI – O Incorporador	235
120. O incorporador	235
121. Propulsor do empreendimento	236
122. Atividade empresária	237
123. Empresa incorporadora	240
124. Empresa imobiliária	241
125. Responsabilidades e deveres	242
126. Coordenador-chave	243
127. Os conceitos de incorporação e incorporador	244
128. Coligação entre venda da fração e construção	245
Capítulo XII – Lançamento da Incorporação	247
129. Necessidade de regulação legal	247
130. Legitimação para incorporar	248
131. Toda incorporação deve ter um incorporador	250
131-A. Incorporação imobiliária de casas geminadas ou isoladas	250
131-B. Hotelaria, multipropriedade e *timeshare*	251
131-C. Requalificação urbanística da edificação. *Retrofit*	253
132. Requisitos para incorporar	253
133. Fiscalização do incorporador	254
133-A. O início da incorporação	255

Capítulo XIII – Deveres Gerais do Incorporador 257

134. A exigência do memorial de incorporação 257

135. Registro da incorporação e prazo de carência 263

136. Sanções 264

137. Ônus e débitos 265

138. Ocupação do imóvel 266

139. Pagamento do terreno com unidades no local 267

139-A. Alterações da Lei n. 4.864/1965 268

Capítulo XIV – Obrigações do Incorporador com o Adquirente 271

140. A nova sistemática da Lei n. 4.591/1964 271

140-A. O contrato de incorporação 274

140-B. Promessa *versus* compra e venda com pacto adjeto de alienação fiduciária ... 283

140-C. Cédula de Crédito Imobiliário 288

140-D. Securitização de créditos imobiliários 289

141. Custeio das unidades em estoque 291

142. Devolução em caso de denúncia da incorporação 292

143. Obrigações básicas do incorporador 293

144. Averbação da construção 300

144-A. Efeitos reais do registro da incorporação 301

144-B. Adjudicação compulsória mediante procedimento extrajudicial 305

Capítulo XIV-A – Patrimônio de Afetação nas Incorporações Imobiliárias 307

144-C. A afetação patrimonial como relevante mecanismo de proteção do empreen-
dimento 307

144-D. Insolvência do incorporador 313

144-E. Extinção do patrimônio de afetação 315

Capítulo XV – Obrigações do Adquirente 317

145. Deveres do adquirente 317

146. Cláusula resolutiva expressa 318

147. Cláusula resolutiva tácita 319

148. Efeitos da resolução 321

148-A. Resolução da promessa de compra e venda 321

148-B. Cancelamento do registro da promessa de compra e venda 328

148-C. Execução do crédito 329

148-D. Compra e venda com pacto adjeto de alienação fiduciária 330

148-E. Inadimplemento do incorporador 332

148-F. Resolução do contrato de aquisição do terreno.. 335

149. Obrigações fiscais do adquirente. 337

Capítulo XVI – Construção do Edifício.. 339

150. Tipicidade contratual... 339

151. Construção por empreitada e por administração 341

152. Prazo de entrega, ligações de serviços públicos e custo global...................... 342

153. Comissão de representantes 343

154. Poderes de representação 345

155. Preço fixo e reajustável... 348

156. Obra por administração 349

157. Exceção de contrato não cumprido.. 350

158. Responsabilidade pela obra.. 351

Capítulo XVII – Infrações e Penalidades 353

159. Prevenção e sanção 353

160. O procedimento do art. 63 da Lei n. 4.591/1964 354

161. Leilão extrajudicial 356

162. Irrevogabilidade e irrenunciabilidade dos poderes da Comissão de Representantes... 358

163. Débitos fiscais.. 359

164. Acréscimos moratórios 360

165. O membro da Comissão de Representantes... 361

166. Órgãos de publicidade 362

167. Incorporador e construtor: sanções 362

168. Crime contra a economia popular.. 363

169. Responsabilidade pessoal.. 363

170. Contravenções penais 364

171. Responsabilidade solidária.. 365

172. Sanção civil... 366

172-A. Poder aquisitivo do condomínio 366

Capítulo XVII-A – A Incorporação Imobiliária e o Código de Defesa do Consumidor... 371

172-B. Proteção da relação de consumo.. 371

172-C. O CDC como Lei Geral 371

172-D. Compra e venda com pacto adjeto de alienação fiduciária........................ 376

172-E. Superendividamento do consumidor.. 377

Capítulo XVIII – Estímulo à Indústria de Construção Civil 379

172-F. Nota preliminar dos atualizadores 379

173. O setor habitacional 381

174. Correção monetária 383

175. Reajuste das prestações 384

176. Sistema Financeiro de Habitação 385

177. Correção monetária em favor do adquirente 386

178. Crédito imobiliário 386

179. Sociedades de crédito imobiliário 387

180. Financiamento do setor imobiliário 387

181. Entidades estatais e sociedades de economia mista 388

182. Plano Nacional de Habitação 388

183. Fundo de Garantia por Tempo de Serviço 388

184. Isenções fiscais 389

185. Locações 389

186. Resistência 390

187. Salário mínimo 391

Capítulo XIX – Mercado de Baixa Renda 393

188. O promissor mercado de baixa renda 393

189. Uso do condomínio 397

190. Problemas econômicos 398

191. Problemas sociais 400

192. Sugestões para o aperfeiçoamento do sistema 403

Capítulo XX – Reformulação do Sistema de Financiamento Imobiliário 413

193. Normas sobre financiamento imobiliário 413

194. SFI e SNHS 414

195. Programa Minha Casa, Minha Vida (PMCMV) 415

BIBLIOGRAFIA 417

ENUNCIADOS DO CONSELHO DA JUSTIÇA FEDERAL (CJF) 423

SÚMULAS E TEMAS DO STJ E DO STF 427

INTRODUÇÃO

SOCIOLOGIA DA PROPRIEDADE

1. O fenômeno da propriedade. Mesmo superficialmente atentando o observador para o fenômeno, seja em pesquisa vertical ou de profundidade, seja em comparação horizontal ou extensiva, encontra a maior variedade de posições do indivíduo no tocante à apropriação dos bens. Isto que nos parece tão simples, que se ouve no balbucio infantil – *esta coisa é minha, eu sou o seu dono* –, não tem projeção idêntica nas sistemáticas jurídicas. Houve povos que nunca vieram a conhecer o direito de propriedade privada; outros a compreendiam sobre os rebanhos, sobre as armas, jamais sobre a terra. E ainda hoje alguns existem que não subordinam o seu regime de bens à ideia de apropriação individual, o que certamente reflete no seu direito, desarticulado da concepção tão arraigada na consciência coletiva ocidental, que é o *direito subjetivo*. Está neste caso, por exemplo, o povo chinês, para o qual não foi o regime de Mao Tsé-tung que aboliu a propriedade privada, mas a sua tradição histórica.[1]

Nos tempos atuais, mesmo estes sistemas, antes refratários à ideia da propriedade individual, já a admitem, ainda que timidamente, inclusive sobre imóveis e meios de produção.

Não tem sido pequeno nem vão o esforço dos que investigam a origem da ideia dominial. E, geralmente, as pesquisas conduzem a uma concepção religiosa. Sua presença *mística* é, aliás, assinalada como uma característica ainda mais acentuada nos povos *primitivos*, tomada esta palavra para significar os que se achavam num grau mais baixo de civilização, e para compreensão de cujo estágio sociólogos como Engels, D'Aguanno, Lévy-Bruhl se dedicaram a observar os "primitivos atuais". Naquela fase remota, a propriedade é um encadeamento místico entre o indivíduo e a coisa, da mesma forma que

---

[1] Escarra, *Le Droit Compare et la Jurisprudence Chinoise, in Recueil Lambert*, v. I, p. 481; René David, *Traité Élémentaire de Droit Compare*, p. 377 e segs.

ele se prende, por idêntico laço, ao grupo a que pertence. Em tal momento, a propriedade é uma vinculação que se estabelece entre a pessoa que possui e os objetos possuídos.[2] Varia a natureza (individual ou coletiva) do vínculo, estabelecendo-se ora a propriedade privada, ora a propriedade grupal, ora as duas simultaneamente, quando certos bens podem ser individualmente apropriados, enquanto outros (terras, rios, florestas) são atribuídos à coletividade e guardados sacramentalmente pelos deuses ou pelos mortos. O traço essencial da propriedade primitiva é seu caráter sagrado. A propriedade individual é sagrada, como extensão da própria pessoa (Challay).

É evidente que o desamor ao bem individual, em circunstâncias assim, projeta-se na forma de apropriação a que as leis evolutivas conduzem o regime. Um povo que herdou do passado remoto a apropriação coletiva ou grupal das coisas dificilmente será levado, mais tarde, à afirmação de ideias ligadas a um conceito muito sólido do direito subjetivo de propriedade individual.

2. A primeira trilogia: propriedade, religião e família. Outros povos, e nesta classe matricularam-se todos ou quase todos os que compõem o que se convencionou chamar civilização ocidental, têm a noção acendrada do "meu e teu", têm incrustada na profundidade de sua consciência jurídica a ideia do assenhoreamento dos bens, a concepção sedimentada do direito individual de propriedade.

É, também aqui, a tradição de todo um conceito de civilização que o explica, salientando-se a ideia de que foi uma das primeiras noções jurídicas a assentar-se, ainda ao tempo em que a norma religiosa *(fas)* não se diversificava da regra de direito *(ius)*. E o historiador da *Cidade Antiga* acrescenta mesmo que, desde a idade mais remota, não se tem notícia de outra forma de conceber a relação jurídica da propriedade entre certos povos, senão esta da propriedade privada, que as sociedades helênicas e itálicas articularam num complexo que formara a trilogia indissociável: religião, família e propriedade privada. Em torno da religião doméstica construíram-se estas noções que se vão prender à origem desses povos da bacia mediterrânea, salientando-se que cada família possuía seus deuses, o seu altar doméstico, praticava o seu próprio culto a que não tinham entrada as pessoas estranhas. Aquele altar era assentado no solo, de maneira definitiva e construído de pedra, inamovível. Uma vez levantado, não podia ser transportado, porque o deus doméstico quer morada fixa. Pela contingência religiosa, estas civilizações eram sedentárias e, mais ainda, não tolerando o culto privado a interferência de outro culto privado dentro do mesmo recinto, o altar doméstico havia de separar-se de tudo quanto lhe fosse estranho. Porque os deuses particulares eram interiores, *Penates,* era que preciso existisse em torno do "lar" certa distância, delimitada pela cerca sagrada. E esta cerca, explicada pela noção fundamentalmente religiosa, era o marco-limite do culto, era a contenção dos elementos estranhos à família, era a significação precisa do direito de propriedade.[3]

Quando, mais tarde, a religião da cidade assumiu maiores proporções, e quando o conceito de *ius* acompanhou o crescimento daqueles povos que não puderam constringir-se

---

[2]   Felicien Challay, *Histoire de la Propriété,* p. 10.
[3]   Fustel de Coulanges, *La Cite Antique,* 17. ed., p. 62 e segs.

dentro de muros urbanos e se estenderam além das bordas do mar, e pelas terras sem fim, não puderam nunca desvencilhar-se das tradições arraigadas no imo de sua consciência. Por aí se diferençavam de povos que os antecederam; por aí se distinguiram das nações suas contemporâneas; por aí se separaram de civilizações que absorveram; por aí deixaram na civilização romano-cristã a marca definitiva de sua influência.

3. **A segunda trilogia: propriedade, política e economia.** Num rápido voo por sobre a concepção dominial, desde o direito romano até os nossos dias, com o assinalamento apenas dos momentos históricos mais acentuados e característicos, podemos evidenciar que a cada tipo de organização jurídica haveria de corresponder um tipo de propriedade, e que, trabalhada esta pela concepção política dominante num dado período, recebe o seu impacto e, portanto, reflete-a. *Propriedade-família-religião* foi a trilogia da *Cidade Antiga. Propriedade-política-economia* é o tríplice índice de um complexo paralelogramo de forças que seguiu a sua vida na civilização do Ocidente, e ainda hoje traz as tendências para uma nova concepção econômico-jurídica.

Invertendo, então, os termos da proposição, podemos sem receio proclamar que a propriedade é a pedra de toque dos regimes jurídicos e dos regimes políticos. É por meio de sua análise que se pode apurar a tendência de um povo num determinado momento de sua passagem pelo cenário da história.

Se é certo, como efetivamente é, que a propensão política imprime ao direito sua feição própria, e o demonstrou brilhantemente o Prof. Marcel Waline,[4] podemos buscar na forma como é tratada a propriedade o traço característico do regime ou a extensão em que a pendor político atua no campo jurídico.

Segundo a maior ou menor intensidade da atuação das forças políticas e das forças econômicas, é possível dividir a curva histórica do direito de propriedade no Ocidente em três períodos distintos: um primeiro, que abraça um largo tempo decorrido desde a Antiguidade Romana mais remota até o Baixo-Império; um segundo, que se inicia com as grandes invasões e se estende por toda a Idade Média até o século XVIII; um terceiro, que é coetâneo do individualismo liberal até os nossos dias.[5] Quando o jurista moderno encara as transmutações por que passam os conceitos atualmente não pode olvidar que o regime da propriedade as espelha. E se abrem novas perspectivas diante de nós, na propriedade está incrustado o germe da transformação.

4. **Propriedade e individualismo.** É por meio da propriedade familiar, traduzida pela apropriação coletiva dos bens do grupo, sob a direção do chefe, que podemos distinguir a vida jurídica das populações arianas primitivas, antes que penetrassem na bacia mediterrânea e fossem assentar as bases da civilização que seria a romana. É também na impraticabilidade da concentração pessoal do domínio que podemos definir a organização patriarcal do tipo bíblico.

---

[4]   Marcel Wallne, *L'individualisme et le droit,* 1949.

[5]   J. L. Lebret, *Prefácio à obra de* Lucien Jansse, *La Propriété,* p. 8.

O extremado individualismo romano da primeira hora pode perfeitamente ser definido no conceito da propriedade *ex iure quiritium,* condicionada à natureza do objeto e sua situação no solo itálico, à nacionalidade do titular e ao modo formalista de sua transmissão. Com a evolução das tendências do povo de Roma caminha o *dominium* para uma distinção em *directum* e *utile* (Villey), refletindo a duplicidade dominial as ideias do tempo, ligadas ao reconhecimento de um direito àquele que explora e torna produtiva a terra.

5. A propriedade ao longo dos tempos. A invasão do Império não trouxe, por si mesma, nenhuma revolução ao regime dos bens, "porque os germanos, e, após eles, os homens da Idade Média, estimavam, como os antigos quirites, indiscutível em seu princípio, o absolutismo do poder do homem, senhor *de* sua pessoa, sobre as coisas por ele assenhoreadas".[6] No entanto, indiretamente gerou uma transmutação profunda de valores.

O regime feudal, instilando na história política um conteúdo novo, ressumbra na ideia privatística de senhoria a projeção publicista do poder. Dentro do feudalismo a autoridade se dissocia, criando células autocráticas em torno de cujo núcleo, preenchido por um senhor, gravitam os que lhe devem vassalagem e lhe pagam tributos, rendem-lhe homenagem e prestam serviços de guerra e de paz. O desaparecimento dessa organização social, política e econômica não foi devido a um cataclismo histórico. Nem tal regime surgiu num dia.

Com a invasão dos bárbaros campearam a instabilidade e a insegurança. Os indivíduos receavam as violências. E, para obterem tranquilidade, aproximavam-se de um grande senhor. Transferiam-lhe suas terras. Juravam servi-lo. E em troca da terra e da vassalagem recebiam a proteção dele e o gozo daquela *(beneficium).* Pouco a pouco foi se estendendo uma rede interna de devotamentos, de assistência recíproca, de auxílios e alianças, desde o rei, que era o primeiro nobre, até o mais humilde servo.

A propriedade imóvel é objeto de subordinação diferente e variada a uns e a outros, mas é também o símbolo do poder de comando. Dentro de sua terra, o nobre é soberano. Cobra tributos. Exige obediência. Distribui justiça. Contudo, não existindo senhor sem terra, a propriedade, que fora outrora um vínculo místico de apoderamento, transmuda-se em valor político.[7]

Sob esse regime, a organização econômica era trabalhada fundamentalmente pela infiltração política e estabelecia as obrigações mútuas e os privilégios que compunham a feudalidade, bem como as relações para com a propriedade, que, a rigor, não era de ninguém.[8] Com efeito, uma escala de valores jurídicos e de valores políticos se estendia desde o soberano até o menor súdito. E, quando volta o observador suas vistas para este, que é o ocupante e o cultivador da terra, verifica que ele não tem o seu domínio, mas paga uma contribuição pelo seu uso e pelo seu rédito; paga para utilizá-la, paga para não

---

[6] Lucien Jansee, *La Propriété,* p. 20.

[7] Felicien Challay, *Histoire de la Propriété,* p. 50 e segs.; Joseph Zaksas, *Les transformations du Contrat et leur Loi,* p. 67 e segs.

[8] Adolf A. Berle Jr. e Oardiner C. Means, *A propriedade privada na economia moderna,* p. 23.

ser molestado. E, quando morria, a princípio, cessava a vassalagem. Depois tornou-se hereditária, e, com ela, os *beneficia* também (Challay). O óbito do castelão, do servo, do ocupante, do cultivador da gleba não transmite a terra aos seus, mas devolve-a ao suserano, que, mediante um tributo, imite os herdeiros do defunto na *posse*. A *posse*, e só ela, contém a relação do homem com a terra, e é pela ideia de transmissão da posse que se revoluciona o princípio da sucessão *mortis causa (droit de saisine)*. A princípio, a morte do servo devolvia a posse da terra ao senhor, que, por generosidade, ou mediante paga, reimitia nela o seu herdeiro. Mais tarde, porém, aceitou-se que a posse da terra passava diretamente do servo ao seu parente mais próximo, e admitiu-se que *le serf mort saisit le vif son hoir le plus proche.*[9]

Ao chegar-se no limiar da Idade Moderna do direito, não é por mero acaso que outra concepção de propriedade se emoldura, diversa da que vigera por um milênio de civilização. Não é, mas porque novas ideias políticas se elaboram. Verifica-se, mais uma vez, a impossibilidade de conservar o conceito de propriedade estranho à configuração das ideias liberais, da noção de liberdade, da tendência individualista. E, no momento em que o panorama político se transforma, com ele se metamorfoseia a propriedade, que irá à evidência inteira entender-se marcada daquele mesmo conteúdo, dos mesmos preconceitos e prejuízos da construção democrático-liberal.

6. Revolução e guerra. A Revolução Francesa foi um acontecimento de raízes profundas, de tão grande alcance social que se chega a dividir a história à vista das transformações que causou. Não passaria da superfície o movimento se deixasse intacto o conceito medieval de domínio, e, disto conscientes, aqueles homens revolucionaram também a noção da propriedade. O Código Napoleão traduz os pendores de seu tempo e sintetiza as ideias-forças do direito no século XIX. E como este foi o grande lago sereno do individualismo jurídico, aquele foi cognominado com razão o Código da Propriedade. Em torno dela construiu-se a economia. Em função de sua extrema valoração, os princípios jurídicos se assentaram. Ocorreu certo desprezo pela propriedade da coisa móvel, que o legislador do Consulado tratou em plano secundário, e, acreditando na *vilis mobüium possessio,* o jurista classificou, numa espécie de aristocracia bonitária, a coisa imóvel como a mais importante, porque a propriedade imobiliária traduz mais que outra qualquer a ideia de assenhoreamento, de conservação e de equilíbrio econômico Aquele a quem pertencem mais coisas tem uma importância social maior. Descrente da aristocracia de linhagem, a sociedade moderna constituiu uma nova ideia nobiliárquica, e fundou a aristocracia econômica. O homem valendo pelo que tem, cada um procura mais ter, construir a sua fortuna, como forma de influir.

Longa vida, porém, não viveram esta modalidade de entendimento e esta valoração econômica.

Neste século XX e ainda até os dias de hoje, é tudo intranquilo. Os regimes mudam, os conceitos jurídicos perdem consistência. Os movimentos políticos alteram a face das

---

[9] Caio Mário da Silva Pereira. *Instituições de direito civil,* v. VI, n. 429; H. Vialleton, *Les Successions,* p. 63; De Page, *Traité Êlémentaire de Droit Civil,* v. IX, n. 485.

instituições. Oscilam os governos da direita para a esquerda, da esquerda para a direita. Nesse ambiente caótico o regime jurídico da propriedade não se mantém equilibrado.

Após a Segunda Guerra Mundial, ainda mais se acentuou o fenômeno. No período de desequilíbrio que de perto se lhe seguiu, foram sensíveis as vacilações, no plano político; também em relação à propriedade. Pende para a socialização moderada, acompanhando o rumo do governo trabalhista sob Clement Attlee na Inglaterra, ou procura retomar o leito individualista sob Winston Churchill. O sentido individual na abolição da propriedade privada do regime soviético da primeira hora (comunismo de guerra) transige com um individualismo moderado nos anos da NEP e retoma com a planificação uma segurança maior, à medida que aquele regime amadurece com a experiência, admitindo-se então, ao lado da socialização plena dos meios de produção, o reconhecimento de um tipo de apropriação privada usufrutuária compatível com o regime.[10] O desequilíbrio econômico e político instável da França de Vichy e do pós-guerra pode ser estudado na insegurança da propriedade, mantida com caráter privado e individual, porém perfurada pelas nacionalizações e pelas restrições que uma legislação extravagante a todo momento lhe desfere. E, quando uma recuperação econômica se afirma, reage o direito de propriedade, colocando-se numa defensiva bastante significativa, porém trabalhada por ideias novas que anunciam a presença de fatores que preparam conceitos mais adequados a padrões sociais diferentes.

7. Socialização do direito. Apregoa-se a deflagração de um movimento moderno sob a epígrafe um tanto enfática de "socialização do direito". Quem quiser, porém, apurar se há mesmo socialização no sentido de inclinar-se o direito no rumo socialista, é indagar como a propriedade privada está sendo tratada. Mudou ela de substância? Foi abolida? É reconhecida apenas sobre bens de utilidade pessoal? Então o movimento é mesmo socializador, e o direito muda de polo. Não é? Reconhece-se o direito de propriedade individual? Atenta-se contra o domínio em impactos apenas de superfície, que lhe não abalam a estrutura íntima? Então o direito não sofre alteração profunda, e a denominada "socialização" é apenas expressão de empréstimo, razão por que Duguit lhe propunha o epíteto de *solidarismo.*

O que daí se pode deduzir, mais uma vez, é a importância capital da análise do direito de propriedade como fator de observação para se apurar a evolução jurídica de nosso tempo.

Por que dizermos que a expressão, tão em voga, *socialização do direito* é mero eufemismo; dizê-lo em confronto com o direito de propriedade? Não seria um exagero ou um desvio de perspectiva? Evidentemente, não.

Fala-se muito em "socialização do direito", tendo-se em vista, de um lado, o desenvolvimento da teoria do *abuso do direito,* e, de outro, o sentido de proteção ao mais fraco, como técnica do restabelecimento do equilíbrio social, cognominado por Colin *et* Capitant como "paternalismo" do direito moderno.

---

[10] René David *et* John N. Hazard, *Le Droit Soviètique,* v. I, p. 81 e segs.

Não será, porém, correto proclamar que o Direito se socializa, uma vez que, como base estrutural do ordenamento jurídico, a noção do *direito subjetivo* imprime ao direito cunho individualista, oposto ao conteúdo social do regime contrário. É exato que a tendência de nosso tempo é podar os excessos individualistas, como declaramos na *Exposição de Motivos* com que apresentamos nosso Anteprojeto de Código de Obrigações de 1964 e como implicitamente está consignado em toda uma legislação protecionista. Entretanto, nem por suprimir-lhe os excessos retira-se-lhe a essência.

Quando, pois, o direito positivo consagra a teoria do abuso do direito (Código suíço, art. 2.º; nosso Anteprojeto de Código de Obrigações, art. 917 [N.A.: Código Civil de 2002, art. 187]), ou a jurisprudência a aplica (como no direito brasileiro ou francês), mesmo sem texto definidor, nem por isso toma o caminho socialista, pois, segundo mostrou à maravilha René David, há um mundo de distância entre esta concepção, que é capitalista, e a regra consignada no famoso art. 1.º do Código Civil soviético, em que se lê o princípio de proteção dos direitos civis, "salvo no caso de exercício contrário à sua destinação econômica e social". Diferentes os fundamentos, pois que o da teoria do abuso de direito nos sistemas romano-cristãos é moral (Ripert), enquanto a fórmula soviética tem base econômica,[11] espelham conceitos jurídico-políticos inconfundíveis.

Doutro lado, se é exato que a tendência da legislação protecionista vige no rumo de se coibir o abuso cometido pelo contratante mais forte ou pelo economicamente mais poderoso, nem por isto se lhe recusam direitos subjetivos, ou a estes é retirada proteção.

Ora, de todos os direitos subjetivos o que mais fundamente cala na consciência jurídica de um grupo social é a propriedade. Mesmo as pessoas que não têm qualquer formação jurídica para perceber a noção abstrata do direito subjetivo, mesmo os indivíduos rudes sem um sensório aberto à penetração do jurídico como ideia genérica, reduzem a ideia de "direito" aos termos de comparação com o sentido dominial.

Num concretismo bem ao gosto do tempo, não é errôneo, portanto, assentar que a conservação essencial das linhas de estrutura da propriedade permite definir a orientação geral de um sistema e repelir a declaração de que este se socializa, enquanto mantiver as faculdades dominiais primárias.

8. A moderna propriedade. Numa adaptação de proporções e de perspectiva, serão convenientes umas observações sobre o direito brasileiro atual, no campo delimitado da propriedade.

Antes de situarmos este direito em nossa sistemática, devemos vinculá-lo em seu enquadramento passado. Conceituá-lo. Tanto quanto for possível, oferecer para uma instituição de tal modo complexa uma definição.

O romano via na *proprietas* o direito ilimitado sobre uma coisa, incorporava nela a liberdade de fazer o *dominus* o que bem lhe parecesse, a menos que a lei lhe trouxesse,

---

[11] Georges Ripert, *La Règle Morale dans les Obligations Civiles*, p. 183; René David, *Traité Êlémentaire de Droit Civil Compare*, p. 335.

acrescenta Van Wetter,[12] uma limitação especial. Podia o proprietário usar, gozar, dispor da coisa, mas não se entende daí que o *dominium* constasse de uma soma de faculdades irregulares, senão que exprimia "la pienezza dei diritto sulla cosa, e le singole facoltà, che in essa vanno distinte, non sono che estrinsecazione e manifestazione di questa pienezza".[13]

Depois de a Revolução Francesa ter inscrito a propriedade entre os direitos naturais e imprescritíveis do homem, no art. 2.º da *Déclaration des droits de Vhomme et du citoyen*, o Código Napoleão, que reflete e perpetua as ideias do tempo, define-a em termos que reproduzem a ilimitação romana, como "le droit de jouir et disposer des choses de la manière la plus absolue, pourvu qu'on n'en fasse pas un usage prohibé par les lois ou par les règlements" (art. 544).

Embora não tenham passado sem reparos as contradições do legislador do Consulado, que proclamava simultaneamente o absolutismo daquele direito e a sujeição de seu uso às restrições impostas pelas leis e pelos regulamentos, o modelo francês inspirou inúmeros Códigos, e outros, sem copiá-lo, guardam linha de conduta análoga. Mesmo aqueles que seguem orientação própria desprendida da francesa (o alemão e o suíço) enxergam no domínio a faculdade de proceder livremente em relação à coisa (Código alemão, art. 903) ou dispor dela livremente (Código suíço, art. 641).

O Código Civil de 1916 teve o bom senso de não defini-la, em seu art. 524, seguindo na mesma esteira o atual, que, no art. 1.228, *caput*, se contenta em declarar que "o proprietário tem a faculdade de usar, gozar e dispor da coisa, e o direito de reavê-la do poder de quem quer que injustamente a possua ou detenha".

Não se perdeu no excesso francês de proclamar o seu absolutismo, que o italiano de 1865 repetiu: "diritto di godere e disporre delle cose della manterá piú assoluta". Não afirmou a liberdade de uso ou de disposição (suíço-germânico). Foi sóbrio, integrando no domínio os quatro elementos que o compõem: uso, gozo, disposição e reivindicação da coisa, embora adotasse o critério analítico ao definir.

E, precisamente por ter sido comedido, o conceito do nosso legislador pôde sobreviver às mutações que o domínio sofreu, e que sucintamente assinalaremos. Não fugiu do critério nem perdeu a sobriedade o Projeto de Código Civil de 1965, revisto por Orozimbo Nonato, Orlando Gomes e Caio Mário da Silva Pereira, como ainda o Anteprojeto que se lhe seguiu, de 1972.

9. Linha mestra. A linha mestra do direito de propriedade traçada no art. 141, § 16, da Constituição de 1946, em que é assegurado, salvo desapropriação por necessidade ou utilidade pública, como por interesse social, e continuou no art. 150, § 22, da Carta de 1967, como no art. 153, § 22, da Emenda 1 de 1969.

A Constituição de 5 de outubro de 1988 reiterou a garantia ao direito de propriedade, que atenderá à sua função social; é mantida a desapropriação tal como no regime anterior (art. 5.º, incs. XXII a XXIV).

---

[12]   Van Wetter, *Pandectes,* § 162.
[13]   Windscheid, *Pandette,* II, § 167.

Examinando-o, já nos defrontamos com sérias restrições ao direito de propriedade, contidas na *desapropriação* e na *requisição,* excepcionalmente autorizada esta, em caso de perigo iminente, como guerra ou comoção intestina.

É preciso, pois, situar essas restrições e as inovações que as Cartas de 67, 69 e 88 contêm dentro do movimento doutrinário, que o esclarece bem.

Contra os exageros individualistas do século passado, duas escolas, por seu turno adversárias, fazem mão comum no ataque. Cristãos e socialistas assestam contra o absolutismo do direito de propriedade uma série de acusações, e daí surge a ideia, por sua vez um pouco imprecisa, de ser o domínio função social (Renard *et* Trotabas). Nesse mesmo rumo caminha o institucionalismo de Hauriou, e, quando Savatier sustenta a publicização do direito de propriedade, nada mais está fazendo do que marchar nessa corrente que ganha vulto.[14]

As Constituições brasileiras de 1946 e de 1988 foram elaboradas ao tempo em que estas ideias tomavam corpo entre nós, não no sentido de que a propriedade seja socializada, pois que um tal conceito contraria as noções mais divulgadas e os princípios seguros consagrados nos códigos de quase todo o mundo, em prol da concepção do domínio como direito subjetivo. No entanto, naquele tempo já se aceitava, e os constituintes foram bastante sensíveis à realidade, aquilo que a nosso ver deve compor a verdadeira noção elementar do domínio.

Sem deixar de ser um direito, com as características de *facultas,* a propriedade deve ser *exercida* em sentido social. É o *exercício* daquele direito que se subordina ao interesse público, e a função social é integrante menos da definição do direito do que ligada ao seu exercício. Toda vez que se esboça um conflito entre o individual e o social, entre o direito de um dono e a conveniência da coletividade, o legislador terá forçosamente de resolvê-lo neste último sentido, ainda que com sacrifício do direito subjetivo. A utilização dos bens apropriáveis estará, pois, na linha de equilíbrio entre a faculdade reconhecida e a conveniência de todos.

Já o nosso direito conhecia e disciplinava o instituto da desapropriação por necessidade ou utilidade pública, em que se encontra bem acentuado este aspecto da linha de equilíbrio. Sempre que o poder público precisa realizar obra no proveito geral, expropria o bem particular, indenizando o dono. Sem destruir a noção de direito subjetivo, e sem atentar contra a garantia assegurada ao *dominus,* opera-se a coletivização do exercício do direito, sub-rogando-se a coisa no valor, com que se compensa o proprietário despojado.

10. Desapropriação. A inovação de nosso regime reformado em 1946 foi a *desapropriação por interesse social.* A introdução da novidade deve-se ao Senador Ferreira de Sousa, que justificou sua emenda em nome daqueles princípios defendidos pela doutrina cristã, que impõe ao proprietário certas obrigações morais. O autor afirma a função social da propriedade e exige que se lhe dê utilidade e emprego proveitoso ao bem comum. A Constituição de 1988 não destoou da tese.

---

14 Savatier. *Du Droit Civil au Droit Public,* 1945.

Naquele equilíbrio a que nos referimos, deve ser ponderada a utilização do domínio no sentido social, sobreposto ao bem individual. Com esse propósito, defende o parlamentar a expropriação das terras que poderiam ser cultivadas e não o são, como "daquelas cujo domínio absoluto chega a representar um acinte aos outros homens".

Além desse exemplo, mais comumente lembrado, Pontes de Miranda recorda as obras científicas em edição esgotada, os inventos não utilizados.

Sem dúvida, a Constituição de 1946 assentou um princípio que bem traduz a receptividade de nossos juristas às doutrinas mais vivas e mais atuais. Acontece que o dispositivo constitucional que abriga a inovação não é uma *self executing provision*. Necessitava, ao revés, de regulamentação, que a lei ordinária teria de minudenciar. E aí é que se plantou o grave problema. Carlos Medeiros Silva, Seabra Fagundes e Teodoro Arthou redigiram um projeto de lei definindo os casos de desapropriação por interesse social. Dario Magalhães e Antônio Viana de Sousa o debateram no Conselho Técnico Consultivo da Confederação Nacional do Comércio.

Projeto de lei foi apresentado na Câmara dos Deputados pelo Deputado Josué de Castro, "definindo os casos de desapropriação por interesse social e dispondo sobre a sua aplicação". Na Comissão de Constituição e Justiça produziu o Prof. Pedro Aleixo brilhante parecer, seguido de substitutivo. Não obstante o valor dos trabalhos e a intenção de solucionar o problema, não se chegou, daquela feita, a um ponto de fusão capaz de gerar uma lei satisfatória.

De fato, a questão é difícil. O legislador ordinário terá de agir com a máxima cautela. Se for demasiado sovina ao delinear os casos de desapropriação por interesse social, reduzirá a alteração do instituto expropriatório às hipóteses já consagradas da necessidade e utilidade pública. Se for demasiado liberal, penderá para maior inconveniente, que é a instabilidade do direito de propriedade.

Todos nós sabemos dos perigos que a deformação política pode causar aos institutos. Todos nós conhecemos os males que as competições municipais provocam, atraindo para seu âmbito restrito as lutas que nascem no campo vasto das ideias gerais. Daí o perigo que se corre de oferecer ensanchas a que se deforme em prática malsã uma instituição nascida com tão alevantados propósitos. E a questão continua aberta na de 1967, como na Emenda 1, de 1969, e na Carta de 1988.

É certo que temos garantia constitucional para o expropriamento. Compete ao Poder Judiciário a fixação do preço da desapropriação (*due process of law), e* se este Poder, alguma vez, por uma contingência ligada às deficiências humanas, faltar ao seu mister, na normalidade de sua conduta entretanto está a segurança de seu equilíbrio. Consequentemente, a desapropriação por necessidade ou utilidade pública, como a por interesse social, apreciada no que é súbito ao Judiciário, por um poder estranho ao âmbito dos debates, forçosamente levará à justiça do veredicto.

A Constituição Federal estabelece como regra ser a indenização prévia, justa e em dinheiro. Daí a garantia de que o expropriado não sofrerá a espoliação do bem do seu domínio. E a conduta judiciária tem se mantido firme numa interpretação severa da lei de desapropriações, reputando inconstitucional o dispositivo legal que estabelecia a aferição do preço contemporâneo ao ato expropriatório. Por exceção paga-se em títulos a desapropriação levada a efeito pela União Federal, mas sujeitos à cláusula de "correção monetária", quando tenha por objeto a propriedade territorial rural incluída em zonas prioritárias e no plano da reforma agrária, e combate aos latifúndios não explorados devidamente (Emenda Constitucional de 1969, art. 161).

A Carta Política de 1988, em seu art. 184, estabelece que "compete à União desapropriar por interesse social, para fins de reforma agrária, o imóvel rural que não esteja cumprindo sua função social, mediante prévia e justa indenização em títulos da dívida agrária, com cláusula de preservação do valor real, resgatáveis no prazo de até vinte anos, a partir do segundo ano de sua emissão, e cuja utilização será definida em lei".

A Lei Complementar n. 76, de 6 de julho de 1993, dispõe sobre o procedimento contraditório especial, de rito sumário, para o processo de desapropriação de imóvel rural, por interesse social, para fins de reforma agrária.

Anote-se, entretanto, que as benfeitorias úteis e necessárias serão indenizadas em dinheiro (§ 1.º, art. 184, CF/1988).

11. Limitações à propriedade. Restrição ao direito de propriedade nós encontramos também na legislação protetora de nosso patrimônio histórico e artístico, proibindo a demolição e a modernização de prédios e obras de arte existentes, tanto em cidades consideradas monumento histórico como também aqueles que se encontram inscritos no tombamento monumental, nas demais.

Limitações ainda maiores constam do § 1.º do art. 1.228 do Código Civil de 2002, segundo o qual "o direito de propriedade deve ser exercido em consonância com as suas finalidades econômicas e sociais e de modo que sejam preservadas, de conformidade com o estabelecido em lei especial, a flora, a fauna, as belezas naturais, o equilíbrio ecológico e o patrimônio histórico e artístico, bem como evitada a poluição do ar e das águas".

É uma forma especial de se conceber o domínio, admitindo-se que o proprietário tenha uso e gozo, mas restringindo-se a disponibilidade da coisa. Aqueles três elementos componentes do domínio segundo a concepção romana alteram-se. Naquele complexo jurídico – *ius utendi, fruendi et abutendi* – enfraquece uma das faculdades. Todavia, continua sendo domínio; restrito, porém, domínio.

12. Individualismo *versus* socialização. A crise de habitações, deflagrada a Segunda Guerra Mundial, provocou a intervenção legislativa no direito do contrato de maneira mais vasta do que já vinha fazendo. Com uma legislação chamada de emergência, instituiu o congelamento dos preços e a fixação do locatário no imóvel alugado. E, se a legislação recente amenizou as restrições com a liberação completa dos novos aluguéis, não restituiu o comércio locatício à livre concorrência, porque ainda conteve o reajuste dos preços e conservou limitado o direito de retomada.

O movimento, analisado no seu conteúdo sociológico e retratado em suas linhas gerais, traduz bem o sentido de proteção quando procura, pelo tratamento diverso aos que se defrontam com a coisa, manter ou restaurar um equilíbrio alterado.

Fere-se um combate entre dois princípios, ou melhor, entre duas tendências: o individualismo, que inspirou o movimento codificador do século passado, a que o Código de 1916 não pôde escapar, e o movimento que orienta os rumos da legislação neste século, a que o nosso direito adere francamente, e que por uns é chamado de *socialização* e por outros de *moralização.*

Em trabalho anterior, *Lesão nos Contratos,* tivemos ensejo de apontar a influência desse combate sobre o direito do contrato, evidenciando que o princípio da ordem pública vem cada vez mais superando os cânones da autonomia da vontade e o da força obrigatória do ajuste.

O Código Civil de 2002, finalmente, atendeu aos reclamos do Prof. Caio Mário, ao incluir, entre os vícios do negócio jurídico, conducentes à sua anulabilidade, a lesão em seu art. 157, assim redigido:

> "Art. 157. Ocorre a lesão quando uma pessoa, sob premente necessidade, ou por inexperiência, se obriga a prestação manifestamente desproporcional ao valor da prestação oposta".

Também o Código de Defesa do Consumidor, de 1990, elencou entre os direitos básicos do consumidor "a modificação das cláusulas contratuais que estabeleçam prestações desproporcionais", como se vê de seu art. 6º, V.

Ressalta-se, por oportuno, que não se confunde o vício da lesão, que antecede a celebração do contrato, e resulta de conduta ilícita de um dos contratantes, que se aproveita da posição mais frágil do outro, com a onerosidade excessiva, de que trata o art. 478 do Código Civil, que autoriza a resolução ou a modificação do contrato, por fato superveniente, que tenha rompido, de maneira sensível, sua equação econômica.

Confirma-se, assim, e uma vez mais, a visão premonitória do Prof. Caio Mário, antecipando-se à implantação de uma nova ordem jurídica principiológica, a partir do advento da Constituição Federal de 1988.

Aqui salientamos a repercussão dessa luta no direito de propriedade. Repercussão profunda, embora menos aparente, e, por isso mesmo, de conteúdo mais grave para a modelação do direito do futuro.

Numa simples proposição que o homem da rua, notadamente o pequeno proprietário, a todo instante repete está um aforismo de enorme alcance social. Ele não se conforma que o legislador lhe retire a livre disponibilidade da coisa; não admite que a lei restrinja o gozo do bem ao fixar o aluguel; não tolera que o ordenamento jurídico se oponha a que use livremente a sua casa, permitindo-lhe o direito de retomada apenas quando se esboça entre o dono do prédio e o inquilino um conflito de necessidades. E exclama revoltado que então não é mais dono.

O domínio, entretanto, existe. Mudou de roupa. Transformou-se. Alterou-se a sua aparência. Como a nossa geração é que assiste a essas transformações, ainda não se conformou com a ideia de que a propriedade, que afronta um conceito tradicional, possa estar em tal estado subvertida.

O que houve, porém, foi apenas uma transformação, consagrada na linha de evolução do individual para o social, como outras evoluções já suportara o domínio no passado, alterando o sentido de uma palavra e o conteúdo de um instituto. Voltado, com efeito, para o futuro, como todo Código deve ser, o nosso Anteprojeto de Código de Obrigações, disciplinando o contrato de locação, não lhe restituiu a conceituação liberal da era vitoriana, porém nele inseriu as limitações que já hoje se tornaram *commune praeceptum*.

O Código Civil de 2002 mantém a mesma orientação, como se percebe, nitidamente, da disciplina do contrato de locação, constante dos arts. 565 a 578.

Também a atual Lei do Inquilinato (Lei n. 8.245 de 1991), embora tenha temperado, sensivelmente, o dirigismo estatal, que até então engessava a legislação inquilinária, preservou relevantes restrições ao direito do locador, especialmente nas chamadas "locações residenciais", de maior densidade social.

Esta opção político-legislativa se revelou proveitosa, trazendo equilíbrio e crescimento do mercado de locação do imóvel urbano.

13. Subsolo e espaço aéreo. Segundo a teoria elaborada pelos glosadores, em raciocínio equívoco sobre textos pouco claros do *Digesto*, construiu-se uma doutrina para o aproveitamento do subsolo e do espaço aéreo, que tanto tem de sistemática quanto de inexata. Com a fórmula atribuída a Cino de Pistoia – *cuius est solum, eius est usque ad coelum, usque ad inferos* –, estabeleceu-se a projeção dominial acima e abaixo da possibilidade econômica de aproveitamento. Concentrou-se o individualismo da propriedade na sistematização doutrinária de um domínio sem correspondência real.

Nosso Código de 1916 situou bem o problema, estendendo o domínio sobre o espaço aéreo e subsolo dentro do critério limitativo da *utilidade*, ideia que reaparece nas legislações modernas e que subsiste no Projeto revisto pela Comissão, composta por Orlando Gomes, Orozimbo Nonato e Caio Mário, bem como no Anteprojeto de 1972.

Entretanto, a economia nacional não pode mais, mesmo com este sentido, aceitar esta projeção vertical. Na riqueza da Nação hão de se integrar as reservas minerais do subsolo, que é hoje destacado da propriedade do solo, desde o Código de Minas de 1934 até a disposição especial da Carta de 1969, que considera distinta da do solo, para efeito de exploração e aproveitamento industrial, a propriedade das minas e riquezas do subsolo, como a das quedas-d'água mobilizáveis para o potencial elétrico.

De novo sentimos o conteúdo do domínio reduzido. O proprietário de um fundo rural, sem deixar de ser dono, vê-se despojado da jazida mineral do subsolo ou da cachoeira que aciona turbina elétrica, pela razão de que o interesse coletivo se sobrepõe ao seu individual, e uma extensão social do direito não comporta o egocentrismo da concepção romana de *proprietas*. À União cabe legislar sobre jazidas, minas e outros recursos minerais e metalurgia.

O art. 176 da Constituição Federal de 1988 estabelece que "as jazidas, em lavra ou não, e demais recursos minerais e os potenciais de energia hidráulica constituem propriedade distinta da do solo, para efeito de exploração ou aproveitamento, e pertencem à União, garantida ao concessionário a propriedade do produto da lavra".

Por outro lado, o art. 177 institui monopólio da União a pesquisa e a lavra das jazidas de petróleo e gás natural e outros hidrocarbonetos fluidos.

14. Obrigação de vender. A mesma inspiração que retira da apropriação individual a riqueza do subsolo, que põe fora de controle individual o monumento artístico ou histórico, que institui a desapropriação do bem que passa ao domínio público e se torna útil à coletividade, que restringe a faculdade *utendi* e *fruendi* por meio da lei do inquilinato ou de proteção ao fundo do comércio, orienta o legislador no sentido de obrigar a vender. Constitui, na verdade, crime contra a economia popular, punido com prisão, sonegar mercadoria ou recusar vendê-la a quem esteja em condições de comprá-la a pronto pagamento.

Aí está outro atentado contra a faculdade de disposição, que já não se acha mais condicionada à conveniência, ao interesse e, muito menos, à liberdade do proprietário. A lei, sob pena de prisão, impõe a obrigação de vender, e, dessa forma, reduz, no conjunto das faculdades próprias do domínio, a que diz respeito à disposição, que se sujeita à necessidade do maior número.

Com o mesmo propósito, e na mesma linha de restrições, é proibido celebrar ajuste para majorar preços. E há ainda a reforma agrária, minudenciada em seguida.

15. Função social da propriedade. Desta resenha rápida, em que focalizamos os principais atentados contra a concepção clássica da propriedade e as restrições mais graves a ela impostas, resta-nos extrair a consequência e precisar em que consiste a característica de evolução do direito de propriedade em nossos dias.

Continua existindo a propriedade privada? Como se conciliam todas essas restrições com o conteúdo do direito subjetivo e com a sujeição da coisa ao *dominus,* que ela traduz?

Uma concepção nova de propriedade surge, erigida em função social. Os bens são dados aos homens, que os devem usar em termos que correspondam a esta concessão. O exercício da propriedade tem por limite o cumprimento destes deveres e o desempenho de sua função. Se um indivíduo explora o bem de seu domínio fora desta órbita, afronta um dever superior e sai da linha de conduta compatível com a organização social.[15]

Esta posição do domínio não constitui apenas uma concepção nova, defendida pelos teoristas, e jacente no plano doutrinário. Ao revés, introduziu-se em nosso ordenamento jurídico, e não tem outro sentido o disposto na Constituição Federal, subordinar o uso da propriedade ao bem-estar social, à justa distribuição da propriedade, com igual oportunidade para todos; ao preenchimento de sua função social, à repressão do abuso do poder econômico, à valorização do trabalho, à harmonia e solidariedade entre as categorias sociais de produção.

Confiram-se: Constituição de 1988, art. 5.º, incs. XXII e XXIII, e art. 1.228 do Código Civil de 2002.

O inciso constitucional é bem a expressão desta doutrina que vê na propriedade uma função social, e o observa com justeza o Prof. Temístocles Cavalcanti,[16] doutrina que

---

[15] Planiol, Ripert *et* Boulanger, *Traité Élémentaire,* I, n. 2. 704, p. 915.
[16] Temístocles Cavalcanti, *A Constituição Federal comentada,* v. III, p. 303.

aceitamos com a restrição apontada acima, fazendo incidir a socialização antes sobre o exercício do que sobre a concepção do direito.

Contudo, não obstante esta noção, a propriedade continua um direito, é individual e de natureza privada. A legislação que impõe limitações ao seu exercício, condicionando-a ao bem-estar da coletividade, não lhe retira a característica de direito privado, tal qual o direito romano, que, reconhecendo e proclamando as restrições impostas pelo direito de vizinhança, por exemplo, definia o domínio como individual.

O que se pode apontar como requisito da conceituação privatística da propriedade é o reconhecimento da liberdade individual nos três momentos fundamentais de sua existência: a aquisição, o uso e a disposição. Todo cidadão tem, em tese, direito à aquisição dos bens de que lhe aprouver apropriar-se. O Estado, por conveniência ou para defesa de sua integridade, apenas por exceção, põe fora do comércio alguns, declarando-os inapropriáveis. No seu conjunto, e como regra geral, as riquezas são suscetíveis de sujeitar-se ao indivíduo.

Todo cidadão, em tese, tem direito de se utilizar de seus bens, nos misteres normais a que se destinam, sem a interferência do poder público. Este intervém quando a utilização da riqueza atenta contra o interesse da coletividade. Se o Estado necessitar do bem privado, e quando pretender o cumprimento da sua melhor distribuição, terá o direito de fazê-lo, mas sujeitando-se a reembolsar ao dono o equivalente da coisa, o que é reconhecer aquele direito subjetivo.

Embora pareça contraditório, o direito de propriedade quer a si próprio chamar de *absoluto* e *ilimitado,* não obstante as restrições impostas pelo interesse social. Sem embargo da posição de alguns, como Fragola,[17] que o defendeu, predominam as concepções opostas, da *relatividade* e da *limitação.*

Todo cidadão tem, em tese, o direito de dispor de seu patrimônio, tanto por ato entre vivos como para depois de sua morte, e, se a lei embarga ou mesmo proíbe certas disponibilidades, é em caráter igualmente excepcional, para tão reduzida categoria de bens que não desfigura o seu todo.

16. Axiologia da propriedade. Por um conjunto de causas originárias dos mais diversos setores, opera-se por outro lado uma transmutação dos valores econômicos dominiais. A propriedade, sem deixar de ser um direito subjetivo e sem perder as suas características individuais, encaminha-se num rumo empresário. Sem perder a sua natureza de direito individual, suporta uma dicotomização inteiramente peculiar, extremando-se uma *propriedade usufrutuária* distinta do direito dominial clássico.

Como isto se opera, e quais os seus efeitos, é o que mostraremos em poucas palavras, apontando, desde logo, o porquê do movimento, pois sem isto não seria possível colocar o dedo no lugar sensível.

É certo que a concentração do *poder econômico* vem constituindo uma característica marcante de nosso tempo. A pequena propriedade não pode enfrentar os óbices origi-

---

[17] Umberto Fragola, *Limitazioni Amministrative al Diritto di Proprieta,* p. 34.

nários da mobilização de capital, encargos tributários, mão de obra cara e difícil etc. A rentabilidade da exploração econômica sob o regime do artesanato vai se tornando cada vez mais reduzida e menos encorajadora, desestimulando, portanto, a sua sobrevivência. E, em consequência, ocorre a soma dos esforços e das disponibilidades na criação da empresa. Em todos os setores é uma realidade.

A começar do industrial, cessou o momento da pequena indústria doméstica. E já vai passando o da indústria de proporções reduzidas, que não suporta mais a concorrência da grande produção em série. Como, porém, falta a uma pessoa o capital necessário para reunir os enormes e custosos equipamentos, organiza-se a sociedade anônima, por via da qual as economias, grandes e pequenas, são canalizadas no sentido da realização dos objetivos empresários. E, desta sorte, os valores imensos da *propriedade industrial,* representativos do poder *econômico da empresa,* ficam sob a direção de um pequeno grupo controlador, enquanto se difunde por dezenas, às vezes centenas, e, em certos casos, até milhares de acionistas, que têm então títulos representativos de uma espécie de *propriedade usufrutuária,* facilmente negociáveis e de circulação rápida. A propriedade se multiplica valorativamente, enquanto se concentra na empresa, e ao mesmo tempo se subdivide e difunde na aptidão de fruição.[18] No Brasil, ainda é frequente a preocupação de conservarem os dirigentes da empresa o controle pela "maioria de ações" representativas da "maioria do capital". Mesmo isto vai se tornando menos usual nos Estados Unidos, onde já se observa que as mais poderosas entidades, como a *Standard Oil,* a *American Telephone and Telegraph Company,* dispondo de capitais imensos, são dominadas por grupos que se distribuem estrategicamente e controlam sem ter a maioria daqueles, sendo relativamente poucos os casos como dos *Ford* e dos *Mellon,* cuja fortuna pessoal basta ao financiamento empresário (Berle Jr. e Means).

Com a *holding,* na qual uma sociedade investe o seu patrimônio na participação em outras sociedades, facilita-se o controle remoto pelo grupo acionário, despersonaliza-se este último e facilita-se a pulverização do capital.[19]

A exploração agrícola, que ainda em algumas partes do Brasil ocorre em grande parte em moldes antiquados, encaminha-se para um novo tipo de exploração. Já não é mais econômico o plantio de pequenas áreas lavradas a mão. O que se procura hoje é o encaminhamento para a agricultura mecanizada e, como esta exige capital-máquina volumoso, tenderá para a concentração (Challay). Um dos pilares de sustentação da economia nacional é o que se denomina de "agronegócio", explorando enormes áreas, com sofisticada tecnologia, o que promoveu extraordinários e surpreendentes volumes de produção agrícola, com sucessivos recordes de safras. É, aliás, o que tem havido na França, onde a economia individualista, subsequente aos últimos redutos latifundiários, se baseava na pequena propriedade explorada pessoalmente, constituindo o regime do microfúndio (Jansse). Verificando os inconvenientes desta política agrária, "organizou

---

[18]   Adolf A. Berle Jr. e Gardiner C. Means, *A propriedade privada na economia moderna,* p. 22 e 25.

[19]   Sobre *Holding:* Bonbright *et* Means, *The Holding Company, passim;* Sereni, *La Società per Azioni in America,* p. 30; Berardino Libonati. *Holding and Investment Trust,* p. 17; Ascarelli, *Saggi di Diritto Commerciale,* p. 268; Lacarde *et* Hamel, *Droit Commercial,* I, *n.* 866.

legislativamente e realizou administrativamente o remembramento da propriedade imobiliária rural".[20]

17. Tratamento constitucional. Com a vitória da Revolução de 31 de março de 1964, compreendeu o Governo a necessidade de atacar o assunto com firmeza e segurança. Encontrando, entretanto, na estrutura jurídica do País o obstáculo real que opõem os conservantistas acendrados a qualquer movimento de maior alcance, solicitou do Congresso Nacional uma alteração do esquema vigente. Com a *Emenda Constitucional* n. 10, de 9 de novembro de 1964, foram introduzidas modificações que revelam desde logo os propósitos em mira.

Alterando o art. 5°, mencionou que a União tem competência para legislar sobre *direito agrário,* ideia inserta no art. 8.°, inc. XVII, "b", da Carta de 1967. A rigor, tal menção é desnecessária, porque o *direito civil* abrange o outro. Entretanto, psicologicamente, é relevante, pois denota desde logo o propósito de afrontar os problemas, e cuidar em particular da matéria ligada à disciplina da utilização da terra. A mesma competência legislativa manteve a Emenda Constitucional n. 1, de 1969, no art. 8.°, inc. XVII, letra "b".

Sem retirar proteção ao direito de propriedade, a Constituição, na redação nova, ressaltou a desapropriação da propriedade territorial rural, mediante pagamento de prévia e justa indenização em *títulos especiais da dívida pública,* embora providos de cláusula de correção monetária, segundo os índices atuais. A Constituição de 1988 eximiu de penhora a pequena propriedade rural, quando trabalhada pela família (art. 5.°, inc. XXVI).

A inovação foi grande porque eliminou a condição do pagamento em dinheiro – óbice maior à expropriação em grande escala, que se prevê como escalão necessário a uma reforma agrária.

Não foi, contudo, muito extremada a Emenda, antes cautelosa, porque manteve esta competência expropriatória como faculdade privativa da União e limitada às zonas prioritárias fixadas em decreto federal, somente recaindo sobre propriedades rurais cuja exploração contrarie plano legalmente estabelecido. E ainda acrescentou que a indenização em títulos somente tem lugar no caso de latifúndio, como tal conceituado em lei.

Atualizando os critérios de concessão de terras devolutas, a mesma *Emenda* n. 10, consolidada no art. 164 da Carta de 1967, elevou de 25 para 100 hectares a preferência para o posseiro residente na gleba, mas reduziu de 10.000 para 3.000 hectares a prévia autorização do Senado Federal, para a alienação de terras públicas, salvo quando se tratar da execução de planos de colonização aprovados pelo Governo Federal.

A Constituição de 1988 retomou a tradição de não admitir a usucapião de bens públicos, inclusive terras devolutas, mas instituiu a usucapião rural e urbana, em seu art. 191, respeitados os pressupostos ali estabelecidos.

Não está aí traçada uma reforma na estrutura do direito de propriedade. E nem seria possível empreendê-la, minuciosamente, mediante emenda constitucional. No entanto,

---

[20] Lucien Jansse, *La Propriété,* p. 223.

lançadas foram as sementes, que proporcionam floração legislativa adequada, desenvolvida esta no Estatuto da Terra e legislação complementar (ver item 20).

A Constituição Federal de 1988 consagrou esta tendência, ao estabelecer, em seu art. 5.º, inc. XXIII, que a propriedade atenderá a sua função social.

Seguindo a mesma esteira como já se assinalou, e em cumprimento ao comando constitucional, o Código Civil de 2002, no § 1.º do art. 1.228, determina que "o direito de propriedade deve ser exercido em consonância com as suas finalidades econômicas e sociais e de modo que sejam preservados, de conformidade com o estabelecido em lei especial, a flora, a fauna, as belezas naturais, o equilíbrio ecológico e o patrimônio histórico e artístico, bem como evitada a poluição do ar e das águas".

Mais significativo ainda é o que dispõe o § 2.º, que veda os atos que não trazem ao proprietário qualquer comodidade, ou utilidade, e sejam animados pela intenção de prejudicar outrem.

Como se não bastasse, os §§ 4.º e 5.º do mesmo dispositivo legal aludem a uma nova hipótese em que o proprietário também pode ser privado da coisa, se o imóvel reivindicado consistir em extensa área, ocupada, de boa-fé, por um considerável número de pessoas que nela houverem realizado, em conjunto ou separadamente, obras e serviços considerados pelo juiz de interesse social e econômico relevante.

Esta nova modalidade de aquisição da propriedade imóvel tem suscitado algumas controvérsias, que dizem respeito à sua natureza jurídica, e por conter conceitos excessivamente abertos ou indefinidos, como os de "extensa área" e "considerável número de pessoas".

18. Propriedade urbana. Já a propriedade urbana é mais aberta às inovações, não só porque desprendida de uma tradição vetusta, como ainda porque a educação do homem citadino é mais fácil, e, conseguintemente, mais acessível às inovações.

E nas cidades surgiu mais cedo e mais pesado o impacto da necessidade de uma solução para os problemas.

As restrições ao direito de propriedade, assinaladas acima, atingiram o complexo jurídico do proprietário urbano. Impressiona, e impressiona fundamente, ao que é dono, ver podada a sua faculdade de uso e de fruição da coisa.

A rentabilidade do imóvel é relativamente pequena e chega a ser bastante reduzida no confronto com o investimento industrial ou comercial, sem falar na aplicação usuária, tão em voga nos períodos de inflação. Torna-se ainda mais amesquinhada pela tributação que duplamente suporta: imposto predial ao Município e imposto sobre a renda à União, além de outros ônus.

Por outro lado, a economia do que não tem casa é frequentemente ameaçada pelo encargo da majoração do tributo municipal, pelo exercício do direito de retomada para uso próprio ou reedificação ou reforma substancial.

Os encargos tributários, a maior facilidade de circulação moderna de riqueza, que o direito tradicional não admite na transmissão imobiliária (entravada pela obrigatoriedade do instrumento público, recolhimento dos impostos de transmissão *inter vivos*, avaliação fiscal etc.), sugerem uma técnica de constituição de *sociedade imobiliária*, de um grupo (comumente doméstico), à qual pertence a propriedade de bens, ficando as pessoas com títulos representativos. Consegue-se, desta sorte, *converter a propriedade móvel em coisa móvel incorpórea*, mais maleável, mais facilmente transferível. Fortunas particulares, crescentes com o desenvolvimento econômico do País, vêm sendo aplicadas sob esta modalidade, que permite a conservação de propriedade na pessoa jurídica e a difusão de seu gozo pelas pessoas naturais, sob a forma de quota ou ação de uma sociedade mercantil. Esta modalidade econômica da *sociedade imobiliária doméstica* sob forma anônima ou de responsabilidade limitada, quando se analisa em seu conteúdo sociológico, acusa aspecto novo na evolução dominial e reflete este sentido despersonalizante que a vem configurando em nossos dias.

Aqui, nesta técnica econômica nova, como no plano de obtenção da casa própria pelo maior número, não foi a concentração da propriedade a solução indicada. Contudo, precisamente, o oposto: sua *dispersão*. Concentração somente existe nos conjuntos residenciais levantados pelo poder público ou por entidades autárquicas, que são, contudo, em número tão reduzido que não chegam a contar como técnica de solução.

A iniciativa individual imaginou no *edifício de apartamentos* uma forma nova de domínio, em que a propriedade do solo converte-se em uma quota-parte de um espaço necessário a certa aglomeração.[21] Desloca-se o conceito dominial da exclusividade para a utilização comum, restando o poder exclusivo reduzido a uma unidade no conjunto, e mesmo assim onerada de pesadas restrições.

Não sendo viável a mobilização do capital privado para a realização da grande construção, a propriedade urbana, sob a nova modalidade do edifício de apartamentos, nasce de uma iniciativa empresária. É a *empresa* que possibilita o prédio. E, depois, converte-se este em uma "situação coletiva", em que sobressai no domínio de um edifício a sua utilização por agrupamento, submetido a um regime jurídico especial. O apartamento é uma fração do todo. E como este todo é apropriado por um grupo ou uma coletividade proprietária, no edifício de apartamentos está presente aquele mesmo fenômeno da dispersão do direito dominial pela coletividade proprietária, a difusão e fragmentação do domínio.

Isto é que se denomina *propriedade horizontal*, que encontra na sociedade moderna uma tão grande receptividade que quase nos leva a esquecer todo o seu passado e, a vista de sua difusão atual, proclamá-la uma das modalidades dominiais típicas deste século.

No Capítulo I, entretanto, verificaremos que a superposição habitacional não é uma novidade, pois já se praticava com grande sucesso, inclusive entre os romanos.

19. Tendência reformista. O País adquire, no momento, a consciência reformista. Aquela reformulação da ordem jurídica que preconizei em 1962 – em discurso proferido no Instituto dos Advogados Brasileiros, quando me foi conferida a "Medalha Teixeira de Freitas" e publiquei em *plaquette* e na *Revista Forense*, v. 201, p. 20, e que no momento foi mal compreendida – vai pouco a pouco assumindo proporções realistas e ganhando

---

[21] Lucien Jansse, *La Propriété*, p. 226.

posição, à medida que o homem do direito se inteira de que nada de subversivo e desagregador possui ela.

Sem arroubos demagógicos, muito fáceis em tais momentos, quando as reformas são utilizadas como bandeira revolucionária e instrumento de especulação política, o Governo lançou o plano da reestruturação legislativa, de que o setor imobiliário constitui ponderável parcela, e fez das reformas um programa.

Não cabendo aqui uma análise profunda do fenômeno em todas as suas implicações, damos uma palavra simplesmente informativa sobre o *Estatuto da Terra*, a *Lei do Inquilinato*, o *Plano Nacional de Habitação*. Desta sorte, compreendemos que a lei sobre *Condomínio e Incorporações* não é assunto isolado, porém um dos aspectos de movimento mais amplo.

Antes de prosseguir nas considerações do autor, é imperioso ressaltar as profundas transformações introduzidas no direito imobiliário nos últimos anos, fortalecendo a função social da propriedade, com reflexos extraordinários no perfil das cidades e do campo.

A Lei n. 13.465, de 26 de junho de 2017, introduziu no direito positivo brasileiro, entre outros institutos, o direito real de laje (art. 55), o condomínio urbano simples (art. 61), reconheceu expressamente a possibilidade de instituição do condomínio edilício de lotes (art. 58), além de melhor disciplinar os loteamentos com acesso controlado.

Mas importante, ainda, é a implantação da regularização fundiária urbana (Reurb) e rural, o que permitirá, no futuro, por meio de medidas jurídicas, urbanísticas, ambientais e sociais, a incorporação dos núcleos urbanos informais ao ordenamento territorial urbano e rural, com a titulação de seus ocupantes.

Outro exemplo expressivo dessa tendência reformista é a Lei n. 13.777, de 20 de dezembro de 2018, que, embora com enorme atraso, reconheceu a multipropriedade como direito real, que é uma modalidade de condomínio, físico-temporal, em que se parcela o solo por frações de tempo, e que já vinha sendo praticada no Brasil desde a década de 1980, com boa dose de insegurança jurídica, ante a falta de expressa regulamentação legal.

É de todo recomendável a leitura desses novos diplomas legais, que confirmaram a previsão do Prof. Caio Mário, ao se referir à "consciência reformista", por ele preconizada em 1962.

20. Propriedade rural. O *Estatuto da Terra* revela um passo decisivo da nossa evolução jurídica e econômica. Vivemos, como em geral acontece nos países em desenvolvimento, uma situação paradoxal. Em condições econômicas fracas, com renda *per capita* muito exígua e uma parcela ponderável da população em condições de sobrevivência ínfimas, o País cultiva e conserva um padrão legislativo adaptável somente a uma estrutura econômica supercapitalizada. Daí o contraste enorme entre as várias zonas e mesmo dentro de uma zona, entre camadas sociais.

Sendo óbvio, e ligado à própria contingência humana, que ninguém renuncia espontaneamente a privilégios e vantagens, todas as iniciativas de modificação nestes padrões é repelida, é mal recebida e é tachada até de subversiva. Não é, pois, mera coincidência, ou simples acaso, que os ensaios anteriores de *Reforma Agrária* tenham sido rechaçados.

O combate se faz em termos de coordenação política, quando os dirigentes partidários ameaçam os defensores com a repulsa das bases. Faz-se ainda em forma de movimento de opinião, quando se atiram contra as teses reformistas os aparelhos publicitários (jornal, rádio, televisão). Não falta, mesmo, o ataque em termos confessionais, de que foi mais vivo exemplo a obra lançada por dois ilustres prelados,[22] ulteriormente reeditada para fundamentar a chamada *Declaração de Morro Alto*, esta de cunho político. Outros ainda lhe opõem o espírito meramente conservador, o simples misoneísmo, o tédio ao que é novo.

Imagine-se, portanto, a dificuldade que foi mister vencer para a aprovação do *Estatuto da Terra*, contido na Lei n. 4.504, de 30 de novembro de 1964, seguida dos Decretos n. 55.859, de 31 de março de 1965 (Instituto Brasileiro de Reforma Agrária), e n. 55.890, de 31 de março de 1965 (Instituto Nacional de Desenvolvimento Agrário).

Segundo esse diploma, o objetivo da Reforma Agrária é a instituição de um conjunto de medidas que visem a promover melhor distribuição da terra, mediante modificações, a fim de atender aos princípios de justiça social e ao aumento da produtividade. Depois de anunciar que a todos é assegurada a oportunidade de acesso à propriedade da terra, acentuam-se com maior ênfase a sua função social e o seu condicionamento ao bem-estar coletivo. Reconhecendo que existem atualmente em vigor certas técnicas de aproveitamento contrárias a uma sã política agrária, prometia o novo Estatuto que o Poder Público promoveria a gradativa extinção das formas de ocupação e de exploração da terra que fossem contrárias à sua função social.

É evidente que não bastará proporcionar meios técnicos mais avançados, pois que estes, aumentando a rentabilidade e consequente melhoria econômica, mais acentuarão as diferenças existentes. Admitindo-os, o Estatuto proclama na Reforma Agrária o estabelecimento de um sistema de relações entre o homem, a propriedade rural e o uso da terra capaz de promover a justiça social, o progresso e o bem-estar do trabalhador rural, e o desenvolvimento do País, com a gradual extinção do minifúndio e do latifúndio, o primeiro incapaz de proporcionar produtividade "hábil a assegurar independência econômica ao agricultor, e o segundo gerando as extensões inaproveitadas e, em consequência, economicamente desvaliosas.

Não esquece o Estatuto a conveniência de uma redistribuição imobiliária, atentando que o sistema em vigor criou as desigualdades, as explorações e a condenação de muitas terras ao abandono.

Não descurando os planos assistenciais, técnicos e financeiros, omitiu, entretanto, o Estatuto um aspecto importante: a instituição de um *aparelho judiciário adequado*. Com efeito, não basta lançar as bases de uma nova política agrária nem formular conceitos novos de relações humanas. Entregue à justiça ordinária o desate das controvérsias, faltará o dinamismo indispensável a que se lhe imprima rapidez e objetividade. De nada valeria toda uma legislação social avançada se não houvesse o Brasil criado uma Justiça do Trabalho que a aplique. Não é questão pessoal, pois que das mesmas Faculdades saem os que vão integrar a justiça comum e a justiça trabalhista. É uma decorrência da criação

---

[22] *Reforma Agrária (Questão de Consciência de 1963).*

de critérios que modelam as mentalidades. A Comissão Agrária instituída no Estatuto da Terra (art. 42) ficou provida de atribuições simplesmente administrativas. É insuficiente. Cumpre dar nascimento a órgãos jurisdicionais especializados para que haja eficiência na aplicação do Estatuto e, particularmente, para que este se imponha sob a inspiração de sua própria filosofia.

A Constituição de 1988 dedicou todo um capítulo à política agrícola e fundiária e à reforma agrária (arts. 184 a 191).

21. Plano Nacional de Habitação. Não seria bastante que no planejamento em setor imobiliário se cogitasse apenas do trabalhador agrícola e do homem do campo. As populações citadinas sofrem os mesmos dramas da falta de assistência e padecem penúrias análogas.

Para este lado voltaram-se as vistas nesta fase de reconstrução nacional, com a criação, do *Plano Nacional de Habitação,* instituído pela Lei n. 4.380, de 21 de agosto de 1964.

Aqui o ponto de partida foi a coordenação dos órgãos públicos orientados na formulação de uma política nacional de habitação e planejamento territorial.

Torna-se cada vez mais larga a faixa dos que não têm casa própria, dos que vivem em favelas despidas dos mais comezinhos requisitos de conforto, dos que se encontram sujeitos às imposições de proprietários impiedosos.

O *Plano Nacional de Habitação* – com a conjugação de esforços do Banco respectivo, das Caixas Econômicas, do Serviço Federal de Habitação e Urbanismo, do IPASE, das Caixas Militares, dos órgãos federais de desenvolvimento regional e das sociedades de economia mista – consistirá na mobilização de recursos e meios destinados precipuamente a facilitar e promover a construção e aquisição de casa própria, especialmente pelas classes possuidoras de menor renda.

Com o financiamento a longo prazo e juros módicos, embora sujeito ao reajustamento das prestações mensais e correção do valor monetário da dívida em função de elevação do salário mínimo legal; com o estímulo à canalização das poupanças para o sistema financeiro da habitação; com o incentivo à indústria de construção, e com adoção geral de medidas orientadas no mesmo sentido, espera-se o oferecimento de casa própria em números maciços e em condições ao alcance do maior número possível de necessitados, com o que os menos favorecidos lograrão adquirir moradia, livrando-se do desabrigo e da especulação.

Na sua execução, uma das modalidades adotadas é a das cooperativas financeiras, sistema que foi aplicado com bom êxito no Chile e que permite atender a grande número de pessoas, simultaneamente.

A falência do antigo sistema de financiamento imobiliário, e o desaparecimento do Banco Nacional de Habitação – BNH, cujo modelo econômico se revelou equivocado, não desestimularam a política habitacional, que se reformulou com o surgimento de programas como o "Minha Casa, Minha Vida", seu sucessor "Minha Casa Verde e Amarela" e as obras do PAC 1 e PAC 2, que têm incrementado a oferta de moradias para as classes de baixa renda, o que muito contribui para a preservação da dignidade humana.

Os novos instrumentos de alienação fiduciária de imóveis e do patrimônio de afetação trouxeram maior segurança para o mercado de compra e venda de imóveis, que hoje apresenta impressionante aquecimento.

É bem verdade que tudo isto ainda não foi suficiente para eliminar ou reduzir as comunidades carentes, antes chamadas de "favelas", que continuam a crescer e se multiplicar, sem falar nas tragédias que se repetem, com perdas dramáticas de vidas, com o deslizamento de encostas e as inundações, que tragam pessoas que se veem forçadas a viver em áreas de risco, sem adequada e eficiente proteção oficial.

22. Locações. O problema da locação foi tratado em maus termos no Brasil, onde o regime do inquilinato, instituído pelo Decreto-lei n. 4.598, de 1942, passou por numerosas e sucessivas prorrogações. De emergencial e temporário, converteu-se em permanente e definitivo, sem resolver satisfatoriamente as relações locatícias, antes concorrendo para agravar a crise habitacional, pelo desestímulo que trouxe ao investimento imobiliário. Colocada a questão no paralelogramo de duas forças componentes – o congelamento dos preços e a fixação do locatário no prédio –, como acentuamos em nossa *Instituições*,[23] com o tempo nem esses objetivos logrou manter, porque numerosos métodos fraudatórios foram engendrados, e a carência de unidades aumentou. Fiel ao que no plano doutrinário defendêramos (*Instituições*, loc. cit.), cuidamos de programar a elaboração de lei reguladora da locação urbana, na oportunidade que nos surgiu, ao assumirmos a Chefia do Gabinete do Ministério da Justiça, quando colaboramos no Anteprojeto de uma lei definitiva.

Daí a Lei n. 4.494, de 25 de novembro de 1964, que se inspira em uma ideia-força de maior incidência: ao mesmo tempo em que mantém o critério da *fixação do locatário* no imóvel, ameniza o *congelamento dos preços*. Com efeito, guarda a técnica de não autorizar o *despejo* senão por falta de pagamento ou infração legal ou contratual grave, ou quando ocorre um *conflito de necessidades,* solucionado pelo reconhecimento do direito de *retomada* do locador, em casos taxativamente enumerados.

No tocante ao preço, foi concedida a liberação dos aluguéis novos e autorizado o reajustamento dos antigos. Neste passo, porém, a nova lei abandonou o critério singelo que preconizáramos e que o nosso Anteprojeto adotara, preferindo a aplicação de fórmula matemática, que teve de ser abandonada, pois sem dúvida é de compreensão mais difícil pelo grande público, ao qual toda lei reguladora das relações *ei locato* se dirige, tendo-se essencialmente em vista que o contrato de locação é hoje de tal frequência que, depois da compra e venda, é o mais generalizado e praticado de todos os tipos contratuais conhecidos.

Mais recentemente, reformula-se o regime de inquilinato, separando-se a disciplina das locações residenciais e das comerciais, estas últimas sob dois regimes diversos: o das locações protegidas pela "lei de luvas" e as que não o são.

Nesse momento vigorou a Lei n. 6.649, de 18 de maio de 1979, com as alterações trazidas pela Lei n. 6.698, de 16 de outubro de 1979.

---

[23] Caio Mário da Silva Pereira, *Instituições de direito civil*, v. III, n. 241.

A locação do imóvel urbano está hoje subsumida ao regime da Lei n. 8.245, de 18 de outubro de 1991, cujos objetivos fundamentais foram os de reduzir o forte dirigismo contratual, incentivar a construção de novas unidades, trazer para o mercado maior segurança jurídica, equilibrar a relação entre locador e locatário e acelerar a entrega da prestação jurisdicional, nas chamadas ações locatícias.

O êxito da nova legislação pode ser comprovado pelo simples fato, até então inédito, de já perdurar por mais de 28 anos, conseguindo o milagre de pacificar um mercado antes tumultuado e nervoso.

Se, por um lado, fortaleceram-se os direitos concedidos aos locadores, para atrair os investimentos para o setor, por outro não se descurou da necessária proteção aos locatários, tanto nas locações residenciais quanto nas não residenciais, protegendo-se não só a moradia digna, como o fundo empresarial.

Também contribuíram para o equilíbrio do mercado locativo a estabilidade jurídica e o controle da inflação, a partir do advento do Plano Real.

A consciência reformista, a que antes aludimos, e que foi percebida pelo Prof. Caio Mário, também produziu efeitos no setor de locação do imóvel urbano, com o surgimento de novos modelos contratuais, como o *built to suit*, o *sale and lease back* e, mais recentemente, o *coworking* e o *coliving*, que permitem o compartilhamento dos espaços.

Como se vê, confirmaram-se, como sempre, as previsões do Professor Caio Mário para o mercado de locação imobiliária.

23. A Lei n. 4.591/1964. O problema habitacional foi, então, atacado de todos os ângulos e por todos os lados. No seu aspecto mais profundo e grave, com a reforma constitucional e o *Estatuto da Terra,* tem em vista reformar a estrutura da propriedade rural, instilar maior compreensão nas relações humanas e realizar o imperativo que a Constituição assenta, da *função social* da propriedade, promovendo o bem-estar coletivo, realizando a justiça social.

No oferecimento de oportunidade de aquisição de casa própria pelos menos favorecidos, o *Plano Nacional de Habitação* mobiliza recursos, estimula a poupança, incentiva a construção e cria sistemas de financiamento ao alcance dos que vivem de salários mais reduzidos.

Na disciplina das relações contratuais, a *Lei do Inquilinato* equaciona o problema a longo prazo, planejando conduzir a questão em termos que permitam, ao fim de alguns anos, recolocar o comércio locatício no regime da livre concorrência.

E, finalmente, a Lei do *Condomínio e Incorporações* (Lei n. 4.591, de 16 de dezembro de 1964) veio dar ordem ao caos da especulação reinante neste setor do investimento imobiliário, restabelecer a confiança e estimular a construção e a aquisição de unidades residenciais ou comerciais.

Parecendo ao legislador conveniente levar mais longe o equacionamento do problema habitacional e a ampliação dos mercados de trabalho, votou-se a Lei n. 4.864, de 29 de novembro de 1965, que "cria medidas de estímulo à indústria de construção civil". Se a ideia é bem inspirada, e merece encômios, não se pode, entretanto, aplaudir irrestritamente o diploma, que rompe em alguns pontos com os princípios estruturais da propriedade horizontal, e noutros retrocede quanto a soluções satisfatórias contidas na Lei n. 4.591, de 1964 – sem vantagens de ordem econômica e sem contribuição útil no plano jurídico. Não é despicienda, porém, a Lei n. 4.864/1965, pois que procura conciliar os interesses da atividade econômica com o regime condominial. Às inovações desta lei, no que interfere com o *Condomínio e Incorporações*, referir-nos-emos nas passagens em que os novos incisos têm pertinência. E em Capítulo especial (XVIII) trataremos das medidas que o novo diploma sugere.

23-A. O Código Civil revogou os arts. 1.º a 27 da Lei n. 4.591/1964? O texto inaugural de autoria do Prof. Caio Mário, ao qual ele denominou de Sociologia da Propriedade, foi quase integralmente mantido pelos atualizadores.

Depois das magníficas observações inaugurais de seu autor, surgiu o Código Civil de 2002, que ainda não entrara em vigor quando da 10.ª edição, de 2001.

Como se vai assinalar adiante, ele absorveu toda a primeira parte da Lei n. 4.591/1964, passando a disciplinar a vida condominial, preservando, entretanto, os capítulos que tratam da incorporação imobiliária, que permanecem em vigor, em que pesem as profundas modificações trazidas pelo advento da alienação fiduciária de bens imóveis e do patrimônio de afetação.

A primeira mudança referiu-se à própria denominação desta modalidade de condomínio, que passou a se intitular "edilício", enquanto o Prof. Caio Mário o designava de "especial" ou "em planos horizontais", o que nos parece muito mais adequado. Aliás, melhor teria feito o legislador se adotasse a expressão "propriedade horizontal", a exemplo de Portugal e Espanha, o que evitaria discussões quanto à plena possibilidade do condomínio unipessoal e de outorga unilateral da convenção pelo titular único da edificação, como se verá adiante.

Foram também introduzidas algumas inovações, por exemplo, a expressa alusão ao condômino antissocial e as sanções a ele aplicáveis, que serão mais bem examinadas no Capítulo VII-B.

É bem verdade que ainda persiste uma divergência doutrinária, na qual se discute se o Código Civil de 2002 teria revogado toda a primeira parte da Lei n. 4.591/1964 (arts. 1.º a 27) ou se ainda haveria regras vigentes da lei anterior.

Quanto a nós, preferimos aderir à segunda corrente. A Lei de Introdução às Normas do Direito Brasileiro – LINDB (Decreto-Lei n. 4.657, de 4 de setembro de 1942), em seu art. 2.º, § 1.º, estabelece que a lei posterior revoga a lei anterior em três hipóteses: (i) quando expressamente o declare, o que se sabe não ter sido o caso; (ii) quando seja com ela incompatível, sendo que, pela lógica elementar, inexiste incompatibilidade entre condomínio edilício e condomínio edilício; e (iii) quando regule inteiramente a matéria de que tratava a lei anterior.

A dúvida recai exatamente sobre a terceira hipótese. Embora o Código Civil tenha dedicado um capítulo inteiro ao instituto, inclusive de forma mais extensa, a análise de coincidência da matéria deve ser realizada dispositivo a dispositivo. O que se deve ter em mente é se a "regra" prevista na lei anterior foi sucedida por nova regra sobre a mesma matéria.

Nessa linha, há diversos assuntos regulados pela Lei n. 4.591/1964 que não estão presentes no atual Código, tais como: (i) o art. 17, que trata da demolição, reconstrução ou alienação da edificação por motivos urbanísticos ou arquitetônicos, enquanto o Código Civil regula somente a reconstrução ou venda em caso de destruição da edificação ou ameaça de ruína (art. 1.357); (ii) o art. 22, § 5º, que regula as hipóteses gerais de destituição do síndico, enquanto o art. 1.349 do CC regra apenas a destituição na assembleia "especialmente convocada para o fim estabelecido no § 2º" do art. 1.348 (transferência dos poderes de administração); (iii) o art. 22, § 6º, que autoriza a eleição de subsíndicos; (iv) a possibilidade de eleição de um Conselho Consultivo no art. 23, sendo que o Código Civil se limita a prever o Conselho Fiscal no art. 1.356; (v) o art. 24, § 2º, que impõe ao síndico comunicar o que foi deliberado na assembleia nos oito dias subsequentes à sua realização; e (vi) o art. 24, § 4º, que autoriza a participação do locatário, representando o locador ausente, nas assembleias condominiais, em matérias que não se refiram a despesas extraordinárias, matéria ignorada pelo Código em vigor.

Portanto, parece ser precipitada a afirmação de revogação da primeira parte da Lei n. 4.591/1964, que ainda possui certas regras em vigor.

* * *

Não será preciso um grande esforço intelectual para perceber que se reforça, cada vez mais, o princípio da função social da propriedade, que é um dos fundamentos da ordem jurídica atual e já defendido na visão pioneira e corajosa do Prof. Caio Mário.

Todas estas mudanças serão apreciadas a seguir, para que se mantenha sempre atualizada a obra clássica do mestre de todos nós.

PRIMEIRA PARTE

CONDOMÍNIO

CAPÍTULO I

O NOVO CONDOMÍNIO[1]

24. A crise habitacional como estímulo ao desenvolvimento dos condomínios. Cada período histórico trava luta com problemas específicos, que bem podem ser apontados como características especiais da época. E o jurista, atraído por tais questões, é chamado a dar-lhes solução, polarizados suas atenções e seus estudos no meneio dos elementos técnicos, hábeis a proporcionar seu equacionamento. O justo preço, a proibição do mútuo feneratício, a concentração política dominial e a liberdade econômica têm sido a seu tempo objeto das cogitações do homem do direito, sem poder dizer que com exclusividade, porém como motivo preponderante. Nosso tempo tem enfrentado não um, mas vários problemas, na ordem moral como na ordem econômica, sem falar dos que atingem a ordem política, a que não nos referimos aqui, pois que a sua repercussão no campo juscivilístico é menos pronunciada, ou realiza-se por via travessa. E logicamente, suscitado e lançado no campo da controvérsia, é debatido, tratado, maltratado às vezes, até que a sedimentação das ideias, a elaboração dos conceitos e a fixação dos rumos doutrinários atingem um clima remansoso, capaz de proporcionar os meios de apaziguamento.

Um destes campos magnéticos a atrair o olhar do jurista de hoje é, sem dúvida, a crise habitacional, que mais do que nunca tem assolado o mundo contemporâneo, provocada pelos fatores mais desencontrados: de um lado, o movimento migratório, deslocando massas contínuas de população das zonas rurais para os centros urbanos, em busca de melhores meios de vida, ou atraídas pelo recrutamento das suas atividades, ou tragadas na voragem do industrialismo; de outro lado, duas guerras dentro de meio século, provocando em alguns países a demolição, e em outros apenas a falta de construção de prédios, capazes de proporcionar acomodação residencial ou comercial a toda a

---

[1] Nota do editor: o texto na cor preta indica o texto original do Professor Caio Mário, e o texto na cor cinza é de autoria dos atualizadores. Os capítulos e itens de autoria dos atualizadores, além de estarem na cor cinza, estão indicados com letras após o número.

gente; e, sobrepondo-se a estas causas, a elevação salarial, o encarecimento de materiais, a dificuldade de novas edificações e a extrema alta dos preços dos terrenos. Em monografia muito bem documentada e animada de extraordinário espírito crítico, Madame Edith Kischinewsky-Brocquisse mostra com dados estatísticos a gravidade do problema na França, onde o número de habitações sadias reduziu de 10.400.000, em 1939, para 8.800.000, em 1947. A essas causas, acima alinhadas, ela acrescenta o desvio de capitais dos investimentos imobiliários para outros mais rendosos, aditando que a legislação de inquilinato é outro fator da crise, com o crescimento cada vez mais acentuado dos direitos e das prerrogativas do locatário contra o proprietário. As relações entre um e outro se tornam cada dia mais tensas, evitando muitos, por isto, inscreverem-se entre os proprietários-locadores, que são tratados como exploradores e açambarcadores, sem terem ao menos uma rentabilidade compensatória. E tão grave é a situação que, segundo ainda o seu depoimento, uma casa alugada em Paris perde 50% de seu valor.[2] As observações da ilustre escritora não deixam de se aplicar ao Brasil. O desgaste e envelhecimento do prédio são uma consequência do desamparo em que se colocou o proprietário. Por um conjunto de fatores de origem econômica, política, sociológica e legislativa, registramos um *déficit* habitacional superior a 8.000.000 unidades de residências, em 1964, e ainda de 6.000.000, em 1968.

A rentabilidade imobiliária, entre nós, gravada de impostos e taxas municipais e de imposto federal sobre a renda, é inferior à de outros investimentos, e a legislação de inquilinato, em vigor a partir do Decreto-lei n. 4.598, de 20 de agosto de 1942, criou os mesmos problemas. Um fator, entretanto, de certo modo neutralizante destas causas tem sido a inflação que, aviltando o valor aquisitivo da moeda, aconselha a inversão em empreendimento dotado de segurança; e, como o imóvel é estável no turbilhão inflacionário, atrai capitais, apesar do baixo rendimento.

A política da liberação dos novos e da correção monetária quanto aos velhos aluguéis autoriza prognosticar com toda a certeza a recuperação do investimento imobiliário, não como antes, mas em termos esperançosos. O Plano Nacional de Habitação, por seu turno, atrai os investidores para a edificação em massa das pequenas unidades residenciais, no plano da "casa própria".[3]

Por toda parte, ora predominando um, ora outro desses fatores, ora conjugando-se, certo é que este complexo de razões, não peculiares a um só país, porém generalizadas quase universalmente, determinou a crise, a bem dizer, no mundo inteiro. Numa expressão que já passou de imagem de retórica a figura *folclórica,* diz-se hoje que o mundo "encolheu"; estreitaram-se as distâncias; e todos os lugares de concentração do homem como massa tornaram-se insuficientes. Não há mais acomodação bastante nas igrejas, nos teatros, nos veículos, nas ruas. Tudo lotado. E não há mais lugar na casa.

---

[2] Edith Kischinewsky-Brocquisse, *Statut de la Copropriété des Immeubles et Sociétés de Construction,* n. 6 e 9. Sobre a crise habitacional, ainda, Zurfluh, *Société de Construction,* p. 9.

[3] Este prognóstico, expresso na primeira edição desta obra, cumpriu-se com o surto imobiliário desfechado a partir de 1966 e acentuadamente 1970. O mesmo ocorre seguidamente, num desafio constante aos poderes públicos.

Para obviar aos percalços desta angústia do mundo, que é a angústia do tempo, o Estado vota provisões, transitoriamente satisfatórias, porém como paliativo.

Procurando, de seu lado, emergir à tona desta inundação de desconforto, desenvolveu-se ao máximo a técnica de construção, que permitisse o melhor aproveitamento dos espaços e a mais suportável distribuição de encargos econômicos, mediante o *edifício de apartamentos*.

Projetou para o alto as edificações, imaginou acumular as residências e aposentos uns sobre os outros, criou o arranha-céu, fez as cidades em sentido *vertical* e, numa espécie de ironia do paradoxo, apelidou-a *propriedade horizontal*, em razão de o edifício achar-se dividido por *planos horizontais*.

25. Superposição habitacional desde os tempos romanos. Novo não é o fenômeno, nem o social nem o jurídico. Em verdade, novo, totalmente novo, nada há debaixo do sol. Já de remotos tempos vem a habitação concentrada, e desde então o jurista pensou no assunto, e emitiu conceitos. Não, porém, com a intensidade e a extensão de hoje em dia.

Ao tempo de Roma, e necessidade não há de retroceder além, o jurista – encontrando a casa geminada, onde mais de uma família vivia sem exercer em comum direitos sobre o todo, antes descriminando-se as faculdades de cada *dominus* sobre uma parte da coisa, que é em relação aos respectivos titulares mais do que fração de um objeto, porém verdadeira e autônoma *res* – ali sentiu a conveniência da *divisibilidade jurídica*, consequente ao fracionamento material e ao partilhamento econômico. Um genial, Ulpiano, equiparou a divisão da casa, "que frequentemente realizam" *(ut plerique faciunt)* ao retalhamento do solo, e, confrontando uma e outro, aplicou-lhe princípio idêntico, afirmando que resultavam duas casas, da mesma forma que a partilha geodésica gerava dois imóveis, e não duas partes de um só todo: "si divisit fundum regionibus, et sic partem tradidit pro diviso, potest alteruta servitutem imponere: quia non est pars fundi, sed fundus. Quod et in aedibus potest dici, si dominus, pariete medio aedificato, unam domum in duas diviserit (ut plerique faciunt), nam et hic pro duabus accipi debet".[4]

Não era, todavia, desconhecida, em Roma, a superposição habitacional: ao contrário, conhecida e praticada. Não era indiferente ao direito: ao revés, observada e disciplinada. E não falta mesmo quem vá remontar à civilização pré-romana dos caldeus, no segundo milênio antes de Cristo, a divisão de prédio em planos horizontais.[5]

No entanto, não tolerava o direito romano a divisão da casa por planos horizontais, por lhe parecer contrária aos princípios dominantes. Se a propriedade do solo projeta-se para o alto e vai *ad astra*, e se aprofunda chão adentro até o inferno – *ad inferos* –, faltava justificativa ali para a separação e autonomização dos direitos de quem acaso vivesse acima do proprietário do solo, incompatibilidade tanto mais flagrante quanto mais arraigada

---

[4]   *Digesto,* Livro VIII, tít. IV, fr. 6, § 1.º, segunda parte.
[5]   Aeby, *La Propriété des Appartements,* n. 8.

a convicção de que se subordina ao proprietário do solo qualquer edificação sobre ele levantada: "aedificium solo cedit et ius soli sequitur".[6]

Com justeza pode-se, pois, dizer que o direito romano desconhecia, no sentido de que se lhe opunha, a ideia da divisão dos prédios por planos horizontais.

Não obstante, não falta quem afirme que a ideia não era repugnante à concepção jurídica romana, muito embora apresentada por via de um eufemismo, quando se construía sobre casa alheia outra dotada de servidão, ou quando, no Baixo-Império, a concentração urbana fomentou o reconhecimento de direitos à propriedade superposta, autorizando a conclusão de que não era estranha à mentalidade jurídica dos primeiros séculos a divisão dos imóveis por planos horizontais, de forma a permitir que o proprietário de uma estreita faixa de terra lançasse sobre a casa alheia, que recebia o nome de *crypta,* uma edificação, *insula,* concebendo-se a relação jurídica então criada não como propriedade, mas como *servidão,* e aplicação da regra tradicional "aedificium solo cedit et ius soli sequitur".[7] Outros dizem que mesmo na *urbs,* com a permissão dada aos plebeus para que morassem no monte Aventino, o direito romano criou o instituto da divisão horizontal, ideia no entanto combatida com vantagem, por ver que a *Lex Icilia* não consagrou senão o *ius superficiei.*[8]

É certo, porém, que a *insula,* como habitação plebeia, superposta, era tão familiar e natural entre os romanos que Tácito se lhe refere ao descrever o incêndio de Roma sem julgar necessário deter-se numa explicação (Tácito, *Anais,* livro XV, n. 41).

Autores modernos, trabalhando sobre os textos, permitem discutir se no período clássico já se admitia a *divisio* por planos horizontais. Certo é, contudo, que no direito post-justinianeu, as fontes bizantinas e o Livro *Siro Romano de Direito* são apontados como fontes que autorizam admitir a figura da propriedade horizontal no direito romano.[9]

Como todo instituto jurídico consome tempo prolongado de elaboração, alguns séculos decorreram desde os primeiros de nossa era, quando surgiu a noção do sistema, até vir um momento em que seu contorno já se mostra nítido no costumário de várias terras (Orleãs, Rennes, Auxerre, Paris, Nantes etc.), em demonstração evidente e testemunho vivo de que a prática do processo da divisão horizontal não era estranha à vida das cidades. Às vezes um acontecimento precipita a formação de uma corrente de pensamento ou determina a adoção de um critério até então mantido em quadro de linhas indefinidas: foi o que ocorreu em Rennes, no ano de 1720, quando um grande incêndio destruiu parte da cidade, e compelidos os habitantes a construírem casas de mais categoria, submetidas à planificação preordenada, adotaram com espontaneidade a elevação de edifícios de três e quatro andares, usados com autonomia.[10]

---

[6] Carlos Maximiliano, *Condomínio,* n. 75-A; Frédéric Denis, *Sociétés de Constructions et Copropriété des Immeubles Divisés par Appartements,* p. 7; Edith Kischinewsky-Brocquisse, *Statut de la Copropriété des Immeubles et Sociétés de Construction,* n. 20.

[7] Carlos Maximiliano, *Condomínio,* n. 75-A; Cunha Gonçalves, *Da propriedade horizontal,* p. 9.

[8] Racciatti, *Propriedad por pisos,* p. 7.

[9] Vejam-se os textos citados por Eduardo C. Silveira Marchi, *A propriedade horizontal no direito romano,* p. 127 e segs.

[10] Robert Bernard, *Le Propriétaire d'Appartement,* n. 9; Fredéric Denis, *Sociétés de Constructions et Copropriété des Immeubles Divisés par Appartements.*

Não faltaram, pois, antes da idade hodierna do direito, nem do ponto de vista prático nem do jurídico, oportunidade e exemplo da subdivisão imobiliária em planos horizontais, que a necessidade social e a conveniência econômica têm mostrado aconselhável.

26. A divisão horizontal nos grandes Códigos Civis. Os grandes monumentos legislativos do século XIX, contudo, não disciplinaram a matéria, talvez porque a sua elaboração tenha tido acentuado pendor tecnicista em razão da confecção notoriamente científica, talvez porque o problema econômico não tenha aflorado em termos de tão viva preeminência, que ditasse normas precisas a respeito. O fato é que o Código Napoleão, inaugurando o movimento das grandes codificações, não deu importância ao assunto, limitando-se a determinar que, se os diferentes andares de uma casa não pertencessem ao mesmo proprietário, todos suportariam, por inteiro, as despesas de reparação e reconstrução das paredes mestras e do teto, na proporção do valor de seu andar, cabendo a cada um seu respectivo piso, e a cada um a escada do andar inferior até o seu (Código Civil francês, art. 664, primitivo). Duas consequências daí se extraem: a primeira, que não era desconhecida do legislador do século passado a propriedade horizontal; e a segunda, que esse tipo de divisão não preocupava em especial o jurista. Entretanto, quando surgiu a necessidade de se adotar a construção de edifícios mais modernamente, o art. 664 revelou-se insuficiente.[11] O Código italiano de 1865, lídimo filho do Código Napoleão, refere-se ao assunto (art. 560), com a displicência de mera homenagem ao modelo, cujo princípio repete, em evidente testemunho de que não era presente ao tempo uma questão a reclamar do legislador atenciosas medidas disciplinares. O Código português, de 1867, toma o assunto em termos também de reconhecimento pleno da existência da divisão horizontal (art. 2.335, "se os diversos andares de um edifício pertencerem a diversos proprietários..."), mas apenas para regular os encargos de reparação e conserto. Não destoa deste ver o Código espanhol, de 1888, tudo evidenciando a existência de uma *causa divisionis* na superposição de planos, e a simultânea desatenção legislativa, a mostrar que a questão não estava madura, nem como problema nem como conceito.

O BGB, de 1896, refere-se ao assunto com a preocupação exclusiva de regular um problema de direito intertemporal, ao estatuir no art. 182 da Lei de Introdução que subsistirão as propriedades por andares, existentes ao entrar o Código em vigor, submetidas, todavia, ao regime das leis anteriores, o que por seu turno depõe sobre a existência jurídica da propriedade horizontal, e seu desprezo pelo legislador. Assim tem sido na Alemanha, até a lei de 1951, que previu a propriedade separada por vivendas. O Código suíço lhe é ainda mais infenso, por não cogitar do assunto senão no art. 45 do Título Final, sob a epígrafe marginal "Direitos reais abolidos", para recusar inscrição ao título referente aos andares de uma casa, pertencentes a diversos proprietários. Não obstante atitude tão positiva e franca, uma forte corrente doutrinária formou-se na Suíça, tendente a admitir a divisão por andares, na esteira do direito moderno.[12]

---

[11]   A. Zurfluh, *Copropriété d'Appartements*, n. 4.
[12]   *Revue Trimestrielle de Droit Civil*, 1957, p. 430-431.

O direito soviético não acolheu o instituto: a lei não cogitou do problema, e os Tribunais têm sustentado que a divisão por andares fica na dependência de autorização do *soviete* local.[13]

27. A divisão horizontal no direito brasileiro. No direito brasileiro não era igualmente desconhecido o problema. Já das *Ordenações* do Reino herdamos a ideia, referindo-se elas a casa que de dois senhorios fosse, a um pertencendo o sótão e a outro, o sobrado.[14] A *Consolidação* de Teixeira de Freitas retoma a regra (art. 946), e diz, sem qualquer anotação do mestre, que, se uma casa for de dois donos, pertencendo a um as lojas e ao outro o sobrado, não pode o dono deste fazer janela, ou outra obra, sobre o portal daquelas, e à leitura do dispositivo consolidado não pode deixar o jurista hodierno de trazer à mente a situação atual, em que num prédio alto a uns pertencem as lojas e a outro, o sobrado. No *Esboço,* não faz alusão à matéria que, contudo, reaparece na *Nova Consolidação,* de Carlos de Carvalho, art. 612.

Codificado nosso direito, não só deixa de cogitar o Diploma de 1916 da divisibilidade por andares, como também a manifestação de seu ilustre autor lhe é francamente contrária, opinião que nele ainda perdura, mesmo depois que a legislação extravagante mudou a orientação da política legislativa.[15]

Não se pode, portanto, estabelecer a existência de uma regra uniforme, relativamente à aceitação, nos sistemas e nos códigos, do princípio da divisibilidade horizontal. Nem o direito romano a consagrava nem a repelia de todo. Nem o período histórico que se seguiu à fragmentação do *Imperium* a rejeitou nem a disciplinou em termos de precisão científica. Nem os Códigos modernos foram totalmente infensos à ideia nem a acolheram de todo. Nem o nosso direito se mostrou ignorante do problema nem lhe abriu as portas a uma solução positiva, senão recentemente.

Neste século, entretanto, mudou-se a face do caso. Com o crescimento das aglomerações urbanas, com o desenvolvimento vertical das cidades, com o encarecimento das obras, a ponto de somente por exceção tornar-se possível a edificação de um arranha-céu em regime de propriedade exclusiva, houve necessidade de uma disciplina jurídica para o apropria-mento das coisas dentro desse critério novo de comunhão.

Coube, então, ao nosso direito contemporâneo tudo fazer, em termos a bem dizer de novidade ou de criação original, porque, se é certo, e acima bem o vimos que é, não ter sido estranho ao homem, no passado, o pensamento de aproveitar o imóvel urbano, e utilizá-lo em planos superpostos, certo é também que o jurista do século XX não encontrou uma exposição dogmática da matéria nem uma experiência legislativa de que se pudesse valer. Daí haver tateado em busca de uma solução, ter vacilado na fixação do conceito jurídico deste conteúdo dominial de exceção, e não estar ainda aparelhado para enunciar a doutrina da propriedade horizontal, em esquema de pacificidade teórica.

---

[13] Virgílio Reffino Pereyra, *La propiedad horizontal de los inmuebles,* p. 97.
[14] *Ordenações,* Livro I, tit. 68, § 34.
[15] Clóvis Beviláqua, *Comentário* ao art. 51 do Código Civil.

28. A divisão horizontal em tempos recentes. Por toda parte, na verdade, e dentro de um período relativamente curto, a ponto de autorizar a afirmativa de uma ação simultânea, o legislador de vários países repensou a noção da divisão da coisa imóvel e cuidou de regulamentá-la. Em Portugal, o Decreto-lei n. 40.333, de 14 de outubro de 1955, regulou minuciosamente o condomínio de edifícios. Na Bélgica, a lei de 1924 modificou o Código Civil, no que diz respeito à copropriedade. Na França, a lei de 28 de junho de 1938 revogou o artigo do Código e instituiu novo regime para a propriedade em comum. Na Itália, legislação de 1934 e 1935 disciplinou em termos modernos as relações entre condôminos, sobre casas, e o novo Código Civil, arts. 1.117 e seguintes, determinou os princípios do condomínio nos edifícios. Na Espanha, o art. 396 do Código foi modificado pela lei de 1939, que ofereceu nova regulamentação à comunhão de bens, no tocante à propriedade dos diferentes andares de um edifício. Na Argentina, a lei de 1948 detidamente tratou da propriedade horizontal. O Chile o fez em 1937, o Uruguai em 1946, a Venezuela em 1957.

Os Códigos mais modernos não deixaram de tratar do assunto. Além do italiano de 1942, já mencionado, o mexicano de 1928 (art. 951) alude à divisão por planos horizontais, o do Japão, § 208, fala na copropriedade das partes comuns de edifícios. Já o Código Civil da China, de 1929-1931, regulando a copropriedade, não se refere explicitamente à divisão horizontal. O novo Código Civil da Grécia, de 1946, art. 1.117, instituiu a copropriedade necessária das partes de imóvel dividido em andares. O Código português de 1966 disciplina a propriedade horizontal nos arts. 1.414 e seguintes.

A esta corrente de pensamento, que inspira o direito moderno e procura atender à imposição do novo direito de propriedade, não ficamos alheios, e começamos a colocar um fim à omissão legislativa sobre o condomínio edilício, ignorado pelo Código Civil de 1916, concebido em uma época em que a necessidade socioeconômica por esse tipo de estrutura de propriedade ainda não se fazia presente.

Em 1928 surge, então, o **Decreto n. 5.481, de 15 de junho,** que, embora timidamente, dispôs sobre a alienação parcial dos edifícios de mais de cinco andares, sob a forma de apartamentos isolados entre si, com no mínimo três cômodos. O art. 1º expressamente estabeleceu, de forma inédita, que tais apartamentos constituiriam, cada qual, uma propriedade autônoma, com designação numérica averbada no registro de imóveis, para efeitos de identidade e discriminação.

O referido dispositivo foi alterado pelo Decreto-lei n. 5.234, de 8 de fevereiro de 1943, e pela Lei n. 285, de 5 de junho de 1948, que reduziram o requisito da quantidade de pavimentos para três e dois, respectivamente, estendendo para uma quantidade consideravelmente maior de edificações sua sujeição ao regime da propriedade horizontal. Com a técnica da divisão do prédio em andares, antecipamo-nos, nesta orientação, a vários outros países. Talvez por isso mesmo a nossa legislação não foi imune de falhas nem a cavaleiro de críticas. Entretanto, é francamente definida no rumo da adoção da *propriedade horizontal.*

29. Condomínio edilício *versus* propriedade horizontal. Esta denominação, aliás – *propriedade horizontal* –, que não encontra justificação histórica, pois que as fontes se lhe não referem, prende-se a uma ideia de simetria racional. Pelo fato de não ser usada pelos romanos a divisão do imóvel, e especialmente do edifício, senão por planos *verticais,* que permitiam a projeção espacial do domínio para o alto, *usque ad coelum,* e para baixo, *usque ad inferos,* e de se não ter vulgarizado, senão recentemente, a divisão por *planos horizontais,* alguns escritores começaram a ver aí uma propriedade *horizontalmente dividida,* ou, por condensação de linguagem, uma *propriedade horizontal.* Assim chamou-a Cunha Gonçalves, no seu *Tratado;* assim a denominou Castán, assim os argentinos e uruguaios a divulgaram em numerosas monografias, de que a nossa indicação bibliográfica é pálida ideia. No vocabulário francês, como no italiano, a expressão ainda não penetrou, preferindo-se a utilização de uma linguagem perifrástica ou analítica, em alusão à divisão da casa por andares ou apartamentos. E isto sem falar no direito alemão, em que o conceito jurídico não vingou pela inadmissibilidade desta forma de fracionamento.

No direito brasileiro, onde já se apresentam manifestações bibliográficas a respeito, embora não pululem as monografias, a expressão *propriedade horizontal* não tem tido, até o momento, foros de larga vulgaridade. Alguns escritores dão preferência a outras designações. Carlos Maximiliano adotou *condomínio relativo;* Espínola opta por *condomínio de edifícios com apartamentos autônomos;* Campos Batalha prefere *condomínio por andares ou apartamentos;* Serpa Lopes sugere *propriedade em planos horizontais;* Zola Florenzano prefere *Condomínio e Incorporações;* J. N. Franco e N. Gondo referem-se a *Condomínio em Edifícios;* e ainda os que aludem a *Incorporações Imobiliárias* (Orlando Soares, Franco e Gondo). Nos outros direitos a variedade de nomenclatura é muito grande: Hébraud refere-se a *copropriété par appartements;* Denis põe no título de sua monografia *Copropriété des immeubles par appartement;* Edith Kischinewsky-Brocquisse fala em *copropriété des immeubles;* Racciatti é partidário de *propiedad por pisos o por departamentos;* Henry Solus menciona *une maison divisee par étages.* Verdade, pois, que com adversários declarados (Campos Batalha, Líno Salis, José A. Negri), a expressão *propriedade horizontal* não afronta o gênio da língua nem aparece erma de paraninfos (Castán, Cunha Gonçalves, Santiago Rosemberg, Omar A. Lassaga, Eduardo Jorge Laje, Orlando Gomes, Serpa Lopes).

Uma análise minuciosa do fenômeno mostra que nenhuma das modalidades de sua designação satisfaz plenamente. Com efeito, se a expressão *propriedade sui generis,* ou *condomínio moderníssimo,* não tem um sentido especial, que de pronto sugira ao leitor de que instituto se trata, por outro lado expressões há que dão desde logo aquela ideia, mas pecam pela extensão, como é o caso de *condomínio de edifícios com apartamentos autônomos* ou então *condomínio por andares ou apartamentos.* Mais próxima de uma concentração ideal é *propriedade por planos horizontais.* E, se aqui chegamos, por que não admitir logo *propriedade horizontal?* Concedemos que algumas objeções a ela dirigidas são procedentes, como aquela que salienta não haver uma divisão exclusivamente por planos horizontais no edifício de apartamentos.

Embora fruto de um passado, pois que a *propriedade horizontal* nasceu precisamente da construção em sentido vertical, a adoção desse nome é convinhável, e desperta no espírito de quem o ouve ou lê a ideia precisa de que se trata daquele complexo de direitos, faculdades e deveres ligado ao edifício de apartamentos.

Tomamos, pois, a expressão *propriedade horizontal,* mais sucinta e bastante significativa. Defendendo-a dos adversários, perfilhamo-la, já que é inconfundível na designação deste instituto e insuscetível de desvio conceitual. E, sob tal denominação, escrevemos uma primeira obra *(Propriedade horizontal,* Ed. Forense, 1961). E embora a este livro denominemos *Condomínio e incorporação,* para acompanhar a epígrafe da Lei n. 4.591, de 16 de dezembro de 1964, fazemos alusão ao fenômeno da comunhão no edifício, pela locução propriedade horizontal, com certa frequência.

Com o advento do Código Civil de 2002, o condomínio em edifício coletivo passou a identificar-se pela denominação "condomínio edilício", que também encontra defensores e críticos.

Especialmente em razão do desenvolvimento do mercado, que passou a criar grupamentos compostos não apenas de edifícios, mas também de casas, e até de lotes, cujas unidades, em alguns casos, são de propriedade de um titular único, a expressão *propriedade horizontal,* especialmente para fins didáticos, e para evitar problemas de interpretação, parece ser ajustar melhor ao fenômeno.

30. Elementos essenciais da propriedade horizontal. A Lei n. 4.591, de 16 de dezembro de 1964, consignou a concepção moderna da propriedade horizontal. O seu art. 1.º inscreve nesse regime toda edificação ou conjunto de edificações, de um ou de vários pavimentos, sem cogitar do número de peças de cada unidade e independentemente da sua natureza residencial ou não residencial.

A lei exige a construção sob forma de *unidades autônomas.* Esta é uma *conditio legis.* É mister que cada unidade – apartamento residencial, sala ou conjunto de escritório, loja, sobreloja, vaga em edifício-garagem, lote ou outra designação – constitua unidade autônoma, e deve ser tratada objetivamente como tal e assinalada por uma indicação numérica ou alfabética, para efeitos de identificação ou discriminação (sobre as vagas de garagem, ver Capítulo IV-A).[16]

Exige, ainda, a lei que a cada unidade corresponda uma *quota ou fração ideal* do terreno e das partes e coisas comuns, expressa matematicamente sob forma decimal ou ordinária (§ 2.º). O Tribunal de Justiça do Rio de Janeiro fez, contudo, uma distinção entre coisa comum e coisa de uso comum *(Adcoas,* n. 120.646, 1988).

Também exige que cada unidade tenha acesso à via pública. Pode tê-lo *diretamente,* como é o caso das lojas, dos compartimentos em mercados, das vagas em garagens etc. Ou será *indiretamente* o acesso à via ou logradouro público, por escada, corredor, rampa, ascensor ou via interna. O que não é admissível, no regime da propriedade horizontal, é o apropriamento da rota de comunicação por uma só pessoa, alheia ou não ao condomínio, ou que ela se efetue por meio da unidade pertencente a um, ou que este seja, a qualquer título, dono da passagem, salvo se o direito assegurado ao uso exclusivo estiver

---

[16] A vaga em garagem, como espaço exclusivo destinado ao estacionamento de veículo, considera-se unidade autônoma e, como tal, pode ser vendida: Luiz Adolfo Nardy, *Revista dos Tribunais,* v. 336, p. 13. Ver item 71-D.

expressamente previsto no ato de instituição do condomínio ou se vier a ser aprovado pela unanimidade dos condôminos.

Se se levantar uma edificação em que as unidades não sejam autônomas ou não se comuniquem direta ou indiretamente com a via pública, não haverá o condomínio especial regulado pela Lei n. 4.591, ou a propriedade horizontal. Aliás, na sua passagem pelo Congresso, acrescentou a Comissão Mista um parágrafo único ao art. 2.º, tratando como *direito real de uso a vaga* em garagem. Foi acréscimo infeliz não só porque desfigura o instituto da propriedade horizontal, como também porque o direito real de uso está de tal forma desconsiderado que, a exemplo de outras legislações modernas, o *Projeto de Código Civil,* revisto pela Comissão composta de Orozimbo Nonato, Orlando Gomes e Caio Mário da Silva Pereira, o repeliu. Em boa hora, o veto aposto ao referido parágrafo, cancelando a emenda desaconselhável, reconstituiu o nosso projeto e manteve mais pura a ideia conceitual do *condomínio por unidades autônomas.* A Lei n. 4.864, de 29 de novembro de 1965, cogitou especialmente da garagem e do edifício-garagem, e por este motivo tratamos especificamente do assunto (ver Capítulo V-B).

31. Conjunto de edificações. Nos últimos tempos, mesmo no regime do Decreto n. 5.481, de 1928, e ao arrepio de sua letra, que condicionava a propriedade horizontal ao número de pavimentos e ao material de construção, surgiu a ideia de se fazerem construções em praias, balneários, lugares pitorescos etc., que os interessados vinculavam ao mesmo sistema, embora não pudessem invocar a sua tutela. A Lei n. 4.591, de 16 de dezembro de 1964, olhou para o assunto (art. 8.º) e abraçou na sua disciplina esta modalidade especial de aproveitamento condominial de espaço. Estabeleceu regras específicas para o caso de se levantar *mais de uma edificação em terreno aberto,* ainda que não ocorra a superposição de unidades. Em tais circunstâncias, em relação às unidades autônomas que se constituírem de casas térreas ou assobradadas, será discriminada a parte do terreno ocupada pela edificação e também aquela eventualmente reservada como de utilidade exclusiva, e bem assim a fração ideal sobre a totalidade do terreno e partes comuns, correspondente a cada unidade (art. 8.º, alínea *a*).

A Lei n. 4.864, de 29 de novembro de 1965, permite, para esta modalidade condominial, o desdobramento da incorporação em várias incorporações, fixando a convenção ou o contrato prévio, os direitos e as relações de propriedade entre condôminos das várias edificações. Nada impede, portanto, que no regime da propriedade horizontal se conjugue o edifício de apartamentos com a ideia de construções em terreno aberto. O problema residirá na definição precisa das partes e coisas comuns e sua distinção das de uso exclusivo, o que constitui matéria da "convenção do condomínio".

Diversamente da propriedade horizontal típica, em que a cada unidade se vinculam apenas a quota ideal do terreno e partes comuns, aqui existem uma unidade autônoma, uma parte de terreno edificado, uma parte de terreno reservada como de utilidade exclusiva para jardim ou quintal e ainda a fração ideal sobre o que constitui o condomínio.

Se nesses conjuntos houver edifício de dois ou mais pavimentos, será discriminada a parte de terreno ocupada pela edificação, aquela que eventualmente for de propriedade exclusiva, correspondente às unidades do edifício, e ainda a fração ideal da totalidade do terreno e das partes comuns, que corresponderá a cada unidade.

No entanto, a peculiaridade deste tipo condominial é que, além das partes e coisas comuns habitualmente componentes, há outras que devem ser discriminadas, com menção da fração ideal que, nelas, corresponde a cada unidade, e as partes de terreno que poderão ser utilizadas em comum pelos titulares de direito sobre os vários tipos de unidades autônomas, tais como *playgrounds,* salas de reuniões, restaurantes, cinemas etc.

Discriminar-se-ão, ainda, as áreas que se constituem em passagem comum para as vias públicas ou para as partes utilizadas entre si ou os caminhos de acesso à praia, à fonte, ao lugar aprazível e pitoresco etc.

O princípio jurídico dominante é o mesmo do edifício urbano, guardadas as peculiaridades especiais. Cada titular é o dono da sua unidade e, como se lhe reserva um terreno à utilização exclusiva, pode cercá-lo ou fechá-lo, observando o tipo de tapume previsto na convenção. Pode aliená-lo com o terreno reservado. Entretanto, não lhe assiste o direito de dissociar a sua unidade do conjunto condominial nem separá-la da fração ideal que lhe corresponde nesse conjunto. E muito menos apropriar-se das partes de uso comum ou embaraçar sua utilização pelos demais.

E tem de se sujeitar às regras da Convenção do Condomínio, observando as restrições nela constantes, a regulamentos do uso por todos, enfim, obedecendo às normas do direito estatutário, além do direito comum, porque instituídas em benefício da convivência, que um dos condôminos não pode egoisticamente perturbar.

31-A. Fracionamento da propriedade imobiliária urbana. Desde que não haja violação a uma regra ambiental, urbanística ou outra aplicável, e seja respeitado eventual direito de terceiro, todo imóvel pode ser fracionado ou dividido, resultando em duas ou mais novas propriedades.

O fracionamento não é necessariamente físico, mas essencialmente jurídico, isto é, o que importa é o surgimento de duas ou mais novas propriedades, com natureza de direito real sobre coisa própria, e a característica da perpetuidade.

Nesse sentido, e por exemplo, não há fracionamento:

– na instituição da superfície, pois esta, além de ser temporária, não perpétua, é direito real sobre coisa alheia, registrado na matrícula do imóvel principal, que segue sendo único, ainda que ocorra a suspensão, pelo tempo do contrato, do princípio da acessão;

– quando um imóvel, por ato entre vivos ou sucessão causa mortis, ou por aquisiçao originária, passa a pertencer a duas ou mais pessoas, em condomínio voluntário, pois neste caso o objeto da propriedade (o imóvel) segue sendo um só, havendo, tão somente, pluralidade de sujeitos titulares do direito, em copropriedade.

Nos exemplos anteriores, a matrícula do imóvel objeto da superfície ou em copropriedade segue sendo única, e os registros e averbações previstos no art. 167 da LRP são feitos na própria ficha, sem a criação de novas matrículas.

No Brasil, atualmente existem quatro modalidades de fracionamento da propriedade imobiliária urbana: (i) condomínio edilício; (ii) condomínio em multipropriedade; (iii) parcelamento do solo (desmembramento ou loteamento); e (iv) laje:

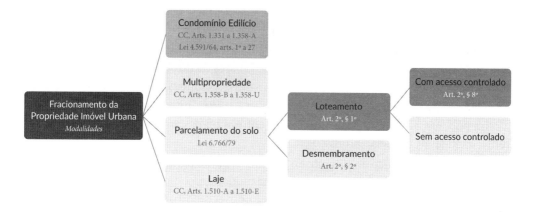

Em todas elas, uma vez ocorrido o registro respectivo na matrícula original, ou matriz, surge um ou mais novos objetos de propriedade, e a cada um deve corresponder uma matrícula, em razão do princípio da unicidade registral. Todos se caracterizam como direito real perpétuo e sobre coisa própria.

31-B. Condomínio edilício e outras figuras: tabela comparativa. Se, por um lado, há semelhanças entre eles, capazes de confundir o leigo; por outro, existem claras e notáveis diferenças nos seus contornos jurídicos, indicados na tabela a seguir:

Características	Condomínio edilício (especial)	Condomínio em multipropriedade (especial)	Condomínio voluntário (geral)[17]	Parcelamento do solo	Laje
Direito real sobre coisa própria?	✓	✓	✓	✓	✓
Perpetuidade?	✓	✓	✓	✓	✓
Fracionamento do imóvel?	✓	✓	Não	✓	✓
Parcelamento do terreno?	Não[18]	Não	Não	✓	Não
Partes de propriedade exclusiva?	✓	Não	Não	✓	✓
Partes de propriedade comum?	✓	Não	✓	Não	Não
Partes de uso comum?	✓	✓	✓	✓	✓
Frações ideais de terreno?	✓	Não	✓	Não	Não
Frações de tempo?	Não	✓	Não	Não	Não
Convenção registrável?	✓	✓	✓	Não	Não
Condomínio com CNPJ?	✓	Não	Não	Não	Não

---

[17] Por questões meramente didáticas, a tabela também indica as características do condomínio voluntário, embora este não decorra de fracionamento do objeto da propriedade, mas tão somente de sua divisão subjetiva.

[18] No condomínio edilício de lotes, embora o terreno siga sendo único, há parcelamento sob o aspecto estritamente urbanístico.

31-C. Condomínio de lotes. A Lei n. 13.465/2017 introduziu o art. 1.358-A no Código Civil a fim de reconhecer uma figura que, na prática, já existia em diversos locais: o condomínio edilício de lotes.

De acordo com o dispositivo: "Pode haver, em terrenos, partes designadas de lotes que são propriedade exclusiva e partes que são propriedade comum dos condôminos" (*caput*), podendo a fração ideal ser fixada pelo instituidor de modo "proporcional à área do solo de cada unidade autônoma, ao respectivo potencial construtivo ou a outros critérios indicados no ato de instituição" (§ 1.º). Além disso, "Para fins de incorporação imobiliária, a implantação de toda a infraestrutura ficará a cargo do empreendedor" (§ 3.º).

A Medida Provisória n. 1.085/2021, convertida na Lei n. 14.382/2022, modificou o § 2.º do art. 1.358-A para estabelecer que se aplica ao condomínio de lotes, no que couber: (i) o disposto sobre condomínio edilício, respeitada a legislação urbanística; e (ii) o regime jurídico das incorporações imobiliárias, equiparando-se o empreendedor ao incorporador quanto aos aspectos civis e registrais.

Não se trata, evidentemente, de novo tipo condominial, mas apenas da explicitação de que o condomínio edilício pode ser composto de diversos tipos de unidades autônomas: apartamentos, salas, pavimentos, prédios inteiros, vagas de garagem, subsolos, terraços, boxes, casas, além de lotes. Por isso, foi acertada a opção legislativa de inserir a regra no Capítulo VII do Título III do Livro III da Parte Especial, referente ao condomínio edilício.

Talvez andasse melhor o legislador se atribuísse outra designação ao lote unidade autônoma, a fim de marcar mais claramente a diferença para o lote constituído a partir do registro do loteamento, sob o regime da Lei n. 6.766/1979 (parcelamento do solo urbano), especialmente o loteamento de acesso controlado, que, sob o aspecto urbanístico, isto é, a olho nu, é indistinguível do condomínio de lotes. Não por outra razão, o § 2.º exige o respeito à legislação urbanística, pois a opção, adotada pelo empreendedor, da estrutura do condomínio edilício não admite o desrespeito às regras municipais aplicáveis ao loteamento de acesso controlado.

As unidades do condomínio edilício de lotes, sob o aspecto jurídico, distinguem-se facilmente dos lotes decorrentes do parcelamento urbano: como unidade autônoma, a ele necessariamente estará vinculada uma fração ideal de todo o terreno e demais partes comuns, enquanto no loteamento clássico cada lote representa a propriedade destacada do solo, inexistindo terreno comum. Aliás, enquanto no loteamento há a abertura de vias públicas, no condomínio de lotes as vias são de propriedade comum dos condôminos, ainda que o Município, por ocasião da aprovação do projeto urbanístico, imponha, por razões específicas, uma servidão de uso público.

Outra diferença jurídica marcante entre as duas estruturas é que no condomínio de lotes, por já existir a própria figura do condomínio, não se faz necessária a constituição de uma associação local para servir de veículo de coleta das receitas e de pagamento das despesas.

A fim de bem fixar a distinção entre as duas figuras, a Lei n. 13.465/2017 introduziu o § 7.º no art. 2.º da Lei n. 6.766/1979, estatuindo que "O lote poderá ser constituído sob a forma de imóvel autônomo ou de unidade imobiliária integrante de condomínio de lotes".

Ao condomínio de lotes não se aplica a celeuma histórica da cobrança das cotas de despesas do loteamento, objeto do julgamento, pelo Supremo Tribunal Federal, do RE 695.911, que gerou o Tema 492 de repercussão geral. Nesse julgamento, foi fixada, por maioria de votos, a seguinte tese: "É inconstitucional a cobrança por parte de associação de taxa de manutenção e conservação de loteamento imobiliário urbano de proprietário não associado até o advento da Lei n. 13.465/17, ou de anterior lei municipal que discipline a questão, a partir da qual se torna possível a cotização dos proprietários de imóveis, titulares de direitos ou moradores em loteamentos de acesso controlado, que: (i) já possuindo lote, adiram ao ato constitutivo das entidades equiparadas a administradoras de imóveis; ou (ii) sendo novos adquirentes de lotes, o ato constitutivo da obrigação esteja registrado no competente Registro de Imóveis".[19]

Para o condomínio de lotes, tal discussão é irrelevante, pois aqui existe a inequívoca obrigação *propter rem* de contribuir para as despesas, nos termos do art. 1.336, I, do Código Civil.

Por fim, uma vez construídas as casas por cada adquirente (tal obrigação não é assumida pelo incorporador no condomínio de lotes nem pelo loteador no loteamento, havendo apenas a construção da infraestrutura), a diferença também se fará presente: no condomínio de lotes, o titular da unidade será dono da casa "e respectiva fração ideal" indicada na matrícula do imóvel, enquanto no loteamento o adquirente terá a casa "e respectivo terreno", sem a existência de partes de propriedade comum.

31-D. Condomínio urbano simples. Além de reconhecer a possibilidade jurídica do condomínio de lotes, a mesma Lei n. 13.465/2017 trouxe a curiosa figura do condomínio urbano simples.

Seria esse um novo tipo condominial, ao lado do voluntário (arts. 1.314 a 1.326), do necessário (arts. 1.327 a 1.330), do edilício (arts. 1.331 a 1.358-A) e do condomínio em multipropriedade (arts. 1.358-B a 1.358-U), todos regulados no Código Civil? Ou seria um subtipo de condomínio edilício, tal como o condomínio de lotes, porém mais "simples"?

De acordo com os arts. 61 e 62 da Lei n. 13.465/2017, o condomínio urbano simples possui as seguintes características: (i) as construções estão sobre o mesmo terreno; (ii) as unidades imobiliárias têm fração ideal, matrícula própria e acesso à via pública; e (iii) na instituição do condomínio devem ser respeitados os parâmetros urbanísticos locais. Porém, o que isso difere do condomínio edilício?

---

[19] Ainda nessa linha: "De acordo com o entendimento do STF (Tema 492) e do STJ (Tema 882), às relações jurídicas constituídas antes da entrada em vigor da Lei n. 13.465/2017 ou de anterior lei municipal disciplinando a questão, é inválida a cobrança de taxa de manutenção de loteamento fechado, por administradora constituída sob a forma de associação, de proprietários de lote não associados ou que a ela não anuíram expressamente. Após a entrada em vigor da Lei n. 13.465/2017 ou de anterior lei municipal disciplinando a matéria, é possível a cobrança, por associação de moradores, de taxa de manutenção de titulares de direito sobre lotes localizados em loteamento de acesso controlado desde que, já possuindo lote, adiram ao ato constitutivo da associação ou sendo novos adquirentes de lotes, o ato constitutivo da obrigação esteja registrado no competente Registro de Imóveis" (AgInt no REsp 2.026.945, STJ).

O art. 62 dispensa, para o registro da instituição, a apresentação de convenção. O que faz sentido, afinal, a convenção, embora sempre recomendável, não é requisito para a existência do condomínio edilício (ver item 57-C).

A seu turno, o art. 62, § 4.º, prevê que a gestão das partes comuns "será feita de comum acordo entre os condôminos, podendo ser formalizada por meio de instrumento particular". Aqui, também, não se verifica diferença, pois, nos termos do art. 1.334, § 1.º, a convenção também pode ser subscrita por meio de instrumento particular. No condomínio edilício, o síndico é eleito em assembleia geral, um ato verbal por natureza, servindo a ata de prova do fato.

Mais. O art. 61, parágrafo único, estabelece que "o condomínio urbano simples será regido por esta lei, aplicando-se, no que couber, o disposto na legislação civil, tal como os arts. 1.331 a 1.358" do Código Civil, o que, na verdade, se trata de um sofisma semelhante ao utilizado para o condomínio edilício de lotes, que no art. 1.358-A, § 2.º, I, igualmente diz que se aplica, "no que couber, ao condomínio de lotes [...] o disposto sobre condomínio edilício". Em outras palavras, "aplica-se ao condomínio edilício o disposto sobre condomínio edilício".

O art. 63 traz uma única regra nova: na hipótese de Reurb-S,[20] a averbação da construção das edificações poderá ser realizada "a partir de mera notícia, a requerimento do interessado, da qual constem a área construída e o número da unidade imobiliária, dispensada a apresentação de Habite-se e de certidões negativas de tributos e contribuições previdenciárias". Contudo, isso nada diz sobre o contorno jurídico do direito real de propriedade em condomínio, mas tão somente quanto à qualificação urbanística e registral da unidade. Nessa linha, a Corregedoria-Geral do Estado do Rio de Janeiro há anos já admitia, para construções integrantes ou não de condomínios edilícios, a averbação da construção por meio do espelho de IPTU. Além disso, reforçando a ideia de que não se trata de nova estrutura dominial, o art. 63 somente se aplica, como visto, aos casos de Reurb-S. Para os demais casos, o Habite-se continua sendo exigido.

Assim, a única interpretação passível de se extrair dos arts. 61 a 63 da Lei n. 13.465/2017, coerente com o sistema jurídico vigente, é que a figura do condomínio urbano simples nada mais é do que um condomínio edilício, criado não por meio de uma incorporação imobiliária ou por convenção entre as partes, mas instituído no âmbito de uma regularização fundiária urbana, a Reurb-S.

Para outras modalidades de instituição do condomínio edilício, ver item 48.

31-E. Multipropriedade em condomínio edilício. A Lei n. 13.777/2018, reconhecendo uma prática de mercado existente no Brasil desde a década de 1980, inseriu no Código Civil, logo após os artigos referentes ao condomínio edilício, o Capítulo VII-A: Do condomínio em multipropriedade.

---

20 A Reurb-S, principal objeto da Lei n. 13.465/2017, significa a regularização fundiária dos núcleos urbanos informais de baixa renda, assim declarados em ato do Poder Executivo municipal.

Conceito. A multipropriedade imobiliária é direito real sobre coisa própria, e, quando instituída, promove o fracionamento do domínio em unidades de tempo, juridicamente autônomas, outorgando aos seus donos, de modo alternado, por no mínimo sete dias a cada ano, direitos exclusivos de uso e fruição da totalidade de um bem imóvel, de acordo com as regras previstas no ato de instituição e na convenção.[21]

Esse modelo dominial pode ser criado sobre uma edificação de matrícula única e pode ser instituído em um condomínio edilício, previamente existente ou não. A multipropriedade pode abranger todas as unidades do condomínio, apenas uma parte e até mesmo uma única unidade autônoma.

Instituição concomitante. Quando o condomínio edilício já nasce com unidades submetidas ao regime da multipropriedade, no âmbito de uma incorporação imobiliária, e por iniciativa do incorporador, a estrutura deverá ser prevista no memorial de incorporação e na minuta da convenção de condomínio (art. 1.358-O, I), o que significa que ambos os condomínios serão instituídos em conjunto, por ocasião do registro da incorporação no cartório de registro de imóveis.

Condomínio edilício previamente existente. A instituição da multipropriedade sobre unidades imobiliárias de um condomínio edilício já criado requer, nos termos do art. 1.358-O, II, "deliberação da maioria absoluta dos condôminos", regra que é reforçada pelo art. 1.358-U, segundo o qual a convenção de condomínio poderá "limitar ou impedir a instituição da multipropriedade nos respectivos imóveis, vedação que somente poderá ser alterada no mínimo pela maioria absoluta dos condôminos". O art. 1.358-P, então, estatui que a convenção deve prever e regular a multipropriedade ali instituída. Porém, a convenção, para ser aprovada e alterada, requer a concordância de, no mínimo, 2/3 dos titulares de fração ideal (ver itens 61 e 63). Assim, e considerando que aritmeticamente 2/3 também representam a "maioria absoluta", a melhor interpretação dos arts. 1.358-O, II, e 1.358-U, extraída pelo método sistemático, e em consonância com os arts. 1.333 e 1.351, é no sentido de que a aprovação da multipropriedade em condomínio edilício preexistente requer a aprovação da maioria absoluta, que equivalerá a, no mínimo, 2/3 dos condôminos (ver item 61).

Convenção de condomínio. O art. 1.358-P dispõe que, em caso de instituição concomitante ou posterior da multipropriedade, a convenção de condomínio edilício deve prever, além das matérias elencadas no art. 1.334: (i) a identificação das unidades sujeitas ao regime da multipropriedade, no caso de empreendimentos mistos; (ii) a indicação da duração das frações de tempo de cada unidade autônoma sujeita ao regime da multipropriedade; (iii) a forma de rateio, entre os multiproprietários de uma mesma unidade autônoma, das contribuições condominiais relativas à unidade, que, salvo se disciplinada de forma diversa no instrumento de instituição ou na convenção de condomínio em multipropriedade, será proporcional à fração de tempo de cada multiproprietário; (iv) a especificação das despesas ordinárias, cujo custeio será obrigatório, independentemente

---

[21] Para um estudo mais aprofundado da multipropriedade: ABELHA, André. Condomínio em multipropriedade. In: BORGES, Marcus Vinicius Motter (coord.). *Curso de direito imobiliário brasileiro*. São Paulo: RT, 2021, p. 649-668.

de uso e gozo do imóvel e das áreas comuns; (v) os órgãos de administração da multipropriedade; (vi) a indicação, se for o caso, de que o empreendimento conta com sistema de administração de intercâmbio, na forma prevista no § 2.º do art. 23 da Lei n. 11.771, de 17 de setembro de 2008, seja do período de fruição da fração de tempo, seja do local de fruição, caso em que a responsabilidade e as obrigações da companhia de intercâmbio limitam-se ao contido na documentação de sua contratação; (vii) a competência para a imposição de sanções e o respectivo procedimento, especialmente nos casos de mora no cumprimento das obrigações de custeio e nos casos de descumprimento da obrigação de desocupar o imóvel até o dia e a hora previstos; (viii) o quórum exigido para a deliberação de adjudicação da fração de tempo na hipótese de inadimplemento do respectivo multiproprietário; (ix) o quórum exigido para a deliberação de alienação, pelo condomínio edilício, da fração de tempo adjudicada em virtude do inadimplemento do respectivo multiproprietário; (x) os poderes e deveres dos multiproprietários, especialmente em matéria de instalações, equipamentos e mobiliário do imóvel, de manutenção ordinária e extraordinária, de conservação e limpeza e de pagamento da contribuição condominial; (xi) o número máximo de pessoas que podem ocupar simultaneamente o imóvel no período correspondente a cada fração de tempo; (xii) as regras de acesso do administrador condominial ao imóvel para cumprimento do dever de manutenção, conservação e limpeza; (xiii) a criação de fundo de reserva para reposição e manutenção dos equipamentos, instalações e mobiliário; (xiv) o regime aplicável em caso de perda ou destruição parcial ou total do imóvel, inclusive para efeitos de participação no risco ou no valor do seguro, da indenização ou da parte restante; e (xv) as multas aplicáveis ao multiproprietário nas hipóteses de descumprimento de deveres.

Regimento interno. Por sua vez, havendo multipropriedade, o regimento interno do condomínio edilício deve prever: (i) os direitos dos multiproprietários sobre as partes comuns do condomínio edilício; (ii) os direitos e as obrigações do administrador, inclusive quanto ao acesso ao imóvel para cumprimento do dever de manutenção, conservação e limpeza; (iii) as condições e regras para uso das áreas comuns; (iv) os procedimentos a serem observados para uso e gozo dos imóveis e das instalações, equipamentos e mobiliário destinados ao regime da multipropriedade; (v) o número máximo de pessoas que podem ocupar simultaneamente o imóvel no período correspondente a cada fração de tempo; (vi) as regras de convivência entre os multiproprietários e os ocupantes de unidades autônomas não sujeitas ao regime da multipropriedade, quando se tratar de empreendimentos mistos; (vii) a forma de contribuição, destinação e gestão do fundo de reserva específico para cada imóvel, para reposição e manutenção dos equipamentos, instalações e mobiliário, sem prejuízo do fundo de reserva do condomínio edilício; (viii) a possibilidade de realização de assembleias não presenciais, inclusive por meio eletrônico; (ix) os mecanismos de participação e representação dos titulares; (x) o funcionamento do sistema de reserva, os meios de confirmação e os requisitos a serem cumpridos pelo multiproprietário quando não exercer diretamente sua faculdade de uso; e (xi) a descrição dos serviços adicionais, se existentes, e as regras para seu uso e custeio (art. 1.358-Q).

Administrador profissional. Nos termos do art. 1.358-R, o condomínio edilício em que tenha sido instituído o regime de multipropriedade em parte ou na totalidade de suas unidades autônomas terá necessariamente um administrador profissional, que pode ou não ser um prestador de serviços de hospedagem, e cujo contrato terá prazo de duração livremente convencionado. Caberá ao administrador a gestão das unidades sujeitas à multipropriedade, ficando este como representante legal dos multiproprietários, exclusivamente para a realização dos atos de gestão ordinária da multipropriedade, incluindo manutenção, conservação e limpeza do imóvel e de suas instalações, equipamentos e mobiliário. O administrador poderá modificar o regimento interno quanto aos aspectos estritamente operacionais da gestão da multipropriedade no condomínio edilício.

Adjudicação da fração de tempo com débitos. Na hipótese de atraso no pagamento das despesas, a lei prevê, de forma expressa, a possibilidade, no âmbito da execução judicial, de adjudicação ao condomínio edilício da fração de tempo correspondente (art. 1.358-S).

Pool de locação. Se houver sistema de locação no qual os titulares possam ou sejam obrigados a locar suas frações de tempo exclusivamente por meio de uma administração única, repartindo entre si as receitas das locações independentemente da efetiva ocupação de cada unidade autônoma, poderá a convenção do condomínio edilício prever que, em caso de inadimplência: (i) o inadimplente fique proibido de utilizar o imóvel até a integral quitação da dívida; (ii) a fração de tempo do inadimplente passe a integrar o *pool* da administradora; e (iii) a administradora do sistema de locação fique automaticamente munida de poderes e obrigada a, por conta e ordem do inadimplente, utilizar a integralidade dos valores líquidos a que o inadimplente tiver direito para amortizar suas dívidas condominiais, seja do condomínio edilício, seja do condomínio em multipropriedade, até sua integral quitação, devendo eventual saldo ser imediatamente repassado ao multiproprietário (art. 1.358-S, parágrafo único).

Renúncia. O multiproprietário somente poderá renunciar de forma translativa a seu direito de multipropriedade em favor do condomínio edilício, e desde que esteja em dia com as contribuições condominiais, com os tributos imobiliários e, se houver, com o foro ou a taxa de ocupação (art. 1.358-T).

CAPÍTULO II

A NATUREZA JURÍDICA DO CONDOMÍNIO EDILÍCIO[1]

32. Ausência de consenso doutrinário. Até hoje os doutrinadores não conseguiram fixar a natureza jurídica da propriedade horizontal. Não lograram uma zona de pacificidade onde situá-la, pois tantas são as fórmulas empregadas que em verdade é como se não existisse nenhuma. Por seu turno, as leis especiais e as disposições dos códigos espelham concepções diferentes. E tudo arma um círculo vicioso difícil de vencer: porque inexiste uma dogmática segura, os legisladores perdem-se em mal dirigido casuísmo, que lhes interdiz adotar orientação uniforme e a fixação de uma doutrina legal segura; porque as leis são desobedientes a um critério harmônico, os doutrinadores perdem-se em esquematizações teóricas subordinadas a um positivismo árido e deixam escapar as oportunidades de estabelecer um preordenamento abstrato.

Quem se abalança, como aqui fazemos, a determinar a equação deste problema vê-se logo a braços com duas ordens de pensamentos antinômicas, e, por isso mesmo, desconformes na conclusão: se se atém a seu próprio sistema, arrisca-se a oferecer uma caracterização jurídica que não passa de explicação teórica para a tomada de posição do legislador do seu país; se se investiga *aliunde*, emaranha-se na dispersão conceitual de escritores que, por sua vez, se têm vinculado à própria ordem legal, e daí sai uma imagem imprecisa, ou não sai nada. Seguimos, então, uma orientação um tanto divergente da aceita pelos que têm tratado o tema: espraiamo-nos pela coleta das concepções admitidas pelos tratadistas e monografistas da matéria, sem perdermos de vista os sistemas de direito positivo a que se prendem; em seguida, cogitaremos desta problemática à vista do direito brasileiro; e finalmente, em excogitação crítica, deduziremos a melhor caracterização jurídica do condomínio especial em edifício de apartamentos.

---

[1] Nota do editor: o texto na cor preta indica o texto original do Professor Caio Mário, e o texto na cor cinza é de autoria dos atualizadores. Os capítulos e itens de autoria dos atualizadores, além de estarem na cor cinza, estão indicados com letras após o número.

Como ponto de partida, cumpre-nos retornar à noção tradicional de condomínio não por mero prazer erudito, nem por complexo sentimental, senão para que uma aferição de contraste prontamente nos sugira a diferença existente entre a comunhão *pro indiviso* clássica e a fórmula moderna da divisão-indivisão dos edifícios coletivos. Pois, se se trata de um *novo regime de condomínio,* bom será desde já extremá-lo do velho.

33. Características elementares. Sem que se torne necessário descer a minúcias e delongas enfadonhas, baste-nos como elemento característico essencial fixar e determinar, de início, que no condomínio a ideia mestra está no exercício conjunto das faculdades inerentes ao domínio pela pluralidade de unidades autônomas que pertençam a um ou mais sujeitos, por tal arte que cada um deles tenha um poder jurídico sobre a coisa inteira, em projeção de sua quota ideal, sem excluir idêntico poder nos consócios ou coproprietários. A noção já nos vem do direito romano, em que a enunciara Ulpiano, e é a mesma no direito moderno, como decorre da sistematização legal [N.A.: Código Civil, arts. 1.314 e seguintes] e da doutrina.[2]

Em essência, o condomínio é *transitório,* tanto em razão de sua própria natureza oposta à qualidade exclusiva da propriedade como porque milenarmente tem sido fonte permanente de constantes litígios, que o legislador quer reprimir e cercear, instituindo a regra da sua cessação pela iniciativa de qualquer consorte a qualquer tempo [N.A.: Código Civil, art. 1.320], ainda quando se haja ajustado a continuidade da situação ou quando o estado de comunhão tenha sido determinado pelo doador ou testador.[3]

Como complemento desses preceitos, nenhum condômino tem o direito de dar a terceiros a posse, o uso ou o gozo da propriedade sem o prévio consenso dos demais [N.A.: Código Civil, art. 1.314, parágrafo único] nem pode alienar a sua quota-parte a pessoa estranha ao condomínio, sem reconhecer a qualquer dos consócios preferência para adquiri-la, tanto por tanto [N.A.: Código Civil, art. 1.322].

Sobre estes três pontos assentam os fundamentos do condomínio clássico e a sua teoria constrói-se a partir daí, pois que tudo mais não passa de consectários, que a imposição de uma lógica elementar extrai.

34. Propriedade comum e exclusiva. O que existe é um *instituto novo,* do condomínio especial ou da propriedade horizontal; uma ideia de *propriedade,* e ainda uma ideia de *condomínio. Propriedade individual,* exclusiva, sobre a unidade autônoma, subordinada embora a sérias restrições (o que não é estranho ao conceito do domínio tradicional), que vão desde a observância das normas de boa vizinhança, tanto mais necessárias quanto o apropinquamento é mais chegado, até as condições estéticas ligadas à conservação da fachada e das cores de pintura das portas. *Condomínio* sobre o solo, sobre os elevadores do edifício, sobre a caixa-d'água, sobre o saguão de entrada, sobre as partes, enfim, que

---

[2]   Clóvis Beviláqua, *Direito das coisas,* II, § 52; Dermburo *Pandette,* III, § 195.

[3]   Pelo direito brasileiro, Código Civil, art. 1.320, §§ 1.º e 2.º, o estado de indivisão pode ser convencionado pelas partes ou imposto pelo doador ou testador; em tais circunstâncias, entende-se limitado o prazo a cinco anos.

interessam ao prédio como unidade arquitetônica. Tão visível é a presença da propriedade individual, no chamado *condomínio* de apartamentos, que não faltam escritores (ver item 38) a focalizar a propriedade individual ou exclusiva como o elemento essencial deste novo tipo de direito dominial moderno. Cunha Gonçalves, no extremo oposto, insurge-se contra a ideia da existência de uma propriedade exclusiva, e neste sentido bateu-se quando se discutia na Assembleia Nacional o projeto de lei respectivo, como em doutrina luta tenazmente. Ao ver do eminente civilista, o que existe nesse sistema jurídico é apenas uma *compropriedade* que extrai de várias ordens de ideias: primeiramente, da designação legal do regime como *condomínio* na legislação portuguesa, na espanhola, no novo Código Civil italiano, no Código Civil mexicano; segundo, em razão da importância do conceito do condomínio, mesmo no entender dos juristas que admitem a propriedade exclusiva e alienável, para os quais, não obstante, há forçosamente uma compropriedade do conjunto, com a observação de que várias partes permanecem em estado de indivisão perpétua e forçada. A originalidade da corrente a que Cunha Gonçalves pertence e que tem, ainda, como defensores Valverde y Valverde, está em negarem a existência de uma propriedade exclusiva, mesmo em conjunção com a compropriedade.[4] O argumento forte, em que assentam o parecer, está nas limitações aos direitos do proprietário, que não pode dissociar o seu apartamento ou andar da copropriedade indivisível do conjunto, nem ao menos transformar a sua parte sem o consentimento expresso dos vizinhos e dos condôminos. A nosso ver, porém, a limitação imposta ao direito do proprietário do apartamento é um argumento a favor de uma propriedade exclusiva aliada ao condomínio, pois não se haveria de limitar o exercício de um direito no seu titular se este direito se perdesse dentro da noção, já de per si restritiva, da copropriedade. Demais disso, a propriedade exclusiva, em coisa de assenhoreamento individual típico, sofre hoje, como tem sofrido nos milênios de sua evolução na civilização ocidental, um tão grande número de restrições que o fato é de si inábil a autorizar o seu desfiguramento como direito dominial individual, quando tais cortes se fazem a benefício de um condomínio que se lhe associa.

Claramente nos colocamos em campo oposto, não obstante a admiração pelo mestre. A nosso ver, há uma *compropriedade* e uma *propriedade individual*, que vivem juntas, e é neste sentido que assentamos a nossa doutrina e que encontramos defendida por especialistas autorizados: José A. Rabela de Carrillo, *La propiedad horizontal, 1960*, p. 38; Bendersky, *Nulidad de asambleas, 1950*, n. 4; Manuel Borja Martinez, *La propiedad de pisos e departamentos en derecho mexicano*, p. 76; Antônio Visco, *La Disciplina Giuridico delle case in condomínio*, p. 42; Messineo, *Manuale di Diritto civile e commerciale*, p. 111.

35. Fusão de direitos. Onde, entretanto, estão a originalidade e a peculiaridade da *propriedade horizontal* é na *fusão* dos conceitos de domínio singular ou exclusivo e de domínio plural ou comum, para a criação de um conceito próprio ou de um *complexus* jurídico que existe neste tipo de propriedade e que não é encontrado em nenhum outro tipo de propriedade. O condomínio por unidades autônomas ou propriedade

---

[4] Cunha Gonçalves, *Da propriedade horizontal*, n. 4; Valverde y Valverde, *Tratado de derecho civil español*, II, p. 247.

horizontal, com o qualificativo que a distingue, forma, então, um direito diferente, que amálgama ou funde as noções de propriedade e de copropriedade. Em símile exato, a Química nos oferece o fenômeno da *combinação*, que se distingue da *mistura*, em que naquela os elementos se transmudam indissoluvelmente em um corpo novo, como é a liga de dois metais, por exemplo, o aço, formado da liga de ferro e manganês, que não é nem ferro, nem manganês, e de que não se podem mais extrair nem o ferro, nem o manganês, sob pena de deixar de ser aço.

Na *propriedade horizontal*, a propriedade exclusiva assegura ao *dominus* um acervo de direitos subjetivos, que perderiam toda a consistência se não houvesse simultaneamente o condomínio, uma vez que o exercício daquele, com a utilização da coisa, seria inviável se não houvesse a propriedade coletiva ou a propriedade conjunta de todos sobre as áreas de acesso. A própria realização concreta do plano, na materialidade da edificação, seria impossível quanto à unidade autônoma se não houvesse a copropriedade do terreno.

Na *propriedade horizontal*, o condomínio sobre o subsolo, solo, partes de uso comum, perderia totalmente a finalidade se não existisse a propriedade individual da unidade autônoma.

A *propriedade horizontal* e, portanto, um direito, que se configura com as suas linhas estruturais definidas, próprias, características, peculiares, na aglutinação do domínio e do condomínio; da propriedade individual e da propriedade comum, formando um todo indissolúvel, inseparável e unitário. Os direitos do comunheiro sobre a sua unidade autônoma e sobre as partes comuns consideram-se, então, *indivisíveis*, não podendo ser cedidos separadamente [N.A.: Código Civil, art. 1.339, § 1.º].[5]

Somente essa *simbiose orgânica* dos dois conceitos, na criação de um direito complexo, é que oferece justificativa precisa aos direitos e aos deveres dos condôminos. Não é apenas uma *propriedade mista*, em que o domínio exclusivo vive ao lado do condomínio. Não é uma justaposição de direitos e de conceitos. É uma *fusão de direitos* e uma *criação de conceito* distinto. Não é, por outro lado, uma relação de dependência, em que um direito tem caráter *principal* e outro tem, *acessório*. Salientando-o, Cunha Gonçalves, de quem divergimos na conceituação jurídica, com razão explica que não é acessoriamente que ao proprietário do apartamento pertence a compropriedade das partes comuns.[6] No nosso entendimento, há uma fusão de direitos, pela qual o mesmo sujeito é simultaneamente titular de uma propriedade e de uma copropriedade. Relação subjetiva una, relação objetiva dicotômica.

Os que sustentam uma relação de *acessoriedade* invertem, entretanto, a noção clássica. Com efeito, para o direito romano, a ideia fundamental era que *superfícies solo cedit* e o direito ainda em nossos dias mantêm a ideia de principalidade atribuída ao solo e a de acessoriedade à construção. No Código Civil brasileiro de 1916, para não irmos mais longe nas investigações, consagrou-se a ideia, seja no art. 43, que considera imóvel por

---

[5]   Zurfluh, *Copropriété d'Appartements*, n. 74.

[6]   Cunha Gonçalves, *Da propriedade horizontal*, p. 40. Rejeitando, igualmente, a ideia de que não há relação de dependência ou de acessoriedade, discreteiam: Campos Batalha, *Loteamentos e condomínios*, II, p. 77; Pontes de Miranda, *Tratado de direito privado*, v. XII, § 1.351, p. 279.

Cap. II • A Natureza Jurídica do Condomínio Edilício | 53

natureza o solo e por acessão o edifício, seja no art. 545, que qualifica a construção como acessão da propriedade em função de sua adesão ao solo.

No Código atual, esses conceitos são repetidos nos arts. 79 e 1.253.

Não é, porém, a noção jurídica preponderante na relação do condomínio e da propriedade horizontal. E, por essa razão, os escritores que defendem essa relação de dependência no condomínio por andares em relação ao solo definem o *apartamento* como coisa principal não só porque a disposição da quota ideal acompanha a unidade autônoma, como também em razão de um critério econômico, pois o apartamento representa um valor maior do que a utilização das partes comuns e, mais ainda, porque na relação jurídica aparenta predominância a ideia do apartamento, uma vez que é este que se aluga, vende etc., e não o solo, os muros da casa ou os andares e corredores. É possível que a construção seja de maior valor do que o terreno, como é, ao revés, que o solo economicamente sobreleve ao conjunto do edifício. Na propriedade horizontal, não é preponderante o fator econômico, porém o teleológico, vez que a finalidade exclusiva do apartamento impõe uma verdadeira inversão do velho aforismo romano, que passaria a traduzir a relação entre a propriedade individual e o condomínio na fórmula *solum cedit superficiei*.[7]

Na verdade, porém, a conjugação desses direitos, da propriedade exclusiva e da copropriedade, é tão íntima que não se pode atribuir a uma ou a outra a preeminência, para afirmar qual a principal e qual a acessória.[8] É por tudo isto que sustentamos a *unidade jurídica* da propriedade horizontal. Direito complexo, sem dúvida, mas constituindo uma só relação jurídica, da qual é sujeito ativo o dono do apartamento; são sujeitos passivos todas as pessoas; objeto de uma complexidade de bens e direitos, em que se inscreve o apartamento como parte subordinada a um princípio de sujeição individual e o solo e as partes comuns de sujeição coletiva. Entretanto, não basta à criação da propriedade horizontal que, em um mesmo terreno, duas ou mais pessoas construam unidades autônomas. É requisito fundamental de sua constituição, tal como resultante da lei e assentado em doutrina, que tais unidades se encontrem reunidas em *edifício* ou conjunto de edificações, em que se associem as unidades autônomas e partes comuns, indissociáveis. Foi, aliás, o que decidiu o Tribunal de Justiça do Distrito Federal,[9] fazendo alusão ao número de pavimentos em decorrência do Decreto n. 5.481, o que hoje se dispensa, nos termos da lei nova.

E foi precisamente em atenção a tal conceito doutrinário que elaboramos o nosso Anteprojeto, e a Lei n. 4.591, de 16 de dezembro de 1964, fixou a noção deste condomínio especial na associação da propriedade exclusiva da unidade com a copropriedade do

---

[7] Racciatti, *Propiedad por pisos*, p. 79; Laje, *La propiedad horizontal*, p. 214. Nesse sentido, o Tribunal de Justiça do Distrito Federal: "Ao contrário do que sucede com o condomínio puro ou clássico, no condomínio relativo ou horizontal pode-se dizer que *solum cedit superficiei*, figurando o terreno entre as coisas inalienáveis, do domínio de todos os proprietários do prédio". V. *Arquivo Judiciário*, v. 113, p. 181.

[8] Hébraud, La Copropriété par Appartements, *Revue Trimestrielle de Droit Civil*, 1938, p. 26; Espínola, *Posse, propriedade, condomínio*, n. 192.

[9] Decisão, *Arquivo Judiciário*, v. 113, p. 181.

solo e partes comuns. Com efeito, a linguagem da Lei n. 4.591, de 1964, é muito precisa. O seu art. 1.º alude aos edifícios e conjuntos de edificações, para fins residenciais ou não residenciais, e manda que as unidades em que se dividem, objetivamente consideradas, sejam tratadas como propriedade exclusiva e autônoma, sujeita às limitações legais. A cada unidade, acrescenta o § 2.º, caberá, como parte inseparável, uma fração ideal do terreno e coisas comuns, para efeitos de identificação e discriminação.

O Código atual reproduz esses conceitos no art. 1.331, §§ 1.º e 2.º, no que andou corretamente.

Deixando de lado esta cláusula final (para efeitos de identificação), que é ociosa e inconveniente, o que deflui do texto legal é que a propriedade horizontal ou o condomínio especial por unidades autônomas compreende um sistema em que a lei considera a edificação ou o conjunto de edificações como um todo, dividido este em unidades dotadas de autonomia, e como tais objetivamente consideradas, porém ligadas indissoluvelmente às respectivas frações ideais do terreno. Desta sorte, lei e doutrina dão-se as mãos para a construção de um conceito científico, cabendo-nos a satisfação de consignar que, entre as numerosas concepções doutrinárias em circulação, predominou a que vimos sustentando e defendendo.

Com pesar, entretanto, vimos que o Projeto de Código Civil, enviado ao Congresso Nacional em 1975, comete equívoco (que já havíamos criticado no Anteprojeto),[10] ao estatuir que nas edificações "pode haver" partes que são propriedade exclusiva e partes que são propriedade comum. Não nos parece correta a referência facultativa. Ao revés, entendemos que "haverá", necessariamente, sem o que não se constitui a propriedade horizontal ou o condomínio especial.

Na expressão "pode haver" insere-se uma faculdade, que teria como consequência a ideia oposta – "pode não haver". E esta seria a negação do edifício coletivo, tendo em vista que, se não houver partes comuns conjugadas com a propriedade exclusiva incidente na unidade autônoma, negar-se-á o condomínio especial do edifício coletivo.

O receio do Professor Caio Mário tornou-se realidade, tendo em vista a redação do art. 1.331, *caput*, do Código Civil de 2002, segundo o qual "pode haver, em edificações, partes que são propriedade exclusiva, e partes que são propriedade comum dos condôminos", o que, como previa ele, suscita as mais veementes críticas.

A única interpretação coerente que se pode atribuir ao dispositivo, que permite conciliá-lo com a noção de condomínio edilício, é a de que, havendo partes exclusivas e partes comuns, estaremos sempre diante do condomínio edilício, seja um edifício ou um conjunto de casas, enquanto, existindo apenas partes exclusivas, não haverá condomínio algum.

É o que acontece em muitas cidades, nas quais se constroem conjuntos de casas, que se classificam, equivocadamente, como condomínios edilícios, mas não o são, considerando que as ruas internas são públicas e os lotes, com as respectivas acessões, são de propriedade exclusiva, não havendo partes comuns em todo o conjunto.

---

[10] Pereira, Críticas ao Anteprojeto do Código Civil, *Revista do Instituto dos Advogados Brasileiros*, n. 20, 1972.

Tanto na doutrina quanto na construção pretoriana, são denominados "condomínios de fato", o que também não nos parece adequado, mas vai se consagrando na prática.

A grande discussão que se abre, e tem desaguado frequentemente no Judiciário, diz respeito ao rateio de despesas feitas com a segurança e a limpeza dessas áreas.

Não se tratando, tecnicamente, de um condomínio edilício, já que nessas comunidades não coexistem partes comuns e partes exclusivas, muitas delas se organizaram sob a forma de associações, passando a cobrar mensalidades dos moradores, para contratar os serviços que a todos interessam.

Vários proprietários recusaram-se a contribuir, sob o argumento de que não poderiam ser compelidos a se associar, ao arrepio da garantia constitucional.

36. Conexão necessária entre propriedade comum e exclusiva. Nas suas linhas fundamentais diverge a *propriedade horizontal* da comunhão *pro indiviso* tradicional, e coincidentemente insurge-se contra os seus princípios cardeais.

De início, as faculdades dos condôminos do prédio dividido horizontalmente e fracionado em apartamentos residenciais, conjuntos comerciais ou demais usos não traduzem um poder jurídico sobre a coisa toda, por quota ideal, mas implicam a utilização em comum apenas das partes necessárias à soldadura da comunhão, importando quanto ao mais no poder exercido sobre uma fração da coisa com exclusão de todos os participantes da copropriedade. Eis uma peculiaridade que pode de pronto assinalar-se, e que, não obstante deva ser oportunamente desenvolvida, merece logo salientada, pois que não é preciso ser iniciado nas sutilezas de um acendrado tecnicismo jurídico, porém basta a observação elementar do bom senso vulgar para acentuar que cada condômino de um edifício coletivo guarda poder exclusivo sobre a sua unidade e sujeita-se à comunhão do terreno, dos alicerces, das paredes externas, do pórtico de entrada, das áreas de serviço, dos elevadores, daquilo, enfim, que se torna indispensável à coesão orgânica de um conjunto econômico-jurídico.

Em seguida, vem logo à mente a necessidade de manter-se, a benefício da estrutura jurídica desse novo tipo de propriedade, a comunhão *permanente e perpétua*. Não será possível a conservação útil do complexo jurídico nem concebível a fruição da parte exclusiva de cada condômino sem a permanência do estado de comunhão. Em consequência, esta é obrigatoriamente *duradoura*, em contraposição à comunhão clássica, que a lei quer transitória.

Cada condômino há de ter a faculdade, em princípio, de usar por si ou por outrem a coisa, e assim compete-lhe dar posse, uso ou gozo da propriedade a estranhos, sem prévia audiência dos demais condôminos. É certo que este poder às vezes encontra limitação no ajuste dos consortes, mas esta restrição já em si mesma é a afirmação de um direito, pois que se este é diminuído em seu exercício pela convenção livre dos titulares é porque em princípio fora suscetível de fruição ampla.

No entanto, a copropriedade sobre o terreno e partes comuns não se pode destacar do direito exclusivo sobre a unidade.

O proprietário de uma unidade autônoma pode aliená-la independentemente de anuência dos demais, exceção feita à vaga de garagem, desde o advento da Lei n. 12.607/2012, que a condicionou à permissão prévia da convenção (ver item 71-D).

37. Paradoxo. Aproxime-se alguém de um edifício coletivo, sob regime de condomínio e divisão em unidades autônomas, e relate como jurista o que vê à sua frente. Diga como se lhe apresenta aquele *complexus,* por onde transitam quaisquer do povo, onde vivem condôminos, onde habitam pessoas estranhas, onde há empregados de um patrão coletivo que são os próprios condôminos em conjunto. Explique a existência de um terreno que pertence a todos em distribuição por quotas ideais; a presença de paredes, de áreas, de instrumentos, aparelhos, materiais, que são de todos na proporção daquelas quotas; a evidência de partes dentro das quais não chega a convergência de poderes do conjunto de consócios, mas no entanto estão submetidas na sua utilização, como na sua apresentação externa, à normação restritiva em benefício de todos.

Esse paradoxo, total, negatório das ideias tradicionais da comunhão clássica, no qual a propriedade exclusiva se emparelha com a utilização em comum e às vezes se lhe superpõe, é que constitui o condomínio *edilício,* quase deslocado da materialidade, que o progresso técnico permitiu projetar até as nuvens e arranhar o céu, para a personificação jurídica, na aquisição de direitos e na constituição de obrigações. *Quase,* sem chegar a tanto.

No deslindar o problema de sua natureza jurídica, é essencial ter em vista que dois tipos de propriedade aí coexistem: a *propriedade individual* e a *propriedade coletiva,* que aqui mais uma vez reclamam a atenção do especialista para a circunstância envolvente de sua reunião. O edifício representa uma *unidade.* Unidade sob todos os aspectos. Unidade arquitetônica. Unidade técnico-material de sua construção. Unidade orgânica de convivência. Unidade econômica na expressão de sua harmonia externa. Unidade ética, na sua dupla configuração, moral e jurídica.

Contudo, este pensamento unitário é suscetível de análise para decomposição das normas de comportamento, formulação dos direitos de cada condômino, imposição dos deveres de cada consorte. Por uma abstração do espírito, é possível distinguir a propriedade coletiva da propriedade individual e exclusiva. No entanto, ao mesmo tempo aquele conjunto não permite que se destaque uma da outra, pois não se pode conceber o domínio sobre a unidade autônoma sem o condomínio das partes comuns, nem tem razão de ser o condomínio sobre estas, senão em função da propriedade exclusiva daquela.

38. Instituto novo requer regras novas. A compreensão deste complexo tem sido realizada e a explicação tentada por quantos meditam na sua formulação jurídica.

Alguns escritores, mais aferrados à tradição, querem justificar este direito, surgido das imposições modernas da convivência urbana, trepidante e aglomerada, com a ressurreição de velhas regras jurídicas, elaboradas para um tempo em que o problema na verdade não havia ainda eclodido. E, realizando uma espécie de interpretação teleológica dos textos romanos, aplicam regras caducas ao direito novo. Nesta linha doutrinária, Domenico Simoncelli cuida do antigo *direito de superfície,* já conhecido e desenvolvido em Roma, e a seu ver assumiria a propriedade horizontal o caráter de uma verdadeira *propriedade superficiária,* como conjunto imobiliário situado sobre o solo, cujo proprietário é pessoa distinta de quem tem o gozo, e se alinharia entre os *iura in re aliena*.[11] Outros aí enxergam uma espécie de *servidão*, da unidade autônoma sobre o solo, exercida pelo proprietário daquele, ideia que não é estranha à doutrina de Coviello, para quem o solo é de propriedade do dono do andar inferior e que mais francamente é defendida por Ferrini, Demolombe, Planiol. Aliás, foi do germe de uma "servidão de indivisão" e do consequente dever de manterem os proprietários as coisas comuns afetadas a seu uso que evolveu toda a teoria do regime novo de copropriedade do edifício de apartamentos.[12] Sem necessidade de mais extensos comentários, é de afastar, e logo, esta conceituação, à vista da inexistência da dualidade de prédios, serviente e dominante, já que é da essência do novo regime que o dono da unidade autônoma seja simultaneamente condômino do solo, e já era de direito romano que a *superfície* pressupõe titular diverso do *dominus soli*. Por outro lado, *nemine res sua servit*. A explicação do fenômeno pela *servidão* sugere, pois, a ideia essencial a este direito real, de não ser possível constituí-la sobre a própria coisa. Na procura de uma solução clássica para o problema, não faltou a aproximação deste novo regime de condomínio ao *usufruto* e à *enfiteuse* (Gianturco, Duranton, por parecer que há uma propriedade útil, diversificada da nua-propriedade.

39. Condomínio não é sociedade. Outra noção que não deixa de radicar-se nos conceitos tradicionais é a da *sociedade,* em voga nos Estados Unidos segundo a qual se organiza uma associação de tipo cooperativo, que constrói e permanece proprietária do edifício. A utilização pelos associados realiza-se sob forma de aluguel a prazo longo, mediante o pagamento de uma cifra bastante módica, acrescida das despesas fiscais e de conservação.[13] Em nosso direito, como em qualquer direito, nenhuma incompatibilidade existe entre a constituição de uma sociedade e a utilização da coisa imóvel. Tem-se tornado mesmo normal, e relativamente frequente, o chefe de família constituir com seus filhos uma sociedade mercantil, sob forma anônima ou por quotas de responsabilidade limitada, que substitui a copropriedade familiar: a sociedade adquire bens, administra-os, percebe rendimentos, aliena-os, distribui lucros, confere retiradas etc., reduzindo-se os direitos dos membros da família aos que são atribuídos às respectivas quotas, com cuja transmissão se simplificam os problemas de sucessão *causa mortis*. Outras vezes, pessoas que habitualmente se associam em negócios imobiliários adotam a forma de uma sociedade mercantil, com que simplificam as questões fiscais e tornam mais flexíveis as mutações da propriedade. Todavia, não é o que ocorre com o edifício de apartamentos ou de escritórios. Aqui os proprietários não são associados. O domínio do imóvel não pertence a uma pessoa jurídica. A reunião dos condôminos é *destituída de personalidade*. Falta completamente a *affectio societatis*. E, se um vínculo jurídico os congrega, não é,

---

[11] Domenico Simoncelli, *Nuovo Digesto Italiano*, V. "Superfícies"; Manoel Cavalcante, em tese apresentada ao 1.º Congresso Nacional de Direito, Fortaleza, 4 a 10 de outubro de 1958, sustentou-o sob a epígrafe "Sobre o Direito de Superfície".

[12] P. Hébraud, *La Copropriété par Appartements, in Revue Trimestrielle de Droit Civil*, 1938, p. 25.

[13] Cunha Gonçalves, *Tratado*, v. XI, n. 1 669; Cunha Gonçalves, *Da propriedade horizontal*, p. 12; O. Cambron, *Traité Théorique et Pratique de la Copropriété et de la division des Maisons*, n. 29.

certamente, *pessoal, mas real*,[14] representados os direitos dos condôminos pelos atributos dominiais sobre a unidade e uma copropriedade indivisa, indissociável daqueles, sobre as coisas comuns. Sem chegar a admitir o caráter societário do novo regime, não falta, contudo, quem queira ver uma espécie de *vínculo associativo* que transcende dos interesses individuais dos condôminos, e, sem alterar a natureza jurídica de cada uma das figuras, gera um direito real autônomo, no qual a quota ideal de cada comunheiro desempenha o papel de exprimir abstratamente a medida do seu interesse na comunhão.[15] Aproximada desta noção societária é a da *personalidade jurídica do condomínio* (item 42).

Dando atenção precípua à determinada e caracterizada pelos planos horizontais e verticais que a delimitam, há quem veja o direito condominial resumido ou concentrado nessa propriedade exclusiva dos titulares das unidades autônomas, num sistema de *limitações e interferências* àquele direito.[16] Esta concepção jurídica não se pode dizer inexata, pois há, sem dúvida, um direito dominial exclusivo, que sofre restrições a benefício da concorrência dos direitos dos demais coproprietários. Entretanto, existe naquelas limitações algo mais do que a simples interferência de interesses alheios, pois cada um dos proprietários das unidades autônomas tem deveres para com os demais coproprietários, além da simples restrição à propriedade em função da vizinhança próxima. Tem ainda direitos de natureza pessoal contra os coproprietários, como também direitos que não são apenas a utilização das partes comuns, bastando lembrar que, se houver a demolição do edifício, com a destruição completa das unidades autônomas, como de todo o conjunto, ainda restará o condomínio por quotas ideais sobre o solo.

40. Direito comparado. Léon Hennebicq, monografista belga, cria uma concepção da *universalidade de bens,* cujos traços fundamentais são a unidade patrimonial e a indivisibilidade perpétua e cujo regime é em parte de direito civil, mas em boa parte de direito administrativo.[17] A transmutação de uma *universitas facti* em universalidade jurídica daria na *personalização* do patrimônio comum dos condôminos. A construção teórica é arrojada, mais bem engendrada do que a doutrina da sociedade, de que conserva um resquício na figura de uma entidade distinta dos coproprietários, dotada de personalidade jurídica própria, e chega a seduzir pela elevação abstrata de seu conteúdo, como efetivamente tem seduzido. No entanto, não é compatível com a legislação belga, que em nenhum ponto autoriza se veja no edifício coletivo uma entidade personificada, ou no conjunto dos titulares de unidades autônomas uma pessoa moral. Não é afeiçoável a doutrina ao direito brasileiro, como de igual não o é aos sistemas legais que conhecemos, e são vários. Esta teoria sugere, por sua vez, a doutrina da personalização do patrimônio comum, que adquire assim vida autônoma.

De um escritor argentino, Virgílio Reffino Pereyra, é o conceito algo extremado da propriedade exclusiva sobre o respectivo andar ou sobre o apartamento, sem que se

---

[14] Carlos Maximiliano, *Condomínio*, n. 81.

[15] Hermán Racciatti, *Propiedad por pisos*, p. 35.

[16] R. Peretti Griva, *Nuovo Digesto Italiano*, V. "Casa di Vari Proprietari".

[17] Léon Hennericq, *Les Universalités de biens*, n. 61.

lhe possa reconhecer condomínio sobre a totalidade do imóvel, ainda quando este condomínio subsista nos elementos comuns, em razão de serem indispensáveis a todos os proprietários.[18] Ninguém, com efeito, pode recusar a propriedade exclusiva da unidade autônoma, mas daí à negação do condomínio sobre os elementos comuns vai um passo que transpõe o limite da realidade, de vez que as partes comuns do edifício (paredes, átrios, teto etc.) e o solo são propriedade de todos, em conjunto, sem que a necessidade exclua o exercício de direitos de cada um, simultaneamente com os demais, na coisa que por isso mesmo é comum.

Outras teorias há como a da coexistência de uma propriedade privada e de uma copropriedade tipo servidão de indivisão, da Doutora Clara Campoamor; a do Professor José lo Valvo, para quem a natureza jurídica da propriedade horizontal é imprecisa, por não ser somente domínio, nem apenas condomínio; a do autor Alberto G. Spota, das propriedades autônomas, todas citadas por Omar A. Lassaga, as quais não nos foi dado examinar, pela impossibilidade de obter as obras.[19]

Aproximando-se daqueles que sustentam a teoria que esposamos, ou a ela mais chegados, vemos que vários escritores têm mais ou menos acentuado a *conjugação* íntima da propriedade exclusiva com a copropriedade.

Assim, Salvat proclama a *combinação* de uma e de outra. Lafaille anuncia a figura mista em que se fundem amalgamados um domínio, fortemente limitado, e uma copropriedade.[20] Lassaga focaliza a conjunção orgânica de direitos em cujo funcionamento reside o segredo da complexidade da norma legal: dois direitos coexistem, um de natureza comum, coletiva; outro, de propriedade exclusiva de cada titular, sobre o andar ou o apartamento.[21] Castán enxerga uma comunhão especial, que se enquadra no tipo geral da comunhão de bens e direitos, mas que diverge do condomínio tradicional.[22] Planiol *et* Ripert sustentam uma superposição de propriedades distintas e separadas, acompanhada da existência de uma copropriedade sobre as partes comuns.[23] Racciatti admite a propriedade exclusiva sobre o apartamento e copropriedade do solo e coisas comuns, organizada esta para pôr-se a serviço das propriedades exclusivas, que constituem o objeto principal do direito.[24] Clóvis Beviláqua enuncia um misto de propriedade individual e coletiva.[25] Carlos Maximiliano defende a coexistência e superposição de propriedades distintas, conjugadas com uma indivisão forçada e perene: direito exclusivo sobre o andar e copropriedade sobre as coisas

---

[18] Virgílio Reffino Pereyra, *La propiedad horizontal de los inmuebles*, p. 17.

[19] Omar A. Lassaga, *Naturaleza jurídica y sistematización, de la ley de Horizontálidad Inmobiliaria*, p. 13-15.

[20] Hector Lafaille, *Tratado de derechos reates*, tomo IV, v. II, p. 22; Raymundo Salvat, *Derechos reales*, I, p. 554.

[21] Omar A. Lassaga, *Naturaleza jurídica y sistematización, de la ley de Horizontálidad Inmobiliaria*, p. 11.

[22] José Castán Tobenas, *Derecho civil españoll común y foral*, p. 306.

[23] Planiol *et* Ripert, *Traité pratique*, III, n. 319. p. 306.

[24] Hernán Racciatti, *Propiedad por pisos*, p. 33.

[25] Clóvis Beviláqua, *Direito das coisas*, 2. ed., p. 256.

comuns, em regime de indivisibilidade perpétua.[26] Justaposição de propriedades distintas e individualizadas ao lado da comunhão das partes comuns é sustentada por Orlando Gomes,[27] e neste mesmo sentido Espínola.[28]

Nesta mesma linha de raciocínio inscreve-se Amati, que não destoa na admissão de uma propriedade exclusiva sobre o apartamento, associada a uma copropriedade das coisas comuns, mas uma propriedade exclusiva tão fortemente limitada com a existência de uma *servitus oneris ferendi,* concessões ao direito de vizinhança etc., que reversamente nascem para todos os proprietários direitos reciprocamente oponíveis, daí resultando uma propriedade diferente do domínio clássico, e parecendo mesmo que o proprietário de um andar não o é com exclusividade do seu próprio andar.[29] Ruggiero e Maroi resumem este direito complexo, ensinando que o princípio informativo das normas novas está no estabelecimento de uma propriedade individual sobre os locais privativos e de uma comunhão forçada sobre as partes de uso comum.[30] Barassi sustenta idêntica situação jurídica.[31]

41. Novo conceito dominial. O edifício de múltiplos andares veio, efetivamente, abrir uma frente nova no setor econômico e no jurídico. Criou, sem dúvida, um valor novo, possibilitou o progresso das cidades, propiciou crescimento de recursos aos que eram senhores de imóvel situado em zona de urbanização rica e ofereceu oportunidade a todos, numa escala de fortuna altamente variada, para adquirir casa própria. Multiplicou a utilização imobiliária e, portanto, desdobrou economicamente o sentido útil da propriedade.

No campo do direito, mobilizou a imaginação legislativa no sentido de normação dos preceitos de comportamento, diante dos novos problemas criados. As legislações tradicionais, os princípios do Código Civil brasileiro, como de todos os Códigos moldados nos padrões clássicos, evidentemente não comportam a disciplina da propriedade à vista do que o edifício coletivo sugere. Por maior que seja o cunho de generalidade de suas disposições, faltava-lhes maleabilidade, hábil a subordinar aos cânones estabelecidos este tipo contemporâneo de propriedade. E neste objetivo foi que numerosos países cuidaram da adaptação legislativa, ora mediante a votação de leis especiais e autônomas, ora através de emendas aos Códigos, em cuja sistemática os textos modernos pegaram de enxertia. Até aí o problema ainda era relativamente simples.

Sobreleva, porém, a sua agudeza no momento em que o doutrinador é convocado a estruturar a dogmática do instituto porque, de início, acode-lhe logo a formação, sob seus olhos, de um novo instituto jurídico.

---

[26]   Carlos Maximiliano, *Condomínio,* n. 82.

[27]   Orlando Gomes, *Direitos reais,* n. 173, p. 301.

[28]   Espínola, *Posse, propriedade, condomínio,* n. 360.

[29]   Ricardo Amati, II condomínio pro diviso delle cose, *Rivista di Diritto Commerciale,* 1927, parte I, p. 333.

[30]   Ruggiero e Maroi, *Istituzioni di diritto privato,* I, § 109.

[31]   Ludovico Barassi, *Istituzioni di diritto civile,* n. 169, p. 342.

Ao expormos as doutrinas inventadas pelos especialistas da matéria (item 38), vimos que não tiveram sucesso as tentativas de explicar o fenômeno jurídico da propriedade em edifício dividido por planos horizontais com a mobilização pura e simples dos velhos conceitos. Falharam a servidão e também a superfície. E falharam porque não é possível dar tamanho elastério a conceitos jurídicos milenares, para que sobrevivam extensamente ao revolucionamento de conceitos econômicos. O fenômeno jurídico da comunhão, da superfície, da servidão, da copropriedade indivisa bastou para a coordenação do fenômeno econômico e do fenômeno social respectivo. Naquilo em que a evolução consistiu na transformação da regra, com objetivo de abranger o conteúdo atual da instituição vetusta, é lícito, e é útil, trazer vivificada a elaboração da lógica romana. Contudo, não é possível, e nisto falharam todos os esforços, disciplinar um acontecimento socioeconômico absolutamente original, por via de *iuris praecepta* do tempo dos césares. Nenhum impulso evolutivo resiste a tão pesada carga.

Daí a tarefa do jurista moderno ser mais árdua, porque há uma espécie de comodismo na adoção do direito romano como panaceia universal, de prescrição clínica a todos os casos. É mister que o jurista de hoje deixe de lado a velha craveira e se detenha um pouco a pensar por si. Pode não encontrar uma expressão peculiar ao instituto que se propõe estudar, porque a pobreza vocabular não consegue vencer as resistências. Pode encontrá-la, e deve então usá-la como expressão nova e como conceito novo. Ter a coragem de pensar e resolver.

Com a adoção de uma expressão que de pronto sugira a ideia do conteúdo, o que sem dúvida é preferível, ou mesmo sem ela, cumpre sem sombra de dúvida enfrentar o conceito novo.

Que é esta *propriedade horizontal*, ou este condomínio especial, por unidades autônomas?

Tenhamos a coragem de sacar a máscara, e digamos que há nela um *conceito dominial novo*.[32]

Com efeito, nenhum esboço de adaptação pode disfarçar as características próprias, para comprimi-lo na ideia antiga de propriedade. Esta, como *ius utendi, fruendi et abutendi,* pressupõe o poder exclusivo do senhor, oponível *erga omnes,* e, se comporta e sempre comportou restrições, não se desfigurava a faculdade de assenhoreamento do bem, sem contraste nas suas linhas fundamentais.

O *condomínio*, já conhecido, estudado, cuidadosamente explorado pelos juristas de Roma, espelha maravilhosa capacidade de abstração, no conciliar o poder de dono da coisa, que é exclusivo e individual, com a multiplicação de titulares em termos de fazer plúrima a exclusividade, não no sentido de estender a várias pessoas a exclusividade dominial – *plurium dominium in solidum* –, mas por tal arte que não implica o senhorio de cada um sobre uma fração, porém no exercício conjunto de um grupo de indivíduos, cabendo a cada qual o mesmo poder jurídico, de que tem a quota ideal e que

---

[32] Da mesma opinião é Orlando Gomes, que aqui enxerga um *genus novum* no quadro das construções jurídicas; não é propriedade individual nem condomínio, diz ele, mas as duas coisas ao mesmo tempo. *Direitos reais*, n. 174.

abraça a coisa inteira, em sistema de respeito mútuo ao poder idêntico dos consócios, *pro partibus indivisis*.[33]

42. Condomínio e personalidade jurídica. Jurista dos mais conspícuos e civilista eminente, Jair Lins enxerga na propriedade horizontal uma *figura nova de pessoa jurídica*, que constituiria o condomínio, formando assim na corrente belga, da personalidade ou personificação. Partindo da titularidade do domínio sobre as coisas comuns e da sua perpetuidade e inalienabilidade, Jair Lins vê aí uma atribuição legal de personalidade jurídica ao complexo, em termos segundo os quais não são os proprietários que têm o direito sobre as partes comuns do edifício e sobre o solo, mas o *condomínio,* como entidade dotada pela lei do atributo específico de *subjetividade.* No mesmo sentido, raciocina Orlando Ribeiro de Castro, que aproxima da massa falida a por ele denominada "massa condômina".[34] No direito americano, nas localidades em que vigora a *cooperative appartment plan of nome ownership,* como Chicago ou São Francisco, a ideia seria natural, porque o grupo associado levanta o monumento ou edifício sob a forma de associação cooperativa, e esta é sujeito de uma relação de direito. No entanto, para nós, a personificação sobre ser inútil não encontra amparo legal, visto como o Decreto n. 5.481 atribuía a titularidade do direito dominial do solo e das partes comuns *aos proprietários do prédio* (art. 2.º), e são, pois, estes os sujeitos de uma relação jurídica dupla, incidente com exclusividade nos apartamentos como unidades autônomas e *pro indiviso* nas partes comuns, e o Código Civil trata cada uma das unidades como propriedade exclusiva, e, portanto, como objeto de relação jurídica específica [N.A.: art. 1.331]. Da mesma forma, portanto, que não nos conformamos com a doutrina dos que querem aplicar os conceitos clássicos de servidão, ou do direito de superfície ao novo regime, também afigura-se-nos inadequada a invocação do conceito de personificação. Quando se cuidou de elaborar nova lei, não faltaram opiniões neste sentido. Todavia, não prevaleceram, e a Lei n. 4.591/1964, seguindo a traça de nosso Anteprojeto, guardou fidelidade às nossas convicções. Argumentando contra a personalidade moral no condomínio, Hébraud assinala mesmo que sua ausência é indispensável a que o proprietário permaneça proprietário, e se não torne mero titular de uma quota ou parte social, e para que seu direito conserve a qualidade imobiliária, e não seja um bem móvel incorpóreo. Serpa Lopes observa a semelhança entre a comunhão dos proprietários de apartamentos e a sociedade, dadas as necessidades e relações, jurídicas próprias, além de sua movimentação. Contudo, igualmente insurge-se contra a personificação, cuja ideia em nosso direito não se coaduna com o fenômeno comunitário do edifício de apartamentos, que pressupõe em cada proprietário um interesse próprio, muito embora em comunhão orgânica. E, para bem frisar aquela distinção da sociedade, acrescenta que a comunhão dos proprietários, naquilo em que ostenta a comunidade de interesses, tem a sua cor, não a substância: *colorem habet, substantiam vero nullam.* Contra a personalidade discreteia ainda Paulo Carneiro Maia, com bons arrimos doutrinários. O Tribunal de Justiça do antigo Distrito Federal, em julgado a respeito, sustentou que não existe personalidade jurídica, reconhecendo contudo que entre os comunheiros surgem

---

[33] Dernburg, *Pandette,* III, § 195.

[34] Orlando Ribeiro de Castro, *A propriedade dos apartamentos,* p. 63.

relações jurídicas permanentes, de ordem interna e de ordem externa.[35] Com alguma vacilação, embora os tribunais tenham lhe negado personalidade jurídica.[36]

A discussão sobre a personalidade jurídica do condomínio edilício traz dificuldades de ordem prática, a saber:

– O condomínio edilício tem patrimônio? Pode adquirir bens imóveis?

– As dívidas são do condomínio ou cada condômino responde na proporção da fração ideal da sua unidade, sujeitando-se à penhora de seus bens pessoais?

– O condomínio tem imagem-atributo passível de sofrer dano moral?

Em 2002, o Conselho da Justiça Federal (CJF) sediou a I Jornada de Direito Civil, na qual foi aprovado o Enunciado n. 90, pelo qual "deve ser reconhecida personalidade jurídica ao condomínio edilício nas relações jurídicas inerentes às atividades de seu peculiar interesse". Dois anos depois, em setembro de 2004, o Enunciado n. 246, aprovado na III Jornada de Direito Civil, alterou a redação anterior, permanecendo somente a parte inicial: "Deve ser reconhecida personalidade jurídica ao condomínio edilício".

Embora uma parte da doutrina, por interpretação do sistema jurídico e influência do Enunciado n. 246, reconheça esse atributo ao condomínio, o tema nunca se pacificou.

São três diferentes posicionamentos, e para cada um deles as consequências são distintas, como indica a tabela a seguir:

Posição	Referência principal	O condomínio edilício...		Condôminos respondem por dívidas do condomínio?
		pode adquirir imóveis?	sofre dano moral?	
O condomínio tem personalidade jurídica	CJF (Enunciado n. 246)	Sim	Sim	Não
O condomínio é ente despersonalizado, sem personalidade jurídica	STJ[37]	Não	Não	Sim
Condomínio é direito real	Doutrina[38]	Sim	Sim	Sim

---

[35] Hébraud, La Copropriété par Appartements, *Revue Trimestrielle de Droit Civil*, 1938, p. 49; Serpa Lopes, Curso, v. VI, n. 219; Tribunal de Justiça do antigo Distrito Federal, *Revista Forense*, v. 178, p. 180, e v. 15, p. 231; Paulo Carneiro Maia, A representação orgânica no condomínio por planos, *Revista da Faculdade de Direito de São Paulo*, p. 326, 1960.

[36] Ac. do Tribunal de Justiça da antiga Guanabara, *Adcoas*, n. 24.962, 1974.

[37] No âmbito das Turmas que compõem a Segunda Seção do STJ, "prevalece a corrente de que os condomínios são entes despersonalizados, pois não são titulares das unidades autônomas, tampouco das partes comuns, além de não haver, entre os condôminos, a affectio societatis, tendo em vista a ausência de intenção dos condôminos de estabelecerem, entre si, uma relação jurídica, sendo o vínculo entre eles decorrente do direito exercido sobre a coisa e que é necessário à administração da propriedade comum" (STJ, REsp 1.736.593/SP, 3.ª Turma, rel. Min. Nancy Andrighi, j. 11.2.2020, *DJe* 13.2.2020).

[38] Oliva, Condomínio edilício e subjetividade, *Direito Civil*, p. 349-374.

Atualmente há dois movimentos em curso no Congresso Nacional:

– **Projeto de Lei n. 3.461/2019**: passa a considerar o condomínio edilício como pessoa jurídica, ao inserir o inciso VII no art. 44 do Código Civil. O Projeto de Lei foi aprovado no Senado Federal e se encontra na Câmara dos Deputados. Se transformado em lei, a nova natureza jurídica atribuída ao condomínio pode trazer preocupantes efeitos colaterais, inclusive contábeis e fiscais.

– **Anteprojeto de Revisão do Código Civil**: Insere o novo § 1.º no art. 1.332, fixando que "Ao condomínio edilício poderá ser atribuída personalidade jurídica, para a prática de atos de seu interesse". A vagueza e a imprecisão do texto proposto deixa espaço para dúvidas: O verbo "poderá" significa uma faculdade? Se sim, quem decide se o condomínio terá ou não personalidade jurídica? Haverá condomínios com e sem personalidade jurídica? Quais seriam os "atos de seu interesse"? A regra se aplicará aos condomínios já instituídos?

A questão será mais bem resolvida se a lei, simplesmente, enunciar que "todo condomínio edilício possui personalidade jurídica", pois a subjetividade deve ser reconhecida a todo e qualquer condomínio edilício, independentemente da vontade de seu instituidor e do tempo de sua criação. Trata-se de simples reconhecimento de situações jurídicas já existentes.

Frise-se que a Lei n. 4.591/1964, ao regular o leilão extrajudicial da unidade autônoma em construção em razão da inadimplência do condômino, prevê, em seu art. 63, § 3.º, que o condomínio tem preferência na aquisição do bem, com direito à adjudicação, o que respalda a possibilidade de aquisição de propriedade em nome do condomínio edilício.

Capítulo III

FRAÇÃO IDEAL[1]

43. Conexão entre a propriedade exclusiva e comum. A cada apartamento ou unidade autônoma deve corresponder uma fração ideal no condomínio sobre o terreno e partes comuns do edifício. Isto é fundamental no regime da propriedade horizontal, já que resulta esta da fusão indissociável da propriedade exclusiva do apartamento com o condomínio daquelas coisas.

Entretanto, não fica aí o interesse nesta apuração. É de lei que cada um dos comunheiros deve concorrer nas despesas de condomínio; deve participar no rateio do prêmio do seguro; deve contribuir com a sua quota-parte no orçamento das repartições do prédio; e, em caso de desapropriação do edifício ou de sua destruição por incêndio ou outro risco segurável, compartilhará do *quantum* em que a coisa fica sub-rogada, como tudo veremos nas respectivas oportunidades.

Para haver, então, uma base de distribuição dos direitos e dos encargos de cada proprietário, no conjunto do edifício, é necessário fixar uma *cifra representativa* do interesse econômico de cada uma das pessoas participantes da comunhão.

Normalmente atribui-se a cada apartamento uma quota percentual ou milesimal no terreno, e é esta fração o índice do direito do respectivo proprietário, bem como dos que lhe competem, dentro daquele *complexus*.

44. Obrigatoriedade de fixação da fração ideal. A *oportunidade* do estabelecimento desse cálculo é outro ponto de grande importância na vida do condomínio. Sendo silente a antiga lei, relegou para o juízo dos interessados esta questão.

---

[1] Nota do editor: o texto na cor preta indica o texto original do Professor Caio Mário, e o texto na cor cinza é de autoria dos atualizadores. Os capítulos e itens de autoria dos atualizadores, além de estarem na cor cinza, estão indicados com letras após o número.

Na verdade, a prática veio suprir a lacuna legislativa. O costume remediou a deficiência legal. E era correntio estipular no início do condomínio, na escritura de aquisição do imóvel ou na de convenção, o fracionamento do terreno, de forma a atribuir a cada comunheiro aquela quota que corresponde ao seu apartamento.

Questão era, entretanto, saber como, na falta de um ajuste a respeito, na inauguração do regime da propriedade horizontal, deviam proceder os coproprietários, e quando.

Se bem que a lei não definisse diretamente tal oportunidade, já oferecia um elemento de certa segurança: pois, se o art. 9.º do Decreto n. 5.481 mandava que os proprietários de apartamento anualmente votassem a verba para as despesas comuns do edifício, rateando-as na proporção do valor de sua propriedade, infere-se que, ao tempo da primeira Assembleia, devia estar desfeita toda dúvida a respeito, e, pois, fixada a fração ideal de cada um.

Quid iuris, entretanto, se não estivesse?

A matéria não é virgem, pois a jurisprudência francesa já se pronunciou ante o problema, que foi posto no pretório, ao cogitar-se de nova repartição dos milésimos do edifício, em consequência da venda de umas mansardas. O que interessa é o princípio então assentado: enquanto o Tribunal de Cusset julgou ser admissível a repartição das frações por via judicial, mediante a designação de um perito, a Corte de Rion repeliu a ideia, o que levou monografista da copropriedade a dizer que é indispensável precisar *no regulamento* os milésimos de propriedade das partes comuns correspondentes a cada apartamento, e, se assim não se procedeu, somente a *unanimidade* dos proprietários poderá a isto suprir.[2]

Em nossa monografia da *Propriedade horizontal*, sustentamos que o momento adequado seria o início da comunhão, devendo constar da Convenção do Condomínio os cálculos das áreas, se já se não tiver efetuado na escritura de aquisição do terreno mesmo.

No caso de se terem omitido os condôminos, entendemos, também, que é assunto de sua alçada privativa, e somente pelo voto unânime pode ficar deliberado, pois que se não compreende que a partilha do terreno em quotas definidoras de direitos e de obrigações no edifício seja passível de decisão pela maioria, com violência ou desprezo pela minoria, que, entretanto, teria de suportar para sempre os encargos e receber os direitos naquela proporção.

Contudo, se não houvesse acordo e os coproprietários não lograssem aquela unanimidade, é evidente que não poderia o edifício ficar perpetuamente no estado de comunhão imprecisa e indefinida. Um meio haveria de se chegar ao resultado necessário.

E este meio só poderia ser o judicial, por cuja via aos dissidentes impõe a justiça à fixação das quotas-partes obrigatórias.

Como se depreende da leitura, o atual Código Civil adotou a mesma sistemática sugerida pelo Prof. Caio Mário, ao determinar que as frações ideais já estejam indicadas quando da instituição do condomínio, o que transmite segurança e confiabilidade aos adquirentes das unidades autônomas.

---

[2] Edith Kischinewsky-Brocquisse, *Statut de la Copropriété des Immeubles et Sociétés de Construction*, n. 177.

45. Não há condomínio edilício sem fixação de fração ideal. Definimos, positivamente, a nossa posição, ao dizer que, de futuro, a lei deveria, em termos claros, impor o fracionamento e prescrever a sua oportunidade.

Na verdade, a Lei n. 4.591, de 16 de dezembro de 1964, correspondeu às nossas previsões e acolheu a nossa sugestão. No novo regime, é *obrigatória* a atribuição das quotas do terreno, e não é arbitrária para os condôminos a escolha de quando o fazer. O legislador tão seguramente sobre o assunto se manifestou que aquela questão levantada por Edith Kischinewsky-Brocquisse e solucionada com a invocação de arestos franceses perde interesse. Tal é o caráter categórico e seguro com que a Lei do *Condomínio e Incorporações* alude ao assunto, que não vemos mesmo como será possível constituir-se um condomínio sem que constem as áreas correspondentes às frações ideais pertinentes a cada unidade. E, pois, a solução aventada para a eventual omissão fica, como subsídio, para a hipótese quase absurdamente remota de faltar, como, ainda, para socorrer aqueles condomínios atualmente existentes, que no momento de se ajustarem ao regime novo encontrem dificuldade para suprir a omissão anterior.

Deixemos, pois, uma palavra incontroversa na matéria: não pode haver edifício em regime de comunhão por unidades autônomas sem o fracionamento do terreno por – quotas ideais. Pela lei anterior, não seria razoável que houvesse; não deveria mesmo existir. Todavia, havia. A realidade prática não se afinava com a ordem legal, por falta de providências complementares.

A Lei n. 4.591/1964 cambiou os termos da questão e, sobretudo, influiu peremptoriamente na sua solução.

De começo estabelece, na conceituação e na caracterização do *condomínio especial* por unidades autônomas, que a cada unidade caberá, como parte inseparável, uma fração ideal do terreno e coisas comuns, expressa sob forma decimal ou ordinária (art. 1.º, § 2.º). Se, como vimos, na conceituação mesma do sistema a propriedade exclusiva da unidade é indissociável da copropriedade sobre o terreno e as coisas comuns, forçosamente cada uma haveria de se aliar à quota ideal. Isto é da essência do instituto. Entretanto, o legislador não quis apenas ser enfático na declaração de um princípio nem ocioso na proclamação de um truísmo, ele quis enunciar um preceito. E assentou em caráter imperativo a correspondência necessária entre a unidade e a fração ideal.

O primeiro problema foi, pois, resoluto.

Houvesse, entretanto, ficado adstrito a essa posição, restaria em aberto o segundo da "oportunidade" de levantamento das áreas.

Aqui ainda foi cauteloso. E já nos preceitos com que compõe a disciplina da Convenção estatui que esta, além de outras normas que acaso os interessados queiram adotar, deverá conter a discriminação das partes da propriedade exclusiva e as do condomínio, com a especificação das diferentes áreas (art. 9.º, § 3.º, alínea *a*).

No Código Civil, a regra encontra-se consagrada no art. 1.334, inc. I.

No regime da Lei n. 4.591/1964, ficou instituída a Convenção do Condomínio como normação particular dos comunheiros. E ficou, ainda, determinado um mínimo obrigatório de preceituação, que os interessados podem livremente ampliar, porém jamais reduzir (V. n. 66, *infra*). Dentro desse mínimo, acha-se mencionada a discriminação das áreas de propriedade exclusiva e as comuns. E, como a especificação pressupõe necessariamente um critério de atribuição, ao ser subscrita a convenção do condomínio, ela adotará as frações ideais vinculadas a cada unidade fixadas por ocasião da instituição do condomínio.

Contudo, a palavra definitiva vem dada ao alinhar a lei às exigências feitas ao incorporador, para o lançamento da própria incorporação. Não pode ele negociar unidades autônomas sem ter arquivado no cartório do Registro de Imóveis certos documentos [N.A.: que compõem o que se denomina Memorial de Incorporação]. Este arquivamento é o *conditio legis* do empreendimento ou a chave que abre a negociabilidade dos apartamentos, das lojas, dos conjuntos residenciais ou comerciais. A lei do *Condomínio e Incorporações* não deixa alternativa: somente poderá negociar unidades o incorporador depois de ter arquivado a documentação referida (art. 32). E, dentro desta, exige a apresentação do instrumento de divisão do terreno em frações ideais autônomas que contenham a sua discriminação e a descrição, a caracterização e a destinação das futuras unidades e partes comuns que a elas acederão (alínea *i*, com a redação dada pela Lei n. 14.382/2022).

Não se satisfaz o legislador em atribuir valor a cada unidade autônoma. Quer, além disso, que o incorporador efetue os cálculos e, antes de expor à venda as unidades, antes de negociá-las, deposite para ser arquivado em cartório um documento de que conste a referência precisa, *em frações decimais ou ordinárias*, das quotas ideais correspondentes a cada uma.

O cálculo das frações ideais precede, pois, ao lançamento da incorporação, e é exigência para que o incorporador possa negociar as unidades.

46. Fração ideal e valor da unidade. Para o cálculo da fração, vários critérios poderão ser usados, redutíveis, contudo, a dois: o da área e o do valor. Pelo nosso direito, o critério originariamente adotado era este último, uma vez que o Decreto n. 5.481, ao referir-se à quota dos proprietários de apartamento, no custeio da conservação do edifício, alude explicitamente ao *valor de sua propriedade*.

No entanto, é evidente que não há cogitar do valor da unidade após sua conclusão, seu ajaezamento, e em função dos adornos e requintes de acabamento que o proprietário lhe tenha introduzido. O que é de levar em conta é o valor da unidade, no momento em que se opera a incorporação e excepcionalmente em período posterior, quando fatores especiais hajam para isto concorrido, por exemplo, se o edifício era de um só dono e depois passou a regular-se pela Lei do Condomínio. Os autores debatem a questão, mas assentam que o valor da fração ideal é o originário e por via de consequência o valor básico da unidade autônoma. Melhoramentos posteriores não o modificam nem deterioram,[3] salvo se ocorrem acontecimentos excepcionais.[4]

Não é, porém, tão simples fazer o cálculo, como seria se se dividisse o prédio pelo número de apartamentos e se atribuísse a cada um, como cifra representativa da fração ideal, o quociente respectivo. Não pode ser assim, como não pode ser adotado puramente

---

[3] A. Ventura Traveset y Gonzalez. *Derecho de propiedad horizontal,* n. 439.

[4] Aeby, *Propriété d'Appartements,* n. 231 a 233.

o critério da área, e, em razão da quadratura de cada unidade, apurar o valor da quota ideal. É que vários fatores concorrem na composição do valor, dos quais podemos, sem dúvida, mencionar a área mesma, pois é evidente que dentro de um critério relativo às comodidades decorrentes de área maior importam em maior valorização.

A situação relativamente ao logradouro público influi sobremaneira, dizendo-se "apartamento de frente" o que tem serventia sobre rua ou praça, e "apartamento de fundos" o que a tem sobre pátio ou área interna, e, naturalmente, os primeiros valem mais do que os segundos.

O andar em que se situa é outro elemento importante na composição do preço, costumando-se emprestar maior valor aos andares mais altos do que aos mais próximos do chão, pelo incômodo maior que estes sofrem. Contudo, aos prédios não servidos de elevadores a mesma regra se não aplica, porque os mais altos obrigam a galgar as escadas.

Outros fatores secundários são igualmente levados em conta: dar para terraço comum; existir ou estar projetada obra pública que melhore a situação do apartamento; não haver certas janelas, portas, vãos ou varandas; a melhor ou pior serventia de luz; a qualidade dos materiais empregados etc.[5]

Frédéric Aéby manda levar em consideração a área, a disposição das peças em relação ao conjunto, a orientação, a altura etc., para a fixação do *valor originário.*[6]

Poirier apresenta um esquema de divisão de valores em que o rés do chão e o andar imediatamente superior representam cada um 25% do valor do edifício; os dois andares seguintes 20% cada, e o superior 10%. Contudo, segundo depoimento do próprio autor, a divisão é, usualmente, mais complicada.[7]

Frédéric Denis esquematiza os direitos sobre a propriedade indivisa, assim como a proporção na partilha dos encargos comuns, atribuindo ao rés do chão 10%; primeiro andar, 30%; segundo andar, 40%; e terceiro andar, 20%. No entanto, classificando os encargos em gerais e especiais, aventa a hipótese de se distribuírem estes desigualmente, como, por exemplo, as despesas de ascensor: rés do chão, zero; primeiro andar, 100 por mil; segundo andar, 120 por mil; terceiro, 145 por mil; quarto, 175 por mil; quinto, 210 por mil; e sexto, 250 por mil.[8]

Entre nós, tanto o critério do escritor belga como o do francês são inaceitáveis.

Como, habitualmente, o pavimento térreo é destinado a lojas, cujo valor comercial é muito elevado, e como, em princípio, dá-se preferência aos pavimentos mais altos nos prédios servidos de elevadores, verificamos que se adota entre nós um critério empírico, já que não há uma fórmula consagrada e uniformemente aceita: de começo, considera-se o prédio como se tivessem igual valor as unidades "de frente" e "de fundo"; separa-se como mais valioso o pavimento térreo, se é formado de lojas; os dois primeiros acima

---

[5] Pontes de Miranda, *Tratado de direito privado,* v. XII, § 1.345; Raluy, *Propiedad horizontal,* p. 64.

[6] Aéby, *La propriété des appartements,* n. 229.

[7] Poirier, *Le Propriétaire d'Appartement,* p. 53.

[8] Frédéric Denis, *Sociétés de constructions et copropriété dês immeubles divisés par appartements,* p. 75 e segs.

deste são menos reputados do que os mais altos; os andares intermédios ora se estimam progressivamente, ora são tratados como representando um preço igual. Nos edifícios de tamanho mais reduzido (até quatro andares, sem elevador), altera-se o esquema, admitindo-se que a falta de ascensor deprecia os pavimentos superiores.

Após esta divisão global, deve-se passar à distribuição dos valores dentro de cada andar, levando-se em conta os fatores área e localização e computando-se os *apartamentos de frente* numa base mais elevada por metro quadrado do que os de *fundos*.

Depois, então, é que poderão atuar os elementos secundários.

Obtida a avaliação de cada unidade, estima-se o seu *valor relativo,* isto é, proporcionalmente ao conjunto do edifício, sendo o resultado obtido a expressão da *fração ideal* de cada condômino no terreno, assim como nas coisas e partes comuns.

Também se usa considerar o terreno em si mesmo, e distribuí-lo entre os apartamentos em razão da área destes, sem se levar em consideração o valor do apartamento.

O fato é que a Lei n. 4.591/64 não impunha o cálculo da fração ideal conforme o valor da unidade autônoma. Contudo, quando do advento do Código Civil, em 2002, o art. 1.331, § 3.º, estabeleceu que "a fração ideal no solo e nas outras partes comuns é proporcional ao valor da unidade imobiliária, o qual se calcula em relação ao conjunto da edificação".

Entretanto, o dispositivo mereceu pesadas críticas, principalmente pelas incorporadoras, fortes no argumento de que seria extremamente difícil fazer esse cálculo, tão diversas são as realidades econômicas de cada empreendimento.

Por outro lado, o resultado final poderia ser contestado, até judicialmente, o que tumultuaria a vida condominial.

Diante da divergência, houve por bem o legislador alterar o sistema, e o fez por meio da Lei n. 10.931, de 2 de agosto de 2004, que deu ao § 3.º do art. 1.331 nova redação, segundo a qual "a cada unidade imobiliária caberá, como parte inseparável, uma fração ideal do solo e nas outras partes comuns, que será identificada em forma decimal ou ordinária no instrumento de instituição do condomínio".

Retornou-se, assim, ao sistema anterior, sem imposição de critério para o cálculo da fração ideal de cada unidade autônoma, deixando-se à discrição do instituidor do condomínio o cálculo da fração ideal.

No entanto, é preciso que a fração já esteja claramente calculada e indicada, desde a instituição do condomínio, devendo a soma das frações corresponder sempre a 1,000, eis que os condôminos, juntos, são titulares de 100% das partes comuns do condomínio.

Vale ainda anotar que a fração ideal não pode ser alienada separadamente da unidade autônoma à que corresponde.

Daí infere-se que também não pode a unidade ser alienada sem a sua fração ideal.

Nos contratos de transferência do domínio das unidades autônomas dos condomínios edilícios, ou de sua oneração, é obrigatório, portanto, que expressamente se faça referência à sua fração ideal.

Numa linguagem metafórica, podemos comparar a fração ideal à de uma âncora, que prende a unidade autônoma ao terreno comum, em que se constitui o condomínio edilício. Ela também pode ser vista como a fatia de uma pizza: quanto maior a fatia, maior, em regra, o poder jurídico do titular da unidade.

Isso explica a fundamental importância da fração ideal para a existência do condomínio, inclusive para o cálculo das suas cotas de contribuição para administração e conservação, se outro critério não for adotado para o rateio.

46-A. Fração ideal, área privativa e coeficiente de rateio de despesas. Embora o instituidor do condomínio possa matematicamente equivaler seus valores, os conceitos de fração ideal, área privativa da unidade e coeficiente de rateio de despesas não se confundem.

Em um edifício com 10 unidades autônomas, apartamentos de tamanhos diferentes podem ter, cada um, a mesma fração de 1/10 do terreno e partes comuns, com as respectivas cotas condominiais sendo fixadas de acordo com um terceiro critério que, para aquela realidade, seja o mais conveniente e justo. Da mesma forma, apartamentos com idêntica área privativa podem ter frações ideais distintas. E pode ser, como é comum, que o incorporador, para a criação do condomínio, tenha calculado as frações de modo proporcional à área, sendo esse um dado meramente histórico e matemático, que não implica confusão dos conceitos.

Assim, a alteração da área de uma unidade não importará modificação de sua fração, nem alteração no rateio das despesas, salvo se a convenção estabelecer, no caso concreto, que as despesas são proporcionais ao tamanho da unidade.

47. A fração ideal é inalterável? Uma vez estabelecida, é, em regra geral, *definitiva* a quota ideal de cada um. Entretanto, é claro que haverá de corrigir-se, quando resultar de um erro aritmético, retificação que se fará mesmo compulsoriamente, pois não é admissível que um comunheiro se beneficie ou se prejudique pela atribuição de fração ideal que não corresponda à realidade.

No entanto, o argumento extraído do "critério de cálculo" não pode prevalecer, para efeito de alterar o índice milesimal com adoção de critério diverso, a não ser que se erija em causa determinante, de vez que a sua integração subjetiva no cômputo da fração não é suscetível de apreciação por terceiros, senão nessa hipótese, aliás, perfeitamente enquadrada no princípio que o Código Civil consagrou no art. 90.

Pela intercorrência de eventualidades posteriores, como a construção de edifício na frente, ao lado ou nos fundos, diminuindo a aeração e iluminação, a realização de obras pelo Poder Público, e outros fatores, o *valor venal* da unidade pode mudar, mas ainda assim a fração ideal permanecerá inalterada.

Portanto, não sendo o caso de retificação, somente se admitirá a modificação de uma ou mais frações por ato celebrado pela unanimidade dos condôminos, devidamente registrado no cartório de registro de imóveis. Uma vez admitida por todos, a alteração poderá ocorrer em relação a todas, a algumas ou apenas a duas unidades. Se a alteração implicar transferência de fração entre unidades, será o caso de pagamento do correspondente imposto de transmissão. Finalmente, a alteração da fração de uma unidade pode ocorrer em virtude de fusão ou desmembramento, as quais, se estiverem previamente autorizadas no ato de instituição do condomínio ou na convenção, terão a característica de direito assegurado, dispensando nova anuência da unanimidade, que terá sido concedida em caráter originário.

Como se acaba de ver, todos os condôminos têm evidente interesse em que se estabeleça o fracionamento ideal do terreno, de forma a determinar a quota-parte de cada um, como expressão do direito condominial no terreno e partes comuns e, se outro critério não for adotado, como índice do rateio das despesas e contribuições necessárias, para atendimento aos orçamentos normais e extraordinários (o tema é mais bem desenvolvido no Capítulo VII-A). É ainda essa fração ideal que servirá de elemento atributivo: (i) da quantia correspondente a cada apartamento, na partilha do preço da desapropriação ou valor do seguro, em que se sub-rogue o edifício, em uma ou outra hipótese (Código Civil, art. 1.357, § 2.º); e (ii) do peso do voto de cada condômino nas deliberações assembleares, salvo outro critério venha a ser adotado na convenção do condomínio (Código Civil, art. 1.352, parágrafo único).

Daí a conveniência, e mais do que conveniência, *obrigatoriedade* do estabelecimento da divisão ideal do terreno e demais partes comuns. Com efeito, o art. 9.º do Decreto n. 5.481, ao referir-se ao rateio nas despesas comuns, mandava tomar por base o valor da propriedade de cada um, e este valor não pode ser deixado às oscilações do mercado imobiliário, nem é possível que, pelo fato de um proprietário de apartamento ter feito aquisição mais recente, e, portanto, mais dispendiosa, deva concorrer com cifra mais alta no custeio do edifício. O *valor da propriedade,* a que o art. 9.º aludia, há de estar vinculado à fração ideal respectiva.

Devia, pois, ser mais explícito o legislador, como de feito se tornou sob o império da Lei n. 4.591, de 16 de dezembro de 1964, na referência clara do art. 1.º, § 2.º. E, além de explícito, imperativo, dizendo que a cada unidade "caberá" como parte inseparável uma fração ideal do terreno, e coisas comuns, expressa sob forma decimal ou ordinária.

A regra vem repetida no art. 1.331, § 3.º, do Código Civil.

Capítulo IV

CONSTITUIÇÃO DO CONDOMÍNIO[1]

47-A. Constituição como sinônimo de instituição. Faz-se necessário aqui um esclarecimento inicial ao leitor para fixar uma importante premissa.

O termo "constituição", utilizado pelo Prof. Caio Mário no título deste Capítulo, tem o significado gramatical de "formar", "criar", "organizar", e não por outra razão o art. 108 do Código Civil de 2002 estabelece que a escritura pública, salvo as exceções legais, é essencial à validade dos negócios jurídicos que visem à "constituição", transferência, modificação ou renúncia de direitos reais sobre imóveis de valor superior a trinta vezes o maior salário mínimo vigente no País. Tecnicamente, portanto, admite-se o uso da expressão "constituição do condomínio" para se referir à criação da propriedade horizontal.

Entretanto, como explicado no item 57-C, a expressão "a convenção que constitui o condomínio" poderia induzir o intérprete, equivocadamente, a concluir que o condomínio edilício é criado com a subscrição da sua convenção original, o que não é correto. Afinal, como se verá neste Capítulo, a constituição, ou instituição do condomínio, está prevista no art. 1.332 do Código Civil (que revogou o art. 7.º da Lei n. 4.591/1964, por regular a mesma matéria), bem como no § 1.º-A do art. 32 da Lei n. 4.591/1964.

Em outras palavras, enquanto o "constituir" do art. 108 significa "instituir", o "constitui" do art. 1.333 significa apenas "regular", sendo a "instituição" prevista no art. 1.332 do Código Civil e no § 1.º-A do art. 32 da Lei n. 4.591/64. Afinal, o legislador pode utilizar palavras idênticas com sentidos distintos.

Assim, para fins meramente didáticos, este Capítulo prioriza o uso dos termos "instituir" e "instituição", evitando usar as palavras "constituir" ou "constituição". No entanto,

---

[1] Nota do editor: o texto na cor preta indica o texto original do Professor Caio Mário, e o texto na cor cinza é de autoria dos atualizadores. Os capítulos e itens de autoria dos atualizadores, além de estarem na cor cinza, estão indicados com letras após o número.

o título do Capítulo foi preservado, no espírito de preservar o texto original da obra tanto quanto possível, mantendo sua essência, a despeito de sua atualização. Note-se, inclusive, que o art. 9.º da Lei n. 4.591/1964, ao tratar da convenção de condomínio, não utilizava a expressão "a convenção que constitui", e, portanto, o risco de confusão conceitual não existia por ocasião do lançamento desta obra, o que só veio a ocorrer em 2002, com a aprovação do atual Código Civil.

48. Meios de instituição do condomínio edilício. De todo tempo, o condomínio tradicional resultará normalmente de uma sucessão *mortis causa,* sua origem mais antiga, verificada quando vários herdeiros tocavam a herança ou quando o *de cuius* legava a várias pessoas a mesma coisa. Afora esta modalidade, é ainda encontradiço nas fontes mais remotas o que se origina de um contrato de sociedade e é regulado neste, ou mesmo sem contrato de sociedade: "Nihil avtem interest, cum societate an sine societate res inter aliquos communis sit: nam utroque casu locus est communi dividundo iudicio".[2]

De outro modo, o direito clássico admitia o condomínio *convencional,* resultante de um ato de vontade ou nascido de uma declaração de vontade, e o condomínio não social, também chamado *incidente,* de regra advindo da sucessão no bem do defunto.

Em qualquer caso, do estado de comunhão entendiam os jurisconsultos romanos surgirem duas ordens de direitos para os consócios: direitos *individuais* e direitos *coletivos.*

Na órbita individual, o condômino tinha a faculdade de alienar a sua quota a estranho, dá-la em penhor, gravá-la de usufruto, sem que os demais consócios pudessem opor qualquer restrição,[3] ao contrário do que ocorre no nosso direito, em que veda o Código Civil (art. 1.139) a transferência da quota-parte a uma pessoa estranha ao condomínio, sem que se assegure aos demais um direito de preferência. Era ainda permitido a cada um deles, independentemente dos demais, tomar as medidas concernentes à conservação e proteção da coisa comum, termos em que se enquadra o direito de ingressar em juízo, tanto contra terceiros como contra outros condôminos. E, como expressão mais alta do direito individual dos condôminos, era garantida a cada qual, sem sujeição ao assentimento dos outros, a faculdade de promover a *actio communi dividundo,* com que punha termo ao estado de indivisão por natureza sempre temporário.

Em sentido coletivo, todos os condôminos têm a composse da coisa indivisa. Todos têm a faculdade de participar da administração da coisa comum, ou ao menos de intervir nela quando é organizada pelo testador, daí surgindo um direito que individualmente vai ter na esfera patrimonial de cada um, e que é a participação individual nos frutos e produtos da coisa.[4]

A *propriedade horizontal,* igualmente, pode assentar, remotamente, em qualquer causa, seja a criação de uma sociedade, seja a aquisição conjunta, seja a construção do edifício, seja a sucessão *mortis causa.* Com efeito, e passando em revista todas estas

---

[2]   *Digesto,* Livro X, tít. III, fr. 2, pr.; Dernburg, *Pandette,* III, § 195.

[3]   Dernburg, *Pandette,* v. III, § 195.

[4]   Dernburg, *Pandette,* v. III, § 195.

Cap. IV • Constituição do Condomínio   75

hipóteses, que os autores mencionam[5] e que, independentemente de qualquer referência bibliográfica, a experiência autoriza a minudenciar, podemos referir as seguintes:

A – Vários indivíduos podem associar-se para a compra de um edifício de apartamentos, já construído por uma pessoa física ou jurídica, e, no momento da escritura de aquisição, promovem, em escritura separada, a instituição do regime de propriedade horizontal, com a discriminação individuada da quota de cada um no respectivo terreno, a copropriedade nas partes comuns e a propriedade exclusiva de cada um na respectiva unidade autônoma. A hipótese não é teoricamente imaginada, mas concretamente realizada, na operação aquisitiva de um grupo de pessoas que se uniriam para a compra de um edifício já construído.

B – É ainda fonte legítima a declaração de vontade do *de cuius,* estabelecendo em *testamento* a instituição do regime de propriedade horizontal, para um edifício de que seja proprietário exclusivo. Aberta a sucessão, o cumprimento do testamento importará na criação do *condomínio especial,* em que cada legatário ou herdeiro testamentário receberá a propriedade individual da unidade autônoma, mantida a comunhão sobre o que será necessariamente indiviso. Não é propriamente o testamento o título a ser levado ao cartório de registro de imóveis, e sim a escritura de partilha (no caso de inventário extrajudicial) ou o formal de partilha (se o inventário for judicial) que atenda aos requisitos do art. 1.332 do Código Civil.

C – Na mesma linha de instituição, o *doador* pode fazer idêntica determinação, e a aceitação da liberalidade importa na modalidade contratual de instituição.

D – Quando vários herdeiros recebem no espólio um edifício, nada impede que, ao assinarem a partilha (a ser homologada judicialmente ou celebrada por escritura no caso de inventário judicial), promovam a instituição do condomínio especial sob regime de propriedade horizontal, em vez de realizarem-na em moldes tradicionais de condomínio por quotas ideais, sobre a totalidade do bem herdado.

E – Um imóvel que já esteja em comum pode ser *dividido amigavelmente* pelos coproprietários com a instituição do regime de propriedade horizontal, no instrumento em que ponham termo ao estado de comunhão ou *judicialmente dividido* por sentença que determine este critério dominial, a benefício da cessação da comunhão, sempre considerada *mater rixarum.*

F – A *alienação* que o proprietário exclusivo de um edifício faça, desmembrando-o em unidades autônomas, importa, pela multiplicação de proprietários, na criação da propriedade horizontal, como a venda em *hasta pública* por andares destacados, no propósito de lograr melhor preço do que o leilão do prédio em globo.

G – *Por construção direta* institui-se o condomínio quando vários indivíduos, proprietários do solo, resolvem aí edificar um prédio de apartamentos, atribuindo-se andares ou unidades autônomas na proporção de seus quinhões no terreno. Ainda neste caso está a modalidade que ocorre quando vários indivíduos, espontaneamente ou mediante

---

[5]   Carlos Maximiliano, *Condomínio,* n. 74; Espínola, *Posse, propriedade, condomínio, direitos autorais,* n. 193; Orlando Gomes, *Direitos reais,* n. 175.

convocação de alguém, adquirem um terreno e nele fazem levantar o edifício, em sistema de construção por preço de custo ou empreitada.

H – A *incorporação* de um prédio, por uma pessoa física ou jurídica, que adquire o terreno e realiza a edificação, vendendo a vários condôminos as unidades autônomas, com as quotas ideais respectivas, é outra maneira. Esta, aliás, é a modalidade mais corrente, que propositadamente deixamos para mencionar em último lugar e que apresenta algumas variantes. A primeira consiste em o *incorporador* fazer em seu nome a compra do terreno e realizar também em seu nome a construção, que afinal reparte em apartamentos que se vendem a condôminos vários. A segunda é o *incorporador* servir de mero coordenador do condomínio, realizando-se a compra diretamente pelos condôminos, que se tornam em comum donos do solo e promovem a edificação, figurando o incorporador como elemento de ligação entre os condôminos entre si, bem como entre estes e o construtor. A terceira está na presença do incorporador que obtém a *opção* de compra do terreno, lança mediante subscrição pública ou particular a instituição do condomínio, promove a escritura de alienação do terreno diretamente do proprietário aos condôminos e, como procurador destes, dirige a construção do edifício, sistema em que o subscritor está construindo a sua própria unidade autônoma, bem como as partes comuns do prédio, por via do seu mandatário, que é o incorporador, o qual aufere o lucro ou benefício do negócio.

I – A *construção pelo poder público* é também fonte de condomínio, e ocorre quando a municipalidade, ou o órgão autárquico, ou mesmo o Estado, edifica e oferece ao particular sob regime de divisão horizontal. Entre nós esta modalidade tem certa frequência nas grandes cidades, como plano social da casa própria empreendido pelos Institutos, Caixas Econômicas ou BNH.[6]

J – Reurb-S: com o advento da Lei n. 13.465/2017, surgiu uma nova modalidade de instituição do condomínio edilício, no âmbito da regularização fundiária urbana de interesse social (Reurb-S), caso em que se denomina "condomínio urbano simples". Para uma análise sobre sua natureza jurídica, ver item 31-D.

Dá-nos Cunha Gonçalves notícia ainda da *construção municipal* em Portugal onde a utilização do imóvel nem sempre, porém, se faz a título de domínio, mas às vezes de arrendamento, de uso, de habitação, de superfície.[7]

No direito francês, a técnica mais frequente, e mesmo a mais encarecida,[8] é a da *sociedade de construção,* pela qual se organiza uma pessoa jurídica que é proprietária do terreno e do prédio; é a mesma sociedade, e não os interessados individualmente, que toma os empréstimos destinados a financiamento da construção; em caso de venda forçada, outra sociedade, adquirindo o conjunto (terreno e construções), terminará o edifício. Este processo (acrescentam os monografistas) evita os inconvenientes da mudança de estado dos interessados, cuja incapacidade superveniente não atinge o desenvolvimento da construção, o que dificilmente se contorna quando a edificação é feita diretamente. É

---

[6] O BNH foi extinto, substituído, em suas atribuições, pela Caixa Econômica Federal.

[7] Cunha Gonçalves, *Propriedade horizontal,* n. 3.

[8] Edith Kischinewsky-Brocquisse, *Statut de la Copropriété des Immeubles et Sociétés de Construction,* n. 40 e segs. A. Zurfluh, *Société de construction,* n. 3.

bem de ver, contudo, que esta sociedade de construção gera um regime de propriedade horizontal muito diverso do que vigora entre nós, onde o edifício é construído com a atribuição de uma *propriedade exclusiva* do apartamento diretamente a cada pessoa participante do negócio, ao mesmo tempo em que cada um é titular de uma fração ideal do terreno em condomínio. Daí a necessidade, também, de se guardar certa cautela na invocação do direito francês, para não se incorrer na erronia de pretender aplicar a um regime diferente princípios que lhe são inadequados. Cumpre esclarecer, porém, que no direito francês há também o regime de copropriedade de imóveis divididos em apartamentos, que se origina ora da liquidação das sociedades de construção e partilha de seu acervo, ora da própria construção do edifício pelo grupo de interessados, ora da sobredificação. A invocação dos princípios relativos a esse regime é mais convinhável à propriedade horizontal brasileira e, portanto, a citação desse direito, neste particular, presta-nos o auxílio da experiência, da bibliografia e da jurisprudência, que irrecusavelmente é mais rica do que a nossa.

49. Elementos e requisitos. Qualquer que seja a modalidade que revista a instituição do condomínio especial ou divisão do prédio por andares, a propriedade horizontal não pode ser adotada arbitrariamente. Uma série de exigências deve ser atendida, umas de causação natural, outras de motivação legal. Se na divisão horizontal há um "condomínio", o primeiro elemento natural da propriedade horizontal é a pluralidade *subjetiva*, pois, se há um prédio composto de vários apartamentos, porém pertencente na sua integridade a um só dono, não há falar, por inutilidade econômica e por desnecessidade jurídica, em propriedade horizontal.

Sobre a convenção de condomínio firmada pelo titular único da edificação, ver item 57-B.

Outro elemento natural é o *objetivo,* configurando na existência de, no mínimo, duas unidades autônomas, conceito em que a noção prática, a caracterização jurídica e a utilização econômica[9] trabalham de mão comum. Cunha Gonçalves, entretanto, faz uma restrição, mencionando apenas o edifício *urbano.*[10] Não vemos razão para tal. Se o direito moderno criou uma nova modalidade de divisão da coisa, rompendo em princípio com a ideia tradicional, não se justifica que somente na cidade isto tenha lugar. No comum dos casos, assim o é. No entanto, nada impede, e a lei brasileira admite, que a incorporação do edifício de apartamentos atinja lugares de atração, embora não sejam concentrações urbanas, como praias, proximidade de recantos pitorescos ou paisagísticos etc. Aliás, já se integrou nos nossos costumes o condomínio especial em tais condições.

De outro lado, perfilam-se as exigências de ordem legal, estas inderrogáveis, porque instituídas como requisitos da criação jurídica do instituto.

---

[9] O Decreto-lei português n. 40.333, de 14 de outubro de 1955, menciona (art. 2.º) as *fontes* da propriedade horizontal: negócio jurídico, decisão proferida em ação de divisão de coisa comum, partilha judicial; por destinação do prédio, prevista no respectivo projeto; venda de frações autônomas.

[10] Cunha Gonçalves, *Propriedade horizontal,* n. 6, p. 25.

A *primeira exigência* que a antiga lei (5.481 de 1928) fazia era a qualidade do material de construção. Para suportar a divisão horizontal, o edifício havia de ser de cimento armado ou material similar incombustível, seja a edificação de tijolos, seja o prédio estruturado em concreto, seja adotada a estrutura metálica e levantamento de paredes e armação de pisos em concreto ou outro tipo de construção, da qual resultasse a qualidade incombustível desta. A natureza do material de construção não deve porém atingir o problema jurídico da propriedade horizontal, e já o observou Santiago Rosemberg, a quem o assunto parece antes ligado à regulamentação municipal de obras.[11] A exigência de nossa lei, que encontrava explicação e justificativa em um motivo de resguardo da segurança pública, que corre maior risco com o edifício coletivo de material combustível, desapareceu. A nova Lei n. 4.591/1964 omitiu a exigência. É claro que da própria noção de edifício decorre um senso de *definitividade* a que a escolha do material está ligada. Contudo, a exigência que as autoridades locais incluem no regulamento de obras não se inscreve mais como requisito do condomínio especial.

O *segundo requisito* legal estava no número de andares. A lei que primitivamente instituiu no Brasil este regime de propriedade (Decreto n. 5.481, de 25 de junho de 1928) estabeleceu uma imposição mais restritiva e determinou que somente os edifícios de mais de cinco andares comportavam a nova forma de alienação por frações autônomas. Reconhecendo os embaraços desta exigência, o legislador abrandou a restrição e, por via do Decreto-lei n. 5.234, de 8 de fevereiro de 1943, desceu-a para três ou mais andares. E, finalmente, a Lei n. 285, de 5 de junho de 1948, modificando a redação do art. 1.º do Decreto n. 5.481, baixou o limite para o mínimo de dois pavimentos. Hoje, desapareceu a exigência. Qualquer que seja o número de pavimentos, desde o arranha-céu à construção composta de um só, pode a edificação caracterizar *condomínio por unidades*. Os regulamentos urbanos, geralmente, estatuem o "gabarito", fixando o número de andares em razão da localização em zona comercial ou residencial, ou em função da rua ou logradouro, porém a questão não é mais de instituição da propriedade horizontal.

A verdadeira *conditio legis* da propriedade horizontal está na criação de duas ou mais unidades autônomas. Aquele grupamento deverá funcionar como uma colmeia, na qual cada *unidade autônoma* deve ser tanto quanto possível semelhante a uma casa, de modo a poder o proprietário individual utilizá-la sem promiscuidade ou comunhão de vida com os proprietários das demais unidades. No caso do condomínio de lotes (CC, art. 1.358-A), sequer existirão as edificações de propriedade exclusiva, que serão paulatina e posteriormente construídas. Evidentemente, o isolamento da unidade autônoma deve ser considerado em função da utilização interna. Isto significa que não se requer a exclusividade de acesso ao exterior nem se eliminam as áreas comuns de serviço, que habitualmente são usadas pelos proprietários dos apartamentos do mesmo andar, sem quebra de isolamento em que ficam, resultante da possibilidade de se impedir o acesso ao interior de cada unidade, a não ser *valente domino*, e a separação das unidades vizinhas, no mesmo andar ou nos andares superpostos e sotopostos, por paredes opacas.

---

[11] Santiago Rosemberg, *Teoria e práctica de la propiedad horizontal en la Argentina*, p. 30.

Finalmente, como requisito derradeiro e complemento da ideia de isolamento das unidades, inscrevia-se o *número de peças* de cada apartamento, que não podia ser menor do que três. Não nos parece que esta exigência seja conveniente. Elogiada embora por Santiago Rosemberg,[12] não deve igualmente ser tida como requisito da criação do condomínio por unidades autônomas. A concorrência aprimora as condições de higiene e conforto. A lei local imporá exigências, como no antigo Estado da Guanabara se fez, proibindo o apartamento residencial de menos de sessenta metros. Entretanto, a nova Lei do *Condomínio e Incorporações* dispensou a exigência [N.A.: assim como o Código Civil].

Preenchendo os requisitos legais, cada unidade será uma *propriedade autônoma*, suscetível de alienação conjunta ou separadamente das demais unidades.

50. O condomínio edilício não se institui de pleno direito. Uma vez realizadas a divisão do edifício por andares e a subdivisão em apartamentos ou outros tipos de unidades autônomas, fica constituído o sistema da *propriedade horizontal,* impondo aos proprietários um regime específico, que se traduz na existência de direitos e de obrigações, a serem minudenciados *infra.*

Aqui, e neste momento, ocupamo-nos do *ato institucional* do novo condomínio e da categoria jurídica do estatuto disciplinar das relações internas do condomínio.

Desde Roma, já se conheceu a divisão da casa por plano vertical. Não é, pois, originalidade do direito moderno a adoção de unidades independentes, ligadas pela continuidade de alicerces e contiguidade habitacional, imaginando-se a projeção do plano vertical divisório para o alto e para baixo, de forma a considerar-se o proprietário da fração do prédio como dono exclusivo do subsolo e do espaço aéreo. A originalidade provém da criação do *apartamento,* sem recurso àquela projeção vertical do domínio.

E, se a comunhão necessitava de um *ato de vontade* para se converter no fracionamento do edifício, por maioria de razões é imprescindível à *propriedade horizontal* a existência de uma *declaração de vontade.* É fundamental, em nosso direito, como na Argentina, no México, na Colômbia, no Panamá, a redação de um ato e sua inscrição no registro imobiliário.[13] A base jurídica mais frequente da propriedade horizontal é um *negócio jurídico,* unilateral ou bilateral, coetâneo da edificação ou posterior a ela. Um *contrato de incorporação,* uma convenção de condomínio.

Quando se institui pela *incorporação,* pela *sociedade,* pela *reunião de pessoas* que promovam o levantamento do edifício, é uma resultante do ato negocial, sem o qual não há possibilidade de se formar.

No entanto, quando nasce da divisão de imóvel em comum, necessita de uma declaração de vontade ou de uma anuência, sem a qual não podem os condôminos por quotas ideais – *pro partibus indivisis* – converter o condomínio tradicional em *condomínio especial* ou propriedade horizontal.

---

[12] Santiago Rosemberg, *Teoria e práctica de la propiedad horizontal en la Argentina,* p. 30.
[13] Bendersky, *Nulidad de Asambleas,* p. 32.

E, quando se origina de testamento ou de doação, de alienação fracionada, de desmembramento de coisa una, há evidentemente um ato de vontade do testador, do doador ou do alienante, criando o sistema moderno de propriedade por apartamentos. Em nenhuma hipótese, portanto, a divisão horizontal ou o condomínio do edifício de apartamentos surge por geração espontânea, ainda que se apresente o caso de várias pessoas, por ato *inter vivos* ou *mortis causa,* virem a tornar-se proprietárias em comum de um prédio composto de vários conjuntos facilmente conversíveis em unidades autônomas. Esta autonomia das unidades e compropriedade especial sobre as coisas comuns há de resultar de um ato de vontade, que promova a conjugação da propriedade individual e condomínio. Um prédio dividido em apartamentos fisicamente autônomos, onde todos pertençam a um só dono, em matrícula única, não tem a natureza jurídica de propriedade horizontal. Um prédio recebido em comum por diversos herdeiros, não obstante formar-se de apartamentos que possam ser utilizados de forma independente, mas com única matrícula registral, submete-se ao regime do condomínio voluntário, regido pelos arts. 1.314 a 1.326 do Código Civil. Propriedade horizontal haverá no momento em que, por *destinação do proprietário* ou por *convenção* entre coproprietários, se institua, com subordinação às exigências da lei especial, mediante um ato de vontade ou por meio de uma *declaração de vontade,* e cumpre que se revista da necessária *autenticidade* e *publicidade* o ato institucional, uma vez que, se o novo regime dominial afeta fundamentalmente o interesse e as relações entre as partes, repercute com frequência na órbita patrimonial alheia e deve ser conhecido do público ou presumido tal.[14]

A propriedade horizontal há de nascer, portanto, de uma declaração volitiva que reveste várias modalidades,[15] ou de um acordo.

51. Obrigatoriedade do registro imobiliário. Em todas elas há uma intenção manifestada, que a lei *perpetua,* ao mandar que o ato translativo seja *transcrito* no registro imobiliário, compreendendo o edifício, no todo ou em parte, com a referência individuada a cada apartamento pela sua descrição numérica (*Antiga Lei dos Registros Públicos,* art. 249; Decreto n. 55.815, de 8 de março de 1965, art. 7.º; Lei n. 6.015, de 31 de dezembro de 1973, art. 167). Com esta providência, a lei organiza a publicidade dos atos, oponibilidade *erga omnes* e instituição da divisão do prédio por andares ou apartamentos.

52. Sucessão do art. 7.º da Lei n. 4.591/1964 pelo art. 1.332 do Código Civil. O Decreto n. 5.481/1928 era omisso a respeito da exigência de um ato constitutivo do condomínio especial, defrontando-se o intérprete ou aplicador com problemas que haveria de resolver mediante a invocação dos princípios gerais, porém sujeito às vacilações e controvérsias que o espírito polêmico dos juristas muitas vezes suscita a propósito daquilo que não é claramente referido em lei. A não ser em nossa monografia da *Propriedade horizontal,* não tínhamos conhecimento de qualquer palavra a respeito do assunto, entre os nossos escritores, embora já exista no direito estrangeiro, como *ex. gr.* na lei espanhola

---

[14] Racciatti, *Propiedad por pisos,* p. 103.
[15] Espínola, *Posse, propriedade, condomínio, direitos autorais,* n. 193.

da propriedade horizontal. Ali, na verdade, o legislador fala no título constitutivo, e a doutrina acrescenta que este pode revestir toda espécie causal de alienação da propriedade imóvel por ato entre vivos ou *mortis causa*.[16]

Entretanto, na lei especial (Lei n. 4.591/64) cambiou-se a face do problema e converteu-se em preceito o enunciado que fizéramos. Aquilo que criamos como elaboração teórica hoje converteu-se em direito positivo. E dispõe o art. 7.º que o condomínio por unidades autônomas *instituir-se-á por ato entre vivos ou por testamento*, com inscrição obrigatória no Registro de Imóveis, dele constando a individuação de cada unidade, sua identificação e discriminação, bem como a fração ideal sobre o terreno e as partes comuns atribuídos a cada unidade, dispensando-se a descrição interna desta.[17]

Cumpre, então, salientar que a propriedade horizontal, ou condomínio por unidades autônomas, não é fenômeno de surgimento eventual. É um acontecimento que se origina da vontade humana, e nem podia ser de outra maneira, como fonte específica de direitos e de obrigações *inter partes*. Mais ainda, por dar causa a um *complexus* jurídico de enorme alcance social, reconhecido e ao mesmo tempo oponível a todos. Declaração de vontade – destinada a produzir consequências jurídicas, sob a forma de uma convenção, de uma escritura de alienação, de um testamento regularmente cumprido – institui a propriedade horizontal.

Contudo, não é bastante. O legislador quis mais, porque este *complexus* não pode, em nenhuma hipótese, permanecer na penumbra das cogitações particulares dos componentes. É necessário que se projete *erga omnes*, e, para isto, o mesmo art. 7.º determina seja obrigatoriamente inscrito no Registro de Imóveis [N.A.: o que se repete no já citado art. 1.332 do Código Civil]. Bastaria, por certo, falar na inscrição. Entretanto, a lei foi enfática no advérbio *obrigatoriamente*, a proclamar mais alto que os interessados não têm a faculdade de se conservar inertes nem proceder clandestinamente.

Ao mesmo tempo em que lhes impõe um dever, a lei faz sentir que o registro é requisito formal *ad substantiam*, e que sem ele não há *condomínio por unidades autônomas*.

Os tribunais têm, entretanto, entendido que, na ausência de inscrição no Registro Imobiliário, a Convenção vale entre condôminos e os obriga (v. n. 61, *infra*).

Outra providência legal é a designação numérica ou alfabética de cada apartamento, para efeito da individualização e discriminação das unidades, que a lei impõe ao incorporador após a concessão do "habite-se" pela autoridade administrativa, sob pena de responder por perdas e danos. E, se o não fizer, o dever transfere-se ao construtor, cuja omissão o faz solidário com aquele. Na falta de um ou de outro, cabe por direito aos adquirentes de unidades.

O Código Civil de 2002 não regulou a matéria constante do Título II da Lei n. 4.591/1964, que disciplina as incorporações imobiliárias, continuando em plena vigência

---

[16] Raluy, *La propiedad horizontal,* p. 4.

[17] A mesma regra foi preservada no art. 1.332 do Código Civil, que revogou o art. 7.º da Lei n. 4.591/1964 por regular inteiramente a mesma matéria, sendo que pelo Código Civil o ato de instituição deve ainda indicar o fim a que as unidades se destinam.

os seus arts. 28 a 70, com as modificações introduzidas por leis especiais, como as que criaram a alienação fiduciária de imóveis e o patrimônio de afetação, a que já nos referimos. Aliás, mesmo alguns dispositivos do Título I continuam em vigor (ver item 23-A).

Todavia, esta providência não é jurígena. Ela não cria nem transfere direitos, como bem definiu Serpa Lopes no regime do Decreto n. 5.481/1928. Não tem ao menos o efeito publicitário para atos declaratórios de direitos. Seus efeitos são restritos à finalidade mencionada de identidade e discriminação de cada unidade.[18]

52-A. Toda incorporação imobiliária origina um condomínio edilício? Nem todo condomínio especial é decorrente de uma incorporação imobiliária, assim como nem toda incorporação imobiliária origina um condomínio edilício.

Até recentemente, toda incorporação imobiliária gerava um condomínio edilício. Contudo, a incorporação de casas geminadas ou isoladas quebrou esse paradigma (ver item 131-A). Em tal modalidade:

- A incorporação imobiliária é registrada na matrícula matriz da gleba parcelada (desmembrada ou loteada, nos termos da Lei n. 6.766/1979);
- O empreendimento pode englobar todos ou apenas uma parte dos lotes;
- Os lotes selecionados não precisam confrontar entre si;
- Ao contrário da incorporação clássica, não há terreno único, nem unidades com frações ideais, nem partes de propriedade comum;
- Se o parcelamento prévio não é um desmembramento, mas um loteamento, recente ou antigo, as ruas seguem afetadas ao domínio público; e
- Há incorporação imobiliária, mas não existirá condomínio edilício.

Por outro lado, nem sempre haverá incorporação imobiliária na construção de uma edificação ou de um conjunto de edificações sobre terreno único, cujo projeto arquitetônico, novo ou antigo, foi aprovado pela municipalidade. Nesse caso:

- Os arts. 28[19] e 32[20] da Lei n. 4.591/1964 só se aplicarão se existir, antes ou durante a obra, pretensão de alienação das futuras unidades e suas frações ideais; e
- Sem incorporação imobiliária, a edificação, mesmo após o Habite-se e sua averbação, possuirá matrícula única.

---

[18] Serpa Lopes, Despacho, *Arquivo Judiciário*, v. 52, p. 69.

[19] Art. 28. [...] Parágrafo único. Para efeito desta Lei, considera-se incorporação imobiliária a atividade exercida com o intuito de promover e realizar a construção, para alienação total ou parcial, de edificações ou conjunto de edificações compostas de unidades autônomas.

[20] Art. 32. O incorporador somente poderá alienar ou onerar as frações ideais de terrenos e acessões que corresponderão às futuras unidades autônomas após o registro, no registro de imóveis competente, do memorial de incorporação composto pelos seguintes documentos: [...]

Averbada a construção (ou antes? Ver item 52-B), o dono do imóvel único pode, a sua escolha, instituir ou não um condomínio edilício:

- Se quiser o regime de condomínio especial, o ato de instituição deve observar os requisitos do art. 1.332 do Código Civil (ver item 49), contendo: (i) a identificação das partes de propriedade exclusiva, com suas frações ideais, e as partes de propriedade comum; e (ii) a destinação da edificação e das unidades. A destinação pode ser indicada de forma genérica (por exemplo, simplesmente residencial e/ou não residencial) ou específica (shopping center, centro médico, hotelaria, entre outros), de acordo com o projeto aprovado pela municipalidade. Registrada a instituição, as unidades ganham autonomia jurídica, com matrícula própria, podendo ser alienadas e gravadas em separado; e
- Se, entretanto, o condomínio edilício não for instituído, a edificação ou conjunto de edificações e seu respectivo terreno seguirão como propriedade única. Enquanto assim permanecer, todas as unidades[21], embora *fisicamente* identificáveis e com possíveis inscrições fiscais de IPTU, serão passíveis, tão somente, de *uso* e *fruição* independentes. Por serem partes juridicamente integrantes de imóvel com uma só matrícula, as unidades não podem ser objeto de alienação, singularmente consideradas. Embora exista poder de disposição do proprietário, falta-lhe o objeto. Juridicamente, cada apartamento (ou sala etc.) não existe como bem imóvel em si considerado, sendo uma parte integrante da edificação. Somente o terreno edificado, ou uma fração deste, pode ser alienado ou gravado[22].

Enquanto houver apenas um proprietário do imóvel único, o regime jurídico aplicável é o da propriedade exclusiva.

Finalmente, se o bem pertence a duas ou mais pessoas, vigora o regime do condomínio geral voluntário (arts. 1.314 a 1.326 do Código Civil), em que o terreno e a(s) edificação(ões), com suas partes integrantes, pertencem aos condôminos, na proporção das suas frações ideais. Tudo é parte de *propriedade* comum, não havendo partes de *propriedade* exclusiva, embora o *uso* possa ser comum ou exclusivo de um condômino ou de alguns deles.

Então, haverá ou não incorporação imobiliária, com ou sem condomínio especial edilício, de acordo com as seguintes hipóteses:

1) A incorporação clássica, realizada sobre um único terreno, com alienação de unidades imobiliárias na planta, e suas respectivas frações ideais, tem como consequência necessária e inafastável a instituição do condomínio especial edilício;

---

[21] Tais como apartamentos, salas, lojas, andares corporativos, casas, galpões logísticos ou afins.

[22] Mediante a constituição de garantias (hipoteca, alienação fiduciária ou caução imobiliária locatícia) ou constrições judiciais, tais como indisponibilidade, arresto, hipoteca judiciária e penhora.

2) A incorporação de casas isoladas ou geminadas (art. 68), promovida sobre lotes de terreno autônomos sem frações ideais, e não sobre terreno único, tem como essência a inexistência de condomínio especial edilício;

3) Se a instituição ocorrer sobre a edificação ou um conjunto de edificações, construída(o) sem alienação a terceiros na fase de obra, haverá condomínio especial edilício não precedido de incorporação imobiliária;

4) Não havendo incorporação imobiliária, nem instituição de condomínio especial edilício, as unidades que integram a edificação, enquanto a situação perdurar, não podem ser alienadas nem gravadas separadamente. O objeto da alienação ou gravame será o imóvel inteiro, 100% ou percentual inferior, mas nunca uma ou mais unidades singularmente consideradas; e

5) Ainda na hipótese 4, se houver mais de um proprietário do imóvel, o regime será de condomínio geral voluntário, em que a integralidade da edificação, incluindo as unidades dela integrantes, é parte de propriedade comum. Não há partes de propriedade exclusiva.

As hipóteses estão consolidadas na tabela a seguir:

Hipótese	Incorporação imobiliária? Condomínio edilício? Condomínio voluntário?	Unidades com frações ideais e matrículas?
1. Incorporação imobiliária padrão *Arts. 28 e 32 da Lei n. 4.591/1964*	Incorporação: Sim Edilício: Sim Voluntário: Não	Frações: Sim Matrículas: Sim
2. Incorporação imobiliária de casas isoladas ou geminadas *Art. 68 da Lei n. 4.591/1964*	Incorporação: Sim Edilício: Não Voluntário: Não	Frações: Não Matrículas: Sim
3. Obra sem incorporação, com instituição do condomínio. *Art. 1.332 do Código Civil*	Incorporação: Não Edilício: Sim Voluntário: Não	Frações: Sim Matrículas: Sim
4. Obra sem incorporação e sem instituição de condomínio. Mera averbação da construção. Um proprietário. *Art. 167, II, 4 , da Lei n. 6.015/1973*	Incorporação: Não Edilício: Não Voluntário: Não	Frações: Não Matrículas: Não
5. Idem 4, com dois ou mais proprietários. *Arts. 1.314 e ss. do Código Civil*	Incorporação: Não Edilício: Não Voluntário: Não	Frações: Não Matrículas: Não

52-B. O momento em que nasce o condomínio edilício. O momento em que o condomínio edilício, decorrente ou não de uma incorporação imobiliária (ver item 52-A), é instituído e surge para o mundo jurídico, envolve antiga polêmica, até hoje não pacificada.

Ainda em 1964, a Lei n. 4.591/1964, no art. 7.º, ao regular a criação do condomínio especial, fixou como requisitos do ato "a individualização de cada unidade, sua identificação e discriminação, bem como a fração ideal sobre o terreno e partes comuns, atribuída a cada unidade, dispensando-se a descrição interna da unidade". A conclusão da obra não foi incluída como elemento essencial da instituição.

O art. 44 da mesma Lei, em sua redação original, enunciava que: "Após a concessão do 'habite-se' o incorporador deveria averbar a construção das edificações, "para efeito de individualização e discriminação das unidades". O objetivo do dispositivo, extraído da sua interpretação sistemática com os arts. 7.º e 32 (memorial de incorporação), foi estabelecer uma importante obrigação do incorporador perante os adquirentes para o encerramento da fase de construção e a regularização registral das unidades do empreendimento.

A instituição do condomínio antes da conclusão da edificação era praticada na maior Parte do país, exceto em alguns locais, a exemplo do estado de São Paulo, onde prevalecia a interpretação literal do art. 44, pela qual o Habite-se seria elemento necessário à existência do condomínio especial.

Com isso, havia relevante heterogenia na aplicação da Lei n. 4.591/1964 pelos registradores de imóveis, vinculados, pelo sistema extrajudicial, ao Código de Normas da Corregedoria-Geral de Justiça (CGJ) do seu respectivo Estado. Assim, por exemplo:

- No Rio de Janeiro, desde o arquivamento do memorial, ocorria a abertura das matrículas das unidades "em construção" e, ao final, promovia-se a averbação da construção, sem a necessidade de ato subsequente. Realizava-se um único ato principal: o registro da incorporação imobiliária;
- Em São Paulo, todavia, uma vez registrada a incorporação, abria-se, para cada unidade do empreendimento a denominada "ficha", figura não prevista na Lei n. 6.015/1973, a qual, em aparência e conteúdo, era uma matrícula sem número. Nela eram feitos os atos intermediários da incorporação, tais como os registros das promessas de compra e venda das unidades e das garantias do agente financiador da construção. Concluída a obra, o incorporador requeria a averbação do Habite-se e o registro da instituição do condomínio. Havia, assim, dois atos principais de registro: (i) incorporação imobiliária e (ii) instituição do condomínio edilício; e
- A Receita Federal do Brasil, nas sucessivas Instruções Normativas sobre o Cadastro Nacional das Pessoas Jurídicas[23], permitia a emissão de CNPJ mediante a apresentação da convenção de condomínio registrada ou, alternativamente, de certidão emitida pelo cartório de registro de imóveis comprovando o arquivamento do memorial. Ou seja, a inscrição do condomínio edilício no CNPJ não dependia da apresentação de Habite-se.

---

[23] Atualmente o CNPJ é regulado pela Instrução Normativa RFB n. 2119, de 6.12.2022, e os documentos exigidos para o condomínio edilício estão no item 1.1.44 do Anexo VIII, aprovado pelo Ato Declaratório Executivo Cocad n. 1, de 29.3.2023.

Essa prática destoante trazia consequências estruturais para os empreendimentos, tais como: (i) nos locais cujo Código de Normas exigia o Habite-se como condição para a criação do condomínio, não era possível registrar, durante a obra, a convenção de condomínio; e (ii) a CGJ/SP proibia no estado o registro do condomínio edilício de lotes, cujas casas não estavam ainda construídas, o que só veio a ser superado com a edição da Lei n. 13.465/2008, que autorizou expressamente tal possibilidade, ao inserir, no Código Civil, o novo art. 1.358-A[24].

A fim de eliminar essa heterogeneidade e explicitar a possibilidade do condomínio edilício durante a obra, a Lei n. 14.382/2022 alterou os arts. 32 e 44 da Lei n. 4.591/1964.

- No art. 32, foram inseridos dois novos parágrafos, para enunciar que o arquivamento do memorial, em ato registral único, implica não só o registro da incorporação, mas também a instituição do condomínio edilício (§ 15), sujeitando "as frações do terreno e as respectivas acessões a regime condominial especial", permitindo "sua livre disposição ou oneração" (§ 1.º-A); e
- No art. 44, a expressão "averbação da construção das edificações, para efeito de individualização e discriminação das unidades", que permitia a interpretação de que o dispositivo se relacionava com a instituição do condomínio, foi substituída por "averbação da construção em correspondência às frações ideais discriminadas na matrícula do terreno".

Com os novos parágrafos do art. 32, haveria notável mudança em estados como São Paulo: os emolumentos registrais referentes à instituição do condomínio, de relevante valor econômico, cobrados por décadas nos empreendimentos, deixariam de existir.

Os defensores da tese contrária ao condomínio especial durante a obra passaram, então, a defender que o "condomínio especial" referido no § 1.º-A tratava-se, na verdade, de uma nova figura apelidada de "condomínio protoedilício"[25]. Esse entendimento, controverso[26], foi acolhido pelo Provimento n. 169, de 27.5.2024, que inseriu o art. 440-AN no Código Nacional de Normas do CNJ – Foro Extrajudicial, segundo o qual: "o registro único da incorporação e da instituição do condomínio especial sobre frações ideais não se confunde com o registro da instituição e da especificação do condomínio edilício".

O referido Provimento foi objeto da Consulta n. 0006248-69.2024.2.00.0000 e impugnado por meio do Pedido de Providências n. 0008349-79.2024.2.00.0000. Até a data de fechamento desta 17.ª edição, não havia, ainda, decisão do CNJ sobre o tema.

---

[24] Art. 1.358-A. Pode haver, em terrenos, partes designadas de lotes que são propriedade exclusiva e partes que são propriedade comum dos condôminos. [...]

[25] Confira-se, a esse respeito: Carlos Eduardo Elias de Oliveira; Flávio Tartuce, *Condomínio proto-edilício e condomínio edilício*.

[26] Contra: (i) Francisco Eduardo Loureiro, Comentários ao art. 1.331 do Código Civil, *Código Civil comentado*; (ii) Melhim Chalhub. *Incorporação imobiliária*, p. 98; (iii) Guilherme Calmon Nogueira da Gama; Guilherme Cinti Allevato, Lei do SERP, *Migalhas*.

Portanto, enquanto estiver em vigor o aludido art. 440-AN, com efeitos em todo o país, tem-se a seguinte situação:

- **Quando há incorporação imobiliária** (hipóteses 1 e 3 do item 52-A): Em ato único, registra-se a incorporação imobiliária e o condomínio "especial", que, curiosamente, não se confundiria com o condomínio especial edilício. Concluída a obra, promove-se novo registro, tendo por objeto a instituição do condomínio edilício.
- **Na ausência de incorporação imobiliária** (hipótese 4 do item 52-A): Segue existindo um único ato de registro da instituição do condomínio edilício. Apesar da nova redação dos §§ 1.º-A e 15 do art. 32 e do art. 44, todos da Lei n. 4.591/1964, alterados pela Lei n. 14.382/2022, permanece a dúvida quanto à possibilidade de criação do condomínio durante a obra. Se, e quando, o Código de Normas da Corregedoria-Geral de Justiça local exigir o Habite-se como requisito para a instituição, a criação do condomínio somente poderá ocorrer após este momento.

Capítulo V

CONVENÇÃO DO CONDOMÍNIO[1]

53. Padrões legais mínimos. Na vida da propriedade horizontal não basta o ato de sua criação.

Os problemas decorrentes da vizinhança próxima, a necessidade de regulamentar o comportamento dos que se utilizam dos apartamentos e usam as partes comuns, o resguardo do patrimônio coletivo, a imprescindibilidade de se coibir a conduta desrespeitosa aos direitos recíprocos dos coproprietários, a desconformidade de padrões de educação destes, a conveniência de se estabelecer um regime harmônico de relações que elimine ou reduza ao mínimo as zonas de atritos implicam a instituição de um *estatuto disciplinar* das relações internas dos condôminos, ou *convenção* do condomínio.

As fortes restrições impostas como *conditiones* da propriedade horizontal hão de originar-se, forçosamente, da lei. Por outro lado, os proprietários poderão votar as regras que suas conveniências indiquem à boa manutenção do comportamento interno.

A solução ideal preconizada é, pois, a conciliação da liberdade de iniciativa com a regulamentação legal, a *convenção* livre dos condôminos, com a determinação de *padrões legais* mínimos.

A lei prescreve os direitos e as obrigações dos condôminos, e deve considerar-se irredutível a sua fixação. Partindo de que a convivência em um mesmo edifício deve subordinar-se a um complexo de normas mínimas de comportamento, o legislador estatui um *standard de deveres,* com a correlata correspondência de faculdades e um complexo de direitos, a que correspondem ora deveres particulares dos demais condôminos, ora deveres gerais negativos.

---

[1] Nota do editor: o texto na cor preta indica o texto original do Professor Caio Mário, e o texto na cor cinza é de autoria dos atualizadores. Os capítulos e itens de autoria dos atualizadores, além de estarem na cor cinza, estão indicados com letras após o número.

A seu lado, cumpre aos interessados redigir a *convenção,* reunindo as normas reguladoras do condomínio, de forma a suprir as disposições legais no que diz respeito às condições peculiares de cada edifício, aumentando a soma de deveres, pautando o comportamento individual em benefício da coexistência, estabelecendo critérios de solução das divergências, máximas de orientação das deliberações, forma de convocação da assembleia, *quorum* de instalação e votação etc.

Desta conciliação do mínimo legal de normas disciplinares, com a liberdade de deliberar, resulta a *convenção do condomínio,* a normação da convivência interna, que é própria de cada edifício. A lei argentina ordena em termos imperativos que os proprietários convencionem e redijam um regulamento de condomínio e administração, o que é considerado pela doutrina como um dever.[2]

O mesmo não ocorre em outras legislações.

Em nosso direito, não havia obrigatoriedade para a redação e aprovação do regulamento, muito embora a prática constante deponha no sentido de sua habitual adoção. Não era, porém, esta a questão, senão outra, isto é, se os condôminos eram *obrigados* a votá-lo. E concluía-se que não, vigorando na sua falta as normas atinentes ao condomínio e aplicação, com prioridade, das constantes da lei especial (Decreto n. 5.481), complementadas pelo direito comum, a que acrescenta Campos Batalha, com toda procedência, a analogia, os costumes e os princípios gerais de direito, "atendendo o juiz aos fins sociais da lei e às exigências do bem comum".[3] Hoje se alterou entre nós o sistema, como se verá mais abaixo (n. 61, *infra*).

54. Natureza jurídica da convenção (parte 1). Alguns consideram a convenção uma relação *contratual.*[4] E na sua origem assemelha-se ela, na verdade, a um contrato, porque nasce de um acordo de vontades. Entretanto, a sua ligação com o contrato é apenas formal. Na essência, ela mais se aproxima *da lei.* Com efeito, repete-se com frequência e autoridade que o contrato faz lei *entre as partes,* pois, quanto a terceiros, é *res inter alios.* Já o mesmo não se dá com a Convenção que desborda dos que participaram de sua elaboração ou de sua votação. Estendendo-se para além dos que a assinaram e seus sucessores e sub-rogados, vai alcançar também pessoas estranhas. Não encontraria, por exemplo, explicação na teoria do contrato uma disposição regulamentar proibitiva do uso do elevador social para subida de certos volumes, pois uma tal "cláusula contratual" seria oponível ao signatário da convenção, ao seu sucessor *inter vivos* ou *causa mortis,* ao seu locatário etc. Contudo, a um estranho ela não se aplicaria. E, no entanto, obriga. É

---

[2]   Santiago Rosemberg, *Teoria de la propiedad horizontal en la Argentina.* Santa, p. 37; Racciatti, *Propiedad por pisos o por departamentos.*

[3]   Campos Batalha, *Loteamentos e condomínios,* II, n. 273. A moderna lei venezuelana de 1957 deixa sua votação à liberdade das partes e contém disposições supletivas. V. Goldschmidt, *Boletín del Instituto de México,* p. 76, 1957.

[4]   Serpa Lopes, *Curso,* VI, n. 214. Neste sentido ainda, Campos Batalha, *Loteamentos e condomínios,* que o classifica *um contrato plurilateral de caráter instrumental.* Ainda: Edith Kischinewsky-Brocquisse, *Statut de la Copropriété des Immeubles et Sociétés de Construction,* n. 302.

porque algo mais existe do que uma relação contratual. Neste sentido decidiu o Tribunal de Alçada de Minas Gerais, distinguindo-a de contrato (*ADV*, n. 16.188, 1984).

Dada a sua própria natureza, as regras de comportamento de cada edifício têm sentido *normativo*. Obrigam aos que compõem aquele condomínio e aos que habitam o edifício ou dele se utilizam, ainda que eventualmente. Encarecendo a importância do problema, a ele dedicamos o n. 60, *infra,* quando voltaremos ao assunto mais detidamente.

55. Natureza jurídica da convenção (parte 2). O caráter normativo da convenção do condomínio é pacificamente reconhecido. Sua força cogente aos condôminos, seus sucessores e sub-rogados, e eventualmente às pessoas que penetram aquele círculo fechado, representado pelo edifício, é aceita sem relutâncias.

Um ponto, entretanto, merece a atenção do jurista: definir a natureza jurídica dessas *regulae iuris* (*vide* n. 54, *supra*).

Mesmo os que sustentam a categoria contratual da convenção concedem que se trata de uma instituição contratual *sui generis*.

Procuramos, então, assentar a sua categorização específica.

É inegável que a convenção é uma declaração de vontade, destinada a produzir efeitos jurídicos.

A vontade criadora é a do *agrupamento* dos condôminos, que por um instrumento em que se perpetua a sua emissão volitiva gera um "ato jurídico" (*lato sensu*), que deve ser recebido e tratado como *fonte formal* de direito.

Aqui entramos no campo da teoria moderna das fontes de direito, formulada e desenvolvida por Guhvitch, Jèze, Duguit, Brethe de la Gressay, Serpa Lopes, e que amplamente desenvolvemos em nossas *Instituições de direito civil*, segundo a qual o *ato jurídico* é a fonte do direito, seja ele a lei como resultado da vontade do grupo social, seja o *ato jurisdicional* como expressão da vontade do Estado, manifestada pelo órgão do Poder Judiciário, seja o *ato subjetivo,* como declaração de vontade destinada à produção de efeitos jurídicos.

Os atos jurídicos, *lato sensu*, abrangem, então, várias classes como sejam: ato-regra, ato subjetivo, ato-condição, ato jurisdicional.

Nesta classificação, encontra guarida a convenção do condomínio, como um *ato--regra*, que se define como a manifestação de vontade dotada de força obrigatória e apta a pautar um comportamento individual. No primeiro plano do ato-regra, está a lei, como expressão volitiva do grupo social.

No entanto, no caso de um agrupamento de indivíduos elaborar um complexo de normas de conduta, com caráter cogente e efeito normativo, pode-se dizer que são redigidas *regulae iuris*, com toda a nitidez de normas jurídicas, diferindo, entretanto, da lei em que esta é um comando geral, enquanto aquelas sujeitam um agrupamento mais reduzido. Outro ponto diferencial está em que a subordinação à lei independe da anuência do subordinado, enquanto as outras disciplinam o comportamento de quantos voluntariamente integram aquele agrupamento ou eventualmente se acham na situação peculiar de participação, ainda que momentânea, de uma dada situação. Estas normas são, pois, uma *fonte formal* de direito, têm força obrigatória, e o direito que destarte se constitui é chamado de *estatutário*, ou *corporativo*.

Seu fundamento contratualista, outrora admitido, hoje perdeu terreno, porque sua força coercitiva ultrapassa as pessoas que assinaram o instrumento de sua constituição, para abraçar qualquer indivíduo que, por ingressar no agrupamento ou penetrar na esfera jurídica de irradiação das normas particulares, recebe os seus efeitos em caráter permanente ou temporário.[5]

56. Obrigatoriedade das regras da convenção (parte 1). Do caráter normativo da convenção resulta a necessidade da adoção de *forma escrita* para o ato e de constar do registro imobiliário, a fim de assegurar a sua publicidade e a sua validade *erga omnes,* providência, aliás, que é determinada no art. 1.138, alínea 3.ª, do novo Código Civil italiano, o que é desenvolvido por Lino Salis (n. 115).

Independentemente de ficar constando das escrituras de aquisição de apartamentos, posteriormente à instituição da *convenção,* ou de inserir-se no contrato de locação a cláusula de obrigatoriedade para as disposições do regulamento, o adquirente e o locatário, como quaisquer usuários, são adstritos ao seu cumprimento e à sua obediência, sob as cominações legais ou convencionais. Não colheria, na verdade, alegar alguém que não aceita a norma regulamentar por não ter subscrito a sua adoção, ou porque o desconhece, ou pelo fato de ser omissa a escritura de aquisição, ou o contrato de arrendamento etc., uma vez que aquelas disposições disciplinares são *normativas,* sujeitando ao seu cumprimento todas as pessoas direta ou indiretamente a elas subordinadas, como ainda as que ulteriormente penetram em caráter permanente ou transitório no condomínio ou no edifício.

57. Obrigatoriedade das regras da convenção (parte 2). Também neste particular, converteu-se em lei a nossa posição doutrinária. A Convenção como direito estatutário, segundo o denomina Gurvitch, ou corporativo (Planiol, Ripert *et* Boulanger), nascida embora de um acordo de vontades das pessoas interessadas, não busca o seu fundamento na ideia contratualista que tradicionalmente o explicava, porém vai mais exatamente enquadrar-se na moderna teoria das fontes de direito, que se funda nas concepções de Jèze, Duguit, Brethe de la Gressay, Laborde-Lacoste, e que detidamente examinamos e explicamos em nossas *Instituições de Direito Civil* (v. I, n. 9).

Uma vez aprovada pelo *quórum regular,* a Convenção adquire força obrigatória. Impõe-se, obviamente, aos seus signatários. Não há mister, neste passo, qualquer esclarecimento. Quem assinar obriga-se com isto. Entretanto, e aqui se caracteriza bem a sua natureza estatutária, desborda dos que deram sua aprovação e vai alcançar os condôminos que não assinaram, estendendo-lhes a sua força cogente. **Mais longe ainda, impõe-se**

---

[5] Cf. a respeito: Gaston Jèze, *Principios generales del derecho administrativo,* v. I, p. 29 e segs.; Léon Duguit, *Traité de Droit Constitutionnel,* v. I, §§ 30 e segs.; Brethe de la Gressay *et* Laborde Lacoste, *Introduction Générale à l'Étude du Droit,* n. 207 e segs.; Serpa Lopes, *Curso, I,* n. 18; Orlando Gomes, *Introdução ao direito civil,* n. 24 e segs.; Caio Mário da Silva Pereira, *Instituições de direito civil,* v. I, n. 9.

também aos que recusaram sua aprovação ou sua assinatura por discordarem total ou parcialmente de sua preceituação. Se fosse possível a qualquer condômino, por se ausentar ou pelo voto contrário, furtar-se ao imperativo da normação convencional, esta seria nada. O titular de direitos sobre uma unidade tem a faculdade de discordar, de votar contra, de fazer discurso, de opor-se ao preceito, até o momento da aprovação. Uma vez obtida esta, *tollitur quaestio*. A Convenção passa a ser a lei daquela comunidade, e seus dispositivos obrigam a todo o condomínio. Sujeita mesmo a própria *Assembleia* (Bendersky), salvo a esta a faculdade de alterá-lo regularmente.[6] Contudo, não se impõe somente às partes, tomada esta expressão no sentido de pessoas integrantes do condomínio como titularidade jurídica do edifício.

A Convenção, como direito de uma comunidade, aplica-se ainda como força obrigatória a quantos venham, posteriormente, integrá-la, como os adquirentes de direitos ou sub-rogatários naqueles que pertenciam aos originários condôminos (art. 18 da Lei n. 4.591, na redação advinda do Decreto-lei n. 981, de 21 de outubro de 1969).

Mais ainda: a Convenção obriga a quaisquer *ocupantes* (art. 9.º, § 2.º), e nesta palavra o legislador designou os que o sejam em caráter eventual. Assim é que a normação privada, decorrente da Convenção, pode ser invocada contra qualquer pessoa que, ainda transitoriamente, ocupe qualquer parte do edifício. É por esta razão que o visitante não se pode esquivar da observância das normas vigentes.

E se até agora, por força apenas dos princípios teóricos, podíamos sustentar a força cogente da Convenção, ainda mais se fortalece a tese, porque encontra na lei o seu fundamento mais certo, uma vez que o princípio da obrigatoriedade da Convenção do Condomínio e sua oponibilidade *erga omnes* vão assentar vigorosamente no imperativo legal [N.A.: art. 1.334 do Código Civil]. O Tribunal de Alçada Civil do Rio de Janeiro afirmou a obrigatoriedade da Convenção a todos os condôminos, mesmo que não registrada, se estiver subscrita por 2/3 (*Adcoas*, n. 112.440, 1987).

No Código atual, reforça-se a regra, ao se determinar que a convenção é obrigatória para os titulares do direito sobre as unidades, ou "para quantos sobre elas tenham posse ou detenção" (art. 1.333, *caput*), e que o registro imobiliário somente é requisito para a oponibilidade "contra terceiros" (art. 1.333, parágrafo único).

Em outras palavras: (i) a convenção, uma vez aprovada, obriga desde logo, independentemente de registro, a todos os condôminos, signatários ou não, presentes ou futuros, assim considerados não apenas os proprietários, mas também os titulares de direito real sobre as unidades, tais como promitentes compradores e cessionários e usufrutuários; (ii) também independentemente de registro, a convenção vincula, desde sua aprovação, todos os possuidores (promitentes compradores das unidades sem contrato registrado e, portanto, sem direito real, locatários, comodatários e demais possuidores) e todos os detentores; e (iii) uma vez registrada no cartório de registro de imóveis, a convenção deve ser observada por terceiros, isto é, aqueles que não se qualificam como condôminos, possuidores ou detentores. Embora a vinculação dos locatários à convenção já estivesse prevista no art. 9.º, § 2.º, da Lei n. 4.591/1964, que estabelecia a

---

6   Bendersky, *Nulidad de Asambleas*, p. 40.

obrigatoriedade para "qualquer ocupante", a Lei do Inquilinato, ao elencar os deveres dos locatários, incluiu o de "cumprir integralmente a convenção de condomínio e os regulamentos internos", o que foi elogiável, por reforçar a regra na própria Lei de Locações, dando-lhe maior publicidade.

O § 2.º do art. 1.334 do Código Civil ressalta ainda mais a força obrigatória da Convenção, ao estatuir que "são equiparados aos proprietários, para os fins deste artigo, salvo disposição em contrário, os promitentes-compradores e os cessionários de direitos relativos às unidades autônomas", mesmo que a transmissão destes direitos aquisitivos se dê posteriormente à sua aprovação.

57-A. Oponibilidade da convenção a terceiros. Se a convenção de condomínio, uma vez subscrita, já obriga condôminos presentes e futuros, bem como possuidores e detentores, e se a relação do condomínio com terceiros (empregados e contratantes) fica regulada pelos respectivos contratos e legislação específica, qual seria, enfim, a relevância do registro imobiliário? A que "terceiros", na prática, será necessário opor a convenção?

O registro da convenção, embora desnecessário para a invocação da convenção na relação entre o condomínio, condôminos, possuidores e detentores, faz-se recomendável por algumas razões.

Em primeiro lugar, uma vez registrada, sua versão microfilmada ou eletrônica estará acessível a qualquer pessoa, eliminando a chance de extravio do documento e maximizando a publicidade das suas regras para todos os interessados, aí incluídos pretendentes à aquisição de unidades autônomas, que terão maior chance de conhecer previamente as regras do condomínio, algumas possivelmente determinantes para negociar as condições do contrato, ou mesmo quanto à decisão de adquirir ou não a unidade. Acessando a convenção, o interessado saberá, se esse for o caso, que a vaga vinculada ao apartamento necessita de manobrista, o que muitas vezes não está alertado na matrícula registral.

Em segundo lugar, o condomínio edilício deve se inscrever no Cadastro Nacional das Pessoas Jurídicas (CNPJ), controlado pela Receita Federal do Brasil (RFB), e atualmente regulado pela Instrução Normativa RFB n. 2.119/2022. Essa norma estabelece, no Anexo VIII, que o deferimento da inscrição do condomínio no CNPJ depende da apresentação de certos documentos, entre eles a "Convenção do condomínio registrada no RI", "OU, caso não exista a convenção, certidão emitida pelo RI que confirme o registro do Memorial". Isso significa que: (i) quando nasce de uma incorporação, na inexistência de convenção, o condomínio, para obter o CNPJ, tem a alternativa de apresentar à RFB a certidão do cartório imobiliário que ateste o registro da incorporação; (ii) quando, porém, a criação ocorreu por outro meio (construção da edificação sem alienação de unidades na planta, ou seja, sem incorporação imobiliária, com lavratura de escritura de instituição de condomínio), o único meio disponível para atender à referida norma será apresentar a convenção de condomínio registrada. Assim, nesta segunda hipótese, o registro da convenção é elemento essencial para a obtenção de CNPJ, o que é necessário não somente para atendimento da legislação fiscal, mas para a própria abertura de conta bancária e para a contabilidade do condomínio.

Cap. V • Convenção do Condomínio | 95

A terceira razão para o registro da convenção não é propriamente jurídica, mas pode ter efeitos práticos: uma convenção registrada não só estará mais acessível a todos, como tenderá a ser mais respeitada, especialmente pelo leigo, que possivelmente não terá clareza quanto à regra do art. 1.333. E uma convenção mais conhecida e respeitada tende a produzir o desejável efeito de maior respeito aos direitos e às obrigações nela previstos, com redução de conflitos no grupamento.

57-B. Convenção outorgada pelo titular único do condomínio edilício. O mercado imobiliário, nas últimas décadas, evoluiu para uma nova realidade em que inúmeros condomínios edilícios passaram a ter todas as suas unidades concentradas nas mãos de uma única pessoa física ou jurídica, incluindo fundos imobiliários, sem que isso descaracterizasse a existência do condomínio edilício, revelando que o elemento subjetivo, embora seja o mais comum, não é essencial.

A esse respeito, o Enunciado n. 504 aprovado na V Jornada de Direito Civil estabelece que "a escritura declaratória de instituição e convenção firmada pelo titular único de edificação composta por unidades autônomas é título hábil para registro da propriedade horizontal".

Sublinhe-se, inclusive, que à convenção não se aplica a vedação de contratar consigo mesmo, por não ter ela a natureza de contrato, e sim de ato-norma, podendo ser outorgada pelo titular exclusivo das unidades autônomas.

57-C. Condomínio sem convenção. A inexistência de convenção, fato, aliás, que não é raro, não torna o condomínio edilício irregular.

Primeiro porque, como visto no Capítulo IV, a propriedade horizontal nasce com sua instituição (CC, art. 1.332 c/c Lei n. 4.591/1964, art. 32, §§ 1.º-A e 15), e a expressão do art. 1.333 ("a convenção que constitui") deve ser interpretada não em sua literalidade, mas sistematicamente, isto é, a convenção, a primeira ou outra que a substitua, constitui o condomínio no sentido de estabelecer regras a par daquelas já previstas em lei (ver item 47-A).

Em segundo lugar, mesmo sem uma convenção, continuarão existindo, por exemplo: (i) os direitos do condômino sobre sua unidade e partes comuns, e, não estando em mora, de participar e votar nas assembleias (art. 1.335); (ii) os deveres do condômino de pagar as cotas condominiais, de não realizar certas obras, de respeitar a destinação da unidade e de não a utilizar de forma nociva aos demais condôminos e moradores (art. 1.336); (iii) as regras sobre locação e alienação das vagas de garagem (arts. 1.331, § 1.º, 1.338 e 1.339) e sobre a realização de obras nas partes comuns (arts. 1.341 a 1.343); (iv) os deveres do síndico (art. 1.348); (v) as regras elementares de convocação, instalação e voto nas assembleias presenciais ou virtuais (arts. 1.352 a 1.355); entre outros.

Então, mesmo sem uma convenção, o condomínio edilício não só existirá regularmente, como será capaz de funcionar em boa medida.

Contudo, a aprovação e o registro da convenção são altamente recomendáveis (item 57-A). Uma convenção aprovada de acordo com os arts. 1.333 e 1.334, ainda que sem registro, não só pode trazer regras complementares àquelas já constantes da lei, e personalizadas para as peculiaridades e rotinas daquele específico condomínio, como pode, dentro de certos limites, alterar a regra legal geral, a exemplo do rateio de despesas e do peso do voto em assembleia, estabelecendo critérios distintos da fração ideal.

57-D. Minuta de convenção. É comum imaginar que a convenção do condomínio é aquela que consta do memorial de incorporação, cujo registro é obrigatório para que seja possível alienar as unidades autônomas a serem construídas.

Nada mais equivocado. O que se exige constar do memorial é uma minuta da futura convenção do condomínio, que é um dos documentos constantes do dossiê exigido para o registro do empreendimento. Não há ato registral específico para a minuta; o que se registra é a incorporação, e não a convenção em si.

O objetivo do legislador de incluir a minuta como peça obrigatória do memorial foi de orientar o interessado na aquisição da unidade quanto às regras a serem possivelmente adotadas, deixando explícitos a estrutura e o funcionamento imaginados pelo incorporador para aquele grupamento.

Nada impede, inclusive, que seja aprovada uma convenção com texto diverso daquele constante da minuta.

Portanto, o condomínio que dispõe apenas da minuta, sem observância do disposto no art. 1.333, é um condomínio sem convenção. A minuta sem subscrição de 2/3 dos titulares de frações é uma convenção inexistente, um documento que não produz efeitos nem pode ser oposto aos condôminos, possuidores, detentores e terceiros.

58. Unanimidade para aprovação da convenção? Ao falarmos daqueles que participam de sua elaboração, afloramos questão altamente relevante, e que tem mesmo provocado a atenção dos especialistas, a saber se há necessidade da *unanimidade* dos comunheiros ou se bastante será a simples *maioria* para a votação da *convenção*. O silêncio a seu respeito, em nosso direito anterior, constituía um escolho levantado ao equacionamento imediato, obrigando, pois, a recorrer aos princípios gerais, à procura de um caminho seguro.

A análise a que procederemos no n. 60, *infra,* da natureza jurídica da convenção, vai nos auxiliar no desate da questão levantada. A nosso ver, e como detidamente ali o estudaremos, a convenção é uma declaração de vontade plúrima, constitutiva de um "ato jurídico complexo", expressão esta que, na terminologia de Kuntze, serve para designar os que emanam de emissões volitivas congregadas num mesmo sentido. Em sua origem, como frisamos, há uma perfeita analogia com o negócio contratual, muito embora deste vá distinguir-se nos efeitos, na estrutura e no mecanismo de aplicação.

Ato-regra ou ato constitutivo de um direito estatutário (*vide* n. 60, *infra*) cria a normação de conduta para um agrupamento social reduzido, ditando regras de comportamento, assegurando direitos e impondo deveres. No tocante a estes últimos, cumpre notar que o regulamento de um edifício estatui *restrições* à liberdade de ação de cada um, em benefício da coletividade, e estabelece regras proibitivas e imperativas, a que *todos* se sujeitam. Daí a necessidade da aprovação por *quorum especial,* pois não pode existir norma de *origem convencional,* restritiva de direitos individuais, sem a anuência geral ou para a qual não se imponham condições especiais de votação.

Não cabe, aqui, a objeção de que este direito estatutário tem aplicação a qualquer pessoa que penetre o circuito do edifício. E não tem cabida porque, depois de constituído, passa a ser um complexo jurídico-normativo, a que não podem escapar as pessoas que se encontrem na situação de integrarem, direta ou indiretamente, o edifício. No entanto, o momento de sua elaboração arrepia ao senso jurídico aceitar a criação de um complexo cogente contra a vontade daqueles a quem se impõe, *a não ser na hipótese de se estatuir assim em lei especial,* como ocorre na do *Condomínio e Incorporações.* A oponibilidade a qualquer adquirente tornou-se matéria de direito expresso com a nova redação do art. 18 da Lei n. 4.591, dada pelo Decreto-lei n. 981, de 21 de outubro de 1969.

Sobre a obrigatoriedade das regras da convenção para condôminos que não a subscreveram, terceiros e futuros condôminos, ver itens 56 a 57-A e 59.

Na prática, as convenções de condomínio normalmente são assinadas com a escritura de aquisição das quotas de terreno. Quer dizer: comumente, não ficará nenhum condômino sem lhe dar assentimento, pois todos o firmam ao ser instituído o regime da propriedade horizontal. Entretanto, pode acontecer que não se adote a mesma praxe. Em tal caso, não poderão os interessados socorrer-se da autoridade judiciária, pois não tem o juiz a atribuição de criar normas, contratuais ou estatutárias, de aplicação compulsória a quem quer que seja. Somente quando a lei lhe dá competência explícita pode o julgador estatuir normativamente. Fora dos casos expressos, a palavra jurisdicional é proferida contenciosamente, e a *res iudicata* produz efeitos subjetivamente delimitados. A invocação de direito estrangeiro, neste passo, é frustrante, porque esbarra no óbice intransponível da ausência de competência.

Diante da falta de aprovação unânime e no silêncio da Lei n. 5.481, sustentávamos que não existia convenção de condomínio. Não podemos admitir a existência parcial do ato-regra para distinguir como ineficazes apenas as normas restritivas de direitos e dar como válidas as demais. Ou existe ou não existe o ato. Se falta *quorum* para sua aprovação, ele não chega a ter eficácia jurídica, como se inferia do disposto no Regulamento n. 737, de 1850, cujo art. 684, § 2.º, prescrevia ser nulo, independentemente de cominação expressa, o ato em que se preteriu solenidade substancial, como se o instrumento é feito por oficial público incompetente, sem data e designação de lugar, sem subscrição das partes e testemunhas, não sendo lido às partes e testemunhas antes de assinado. A situação resultante seria, então, igual à da criação do regime da propriedade horizontal, sem a existência de convenção de condomínio,[7] já vista no n. 54, *supra.*

Como solução *de lege ferenda,* defendemos, em a *Propriedade horizontal,* n. 43, que deveria a lei prever o caso e solucionar a pendência, instituindo a obrigatoriedade da aprovação do regulamento como requisito de instituição da propriedade horizontal, contentando-se, entretanto, com a votação de maioria. Não é, com efeito, justo que um comunheiro, por capricho ou espírito de insubordinação, embarace a votação e perturbe a normação da conduta dos condôminos como tais. Desde que a lei declare expressamente

---

7   Cf. a respeito do problema: Carlos Maximiliano, *Condomínio,* n. 186; Campos Batalha, *Loteamentos e condomínios,* II, n. 273; Pontes de Miranda, *Tratado de direito privado,* v. XII, § 1.382; Racciatti, *Propiedad por pisos o por departamentos,* p. 87.

ser válida a deliberação tomada com certo *quorum,* o instrumento que contar o número de votos exigido tem a mesma força cogente. Foi assim que procedeu o novo Código Civil italiano, art. 1.138, e assim consignamos no Projeto que oferecemos naquele livro. E, em verdade, o legislador atendeu ao nosso apelo (V. n. 61, *infra*).

59. Vinculação de futuros condôminos. Pela mesma razão, ter-se-á por não escrita e ineficaz a cláusula que exclua da submissão ao regulamento qualquer condômino ou qualquer ulterior aderente (adquirente de unidade, locatário etc.). Como norma jurídica, embora de caráter restrito ou em circuito fechado, a convenção impõe restrições de direitos e, enquanto os confere, traduz limitações às faculdades alheias, em benefício do sujeito ativo.

Como norma, pois que é, a Convenção obriga a todos, tanto aos que lhe deram sua aprovação como aos que penetraram posteriormente no circuito, o que não constitui uma afirmação de pura abstração doutrinária, mas já tem sido proclamado em decisão da justiça.[8]

Naturalmente, com a expressão "futuro condômino" não se defende a vinculação de quem ainda não é condômino. A obrigatoriedade produzirá efeitos somente quando o futuro se torna presente, com a aquisição da unidade.

Como o Superior Tribunal de Justiça já teve a oportunidade de se manifestar, a "convenção de condomínio é o ato-regra, [...] cuja força cogente alcança não apenas os que a subscreveram, mas também todos aqueles que futuramente ingressem no condomínio" (REsp 1.177.591/RJ).

60. Convenção por instrumento público ou particular. A Lei n. 4.591, de 16 de dezembro de 1964, dedicou um Capítulo à *Convenção do Condomínio* e consagrou em preceito as nossas convicções doutrinárias.

O Código Civil se refere à convenção nos arts. 1.333 e 1.334, ressaltando sua força obrigatória e elencando as cláusulas que obrigatoriamente dela constarão, o que nos parece suficiente.

A *obrigatoriedade das regras* da Convenção resulta hoje inequívoca do novo diploma. Para as incorporações futuras, tornou-se imperativa a sua aprovação, pois incluiu-se, entre os documentos a serem depositados no cartório de Registro de Imóveis (art. 32, alínea *j),* a minuta da futura convenção do condomínio. E, como na falta dos documentos em ordem o Oficial recusará a certidão que libera o lançamento, a incorporação não poderá ser ao menos oferecida na falta desta minuta. Para todos os edifícios, o art. 9.º impõe aos proprietários, promitentes compradores, cessionários etc. o dever de elaborá-la ("elaborarão, por escrito, a Convenção").

Para qualquer edifício, esteja ou não construído ou em construção, e mesmo para os já concluídos e habitados, a Convenção poderá sempre existir. Os que já a possuem em

---

8 Decisão do Tribunal de Justiça do antigo Distrito Federal, *Revista Forense,* v. 165, p. 168.

vigor nada mais têm a fazer do que adaptá-la às novas exigências. Nos demais, as partes terão de redigi-la e aprová-la. No entanto, todos os edifícios poderão ter Convenção de Condomínio, aprovada pelos proprietários, promitentescompradores, cessionários ou promitentes-cessionários de direitos pertinentes à aquisição de unidades autônomas. Inscrevendo-se na corrente a que pertencem, entre outros, o sistema argentino como o novo Código Civil italiano, o direito brasileiro não mais admite edifício sem a sua Convenção de Condomínio.

Num sentido de padronização, a lei institui requisito formal, com que corrige a desordem até agora vigente. Com efeito, em um prédio consistia em *instrumento público,* firmado pela unanimidade dos condôminos; em outro era lavrado em *forma particular;* havia também os que se limitavam a uma aprovação pelo voto da Assembleia. Em qualquer caso, não havia um local em que o autógrafo ficasse depositado, para perpetuar o texto original e autêntico.

A Lei do *Condomínio e Incorporações* pôs ordem nesta instabilidade.

A *Convenção do Condomínio* deve ser elaborada *por escrito* (art. 9.º). Não é necessária a escritura pública. O instrumento particular basta, e não importa que seja datilografado, impresso ou policopiado por qualquer processo técnico (*multilit, thermofax,* mimeógrafo, xerox). Deve ser *por escrito,* pois esta é a exigência que a lei impõe.

No Código Civil se reproduz a regra, no art. 1.334, § 1.º, autorizando-se a celebração da convenção por instrumento público ou particular, o que trouxe muito mais facilidade para os condôminos, reduzindo os custos.

Uma vez aprovado, como abaixo se verá, promove-se o seu registro no cartório competente do Registro de Imóveis. Aí se perpetua o texto original e dali podem ser expedidas quantas certidões forem requeridas. Em caso de litígio, que verse problema de aplicação ou interpretação de norma reguladora do condomínio, não mais se perderá o juiz nas dúvidas levantadas em face da divergência de depoimentos das testemunhas, pois o direito particular de cada condômino estará conservado no Registro. E, como uma das funções deste é publicitária, também para este efeito o registro será válido.

No Registro de Imóveis far-se-á, ainda, a averbação das *alterações* subsequentes, e, desta sorte, o histórico de cada regime condominial estará coligido em mão do oficial público e pode ser levantado, a qualquer tempo, por qualquer pessoa interessada. Tem-se, contudo, julgado que o registro da Convenção lhe imprime validade contra terceiros, não sendo requisito *inter partes.*[9]

61. Quórum e modo de aprovação. Desapareceu o problema ligado ao *quorum* para a aprovação, que mostramos (V. n. 58, *supra*), era de difícil equacionamento na vigência do Decreto n. 5.481, de 1928, em razão do seu silêncio a respeito.

---

[9] Ac. em *Adcoas*, n. 30.464, 1974; 1975, n. 31.751. Ac do 1.º Tribunal de Alçada do Rio de Janeiro, *ADV*, n. 10.520, 1983; Tribunal de Alçada do Rio Grande do Sul, *ADV*, n. 30.051, 1986; mesmo não registrada, obriga os condôminos, se subscrita por dois terços (Tribunal de Alçada Civil do Rio de Janeiro, *Adcoas*, n. 112.440, 1987).

Diante da dúvida levantada e das sugestões oferecidas, o legislador aceitou o critério da *maioria qualificada,* e considera-se hoje aprovada (Lei n. 4.591/1964, art. 9.º, § 2.º) a Convenção que conte com o voto de *dois terços* (2/3) das frações ideais que compõem o condomínio.

O *quorum* de dois terços das frações ideais foi mantido no art. 1.333 do Código Civil.

Não bastam, porém, a manifestação oral, a declaração de voto, o registro de ata da Assembleia. Tem a Convenção de ser levada ao Registro Imobiliário e de ali depositar-se o texto autografado inicial. É indispensável à sua eficácia, como à validade do registro, que o instrumento inscrito da Convenção traga as *assinaturas* dos titulares de direitos sobre as unidades autônomas.

Ao lado de cada uma, mencionar-se-á a fração ideal que lhe corresponde, pois é evidente que, sendo indispensável que as frações ideais dos signatários perfaçam um mínimo de dois terços de todo o conjunto, cumpre fazer a discriminação que permita este cômputo.

Entregue a Convenção ao Oficial competente, terá este de proceder à verificação, e, se encontrar uma irregularidade ou uma deficiência, como a aprovação por menos dos 2/3 de assinaturas, recusará o registro, devolvendo o documento à parte para que o complete. Na insistência desta, levantará a dúvida, em termos regulamentares, para que o juiz decida como for de direito.

Com o crescimento vertiginoso das cidades e a concentração urbana que hoje exibem, surgiram supercondomínios, alguns deles com centenas de unidades autônomas, distribuídas em várias edificações, o que torna muito difícil alcançar os *quoruns* estabelecidos na lei.

Constitui tarefa de difícil realização reunir os dois terços dos condôminos, inclusive para eventual modificação da convenção, o que provoca uma espécie de engessamento das administrações condominiais.

Ainda mais se for exigido que as assinaturas sejam apostas na própria Assembleia Geral para tanto convocada, demonstrando a experiência comum de que um reduzido número de condôminos se dispõe a comparecer às reuniões, apesar da relevância das matérias a serem ali decididas.

Daí por que o art. 1.333 andou bem em usar o termo "subscrita", tornando clara a desnecessidade de realização de assembleia geral para a aprovação da convenção.

62. Regra convencional *contra legem.* **Quid iuris,** entretanto, se a Convenção ofender a lei? Poderá o condômino ou o ocupante opor-se à sua aplicação ou terá de se submeter à norma estatutária, ainda que contraveniente ao direito comum?

Nenhuma declaração de vontade pode prevalecer e produzir efeito contra a lei. Se se insurge contra o preceito e o infringe, é obviamente frustrante, e não obriga nem gera consequências.[10]

---

[10] Marcello Andreolli, *I Regolamenti di Condomínio,* p. 64.

Entretanto, dentro na organização do estado de direito, não é, igualmente, lícito a ninguém fazer justiça pelas próprias mãos. Se a norma particular contravém à lei geral, esta se lhe sobrepõe em qualquer circunstância e, prevalecendo sobre ela, neutraliza os seus efeitos. Como, entretanto, a Convenção, uma vez aprovada, adquire força obrigatória *ex vi* do citado art. 1.334 do Código Civil, cabe ao interessado anular o preceito infringente do direito positivo e, infirmando-o por sentença, obter a sua condenação. Poderá fazê-lo por via direta, tomando a iniciativa do processo e pleiteando a nulidade, com citação do síndico, na qualidade de representante do condomínio. Ou ainda poderá obter a anulação por via indireta, aguardando a ação contra ele intentada, e em defesa arguindo a desvalia do preceito estatutário, por infração da norma.

Contudo, enquanto não for judicialmente infirmado, o dispositivo da Convenção regularmente aprovada prevalece e tem força obrigatória. Salvo, evidentemente, se a própria comunidade, pelo seu órgão deliberativo – Assembleia Geral – e pelo *quorum* regulamentar, alterar a Convenção *sponte sua* ou por iniciativa do prejudicado, desfazendo ou modificando o dispositivo contraveniente à lei, e desta maneira ajustando a esta a Convenção que dela se desgarrara. Se a arguição contiver-se no plano da inobservância formal, lícita será a retificação pelo voto dos que podem aprovar.

63. Alteração da convenção. As *alterações* da Convenção do condomínio obedecerão ao que nesta for prescrito, quer no tocante ao *quorum,* quer à *forma.* É livre às partes estipular o que melhor lhes pareça.

No entanto, a questão que no direito anterior se levantava, a saber se a Convenção somente poderia ser alterada pela unanimidade dos comunheiros, hoje perdeu toda a consistência, não só porque o Código Civil já oferece prévia solução, quando se reporta ao que ficar estipulado na própria Convenção, como também pelo fato de haver estabelecido que a Convenção é aprovada pelo voto dos dois terços do condomínio. E, se a criação da norma estatutária é válida com a obtenção desta maioria qualificada, não haverá mister unanimidade para alterá-la. Seria um contrassenso injustificável.

As alterações, para cuja obtenção a Convenção mesma não prescreve o *quorum* e a forma, não exigirão porém unanimidade, porque esta não é reclamada pela lei para a aprovação do texto original. Será, todavia, exigida unanimidade, se a alteração envolver direito de propriedade exclusivo de qualquer condômino (2º Tribunal de Alçada de São Paulo, *Revista Forense*, v. 264, p. 196).

Uma vez aprovada a alteração, o novo texto integra-se no anterior, e, para os efeitos de perpetuação, oponibilidade *erga omnes* e publicidade, terá de ser *averbado* no Registro de Imóveis, em paralelo à inscrição da peça originária.

O art. 1.351 do Código Civil, ao prever a possibilidade de alteração da convenção, estabelece o quórum de 2/3 "dos votos dos condôminos", levantando dúvida sobre o quórum e o procedimento necessário à modificação. O dispositivo deve ser interpretado em conjunto com o art. 1.333, do que decorre o seguinte: (i) os 2/3 se calculam sobre as frações dos condôminos, e não sobre o número de unidades; (ii) a alteração será válida e eficaz se obtida mediante subscrição ou deliberação em assembleia geral especialmente convocada para tal fim; (iii) se os condôminos optarem pela subscrição, nada impede que a alteração seja ratificada por deliberação da assembleia geral, e mesmo que uma assembleia não seja convocada para tal fim, todos os condôminos deverão ser previamente comunicados sobre a modificação, a fim de lhes ser oportunizada a chance de analisar e opinar previamente sobre a minuta. Isso significa que a alteração surpresa poderá ser impugnada pelo condômino, desde que este comprove prejuízo concreto decorrente da modificação não previamente informada, tal como, por exemplo, uma alteração no coeficiente de rateio das despesas que aumente sua contribuição. Mesmo que o dever de comunicação prévia seja descumprido, somente haverá invalidade da alteração se comprovado prejuízo efetivo.

Frise-se, por fim, que certos dispositivos da convenção não poderão ser alterados com o simples atendimento ao quórum legal, a exemplo das frações ideais das unidades autônomas, para o qual se exige unanimidade e alteração no registro imobiliário (ver item 47), e do direito assegurado a algum condômino, que dependerá necessariamente da sua anuência. E, para o regimento interno (ver item 64), bastará a maioria simples.

64. Cláusulas obrigatórias. A todos os ângulos resta bem claro que a Convenção do condomínio, como estatuto particular de uma dada comunidade, resulta do que esta quer e delibera. Então, consagra em preceito a vontade de seus membros, tal como aprovada pelo *quorum* especial que a lei prevê. Todavia, de boa cautela seria que a lei fixasse um mínimo a que as vontades dos comunheiros se curvassem. Neste rumo preceituou a Lei n. 4.591, de 16 de dezembro de 1964 (art. 9.º, § 3.º), que de perto e sucintamente vamos acompanhar.

No atual Código a matéria está regulada nos arts. 1.332 e 1.334, quase não havendo divergências, razão pela qual mantivemos integralmente o texto original do Professor Caio Mário, fazendo as comparações ao final:

> *a) a discriminação das partes de propriedade exclusiva e as do condomínio, com especificação das diferentes áreas.* Cada comunheiro tem o dever e o direito de conhecer o que lhe pertence, individualmente, para que o possa defender, e ao mesmo tempo respeitar a esfera jurídica alheia. Os apartamentos, as lojas, sobrelojas, os cômodos de cada um devem ser individuados por número, por letra, pela descrição das subdivisões, pela área. As partes comuns – elevadores, vestíbulos, corredores, garagem, teto, casa de máquina – devem ser igualmente referidas para que todos as conheçam, com o encargo de, usando-as sem exclusividade, não obstarem à sua utilização pelos demais;
>
> *b) o destino das diferentes partes;*
>
> *c) o modo de usar as coisas e os serviços comuns.* No tocante aos de uso privado ou de uso comum, como podem ser utilizados: se os apartamentos têm finalidade residencial exclusivamente ou não; se a utilização da garagem pode ser permitida a um estranho ao condomínio, enfim, todas as restrições e franquias podem ser especificadas, para que não ocorram surpresas. Os horários de utilização dos elevadores sociais ou de serviço, os locais por onde podem passar volumes de maiores dimensões etc.;

d) encargos, forma e proporção das contribuições dos condôminos para as despesas de custeio e para as extraordinárias. Este é o ponto-chave da manutenção do condomínio, que não pode viver e afrontar os compromissos sem que disponha de uma caixa à altura. As verbas são aprovadas pela Assembleia e rateadas em obediência aos critérios estabelecidos, na proporção prevista na Convenção, e em razão das frações ideais. Pode, porém, a Convenção excluir da divisão das despesas ou de certas despesas determinadas unidades e incluir outras, bem como estabelecer o critério para que concorram uns e outros para as extraordinárias;

e) o modo de escolher o síndico e o Conselho Consultivo. O síndico pode ser pessoa jurídica ou física, pertencente ou não ao condomínio, e seu mandato não excederá de dois anos. Cabe aos comunheiros determinar se admitem estranho e se querem reduzir o prazo a menos de dois anos. Cabe-lhes fixar as atribuições do Conselho Consultivo e as matérias sobre as quais é obrigatória a sua prévia audiência pelo síndico;

f) atribuições do síndico, além das legais. A Lei n. 4.591/1964 confere ao síndico certos poderes (art. 22), mas não impede que outros lhe concedam os condôminos pelo voto expresso na Convenção, e, desde que não ofendam as prescrições legais, é válida a ampliação de competência;

g) definição da natureza gratuita ou remunerada de suas funções. Uma e outra a lei permite, mas é aos condôminos que compete escolher entre ambas, dizendo se o síndico nada perceberá pelas funções, ou, ao revés, se terá proventos, na forma e no *quantum* estipulado pela Assembleia;

h) o modo e o prazo de convocação das Assembleias Gerais de Condôminos. É matéria do peculiar interesse destes e variará conforme cada condomínio. Um, que conte reduzido número de unidades e de membros, contenta-se com a singela forma de convocação por aviso pessoal. Outro, em que são numerosos os interessados, já reclama sistema de publicidade mais ampla, por carta, telegrama ou edital. A Convenção dirá, também, das datas e da antecedência com que os comunheiros são chamados às reuniões;

i) o quorum para os diversos tipos de votação. É claro que não pode a Convenção amputar a lei ou derrogá-la. Para aquelas deliberações em que a lei estabelece *quorum* especial, não pode a Convenção marcar outro diferente, nem para mais nem para menos. Entretanto, onde se deixou o assunto para o alvedrio dos condôminos, poderão eles dizer se desejam maioria simples ou qualificada. No entanto, poderão também estabelecer deliberação por unanimidade? Não há dúvida. Se incluírem na Convenção matéria não prevista, ou que não esteja sujeita a certo *quorum* legal, e entenderem de sua conveniência que se decida pelo voto de todos, assim mencionarão, e assim se observará;

j) a forma de contribuição para a constituição de um fundo de reserva. Uma das inovações da Lei n. 4.591/1964 foi a criação do fundo de reserva, com que fazer frente a despesas extraordinárias e urgentes, nos acréscimos, nas despesas devido às altas salariais, de utilidades ou de serviços. O fundo de reserva se constituirá do excesso na arrecadação das quotas de cada um, devendo a Convenção determinar a percentagem a maior que cabe a cada condômino, o local a que o fundo de reserva deve ser recolhido, o limite quantitativo ou percentual que pode atingir, bem como as hipóteses em que é lícito dele lançar mão. *Nunca, porém, o fundo de reserva pode ser usado para cobrir débitos de comunheiros em atraso;*

l) *a forma e o* quorum *para as alterações da Convenção.* Assentado que pode a Convenção ser modificada, cumpre mencionar como se procede para isso. Qual a Assembleia competente. Não sendo obtido o comparecimento suficiente para a votação de dois terços, se pode ser deliberada a alteração por um *quorum* mais reduzido em segunda convocação; se aos condôminos deve ser dado o texto a conhecer com antecipação; se a Convenção estipular *quorum* mais numeroso (três quartos ou quatro quintos), prevalecerá a exigência;

m) *a forma e o* quorum *para a aprovação do regimento interno quando não incluído na própria Convenção.* A lei diz que todo edifício, além da Convenção, deve ter um regimento interno. Contudo, admite que este se inclua na Convenção, caso em que será esta mais minuciosa. Como o regimento deve ser mais flexível, mais suscetível de alterações, poderá constituir peça à parte e, então, a Convenção deverá mencionar o que se exige para a sua aprovação, e *ipso facto* modificação, em termos obviamente menos rijos que em relação à Convenção mesma. O regimento interno, entretanto, difere da Convenção em que o primeiro é ato institucional e o segundo meramente administrativo.[11]

Como direito estatutário da comunidade, a Convenção do condomínio há de ser clara. O conflito entre disposições que contenha se não puder ser solvido com apelo às regras de hermenêutica, terá de ser dirimido por ação declaratória, conforme decidiu o antigo Tribunal de Apelação da Guanabara.[12]

No Código Civil não se percebe modificação significativa. Em linhas gerais, são reproduzidos os temas que devem constar da Convenção, mas elencados em artigos diferentes, o que não nos parece apropriado, podendo confundir o leitor.

No art. 1.334, "além das cláusulas referidas no art. 1.332 e das que os interessados houverem por bem estipular, a Convenção determinará":

I – A quota proporcional e o modo de pagamento das contribuições dos condôminos para atender às despesas ordinárias e extraordinárias do condomínio.

Daí se depreende que, no silêncio da convenção, aplicar-se-á o disposto no Código Civil, que preconiza que o rateio se fará proporcionalmente às frações ideais de cada unidade.

II – Sua forma de administração.

Fica subsumida à vontade dos condôminos a forma de administração do condomínio.

---

[11] Hely Lopes Meirelles, *Direito de construir,* p. 6.
[12] Cf. "Arquivos" do Tribunal de Apelação da Guanabara, v. 7, p. 168.

Podem eles, por exemplo, determinar se haverá um síndico, ou mais de um, ou subsíndico, se será obrigatória a constituição de um Conselho Consultivo e outro Fiscal, o mandato do síndico, assim como a possibilidade de reeleição e tudo o mais que interesse ao bom funcionamento da administração.

III – A competência das Assembleias, forma de sua convocação e o *quorum* exigido para as deliberações.

Neste passo, podem os condôminos estipular quantas Assembleias ordinárias serão anualmente convocadas, determinando por que modo serão os condôminos convocados (via postal, publicação em jornal, e-mail ou qualquer outro meio, desde que inequívoco), bem como o *quorum* para cada deliberação, respeitados, entretanto, os que o Código Civil estabelece de maneira cogente.

IV – As sanções a que estão sujeitos os condôminos ou possuidores. Como se verá no momento oportuno, o Código exacerbou as multas a serem aplicadas, criando novas cominações, como a que recai sobre o condômino antissocial.

V – O regimento interno.

O Código incluiu o regimento interno no próprio texto da Convenção, o que desde logo suscitou veementes críticas.

Isso porque, na redação original do art. 1.351, estabelecia-se que "depende da aprovação de dois terços dos votos dos condôminos a alteração da convenção e do regimento interno".

A regra engessava ainda mais a vida condominial, diante da notória dificuldade de se obter, nas assembleias, *quorum* tão elevado.

Considerando que a função precípua do regimento interno é a de estabelecer e descomplicar regras de menor importância para a convivência dos condôminos, que podem se modificar com relativa frequência, além de novas realidades surgirem, é imperioso que ele possa ser modificado com maior agilidade.

Não fosse assim, não se justificaria que houvesse uma convenção e um regimento interno.

Felizmente, a desnecessidade de quórum especial ficou evidenciada com o advento da Lei n. 10.931/2004, que alterou a redação do art. 1.351 com a finalidade exclusiva de excluir do dispositivo o trecho "e do regimento interno".

O Código não reproduziu, quanto ao art. 9.º, § 3.º, da Lei n. 4.591/1964, as alíneas *"e" (modo de escolher o síndico e o Conselho Consultivo), "f" (atribuições do síndico, além das legais), "g" (definição da natureza gratuita ou remunerada de suas funções), "i" (quórum para os diversos tipos de votações), "j" (forma de contribuição para constituição de fundo de reserva), e "m" (forma e o quórum para a aprovação do Regimento Interno quando não incluídos na própria Convenção).* Isso não significa dizer que não possam constar da Convenção as matérias ali referidas.

A supressão das referidas alíneas em nada prejudica a administração do condomínio, já que os assuntos ali versados são inerentes à própria normalidade de vida condominial, e se encontram disciplinadas em outros dispositivos do Código.

Capítulo V-A

PARTES COMUNS E PRIVATIVAS[1]

64-A. Classificação. No condomínio edilício, a depender do que se definir no ato de instituição (ou, complementarmente, na convenção, quando cabível) e até em razão da estrutura da edificação, as diversas partes que o compõem (subsolo, laje de cobertura, vagas de estacionamento, depósitos, entre outros) podem ter quatro distintas naturezas jurídicas:

1. Partes de propriedade exclusiva *Com fração ideal*	**1.1. Unidade autônoma ou unidade imobiliária.** Possui matrícula registral própria. Pode ser alienada a terceiros, ou gravada, sem direito de preferência dos demais condôminos, ou necessidade de sua anuência, exceto a vaga de garagem, cuja disposição a terceiros requer autorização da convenção (ver item 71-D).
	1.2. Parte exclusiva acessória. A parte assim designada fica sempre vinculada a uma unidade autônoma, cuja matrícula indicará duas frações ideais: uma da unidade, outra da parte acessória.
2. Partes de propriedade comum *Sem fração ideal*	**2.1. Parte comum de uso exclusivo.** Ainda que o direito à utilização da parte esteja assegurado na matrícula da unidade, a propriedade pertence a todos os condôminos. Ocorre um desmembramento: *(i)* a posse *direta* fica com o titular do uso exclusivo (ou grupo de condôminos que compartilham esse direito), que pode defendê-la contra os demais condôminos o condomínio ou terceiros; e *(ii)* a posse *indireta* pertence ao condomínio, que pode defendê-la contra terceiros.
	2.2. Parte comum de uso comum. Sem fração ideal. A propriedade é comum, e o uso é de todos, indistintamente, que podem utilizá-la "conforme a sua destinação, e contanto que não exclua a utilização dos demais compossuidores" (CC, art. 1.335, II).

---

[1] Nota do editor: o texto na cor preta indica o texto original do Professor Caio Mário, e o texto na cor cinza é de autoria dos atualizadores. Os capítulos e itens de autoria dos atualizadores, além de estarem na cor cinza, estão indicados com letras após o número.

Em se tratando de direito patrimonial disponível, a regra geral é a autonomia da vontade, limitada pelo direito urbanístico.

Logo, desde que não conflite com o projeto legal aprovado pela municipalidade, de acordo com as regras edilícias e de zoneamento, uma vaga, um terraço, entre outros, pode ter qualquer das naturezas jurídicas anteriormente indicadas (ver item 71-A).

65. Tetos, paredes e laje de cobertura. Apesar de bastante difundida e praticada, a propriedade horizontal não chegou, ainda, a um grau de maturidade exemplar. Os condôminos de edifício muito frequentemente enxergam no apartamento uma unidade autônoma, como se ela estivesse totalmente desvinculada do conjunto orgânico a que pertence. Veem, muitas vezes, a parede divisória do apartamento vizinho, como se ela não fosse comum a ambos. Não atenta em que o chão, que pisa, é o teto da unidade inferiormente colocada, ou *vice-versa*.

Tem, por influência de tais deturpações, surgido uma certa confusão de conceitos no tocante ao *teto*. Não é raro supor o proprietário do último pavimento que o *teto do edifício*, porque cobre o seu apartamento, lhe pertence. E não é raro entender que tem a faculdade de construir sobre ele, ora levantando cômodo para sua serventia exclusiva, como alojamento de criado ou área de lavanderia, ora edificando mesmo um andar, embora recuado da fachada. Esta última hipótese tem às vezes ocorrido ainda na fase de construção do prédio, quando o incorporador ou construtor reserva para si o pavimento mais alto.

É, todavia, um abuso. A laje de cobertura do último pavimento é o *teto do edifício*, da mesma forma que o muro lateral não é uma parede do apartamento, mas do próprio prédio, e, como tal, constitui e deve constituir sempre uma parte comum a todos os consortes. Não é possível dissociar o último andar do conjunto do prédio, pois este constitui um todo uno e indivisível. Não pode haver prédio sem teto, que, portanto, serve ao edifício inteiro, e não ao pavimento que lhe está imediatamente sotoposto. No direito francês, certos costumes atribuíam-no ao ocupante do último andar; mas hoje considera-se parte comum. Foi também o que decidiu, já em 1922, a Corte de Palermo.[2] No direito italiano atual, não vigora a doutrina da decisão, aqui citada, pois o art. 1.127 do Código Civil, de 1942, admite a superedificação, desde que não contrarie o título. No direito brasileiro, em que inexiste texto permissivo expresso, vige a proibição, tal qual no direito belga, em que, no silêncio da lei, a doutrina a proclama.[3] A construção no teto não é lícita, por não lhe corresponder fração ideal (Tribunal de Justiça do Rio de Janeiro, *Adcoas*, n. 112.917, 1987). Pode, contudo, ser autorizada por unanimidade (Tribunal de Justiça do Rio de Janeiro, *Adcoas*, n. 114.292, 1987; *ADV*, n. 43.130, 1989).

O mesmo que do teto dir-se-á do subsolo, que não o é do pavimento térreo, mas do edifício inteiro.

---

[2] Decisão, *Revista Forense*, v. 39, p. 445. *Vide* sobre o direito francês A. Zurfluh. *Copropriété d'Appartements*. n. 51.

[3] Poirier, p. 130; Racciatti, p. 36; Campos Batalha, n. 246; Pontes de Miranda, *Tratado*, XII, p. 304.

Num enunciado genérico, dir-se-á que nenhum condômino tem o direito de se apropriar e destinar a seu uso exclusivo uma parte que é comum a todos.[4] Procedendo em contrário, pode ser embargada a obra que fizer e ainda responde aos demais pelas perdas e danos que causar a qualquer um, individualmente, ou ao condomínio inteiro, pois, procedendo contra direito, é sujeito a reparar o dano na forma dos princípios comuns. A autorização de uso, concedida pela assembleia, não significa propriedade nem exclui a área da propriedade comum (1.º Tribunal de Alçada Civil de São Paulo, *ADV*, n. 14.386, 1984).

Pelo antigo direito, porém, a convenção do condomínio, às vezes, concedia a um proprietário de apartamento (geralmente do último pavimento) o uso do teto ou a sua serventia. Ficava ele com a faculdade de usá-lo livremente, e desta forma atendia à doutrina que Peretti Griva sustenta, tendo em vista que a lei italiana faz ressalva neste sentido.[5] Por outro lado, aquele favorecido podia opor-se a que qualquer outro condômino executasse obras que perturbassem a sua serventia. No entanto, não tem o direito de construir outro apartamento ou qualquer unidade autônoma, porque faltaria a fração ideal do terreno e partes comuns,[6] e não pode haver apartamento sem fração ideal, pois que todas as unidades são levantadas sobre um solo comum e ligadas pela ideia de comunhão das coisas indivisas. Não tem direito, igualmente, de excluir os demais comunheiros daquela utilização.

É preciso, pois, não confundir utilização com apropriação. No regime do Decreto n. 5.481, de 1928, a dúvida ainda procurava arrimar-se à omissão.

A Lei n. 4.591/1964 não comporta controvérsia. O *teto*, as *paredes externas*, as *fundações*, as *áreas internas* e tudo o mais quanto sirva a qualquer dependência de *uso comum* serão insuscetíveis quer de divisão, quer de alienação destacada da respectiva unidade. Quando fixamos a doutrina pura do condomínio por unidades autônomas, em nossa monografia da *Propriedade horizontal*, deixamos bem claro que este condomínio perpétuo sobre tais partes é da essência mesma do instituto. Conhecendo, entretanto, as controvérsias a respeito, tivemos a cautela de inserir em nosso Anteprojeto a solução certa, e hoje temo-la convertida em preceito (art. 3.º), que ainda, por influência nossa, acrescenta serem aquelas partes comuns "insuscetíveis de utilização exclusiva por qualquer condômino".

A mesma regra consta do art. 1.331, § 2.º, do atual Código Civil.

Cabe ao síndico promover as medidas de defesa que se fizerem necessárias, porque a infração do preceito constitui atentado contra o próprio condomínio, que ele representa e que está confiado a seus cuidados.

Na sua omissão, porém, qualquer condômino tem legitimação para a causa, porque a todos é lícito defender o condomínio. O que tiver sido ajustado prevalecerá. E não pode ser alterado senão mediante processo de modificação da própria convenção de condomínio, respeitado sempre o preceito legal.

---

[4] Tribunal de Justiça do Distrito Federal, *Arquivo Judiciário*, 108, p. 113.

[5] Peretti Griva, *II Condomínio delle case divise in parti*, p. 106.

[6] Serpa Lopes, *Curso*, v. VI, n. 211.

Como bem patrimonial é negociável. O proprietário de apartamento que tem direito a garagem pode cedê-lo a outro proprietário, tenha ou não este igual direito, pois nada impede que um que também é titular de utilização dela duplique o seu direito para abrigar dois carros. Pode, também, aquele que tem o seu direito ceder o uso a estranho, por comodato ou arrendamento, se a Convenção não o vedar.

No entanto, conservando a garagem, em qualquer circunstância, o caráter de coisa acessória do apartamento, aquele condômino, que tem direito ao seu uso, não pode aliená-lo a estranho à comunhão ou vender sua quota a quem não faz parte do edifício.[7] A Lei n. 4.591/1964 não permite outra interpretação [N.A.: assim como o atual Código], tanto mais que a proposição aprovada no Congresso continha dispositivo (§ 10 do art. 2.º), considerando a vaga em garagem como direito real do uso, o qual foi vetado, restabelecendo-se desta sorte a doutrina do Projeto, que era correta (Sobre direito a garagem, ver n. 31-A, *supra*).

Segundo o art. 1.331, § 5.º, do Código Civil, "o terraço da cobertura é parte comum, salvo disposição em contrário da escritura de constituição do condomínio".

Isso significa, que o instituidor da propriedade horizontal, no âmbito de sua autonomia privada, pode determinar a natureza de cada área, tal como ocorre com as vagas de garagem (ver item 71-A). Assim, o subsolo e a laje de cobertura, bem como outras partes, podem ter quatro distintas naturezas jurídicas: (i) unidade autônoma, com fração ideal e matrícula registral própria; (ii) parte exclusiva acessória, com fração e sem matrícula própria, caso em que a matrícula da unidade trará duas frações: uma da unidade e outra da parte a ela acessória; (iii) parte comum de uso exclusivo, sem fração ideal; e (iv) parte comum de uso comum. As regras acima podem variar conforme a natureza jurídica da área. A análise de cada situação concreta deve levar em conta essa classificação, pois ao condômino titular de um subsolo objeto de propriedade autônoma não se podem impor as mesmas restrições que seriam aplicáveis a um subsolo que é meramente uma parte comum de uso exclusivo. Essa lógica aplica-se à garagem, tratada no item a seguir.

66. Garagem. A garagem, por outro lado, é uma parte do prédio no rés de chão ou no subsolo. Procede irregularmente a sua utilização contraveniente à Convenção do Condomínio, como é o caso do condômino que demarca a sua vaga e converte o espaço respectivo em área de utilização exclusiva.[8] É lícita a fixação de critério para uso das vagas de garagem na Convenção, caso em que somente pode ser mudado com alteração dela.[9]

---

[7] Serpa Lopes, *Curso*, v. VI, n. 211. Neste sentido, várias decisões, por exemplo: Do Tribunal de Justiça do Distrito Federal, *Diário da Justiça*, de 14 de fevereiro de 1957, p. 578; de 18 de setembro de 1958, p. 2.983.

[8] Decisão do Tribunal de Justiça do antigo Estado da Guanabara, *Revista do TJ da GB*, v. 28, p. 424; *Adcoas*, n. 17.671, 1973. Vedado o fechamento por grade: Tribunal de Justiça do Rio de Janeiro, *Adcoas*, 1989, n. 124.950.

[9] AC do TJ da Guanabara, *Adcoas*, n. 29.509, 1974.

Em princípio, não sendo obrigatória, nem todo prédio a tem. E, quando é feita, a convenção estabelece se é parte comum a todos os proprietários e franqueado o seu uso a todos; se pertence a todos e é explorada a benefício do condomínio; ou se é privativa de alguns condôminos, que a ela tenham adquirido direito. A disciplina específica da garagem, em edifício coletivo e em edifício-garagem, já foi estudada no n. 31-A, *supra*.

Sobre os diversos aspectos envolvendo a garagem, ver Capítulo V-B.

67. Parede mestra. No tocante às alterações, é pacífico ser totalmente interdita a passagem por meio de parede mestra, estabelecendo *comunicação com outro prédio*, ainda que seja este de propriedade exclusiva do dono do apartamento ou que sejam do domínio de mesma pessoa os apartamentos contíguos ou fronteiros, cuja interligação se prende realizar, quando situados em prédios diversos. O que inspira a proibição não será, por certo, o critério de prejuízo, de vez que este pode não ocorrer, mas o princípio geral, segundo o qual os muros divisórios ou paredes laterais do edifício são do condomínio de todos, insuscetíveis, portanto, de serem utilizados ou apropriados por qualquer um, individualmente. A isto a doutrina estrangeira acrescenta que a comunicação com o outro prédio, por abertura na parede de um apartamento, importa em sobrecarregar o tráfego nas escadas, nos elevadores, corredores etc., e de permitir a um imóvel facilidade sobre outro.[10]

A interdição poderá, contudo, ser levantada pelos condôminos.

68. Usucapião de unidade autônoma. O usucapião é modo originário de aquisição da propriedade de bens móveis ou imóveis. O legislador, na Constituição Federal, no Código Civil e em leis especiais, previu, ao longo do tempo, diversas modalidades de usucapião, cada uma com seus requisitos específicos.

A usucapião de unidade autônoma não enfrenta dificuldades, sendo pacífica sua possibilidade, e a própria Lei n. 6.015/1973, no art. 216-A, que prevê o procedimento extrajudicial de reconhecimento de usucapião, estipula, no § 11, que: "No caso de o imóvel usucapiendo ser unidade autônoma de condomínio edilício, fica dispensado consentimento dos titulares de direitos reais e outros direitos registrados ou averbados na matrícula dos imóveis confinantes e bastará a notificação do síndico para se manifestar na forma do § 2.º deste artigo". O Código Nacional de Normas do Conselho Nacional de Justiça (Provimento CNJ n. 149/2023), na mesma linha, prevê, no art. 401, § 5.º, a dispensa de planta e memorial descritivo, "se o imóvel usucapiendo for unidade autônoma de condomínio edilício"[11].

Preenchidos os requisitos da modalidade respectiva de usucapião, o estado de fato converte-se em situação jurídica e opera-se a prescrição aquisitiva. E como esta é indis-

---

[10]   Cf., Campos Batalha, II, n. 216; Poirier. *Le propriétaire d´appartement*, p. 80; Alfredo Bussada, *Condomínio interpretado pelos tribunais*, p. 204, Peretti Griva, *Il Condomínio delle case divise in parti*, p. 189.

[11]   O Provimento n. 149/2023, ao instituir o Código Nacional de Normas, revogou, entre outros, o Provimento CNJ n. 65/2017, que até então disciplinava o assunto.

soluvelmente vinculada à fração ideal do terreno e partes comuns, operado a usucapião do apartamento, ocorre *ipso facto* a aquisição da fração ideal do terreno e das partes comuns do edifício.

69. Usucapião de partes comuns por condômino e por estranho. Bem diferente, porém, é a questão envolvendo a possibilidade de usucapião de partes comuns. É possível ao proprietário de uma unidade autônoma adquirir a propriedade exclusiva de uma parte da área ou coisa comum, que utilize com exclusividade, como se fosse sua, por longo tempo e sem oposição?

O tempo de posse ininterrupta e outros requisitos específicos não parecem ser um problema. Porém, há como preencher os requisitos essenciais da posse plena (e não mera posse direta), exclusiva (sem composse) e com *animus domini*? Como conjugar essa aquisição com o disposto no art. 1.331, § 2.º, do Código Civil, pelo qual as partes comuns são utilizadas "em comum pelos condôminos, não podendo ser alienadas separadamente"?

A hipótese não é meramente abstrata nem a discussão bizantina, pois que se apura com certa frequência um proprietário de apartamento, notadamente em andar baixo, cercar partes da coisa comum, delas fazendo lavanderia, área de serviço etc.; ou o do apartamento de cobertura fazer o mesmo com uma parte do teto. Decorridos vários anos dessa apropriação, poderá arrogar-se a propriedade exclusiva da parte, transformando a situação de fato em relação de direito por usucapião?

O tema é difícil, e, ao que parece, não há, ainda, precedente específico do Superior Tribunal de Justiça. Por mais de uma vez, o STJ apreciou algo parecido, porém diferente: a manutenção do uso exclusivo de uma parte de propriedade comum, pelo condômino que a utiliza de boa-fé, por longo tempo (ver item 69-A).

Nos Tribunais Estaduais, a insegurança jurídica dá o seu tom. Se o condomínio enfrentar essa demanda, e estiver em São Paulo, a chance de vitória é grande, pois o TJSP rechaça esse tipo de pretensão do condômino. Em Minas Gerais, contudo, a situação se inverte. No Rio de Janeiro, tem-se uma loteria, e o caso é julgado conforme o entendimento do relator.

O direito especial não nos socorrendo, vamos procurar no direito comum o princípio norteador da resposta, que evidentemente é negativa. O proprietário do apartamento é condômino por quota ideal do terreno e das partes comuns do edifício. E, *ut condominus,* tem o direito de usar a coisa comum, desde que não exclua os demais condôminos da mesma utilização.

Sendo o proprietário de apartamento um comunheiro das partes do edifício não constitutivas da propriedade exclusiva de cada um, por mais que dure a ocupação exclusiva, jamais se converterá em domínio daquele que dela se assenhoreou a parte comum do edifício.

Acresce que a comunhão sobre tais partes do edifício de apartamento é da essência mesma da propriedade horizontal. Se o condomínio mantém a posse indireta da área utilizada com exclusividade pelo condômino, este tem somente a posse direta, faltando-lhe o essencial requisito da posse plena.

A doutrina, embora majoritariamente contrária a essa possibilidade[12], não é uníssona[13].

A dúvida, entretanto, não se aplica ao estranho ao condomínio que tenha a posse mansa, pacífica e *cum animo domini* de uma parte. A exemplo do vizinho cujo muro avança sobre o terreno do condomínio. Se este indivíduo preencher os requisitos de uma das modalidades de usucapião, ela se consumará, porque nenhum obstáculo legal se lhe opõe. Não é o fato da comunhão, pois não é ele condômino, e, portanto, não se lhe aplica a proibição acima deduzida. As partes comuns são inalienáveis, porém no sentido que expusemos, a saber que não pode o proprietário de unidade autônoma dissociar dela a sua situação de condômino do terreno e partes comuns. Todavia, se todo o conjunto dos coproprietários se mostra inerte, a ponto de permitir o encrustamento de uma posse *ad usucapionem* na parte do prédio, sem usar a pretensão de expulsar o invasor, sofre em conjunto a perda da propriedade da coisa usucapida, que passará ao patrimônio do usucapiente.

69-A. Privatização do uso de partes comuns. Ocorre que, muitas vezes, um condômino ocupa ou se utiliza de parte comum, sem qualquer oposição ou resistência dos demais, e, passados longos anos, instado a devolver a área, invoca a *supressio*, o que tem sido admitido pela construção pretoriana (STJ, Recurso Especial 325.870-RJ). O mesmo se verifica em relação a uma área que, pelas próprias características da edificação, não se presta ao uso comum dos demais condôminos (Enunciado 247 aprovado na III Jornada de Direito Civil), a exemplo de um terraço de fundos que seja acessível somente pela unidade do condômino.

Entretanto, isso não se confunde com a usucapião, pois o condômino não se converterá em proprietário da área ocupada, mantendo apenas a sua posse direta (uso exclusivo).

Com o uso exclusivo da parte comum, outorgado pelos condôminos ou obtido indevidamente pelo condômino, ocorre o desmembramento da posse da área, ficando o condômino com a posse direta (uso exclusivo) e o condomínio com a posse indireta, podendo defendê-la contra terceiros.

Isso não afasta eventual dever de remuneração pelo uso exclusivo da área de propriedade de todos, mas de uso exclusivo, pois somente haverá gratuidade quando a privatização do uso tiver sido voluntariamente concedida pelos demais condôminos ou garantida no ato de instituição ou na convenção, sem previsão de pagamento.

Sobre a privatização do uso em razão de uma necessidade especial, ver parte final do item 69-B. Quanto à privatização de vaga de garagem por meio de sorteio, ver item 71-E.

---

[12] Serpa Lopes, *Curso*, VI, n. 358. Cristiano Chaves de Farias e Nelson Rosenvald sustentam que "nos condomínios horizontais o uso da coisa comum, ainda que de forma exclusiva, não gera a posse ad usucapionem, tratando-se de posse meramente direta, insuficiente para a usucapião, que requer posse plena. A vedação à posse exclusiva sobre áreas comuns é da essência do instituto, conforme se depreende dos termos do art. 3.º da Lei n. 4.591/64. Aliás, o § 2.º do art. 1.331 e o art. 1.335, inc. II, ambos do Código Civil, rechaçam completamente a possibilidade de usucapião em área comum". *Direitos reais*, p. 272.

[13] Em defesa da possibilidade de usucapião de partes de propriedade comum: Borjes; Rosa; Moraes, *Condomínio edilício e a possibilidade de usucapião das áreas de uso comum*.

69-B. Retomada de partes comuns. Como visto no item anterior, as características da edificação ou a boa-fé objetiva podem ser determinantes para negar ao condomínio a retomada da parte comum que passou a ser utilizada com exclusividade pelo condômino sem a concordância unânime dos demais.

Questão tormentosa, porém, diz respeito à possibilidade de retomada da parte comum cujo uso exclusivo foi garantido no instrumento de instituição do condomínio ou posteriormente, com a anuência unânime. Pode o condomínio reavê-la sem a anuência do titular desse direito assegurado?

Em regra, tendo o direito ao uso exclusivo entrado na esfera patrimonial do seu titular, somente com sua anuência a área poderá regressar ao uso comum da coletividade. Entretanto, em certas situações excepcionais, a retomada poderá se justificar.

Para esse fim, surgem os critérios da utilidade patrimonial e existencial. A utilidade patrimonial considera a utilidade da parte de uso exclusivo para a unidade do condômino *versus* sua necessidade para o condomínio: quanto maior for a disparidade entre a essencialidade do local para o condomínio e a desimportância da área para o consorte, maior a probabilidade de que, no caso concreto, a retomada possa ser exigida. O critério da utilidade existencial, por sua vez, leva em conta a essencialidade da área em relação à pessoa do condômino *versus* sua importância para as pessoas dos demais coproprietários: para quem aquela parte comum é ou será mais essencial, e para quem será apenas supérflua? Que destinação – presente de quem usa ou futura de quem pretende utilizar – estará mais em consonância com a função social da propriedade? Tais critérios devem ser aplicados em conjunto, e sempre haverá prevalência, caso levem a soluções diferentes, do critério da utilidade existencial, pois é ele que privilegia a situação extrapatrimonial, a pessoa, que hoje ocupa o vértice do ordenamento jurídico. Se, excepcionalmente, a retomada se justificar no caso concreto, o condômino que perder o uso exclusivo deverá ser indenizado na justa medida da sua perda patrimonial.[14]

A mesma lógica se aplica à eventual necessidade de privatização do uso de uma parte de uso comum por um condômino, a exemplo de um portador de necessidades especiais que precise de uma vaga determinada na garagem cujas características sejam essenciais para o embarque e desembarque no veículo. Em tal situação, a recusa indevida do condomínio pode inclusive ensejar indenização por dano moral.[15]

69-C. Conversão de uso da edificação e/ou das unidades. O art. 1.351 estabelecia o seguinte: "Depende da aprovação de 2/3 (dois terços) dos votos dos condôminos a alteração da convenção; a mudança da destinação do edifício, ou da unidade imobiliária, depende da aprovação pela *unanimidade* dos condôminos". Porém, a Lei n. 14.405, de

---

[14] Para um estudo mais aprofundado: André Abelha, *Abuso do direito no condomínio edilício*.

[15] A exemplo deste acórdão do TJSP, em que se considerou ter ocorrido "indevido descaso com o pleito da autora, que pode ser percebido até mesmo com as dificuldades impostas a ela para a concessão do uso da vaga destinada a amenizar as dificuldades que pessoas portadoras de necessidades especiais possuem para se locomover com um mínimo de independência e autonomia" (Apelação Cível 1020529-19.2020.8.26.0003).

12 de julho de 2022, alterou a redação da parte final do dispositivo, que passou a ter a redação a seguir: "Depende da aprovação de *2/3* (dois terços) dos votos dos condôminos a alteração da convenção, bem como a mudança da destinação do edifício ou da unidade imobiliária". Houve, assim, redução do quórum legal, que passou a permitir a conversão de uso sem o voto unânime dos titulares de unidades imobiliárias, o que já levanta questionamentos sobre a inconstitucionalidade da atual regra, com fundamento no direito de propriedade do condômino contrário à modificação da destinação. A resposta demanda uma análise sistemática do Código Civil (arts. 1.343, 1.351 e 1.357) e da Lei n. 4.591/1964 (art. 17).

69-C.1. A (in)constitucionalidade do art. 1.351 do Código Civil. A alteração da redação do art. 1.351 foi justificada pela necessidade de viabilizar políticas públicas de ordenação da cidade, pelas quais normas municipais concedem estímulos a investimentos da iniciativa privada para a realização, em determinadas regiões, de obras de requalificação urbanística de edificações.[16]

O novo artigo tem o mérito de abrir as portas para a mudança de destinação de edifícios no contexto do direito urbanístico (CF, art. 24, I), permitindo aos condôminos sua adequação ao uso mais conveniente e econômico. Por exemplo, um edifício comercial, com baixa ocupação por locatários e reduzida liquidez para vendas, poderá, a partir do novo dispositivo, ter sua destinação modificada, de modo a comportar unidades residenciais, otimizando seu uso e exploração econômica e cumprindo a função social da propriedade. O inverso também se verifica: um edifício residencial pode revelar sua aptidão para locações de curto prazo, ou para uso misto, com unidades não residenciais, e aqui a conversão do uso igualmente será benéfica.

O novo texto legal, porém, extrapolando o propósito revelado na justificação do projeto – isto é, definição de quórum qualificado especificamente para mudança de destinação de edificações por motivos urbanísticos ou arquitetônicos – fixa o quórum de 2/3 dos condôminos como regra geral para toda e qualquer hipótese de mudança de destinação e é omisso quanto ao tratamento legal a ser dado ao direito de propriedade dos condôminos dissidentes, podendo suscitar questionamentos sobre sua constitucionalidade.

Nenhum titular de unidade pode ser obrigado, contra sua vontade, ainda que por deliberação da assembleia, a converter o uso de sua própria unidade. Evidentemente, a nova regra não traz esse viés, que seria claramente inconstitucional. Por outro lado, se não é constitucional impor ao condômino a modificação da destinação da sua unidade,

---

[16] A justificativa consta do Projeto de Lei do Senado n. 4.000/2021, assim exposta: "As últimas pesquisas no setor indicam que a demanda por espaços comerciais vem caindo ao longo dos anos e, consequentemente, gerando vacância em salas e edifícios com essa destinação. Esse cenário foi especialmente agravado pela pandemia de covid-19, à medida que o teletrabalho foi implementado e mantido, com êxito, por diversas empresas, escritórios e órgãos públicos. Diante disso, advém uma tendência à flexibilização, pelos municípios, de regras e posturas, visando à revitalização (retrofit) de imóveis comerciais e à sua conversão em imóveis de uso residencial, dado também o déficit habitacional no país, o trabalho remoto e as novas relações de trabalho advindas da tecnologia".

igualmente não se pode impedir que os demais condôminos, havendo consenso de ao menos 2/3 do condomínio, convertam o uso das suas. Os direitos de uns e de outros devem ser sopesados a fim de se chegar a uma solução que respeite a todos.

A sistemática das regras em vigor para o condomínio edilício parte do pressuposto de que a vida em coletividade requer, em maior ou menor medida, limitações funcionais ao direito de propriedade, que não é absoluto.

Como se sabe, "o condomínio edilício se caracteriza como situação proprietária peculiar na qual em regra o exercício dos direitos individuais de propriedade repercute sobre o interesse comum da coletividade condominial, a fixação do quórum majoritário para deliberar sobre requalificação urbanística atende à necessidade de fixação de parâmetros capazes de viabilizar o equilíbrio entre o exercício do direito subjetivo de cada condômino e a funcionalidade do direito de propriedade"[17].

E, efetivamente, há diversas hipóteses a demonstrar essa relativização, a exemplo das seguintes:

(i) todas as deliberações não unânimes da assembleia, se legalmente tomadas, obrigam aos condôminos que se ausentaram, que se abstiveram e mesmo aos que votaram contra, e nessa linha, o condômino discordante terá que conviver com um síndico que não desejava; terá que respeitar o horário de funcionamento de um edifício comercial; não poderá alugar sua loja para um restaurante se a convenção proibir; terá que pagar uma cota condominial cujo rateio lhe desagrada; terá que aceitar e pagar as obras necessárias, úteis ou voluptuárias aprovadas de acordo com os quóruns do art. 1.341 do Código Civil; e se submeterá a outras regras aprovadas pelos demais condôminos; e

(ii) o Superior Tribunal de Justiça, ao julgar a locação de curto prazo via plataformas virtuais[18] em prédios residenciais, considerou que essa modalidade de fruição desnatura o uso residencial da unidade, condicionando sua legalidade à autorização do condomínio, ficando assentado que tal exploração do imóvel "*repercute sobremaneira na vida de todos os condôminos, razão pela qual se mostra absolutamente lícito e legítimo que a composição dos interesses contrapostos dê-se por meio de deliberação assemblear, prevalecendo a vontade da maioria qualificada (2/3)*". Então, assim como a maioria qualificada de 2/3 pode restringir a fruição da unidade (leia-se, restringir o direito de propriedade), pode ela autorizar a conversão de uso de outras unidades, respeitada a destinação da unidade do titular discordante.

Trata-se, portanto, de interpretação sistemática do art. 1.351, e conforme a Constituição.

---

[17] Melhim Namen Chalhub, *Incorporação Imobiliária*, p. 64.

[18] REsp 1.819.075 e REsp 1.884.483.

Frise-se, ademais, que isto não significa que a maioria qualificada poderá, a partir de agora, deliberar a criação ou extinção de unidades autônomas, pois a regra do art. 1.343, que exige unanimidade para tanto, não foi alterada.

69-C.2. O *retrofit* por motivos urbanísticos ou arquitetônicos. A modificação do art. 1.351 do Código Civil foi motivada, ao menos em parte, pelo crescente movimento, constatado em diversas cidades, de requalificação urbana de áreas degradadas ou em processo de degradação. Em tais casos, especialmente quando o município aprova, por meio de lei municipal, um programa de requalificação urbana, titulares de edificações abrangidas em tais áreas são estimulados a promover sua reforma substancial e conversão de uso, a fim de otimizar a exploração econômica do edifício e suas unidades imobiliárias, conferindo-lhes funcionalidade compatível com as demandas do mercado. A esse tipo de reforma dá-se o nome de *retrofit*[19].

Tal reforma substancial pode conjugar diversas situações, gerando, em cada caso, conversão total ou parcial do uso da edificação, ou simples manutenção da destinação, e pode ou não implicar criação ou extinção de unidades imobiliárias. Se há alteração da quantidade de unidades imobiliárias, aplica-se o art. 1.343 do Código Civil, que exige, em regra[20], o voto da unanimidade dos condôminos.

O art. 1.357 do Código Civil regula a hipótese de sinistro que destrua ou ameace de ruína a edificação, mas silencia sobre o retrofit por motivos arquitetônicos ou urbanísticos. Tal situação permanece regulada, assim, pelo art. 17 da Lei n. 4.591/1964, pelo qual "os condôminos que representem pelo menos 2/3 (dois terços) do total de unidades isoladas e frações ideais correspondentes a 80% (oitenta por cento) do terreno e coisas comuns poderão decidir sobre a [...] reconstrução do prédio [...] por motivos urbanísticos ou arquitetônicos"[21].

Então, a reconstrução do edifício destruído é regulada pelo art. 1.357 do Código Civil, enquanto a reconstrução e a reforma substancial "por motivos urbanísticos ou arquitetônicos", sem criação ou extinção de unidades (CC, art. 1.343), sujeitam-se à regra do art. 17 da Lei n. 4.591/1964.

Realmente, quando o retrofit é acompanhado da conversão de uso e/ou de alterações de áreas, o excessivo rigor da exigência de aprovação unânime constituiria um obstáculo gerador de prejuízos significativos à coletividade condominial. Afinal, "as alterações inte-

---

[19] A Norma de Desempenho NBR 15575-1, editada pela Associação Brasileira de Normas Técnicas – ABNT, conceitua o retrofit como a "remodelação ou atualização do edifício ou de sistemas, através da incorporação de novas tecnologias e conceitos, normalmente visando à valorização do imóvel, mudança de uso, aumento da vida útil e eficiência operacional e energética" (ABNT 2013, parte 1).

[20] Diz-se "em regra" porque haverá situações excepcionais em que o direito de veto do condômino discordante poderá caracterizar abuso do direito (CC, art. 187), em desconformidade com a função social da propriedade. Para uma abordagem específica do tema, ver: Melhim Namen Chalhub; André Abelha. *Projetos de retrofit*.

[21] A redação original do art. 17 não mitigava a unanimidade, o que veio a ocorrer com a Lei n. 6.709/1979, ao reconhecer a inviabilidade de tal quórum, praticamente inalcançável, pelo qual um único condômino pode impedir ou embaraçar a formação unitária da vontade.

grantes do projeto não encerram um fim em si mesmas, constituindo, antes, componentes da construção, na sua inteireza"[22].

69-C.3. Interpretação sistemática e conforme a Constituição Federal. Portanto, e em linha de conclusão, o que se extrai dos dispositivos do Código Civil e da Lei n. 4.591/1964 pode ser assim consolidado:

(i) sob pena de violação ao direito de propriedade, a unanimidade dos condôminos continua sendo exigida para a conversão total de uso da edificação, que altere a destinação de todas as unidades (CF, art. 5.º, XXII), mesmo sem retrofit. A mesma unanimidade será essencial para a criação ou extinção de unidades autônomas (CC, art. 1.343);

(ii) se a conversão de uso da edificação for apenas parcial, sem reforma substancial e sem modificação da quantidade de unidades imobiliárias, o quórum passa a ser de 2/3 do total de condôminos, por força do novo art. 1.351 do Código Civil, exigindo-se que neste conjunto de 2/3, naturalmente, sejam anuentes todos os condôminos cujas unidades tenham sua destinação alterada;

(iii) para se promover o retrofit do edifício por motivos arquitetônicos ou urbanísticos, com ou sem conversão parcial de uso, e sem a modificação da quantidade de unidades imobiliárias, aplica-se o quórum do art. 17 da Lei n. 4.591/1964, que igualmente exige 2/3 do total de condôminos, mas estabelece o requisito adicional de que os anuentes representem, no mínimo, 80% do total de frações ideais;

(iv) se a edificação for total ou consideravelmente destruída, ou ameace ruína, a reconstrução ou venda dependerá de aprovação pelos titulares de mais de 50% das frações ideais (CC, art. 1.357). Ocorrendo a aprovação, tem-se aqui uma hipótese de expropriação forçada das unidades ou frações da minoria: (a) em caso de reconstrução, caberá a adjudicação compulsória, por sentença judicial, das frações minoritárias, com fundamento no art. 15 da Lei n. 4.591/1964; e (b) se a deliberação envolver a venda da edificação e terreno, ocorrerá a extinção compulsória do condomínio edilício; e, finalmente,

(v) em qualquer hipótese, é bom lembrar, o condômino não poderá agir com abuso do direito ao opor-se à aprovação unânime ou por quórum qualificado ultrapassando, no exercício do seu direito de propriedade, "os limites impostos pelo seu fim econômico ou social" (CC, art. 187)[23].

69-D. Alteração de áreas comuns nos pavimentos. As áreas comuns de cada andar, notadamente o *hall* de acesso aos apartamentos nele situados, constituem copropriedade e, como coisa comum, não podem ser alteradas sem o acordo de todos. Para efeito estético,

---

[22] Melhim Namen Chalhub, *Incorporação Imobiliária*, p. 64.

[23] Para um estudo aprofundado do abuso do direito em matéria condominial: André Abelha, *Abuso do direito*; e Melhim Namen Chalhub; André Abelha. *Projetos de retrofit*.

Cap. V-A • Partes Comuns e Privativas | **119**

a parte exterior dos apartamentos, voltada para um mesmo corredor, vestíbulo ou átrio, é considerada como unidade orgânica, que se romperia se cada proprietário resolvesse fazer a pintura das paredes ou das portas de uma cor ou em estilo independente. Daí ser ilícito e, portanto, vedado aos coproprietários decorar paredes e esquadrias com tonalidades diversas ou cores diferentes das demais unidades do andar. O parágrafo único, acrescentado ao art. 19, adotando outra orientação, foi vetado, demonstrando que a tese certa é a que esposamos.

Nada impede, todavia, que coproprietários de um mesmo andar façam pintura das esquadrias ou paredes do seu pavimento, diferentemente dos demais, por não envolver tal diferença de coloração uma quebra de unidade estética. De um andar para outro ocorre com a cisão da continuidade arquitetônica interna. O que a lei veda é fazê-lo na parte voltada para fora, com alteração da fachada do edifício.

No interior de seu apartamento, entretanto, o proprietário tem a faculdade de proceder ao seu alvedrio. O edifício, por ser coletivo, não pode impor a padronização de vida dos que habitam. Cada comunheiro dará ao seu apartamento a feição que o seu gosto, as suas exigências, suas condições econômicas aconselharem. Aqui aludimos à liberdade de decoração, de pintura etc. O mesmo não se dirá, com esta generalidade, no tocante às alterações, que são condicionadas, como visto, às imposições do interesse coletivo (ver item 83).

O Tribunal de Justiça de Minas Gerais já decidiu que a construção em área privativa de um condômino não depende de autorização dos demais (*Adcoas*, n. 124.544, 1989; *ADV*, n. 46.305, 1989).

70. Obras em partes comuns. Ao mesmo critério de obtenção de recursos e à mesma técnica de aprovação das contribuições subordinam-se as *obras* que interessarem à estrutura integral do edifício ou ao serviço comum: aprovação prévia idêntica em reunião de condôminos e mesma obrigatoriedade de contribuição, sob pena de cobrança executiva.

Caberá, sem dúvida, ao proprietário de apartamento, que às suas próprias expensas faz despesas de conservação do edifício ou das coisas comuns, o direito de se reembolsar às custas do condomínio, e, pois, de acioná-lo para reaver o que despendeu. Esta solução é dada na doutrina estrangeira.[24]

Outra não pode ser a solução em nosso direito. O proprietário de apartamento é um *compossuidor* das partes e coisas comuns, e é de princípio que "as dívidas contraídas por um dos condôminos em proveito da comunhão e durante ela obrigam o contraente; mas asseguram-lhe ação regressiva contra os demais" [N.A.: Código Civil de 1916, art. 625 e art. 1.341, § 4.º, do atual], regra esta que Clóvis Beviláqua, em comentário, explica sob o fundamento de que procede o condômino, neste caso, como um *negotiorum gestor*, cuja gestão foi proveitosa a todos.

A mesma gestão de negócios explicaria então o direito de acionar o condomínio pelas despesas feitas com a conservação do prédio. Somente as despesas necessárias o

---

[24] Poirier, *Le propriétaire d'appartement*, p. 96; Hernán Racciatti, *Propiedad por pisos o por departamentos*, n. 120, p. 236.

justificariam[25] [N.A.: como se constata pela leitura do já citado art. 1.341 do Código Civil], porque somente em caso de urgência quanto às reparações e à conservação haveria conveniência na atuação oficiosa do condômino. Para as benfeitorias úteis e voluptuárias, não há o mesmo apressuramento, convindo, pois, se convoque a assembleia para deliberar.

Entendemos, entretanto, que, aprovada a despesa pelo voto da maioria, todos são obrigados a concorrer com a sua quota-parte no rateio, não lhes valendo arguir o caráter voluptuário do dispêndio. Não pode furtar o seu concurso, por exemplo, o proprietário que desaprova a colocação de um aparador no vestíbulo, ou o assentamento de passadeira, ou a instalação de uma lanterna artística na entrada do edifício. É que estes requintes de bom gosto, cujos encargos em rateio representam pequeno gasto individual, concorrem para amenizar os incômodos das habitações coletivas. É mesmo difícil distinguir o caráter utilitário do voluptuário nessas despesas. O melhor critério para orientar a obrigatoriedade da contribuição há de ser a categoria do edifício, pois é claro que o mesmo gasto, que em um prédio mais modesto não se justifica, em outro luxuoso é conveniente à composição de sua decoração normal.

A Lei n. 4.591/1964 silenciava sobre as obras em partes comuns do condomínio, mas o atual Código Civil supriu a lacuna, passando a regulá-las nos arts. 1.341 a 1.343, quanto às benfeitorias e acessões.

De acordo com o art. 96 do CC, as benfeitorias classificam-se em necessárias (têm por fim conservar a parte comum ou evitar que ela se deteriore, tais como manutenção de fachada e equipamentos), úteis (aumentam ou facilitam o uso da parte comum, a exemplo da modernização de equipamentos que permitam uso mais eficiente e econômico) e voluptuárias (mero deleite ou recreio, que não aumentam o uso habitual da parte comum, ainda que a tornem mais agradável ou sejam de elevado valor).

O art. 1.341 regula as benfeitorias, especificando quóruns e tratando da possibilidade de reembolso, conforme a seguinte gradação: (i) obras necessárias de menor valor, urgentes ou não: podem ser realizadas, independentemente de autorização, pelo síndico, ou, em caso de omissão ou impedimento deste, por qualquer condômino; (ii) obras necessárias, urgentes e de valor relevante: determinada sua realização, o síndico ou o condômino que tomou a iniciativa delas dará ciência à assembleia, que deverá ser convocada imediatamente; (iii) obras necessárias, não urgentes e de valor relevante: somente poderão ser efetuadas após autorização da assembleia (em segunda convocação, pelo voto da maioria simples dos presentes), ou, em caso de omissão do condomínio em deliberar a matéria, por qualquer dos condôminos;[26] (iv) obras úteis: requerem aprovação em assembleia pela maioria absoluta dos condôminos; e (v) obras voluptuárias: no mínimo 2/3 do total de condôminos.

---

[25] Campos Batalha, *Loteamentos e condomínios*, v. II, n. 234, p. 207.

[26] O art. 1.341, § 3.º, indica a omissão ou impedimento do síndico, mas, sendo necessária deliberação assemblear, não basta a inércia do administrador, devendo o condômino que pretende realizar a obra notificar previamente o condomínio, instando a convocação da assembleia, e somente em caso de desatendimento à interpelação a omissão do condomínio estará caracterizada.

Os quóruns referentes às obras úteis e voluptuárias calculam-se sobre o total de frações ideais ou de unidades do condomínio, conforme o critério de contagem de votos previsto na convenção seja um ou outro. Em qualquer caso, considerando o baixo índice de comparecimento às assembleias, o legislador teria feito melhor se considerasse os quóruns especiais, ainda que elevados, sobre o total de presentes.

Caso as obras sejam realizadas sem atendimento ao quórum legal, qualquer condômino poderá impugná-las, e o Judiciário, ao apreciar eventual pedido de suspensão, deve levar em conta certos critérios, tais como: (i) há efetivo risco e/ou prejuízo demonstrado pelo autor da ação, ou a obra é benéfica?; (ii) eventual suspensão poderá trazer prejuízos irreversíveis?; (iii) no caso concreto, a medida que melhor atende aos interesses dos envolvidos é a suspensão da obra ou a não participação do condômino dissidente nos custos respectivos?

Ainda sobre as benfeitorias, o Código Civil trouxe, como visto, regra interessante quanto às benfeitorias necessárias: em caso de omissão do condomínio, qualquer condômino pode tomar a iniciativa de sua realização. Isso é louvável, especialmente nos casos em que o condômino está sofrendo consequências diretas pela não realização da obra, por exemplo, uma infiltração advinda do telhado sobre sua residência. Em tais casos, o condômino, em vez de ajuizar uma ação de obrigação de fazer e aguardar por anos a solução efetiva do problema, pode, uma vez caracterizada a omissão do condomínio, determinar a realização da obra, cobrando o reembolso. Se o fizer, o condômino deve ter a cautela de obter laudo prévio atestando a origem do problema e sua solução e obter orçamentos, tudo para constituir a prova de que tomou a medida correta pelo preço adequado.

Os arts. 1.342 e 1.343, por seu turno, tratam das construções, ou seja, das obras que não caracterizam mera reforma e implicam acréscimo de área construída. Se a obra facilitar ou aumentar o uso da parte comum, sua realização dependerá de aprovação por 2/3 dos condôminos, vedada a obra que prejudique a utilização, por qualquer dos condôminos, das suas unidades ou das partes comuns, salvo anuência destes. Por fim, a construção de outro pavimento no edifício (ou de outra edificação no terreno), destinada a conter novas unidades imobiliárias, depende da aprovação pela unanimidade dos condôminos. A regra do art. 1.343 embute certo pleonasmo, afinal, a criação ou extinção de unidades imobiliárias, com ou sem obra, sempre dependerá do consenso unânime de todos os condôminos.

Capítulo V-B

VAGAS DE GARAGEM[1]

71. Garagem. O problema da garagem tem sido objeto de cogitações doutrinárias e legislativas um tanto inseguramente. Ora se considera como direito de propriedade autônoma, ora como direito real de uso, ora como acessório da propriedade, ora como parte de uso comum do edifício. A Lei n. 4.591/1964, ao tratar do assunto, atribuiu-lhe o caráter de vinculação à unidade, havendo o Presidente da República aposto veto a inciso que reconhecia um direito real de uso. A Lei n. 4.864, de 29 de novembro de 1965, voltou ao tema, com visível infelicidade, todavia. Os Tribunais têm entendido que o seu uso se subordina ao que dispõe a Convenção do Condômino.[2]

Tendo em vista a variedade conceitual e atentando para a circunstância de se ter criado como investimento útil o chamado "edifício-garagem", torna-se necessário clarear as ideias a respeito. Para tanto, cumpre distinguir a garagem em edifício coletivo (residencial ou profissional) e a vaga ou direito de guarda em edifício-garagem.

No primeiro caso, a Lei n. 4.864, de 29 de novembro de 1965, alterando o sistema da Lei n. 4.591 de 1964, mediante o acréscimo de três parágrafos ao art. 2.º desta, trata o que chama de "Direito de guarda" dos veículos, como objeto de *propriedade exclusiva*, embora sujeito às restrições que lhe sejam impostas por instrumentos contratuais adequados.

Contudo, desvia-se notoriamente dos bons princípios. Com efeito, considerando-o "propriedade exclusiva", vincula tal direito à unidade habitacional a que corresponda. Então não é um direito de propriedade exclusiva. Será um acessório da unidade e, não obstante traga o nome de propriedade, faltam-lhe os extremos do direito dominial. A própria Lei

---

[1]   Nota do editor: o texto na cor preta indica o texto original do Professor Caio Mário, e o texto na cor cinza é de autoria dos atualizadores. Os capítulos e itens de autoria dos atualizadores, além de estarem na cor cinza, estão indicados com letras após o número.

[2]   *Vide Revista do Tribunal de Justiça da Guanabara*, v. 28, p. 454, *Revista Forense*, v. 244, p. 172; *Adcoas*, n. 30.321, 1974.

n. 4.864 não pôde deixar de assim o entender estruturalmente, pois somente autoriza a sua transferência a outro condômino, independentemente de alienação da unidade, ao mesmo passo que a proíbe expressamente a pessoas estranhas ao condomínio.

Vejamos, então, como se conceitua em face da nova lei: como direito acessório, adere à unidade, mas desta é destacável para efeito de sua cessão a outrem.

Se, embora com direito de uso exclusivo, a ela não estiver atribuída fração de terreno, somente pode o direito ser capitulado como elemento acessório típico, em propriedade comum. Como tal não pode ser alienada a pessoa estranha ao condomínio, pois no regime da propriedade horizontal não há direito autônomo sem fração ideal de terreno correspondente. Poderá, contudo, ser cedido o seu uso se a convenção não o proibir (*Adcoas*, n. 25.109, 1974). O 3.º Grupo de Câmaras Reunidas do Tribunal de Justiça do antigo Estado da Guanabara decidiu ser lícita a utilização da área entre os pilotis, com exclusividade, pelos condôminos que adquiriram esse direito (*Adcoas*, n. 19.664, 1973. Ver, ainda, *Revista Forense*, v. 235, p. 190). Não é lícito o fechamento de vaga de garagem por grade (Tribunal de Justiça do Rio de Janeiro, *Adcoas*, n. 124.952, 1989) nem pode o proprietário que vende unidade redividir a vaga na garagem (Tribunal de Alçada Civil do Rio de Janeiro, *ADV*, n. 34.029, 1985).

Se à garagem se atribui fração ideal de terreno, pode ser considerada como direito autônomo, desaparecendo a dependência à unidade habitacional, mas nem por isto cessa a inalienabilidade a estranho, porque o § 2.º, quando veda tal transferência, alude genericamente ao § 1.º, e este, compreendendo as duas hipóteses, não tolera distinção para efeito alienatório. Haverá maior mobilidade, mais nítida flexibilidade, mas não ocorre liberdade de transferir, o que é razoável, à vista da natureza do complexo condominial.

Em *edifício-garagem,* às vagas devem ser atribuídas frações ideais de terreno, com matrículas próprias. Aí ocorre direito autônomo. No edifício-garagem não há outra modalidade de direito, pois que se realiza a edificação com um só objetivo, independentemente de existir ou não a divisão dos pavimentos em compartimentos estanques. Não ocorrendo as mesmas razões que inspiram a proibição anterior, força é concluir pela alienabilidade a qualquer pessoa. Ao contrário, pois, do direito a garagem em edifício residencial (e por analogia edifício profissional), que é somente alienável a condômino do mesmo edifício, o constituído em edifício-garagem será disponível por natureza. Nos edifícios em que as vagas em garagem constituem unidades autônomas e propriedade individual, não há relação de guarda ou depositário entre condomínio e condômino (1.º Tribunal de Alçada Civil de São Paulo, *Revista Forense*, v. 273, p. 172).

Em todas as hipóteses, enfeixadas no art. 5.º da Lei n. 4.864, de 1965, guardar-se-á o que o instrumento contratual dispuser (escritura de aquisição, convenção de condomínio etc.), com o esclarecimento de que a oponibilidade a terceiros pressupõe ser levado ao registro imobiliário.

Nos edifícios profissionais mistos, a parte constituída pela garagem, composta de vagas vinculadas à fração ideal, é tratada como um "edifício-garagem", e as vagas são unidades autônomas, tais quais as salas, as lojas e os conjuntos profissionais ou comerciais. Neste caso, consideram-se unidades autônomas, suscetíveis, portanto, de alienação. (Ver n. 30, *supra*, e nota 14.)

71-A. As quatro possíveis naturezas jurídicas da vaga. Isso significa dizer que a vaga pode ter quatro possíveis naturezas jurídicas: (1) unidade autônoma, quando assim designada no ato de instituição do condomínio, com fração ideal, caso em que será objeto de matrícula própria no registro de imóveis; (2) propriedade exclusiva acessória, quando, embora possua fração ideal, ela está vinculada a uma unidade autônoma, sem matrícula própria, e, nessa hipótese, da matrícula da unidade constarão duas frações ideais: a primeira corresponde à unidade, e a segunda, à vaga; (3) parte comum de uso exclusivo, quando a vaga não possui fração ideal, mas ao titular da unidade é assegurado seu uso; e (4) parte comum de uso comum, quando a vaga, sem fração ideal, é utilizada indistintamente pelos condôminos. A depender da estruturação de cada condomínio, uma mesma vaga de propriedade comum pode ter natureza dúplice em relação ao seu uso exclusivo: por exemplo, as vagas de um bloco podem ser destinadas aos condôminos desse bloco, e, nesse caso, elas serão de uso exclusivo de tais condôminos, excluídos os demais, ao tempo em que também serão de uso comum, mas considerados apenas os titulares das unidades do referido bloco.

O Superior Tribunal de Justiça, no julgamento do REsp 1.152.148/SE, mencionado em acórdãos posteriores, enunciou que, "Em condomínio edilício, a vaga de garagem pode ser enquadrada como: (i) unidade autônoma (art. 1.331, § 1º, do CC), desde que lhe caiba matrícula independente no Registro de Imóveis, sendo, então, de uso exclusivo do titular; (ii) direito acessório, quando vinculado a um apartamento, sendo, assim, de uso particular; ou (iii) área comum, quando sua fruição couber a todos os condôminos indistintamente". A tripartição explicitada pelo STJ não contradiz o leque de possíveis naturezas jurídicas, pois o acórdão, ao decidir o caso concreto, apenas não destacou, como de fato não era necessário, que a vaga, como direito acessório, abrange as situações 2 e 3 supraidentificadas. Em outras palavras, a vaga de estacionamento, enquanto propriedade exclusiva acessória (com fração ideal e sem matrícula própria) ou parte comum de uso exclusivo (vinculada à unidade, mas sem fração ideal), é um direito acessório, de uso particular.

Há, por fim, que se atentar a situações excepcionais, mas nem tão raras assim em edifícios antigos, em que a vaga aparenta ser um direito acessório, mas tem, na verdade, situação jurídica distinta. Tome-se como exemplo um edifício de doze apartamentos, cada um deles, de acordo com as respectivas matrículas, "com direito ao uso exclusivo de uma vaga". Se, porém, a garagem somente comporta nove veículos, tem-se uma impossibilidade física de exercício individual do direito. Se todos os titulares de unidade têm o mesmo direito, nenhum deles tem prioridade sobre os demais. Assim, a garagem, de fato, é uma parte comum de uso comum, de uso indistinto por todos os condôminos. Se mais de nove deles possuírem automóvel e quiserem utilizar a garagem, o conflito de interesses precisa ser solucionado por meio da convenção ou de deliberação assemblear. A solução mais comum é o rodízio, isto é, a cada período estabelecido nove condôminos farão uso da garagem, enquanto os três demais aguardam sua vez. Quanto ao sorteio, ver item 71-E.

71-B. Natureza jurídica *versus* identificação e demarcação da vaga. Quando caracterizada como unidade autônoma, a vaga necessariamente será identificada por letras e/ou algarismos e demarcada fisicamente, podendo ser inclusive objeto de reivindicação pelo seu titular, como plena e autônoma propriedade.

Quando à vaga for atribuída uma das outras três naturezas jurídicas, a identificação e a demarcação serão facultativas para o instituidor da propriedade horizontal: uma vaga estabelecida como propriedade exclusiva acessória (com fração, mas sem matrícula própria, e sempre ligada a uma unidade autônoma) pode ser demarcada, ou sua localização pode ser indistinta em um ou mais pavimentos-garagem.

Idem para a vaga moldada como parte comum de uso exclusivo: nada impede que um condômino tenha direito ao uso da vaga n. 25 de um prédio; mas, não tendo ela fração ideal, sua natureza jurídica não se transforma em propriedade exclusiva, ainda que esse direito de uso esteja previsto na própria matrícula da unidade autônoma. Aliás, a matrícula registral não indica apenas o que é objeto de direito de propriedade, nela cabendo a atribuição de outros direitos, tal como decorre do sistema regulado na Lei dos Registros Públicos (Lei n. 6.015/1973). Quanto ao sorteio de vagas, ver item 71-E.

71-C. Locação da vaga. De acordo com o art. 1.338 do Código Civil, se o condômino alugar área no abrigo para veículos, preferir-se-á, em condições iguais, qualquer dos condôminos a estranhos, e, entre todos, os possuidores. O que se tem aqui, portanto, é uma autorização legal de locação, que, antes da Lei n. 12.607/2012, adiante mencionada, era condicionada apenas à oferta de preferência àqueles que residem no edifício (locatários, comodatários e condôminos moradores), por terem maior interesse na vaga do que os condôminos não residentes e estranhos.

A lei não estabelece o procedimento de oferta da preferência, que pode se revelar complexo em condomínios com muitas unidades autônomas, sendo de bom tom que a convenção regule tal situação.

E, sendo legítimo e até esperado que os condôminos queiram evitar o trânsito de pessoas estranhas no grupamento, será lícita a disposição contida na convenção ou em deliberação assemblear que restrinja tal direito à locação.

Aliás, o advento da Lei n. 12.607/2012, que modificou a redação do § 1.º do art. 1.331, inverteu a lógica até então vigente. A autorização de locação a estranhos, que antes decorria do art. 1.338, passou a ser condicionada à autorização expressa na convenção do condomínio, mesmo para a vaga cuja natureza seja de unidade autônoma.

A regra, entretanto, deve ser mitigada quando se tratar de edifício-garagem, no qual não há condôminos usando unidades para fins residenciais ou comerciais, e cuja destinação das unidades-vagas é justamente seu uso e fruição. Em tal caso, deve-se interpretar o § 1.º do art. 1.331 em conjunto com o art. 1.338, presumindo-se a autorização de locação em razão da própria natureza do condomínio, sendo abusiva eventual proibição sem justificativa razoável. O mesmo raciocínio se aplica à alienação da vaga em edifício-garagem, que dispensa previsão expressa na convenção do condomínio.

71-D. Alienação da vaga. Não obstante a interpretação literal levar à inalienabilidade da vaga de garagem a estranhos, mesmo quando se lhe atribui fração ideal, a tendência atual, por meio de doutrina pretoriana, é em sentido contrário, isto é: somente quando não ligada à fração ideal é que é vedada a alienação. Caso contrário, é alienável.

Se a convenção não o proibir, é lícito o aluguel de vaga correspondente a apartamento. A proibição constitui restrição ao direito de propriedade (1.º Tribunal de Alçada do Rio de Janeiro, *Revista Forense*, v. 272, p. 234). Se a convenção restringir o uso a condômino, somente poderá ser mudado com alteração da convenção (Supremo Tribunal Federal, *ADV*, n. 8.639, 1983).

A alienação da vaga de garagem ou estacionamento está prevista nos arts. 1.331, § 1.º, e 1.339, § 2.º, do Código Civil. Formalmente, o primeiro aplica-se à vaga constituída como unidade autônoma, e o segundo, à vaga cuja natureza seja de parte de propriedade exclusiva acessória ou parte comum de uso exclusivo (ver naturezas jurídicas da vaga no item 71-A). Entretanto, tais dispositivos devem ser interpretados em conjunto, concluindo-se que a alienação a estranhos ao condomínio deverá contar com previsão expressa na convenção, exceto quando se tratar de edifício-garagem.

A venda, por envolver transmissão de propriedade, somente é possível nos casos em que a vaga tenha natureza de unidade autônoma (com fração e matrícula próprias) ou de parte de propriedade exclusiva acessória (com fração, mas sem matrícula). No segundo caso, a venda não implicará abertura de matrícula para a vaga (o que demandaria sua transformação em unidade autônoma, requerendo unanimidade dos condôminos), sendo o registro da venda feito na matrícula da unidade pertencente ao alienante. Quando a vaga tiver a natureza de parte comum de uso exclusivo (sem fração ideal), o caso será de cessão do direito ao uso, e não de venda.

Sobre penhora e leilão da vaga de garagem, ver item 71-G.

71-E. Sorteio de vagas. Imaginem-se duas situações: (a) a garagem não tem espaço para todos os automóveis dos condôminos, e todos têm direito a uma vaga; e (b) há espaço para todos, sem local determinado na garagem, estacionando-se conforme a disponibilidade.

No primeiro caso, podem os condôminos, em assembleia, realizar sorteio para definir, em caráter definitivo, quem terá direito a estacionar no local? E, na segunda hipótese, o sorteio pode estabelecer uma vaga em local específico para cada condômino?

Trata-se, aqui, de privatização do uso de uma área de propriedade comum. Ao se estabelecer que somente um grupo de condôminos, a partir do sorteio, terá direito ao uso da garagem, se está excluindo o direito do grupo restante de utilizá-la. Idêntica situação ocorre no caso da demarcação das vagas, pois os condôminos, que antes podiam escolher onde estacionar conforme a disponibilidade, ficam restritos a um espaço específico, que pode ser de difícil parqueamento, ou pode até ser uma vaga presa, com outro automóvel bloqueando a entrada e a saída do veículo.

A supressão de um direito, em regra, requer a anuência do seu titular. Por isso, ocorrendo o sorteio, o condômino prejudicado pode pleitear a anulação da deliberação assemblear que o determinou. Não se trata propriamente de exigência de quórum unânime, pois: (i) há condomínios em que nem todos têm direito a vaga, faltando-lhes interesse jurídico; e (ii) mesmo na falta de unanimidade, os titulares de direito à vaga que concordaram com o sorteio não poderão a ele se opor posteriormente.

71-F. Reivindicação da vaga. O proprietário, para pleitear a retomada de um imóvel, precisa comprovar: (i) o domínio; (ii) a individualização do bem; e (iii) a posse injusta do terceiro.

Considerando tais requisitos, a ação reivindicatória somente terá cabimento: (i) na hipótese de a vaga de garagem ter a natureza de unidade imobiliária, com fração ideal e matrícula própria, caso em que será objeto de propriedade e necessariamente individualizada, isto é, com demarcação e identificação (ver item 71-B); ou (ii) se a vaga, embora como propriedade acessória (sem matrícula própria), estiver demarcada, caso em que preencherá o requisito da individualização[3].

Se não há domínio e individualização, mas apenas direito ao uso exclusivo de uma vaga em local determinado, não cabe ação reivindicatória, mas pode caber, se presentes os requisitos, uma medida possessória.

71-G. Penhora de vaga de garagem. A vaga de garagem pode ser objeto de penhora em execução movida contra o condômino, desde que observados os seguintes critérios:

a) se a vaga for acessória à unidade, a penhora deve recair sobre o imóvel, e não sobre a vaga autonomamente considerada;

b) se a vaga de garagem for uma unidade autônoma, com matrícula própria e fração ideal, não constituirá bem de família, ainda que o apartamento ou casa o seja (Súmula 449 do STJ), mas somente poderá ser adjudicada pelo credor, ou arrematada, se o adquirente for um condômino, exceto se a convenção de condomínio autorizar a alienação de vagas para estranhos (REsp 2.042.697, STJ);

c) em caso de penhora de uma unidade condominial (*v.g.*, um apartamento) e da vaga autônoma, no mesmo condomínio, os dois bens, autônomos entre si, deverão ser referidos de forma independente no termo de penhora e no edital do leilão, não se admitindo omissão (AgInt no AREsp 2.170.905, STJ), e observando-se, quanto à vaga, a restrição referida no item "b" *supra*, ou seja, somente condôminos poderão arrematá-la (REsp 2.095.402, STJ).

---

[3] Assim já decidiu o Superior Tribunal de Justiça, no julgamento do REsp 1.152.148-SE.

Capítulo VI

DIREITOS DOS CONDÔMINOS[1]

72. Direitos sobre as propriedades exclusiva e comum. Os direitos dos proprietários de unidades autônomas podem ser examinados e apontados sob dois aspectos. Com efeito, aquela duplicidade de situações jurídicas, que já assinalamos e que é peculiar ao novo regime dominial, na qual se conjugam uma propriedade individual exclusiva e uma copropriedade indivisa, sugere prontamente que o sujeito, no tocante aos seus direitos, deve ser encarado *ut dominus* e *ut condominus*. Assim sendo, ao cogitarmos aqui dos seus direitos, não podemos deixar de salientar *prima facie* que ele os tem na qualidade de proprietário exclusivo, e naquela outra de condômino. Acontece, entretanto, que a natureza jurídica da propriedade horizontal importa em determinar uma caracterização específica para uns e outros. Mais que isto. Há um caráter cogente nas normas disciplinares deste tipo de copropriedade, que a vontade dos interessados por isto mesmo não pode derrogar, como já salientava na Itália Ricardo Amati, muito antes do novo Código Civil.[2]

Com efeito, o proprietário de uma unidade autônoma em edifício tem poderes inerentes ao domínio, cujo objeto é o seu apartamento, mas, pelo fato de aquele prédio ser uma colmeia formada por diversas propriedades idênticas, há uma interferência desses direitos todos no direito de cada um, de modo a impor-lhe uma qualificação particular, de que resulta o princípio da convivência. Não tem, pois, o proprietário de apartamento direitos tão amplos como o dono de uma casa, de vez que esta reproduz objeto do direito dominial, secular ou milenarmente, apurado naquela trilogia romana, do *uti, frui et àbutere*.

---

[1] Nota do editor: o texto na cor preta indica o texto original do Professor Caio Mário, e o texto na cor cinza é de autoria dos atualizadores. Os capítulos e itens de autoria dos atualizadores, além de estarem na cor cinza, estão indicados com letras após o número.

[2] Ricarco Amati, Il condomínio pro diviso delle case, *Rivista di Diritto Commerciale*, Parte I, p. 333, 1927.

Domínio-condomínio, como expressão jurídica própria, importa na constituição de direitos subjetivos que participam da tipicidade jurídica da propriedade individual e da coletiva, mas que ostenta ainda linhas diferenciais de uma e de outra, pelo fato de ambas andarem juntas, aglomeradas na formação da propriedade horizontal ou do condomínio por unidades autônomas.

73. Ressalva. A fim de bem fixá-los, cumpre pôr de lado o condomínio que se estabeleça "por meação de paredes, soalhos e tetos dos apartamentos" [N.A.: art. 5.º da Lei n. 4.591/1964, que hoje corresponde aos arts. 1.327 a 1.330 do Código Civil], e que pode resultar de uma sucessão *causa mortis,* quando os herdeiros de um proprietário de apartamento o recebem como coisa comum, em igualdade de situação com os que tocam uma sorte de terras ou casa isolada; ou pode nascer de um ato *inter vivos,* quando duas ou mais pessoas reúnem os seus recursos para adquirirem em comum apartamento já formado, ou subscrevem em conjunto a aquisição em fase de incorporação; ou ainda *inter vivos* pode originar-se da cessão que um proprietário faça a outrem de uma quota ideal de seu próprio apartamento.

Seja-nos lícito, liminarmente, explicar a linguagem da lei, quando fala em condomínio "por meação", pois não é só por meação que ele se estabelece, já que a meação pressupõe dois e não mais condôminos, e se forem vários poderá ser por terça ou quarta, ou que outra fração seja, cujo denominador é o número de titulares.

Este condomínio por *quota ideal,* tendo por objeto um apartamento em edifício dividido em andares, regula-se, diz a lei, pelo disposto no Código Civil, no que lhe for aplicável. As relações entre os condôminos passam-se disciplinadas pelo que a lei comum estatui como regime da copropriedade, pois, abstração feita da existência do edifício, os cotitulares de direitos sobre um apartamento assemelham-se aos coproprietários de uma casa.

Quando ressalva a lei a extensão do direito comum, naquilo apenas em que for aplicável, prudentemente significa que em algo haverá diversidade, por subsistir este *condomínio por quotas ideais* encravado dentro do outro *condomínio especial* e sofrer as injunções deste. O condomínio por quota ideal (meação, terça etc.) tem no Código Civil as regras de sua disciplina, mas deve evitar que esbarrem com a regulamentação do condomínio em propriedade horizontal, caso em que a superposição das áreas de influência atrai a predominância da lei especial.

Assim, cada consorte pode usar a coisa comum, alhear a respectiva parte ou gravá--la; cada consorte responde aos outros pelos frutos e rendimentos dela; cada consorte pode defender a sua posse contra outrem, condômino ou estranho; na administração do condomínio por quotas ideais sobre um apartamento ou unidade autônoma, prevalecem as regras do direito civil comum, resolvendo os condôminos se deve ser administrada, alugada ou vendida, atraindo a aplicação do que rezam os arts. 635 e segs. do Código Civil de 1916 [N.A.: que correspondem aos arts. 1.323 e segs. do atual].

Aqui há um condomínio comum, condomínio igual ao que a lei tradicionalmente conhecia antes da novidade da propriedade horizontal, e que somente deixa de lado as disposições do direito comum, quando estas se mostrem incompatíveis com o condomínio especial.

É necessário lembrar que este condomínio vem de novo reviver no chamado "apartamento para temporada" que ocorre quando um mesmo apartamento é adquirido por um grupo de pessoas, que, além das normas gerais, se sujeitam a regras peculiares de utilização, no tocante ao tempo que lhes é destinado, à forma do uso etc.

74. Composse das partes comuns. Feita esta ressalva, é bom que vejamos desde logo quais os direitos dos condôminos de um edifício ou quais os direitos do *proprietário de apartamento.*

Como *condômino* ou titular de um direito que incide com os direitos dos demais condôminos sobre o solo, sobre as partes comuns do edifício, tem todas as faculdades de uso e fruição, sem as quais não haveria a utilização econômica ou social do edifício ou do apartamento. Tem, então, o condômino a liberdade de trânsito pelas partes comuns, a faculdade de utilizar as áreas de serviço ou de acesso a qualquer parte do edifício etc.

Este direito gera, por seu turno, a composse de cada um no conjunto edificado, figura jurídica que a lei admite [N.A.: Código Civil de 1916, art. 488, que corresponde ao art. 1.199 do atual] e a doutrina explica.[3] Os proprietários do edifício dividido em andares são donos do terreno em que o mesmo assenta, com suas dependências e instalações. São donos, em comum, das partes do edifício que, por sua vez, componham os requisitos de utilização econômica do todo por todos. Conseguintemente, são *compossuidores* do terreno, como das mencionadas partes comuns.

Esta composse não pode significar uma posse *in solidum* sobre a coisa toda, pois não pode haver o exclusivismo dela, sob pena de, no momento do exercício, importar em exclusão dos demais, o que pela própria natureza é indefensável. Significa, exatamente, a posse por fração ideal, concretizada na simultaneidade da posse de várias pessoas sobre o solo e sobre as partes comuns do edifício; cada titular tem a faculdade de uso e gozo, cada um pode exercer sobre a coisa atos possessórios.

Entretanto, a todos é reconhecido o direito, com um correlato *dever* geral negativo, de fruir a coisa comum sem a moléstia alheia. O reconhecimento legal do instituto da composse [N.A.: no art. 488 do Código Civil de 1916 e art. 1.199 do atual] já de si condiciona o exercício do direito ao respeito devido à esfera jurídica alheia, afirmando o poder jurídico de cada compossuidor na prática de atos possessórios, contanto que não exclua os dos outros compossuidores.

O dever geral negativo gera, por sua vez, um correlato *direito de ação* reconhecido ao compossuidor, e passível de exercício contra qualquer estranho ou qualquer outro compossuidor, a fim de assegurar àquele, cujo direito é lesado pela moléstia possessória vinda de outrem, a faculdade de repelir judicialmente a agressão.

Tem, então, o proprietário de apartamento, *ut condominus,* o poder jurídico de repelir qualquer estranho, cuja atuação importe em perturbação à posse sobre as coisas comuns do edifício ou sobre o solo comum sobre que assente. É fato que o edifício tem

---

[3] Tito Fulgêncio, *Da posse e das ações possessórios,* n. 25 e segs. Neste sentido, aliás, foi a decisão do Tribunal de Justiça do Distrito Federal, *Revista Forense,* v. 147, p. 244.

uma administração, e mais normal e mais regular será que o síndico, como administrador--geral, represente os condôminos na ação contra qualquer terceiro, cujo procedimento contra direito fira o prédio comum. Não obstante isto, se for omisso ou estiver ausente ou impossibilitado de agir, qualquer proprietário de unidade autônoma, como condômino do solo e das partes comuns, tem o poder de repelir a agressão, ainda que não fale em nome do agrupamento, porém *nomine suo*. E isto porque, em seu próprio nome e como titular de um direito seu próprio, goza de *legitimatio ad causam*, para defender a posse contra a turbação ou esbulho de terceiro. Ainda que os demais coproprietários não corram na mesma porfia, o condômino, como compossuidor que é, tem uma quota ideal de direito possessório sobre a totalidade da coisa, apta a legitimá-lo para acionar qualquer terceiro que aja em negação ao direito possessório. Não se lhe pode negar esta faculdade, pois a turbação ou esbulho cometido contra a parte comum atinge o poder de uso de todos, e, pois, de cada um também.[4] Assim, a ação *cominatória*, para exigir dos vizinhos prestações contratuais ou legais, pode igualmente ser intentada pelo proprietário exclusivo como pelo condomínio.[5]

Esta legitimidade *ad causam* e *ad processum* perdura, ainda que o procedimento do terceiro venha causado pela concessão de um direito conferido por qualquer outro condômino do edifício. Este, como um condômino, sujeita-se às regras comuns do condomínio, entre as quais está o respeito de cada um pelo direito dos consortes. Vedado é ao condômino dar posse, uso ou gozo da propriedade a estranhos, sem prévio consenso dos outros [N.A.: atual Código Civil, art. 1.314, parágrafo único], e lícito a cada um exercer atos possessórios, contanto que não exclua os dos outros compossuidores [N.A.: atual Código Civil, art. 1.199]. E se o proprietário de uma unidade autônoma não tem o poder de praticar atos possessórios que interfiram com a posse dos demais, e por outro lado se nenhum deles pode dar posse a estranhos, nas partes comuns, contra a vontade dos demais, é inidônea qualquer autorização ou concessão feita por um condômino a quem quer que seja para a prática de qualquer ato que ofenda a posse sobre o terreno ou as partes comuns, ou embarace o seu exercício, cabendo o direito de repulsa a quaisquer dos proprietários, na qualidade de condômino.

A mesma razão justifica a repulsa à turbação ou esbulho praticado por um coproprietário, que reserve para si uma parte de coisa comum ou que realize alguma obra capaz de prejudicar a boa utilização da coisa por parte de outro condômino ou lhe prejudique a vista, a iluminação, a aeração etc. Idêntico é o fundamento, e idêntica a *causa actionis*, no caso do ingresso na via judicial. O condômino tem o direito de usar a coisa comum e, por via de consequência, tem o direito de não ser molestado neste uso por quaisquer dos proprietários. Se acontecem a moléstia e o ato possessório de outro condômino, ou a sua atuação, vêm a importar em tolhimento da liberdade do condômino, ou lesão ao seu *ius possidendi*, pode repelir pelos meios defensivos da posse a injuridicidade do procedimento do outro coproprietário, usando de todos os meios, desde o desforço *in continenti* até as

---

4   Hébraud, La Copropriété par Appartements, *Revue frimes-trielle de Droit Civil*, p. 33, 1938; Paulo Carneiro Maia, *Sobre a individuação da responsabilidade na execução do projeto condominial*, p. 19; Colin *et* Capitant, *Droit civil*, I, p. 777.

5   Hely Lopes Meirelles, *Direito de construir*, p. 395. Ac. do Tribunal de Alçada de São Paulo, *Revista dos Tribunais*, v. 451, p. 189.

Cap. VI • Direitos dos Condôminos | **133**

ações de rito ordinário. O possuidor de coisa comum tem o direito de não ser molestado pela conduta de seu compossuidor. E se este transpõe o limite da juridicidade e vem causar-lhe incômodo ou lesar o seu direito, habilita-se o dono de apartamento a repelir o incômodo ou a agressão, de modo a conter o procedimento de seu consorte nos limites do respeito à sua esfera jurídica.[6]

74-A. Animais. Proibindo a convenção a presença de animais, deve ser observada. Não constitui, entretanto, infração conservar animais que não tragam efetiva ocorrência de dano à saúde, ao sossego ou à segurança dos demais condôminos (1.º Tribunal de Alçada do Rio de Janeiro, *ADV*, n. 10.404, 1983; Tribunal de Alçada do Paraná, *ADV*, n. 29.013, 1986; Tribunal de Justiça do Rio de Janeiro, *Adcoas*, n. 114.290, 1987; Tribunal de Justiça de São Paulo, *Adcoas*, n. 118.416, 1988), como é o caso de cachorro de estimação (Tribunal de Justiça do Rio Grande do Sul, *Revista Forense*, v. 272, p. 246).

A atual jurisprudência, inclusive do Superior Tribunal de Justiça, mantém esta tendência, flexibilizando os dispositivos das convenções, quanto à vedação da presença de animais nas unidades autônomas.

Assim, a construção pretoriana vem tolerando a existência de animais de pequeno porte, que não coloquem em risco a segurança, o sossego e a saúde dos moradores e que estejam comprovadamente vacinados.

Nesse sentido, cumpre assinalar que a 3.ª Turma do Superior Tribunal de Justiça, na ocasião do julgamento do REsp 1.783.076/DF, cuja controvérsia cingia-se a definir se a convenção condominial poderia impedir a criação de animais de qualquer espécie em unidades autônomas do condomínio, entendeu pela impossibilidade de proibição de animais de estimação que não afetem a segurança ou a higiene dos demais moradores.

O voto vencedor foi aquele proferido pelo Ministro Ricardo Villas Bôas Cueva, que se posicionou no sentido de que regras de condomínio que proíbam animais devem ser anuladas, a não ser em casos que não se preservem segurança, higiene, saúde e sossego coletivos.

Ainda, segundo o Ministro, se a convenção proíbe a criação e a guarda de animais de quaisquer espécies, a restrição pode se revelar desarrazoada, haja vista determinados animais não apresentarem risco à incolumidade e à tranquilidade dos demais moradores e dos frequentadores ocasionais do condomínio.

No entanto, não se vem permitindo que permaneçam nas partes comuns, podendo apenas transitar por elas, acompanhados por seus donos ou prepostos, para que tenham acesso aos logradouros públicos e deles retornem.

Também vêm se mostrando sensíveis nossos Tribunais quando se trata de animais de estimação, pertencentes a pessoas idosas ou deficientes, que a eles se apegam, e cujo afastamento compulsório possa lhes trazer intenso sofrimento moral, afetando sua saúde e a dignidade de vida.

---

[6] Neste sentido, julgou o Tribunal de Alçada de São Paulo ser ilícita a colocação de anúncio luminoso invadindo área de outro condômino: *Revista dos Tribunais*, v. 451, p. 138; v. 328, p. 510.

Estes comentários não se resumem aos cachorros, que são a hipótese mais frequente, aplicando-se a outros animais, como gatos, pássaros, tartarugas etc.

O certo é que os juízes devem decidir de acordo com o caso concreto, evitando regras rígidas, submetendo-se aos princípios da razoabilidade e da tolerabilidade, que hoje presidem as relações de vizinhança e a convivência condominial.

75. Uso e fruição exclusivos do titular da unidade imobiliária. Dentro do condomínio, o titular de uma unidade autônoma tem a propriedade exclusiva do apartamento que lhe cabe, e então, *ut dominus,* tem uma série de direitos que diferem da teoria geral do condomínio tradicional e constituem um *complexus* jurídico diferencial da propriedade horizontal.

Portanto, o Código Civil, no propósito de impor a linha de equilíbrio no exercício das qualidades condominiais, proíbe ao condômino dar posse, uso ou gozo da propriedade a estranhos, sem o prévio consenso dos outros [N.A.: Código Civil de 1916, art. 633, atual art. 1.314, parágrafo único].

Na *propriedade horizontal,* a coexistência simultânea e orgânica do condomínio com o domínio exclusivo há de gerar um princípio diferente. Não somente diverso, mas oposto.

Com efeito, a unidade autônoma dentro do edifício constitui, como temos visto nesta obra, uma propriedade individual e exclusiva, que se esvaziaria de conteúdo se perdesse a faculdade de uso e de gozo. Que dono seria este, na verdade, que não pudesse usar a coisa sua, segundo a sua finalidade natural e a sua destinação econômica? *Dominus* tem a posse correspectiva. Dono exclusivo da unidade autônoma tem a posse exclusiva da mesma, tem o poder de uso e de fruição, e este poder não o estabelece a lei limitado por natureza, mas, por natureza, amplo. Quem tem a faculdade de usar e fruir, quem tem o direito de posse exclusiva, há de ter também o poder jurídico de ceder a posse e o uso, e desta forma fruir a coisa por intermédio de outrem. Consequência natural da existência jurídica da propriedade exclusiva dentro do condomínio do edifício estará forçosamente no poder jurídico de dar o apartamento em locação, ou comodato, transferir, em suma, a sua posse a terceiros, observadas as regras em vigor para a propriedade em geral. Nesse sentido, aplicam-se, ao ocupante do imóvel, a qualquer título, todas as obrigações referentes ao uso, à fruição e ao destino da unidade (art. 1.333 do Código Civil, na linha do que já dispunha o art. 20 da Lei n. 4.591/1964). A esse respeito, ver ainda o item 78-D.

O locatário ou comodatário do apartamento recebe, por cessão do proprietário, o uso, a posse direta. E, nesta operação, faz o proprietário aquilo que no regime de condomínio tradicional não lhe é lícito fazer, pois lá interdiz-lhe a lei dar a outrem a posse, o uso ou gozo da propriedade a estranhos, e aqui, em condomínio por propriedade horizontal, permite-lhe a lei dar a outro, sem a audiência dos demais, a posse, o uso, o gozo do seu apartamento.

Esta diferença de tratamento é tanto mais marcante como de notar que o uso, a posse e o gozo do apartamento implicam necessariamente a composse das partes comuns e sua utilização direta pelo usuário, arrendatário, comodatário etc. Assim sendo, força é ainda concluir, por extensão obrigatória, que o condômino em edifício de apartamentos tem a faculdade de ceder a estranhos os seus poderes de condômino sobre as partes em condomínio do edifício, em diversidade de tratamento conferido ao condômino tradicional, porém com aquelas restrições acima examinadas, que conciliam a utilização de um com a de todos os coproprietários.

Como *summa iuris,* cabe determinar a qualificação jurídica deste cessionário de poderes do proprietário: tem a posse direta e exclusiva do apartamento, numa situação que bem espelha a relação jurídica da posse, isto é, a exteriorização material da conduta do *dominus.* E como este tem o exercício de um direito exclusivo sobre a unidade autônoma, o outro tem a exteriorização deste mesmo direito exclusivo Simultaneamente, tem o locatário, comodatário etc. o direito de exercer os poderes do condômino, sobre as partes comuns, em paridade de situação com o proprietário cedente e, então, é o condomínio do edifício de apartamentos compatível com a liberdade de investidura de outrem nos atributos do condômino, dispensada a anuência dos demais, porém condicionada ao mútuo respeito pelos direitos de todos.

76. Livre alienação da unidade autônoma. Problema que dividiu os juristas, e não encontrou no regime anterior uma sedimentação suficiente, foi o que resulta da indagação se o proprietário de apartamento pode *aliená-lo livremente* ou, ao revés, se está peado pelas restrições que a lei comum impõe ao titular de quota ideal em condomínio tradicional. De outra forma dito, o problema envolve decidir se não pesam restrições ao *ius disponendi* do apartamento, atraindo a preponderância de uma ou de outra hermenêutica.

E, neste esforço, defrontam-se duas ordens de ideias antagônicas. De um lado está o *ius disponendi* [N.A.: assegurado pelo art. 1.228, *caput*, do Código Civil de 2002], como um atributo ligado à propriedade, e expressão de um poder jurídico do *dominus*, encarado o aspecto exclusivo do direito dominial. De outro lado vem a restrição que o art. 504, *caput*, do atual Código Civil impõe ao declarar que o condômino em coisa indivisível não pode vender a sua parte a estranhos, se outro consorte a quiser, tanto por tanto.

A inovação, pura e simples, da regra legal vinha colocar o intérprete numa zona de perplexidade, até onde ecoam duas disposições de lei, a negarem-se reciprocamente, a desdizerem-se mutuamente, a desmentirem uma à outra no mandamento que encerraram. Enquanto o art. 1.228, *caput*, do Código atual autoriza dizer que o proprietário de apartamento, *ut dominus* que é, e dono exclusivo de sua unidade autônoma, pode vender livremente e sem embaraços de quem quer, o art. 504, *caput*, anuncia que, *ut condominus*, o condômino de bens indivisos e indivisíveis não tem aquele direito, mas deve oferecê-lo aos consortes, que têm preferência para sua aquisição em igualdade de condições.

Em face da dupla disposição legal, cumpria ao intérprete buscar a hermenêutica que melhor se afinasse com o instituto da propriedade horizontal. E em consonância com as noções fundamentais de sua orientação há de indicar a regra certa, orientadora do futuro.

A prática dos negócios, que René David aponta como fator importante na elaboração do direito, como reflexo das condições objetivas do meio social,[7] lugar onde vão

---

[7] René David, *Traité Élémentaire de Droit Civil Compare,* p. 157.

situar-se as chamadas premissas implícitas de um dado sistema jurídico,[8] espelha com precisão esta perplexidade e reflete o pensamento desencontrado dos especialistas em torno do problema. Com efeito, a leitura das *convenções de condomínio,* tão em voga nas grandes cidades, onde a projeção vertical do domínio criou a proliferação da propriedade horizontal, mostra que os assessores técnicos das entidades que se dedicam a estas atividades bracejavam com a insegurança que uma tomada de posição doutrinária fatalmente afastaria. Os proprietários de apartamentos ora faziam inserir na *convenção* a faculdade de alienarem livremente as respectivas unidades, renunciando desta sorte ao direito de preferência assegurado no art. 504, *caput,* do Código Civil de 2002, ora ajustavam explicitamente a restrição à liberdade de alienação, instituindo o direito preferencial de compra dos apartamentos do edifício pelos que estão no condomínio, assentando que a liberdade de oferecer a terceiros somente resultará do desinteresse dos coproprietários.

Esta divergente orientação no plano dos negócios é a notória comprovação da perplexidade no campo doutrinário. Pelo fato de parecer a uns ser vedada a alienação do apartamento e reservada obrigatoriamente a preferência aos demais coproprietários, faziam constar da convenção do condomínio a renúncia a ela, como fórmula jurídica permissiva da liberdade de negociações, conveniente aos seus interesses. Para outros, porém, que entendiam ser franqueada a compra e venda de apartamentos, por inaplicável à propriedade horizontal a restrição do art. 504, parágrafo único, do Código Civil atual, era necessária a cláusula obstativa da venda a estranhos, que ajustavam quando pretendiam constituir um agrupamento mais hermético, inacessível a qualquer pessoa, e por isso mesmo suscetível de controle.

Em face disso, qual a verdadeira e científica posição da doutrina? Deve inclinar-se pela aplicação do art. 524 do Código Civil de 1916, sem restrições, ou pelo seu art. 1.139, ou, ainda, pelo que dispõe o art. 504, *caput,* do Código de 2002? Como se pronunciava o Decreto n. 5.481?

A resposta às indagações envolve a apuração da predominância de um ou de outro princípio e atém-se fundamentalmente à natureza peculiar do novo regime de condomínio. Fosse este idêntico ao condomínio tradicional, e dúvida não haveria, nem poderia suscitar-se quanto à aplicação do art. 1.139 do Código Civil de 1916 e art. 504 do Código atual, com o consequente reconhecimento do direito de preferência dos consortes, a entravar a venda do apartamento. Fosse ele apenas a justaposição de propriedades individuais autônomas e exclusivas, onde cada apartamento figurasse como uma casa ou um prédio isolado, e ninguém trepidaria em afirmar que o proprietário da unidade tem direito de aliená-la, como bem lhe apraza.

Sendo, porém, o regime de copropriedade, a solução do problema envolverá, necessariamente, a indagação da predominância de qual delas no todo, a ver onde se reforça a regra legal. Já que não é possível alienar a propriedade exclusiva e reter o condomínio, tudo está em perquirir da preponderância do domínio individual sobre o condomínio, ou *vice-versa.*

---

[8] Tullio Ascarelli, *Studi di Diritto Comparato,* p. 10.

Desta pesquisa advém a relevância maior da *propriedade exclusiva* da unidade sobre a propriedade coletiva, no edifício, resultado a que conduzem todas as razões.

De um lado, motivos de *ordem histórica* vêm mostrar que antes, já ao tempo do direito romano, havia a indivisão sem originar o cerceamento da liberdade de alienar. É certo que no direito germânico instituiu-se um regime comunitário – *Gesamnte Hand* –, em que o bem, dito *de mão comum*, era objeto de uma propriedade coletiva dos comunheiros, que por isto mesmo não tinham a faculdade de praticar atos alienatórios isoladamente. Dada, porém, a inexistência da restrição em nosso direito anterior, força é concluir pela ausência de qualquer vinculação histórica, entre a disposição vigente no nosso direito comum e a *Gesamnte Hand*.[9] Nunca foi, portanto, da essência do estado de comunhão a preferência reconhecida aos condôminos para a aquisição da quota-parte no condomínio. Em doutrina, como em sistema de direito positivo, pode haver condomínio sem o reconhecimento da faculdade aquisitiva preferencial dos consortes. Aparece, pois, a restrição do art. 1.139 do Código de 1916 e art. 504, *caput*, do Código atual como uma disposição excepcional incidente sobre os atributos do domínio, em franca contrariedade à regra da alienabilidade que, esta sim, é da natureza da propriedade, *ius disponendi* que melhor traduz aquele *ius abutendi,* de alcance tão controvertido na ciência romanista.

Economicamente não se justifica a restrição. Nascida a divisão horizontal do edifício como técnica de aproveitamento econômico e solução do problema habitacional, notoriamente se vincula à preocupação individual de procurar por esta via uma casa própria que, não podendo ser a consequência de um partido horizontal, forçosamente haveria de constituir-se em planos superpostos. A análise econômica da intenção de quem adquire unidade autônoma em edifício de apartamentos, em confronto com a de quem compra uma fração ideal em condomínio tradicional, mostra a evidente diferenciação essencial. No conjunto imobiliário a unidade é uma ilha de propriedade exclusiva dentro do condomínio que pode ser usada livremente sem a interferência dos comunheiros, arrendada sem ouvi-los. E, portanto, há de poder o dono vendê-la sem escravizar-se a um direito de preferência que somente implica restrição à faculdade essencial da propriedade, que é o poder de disposição.

Ponderando sobre o novo regime jurídico de condomínio em propriedade horizontal, o investigador encontra duas situações: a da *propriedade exclusiva sobre a unidade,* que é o escopo a que visa o sujeito, em franca atenção à procura de uma fórmula jurídica de aproveitamento da fração material da coisa, sem a participação de seus vizinhos ou dos cotitulares de direitos no todo. Ao mesmo passo, ressalta-lhe à observação a posição *menos relevante* do condomínio indivisível sobre o solo e as partes comuns, que somente existe em caráter finalístico para proporcionar a utilização da propriedade exclusiva. Os proprietários de apartamentos são comproprietários daquelas partes, como meio de realização do seu direito individual. Este prepondera sobre a compropriedade.

Maior, no edifício, é a propriedade exclusiva, pois foi para realizá-la que o jurista moderno estruturou o sistema original da propriedade horizontal, muito embora não

---

[9]   Meynial, Le Caractère Juridique de la Communauté entre Époux, *Revue Trimestrielle de Droit Civil*, p. 311, 1903.

exista uma relação de acessoriedade e juridicamente componham domínio e condomínio uma união indissolúvel e orgânica. Deve, por conseguinte, preponderar sobre o regime de condomínio das partes comuns, instituído como meio de proporcionar o aproveitamento e o exercício do direito de propriedade exclusiva do apartamento. O condomínio indivisível do solo, das instalações, das dependências, da entrada, das paredes mestras, da fundação, dos corredores, do teto etc. é inseparável da propriedade do apartamento, de tal forma que a alienação deste traz como consequência a transferência daquele. No entanto, a recíproca não pode ser verdadeira. Ninguém pode alienar seus direitos sobre as partes comuns, porque a natureza do regime jurídico não tolera. Ninguém pode tornar-se condômino do solo e das coisas comuns do edifício sem adquirir uma unidade autônoma das em que o mesmo se divide. Ninguém pode promover a divisão destas partes, ninguém pode fazer que cesse a comunhão sobre elas. E nada disto pode ser feito, porque esse estado de comunhão, bem como a copropriedade que as tem por objeto, são instituídos em consequência da divisão do edifício em frações autônomas para proveito e uso coletivo dos proprietários de apartamentos, enquanto estes existirem no domínio de mais de uma pessoa.

Qualquer que seja, pois, o ângulo de observação, *histórico, econômico* ou *jurídico,* em que se ponha o investigador, e qualquer que seja a ordem de raciocínio que adote, chegará sempre ao mesmo resultado, que é a *faculdade de disposição* do apartamento, sem o reconhecimento da preferência para aquisição aos demais proprietários. Não é possível alienar a unidade, separada da parte comum ou da fração ideal. E em consequência a alienação da unidade envolve necessariamente a fração ideal nas coisas comuns.

No mesmo sentido milita a lição do direito comparado e da doutrina pátria, autorizando afirmar-se que é lícita a venda livre do apartamento em face da lei francesa, da argentina, da espanhola e da chilena, e defendida em doutrina.[10] Neste sentido, pois, é que se deve entender o direito dominial sobre a unidade autônoma. E foi neste aspecto que o legislador pátrio se definiu.

O art. 4.º da Lei n. 4.591/1964 estatuía literalmente que a alienação de cada unidade, a transferência de direitos pertinentes à sua aquisição e a constituição de direitos reais sobre ela independerão do consentimento dos condôminos. O Código atual não reproduz, expressamente, o preceito, mas, quanto a isso, não há qualquer divergência na doutrina, até porque a liberdade que se confere a cada condômino é inerente à própria estrutura jurídica do condomínio edilício.

---

[10] Carlos Maximiliano, *Condomínio,* n. 89; Eduardo Jorge Laje, *La propiedad horizontal,* p. 216; Orlando Gomes, *Direitos reais,* n. 176; Campos Batalha, *Loteamentos e condomínios,* II, n. 274; Serpa Lopes, *Curso,* VI, n. 226; Mário de Sousa Lopes, artigo em *Revista dos Tribunais,* v. 160, p. 501; Wilson Bussada, *Condomínio interpretado pelos tribunais,* decisões; A. Zurfluh, *Copropriété d'Appartements,* n. 74; José Peré Raluy, *Propiedad horizontal,* p. 71. No mesmo sentido já decidiu o Tribunal de Justiça de São Paulo: o condômino pode alhear livremente o seu apartamento; mas, se houver unidades em comum (como lojas ou grupos de apartamentos pertencentes a vários ou todos, por frações ideais), é assegurada aos consortes a preferência, na forma do direito tradicional. *Vide Revista Forense,* v. 110, p. 451; *Revista dos Tribunais,* v. 166, p. 180; v. 454, p. 79.

Ressalte-se que nem mesmo se admite que a convenção garanta o direito de preferência aos demais condôminos, o que viria dificultar, ou mesmo impedir, nos grandes condomínios, que um deles pudesse alienar ou gravar sua unidade autônoma.

Doutrina, lei e jurisprudência dão-se agora as mãos para dizer que o proprietário tem o *ius disponendi* da unidade autônoma, sem peias nem restrições.

E não prevalecerão as disposições em contrário, ainda quando constem de convenções de condomínio vigentes na data da Lei n. 4.591, do atual Código Civil, por contrárias à sua letra e a seu espírito.

Finalmente, quando a vaga de garagem for caracterizada como unidade autônoma, aplicam-se as regras analisadas no item 31-E, *supra*.

77. Constituição de ônus real. Outra questão, a merecer as explicações do civilista e atrair as suas vistas em estudo paralelo à faculdade de alienação, é a referência que o art. 4.º da Lei n. 4.591/1964 fazia ao direito de dar em *hipoteca* a unidade autônoma. O art. 757 do Código Civil brasileiro de 1916, que corresponde ao art. 1.420, § 2.º, do Código atual, proibia que o imóvel em comunhão fosse dado em hipoteca sem o consentimento de todos os condôminos e vedava o seu registro, sem a anuência de todos os coproprietários ou divisibilidade manifesta. Permitindo a hipoteca e a anticrese sem a manifestação acorde dos demais, o Decreto n. 5.481 tolerava que o proprietário desse livremente em hipoteca ou anticrese o seu apartamento, acompanhado da quota-parte nas coisas comuns. Ora, é mais que velho o conceito segundo o qual a hipoteca induz um começo de alienação. O bem pode ser hipotecado, pode ser praceado na excussão hipotecária, pode ser adjudicado ao credor hipotecário, pode ser remido pelo executado ou pelo cônjuge, ou descendentes ou ascendentes do devedor, e, em todos esses casos, o domínio irá livremente para terceiro, estranho ao condomínio. Destarte, no art. 4.º da Lei n. 4.591/1964 se abria outra exceção, pois, enquanto mantém aquele o caráter indivisível e inalienável do solo em que assentam o edifício e suas instalações, este declara que a parte de cada um na coisa em comunhão somente pode ser objeto de garantia real se for ela divisível. Daí se infere que a lei especial criou um tratamento também especial para a constituição de ônus real, tendo por objeto o apartamento com a quota-parte do respectivo proprietário nas coisas comuns, e assim fez por entender que a unidade autônoma constitui uma propriedade independente, como se fosse um prédio, e como tal francamente alienável, sem os tropeços e as restrições opostos à disponibilidade da parte do condômino, na coisa comum.

Não fora a regra legal especificamente instituída quanto à hipoteca e à anticrese do apartamento, e haveria problema de difícil solução, pois não é possível dissociar a propriedade exclusiva da compropriedade, e esta não seria suscetível de ônus real. Como, porém, os dois direitos dominiais – individual e comum – são indissociáveis, a hipoteca do apartamento arrasta o ônus sobre a quota ideal no solo e partes de uso coletivo, em razão daquela unidade orgânica dos direitos.[11] Nossa lei, ao contrário do que faz a chilena, a belga, a espanhola, é omissa a respeito da hipoteca sobre os edifícios em construção, ou, mais exatamente, *dos apartamentos a construir*. No nosso direito, como no argentino, o

---

[11] Poirier, *Le Propriétaire d'Appartement*, p. 173.

problema existe. Neste último, e segundo a opinião de Racciatti, a ideia da hipoteca sobre o apartamento a construir choca com o conceito de acessoriedade por ele sustentado, já que lhe parece que o apartamento é o principal e a quota ideal do solo e das coisas comuns o acessório.[12] No entanto, Frédéric Aéby defende, no direito francês, a faculdade de hipotecar, ainda mesmo tendo por objeto unidades a construir, com possibilidade de abranger as edificações que se levantem em terreno alheio.[13]

Para nós, porém, que enxergamos na propriedade horizontal uma simbiose orgânica da propriedade e da compropriedade, nenhuma dúvida existe em que o condômino do solo, isoladamente ou em conjunto com os demais consortes, pode dar em hipoteca a sua fração ideal do terreno, ajustando que ao apartamento, quando for construído, se estenda o ônus real, porque, nesse instante, fará um complexo jurídico inseparável com a copropriedade do solo. Por outro lado, se a lei permite a criação do gravame sobre a unidade autônoma, equiparando-a a uma casa, nenhum tropeço haverá em que, a símile do que se passa com esta, suscetível de hipoteca em fase de construção ou mesmo em projeto, suporte o gravame como bem em estado potencial, com a consequente concretização, à medida que sai da fase de mera expectativa e se converte em realidade material. Esta constituição de hipoteca sobre o apartamento não construído com repercussão indireta sobre a fração ideal das partes comuns é admitida também no direito belga.[14]

É neste mesmo sentido que vigora a lei nova, quando dispõe, sem qualquer restrição, sobre a faculdade do proprietário de unidade autônoma gravá-la de qualquer direito real, *independentemente da aprovação* dos demais. A objeção fundada na necessidade de especialização da hipoteca não procederia, porque a descrição da unidade opera como uma especialização antecipada.

De igual modo, poderá o condômino livremente alienar fiduciariamente a sua unidade autônoma, em garantia, dispensando-se o conhecimento ou autorização dos demais.

78. Promessa de compra e venda, cessão e penhora. Tratando da alienação, como temos feito, não podemos omitir duas questões correlatas, a saber: a promessa de compra e venda, e cessão desta, e a penhora.

Quanto à primeira, a simples aplicação da doutrina relativamente à disponibilidade forçaria a conclusão de que o apartamento pode ser objeto de *promessa* ou cessão sem o reconhecimento de um direito preferencial aos demais consortes, como consectário lógico: se, na verdade, o proprietário pode vender o apartamento, acompanhado da sua fração ideal do terreno e partes comuns, nada impede que deles faça, livremente, objeto de um contrato preliminar. A invocação do art. 4.º encerra as dúvidas, porque expressamente alude à constituição de direito real, e a promessa o é quando inscrita, como se refere explicitamente à *transferência de direitos pertinentes à sua aquisição*.

---

[12] Hernan Racciatti, *Propiedad por pisos,* p. 216.

[13] Aéby, *Propriété d'Appartements,* n. 155.

[14] Poirier, *Le Propriétaire d'Appariement,* p. 177; Campos Batalha, *Loteamentos e condomínios,* II, p. 93.

Quanto à *penhora,* a alienabilidade da unidade autônoma levará forçosamente à conclusão de que pode ser ela objeto de apreensão judicial e consequente venda em hasta pública. E, como a propriedade individual é indissociável da compropriedade, a penhora envolve obrigatoriamente o apartamento e a fração ideal, por tal arte que o adquirente, por arrematação, adjudicação ou remissão, incorpora ao seu patrimônio, com a unidade autônoma, a compropriedade por fração ideal do solo e das partes comuns.

78-A. Incomunicabilidade, impenhorabilidade e inalienabilidade. Temos aqui falado da liberdade de alienação do apartamento, e bem assim da sua penhorabilidade, em face das disposições legais, e como decorrência natural dos direitos dominiais. E no desenvolvimento deste raciocínio sempre tivemos presente o símile da casa a que a unidade em edifício coletivo se equipara.

Nada impede, todavia, que o doador ou testador grave a unidade autônoma, em edifício coletivo, das cláusulas de inalienabilidade, incomunicabilidade e impenhorabilidade. Não contraria o regime do condomínio especial o estabelecimento de tais restrições. Antes, reforça-o, enfatizando a semelhança com o prédio unifamiliar.

Trata-se, no caso, de indisponibilidade oriunda da emissão volitiva, que não conflita com a disponibilidade natural do bem que a suporta. Tais quais os imóveis disponíveis por natureza, as unidades sujeitas ao regime da propriedade horizontal precisamente porque suscetíveis de livre alienação é que podem sofrer restrições advindas da vontade do doador ou do testador, pelas mesmas razões que justificariam a sua aposição a imóvel não sujeito ao mesmo regime condominial.

78-B. Alienação da edificação. A Lei n. 6.709, de 31 de outubro de 1979, criou a faculdade de alienação do edifício, em casos especiais e por maioria qualificada, conforme será desenvolvido mais adiante (n. 96-B, *infra*).

78-C. O art. 1.335 do Código Civil. A Lei n. 4.591/1964 garantia ao condômino, no art. 19, o direito de "usar e fruir, com exclusividade, de sua unidade autônoma, segundo suas conveniências e interesses, condicionados, umas e outros às normas de boa vizinhança, e poderá usar as partes e coisas comuns de maneira a não causar dano ou incômodo aos demais condôminos ou moradores, nem obstáculo ou embaraço ao bom uso das mesmas partes por todos".

O Código Civil, de forma mais organizada, distribui os principais direitos em três incisos, a serem analisados nos itens 78-D, 78-E e 78-F.

78-D. Art. 1.335, I: Direito de usar, fruir e livremente dispor da unidade. O livre uso e alienação da unidade está analisado nos itens 75 a 78-A. Sobre alienação da vaga de garagem, ver item 71-D.

Locação de curta temporada. Além disso, uma das maiores controvérsias que agitam hoje os condomínios edilícios diz respeito à locação das suas unidades para períodos curtos, de poucos dias. O problema tem se agravado com o surgimento das plataformas virtuais, que tornaram a aproximação das partes e a celebração do contrato de locação muito mais simples, viabilizando a explosão desse tipo de locação, que em muitos casos se assemelha à hospedagem. Não se nega que o condômino tem o direito de fruir da sua unidade, alugando-a a terceiros, independentemente do prazo de duração, e que a própria Lei do Inquilinato admite, em seu art. 48, a locação para temporada, limitando-se a dizer que não poderá ela ultrapassar noventa dias.

Entretanto, esse direito deve ser conjugado com o dever de respeito à norma contida no art. 1.336, IV (ver item 79-B). Em regra, seja locação ou hospedagem, a alta rotatividade de pessoas em uma unidade condominial pode violar o sossego e a segurança dos demais moradores. Frise-se ser comum, nessa modalidade, que as unidades sejam ocupadas por um número elevado de pessoas, aumentando, de maneira significativa, o consumo de água, de energia, e sobrecarregando os serviços de portaria. Diante disso, será lícita, em regra, a deliberação assemblear ou cláusula da convenção que restrinja ou proíba essa modalidade de fruição da unidade, observado o critério indicado ao final do item 79-B.

O Superior Tribunal de Justiça vem considerando tais locações de curto prazo como hospedagens atípicas, ressaltando que o direito do condômino "deve harmonizar-se com os direitos relativos à segurança, ao sossego e à saúde das demais múltiplas propriedades abrangidas no condomínio, de acordo com as razoáveis limitações aprovadas pela maioria de condôminos, pois são limitações concernentes à natureza da propriedade privada em regime de condomínio edilício", e que no edifício de destinação residencial "mostra-se indevido o uso das unidades particulares que, por sua natureza, implique o desvirtuamento daquela finalidade", de modo que "a exploração econômica de unidades autônomas mediante locação por curto ou curtíssimo prazo, caracterizadas pela eventualidade e pela transitoriedade, não se compatibiliza com a destinação exclusivamente residencial" (AgInt nos EDcl no REsp 1.933.270[15]).

Pandemia de covid-19. Com o advento da pandemia de covid-19 no Brasil, o Congresso Nacional aprovou a Lei n. 14.010/2020, que dispõe sobre o Regime Jurídico Emergencial e Transitório das relações jurídicas de Direito Privado (RJET). O art. 11 do Projeto de Lei n. 1.179/2020 estabelecia, no âmbito do condomínio edilício, restrições temporárias em relação ao uso das partes comuns e privativas.[16] O dispositivo, contudo, foi vetado, com a justificativa de que, "ao conceder poderes excepcionais para os síndicos

---

[15] No mesmo sentido: AgInt nos EDcl no AREsp 1.479.157, REsp 1.819.075 e REsp 1.884.483.

[16] Art. 11. Em caráter emergencial, até 30 de outubro de 2020, além dos poderes conferidos ao síndico pelo art. 1.348 do Código Civil, compete-lhe: I – restringir a utilização das áreas comuns para evitar a contaminação pelo coronavírus (Covid-19), respeitado o acesso à propriedade exclusiva dos condôminos; II – restringir ou proibir a realização de reuniões e festividades e o uso dos abrigos de veículos por terceiros, inclusive nas áreas de propriedade exclusiva dos condôminos, como medida provisoriamente necessária para evitar a propagação do coronavírus (Covid-19), vedada qualquer restrição ao uso exclusivo pelos condôminos e pelo possuidor direto de cada unidade. Parágrafo único. Não se aplicam as restrições e proibições contidas neste artigo para casos de atendimento médico, obras de natureza estrutural ou realização de benfeitorias necessárias.

suspenderem o uso de áreas comuns e particulares, retira a autonomia e a necessidade das deliberações por assembleia, em conformidade com seus estatutos, limitando a vontade coletiva dos condôminos".

Na ausência de regra específica, os conflitos seguiram sendo analisados com base nas regras já existentes no Código Civil, e também com base nos princípios que norteiam os conflitos entre direitos fundamentais.

Um bom exemplo está no REsp 1.971.304, julgado pelo Superior Tribunal de Justiça em junho de 2022, envolvendo medida de síndico que impedia, em caráter absoluto, o acesso de condômino à sua unidade. Para o STJ, a medida restritiva deve atender à proporcionalidade, ou seja, deve ser adequada e necessária. No caso concreto, a medida era adequada, pois de fato ajudava a impedir a disseminação do vírus. Contudo, o requisito da necessidade não estava presente, "tendo em vista a existência de outros meios menos gravosos e igualmente adequados, como a implementação, pelo síndico, de um cronograma para que os proprietários possam acessar suas respectivas unidades condominiais em horários predeterminados, mantendo vedado o acesso ao público externo".

Sobre a possibilidade de suspender o direito de uso da unidade pelo condômino antissocial, ver item 89-G.

78-E. Art. 1.335, II: Direito de uso das áreas e serviços comuns. Como visto no item 74, a composse das áreas de propriedade comum é da natureza do condomínio edilício.

Daí que o condômino tem, como direito essencial, a faculdade de usar das partes comuns, conforme sua destinação, e desde que não impeça ou obstrua o uso pelos demais moradores, sempre respeitada a regra do art. 1.336, IV.

Quanto à (im)possibilidade de suspender o direito do condômino inadimplente usar as partes comuns, especialmente áreas de lazer, e de participar das reuniões da assembleia geral e votar nelas, ver itens 89-E e 89-F.

Capítulo VII

DEVERES DOS CONDÔMINOS[1]

79. Regras de convivência. O fato de exercerem os condôminos, na copropriedade tradicional, os direitos conjuntos sobre a coisa, impõe-lhes por seu turno uma série de deveres, que já vinham especificados no direito romano, que o Código Civil de 1916 e o atual conservaram nos arts. 623 e 1.314, respectivamente. No condomínio especial, em *propriedade horizontal,* é jurídico acentuar que, em princípio, subsistem os mesmos deveres, a que outros são acrescidos.

Na verdade, o fato de coexistirem unidos a propriedade exclusiva e o condomínio não sugere a abolição, senão o reforço das imposições, das limitações, das restrições, que em benefício da harmonia do grupo, em benefício da coisa comum e em benefício do comportamento respeitoso dos interesses alheios se estatuem. Não se pode, contudo, perder de vista a relatividade da ideia de perturbação: o que em apartamento de luxo, em bairro residencial, constitui incômodo e é repelido, em edifício de condições mais modestas em bairro comercial ou industrial é tolerado (Frédéric Aéby, *Propriété d'Appartements,* n. 198).

No estudo dos deveres dos condôminos cumpre desde logo estabelecer uma norma diretriz da respectiva distribuição, no propósito de ordenar com bom método a discriminação daquelas imposições e restrições.

Cabe, pois, reviver, dentro do condomínio especial, as normas que se lhe aplicam do condomínio clássico, bem como aquelas regras de bem viver instituídas em proveito da segurança e estabilidade do edifício, de sua estética e do conforto e bem-estar de quantos nele vivem.

---

[1] Nota do editor: o texto na cor preta indica o texto original do Professor Caio Mário, e o texto na cor cinza é de autoria dos atualizadores. Os capítulos e itens de autoria dos atualizadores, além de estarem na cor cinza, estão indicados com letras após o número.

79-A. Os deveres condominiais no atual Código Civil. A Lei n. 4.591/1964, no art. 10, hoje revogado, trazia uma lista com as seguintes vedações legais aos condôminos: (i) alterar a forma externa da fachada; (ii) decorar as partes e esquadriais externas com tonalidades ou cores diversas das empregadas no conjunto da edificação; (iii) destinar a unidade a utilização diversa de finalidade do prédio, ou usá-la de forma nociva ou perigosa ao sossego, à salubridade e à segurança dos demais condôminos; e (iv) embaraçar o uso das partes comuns.

O atual Código Civil não alterou essas regras, mas organizou-as de forma distinta. A vedação de embaraço do uso das partes comuns está agora contida no art. 1.335, II (ver item 78-E). A proibição de alterar a fachada e as partes e esquadrias externas está prevista no art. 1.336, III. E o dever de respeitar a destinação da unidade e de não a usar de forma nociva é objeto do art. 1.336, IV.

O Código Civil de 2002 foi além, deixando explícito, no art. 1.336, I, o dever do condômino de contribuir para as despesas do condomínio.

Os deveres dos condôminos podem ser acrescidos de outros previstos na convenção e são analisados neste Capítulo, bem como as sanções a que estão sujeitos em razão do seu descumprimento.

79-B. Saúde, sossego, segurança e bons costumes. Os conceitos absolutamente determinados são bastante raros no Direito. Mesmo conceitos numéricos são passíveis de interpretação, a depender da situação específica a que a regra seja aplicada. Conceitos jurídicos são, assim, predominantemente indeterminados.

Saúde, segurança, sossego e bons costumes não fogem a tal regra, configurando-se, em maior ou menor medida, como conceitos jurídicos indeterminados, cujos significados devem ser averiguados no caso concreto, mesmo quando a convenção tenta delineá-los previamente. Exemplos costumam revelar-se como boa técnica legislativa e contratual para fornecer parâmetros ao intérprete.[2]

Podem ser consideradas situações em que o condômino ou morador coloca em risco a saúde dos demais ocupantes do prédio ou conjunto arquitetônico: (i) criação de animais domésticos ou selvagens que sejam potencial vetor de doenças; (ii) manipulação e/ou manutenção de agentes químicos ou biológicos perigosos; (iii) existência de doença contagiosa, a exemplo da pandemia de covid-19, sem que o condômino, portador ou não, tome as medidas necessárias para reduzir os riscos de contaminação; (iv) descarte de lixo sem observância das regras de higiene; e (v) ausência de manutenção da sua unidade, propiciando, na unidade sua ou de vizinho, por infiltração, a proliferação de fungos.

Algumas hipóteses comuns de violação da regra de segurança são as seguintes: (i) deixar portas e portões do condomínio abertos, facilitando o ingresso de estranhos; (ii) circular com animais ferozes nas partes comuns, sem equipamentos de proteção e cuidados; (iii) promover grande circulação de pessoas na unidade e nas partes comuns, especialmente em condomínios residenciais com poucas unidades e sem controle ade-

---

2   Os exemplos a seguir foram retirados de André Abelha, *Abuso do direito no condomínio edilício*, p. 132-133.

quado de segurança; (iv) transitar nas vias internas ou no estacionamento com veículo em velocidade inadequada; (v) sobrecarregar tomadas elétricas, aumentando o risco de incêndio; e (vi) realizar obras que comprometam a segurança da edificação.

O sossego da coletividade pode ser perturbado por (i) festas que se prolongam madrugada adentro, com níveis elevados de música e vozes; (ii) animais barulhentos; (iii) instrumentos musicais tocados a qualquer hora do dia ou da noite sem preparação acústica na unidade; (iv) discussões familiares recheadas de berros.

Por seu turno, os bons costumes trazem a noção de moralidade, daquilo que seja culturalmente aceito por determinado grupo social, sendo circunstâncias que normalmente atentam contra os bons costumes dentro da comunidade condominial: (i) a exploração de bordel ou a locação da unidade pelo regime de curta temporada (poucos dias) para turismo sexual; (ii) a prática de relações sexuais excessivamente ruidosas ou atos libidinosos em partes externas da unidade ou nas partes comuns; (iii) o tráfico de substâncias entorpecentes ou seu consumo nas áreas comuns.

Tais situações são exemplificativas e não encerram a infinitude de violações que podem ser praticadas. Um critério para se aferir ao descumprimento e sua gravidade está no parágrafo único do art. 1.277 do Código Civil, aplicável ao uso anormal da propriedade, e que considera "a natureza da utilização, a localização do prédio, atendidas as normas que distribuem as edificações em zonas, e os limites ordinários de tolerância dos moradores da vizinhança". O mérito desse critério é admitir que as situações podem variar em cada caso concreto, sendo o uso nocivo um conceito jurídico elástico. Quem reside de frente para a rua Barata Ribeiro, no Rio de Janeiro, deve tolerar do seu vizinho mais barulho do que se residisse em um prédio no Alto da Boa Vista, cercado apenas por vegetação densa e silenciosa. Da mesma forma, o morador de um condomínio que, embora residencial, esteja situado numa região turística, e cujas unidades habitualmente sejam locadas para curta temporada, ali deverá tolerar maior rotatividade de pessoas do que se morasse em um prédio de seis apartamentos situado numa zona estritamente residencial, não turística, e sem o hábito de tais locações.

80. Boa vizinhança (parte 1). A convivência, a proximidade ou a circunstância de viverem os condôminos no mesmo prédio, pode-se dizer até na mesma casa, tomada esta palavra em sentido mais amplo, sujeita-os todos à observância de regras de comportamento mais rígidas do que as de normação das relações entre condôminos, e a todos impõe deveres mais severos.

Os preceitos atinentes à boa *vizinhança* do direito comum, com a finalidade de resguardar cada consorte do que possa causar dano ao apartamento, perturbar-lhe o sossego ou causar incômodo aos habitantes, são totalmente aplicáveis ao condomínio especial, e pelos mesmos fundamentos de sua existência genérica. Os autores consideram, mesmo, essencial a existência de um espírito de mútuo respeito e tolerância, que oriente o comportamento de cada um, para que se abstenha de tudo o que incomode os demais, e faça o que seja conveniente a todos.[3]

---

[3] Raluy, *La propiedad horizontal*, p. 94; sobre incêndio e seguro, p. 78.

Há, ainda, o dever de cumprimento daquelas disposições aprovadas pelos próprios condôminos na Convenção do Condomínio, as quais constituem lei particular do agrupamento dos integrantes deste, e estão sujeitos à estrita obediência. Se ali constar que a porta externa do edifício se feche a determinada hora, ou que determinadas pessoas não podem circular pelo *hall* social, ou usar o elevador social, ou que nenhum condômino tem a faculdade de manobrar seu carro na garagem comum, ou que não podem permanecer crianças nos corredores, os condôminos e seus locatários, todos os habitantes, em suma, são obrigados a tais preceitos, sob as sanções impostas no mesmo regulamento ou convenção. Trata-se, é bem verdade, de normas restritivas da liberdade individual, mas, da mesma forma que toda vida em sociedade impõe a cada um limitações à sua atuação livre em benefício do princípio social de convivência, assim também naquele pequeno agrupamento de pessoas, que compõem uma comunidade especial, adotando como normas convenientes à tranquilidade interna desta certas limitações à liberdade de cada um em proveito da melhor harmonia do todo, têm aquelas restrições e limitações um sentido de princípios de disciplina social interna, de natureza cogente a todos os que penetram no círculo social restrito. Mesmo pessoas estranhas ao agrupamento, pelo fato de virem a frequentar ainda que transitoriamente o edifício, estão submetidas à observância das normas internas deste, por exemplo, numa cidade à beira-mar, se o regulamento prescreve que não podem trafegar pelo *hall* social pessoas em traje de banho, esta proibição tanto abrange os habitantes do edifício como, ainda, atinge qualquer pessoa estranha, cujo trânsito pode ser impedido pelo porteiro, em razão da prescrição proibitiva vigente. Parecerá, à primeira vista, exorbitante da natureza estatutária da norma particular esta extensão, pois compreende-se que os coproprietários do edifício possam autolimitar as suas liberdades, mas que não possam atingir a esfera da liberdade alheia. A questão, porém, não é bem esta. Sentindo o imperativo de estatuir regras de comportamento convenientes à tranquilidade, ao conforto, à higiene do edifício, em proveito de todos, a norma regulamentar interna tem a natureza de lei particular daquele agrupamento, aplicável aos seus membros como a qualquer estranho que penetre no seu recinto, aos quais é extensivo o mesmo raciocínio: ninguém é obrigado a entrar em um edifício do qual não é condômino, mas, se ali penetra, está adstrito à obediência das regras estabelecidas pelos proprietários, cujas restrições não devem ser contrariadas.

No que concerne à circulação pelo *hall* social ou ao uso de elevador social, é imperioso advertir que tais disposições não podem traduzir preconceitos discriminatórios, em razão de raça, religião, opção sexual, ou condição social que tipificam hoje ilícitos penais, exigindo-se extrema cautela dos administradores ou empregadores dos condomínios.

Tramitam em nossos Tribunais inúmeras ações de ressarcimento de danos morais, versando sobre restrições impostas em razão da condição social, o que viola o preceito constitucional da preservação da dignidade humana.

É evidente, entretanto, que é possível limitar o trânsito pelas partes comuns ou restringir seu uso, mas em decorrência da necessidade de preservar a segurança ou melhor conservá-las, o que deve ser cuidadosamente ponderado.

81. Boa vizinhança (parte 2). Especificamente, a lei reporta-se àqueles deveres que dizem respeito à tranquilidade interna do agrupamento, determinando que nenhum proprietário de apartamento lhe dê uso nocivo ao sossego, à higiene e à saúde dos demais. Para isso, proibia a lei estabelecer enfermarias, oficinas, laboratórios ou instalações perigosas ou causadoras de ruído, e no mesmo sentido determinava que ninguém lançasse nas coisas de uso comum detritos, águas ou impurezas (Decreto n. 5.481, art. 11). Sem repetir as mesmas referências, casuisticamente, a lei nova (art. 19) autoriza a cada condômino usar e fruir com exclusividade sua unidade autônoma, segundo suas conveniências e seus interesses, condicionados umas e outros às normas de boa vizinhança, e poderá usar as partes e coisas comuns de maneira a não causar dano ou incômodo aos demais condôminos nem obstáculo ou embaraço ao bom uso das mesmas partes por todos.

Cumpre observar que ao falar a lei em "proprietário" de apartamentos não usa o vocábulo em sentido estrito, de forma que se possa entender que, por ser regra de exceção, mereça hermenêutica restritiva *(odiosa restringenda)*. Não. Quando a lei fala em "proprietário", não se quer referir ao momento da utilização, porém ao da constituição do condomínio, e assim se entenderá que a referência ao proprietário é extensiva a quem se sub-rogue na sua situação, ainda como mero detentor ou usuário. Todos os que organizam o condomínio são compelidos a respeitar a regra proibitiva, seja pessoalmente, seja por intermédio daqueles a quem aluguem ou emprestem o apartamento, por ser evidente que o direito cedido traz as mesmas qualidades anteriores à cessão. Se o proprietário tem o direito de uso e gozo, porém cativo de tais limitações, ao transferir a outrem o mesmo uso e o mesmo gozo, não pode fazê-lo senão gravado de iguais restrições.

No mesmo sentido é a proibição para a utilização de um processo de aquecimento, suscetível de ameaçar a segurança do edifício ou prejudicar-lhe a higiene e a limpeza.

82. Boa vizinhança (parte 3). A nova lei revela atenção particular quanto ao assunto. Sem descer a minúcias que o Decreto n. 5.481 registrava, enuncia a ideia da utilização do edifício e de suas partes condicionada ao duplo conceito do *interesse* do condômino e da *boa vizinhança,* em relação aos demais comunheiros, estabelecendo (art. 19): "Cada condômino tem o direito de usar e fruir, com exclusividade, de sua unidade autônoma, segundo suas conveniências e seus interesses, condicionados, umas e outros, às normas de boa vizinhança, e poderá usar as partes e coisas comuns de maneira a não causar dano ou incômodo aos demais condôminos ou moradores nem obstáculo ou embaraço ao bom uso das mesmas partes por todos" [N.A.: no Código atual, leia-se o art. 1.336, inc. IV].

Na passagem pelo Congresso, o projeto da Lei n. 4.591 recebeu emenda aditiva a este preceito, aditando-se-lhe um parágrafo que franqueava ao condômino o direito de mudar o estilo e as características das partes externas de sua unidade autônoma, tanto as sociais como as de serviço. Em boa hora, porém, o Presidente o vetou, restaurando os princípios já consagrados. Na verdade, é atentatório da convivência e revela mau gosto atroz que um condômino altere a porta de entrada de sua unidade, destoando das demais de seu pavimento. Às vezes, o faz por espírito de exibicionismo ou por capricho condenável. Entretanto, proibindo-o a lei, será compelido a desfazê-lo, por sentença judicial.

Não pode também o condômino decorar as partes e esquadrias externas em tonalidades ou cores diferentes das empregadas no conjunto do edifício [N.A.: art. 10 da Lei n. 4.591/1964 e art. 1.336, inc. III, do atual Código].

Nem lhe é lícito destinar a unidade à utilização diversa da finalidade do prédio ou usá-la de forma nociva ou perigosa ao sossego, à salubridade e à segurança dos demais condôminos [N.A.: art. 10, inc. III, da Lei n. 4.591/1964 e art. 1.336, inc. IV, do Código atual].

Neste particular, o que predomina é a *vontade dos comunheiros,* seja expressa na Convenção, que pode lançar restrições especiais a respeito (art. 9.º, § 3.º), seja manifestada na Assembleia, como colegiado deliberante. As obras que modifiquem a fachada requerem aprovação unânime dos condôminos.

No entanto, nenhuma pode ser realizada, alterando a *estrutura do edifício,* pois neste particular, como bem salientou o veto presidencial à emenda que o facultava, trata-se de um "dado técnico que não pode ser exatamente mensurado por coproprietários, e sim, apenas, pelos engenheiros responsáveis pela estrutura".

Fixando a posição doutrinária que havíamos defendido, a nova lei veio dar extensão genérica aos preceitos componentes da convivência e boa vizinhança a todos os *ocupantes do imóvel,* a qualquer título (art. 20), ainda que eventualmente.

Entre as atividades proibidas incluem-se as ilícitas e imorais, tais como a prática de jogos, associações para fins ilegais, atentados ao pudor e à moralidade sexual, exibições indecentes (cf. Raluy, *La propiedad horizontal,* p. 94).

83. Harmonia arquitetônica. Bem característica da natureza especial do condomínio é a observância das condições estéticas e do estabelecimento do resguardo dos requisitos arquitetônicos. Já o Código Civil de 1916 proibia a qualquer dos coproprietários *alterar* a coisa comum sem o consenso dos outros [N.A.: art. 628, que corresponde ao art. 1.314, parágrafo único do atual]. A aplicação pura e simples deste dispositivo seria de modo a sugerir a conclusão de que no edifício em condomínio especial nenhum dos condôminos pode mudar aquilo que é objeto da copropriedade indivisa de todos sem o prévio acordo dos consortes. Com o fito de melhor assentar que a coexistência da propriedade exclusiva sobre cada apartamento não habilita o titular a romper a pureza do princípio, a legislação especial insere entre os deveres dos proprietários aqueles que se referem à matéria.

Neste sentido, nenhum condômino tem o direito de mudar a forma da fachada externa ou decorar as paredes e esquadrias externas com tonalidades ou cores diversas das empregadas no conjunto do edifício, pois este, embora formado de apartamentos autônomos como propriedade individual de cada condômino e sem perder esta qualidade, se apresenta como um todo ou como unidade externa inconfundível com outro. Na sua individualidade real está a conservação das suas condições arquitetônicas, cujo rompimento ofende o plano inicial que nasceu da manifestação da vontade coletiva e que não pode ser alterado pela expressão volitiva individual. Assim se tem julgado.[4] Julgado foi, igualmente, que os condôminos respondem pelas despesas quando a alteração é necessária em razão de obras realizadas (Tribunal de Alçada do Rio Grande do Sul, *ADV,* n. 36.522, 1989).

---

[4] Ac. do antigo Tribunal de Justiça da Guanabara, *Revista do Tribunal de Justiça da Guanabara,* v. 28, p. 279.

A aplicação desta proibição converte-se em dever de todos os condôminos quanto à conservação das linhas exteriores do prédio, bem como a sua cor, seu desenho etc., e praticamente significa que cada um é compelido a conservar, sem alterações, a porção da fachada correspondente à sua unidade autônoma, porque a fachada do edifício é um bem comum a todos os coproprietários[5] e, como tal, não pode qualquer condômino nela inovar sem o assentimento de todos.

No que se refere à mudança da fachada, tanto a doutrina quanto a jurisprudência tradicionalmente exigiam a anuência de todos os condôminos, o que, nos dias atuais, é praticamente impossível obter, especialmente em grandes condomínios, com centenas de unidades.

Percebe-se, então, uma mitigação do preceito, para se admitirem as modificações, feitas por um ou alguns condôminos, desde que não afetem a estrutura da edificação, não rompam a harmonia arquitetônica do prédio e não desvalorizem as demais unidades, o que deve ser aferido segundo o caso concreto, e, geralmente, por meio de perícia técnica.

Precisa é a lúcida opinião da Professora Maria Regina Pagetti Moran, segundo a qual "o que se percebe é a quebra da harmonia estética da coisa comum, daí a intangibilidade da forma arquitetônica do prédio. A tutela do ornamento arquitetônico foi prestada pelo legislador em consideração à diminuição do valor a que a sua alteração causa sobre as unidades autônomas. O outro ponto a ponderar diz respeito aos direitos do autor do projeto arquitetônico".[6]

Convém, ainda, anotar que o *quorum* para a alteração da fachada não traduz uma unanimidade na doutrina.

Isso porque é forçoso reconhecer que o art. 1.336, III, do Código Civil proíbe a prática, mas não estabelece o *quorum* necessário.

O que ali se contém é que são deveres dos condôminos, entre outros no dispositivo elencados, "não alterar a forma e a cor da fachada, das partes e esquadrias externas".

Firmou-se, então, o entendimento de que, se nenhum condômino pode alterar a fachada, para que isto se autorize, todos terão que aprovar.

Mas há respeitáveis opiniões em contrário, e, entre elas, a de Marco Aurélio de Sá Viana, que entende que no silêncio da lei deve-se aplicar o art. 1.352 do Código Civil, que prevê que, na falta de *quorum* especial, as deliberações serão aprovadas, em primeira convocação, mediante maioria dos votos dos condôminos presentes que representem, pelo menos, metade das frações ideais.[7]

---

[5] Hernán Racciatti, *Propiedad por pisos*, p. 265. Neste sentido decidiu o Tribunal de São Paulo contra o fechamento de terraço por quebrar a harmonia da fachada, *Revista dos Tribunais*, v. 201, p. 234, como, ainda, proclamando a procedência de ação cominatória para compelir o condômino a demolir obra denegada pela assembleia, *Revista dos Tribunais*, v. 207, p. 261.

[6] *Exclusão do condomínio nocivo nos condomínios em edifícios.* São Paulo: Leud Editora de Direito, 1996. p. 271.

[7] *Comentários ao novo Código Civil.* Rio de Janeiro: Forense. p. 443.

A posição ainda dominante no campo doutrinário e jurisprudencial é no sentido de se exigir a unanimidade dos condôminos, com as mitigações anteriormente referidas.

Estas questões envolvem, principalmente, obras feitas nas unidades de cobertura, com acréscimos nos terraços.

Também muito se debate o tema no tocante ao fechamento de varandas e colocação de aparelhos de ar-condicionado.

Relacionamos, a seguir, algumas decisões a respeito do assunto, colhidas em jurisprudência recente do TJRJ: Apelação Cível 0031077-44.2008.8.19.0001 – 13ª Câmara Cível – Des. Gabriel Zefiro – Julgamento 10/10/2012; Apelação Cível 0155831-92.2007.8.19.0001 – 2ª Câmara Cível – Des. Elisabete Filizzola – Julgamento 28/08/2012; Agravo de Instrumento 0023297-17.2012.8.19.0000 – 16ª Câmara Cível – Des. Eduardo Gusmão Alves de Brito – Julgamento 22/05/2012; Apelação Cível 0335787-34.2008.8.19.0001 – 19ª Câmara Cível – Des. Cláudio Brandão – Julgamento 27/03/2012; Apelação Cível 0010272-33.2005.8.19.0209 – 13ª Câmara Cível – Des. Fernando Fernandy Fernandes – Julgamento 19/05/2010.

O limite desta proibição é, contudo, o interesse coletivo. Desde que não colidam com ele nem afetem a segurança geral do imóvel nem infrinjam as cláusulas da convenção, o dono de um apartamento tem direito a fazer as modificações que entender. Foi o que decidiu o Tribunal de Justiça do Distrito Federal,[8] acrescentando que não é o maior ou menor requinte de decoração que pode traduzir mau uso da propriedade. Constitui, entretanto, transformação proibida, ainda que no interior de uma unidade, a modificação que afete a sua natureza, como seria a conversão de um compartimento destinado a guarda-malas e serventias análogas em apartamento.[9]

No entanto, não viola a lei o proprietário de dois apartamentos contíguos que, sem risco para a segurança do prédio, abre passagem de comunicação de um para outro, por meio de parede divisória, por meio de porta ou arco.[10] O mesmo princípio é de aplicar-se ao caso do proprietário de dois apartamentos superpostos que, sem risco para a segurança do edifício e sem prejuízo para os vizinhos, faz abertura na laje de separação, e por uma escada ou rampa os comunica. O que não é possível é alterar a estrutura, como visto acima.

No direito estrangeiro vigora regra idêntica, reconhecendo-se ao proprietário o direito de fazer alterações de toda espécie, desde que não toque nas partes comuns nem arrisque a segurança do prédio: o *ius abutendi,* no sentido de destruição da coisa, "não pode exercitar-se em qualquer parte vital do prédio". Como não atinge uma delas, é possível retirar o estuque, levantar o alcatifamento, remover tabiques. Contudo, é vedado abrir janela ou porta por meio de parede comum ou modificar as paredes mestras.[11]

---

8   Decisão, *Arquivo Judiciário,* v. 63, p. 362.
9   Decisão do Tribunal de Justiça do Distrito Federal, *Arquivo Judiciário,* v. 60, p. 261.
10   Campos Batalha, *Loteamentos e condomínios,* II, p. 180.
11   Edith Kischinewsky-Brocquisse, *Statut de la Copropriété des Immeubles et Sociétés de Construction,* n. 217.

Tem-se entendido, generalizadamente, que não importa em alteração interdita o fechamento de área voltada para o exterior, varanda ou terraço, por vidraças encaixilhadas em esquadrias finas, de vez que a sua transparência não quebra a harmonia do conjunto.

A Justiça já entendeu, mesmo, que importa abuso de direito a recusa de autorização para o fechamento de varanda em uma das fachadas do edifício, quando outras já existem envidraçadas.[12] O envidraçamento de área externa, sem prejuízo ao prédio e sem alteração da fachada, é lícito (Tribunal de Justiça do Rio de Janeiro, *Adcoas*, n. 115.326, 1987; *ADV*, n. 34.699, 1987); admitida a instalação de ar-condicionado (Tribunal de Justiça de São Paulo, Adcoas, n. 125.461, 1989).

83-A. Danos. Não tendo a Lei estatuído expressamente, a jurisprudência tem estabelecido que o condomínio é civilmente responsável por danos causados a terceiros, como no caso de reboco desprendido do edifício (1.º Tribunal de Alçada de São Paulo, *Revista Forense*, v. 271, p. 182); ou no de veículo retirado indevidamente das garagens por empregado (Tribunal de Alçada do Rio de Janeiro, *Revista Forense*, v. 275, p. 230); ou pelo furto de motocicleta (1.º Tribunal de Alçada do Rio de Janeiro, *ADV*, n. 9.179, 1983). Responde por danos ao apartamento, provenientes de defeito na tubulação (1.º Tribunal de Alçada do Rio de Janeiro, *ADV*, n. 15.100, 1984); ou por infiltrações quando provêm das tubulações centrais (1.º Tribunal de Alçada do Rio de Janeiro, *Revista dos Tribunais*, v. 580, p. 253).

O mesmo critério de rateio deve ser observado para o ressarcimento dos *prejuízos* que o proprietário de um apartamento possa ocasionar aos demais, com a realização de obras e reparações na sua unidade.

A hipótese, que já vinha prevista no condomínio tradicional, ao estatuir o Código Civil (art. 627), que o condômino responde aos outros pelos frutos que percebeu da coisa comum, *e pelo dano que lhe causou*, mais de perto e com mais frequência pode ocorrer no regime da propriedade horizontal. Aí, se o conserto, a reparação ou a obra de melhoria provocaram um dano à coisa comum (estrago no elevador, danificação na instalação elétrica ou hidráulica, perfuração em parede ou abatimento no piso etc.), cumpre ao causador, ou empregador deste, entrar com a importância necessária à composição das perdas e danos, pois não pode licitamente beneficiar-se em detrimento de outrem.[13]

O princípio não é o da culpa aquiliana apenas. É evidente que, em caso de dano causado pelo procedimento culposo do proprietário de apartamento, é devida indenização que se reparte *pro rata*, e o seu fundamento legal está no princípio genérico definidor da responsabilidade civil.

---

[12] Decisão do Tribunal de Justiça do Distrito Federal, em *Revista Forense,* v. 170, p. 252. O Tribunal de Alçada de São Paulo decidiu, entretanto, que a colocação de grades no terraço quando quebra a harmonia arquitetônica, é proibida, *Revista dos Tribunais*, v. 443, p. 209, mas não sendo atingida a harmonia estética, é lícita a alteração, *Revista dos Tribunais*, v. 442, p. 169.

[13] Campos Batalha, *Loteamentos e condomínios,* v. II, p. 211.

Independentemente dessa circunstância, e em razão do fato danoso, cabe ao condômino reparar o dano como determina o art. 1.319, já antes referido, a não ser que se possa valer de uma escusativa.

Note-se a diferença: no mal causado por culpa aquiliana, cabe à vítima provar o ilícito do agente; na responsabilidade do condômino, cabe a este, para eximir-se, demonstrar a ausência de responsabilidade, como na hipótese de evidência que o prejuízo sobreviria independentemente de sua ação.

Cumpre, ainda, ressalvar que, se o dano atingir apenas um grupo de condôminos e não todos os consortes, o que se daria na hipótese de o prejuízo atingir apenas um andar ou alguns, é óbvio que o proprietário responsável não deve indenização a todos, senão àqueles prejudicados, pois nenhuma regra disciplinadora de responsabilidade pode conduzir à consequência de alguém enriquecer com base nela (*certare de lucro capiendo*), porém apenas salvar o prejuízo (*certare de damno vitando*).

A Lei do *Condomínio e Incorporações* referia-se expressamente ao assunto, impondo a todo comunheiro o *dever negativo,* de modo a não causar dano ou incômodo aos demais condôminos ou moradores nem obstáculo ou embaraço ao bom uso das mesmas partes por todos (Lei n. 4.591/1964, art. 19). E não esqueceu a sanção, dispondo que a violação que quaisquer dos deveres estipulados na Convenção sujeitará o infrator à multa fixada na própria Convenção ou no regimento interno, *sem prejuízo da responsabilidade civil ou criminal que no caso couber* (Lei n. 4.591, art. 21).

No Código de 2002, não se reproduz exatamente a redação dos arts. 19 e 10, III, da Lei n. 4.591, estabelecendo-se, no art. 1.336, IV, que um dos deveres impostos aos condôminos é "dar às suas partes a mesma destinação que tem a edificação, e não as utilizar de maneira prejudicial ao sossego, salubridade e segurança dos possuidores, ou aos bons costumes".

São os famosos três "*S*" (segurança, saúde e sossego), que também são referidos no art. 1.277 do Código Civil, quando trata dos direitos de vizinhança e do uso anormal da propriedade.

Depreende-se que o legislador, ao incluir a regra na disciplina específica do condomínio edilício, o que, em tese, era dispensável, teve o objetivo de reforçá-la, diante das graves consequências que essas interferências nocivas podem causar no restrito espaço dos condomínios, em que a vizinhança é ainda mais próxima e, às vezes, invasiva.

Poderá, como consequência, qualquer condômino, isoladamente, manejar as ações decorrentes da infração dos deveres de vizinhança, em face de outro, que, com sua conduta, coloca em risco sua segurança, sua saúde e seu sossego.

É interessante notar que o novo Código se referiu, pela vez primeira, aos "bons costumes", o que é um conceito atualmente muito elástico, sendo lícito esperar que sua aplicação venha a suscitar questionamentos que desaguarão no Poder Judiciário.

Caberá ao juiz, em seu prudente arbítrio, decidir se a conduta atribuída ao condômino ofende "os bons costumes", o que se reveste de uma grande dose de subjetividade, a depender dos princípios éticos de cada julgador.

O que é imoral para um pode não o ser para outro, o que dificultará a aplicação prática da norma.

Por isso, entendemos que no julgamento dessas demandas deverão ser considerados os princípios fundamentais da razoabilidade e da tolerabilidade, para cercear o manejo do Judiciário para atender inimizades pessoais entre os condôminos ou intolerâncias exageradas, de cunho religioso ou moral.

Os valores éticos e comportamentais são dinâmicos, modificando-se com o tempo, e hoje já não são os mesmos de décadas passadas.

O problema é apenas da *legitimatio ad causam*, porém de solução simples. Causado o dano à comunidade, cabe a ação ao síndico, da mesma forma que lhe compete impor a multa [N.A.: Código Civil, art. 1.348, inc. VII]. Se, porém, a vítima não for o condomínio, a ação de ressarcimento compete ao prejudicado, diretamente, pois não tem o síndico o poder de representação individual de cada um dos comunheiros.

Quanto às sanções aplicáveis ao condômino infrator, ver Capítulo VII-B.

Capítulo VII-A

DESPESAS CONDOMINIAIS[1]

84. Despesas e cotas condominiais. Interessando a todos a *manutenção e conservação do edifício,* é de princípio que a todos os condôminos compete concorrer, na proporção de sua parte, para as respectivas despesas. Assim já dispunha o Código Civil de 1916 (art. 624), quanto ao condomínio tradicional, e assim continuou sendo, no tocante ao especial. Não há diversidade de princípios nem de fundamentos. Pela mesma razão e para o mesmo fim, que a lei comum estabelece o encargo de todos os condôminos nas despesas de conservação do bem, os condôminos do edifício de apartamentos têm de formar a caixa comum que as suporte. Assim, pois, permanece no regime do Código atual, que cogita das despesas de administração e de conservação, bem como das reparações do que for danificado pela ação do tempo ou de terceiros.

Divergem, contudo, a técnica e os efeitos, no tocante à provisão de valores pecuniários. Relativamente ao condomínio tradicional, a falta de conformismo de quaisquer dos comunheiros terá como sanção a extinção do condomínio, com divisão da coisa e responsabilidade de cada coproprietário com o seu quinhão. No condomínio especial não pode assim ocorrer. A lei não pode admitir que o comunheiro se insurja contra os gastos de conservação e manutenção do edifício, de vez que é visível e palpável a sua necessidade. Cabe, então, anualmente, reunirem-se os condôminos, em assembleia, a fim de votarem, por maioria, a verba relativa às despesas de conservação, cumprindo a cada um concorrer, no primeiro mês de cada trimestre, com a quota que lhe é atribuída no rateio, sendo hoje mais comum a periodicidade mensal, admitidas outras que os condôminos resolvam fixar.

---

[1] Nota do editor: o texto na cor preta indica o texto original do Professor Caio Mário, e o texto na cor cinza é de autoria dos atualizadores. Os capítulos e itens de autoria dos atualizadores, além de estarem na cor cinza, estão indicados com letras após o número.

A despesa condominial (ordinária ou extraordinária) não se confunde com a cota condominial, que representa a proporção com que o condômino deve contribuir no rateio. A cota condominial é paga pelo condômino ao condomínio, enquanto a despesa condominial é desembolsada pelo condomínio a terceiros.

Daí que uma cota extraordinária pode se referir a despesas ordinárias, como aquelas destinadas a suprir déficit em conta do condomínio, assim como uma despesa extraordinária pode não gerar a necessidade de emissão de cota extra, se o condomínio possuir reserva suficiente e quiser utilizá-la no todo ou em parte. A destinação final do recurso usado para a despesa é que determinará sua natureza.

85. Impostos e taxas. No tocante, porém, aos *impostos* e às *taxas* que recaem sobre o imóvel, a lei estabeleceu uma notória diferença relativamente ao condomínio tradicional. Neste, o tributo incide englobadamente sobre a coisa comum, que responde por inteiro pela solução, distribuído o encargo *pro rata* entre todos, cabendo ao que a tiver solvido ação regressiva contra os demais, ou a extinção da comunhão. O edifício de apartamentos é considerado, perante o Fisco, não como uma unidade, mas uma pluralidade de devedores. O edifício não deve ao poder tributante federal, estadual ou municipal, como uma *res integra*, porém cada unidade autônoma é devedora de uma quota tributária e cada proprietário de apartamento é obrigado a contribuir diretamente com o que lhe cabe, mediante lançamento autônomo, como se cada um fosse um prédio isolado. Há, destarte, um desmembramento na arrecadação fiscal, decorrente da natureza especial do condomínio, por via de que o legislador, ao mesmo tempo que estatuiu o dever de solver os débitos para com a Fazenda Pública, isolou cada unidade autônoma, em termos de evitar a repercussão dos ônus tributários nos proprietários das demais. A Lei n. 4.591/1964 expressamente o estabelece no art. 11: "Para efeitos tributários, cada unidade autônoma será tratada como prédio isolado, contribuindo o respectivo condômino, diretamente, com as importâncias relativas aos impostos e às taxas federais, estaduais e municipais, na forma dos respectivos lançamentos".

O Código vigente não contém dispositivo análogo, por entender que caberá ao Fisco legislar sobre a matéria. No entanto, é no mesmo sentido que a legislação tributária regula a cobrança de impostos e taxas que incidem sobre as partes exclusivas.

85-A. IPTU e alienação fiduciária em garantia. O Superior Tribunal de Justiça, em março de 2025, julgou o Tema 1.258 e fixou a seguinte tese, vinculante em todo país:

> "O credor fiduciário, antes da consolidação da propriedade e da imissão na posse no imóvel objeto da alienação fiduciária, não pode ser considerado sujeito passivo do IPTU, uma vez que não se enquadra em nenhuma das hipóteses previstas no art. 34 do CTN".

Portanto, o credor fiduciário somente responderá pelo IPTU a partir da eventual consolidação da propriedade, se o devedor, intimado, não pagar a dívida objeto da garantia, e caso os leilões extrajudiciais sejam negativos e o credor fique com a plena propriedade da unidade condominial.

Quanto à possibilidade de penhora da unidade gravada com alienação fiduciária em execução do condomínio contra o devedor fiduciário, ver item 88-E.

85-B. IPTU e promessa de compra e venda. Quem responde, perante o município, pelo pagamento do IPTU da unidade condominial, em caso de promessa de compra e venda?

O assunto, que já suscitou grande controvérsia, foi pacificado pelo Superior Tribunal de Justiça, no julgamento do Tema 122, ocorrido em junho de 2009, no qual foi fixada a seguinte tese:

> "1. Tanto o promitente comprador (possuidor a qualquer título) do imóvel quanto seu proprietário/promitente vendedor (aquele que tem a propriedade registrada no Registro de Imóveis) são contribuintes responsáveis pelo pagamento do IPTU;
> 2. Cabe à legislação municipal estabelecer o sujeito passivo do IPTU".

Pouco tempo depois (setembro de 2009), a tese foi reforçada na Súmula n. 399 do STJ, pela qual "Cabe à legislação municipal estabelecer o sujeito passivo do IPTU".

Finalmente, se a lei define "como contribuinte o proprietário, o titular do domínio útil, ou o possuidor a qualquer título, pode a autoridade administrativa optar por um ou por outro visando a facilitar o procedimento de arrecadação" (REsp 927.275, STJ).

Quanto à legitimidade passiva do promitente vendedor e do promitente comprador na ação de cobrança e execução de cotas condominiais, ver item 88-A.

86. Seguro da edificação. Os condôminos são ainda obrigados ao *seguro* do edifício contra os riscos de incêndio, terremoto, ciclone ou outro acidente físico semelhante. Não podem deixar de efetuar o seguro, sendo livre no regime anterior a forma global ou destacada [N.A.: Código Civil, art. 1.346]. Se aquela fosse a adotada, o edifício seria objeto de um seguro único, respondendo cada condômino pela sua quota no prêmio, *ad instar* das demais despesas do prédio. Neste caso, o seguro cobriria o prédio em sua totalidade, abraçando, portanto, as unidades autônomas e as partes comuns.

Quando o Código alude à reconstrução do prédio (art. 1.357), após o incêndio, refere-se ao seguro global.

Todavia, como era permitido seguro efetuado por proprietário de apartamento, não ficam neste caso cobertas as partes comuns. É evidente que o seguro individual não garante o risco de incêndio sobre todo o edifício.[2] Daí entendermos que a boa doutrina deve determinar o seguro realizado pelo síndico, sobre todo o prédio, com a obrigação de concorrer cada proprietário no rateio. Entretanto, veio a Lei n. 4.591, de 1964, e tomou orientação diversa, ordenando que se promova o seguro de todo o prédio, imputando-se o prêmio nas despesas ordinárias do condomínio e abrangendo assim as partes comuns

---

[2] Hernán Racciatti, *Propiedad por pisos,* p. 241.

como as unidades autônomas (art. 13). Nada impede, todavia, faça o condômino o seguro complementar de sua unidade e das coisas e valores que contenha.

A mesma regra é mantida no Código Civil atual (art. 1.348, inc. IX).

86-A. Critério de rateio. O rateio será feito na proporção do quinhão no terreno, conforme seja discriminado na escritura de aquisição e convenção do condomínio. E, como se trata de matéria pertinente ao imediato interesse dos condôminos, prevalecerá a deliberação da maioria, a que a minoria dissidente, abstinente ou ausente tem de se submeter. A proporcionalidade dos rateios é vinculada às frações ideais [N.A.: Código Civil, art. 1.336, inc. I] e só se altera se este for mudado em razão de acontecimentos excepcionais.[3]

Cada proprietário de apartamento só está obrigado, em princípio, a concorrer, na proporção de sua parte, nas despesas do edifício que estejam discriminadamente aprovadas em assembleia geral.[4] Às despesas do condomínio retornaremos no Capítulo VII-A.

E não há solidariedade entre os condôminos. Daí os fornecimentos feitos ao edifício só poderem ser cobrados à sua administração, respondendo cada condômino pela quota-parte que lhe tocar na composição da despesa comum.[5]

Como já assinalado, o Código Civil estabelece como critério comum que a contribuição se faça proporcionalmente às frações ideais, mas admite que as convenções possam adotar outras modalidades de rateio, que, neste caso, prevalecerão.

Tornou-se prática dos condomínios edilícios a adoção do critério estabelecido no Código Civil, havendo, entretanto, inúmeros casos de rateio estabelecido com critérios distintos, tais como, entre outros: (i) divisão igualitária pelo número de unidades; (ii) rateio conforme a área privativa da unidade, a qual não se confunde com a fração ideal (ver item 46-A); e (iii) rateios distintos para despesas específicas: nada impede que se dividam as despesas de energia elétrica de uma forma, adotando-se critério diverso para as demais.

O fato é que a lei garante aos condôminos um relevante espaço de autonomia privada para que estabeleçam, de acordo com sua vontade, a melhor forma de divisão das despesas.

Essa liberdade, contudo, não é ilimitada. Se é verdade que 2/3 dos titulares das frações ideais, ao aprovarem a convenção, têm o poder de estabelecer o critério que resolverem acordar, impondo-o a todos os condôminos, mesmo àqueles que não aderiram à convenção, esse direito não pode ser exercido com abuso (CC, art. 187). Uma disposição que, por exemplo, em um dado edifício de 10 apartamentos, imponha a uma unidade 80% das despesas, arcando os outros 9 condôminos com os 20% restantes, sem justificativa razoável para tanto, poderá ser impugnada pelo prejudicado. Da mesma forma, a fixação do critério não pode, sem razoável justificativa, contrariar o disposto no art. 1.340, pelo qual as despesas (ordinárias) relativas a partes comuns de uso exclusivo de um ou mais condôminos devem, em regra, ser arcadas por estes com exclusividade (ver item 86-C).

---

[3] Aéby, *Propriété d'Appartements,* n. 305.

[4] *Vide* decisão do Supremo Tribunal Federal, *Revista Forense,* v. 168, p. 129, e do Tribunal de Justiça do Distrito Federal, *Arquivo Judiciário,* v. 104, p. 243.

[5] Tribunal de Justiça do Distrito Federal, *Revista Forense,* v. 151, p. 247.

Nessa linha, cláusulas de convenções de condomínio outorgadas pelo incorporador que preveem isenção das cotas condominiais para as unidades do empreendimento em estoque têm sido consideradas abusivas. A isenção, total ou parcial, embora não possa ser considerada ilegal *a priori*, deve ser analisada com cautela, sendo válida quando houver, no caso concreto, razão eficaz para a regra.

86-B. Modificação do critério de rateio. Em oposição a esta nova tendência, argumenta-se com o princípio da força obrigatória das leis e dos contratos, resumido pela conhecida máxima romana *pacta sunt servanda*.

Impõe-se, então, relevante questão. Qual é o quórum necessário para a modificação do critério de rateio de despesas?

Indubitavelmente, o critério que melhor se adequa ao sistema legal é o seguinte: (i) se é a convenção que estabelece as quotas proporcionais das contribuições (art. 1.334, I), e se esta pode ser aprovada e modificada (itens 61 e 63) por 2/3 dos titulares de frações ideais, em regra, este será o quórum para a alteração, pois não há direito adquirido a pagar cotas condominiais segundo determinado critério, e sim obrigação (art. 1.336, I); (ii) se a convenção prevê isenção legítima para uma ou mais unidades, sua eliminação deve contar com a anuência dos beneficiados; e (iii) o que vale para a fixação original, vale para a alteração: ela não pode ser concretizada com abuso do direito (item 79-A).

86-C. Rateio de despesas relativas a partes comuns de uso exclusivo. Cumpre, entretanto, observar que não se podem atribuir os ônus de tais despesas a comunheiros que nada têm, direta ou indiretamente, com serviços que nenhuma utilidade lhes presta. Está neste caso o proprietário de loja no rés do chão, e com saída livre, quanto às despesas de manutenção de elevadores.[6] Está neste caso aquele que é proprietário de apartamento sem direito a garagem, quanto às despesas com esta, e, assim em diante, em outras hipóteses análogas. No entanto, é evidente que prevalece, e obriga, a disposição em contrário, inserta na convenção do condomínio. Está, ainda, o condômino, mesmo nesses casos, sujeito às despesas necessárias à conservação e segurança do edifício. Entretanto, o Supremo Tribunal Federal decidiu que o uso eventual de coisa comum (no caso especial, elevador) deve sujeitar o condômino a contribuir para o custeio.[7]

---

[6] Campos Batalha, *Loteamentos e condomínios*, v. II, n. 212, p. 163. O Tribunal de Justiça de São Paulo decidiu ser lícito à convenção mitigar as responsabilidades dos comunheiros, pelas despesas de condomínio, em atenção à utilização dos serviços, como é o caso dos proprietários de lojas em relação às despesas internas (elevadores etc.) *(Revista dos Tribunais*, v. 199, p. 143). Inovação curiosa é a da lei venezuelana, que se refere ao caso de deixarem os comunheiros um ou mais apartamentos alugados cuja renda destina-se a custeio do edifício. V. Goldschmidt, La Ley Venezolana de Propiedad de Apartamentos de 1957, ver, ainda, decisões em *Revista Forense*, v. 242, p. 168; *Revista dos Tribunais*, v. 432, p. 209; v. 446, p. 160; *Adcoas*, n. 17.514, 18.449, 18.450, 19.201, 1973; n. 28.552, 30.202, 1974. Ver, ainda, sobre despesas condominiais da loja térrea, n. 68-D.

[7] E 72.365, Rel. Min. Antônio Neder, *Adcoas*, n. 30.064, 1974.

A diversidade de sanção é manifesta, atendendo a que o condomínio sobre as partes comuns é indivisível e insuscetível de extinção, enquanto vigorar o sistema que mantém o edifício como todo orgânico. Conseguintemente, não será lícito punir o recalcitrante com a divisão da coisa, pois não comporta o edifício nenhuma *adio communi dividundo*. Responderá, então, o condômino relapso pela obrigação, como devedor de quantia certa, e, como tal, pode ser acionado para pagamento do débito, reconhecida ao *administrador* a *legitimatio ad causam* ativa e instituído rito comum ordinário para a ação, já que o Código de Processo Civil de 2015 eliminou o rito sumário, que atribuía no passado a Lei n. 4.591/64 (art. 12, § 2.º), bastando caracterizar a liquidez e certeza do débito a aprovação do orçamento em reunião de coproprietários. Não há, assim, vinculação entre o quinhão do condômino e a responsabilidade pela quota-parte nas despesas comuns, porém a autonomia da dívida, que será cobrável pelos bens do devedor, como toda outra obrigação, e, se recair a penhora no seu apartamento, será coincidência.

Não se deve esquecer que o edifício é um conjunto e que a deterioração de uma parte atinge o conjunto. Por isso, o dever de conservação abrange tanto as partes privativas como as de uso comum. Salvo, pois, o que está adstrito à unidade, justifica-se o dever de contribuição para as despesas gerais pelo interesse da comunidade.[8]

Esse debate, doutrinariamente instigante, tem apenas começado, razão pela qual ainda não se pode dizer que será acolhido pelos Tribunais, ainda mais apegado à tradição.

86-D. A loja térrea e o art. 1.340 do Código Civil. O Código Civil, quanto às despesas referentes a áreas de uso exclusivo, trouxe relevante inovação. O art. 1.340, atento ao senso de justiça, estabelece que as despesas relativas a partes comuns de uso exclusivo de um ou mais condôminos "incumbem a quem delas se serve".

Assim: (i) se um grupo de condôminos utiliza com exclusividade a garagem do edifício, não é correto dividir suas despesas ordinárias, incluindo eventual manobrista, com os condôminos que não podem dela usufruir; (ii) se uma loja possui acesso pela via pública, e seu titular nem sequer potencialmente tem direito ao uso de outras partes comuns, deve ela ser excluída do rateio ordinário de tais despesas, incluindo remuneração dos empregados, insista-se, desde que não haja direito ao uso da portaria, por exemplo.

A questão, todavia, ainda não é pacífica nos tribunais, e hoje prevalece a visão, a nosso sentir equivocada, de que existindo "disposição expressa na convenção de condomínio, estabelecendo o critério de rateio dos encargos condominiais ordinários, prescindível é que haja outra regra específica obrigando o proprietário de loja a arcar com essas despesas" (AgInt no AREsp n. 2.066.363, STJ), ou seja, segundo tal entendimento, o titular da loja somente estará isento de participar do rateio das despesas em caso de disposição nesse sentido na convenção de condomínio.

Os arts. 1.336, I, e 1.340 devem, entretanto, ser interpretados em conjunto: é dever do condômino contribuir para as despesas (art. 1.336, I), salvo aquelas relativas a parte comum que não lhe sirva (art. 1.340).

---

[8] Raluy, *Propiedad horizontal,* p. 76.

Se a loja não tiver hidrômetro próprio, utilizando a água do condomínio, isso não afasta automaticamente seu direito à isenção. A regra deve ser aplicada sem binarismo: nesse caso, o titular da loja participará do rateio das despesas de água, mas não das demais despesas ordinárias.

87. Inovações na edificação e rateio de despesas. Neste passo, cabe indagar se os condôminos são obrigados a suportar o rateio das despesas com *inovações* introduzidas no edifício.

A questão tem sido debatida, e a falta de solução satisfatória parece-nos decorrer de se não fazer uma distinção essencial, a saber: inovações empreendidas por um condômino a benefício do conjunto e inovações previamente deliberadas pela assembleia.

No primeiro caso, o condômino que as tiver feito, ainda que comprovadamente vantajosas aos demais, não tem o direito de reembolsar-se dos gastos à custa do condomínio, salvo deliberação contrária da assembleia. Vigorando o princípio, segundo o qual é proprietário de apartamento, *ut condominus*, não tem a faculdade de modificá-la. A lei não poderia, na verdade, tolerar a inovação, pois os critérios subjetivos de apreciação variam, e aquilo que se afigura benéfico a um pode não o ser a outros ou a todos, e não se arvoraria em *negotiorum gestor* o condômino que oficiosamente assumisse a representação de todos, para cometer alteração que a ele só parecesse conveniente. Falta, pois, título jurídico para o ressarcimento, já que nem é o proprietário um representante ou gestor de negócios, nem se enquadra a inovação na classe das benfeitorias necessárias.

Outra nos parece, contra opiniões respeitáveis (Poirier, Campos Batalha), a solução quanto às inovações previamente deliberadas em assembleia. Aqui não enxergamos a razão de se exigir a deliberação unânime. Nem a realidade das coisas se compadece com tal regra. Se a inovação importar na afronta aos direitos dos condôminos ou se atentar contra a estrutura do prédio, torna-se obrigatória a deliberação unânime não por ser inovação, mas pela outra circunstância. Em caso contrário, a assembleia é o órgão deliberativo do conjunto, e a decisão tomada pela maioria obriga a todos.[9]

Caso a inovação seja caracterizada por benfeitoria ou construção, aplicam-se as regras indicadas no item 70.

87-A. Desconto por pagamento antecipado. Doutrina e jurisprudência tendem a ver com maus olhos a prática de se bonificar o pagamento antecipado da cota condominial, considerando-a como multa embutida, superior ao limite legal de 2%.[10]

---

[9] Sobre inovações: Poirier, *Le propriétaire d'appartements*, n. 108; Racciatti, p. 139; Campos Batalha, n. 238 e segs.; Lino Salis, *Il Condomínio negli Edifici*, n. 44.

[10] A exemplo do Enunciado n. 505 aprovado na V Jornada de Direito Civil, e do AgREsp 873.608, em que o relator, Min. Marco Aurélio Bellizze, ressaltou que "Ou se aplica o desconto ou a multa moratória, jamais as duas. Na realidade, nessa última hipótese, o valor real da taxa condominial é aquela estabelecida com desconto, e não o valor cheio, visto que o condomínio não pode contar com aquele acréscimo em sua contabilidade, já que existe a possibilidade de todos os condôminos pagarem na data do vencimento, beneficiando-se do cogitado 'desconto'".

De fato, pode ocorrer abuso em certos casos. Entretanto, a prática não deveria ser condenada *a priori*. Efetivamente, pode haver situações em que a antecipação da receita seja desejável em benefício do fluxo do caixa condominial. Quando isso acontecer, e desde que seja uma medida temporária, aplicada somente durante o período necessário para se alcançar a finalidade, a bonificação será plenamente lícita.

87-B. Multa moratória. O art. 12, § 3.º, da Lei n. 4.591/1964 previa multa de até 20% em caso de atraso no pagamento da cota condominial.

Esse teto foi reduzido a 2% com a entrada em vigor do atual Código Civil, levantando a seguinte questão: como ficam as convenções de condomínio anteriores que estabelecem a penalidade em patamar superior? A resposta soa evidente: a lei nova não pode prejudicar o ato jurídico perfeito, mas atua sobre os efeitos produzidos na sua vigência. Em outras palavras, a cláusula da convenção que estipula multa de 20% permanece válida, mas seus efeitos ficam limitados a 2%. Se lei posterior elevar o teto, a cláusula estenderá seus efeitos nos limites da nova lei.

Em se tratando de cláusula penal, sua aplicação não decorre automaticamente da lei, devendo estar prevista na convenção, ou, na inexistência ou omissão desta, a previsão deve estar contida em deliberação assemblear.

87-C. Juros moratórios. Os juros moratórios condominiais são tema que vem ganhando crescente complexidade.

Períodos. As taxas de juros incidentes sobre as cotas em atraso sofreram alterações ao longo dos anos, conforme a legislação vigente em cada período:

- **Até 10.3.2003**: Na vigência do art. 12, § 3.º, da Lei 4.591/1964, aplicava-se uma taxa fixa de 1% ao mês;
- **Entre 11.3.2003 e 27.6.2024**: Com a entrada em vigor do Código Civil, o tema passou a ser regulado pelo § 1.º do art. 1.336, e os juros moratórios passaram a ser os previstos na convenção de condomínio. Não havendo juros convencionados, incidia a taxa prevista no dispositivo legal, de 1% ao mês. Tratava-se de regra especial, que excepcionava a taxa prevista no art. 406 do Código Civil, aplicável aos débitos em geral.
- **A partir de 28.6.2024**: A Lei n. 14.905/2024 modificou o § 1.º do art. 1.336, substituindo a taxa de 1% ao mês pelos "juros estabelecidos no art. 406 deste Código"[11].

---

[11] Confira-se a redação atual do dispositivo: "Art. 406. Quando não forem convencionados, ou quando o forem sem taxa estipulada, ou quando provierem de determinação da lei, os juros serão fixados de acordo com a taxa legal. § 1.º A taxa legal corresponderá à taxa referencial do Sistema Especial de Liquidação e de Custódia (Selic), deduzido o índice de atualização monetária de que trata o parágrafo único do art. 389 deste Código. § 2.º A metodologia de cálculo da taxa legal e sua forma de aplicação serão definidas pelo Conselho Monetário Nacional e divulgadas pelo Banco Central do Brasil. § 3.º Caso a taxa legal apresente resultado negativo, este será considerado igual a 0 (zero) para efeito de cálculo dos juros no período de referência".

Juros convencionais e legais. Então, para as cotas condominiais vencidas a partir do dia 28.6.2024, continua em vigor a regra de aplicação dos juros previstos na convenção. Somente na ausência de previsão convencional de juros, aplica-se os juros legais previstos no art. 406 do Código Civil.

Cálculo. Os juros moratórios devem ser calculados mês a mês, a taxa Selic[12], deduzida do índice de correção monetária indicado na convenção, ou, na falta deste, o IPCA/IBGE[13]. Se a subtração *Selic menos Índice* resultar em valor negativo, a taxa do mês será zero.

O Conselho Monetário Nacional, em cumprimento ao disposto no § 2.º do art. 406, publicou a Resolução CMN n. 5.171, de 29 de agosto de 2024, e, de acordo com seu art. 2.º, a taxa legal é calculada para cada mês de referência por meio da seguinte fórmula:

$$TL_m = Max \left[\frac{Fator\ Selic_m}{Fator\ IPCA_m} - 1;\ 0 \right] \times 100\ (\%)$$

TL_m Taxa legal relativa ao mês de referência "m".

$Selic_m$ Fator de acumulação relativo ao mês de referência "m" da taxa referencial do Sistema Especial de Liquidação e de Custódia (taxa Selic) do mês anterior ao de referência.

$IPCA_m$ Fator relativo ao mês de referência "m" da taxa de variação do Índice Nacional de Preços ao Consumidor Amplo 15 (IPCA-15) do mês anterior ao de referência.

Como se vê, o novo mecanismo do art. 406 do Código Civil introduz uma complexidade inconveniente no cálculo e na demonstração dos juros, de difícil compreensão por condôminos, advogados e juízes, potencializando erros e discussões em juízo ou fora dele.

Daí ser recomendável a fixação, pela convenção condominial, de uma taxa de juros de simples aplicação.

Há limite para os juros convencionais? O § 1.º do art. 1.336 do Código Civil, na sua redação anterior à Lei n. 14.905/2024, estabelecia que, na ausência de taxa convencional, os juros moratórios seriam de 1% ao mês, excepcionando a regra geral do art. 406 do mesmo Código Civil.

Em ações de cobrança cujas convenções condominiais previam juros moratórios entre 5% e 10% ao mês, o STJ, sem analisar se a cláusula seria legal ou abusiva, limitou-se a decidir que "é possível à norma condominial a fixação de juros moratórios acima de 1% ao mês, em caso de inadimplemento da taxa mensal a que todo condômino está obrigado"[14].

---

[12] Selic é a taxa referencial do Sistema Especial de Liquidação e de Custódia, definida periodicamente pelo Comitê de Política Monetária (Copom) do Banco Central do Brasil. Disponível em https://www.bcb.gov.br/controleinflacao/historicotaxasjuros. Acesso em: 21.3.2025.

[13] Índice Nacional de Preços ao Consumidor Amplo, divulgado pelo Instituto Brasileiro de Geografia e Estatística. Disponível em https://www.ibge.gov.br/estatisticas/economicas/precos-e--custos/9256-indice-nacional-de-precos-ao-consumidor-amplo.html. Acesso em: 21.3.2025.

[14] AgInt nos EDcl no REsp 1.962.688, STJ. No mesmo sentido: REsp 1.002.525 e AgInt nos EDcl no REsp 1.734.133, STJ.

Mesmo em caso em que o Tribunal de Justiça do Distrito Federal e Territórios havia reduzido os juros mensais para 2%, o STJ deu provimento ao recurso especial para restabelecer o percentual original de 5%, novamente sem analisar, em termos quantitativos, sua legalidade[15].

Diante disso, surge a questão: se a lei claramente permite que a convenção estabeleça juros moratórios superiores à taxa legal, sem fixar um teto, essa liberdade é ilimitada? Seria legítimo convencionar juros de 30% ao mês, ou até mais?

O pagamento das cotas condominiais por todos os condôminos é essencial para o custeio das despesas de funcionamento e manutenção das partes comuns. O condomínio deve dispor de instrumentos eficazes para estimular o adimplemento e para a cobrança dos débitos. No entanto, esse fim legítimo não pode ser um cheque em branco para juros desproporcionais.

A maioria de 2/3 dos condôminos tem o direito de fixar e exigir percentual acima da taxa legal. Porém, ao exercer esse direito, não pode exceder "manifestamente os limites impostos pelo seu fim econômico ou social, pela boa-fé ou pelos bons costumes" (art. 187 do Código Civil).

No vazio da lei, o abuso do direito surge como importante mecanismo de controle de legitimidade contra o exercício de direitos em violação à função social da propriedade, à boa-fé objetiva e aos bons costumes.

Os juros moratórios possuem dupla função e visam compensar o condomínio pelos danos causados pela mora do condômino. Mas não apenas isso[16]. Há uma importante função sancionatória indireta[17], a fim de desestimular o inadimplemento.

Portanto, o percentual dos juros, ao mesmo tempo que pode ir além do estritamente necessário para reparar os danos pelo atraso, não pode ir tão longe a ponto de configurar manifesto enriquecimento sem causa. Não se trata, propriamente, de ausência de causa[18], mas de seu desvio, capaz de caracterizar, no caso concreto, o exercício abusivo do direito.

A presunção de legalidade milita em favor da convenção condominial. Juros moratórios elevados não caracterizam, por si só, o abuso.

---

[15] Trecho do acórdão do TJDFT, que reduziu os juros moratórios de 5% para 2% ao mês: "Na hipótese dos autos, consoante já assinalado, a convenção condominial estabeleceu a incidência de juros de mora no patamar de 5% (cinco por cento), acrescido de multa moratória no patamar 2% (dois por cento) em caso de atraso no pagamento das taxas condominiais, o que torna excessivamente onerosa a obrigação imposta ao condômino inadimplente" (AgInt no REsp 2.130.740, STJ).

[16] O art. 407 do Código Civil estabelece que os juros são devidos ainda que o credor não alegue prejuízo, a demonstrar que não se trata de simples função reparatória.

[17] Os juros moratórios não se confundem com a cláusula penal, regulada pelos arts. 408 a 416 do Código Civil. O art. 412 estabelece que a multa não pode exceder o valor da obrigação principal, mas a regra não se aplica ao condomínio edilício, para o qual existe a regra especial do 1.337 do mesmo Código, que admite uma cláusula penal de até 5 vezes o valor da cota condominial. Sobre a multa pelo reiterado atraso das cotas condominiais, ver item 89-C.

[18] A causa existe e tem fundamento na cláusula condominial, aprovada pelo quórum legal, e com juros fixados acima da taxa legal por autorização expressa do art. 1.336, § 1.º, do Código Civil.

Na expressão do art. 187 do Código Civil, somente será abusivo o exercício do direito que "excede manifestamente os limites". Nessa linha, o excesso dos juros deve ser *manifesto*. Os juros serão abusivos somente quando forem evidentemente exorbitantes, injustificavelmente elevados, absurdamente altos ou excessivos ao extremo.

Critério objetivo de aferição dos juros convencionais. Como identificar o manifesto excesso sem mergulhar no poço das subjetividades? O que é manifestamente excessivo para um juiz, pode ser justificável para outro. A análise deve ser pautada por critérios objetivos.

O Decreto n. 22.626/1933 pode servir como um dos faróis. Essa norma foi aprovada para "regular, impedir e reprimir os excessos praticados pela usura" e evitar "remuneração exagerada" do capital. O Decreto veda a estipulação de "taxas de juros superiores ao dobro da taxa legal" (art. 1.º), ao mesmo tempo que admite que "pela mora dos juros contratados estes sejam elevados de 1% e não mais" (art. 5.º)[19]. No mútuo, os juros representam a própria remuneração do credor. O condomínio não exerce atividade empresarial de concessão de crédito com os condôminos, mediante juros remuneratórios, nem possui fins lucrativos.

A regra do referido Decreto deve servir apenas como referência objetiva. E como tal, dela se pode extrair, por exemplo, que, não exercendo o condomínio atividade empresarial, não se lhe aplica o natural risco do negócio. Logo, os juros convencionais fixados em percentual corresponde ao dobro da taxa legal mais 1%, ou patamar superior aproximado, não serão abusivos. Pois, se até o empresário está protegido pela regra do Decreto, com mais razão o condomínio, que depende do adimplemento das cotas condominiais para sua sobrevivência.

Isso significa a possibilidade de juros, por exemplo, de 3% ao mês ou mais, a depender da taxa média da Selic no período em cobrança. Insista-se: a regra é meramente referencial e não representa um limite aritmético. Esse critério, mais objetivo que a simples opinião, inevitavelmente subjetiva, representa um ponto de partida objetivo mais seguro para a manutenção ou redução dos juros convencionais no caso concreto.

88. Prescrição. Questão será, neste passo, indagar da *prescrição* da obrigação de participar nas despesas comuns. Nenhuma lei especial há em referência ao assunto. Uma consulta ao Código Civil não oferece solução direta.

Na falta, então, de um dispositivo expresso, e como não se pode sustentar, por nenhum argumento, a imprescritibilidade do respectivo direito, a conclusão necessária é que vigora a regra geral do art. 205, com o encurtamento proveniente do novo Código.

Na doutrina francesa, em que não há prazo especial, como no direito brasileiro, a solução apontada é a mesma.[20]

---

[19] A Lei n. 14.905/2024 excluiu determinadas obrigações da incidência do Decreto, sem mencionar as obrigações civis em geral.

[20] Edith Klschinewsky-Brocquisse, *Statut de la Copropriété des Immeubles et Sociétés de Construction*, n. 253.

Após anos de controvérsia, o Superior Tribunal de Justiça pacificou a questão, ao julgar o Tema Repetitivo 949, e definiu o prazo prescricional em 5 anos, conforme a seguinte tese fixada:

> "Na vigência do Código Civil de 2002, é quinquenal o prazo prescricional para que o condomínio geral ou edilício (horizontal ou vertical) exercite a pretensão de cobrança de taxa condominial ordinária ou extraordinária constante em instrumento público ou particular, a contar do dia seguinte ao vencimento da prestação".

88-A. Legitimidade passiva. A participação no rateio das despesas condominiais é um dever do condômino (Código Civil, art. 1.336, I), uma obrigação *propter rem* que não se restringe ao proprietário e inclui outras situações jurídicas, tais como o nu-proprietário e o usufrutuário, o titular do domínio útil e o multiproprietário.

Há, ainda, duas situações jurídicas que, por terem suscitado grande controvérsia, até hoje não resolvidas, merecem uma análise mais detida: a promessa de compra e venda, tratada a seguir, e a alienação fiduciária em garantia, objeto do item 88-E.

Promessa de compra e venda. Em 2019, o STJ julgou o Tema 886, publicando a seguinte tese:

> "a) O que define a responsabilidade pelo pagamento das obrigações condominiais não é o registro do compromisso de venda e compra, mas a relação jurídica material com o imóvel, representada pela imissão na posse pelo promissário comprador e pela ciência inequívoca do Condomínio acerca da transação;
>
> b) Havendo compromisso de compra e venda não levado a registro, a responsabilidade pelas despesas de condomínio pode recair tanto sobre o promitente vendedor quanto sobre o promissário comprador, dependendo das circunstâncias de cada caso concreto;
>
> c) Se restar comprovado: (i) que o promissário comprador imitira-se na posse; e (ii) o Condomínio teve ciência inequívoca da transação, afasta-se a legitimidade passiva do promitente vendedor para responder por despesas condominiais relativas a período em que a posse foi exercida pelo promissário comprador".

A tese tem o legítimo objetivo de "resguardar o promitente vendedor", evitando surpreendê-lo, "após a alienação do imóvel, com a cobrança de despesas condominiais provenientes de um bem sobre o qual há muito não exerce a posse"[21].

A "ciência inequívoca da transação" ocorrerá quando, antes do ajuizamento da ação: (i) o condomínio teve ou poderia ter acesso ao contrato, por estar registrado na matrícula da unidade, e acessível mediante certidão, ou por tê-lo recebido do promitente comprador, do promitente vendedor ou de terceiro; e (ii) o condomínio sabia que o comprador estava na posse da unidade, o que pode ser verificado por qualquer meio de prova admissível.

---

[21] AgInt no REsp 2.006.920, STJ.

Entretanto, em razão do seu longo texto e diversas hipóteses nela tratadas, a tese fixada no Tema 886 não é de simples aplicação e permite interpretações divergentes[22]. Em outras palavras: conforme a promessa e a imissão na posse tenham ocorrido antes do ajuizamento ou no curso do processo, com ou sem ciência do condomínio, a ação de cobrança ou execução de cotas condominiais pode ter resultados distintos. Confira-se a tabela:

Hipótese	Legitimidade passiva
Promessa anterior. Vendedor na posse.	**Legitimidade do promitente vendedor.** Se existe anterior promessa de compra e venda, registrada ou não na matrícula da unidade, e o promitente vendedor, na data do ajuizamento da ação, ainda estava na posse do imóvel, a legitimidade passiva é sua. A ciência do condomínio sobre a existência da promessa é irrelevante.
Promessa anterior. Comprador na posse. Sem ciência do condomínio.	**Legitimidade do promitente vendedor.** Se a assinatura da promessa e a transmissão da posse ao comprador ocorreram antes do ajuizamento da ação, mas o condomínio não tinha ciência inequívoca desses fatos, a legitimidade passiva, também nesse caso, é do promitente vendedor.
Promessa anterior. Comprador na posse. Condomínio ciente.	**Legitimidade do promitente comprador.** Se a promessa e a transmissão da posse são anteriores à ação e havia ciência inequívoca do condomínio, a legitimidade passiva é do promitente comprador[23].
Promessa anterior ou posterior. Posse transmitida no curso da ação.	**Legitimidade concorrente.** Finalmente, se a posse foi transmitida ao promitente comprador após o ajuizamento da ação, a legitimidade é concorrente24. É irrelevante a ciência inequívoca do condomínio sobre a promessa e a transmissão da posse. O promitente vendedor tem legitimidade passiva por estar na posse da unidade por ocasião do ajuizamento da ação, e a legitimidade passiva do promitente comprador decorre do art. 1.345 do Código Civil, que estabelece sua responsabilidade pelos débitos condominiais anteriores.

---

[22] Não se trata de mera ilação. De um lado, o STJ, mencionando o Tema 886, afasta a legitimidade passiva do promitente vendedor "se ficar comprovado que: (i) o promissário comprador se imitiu na posse; e (ii) o condomínio teve ciência inequívoca da transação" (REsp 2.170.446, STJ). Mas, de outro, o mesmo STJ, também citando o Tema 886, diz que a responsabilidade pode recair "sobre ambos" (AgInt no AREsp 2.212.049, STJ).

[23] Neste caso, mesmo estando apenas o promitente comprador no polo passivo, "o proprietário do imóvel pode ter seu bem penhorado no bojo de ação de cobrança, já em fase de cumprimento de sentença, da qual não figurou no polo passivo" (AgInt no REsp 2.006.920, STJ). A possibilidade de penhora é um consenso. Contudo, a penhora da unidade é um ato processual, efetivado nos autos do processo. Ele não se confunde com o seu registro. São dois atos distintos. Em relação ao segundo, a questão envolve direito registral, e a lei estabelece competência própria para o julgamento de matéria relativa a registros públicos. Por isso, há casos de recusa do cartório em efetivar o registro da penhora quando o promitente comprador não aparece na matrícula, por inexistir o prévio registro da promessa ("Registro de imóveis – Penhora – Ofensa ao princípio da continuidade que impede a averbação requerida – Recurso não provido" (TJSP-CGJ/SP. Recurso Administrativo 1003835-03.2019.8.26.0296, Corregedor-Geral da Justiça e Relator Des. Fernando Antônio Torres Garcia, j. 29.11.2023)). Contudo, o art. 843 do Código de Processo Civil soluciona o problema, pois admite a penhora da fração do coproprietário (condomínio geral voluntário) ou da meação do cônjuge alheio à execução. Tal dispositivo legal pode e deve ser aplicado por analogia ao promitente comprador, para permitir o registro da penhora.

[24] AgInt no REsp 1.851.742 e AgInt no REsp 1.907.738, STJ.

Condomínio geral voluntário. Se existir condomínio geral voluntário sobre a unidade, todos os condôminos respondem solidariamente, não sendo exigida do condomínio a inclusão de todos no polo passivo da demanda. Qualquer dos condôminos poderá ser acionado individualmente, tendo, em caso de pagamento, direito de regresso contra os demais.

Se a ação não tiver sido movida contra todos os condôminos, isto não impedirá a penhora e o leilão da unidade, pois, nos termos do art. 843 do Código de Processo Civil, "tratando-se de penhora de bem indivisível, o equivalente à quota-parte do coproprietário (...) alheio à execução recairá sobre o produto da alienação do bem".

Naturalmente, o condômino, sendo codevedor, não tem direito à reserva de parte do produto na proporção da sua fração, pois a regra do citado art. 843, neste caso, tem a função única de fundamentar a possibilidade da penhora de 100% da unidade, ainda que um ou mais condôminos sejam alheios à execução.

Alienação fiduciária em garantia. Sobre o assunto, ver item 88-E.

88-B. Título executivo extrajudicial e cotas vencidas durante o processo. O Código de Processo Civil de 2015, em elogiável inovação, incluiu, no rol dos títulos executivos extrajudiciais (art. 784, X), "o crédito referente às contribuições ordinárias ou extraordinárias de condomínio edilício, previstas na respectiva convenção ou aprovadas em assembleia geral, desde que documentalmente comprovadas".

Evita-se, assim, a ação de conhecimento e seus recursos, para a formação de título executivo judicial, tornando mais célere a cobrança da dívida.

Além dos documentos de representação[25] e da comprovação de que o executado é condômino[26], a petição inicial da execução deve ser instruída com:

- os documentos de representação: convenção de condomínio, ata de eleição, documento do síndico e procuração ao advogado;
- a comprovação de que o executado é condômino: em regra, a certidão da unidade imobiliária, emitida pelo cartório de registro de imóveis; e
- a ata de aprovação do orçamento anual é dispensável (REsp 2.048.856, STJ), desde que seja juntada a ata da assembleia que fixou o valor das cotas condominiais no período em cobrança[27].

Em outras palavras, o valor cobrado em juízo, constante da planilha de débito, deve ser verificável a partir da(s) ata(s) assemblear(es) ou diretamente, quando o valor das cotas é indicado na ata ou por cálculo aritmético, obtido pela multiplicação entre o valor

---

[25] Convenção de condomínio, ata de eleição, documento do síndico e procuração ao advogado.

[26] Em regra, isso é comprovado pela certidão da unidade imobiliária emitida pelo cartório de registro de imóveis, mas há casos em que pode ser necessário documento adicional, a exemplo do contrato de promessa de compra e venda, na hipótese do Tema 886 do STJ, para a execução em face do promitente comprador imitido na posse da unidade (ver item 88-A).

[27] Ou atas, se mais de uma estiver abrangida na execução.

aprovado para o orçamento e o coeficiente de rateio de despesas da unidade, que será aquele fixado pela convenção de condomínio ou, na sua ausência, a fração ideal (CC, art. 1.336, I). Daí a importância de uma redação adequada da ata, a fim de evitar discussões sobre a certeza e a liquidez do valor em execução.

Se no valor da cota se incluiu alguma sanção, como a incidência de multa, também será preciso anexar a convenção ou decisão assemblear que a comine.

Não estando presentes esses requisitos, a cobrança só poderá ser feita por ação de conhecimento, o que retarda, e muito, a realização do crédito.

São enormes as vantagens práticas que a execução produz em benefício do condomínio, que, ajuizada e admitida a ação, poderá obter certidão, com identificação das partes e do valor da causa, para fins de averbação no registro de imóveis e cadastros restritivos de concessão de crédito.[28]

O condômino moroso será citado para o pagamento do débito e seus acessórios, no prazo de três dias, sob pena de a penhora recair sobre a unidade, o que já constará do mandado de citação.

Não sendo encontrado o réu, a penhora se converterá em arresto da unidade.

Fácil é perceber que dispõe hoje o condomínio de ferramentas bem mais poderosas para compelir o condômino a cumprir sua principal obrigação, que é a de pagar, pontualmente, sua cota de rateio das despesas comuns. Sobre a suspensão dos direitos de uso de áreas comuns e de participação e voto nas assembleias condominiais, ver itens 89-F e 89-G.

Ressalte-se que o condomínio não é obrigado a promover a execução do título extrajudicial, sendo-lhe facultada a via da ação de conhecimento, pelo rito ordinário, considerando a extinção, pelo atual CPC, do rito sumário.

Em qualquer dos caminhos eleitos será possível ao condomínio, até a quitação da dívida, incluir na cobrança as cotas que se vencerem no curso do processo, por autorização expressa do art. 323 do atual CPC, segundo o qual, "Na ação que tiver por objeto cumprimento de obrigação em prestações sucessivas, essas serão consideradas incluídas no pedido, independentemente de declaração expressa do autor, e serão incluídas na condenação, enquanto durar a obrigação, se o devedor, no curso do processo, deixar de pagá-las ou de consigná-las" (REsp 1.835.998, STJ), sendo "possível a inclusão, na execução de título extrajudicial, das parcelas vincendas no débito exequendo, até que ocorra o cumprimento integral da obrigação", em conformidade com os princípios da efetividade e da economia processual (REsp 2.025.425, STJ). O advento da regra expressa sela anos de discussão e se revela medida de acertada economia processual.

88-C. Penhora do bem de família. O bem de família voluntário está previsto no Código Civil, que no art. 1.711 autoriza que os cônjuges, ou a entidade familiar, destinem parte de seu patrimônio para instituir bem de família, desde que não ultrapasse um terço do patrimônio líquido existente ao tempo da instituição.

---

[28] Nesse sentido, há ainda a possibilidade de protesto das cotas condominiais.

Uma vez instituído o bem de família, incide a regra prevista no art. 1.715, que torna esse bem isento de execução por dívidas posteriores à sua instituição, salvo as que provierem de tributos relativos ao prédio, "ou de despesas de condomínio". A penhorabilidade do bem de família voluntário por dívidas condominiais, portanto, está expressamente prevista na lei civil.

A Lei n. 8.009/1990 trouxe uma nova espécie de bem de família, caracterizada de pleno direito, por força de lei, em que: (i) o imóvel residencial próprio do casal, ou da entidade familiar, é impenhorável e não responde, salvo em alguns casos arrolados na própria lei, por dívidas de qualquer outra natureza, contraída pelos cônjuges ou pelos pais ou filhos que sejam seus proprietários e nele residam; (ii) somente se considera como residência um único imóvel (não necessariamente "o" único) utilizado pela entidade familiar para moradia permanente; (iii) a impenhorabilidade, que pode ser alegada em qualquer processo de execução, compreende o imóvel, as benfeitorias de qualquer natureza e todos os equipamentos ou móveis que guarnecem a casa, desde que quitados, com exceção de obras de arte e adornos suntuosos; (iv) se a entidade familiar possuir mais de um imóvel usado como residência, a impenhorabilidade recairá sobre o de menor valor, salvo se outro tiver sido eleito como bem de família voluntário; e (v) a lei não protege o insolvente que adquire de má-fé imóvel mais valioso para transferir a residência familiar, caso em que o juiz pode transferir a impenhorabilidade para a moradia familiar antiga ou anular a venda, determinando a penhora do imóvel de maior valor.

Como o art. 3.º da Lei n. 8.009/1990 não excepciona a dívida condominial, referindo-se apenas a tributos incidentes sobre o imóvel, financiamento e outras hipóteses, discute-se se o condomínio poderia obter a penhora da unidade condominial em débito.

A jurisprudência tem se consolidado no sentido de permitir tal penhora, considerando a natureza *propter rem* da obrigação de pagar as cotas.[29] Some-se a isso o argumento da analogia: sendo idêntica a situação, é perfeitamente aplicável a regra do art. 1.715 do Código Civil.

Quanto a penhora e leilão da vaga de garagem, ver item 71-G.

88-D. Penhora da unidade do condômino que não foi réu na ação de cobrança. Uma discussão comum diz respeito à possibilidade de o condomínio obter a penhora da unidade nos casos em que a ação de cobrança foi proposta contra pessoa que, embora tendo legitimidade passiva, não consta, da matrícula, como proprietária do bem. A exemplo do promitente comprador ou do usufrutuário. Em tais casos, a jurisprudência vem entendendo possível a penhora, "em se tratando a dívida de condomínio de obrigação *propter rem* e partindo-se da premissa de que o próprio imóvel gerador das despesas constitui garantia ao pagamento da dívida" (STJ, AgInt no AREsp 2.170.815/PR)[30].

---

[29] STJ, Ação Rescisória 5.931-SP.

[30] **Na mesma linha:** "A dívida condominial tem natureza de obrigação *propter rem*, podendo, pois, ser demandada de quem exerce a relação jurídica de direito material com a coisa, o que permite a penhora do imóvel mesmo que o proprietário não tenha participado da fase de conhecimento e não conste no título executivo, resguardado o eventual direito de regresso" (AgInt no REsp 1.962.085/PR).

88-E. Penhora de unidade gravada com alienação fiduciária em garantia. Uma vez instituída a alienação fiduciária, o devedor fiduciante torna-se titular de direito à aquisição e possuidor direto, enquanto o credor fiduciário recebe a propriedade do bem com escopo de garantia, ficando com a posse indireta. Nos termos do art. 27, § 8º, da Lei n. 9.514/1997, responde o fiduciante pelo pagamento das contribuições condominiais e demais encargos e tributos que recaiam sobre o imóvel, até a data em que o credor fiduciário vier a ser imitido na posse plena. Isto é, enquanto possuidor direto, cabe ao devedor fiduciante, como condômino, a obrigação prevista no art. 1.336, I, do Código Civil.

A jurisprudência do Superior Tribunal de Justiça, reiteradamente, vinha decidindo, com base na referida regra especial, que "não é possível a penhora do imóvel alienado fiduciariamente em execução de despesas condominiais de responsabilidade do devedor fiduciante [...], uma vez que o bem não integra o seu patrimônio, mas sim o do credor fiduciário, admitindo-se, contudo, a penhora do direito real de aquisição derivado da alienação fiduciária" (REsp 2.036.289, j. 18.04.2023).

Contudo, em maio de 2023, a 4.ª Turma do STJ, por maioria, no REsp 2.059.278/SC, entendeu ser possível a penhora da unidade alienada fiduciariamente, tendo em vista a natureza *propter rem* da obrigação de pagar as cotas condominiais. Desde então, as 3.ª e 4.ª Turmas do STJ passaram a divergir sobre o assunto.

Em junho de 2024, a 2.ª Seção, que reúne as duas Turmas citadas, acolheu a proposta de afetação do assunto ao Tema 1.266, que por ocasião do fechamento desta edição ainda aguardava julgamento.

Nesse período, a mesma 2.ª Seção do STJ, em março de 2025, ao julgar três recursos especiais, entendeu, por apertada maioria (5 a 4), que o imóvel, e não apenas o direito do devedor fiduciante, pode ser penhorado e ir a leilão. Essa decisão, embora não seja vinculante para os tribunais estaduais, deve acabar com a controvérsia entre a 3.ª e a 4.ª Turmas, sendo um indicativo de como o Tema 1.266 poderá ser julgado.

88-F. Penhora de vaga de garagem. Sobre penhora e leilão da vaga de garagem, ver item 71-G.

88-G. Responsabilidade do arrematante pelos débitos anteriores. O art. 1.345 do Código Civil, inovando em relação à Lei n. 4.591/1964, que silenciava a respeito, estabelece que o adquirente de unidade responde pelos débitos do alienante, em relação ao condomínio, inclusive multa e juros.

Tema candente diz respeito à responsabilidade do arrematante em hasta pública, no âmbito de execução judicial.

Mesmo antes da entrada em vigor da regra do art. 1.345, a jurisprudência já decidia que o arrematante da unidade respondia pelos débitos anteriores à arrematação.[31]

---

[31]   STJ, REsp 1.044.890, entre outros.

Entretanto, em 2011, ocorreu uma guinada,[32] e desde então a jurisprudência vem condicionando essa responsabilidade à existência de ressalva expressa da dívida no edital do leilão, com a seguinte argumentação: (i) a dívida condominial tem natureza *propter rem*, não vinculando quem não era condômino durante o período da dívida; (ii) a arrematação é modalidade de aquisição originária, e o adquirente deve receber o imóvel sem ônus; (iii) o art. 130, parágrafo único, do Código Tributário Nacional (CTN) estabelece que, em caso de arrematação em hasta pública, os créditos relativos a tributos incidentes sobre o bem sub-rogam-se sobre o respectivo preço; e (iv) é preciso "preservar a segurança jurídica e proteger a confiança posta pelos jurisdicionados na alienação judicial promovida pelo Estado".[33]

Esse entendimento, contudo, merece ressalvas, por algumas razões:[34]

1.º) O dever de pagar as cotas condominiais (CC, art. 1.336, I) é uma obrigação *propter rem*, que decorre da titularidade sobre a unidade condominial. Só o condômino, quando se tornar condômino e enquanto condômino for, tem que participar do rateio das despesas. Porém, o contrato ou a lei (este é o caso do art. 1.345) podem atribuir a pessoa diversa a *responsabilidade* pelo descumprimento da obrigação. Portanto, o adquirente não é devedor, mas é responsável. Não por outra razão, o dispositivo utiliza o verbo "responde".

2.º) A arrematação é forma derivada de aquisição da propriedade imobiliária. O Código Civil prevê como modalidades aquisitivas o registro do título, a sucessão *causa mortis*, a usucapião e a acessão (nesta, incluídos o álveo abandonado, as ilhas, a aluvião, a avulsão e as construções e plantações). Usucapião e acessão são formas originárias de aquisição da propriedade. A sucessão *causa mortis* e a transmissão pelo registro do título são formas derivadas, em que há transferência de uma pessoa, falecida ou viva, para outra. Resta saber onde se encaixa a arrematação. A fim de satisfazer o crédito do exequente, o Estado aliena compulsoriamente o bem penhorado, com suprimento de consentimento do devedor. O auto de arrematação, que é assinado pelo juiz, e não pelo executado, contém os elementos da modalidade derivada: alienante (devedor) e adquirente (arrematante), ato jurídico celebrado entre pessoas, com suprimento de vontade, causa e pagamento de imposto de transmissão.

3.º) A natureza da arrematação, se aquisição originária ou derivada, não é relevante para a discussão, a uma porque o art. 1.345 não limita a regra da responsabilidade às aquisições derivadas, e a duas porque, no caso da usucapião, o pagamento das cotas condominiais, de natureza *propter rem*, é a conduta que se espera do possuidor com *animus domini*.

4.º) Se existe dispositivo específico na lei civil (art. 1.345) regulando a responsabilidade do adquirente, não há espaço para analogia, com aplicação de regra tributária (CTN, art. 130, parágrafo único). O legislador do Código Civil poderia ter adotado, para

---

[32] STJ, REsp 1.092.605.

[33] STJ, REsp 1.672.508.

[34] André Abelha,. Aquisição de unidade condominial em hasta pública, *Lições de direito imobiliário*, p. 436-445.

os débitos condominiais, a mesma exceção que o CTN prevê para os débitos fiscais, mas preferiu manter a regra geral, sem ressalva.

5.º) A discussão sobre a omissão do edital do leilão nunca ocorre em execução de cotas condominiais, movida pelo condomínio, maior interessado, pois, se a finalidade do processo é justamente a quitação do débito condominial, nunca há desconhecimento do arrematante, e o produto da arrematação visa quitar a dívida. O problema surge em execuções movidas por terceiros, que, na elaboração do edital, não têm interesse específico em saber se há dívida condominial. Se, por um lado, não se nega a necessidade do edital de trazer os ônus existentes sobre o bem, não é menos verdade que o condomínio, ao contrário de outros credores (CPC, art. 889), não é intimado sobre o leilão, o que, aliás, faz sentido, ante a suposta proteção do art. 1.345 do Código Civil. A atual jurisprudência coloca essa lógica em xeque. O condomínio, não sendo parte na ação, nem sendo ao menos intimado, não pode sofrer as consequências da omissão do edital.

6.º) Finalmente, a boa-fé não beneficia o arrematante que não observa seu dever de diligência nos 10 dias subsequentes à hasta pública. O adquirente em hasta pública está sujeito aos efeitos da evicção (CC, art. 447), o que reforça o argumento de que o leilão não corta os vínculos com o passado. Além disso, o CPC (art. 903, § 5.º, I) permite que o arrematante desista se provar, em 10 dias, a existência de ônus ou gravame omitido pelo edital. Há, aqui, um período de reflexão, durante o qual o arrematante tem o dever de diligenciar em busca de débitos omitidos no edital. Sendo uma unidade condominial, o dever mínimo de zelo passa pela consulta à administradora do condomínio sobre eventuais débitos.

Capítulo VII-B

PENALIDADES E CONDÔMINO ANTISSOCIAL[1]

89. Sanções. Como sói ser, a existência da norma coactiva, seja a lei geral, seja a lei particular, que no caso é a convenção do condomínio, não pode contentar-se com estabelecimento de deveres e obrigações, mas deve ainda cuidar de *impor sanção*, na observância do velho princípio geral que distingue a norma jurídica do preceito moral.

Não fazendo exceção, a lei especial da propriedade horizontal cogita do estabelecimento de penas para os infratores dos deveres legais, que alinha.

Na escolha das penalidades, duas correntes legislativas se apresentam. De um lado, as leis da Argentina e do Chile, criando *penas corporais* para os infratores. De outro lado, as demais legislações, contentando-se com a cominação de *penas pecuniárias*.

Nesta última corrente, inscrevia-se a lei brasileira (Decreto n. 5.481/1928, art. 11, parágrafo único), obrigando ao pagamento de multa, o transgressor dos deveres negativos impostos no corpo do artigo e o dobro na reincidência. É sem dúvida necessária a sanção. Merecia, todavia, reparos o legislador, quando *destinava* as multas metade à Municipalidade, metade ao interessado que intentasse a ação. Com esta medida, criava a lei um critério gerador de rixas e indisposições, que somente podia ser incômodo num regime que já herda o preconceito de ser uma fonte de litígios.

Mais conveniente seria que ação se intentasse pelo síndico, e somente na falta ou recusa, por outro condômino, e a multa se destinasse ao próprio condomínio, pouco importando que mediatamente viesse beneficiar o próprio infrator, com a repercussão indireta nas suas despesas do condomínio.

Considerando que a contravenção da regra jurídica ocorreu dentro de um círculo fechado, ofendendo bens jurídicos em órbita restrita, de forma a justificar que a punição,

---

[1] Nota do editor: o texto na cor preta indica o texto original do Professor Caio Mário, e o texto na cor cinza é de autoria dos atualizadores. Os capítulos e itens de autoria dos atualizadores, além de estarem na cor cinza, estão indicados com letras após o número.

quando não chegue a infração a transpor aquele ambiente quase doméstico e não vá ferir o direito da cidade, tenha caráter pecuniário e se estabeleça a benefício do grupo, que diretamente suportou o dano, a pena pecuniária deve arrecadar-se em benefício da própria comunidade.

Isto não impede, porém, que o agente venha a sofrer pena de prisão se se capitular a sua conduta como infração da lei da propriedade horizontal e ao mesmo tempo como contravenção penal, ou mesmo delito, ou que sofra pena pecuniária, se a sua conduta for apenada com multa a favor da Municipalidade.

Questão é, ainda, a indagação se pode a convenção do condomínio estipular outras penalidades além das legais. E parece-nos que sim. Como já vimos, aquele regulamento é normativo, e nada impede que institua novos preceitos cogentes.

Para fazê-los exigíveis, os coproprietários têm o direito de convencionar cominações. Elas assentam no princípio da autodeterminação ou da autonomia da vontade, e, à moda da cláusula penal, não importam em faculdade alternativa a benefício do infrator, porém participam da mesma natureza jurídica da pena convencional, de que diferem na imposição autônoma e na exigibilidade administrativa, realizada pelo síndico, independentemente da cobrança judicial, a que somente se recorrerá na falta de atendimento espontâneo.

A *Lei do Condomínio e Incorporações* veio adotar rumo único, no tocante às sanções. Estabeleceu (art. 21) que compete à Convenção ou ao regimento interno fixar as multas, às quais o infrator se sujeita, sem prejuízo, porém, da responsabilidade civil e criminal que eventualmente caiba. Ao síndico competia impô-las (art. 22, § 1.º, alínea *d*) com recurso para a assembleia geral (art. 22, § 3.º).

O Código Civil de 2002, então, inovou em relação à Lei n. 4.591/1964, estabelecendo uma escala de três sanções pecuniárias aplicáveis ao condômino que descumpre suas obrigações perante o condomínio, analisadas nos itens 89-B, 89-C e 89-D.

O condomínio, todavia, não está limitado à aplicação das sanções pecuniárias legalmente previstas. A suspensão de direitos, conforme o caso, pode ser aplicada pelo condomínio ou por ordem judicial, o que é objeto dos itens 89-E e 89-F.

89-A. Multa moratória. A multa de 2% **(art. 1.336, § 1.º)**, aplicável sobre a cota condominial em atraso, tem natureza moratória, e não sancionatória. Assim, e por sua melhor conexão temática com as despesas condominiais (Capítulo VII-A), o assunto é analisado no item 87-B. Sobre os juros moratórios, ver item 87-C.

89-B. Primeira Multa: Violação singular. O § 2.º do art. 1.336 do Código Civil prevê a multa a ser aplicada em caso de inobservância dos deveres previstos nos incisos II a IV do mencionado artigo. Trata-se de poderoso e prático instrumento à disposição do condomínio para estimular o cumprimento das regras condominiais.

Condutas sancionáveis. O legislador excluiu da incidência dessa sanção o atraso no pagamento das cotas condominiais, para a qual já está prevista a multa moratória do § 1.º do art. 1.336 (ver item 87-B). A multa do § 2.º se aplica ao infrator nas seguintes hipóteses:

- *Art. 1.336, II*: realização de obra que coloque em risco a segurança da edificação;
- *Art. 1.336, III*: alteração da forma ou da cor da fachada, das partes ou das esquadrias externas da edificação;
- *Art. 1.336, IV* (parte inicial): utilização de uma área (unidade autônoma, parte exclusiva acessória ou parte comum de uso exclusivo) com destinação diversa do quanto previsto no ato de instituição do condomínio ou na convenção; ou
- *Art. 1.336, IV* (parte final): comportamento prejudicial ao sossego, salubridade ou segurança dos possuidores, ou em violação dos bons costumes.

Quem aplica a multa? Se estiver prevista na convenção, o síndico tem o poder de aplicá-la, sem a necessidade de deliberação assemblear. Contudo, se o condomínio não possuir convenção[2] ou se, existindo, for omissa quanto à multa, sua aplicação dependerá de aprovação em assembleia.

Quórum. Quando necessária a deliberação assemblear, o § 2.º do art. 1.336 estabelece o quórum especial de no mínimo 2/3 do total de condôminos restantes. Então, na definição da quantidade mínima de votos necessários, desconsidera-se o peso do voto do condômino nocivo, conforme critério vigente no condomínio (voto por unidade, proporcional à fração ou outro previsto na convenção).

Cálculo (voto por cabeça). O que se subtrai, no cálculo da votação mínima, não é o voto do condômino nocivo, e sim o seu peso (direito a uma determinada quantidade de votos). Isto porque a quantidade mínima é elemento preexistente em relação à reunião da assembleia, e os votos não foram ainda definidos. Em hipotético edifício de 11 apartamentos, onde cada condômino tem um voto, a votação mínima será de $2/3 \times (11 - 1)$ = 6,666, ou seja, 7 votos mínimos.

Cálculo (voto por fração ideal). Se o voto de cada condômino for proporcional à fração ideal de sua unidade, supostamente, para exemplificar, correspondente a 3/10, ou 0,30, a aprovação requererá o voto de, no mínimo, $2/3 \times (1,00 - 0,30)$, ou seja: votos de condôminos cujas frações ideais somem ao menos 0,467. Para uma tabela de cálculo exemplificativa, ver item 92-A.

Valor máximo. A penalidade pode ser fixada no valor correspondente a até cinco cotas condominiais vigente para a unidade do condômino.

Multa diária. Conforme a sanção esteja ou não prevista em convenção, o síndico pode aplicá-la de forma diária, desde que a soma dos valores diários não ultrapasse o teto legal. Se o valor previsto na convenção for menor do que de 5 cotas condominiais, de duas uma: (i) aprova-se, em assembleia, multa superior à convenção, e limitada a 5 cotas condominiais; ou (ii) o síndico aplica a multa em montante igual ou inferior ao previsto na convenção. Isso se aplica às multas do art. 1.337, tratadas nos itens a seguir. Existindo

---

[2] A minuta da convenção arquivada com o memorial de incorporação, por ser mera minuta, é um ato jurídico inexistente, que não produz efeitos (ver item 57-D).

convenção com previsão de valor inferior a cinco cotas, nada impede que a assembleia, pelo mesmo quórum, aprove multa em valor superior.

Possuidor. Sobre a penalização do possuidor com a multa do § 2.º do art. 1.336, ver item 89-C.

89-C. Segunda Multa: Violação reiterada. O *caput* do art. 1.337 prevê uma segunda sanção com o mesmo limite de valor. Contudo, a semelhança se encerra nesse ponto, e tais sanções se diferenciam quanto ao campo de sua aplicação e requisitos de constituição.

Condutas sancionáveis. A multa analisada no item anterior se limita, como visto, à violação das obrigações previstas nos incisos II a IV do art. 1.336, excluída a possibilidade de sua aplicação ao atraso no pagamento das cotas condominiais, objeto do inciso I, para o qual já existe a previsão de multa moratória (art. 1.336, § 1.º). O art. 1.337, porém, é genérico, referindo-se ao descumprimento "dos deveres perante o condomínio". Tem-se, assim, uma hipótese bem mais abrangente, que permite a sanção a extenso leque de comportamentos nocivos.

Reiteração. Diferentemente daquela prevista no § 2.º do art. 1.336 (ver item 89-B), aplicável a uma violação isolada, a multa aqui tratada exige reiterado descumprimento, ou seja, habitualidade.

O reiterado descumprimento não precisa ser de uma mesma obrigação, como a realização rotineira de festas ruidosas, e pode se caracterizar por atos diversos: um primeiro que arrisque a segurança dos moradores; outro violando o sossego; um terceiro pelo uso da unidade em desacordo com a destinação do edifício; e um quarto que fira os bons costumes. Ou qualquer combinação que se encaixe nas hipóteses legais.

A lei, corretamente, não define o que significa descumprir os deveres "reiteradamente". Estamos diante de um conceito jurídico indeterminado. Logo, pode a convenção definir critérios, requisitos ou exemplos para sua caracterização, sempre observados os limites do abuso do direito.

Quem aplica a multa? Ao contrário da primeira multa, aplicável diretamente pelo síndico se assim previsto na convenção do condomínio, a multa do *caput* do art. 1.337 sempre requer deliberação assemblear.

Quórum. Embora o valor máximo das duas primeiras multas seja o mesmo, o quórum da segunda é mais elevado e ainda mais difícil de obter: no mínimo 3/4 do total de condôminos restantes.

Cálculo (voto por cabeça). O que se subtrai, no cálculo da votação mínima, não é o voto do condômino nocivo, e sim o seu peso (direito a uma determinada quantidade de votos). Isto porque a quantidade mínima é elemento preexistente em relação à reunião da assembleia, e os votos não foram ainda definidos. Em hipotético edifício de 11 apartamentos, onde cada condômino tem um voto, a votação mínima será de $3/4 \times (11 - 1)$ = 8,000, ou seja, mínimo de 8 votos.

Cálculo (voto por fração ideal). Se o voto de cada condômino for proporcional à fração ideal de sua unidade, supostamente, para exemplificar, correspondente a 3/10, ou 0,30, a aprovação requererá o voto de, no mínimo, $3/4 \times (1,00 - 0,30)$, ou seja: votos de condôminos cujas frações ideais somem ao menos 0,525.

Valor máximo e multa diária. A penalidade pode ser fixada no valor correspondente a até cinco cotas condominiais vigente para a unidade do condômino, admitida multa diária (ver item 89-B).

Possuidor. O art. 1.337 deixa claro que essa multa não é aplicável somente ao condômino, mas também ao possuidor (locatário, comodatário e titular da posse com outra origem, justa ou injusta).

Responsabilidade do condômino-locador. Ficou em aberto, todavia, a viabilidade de responsabilizar ou não o locador-condômino pelos atos do inquilino-possuidor, e nesse ponto, parece ser essencial, ante o caráter pessoal da sanção e do silêncio legal, que essa possibilidade esteja prevista na convenção de condomínio.

Direito de defesa. Nos termos do Enunciado 92 do Conselho da Justiça Federal, aprona I Jornada de Direito Civil, "As sanções do art. 1.337 do novo Código Civil não podem ser aplicadas sem que se garanta direito de defesa ao condômino nocivo".

Devedor contumaz. Neste ponto, surge a indagação: tal multa é aplicável ao condômino que, reiteradamente, deixa de pagar as suas cotas condominiais? A opção do legislador parece ter sido nesse sentido, por diversas razões:

- A inadimplência prejudica a continuidade dos serviços, punindo os demais moradores que pagam suas cotas em dia, por obrigá-los a pagar um valor extra para suprir o déficit deixado pelo faltoso;
- Pagar em dia as cotas condominiais é obrigação essencial do condômino, e nada mais natural do que aplicar a multa a quem habitualmente não cumpre com dever tão importante;
- Por vezes, o condômino deixa de pagar o condomínio por rixa, e com mais razão aqui se impõe a multa;
- O art. 1.336, § 2.º, excluiu a inadimplência (inciso I) do seu campo de incidência, e se isso não se passou com o art. 1.337, *caput*, revela a intenção do legislador em não limitar as condutas sancionáveis; e
- As multas dos arts. 1.336, § 1.º, e 1.337, *caput*, possuem natureza distinta: a primeira é moratória; a segunda tem caráter sancionatório.

Contra a sujeição do condômino habitualmente em mora à multa do *caput* do art. 1.337, argumenta-se que o condomínio dispõe de outros meios para a cobrança, além da ocorrência de *bis in idem*. Se o legislador já estipula a sanção para essas hipóteses, havendo, para cada cota em atraso, a correspondente multa moratória de 2%, além de juros, aplicar uma segunda penalidade para o mesmo fato seria uma duplicidade inadmissível.

Porém, o argumento é duplamente falso, pois a multa de até cinco cotas condominiais tem como fundamento o descumprimento reiterado dos deveres condominiais, que podem ter a mesma origem (falta de pagamento) ou se fundamentar em fatos distintos, tais como a inadimplência somada à violação ao sossego ou à segurança.

Além disso, e mais importante: assim como a falta de pagamento das cotas (art. 1.336, I) já possui previsão específica de multa moratória (art. 1.336, § 1.º), as demais

Condomínio e Incorporações – Caio Mário da Silva Pereira

infrações (art. 1.336, II a IV) podem ser sancionadas com a multa do art. 1.336, § 2.º. Logo, o indevido reconhecimento de dupla sanção praticamente inviabilizaria a multa do art. 1.337, *caput*, limitando-a à violação dos deveres não abrangidos pelo art. 1.336.

Assim, o que abre as portas para a aplicação da multa é o conjunto de violações, habitualmente praticadas, e não cada violação singularmente considerada.

89-D. Terceira Multa: Incompatibilidade de convivência. O legislador estabeleceu uma sequência de penalidades ao condômino nocivo, conforme a gravidade da sua conduta, que culmina com a multa de até 10 cotas condominiais do parágrafo único do art. 1.337 a quem descumpre suas obrigações de forma tão habitual e grave a ponto de gerar incompatibilidade de convivência com os demais moradores do condomínio.

O condômino antissocial. Nem seria preciso dizer: antissociabilidade, neste caso, não significa incapacidade ou dificuldade de estabelecer relacionamento social amigável com os demais condôminos ou possuidores. Afinal, o ser humano tem o direito inalienável de agir com base em sua personalidade, seus sentimentos pessoais e preferências de foro íntimo, até caprichos. Ninguém pode ser punido por ser recluso, antipático ou indiferente.

O que abre as portas para a aplicação da terceira multa é a violação habitual dos deveres condominiais, com frequência e/ou gravidade suficiente para tornar o convívio insuportável e/ou perigoso, gerando incompatibilidade de convivência.

Condutas sancionáveis. Assim como a segunda multa (*caput* do art. 1.337), esta sanção é aplicável a qualquer comportamento reiterado, frequente e/ou grave o bastante para causar a incompatibilidade de convivência.

Quem aplica a multa? A expressão "até ulterior deliberação da assembleia" não autoriza aplicação preventiva pelo síndico e deve ser interpretada como uma segunda deliberação a ser tomada na hipótese de a primeira sanção revelar-se insuficiente para fazer cessar o mau comportamento. A deliberação assemblear, assim, é requisito de constituição da penalidade.

Quórum. A falta de menção, no parágrafo único do art. 1.337, ao quórum especial não autoriza, a nosso sentir, a aprovação da sanção por maioria simples dos presentes. O dispositivo deve ser interpretado sistematicamente, em conjunto com o *caput*, sendo pouco razoável admitir a aprovação, por quórum simples, de uma punição duas vezes mais grave. O quórum, portanto, é o mesmo do caput: 3/4 dos condôminos restantes, apurado conforme indicado no item 89-C.

Sobre multa diária, possuidor, responsabilidade do locador e contraditório, aplicam-se, por identidade de razões, o que consta do item 89-C.

Exclusão do condômino antissocial. Ao contrário de alguns países,[3] o Código Civil não previu, de modo expresso, a expropriação ou privação do uso da unidade imobiliária

---

[3] Na Espanha são previstas duas formas de punição: a venda forçada do imóvel ou a privação de seu uso. No México, o art. 44 do Decreto n. 232, de 14.1.1966 (Ley Sobre El Regimen de Propiedad y Condominio de los Edificios Divididos en Pisos, Departamentos, Viviendas o Locales),

do condômino infrator. A solução, assim, deve ser obtida a partir dos princípios e das regras vigentes no ordenamento brasileiro.

Deve-se, desde logo, rechaçar a possibilidade de expropriação, isto é, da alienação forçada da unidade imobiliária, que, além de não estar legalmente prevista, seria medida excessivamente drástica e incompatível com os fins que se pretende alcançar, que é a cessação do comportamento nocivo.

A suspensão do direito de uso e/ou de fruição, contudo, é medida excepcional que, quando justificada e proporcional, pode se justificar no caso concreto. Admitir que a pena pecuniária seria a única possibilidade de repressão ao morador nocivo seria, por via oblíqua, permitir a continuidade do mau comportamento mediante o pagamento da multa.

Assim, observados o direito de defesa e o quórum qualificado, "ulterior deliberação da assembleia" poderá decretar tal suspensão, e, caso não haja o cumprimento voluntário da medida pelo morador antissocial, restará ao condomínio ingressar em juízo com ação cominatória, requerendo a medida correspondente.

Aliás, a redação original do dispositivo, prevista no projeto do Código Civil estipulava que o condômino antissocial poderia "ser constrangido a pagar multa correspondente ao décuplo das suas contribuições, *a qual vigorará* até ulterior deliberação da assembleia", tendo sido esse trecho suprimido durante a tramitação legislativa.[4]

Caberá ao Juiz, diante do caso concreto, aplicar a medida aprovada, salvo se considerar que há outra mais adequada para assegurar o resultado útil do processo.

---

prevê que "El propietario que reiteradamente no cumpla sus obligaciones podrá ser condenado a vender sus derechos en pública subasta". Na Argentina, o art. 15 da Ley de Propiedad Horizontal n. 13.512/1948, embora não tenha previsto a perda da propriedade, foi mais longe que o Código Civil brasileiro, ao fixar que: (i) "En caso de violación por parte de cualquiera de los propietarios u ocupantes, de las normas del art. 6, el representante o los propietarios afectados formularán la denuncia correspondiente y acreditada en juicio sumarísimo la transgresión, se impondrá al culpable pena de arresto hasta 20 dias o multa en beneficio del fisco, de doscientos a cinco mil pesos"; (ii) "El juez adoptará además las disposiciones necesarias para que cese la infracción, pudiendo ordenar el allanamiento del domicilio o el uso de la fuerza pública si fuera menester"; e (iii) "Sin perjuicio de lo dispuesto precedentemente, si el infractor fuese un ocupante no propietario, podrá ser desalojado en caso de reincidencia. La acción respectiva podrá ser ejercida por el representante de los propietarios o por el propio afectado".

4   A redação original do parágrafo único do art. 1.337 do Código Civil assim dispunha: "O condômino, ou possuidor, que por causa do seu reiterado comportamento antissocial, tornar absolutamente insuportável a moradia dos demais possuidores, ou a convivência com eles, poderá, de igual modo, ser constrangido a pagar multa correspondente ao décuplo das suas contribuições, a qual vigorará até ulterior deliberação da assembleia". O relator parcial do projeto do Código Civil responsável por essa parte opinou pela rejeição da emenda, que afinal foi aprovada e se transformou em lei, sob o argumento de que "é desaconselhável a indefinição quanto à duração da multa, atendendo-se ainda à impossibilidade de convocação de assembleia geral extraordinária pelo condômino individualmente considerado, e à impossibilidade de participação, nela, do possuidor não condômino".

89-E. Suspensão do direito de participar e votar nas reuniões. O art. 1.335, III, do Código Civil garante ao condômino o direito de votar nas deliberações das assembleias e delas participar, "estando quite".

O termo "quite" deve ser interpretado como inexistência de mora no pagamento de cotas condominiais, ordinárias e extraordinárias, sanções pecuniárias impostas pelo síndico ou pela assembleia geral.

Assim, eventual parcelamento de débito, concedido voluntariamente pelo condomínio, não impede o exercício desse direito pelo condômino, pois o parcelamento implica justamente a postergação do termo da obrigação, descaracterizando a mora do condômino.

Nada impede, entretanto, que o acordo de parcelamento contenha cláusula mantendo a suspensão desse direito até a quitação da última parcela. Se essa condição constar de forma destacada, sendo conscientemente aceita pelo condômino, sem coação, será válida e eficaz, por se tratar de direito patrimonial disponível.

O mero questionamento do condômino sobre exigibilidade ou valor de cota condominial ou multa, mesmo com eventual consignação em pagamento, não autoriza *automaticamente* sua participação e seu voto em assembleia. Cabe ao juiz, após análise da probabilidade do direito, conceder, se presentes os demais requisitos, incluindo eventual garantia do juízo, a medida que garanta a participação e o voto na assembleia.

89-F. Suspensão do direito de usar partes comuns. Discussão tormentosa diz respeito à possibilidade, por meio da convenção ou de deliberação assemblear, suspender o direito de uso das áreas de lazer e serviços comuns pelo condômino inadimplente.

O argumento favorável a tal medida restritiva seria o fato de o condômino estar usufruindo gratuitamente as áreas e os serviços às custas dos demais titulares de unidades. Além disso, se o próprio Código Civil, no art. 1.335, III, condiciona o direito de participação nas assembleias à inexistência de mora. A assembleia geral, órgão soberano, teria poderes para estender essa condição ao direito previsto no inciso II do mesmo artigo.

Embora a jurisprudência ainda não tenha se pacificado sobre a matéria, a tendência é que prevaleça o entendimento de que o condômino, mesmo quando inadimplente, não pode ser impedido de utilizar as áreas de sua copropriedade e os serviços comuns, o que de fato é o mais coerente com o sistema jurídico.

Afinal, (i) não há uso gratuito das áreas e serviços, pois a dívida do inadimplente cresce mês a mês, incluindo eventuais cotas extras, sujeitando o condômino à multa e aos juros moratórios, e até, em caso de reiteração, à sanção do art. 1.337, *caput* (ver item 89-C), sujeitando a unidade à excussão judicial, mesmo em se tratando de bem de família (ver item 88-C); (ii) se o legislador quisesse restringir tal direito de uso, teria inserido a expressão "estando quite" no *caput* do art. 1.335 ou no próprio inciso II, mas, estando essa expressão somente no inciso III, somente o direito ali previsto estará condicionado à inexistência de mora; e (iii) o espaço de autonomia privada que os condôminos possuem, na convenção e nas assembleias, para fixar direitos, deveres e sanções, encontra limites na lei, no direito do condômino atingido e até no abuso do exercício do próprio direito.

Pay per use. A celeuma não se aplica, entretanto, aos serviços e espaços do condomínio cuja utilização, quando disponibilizados, depende de pagamento específico (os chamados *pay per use*), tais como, exemplificativamente: aluguel do *playground* e salão de festas, transporte, entre outros. Desde que a cobrança de tais verbas seja realizada de forma destacada da cota condominial, sua utilização independerá da situação do condômino em relação às cotas condominiais ordinárias ou extraordinárias, e, desde que ele pague por tais serviços, poderá utilizá-los.

Capítulo VIII

ASSEMBLEIA GERAL[1]

90. A assembleia geral. Todo agrupamento social, qualquer que seja a sua natureza, deve ter um chefe ou um dirigente ou um órgão deliberativo e executivo, desde o Estado, como grupo mais complexo, até a sociedade de duas pessoas, em que é mais estreita a comunhão de interesses.

Por outro lado, já ao tempo do condomínio tradicional havia a lei previsto uma forma de harmonização dos interesses e uma técnica de integração dos condôminos na atuação do complexo jurídico da copropriedade, tanto nas relações internas como nas externas, isto é, nas que se travam entre os consortes e nas que ocorrera relativamente a terceiros.

No condomínio de edifícios a natureza especial do instituto cria uma situação peculiar, no que diz respeito à sua administração, como peculiares são frequentemente as normas de sua disciplina. Certo é que regras gerais da copropriedade indivisa são trazidas à baila, e não se lhes pode recusar aplicação, como a que institui a representação ao que administra, a da partilha dos frutos da coisa na proporção dos quinhões, a da qualificação da maioria pelo valor dos quinhões, como tudo estava já no Código Civil de 1916, arts. 637 e seguintes [N.A.: correspondentes aos arts. 1.325, *caput*, §§ 1.º e 2.º, do Código Civil de 2002].

Não é, porém, o que nos interessa aqui, o que nos prende a atenção. Ao tratarmos da administração do condomínio, cogitamos das regras específicas do tipo especial da propriedade horizontal, que tem uma base essencial na lei e **completa**-se pelos princípios doutrinários que lhe são inerentes.

---

[1] Nota do editor: o texto na cor preta indica o texto original do Professor Caio Mário, e o texto na cor cinza é de autoria dos atualizadores. Os capítulos e itens de autoria dos atualizadores, além de estarem na cor cinza, estão indicados com letras após o número.

O condomínio não é, contudo, uma pessoa jurídica.[2] Não existe nele um ente, dotado de personalidade, composto do conjunto de coproprietários, com direitos sobre a coisa comum. Não existe, por outro lado, uma personificação do acervo patrimonial, *ad instar* do que se passa com as fundações, assunto que já ficou esclarecido no n. 37, *supra*. Há, porém, uma comunidade de interesses ativos e passivos, e, por isso mesmo, é conveniente que se credencie alguém para as funções de contato com o mundo exterior; que se crie um órgão hábil a resolver o que é compatível com o comportamento do grupo e que se estabeleça o jogo de princípios regulamentares da harmonia do conjunto.

Se fosse possível um símile organicista, diríamos que, como a pessoa humana, existe uma vida de relação que envolve a propriedade horizontal; como a pessoa humana, há necessidade de que delibere e execute. Embora não seja uma pessoa jurídica, no condomínio há que decidir, da mesma forma que, quanto a ela, tudo o que consulte aos interesses gerais, e é mister que se ponham em prática as medidas tomadas ou decisões acordadas. Deliberação e execução.

Como encarregados destas funções deliberativa e executiva, no condomínio há a *assembleia de condôminos* e o *síndico*. O direito brasileiro, sem embora atribuir personalidade jurídica ao condomínio, é mais decisivo do que outras legislações. A lei belga, por exemplo, somente cria um vínculo de fato entre os condôminos, que devem então estipular no regulamento a realização periódica da assembleia.[3] A lei brasileira, ao contrário, liga os condôminos e determina a realização de reuniões em assembleia, ao mesmo passo que atribui a administração a uma pessoa, que a praxe denominou *síndico*, com aceitação geral.

A figura do síndico, desde a Lei do Condomínio e Incorporações, já se consagrara explicitamente.

91. Órgão deliberativo. A *Assembleia Geral* é o órgão deliberativo dos condôminos, e pode ser *Ordinária* ou *Extraordinária*. Suas deliberações têm força obrigatória para todos os condôminos, até sua anulação judicial ou por deliberação tomada em outra Assembleia. Tudo, porém, condicionado à observância da Convenção e das disposições legais.[4] O Tribunal de Alçada do Rio Grande do Sul reconheceu a condômino o direito de questionar a deliberação da Assembleia quando é abusiva (*ADV*, n. 32.684, 1987). O Tribunal de Justiça de Minas Gerais negou validade à deliberação que dispuser da propriedade de condômino sem a anuência deste (*ADV*, n. 28.615, 1986).

A *Assembleia Geral Ordinária* reúne-se, anualmente, na forma, no lugar e na oportunidade prevista na Convenção, mas não pode deixar de se reunir porque a lei o determina. Não pode haver um condomínio sem Assembleia Geral, e não é lícito à Convenção dispensá-la. É obrigatória.

---

[2] Carlos Maximiliano, *Condomínio*, n. 81; V. n. 37, *supra*.

[3] Poirier, *Le Propriétaire d'Appartement*, p. 150.

[4] Ac. de Trib. de Justiça da antiga Guanabara, em *Adcoas*, n. 17.513, 1973; n. 29.361, 1974; 1.º Tribunal de Alçada do Rio de Janeiro, *Revista Forense*, v. 262, p. 203; Tribunal de Justiça de São Paulo, *ADV*, n. 13.371, 1983; 1º Tribunal de Alçada do Rio de Janeiro, *ADV*, n. 16.558, 1984.

Além da *Ordinária,* reunir-se-á a Assembleia Geral em caráter *extraordinário,* todas as vezes que houver conveniência e necessidade.

A Lei do *Condomínio e Incorporações* prevê uma Assembleia Geral Extraordinária destinada a apreciar o recurso contra atos praticados pelo síndico, e, nesses casos, o comunheiro, a quem interessar, poderá fazer a convocação. Foi cautelosa a norma. Se o ato é praticado pelo síndico, não deve ele ser livre de reunir os condôminos para reapreciá-lo em recurso, pois o seu capricho, ou o empenho que ponha no caso, será capaz de orientá-lo mal. Deixando o assunto à faculdade do condômino interessado, resguarda-o a lei contra qualquer eventualidade.

O atual Código Civil não reproduziu dispositivo semelhante, certamente para impedir que se tumultuasse a vida condominial e a administração do edifício com sucessivas convocações de assembleias, por um condômino insatisfeito com os atos do síndico ou para recorrer contra eventuais sanções por ele impostas.

Nos demais casos, a Assembleia Geral Extraordinária será convocada a qualquer tempo pelo síndico ou por condôminos que representem um quarto, no mínimo, do condomínio [N.A.: art. 25 da Lei n. 4.591/1964, que corresponde ao § 1.º do art. 1.350 do Código Civil atual]. A forma da convocação é a mesma das Assembleias ordinárias. Entretanto, no tocante ao cômputo desta fração (um quarto do condomínio), ter-se-á em linha de conta a titularidade do direito expressa em frações ideais, que são a expressão matemática dos direitos dos comunheiros. Somadas as frações dos condôminos, subscritores da convocação, esta se considera eficaz se o total atingir aquele mínimo previsto.

Ao síndico, repetimos, incumbe convocar a Assembleia Ordinária [N.A.: art. 1.348, inc. I, do Código Civil de 2002], na forma prevista na Convenção, mas, se ele se omitir, devolve-se o direito aos condôminos interessados, pois não seria jurídico converter a sua omissão em prejuízo dos comunheiros, privados desta sorte do direito de se manifestarem a respeito dos assuntos de seu peculiar interesse. Apurada a falta de convocação, é nula a deliberação da Assembleia Geral.[5] Salvo se tiver havido comparecimento da unanimidade dos comunheiros. Nula, ainda, na falta de menção do modo e do prazo de sua convocação.[6]

Se, contudo, a Assembleia Geral Ordinária não se reunir para exercer os atos de sua atribuição, legal ou convencional, até 15 (quinze) dias após a convocação, decidirá o juiz a respeito, mediante requerimento de qualquer interessado [N.A.: art. 27 da Lei n. 4.591/1964, que é reproduzido no § 2.º do art. 1.350 do Código Civil atual].

O que não é possível é a falta da deliberação. O que a lei não tolera é que os condôminos deixem de deliberar.

Nos condomínios edilícios, qualquer que seja o seu tamanho, percebe-se uma organização típica dos Estados modernos, com a divisão de poderes, independentes e harmônicos.

---

5   J. Nascimento Franco e Nisske Gondo, *Condomínio em edifícios,* p. 268. Ver Acórdão em *Revista dos Tribunais,* v. 439, p. 155.

6   Ac. em *Revista Forense,* v. 232, p. 164. Ver, ainda, *Adcoas,* n. 28.684, 1974.

O Executivo é exercido pelo síndico, que é o representante legal do condomínio, e a quem incumbe velar pelo exato cumprimento da convenção, do regulamento interno, sendo obrigatoriamente eleito pelos condôminos, que também poderão destituí-lo.

A Assembleia Geral é o Poder Legislativo, já que lhe cabe redigir e aprovar a convenção, o regulamento interno e o orçamento, além de qualquer outra norma que interesse ao conjunto, criando direitos e deveres para os condôminos.

Também funciona a Assembleia como um Poder Judiciário, quando julga e aplica penas, inclusive ao síndico, decidindo eventuais recursos interpostos contra suas decisões.

Para citar apenas um exemplo, na hipótese do condômino antissocial, já antes apreciada, cabe à Assembleia, por 3/4 dos condôminos restantes, aplicar a pena, respeitado amplo direito de defesa exercido perante ela.

Esta sofisticada organização, que não é obrigatória nos condomínios voluntários, torna-se absolutamente necessária, especialmente naqueles que reúnem muitos integrantes, quase sempre com níveis culturais e sociais diferentes, que propiciam, não raras vezes, o surgimento de conflitos de interesses.

Podemos concluir que a regra básica dos condomínios edilícios é a da prevalência da vontade da maioria, manifestada nas Assembleias Gerais, ordinárias ou extraordinárias, o que corresponde ao ideal do Estado Democrático de Direito.

Daí ser comum dizer que a Assembleia é soberana, o que, entretanto, não a autoriza a decidir contra a lei ou a própria convenção, antes de ser ela alterada, não se admitindo, da mesma forma, que seja retirado, unilateralmente, direito assegurado a um condômino.

92. Quóruns de deliberação. Na Assembleia, as decisões se tomam, em regra, em segunda convocação, por simples *maioria*. Tendo em vista, todavia, a importância da matéria e sua repercussão na órbita jurídico-econômica dos condôminos, poderá a Convenção dispor diferentemente, e fixar *quorum* especial para as decisões. A validade destas, a sua oponibilidade aos ausentes, a sua repercussão, a sua obrigatoriedade e normatividade dependem da apuração do *quorum,* pois é óbvio que a inobservância deste implica a ineficácia da deliberação (Bendersky, *Nulidad de Asambleas).* Casos há, ainda, em que se exigirá *quorum* especial (*V.* n. 96-A, *infra*).

Deixada a determinação do *quorum* à fixação da convenção do condomínio, a Lei n. 4.591/1964 estatuía, contudo, o critério do cômputo, tal como o faz hoje o Código Civil, como se vê do seu art. 1.352, parágrafo único. Várias modalidades podem ser escolhidas. Pelo art. 637 do Código Civil de 1916, definia-se a questão pela aplicação do critério da fração ideal, sendo também esta a orientação adotada pelo Dec. n. 5.481/1928. No atual Código Civil o critério é o mesmo, como se depreende da leitura de seu art. 1.325, *caput.*

No regime do Decreto n. 5.481/1928, a orientação era neste sentido, tanto doutrinária quanto jurisprudencial (Orlando Gomes, Carlos Maximiliano).

Também no direito português, em decorrência do Decreto n. 40.333, que ao assunto se refere, vigora a regra, segundo a qual cada proprietário dispõe de tantos votos quantas unidades couberem na porcentagem ou partilha do valor total do prédio. Contra esta forma de cálculo, insurgiu-se contudo Cunha Gonçalves, que dá sua preferência ao da subjetividade dos votos, e ao cômputo destes pela maioria de pessoas.

Outra modalidade seria a da votação por unidade autônoma, a cada uma correspondendo uma voz na assembleia.

A Lei do *Condomínio e Incorporações* manifestou a sua preferência pelo sistema da maioria de pessoas, determinando no art. 24 que se tomem as decisões pela *maioria dos presentes*. Não é, por certo, um critério perfeito, pois a maioria presente pode não representar expressão econômica ponderável, em relação ao conjunto, ou pode, mesmo, não corresponder ao número de unidades autônomas. Por isso acrescenta o § 3.º do mesmo artigo que os votos serão proporcionais às frações ideais de terreno, *salvo disposição diversa da Convenção*.

O Código Civil de 2002, em seu art. 1.352, adotou o mesmo critério, ao estabelecer que, "salvo quando exigido quórum especial, as deliberações da assembleia serão tomadas, em primeira convocação, por maioria dos votos dos condôminos presentes, que representem pelo menos metade das frações ideais".

Logo a seguir, no art. 1.353, se estabelece que, "em segunda convocação, a assembleia poderá deliberar por maioria dos votos dos presentes, salvo quando exigido *quorum* especial".

Pela contagem das pessoas presentes, sem indagar a quantidade de apartamentos de cada uma, qualquer pessoa na presidência da Assembleia poderá, desde logo, e sem recorrer a processos complexos, proclamar a matéria vencedora na reunião.

E, como hoje é muito frequente a pulverização dominial, a cada proprietário correspondendo uma unidade, aproximadamente a maioria dos presentes corresponderá à maioria dos titulares das unidades.

A matéria sujeita à deliberação da Assembleia não tem limitação. Como expressão genérica, pode-se declarar que todos os assuntos do interesse da comunhão pertencem aos condôminos, e, pois, sobre eles a Assembleia é apta a decidir.

Não obstante tal generalidade, aceita pela Lei do *Condomínio e Incorporações,* algumas merecem menção especial pela frequência com que ocorrem e pela imediata importância na vida condominial.

Atualmente, os quóruns de deliberação devem observar, de modo geral, os seguintes critérios:

1) Itens inerentes à própria estrutura do condomínio: é necessária a unanimidade para criação e extinção de unidades imobiliárias, alteração de suas frações ideais, modificação relevante da fachada e afins.

2) Quóruns legais: quando previstos em lei, prevalecem os quóruns especiais, tais como: (i) unanimidade para a construção de outro pavimento, ou, no solo comum, de outro edifício, destinado a conter novas unidades imobiliárias (CC, art. 1.343); (ii) 3/4 dos condôminos restantes para a aprovação das sanções previstas no art. 1.337; (iii) 2/3 para a aprovação da convenção (CC, art. 1.333) e suas alterações (art. 1.351, parte inicial), para as obras voluptuárias (art. 1.341, I) e acessões (art. 1.342), e ainda para a mudança da destinação do edifício ou da unidade imobiliária, conforme art. 1.351, parte final, com a redação dada pela Lei n. 14.405/2022 (ver item 69-D); (iv) 2/3 dos condôminos restantes para a constituição da multa prevista no art. 1.336, § 2.º; (v) 2/3 do total de unidades e frações ideais correspondentes a 80% para decidir sobre a reforma substancial ou alienação do prédio por motivos urbanísticos ou arquitetônicos (Lei n. 4.591/1964, art. 17); (vi) maioria absoluta dos condôminos para aprovar a realização de benfeitorias úteis (art. 1.341, II), para destituir o síndico nas hipóteses previstas no art. 1.349 e para deliberar sobre a reconstrução ou venda da edificação total ou consideravelmente destruída; e (vii) 2/3 dos condôminos presentes para destituir o síndico nas hipóteses não constantes do art. 1.349, salvo outro quórum previsto na convenção (Lei n. 4.591/1964, art. 22, § 5.º).

3) Quóruns convencionais: a convenção de condomínio, além daquelas já previstas em lei, pode estabelecer quóruns especiais adicionais, que deverão ser observados pela assembleia geral.

4) Direitos assegurados: a soberania da assembleia significa que suas decisões vinculam todos os condôminos, presentes ou ausentes, e também os dissonantes. Todavia, tais deliberações não podem desrespeitar os quóruns especiais, nem podem violar direitos assegurados a um condômino, sendo anulável a decisão que o fizer, salvo se contar com a anuência do prejudicado.

5) Primeira convocação: em primeira convocação, havendo ou não quórum especial, nenhuma deliberação poderá ser tomada sem a maioria dos votos dos presentes que representem pelo menos metade das frações ideais (CC, art. 1.352).

6) Segunda convocação: nessa situação, não havendo quórum especial nem direito assegurado a condômino, as deliberações poderão, enfim, ser tomadas pela maioria simples dos presentes.

92-A. Tabelas de apuração de quóruns. Os quóruns especiais, especialmente em condomínios de maior porte, costumam ser bastante difíceis de serem alcançados, especialmente quando se considera que apenas uma minoria costuma comparecer à assembleia.

No exemplo a seguir, tem-se um suposto condomínio de 100 unidades, em que 30% dos condôminos, um número nada desprezível, compareceram à assembleia, e 26 votaram em consenso, com abstenção de apenas 3 unidades e 1 voto contrário.

O que se verifica é que apenas os dois últimos quóruns teriam sido atendidos. Para os quóruns mais elevados, seria necessário um comparecimento extraordinário da grande maioria dos condôminos, algo virtualmente impossível senão em condomínios com poucas unidades.

O quadro parte da premissa de que nesse hipotético condomínio a convenção elegeu o critério da contagem de votos por unidade. Tal premissa não pode ser aceita sem checagem, pois, como já visto anteriormente, na inexistência de convenção, ou em caso de sua omissão, os votos devem ser contabilizados de acordo com a fração ideal de cada unidade. O arredondamento previsto na tabela, portanto, só existirá quando o critério for "um voto por unidade" ou por condômino, pois o resultado deve sempre ser um número natural inteiro. Confira-se:

Total de unidades no hipotético condomínio	100
Condôminos presentes na assembleia geral	30
Condôminos que se abstiveram	3
Condôminos votantes	27
Votos favoráveis	26
Votos contrários	1

Quórum	Fator	Denominador	Resultado	Arredondamento	Votos mínimos*
Unanimidade	1,000	100	100,000	–	100
3/4 dos condôminos restantes	0,750	99	74,250	0,750	75
2/3	0,667	100	66,700	0,300	67
2/3 dos condôminos restantes	0,667	99	66,033	0,967	67
Maioria absoluta	0,501	100	50,100	0,900	51
2/3 dos condôminos presentes	0,667	30	20,010	0,990	21
Maioria simples	0,501	24	12,024	0,976	13

*A tabela se aplica exclusivamente ao critério "um voto por unidade", adotado com frequência nas convenções condominiais. A convenção pode prever outros critérios. Se, entretanto, o condomínio não possuir convenção, ou se ela for omissa, o critério será, supletivamente, o da fração ideal.

93. Competências (1): Orçamento. À Assembleia compete aprovar as verbas para as despesas de condomínio, compreendendo as de conservação, as de manutenção dos serviços e correlatas.

O Código Civil estabelece, em seu art. 1.336, I, que cada condômino concorrerá nas despesas do condomínio, inclusive as com obras que visem a melhorar o edifício, aumentar-lhe a comodidade e o conforto, recolhendo, nos prazos previstos na Convenção, a quota-parte que lhe couber em rateio. E, ao mesmo tempo, instituiu o critério de sua fixação, mandando em primeiro plano observar o disposto na Convenção, e em segundo, ou seja, no silêncio desta, a proporcionalidade com a fração ideal de terreno de cada unidade. Incorrendo o condômino em mora, incidem os juros moratórios e multa de até 2% sobre o débito (ver itens 72-D e 72-E, *supra*), mais correção monetária.

Ação de conhecimento *versus* execução. Caso não ocorra o pagamento voluntário pelo condômino, o condomínio, além de protestar o débito, pode exigir seu pagamento por meio de ação de cobrança ou de execução de título extrajudicial[7], à escolha do condomínio, pois a "existência de título executivo extrajudicial não impede a parte de optar pela ação de conhecimento (ação de cobrança), a fim de obter título executivo judicial, nos termos do art. 785 do CPC/2015" (REsp 2.025.425, STJ).

---

[7]　O CPC/1973 incluiu a cobrança dos encargos condominiais entre os casos de procedimento sumário (art. 275, II, *c*). E desde 2016, com o atual CPC, viabilizou-se a execução de título extrajudicial.

Desnecessidade de autorização assemblear. O art. 1.348 do Código Civil, ao enumerar as competências do síndico, inclui, no inciso VII, a de "cobrar dos condôminos as suas contribuições, bem como impor e cobrar as multas devidas", não a subordinando à prévia autorização assemblear. O que se exige é a prévia aprovação do orçamento e, consequentemente, do valor que serve de base para a dívida.

Legitimidade ativa. A legitimação para a cobrança judicial é do condomínio, representado pelo síndico. O condomínio segue tendo legitimidade ativa ainda que contrate empresa especializada de cobrança, mediante sistema de antecipação de pagamento, "não constitui sub-rogação ou cessão de crédito em favor desta, se não expressamente convencionado" (AgInt no AREsp 2.124.153, STJ).

Foro. Como regra geral, o foro competente é o do art. 53, III, d, do CPC, ou seja, do lugar onde a obrigação deve ser satisfeita, para a ação em que se lhe exigir o cumprimento, e no caso, em se tratando de obrigação propter rem, será a comarca onde se situa o condomínio. Entretanto, é "lícita a cláusula de eleição do foro inserida em convenção de condomínio, que deve prevalecer, salvo se acarretar sério gravame à parte" (REsp 150.271, STJ).

Outras questões. Para uma análise específica dos aspectos ligados às cotas condominiais e sua cobrança, ver os seguintes itens *supra:* 72 (prescrição), 72-A (legitimidade passiva), 72-B (título executivo extrajudicial), 72-C (penhora do bem de família), 72-D (multa moratória), 72-E (juros moratórios), 72-F (outras penalidades aplicáveis ao inadimplente), 72-G (desconto por pagamento antecipado), 72-H (responsabilidade do arrematante pelos débitos anteriores), 72-I (penhora da unidade do condômino que não foi réu na ação de cobrança), 72-J (penhora de unidade gravada com alienação fiduciária em garantia) e 72-K (penhora de vaga de garagem).

94. Competências (2): Eleição do síndico. Assunto da atribuição específica na Assembleia é a eleição do síndico, pelo prazo que a Convenção estipular, não maior de dois anos.

Preenchendo lacuna do Decreto n. 5.481/1928, a Lei do *Condomínio e Incorporações* atribui ainda à Assembleia, pela forma e nas condições previstas pela Convenção, ou, no silêncio desta, pelo voto de dois terços dos condôminos presentes, deliberar a sua destituição. Em nossa obra anterior[8] já defendíamos a destituição, com fundamento na velha regra *cuius est condere elus est revocare* – quem pode nomear pode destituir –, e não nos ocorria contradita à dedução. Hoje, sendo expressa a lei, não há mister invocar subsídio doutrinário, senão aplicar o preceito, como ato de soberania da Assembleia, e sem que o destituído possa opor-se ou postular ressarcimento. O problema é tão somente de verificação formal. Desde que a Assembleia proceda com observância das normas estatutárias ou decida pelo voto de dois terços, vale a revogação.

Remotamente vai esta fundar-se na faculdade de substituição do representante, que é ínsita a todas as modalidades de representação convencional, e somente encontra

---

[8] Caio Mário da Silva Pereira, *Propriedade horizontal*, n. 70.

Cap. VIII • Assembleia Geral | 195

restrição naqueles casos especialmente previstos. Em princípio, é a confiança que inspira a representação e o representado tem sempre o poder de retirá-la, segundo o seu próprio e exclusivo juízo.

Desde a entrada em vigor do art. 1.349 do Código Civil, surgiu intricada discussão sobre o quórum necessário à destituição do síndico, objeto do item 108-A.

Para outras questões sobre o síndico, ver o Capítulo IX.

95. Competências (3): Áreas comuns. No entanto, não ficam nisto os poderes da Assembleia. A ela caberá ainda o de deliberar a utilização das coisas comuns, por exemplo, decidir do arrendamento de partes externas, permissão para colocação de anúncio luminoso em local que não perturbe o sossego e o bem-estar dos proprietários de apartamentos. O condômino que usa parte de área comum deve pagar aos demais, proporcionalmente (Tribunal de Justiça do Rio de Janeiro, *ADV*, n. 30.366, 1986; *ADV*, n. 43.970, 1989). É, ainda, de sua competência votar as matérias de que a incumbe a convenção do condomínio, pois a lei brasileira não desce ao casuísmo de outras legislações, a minudenciar aquilo que compete aos condôminos reunidos em Assembleia, o que naturalmente conduz à dedução de que, resumidamente, a ela competem três ordens de deliberações: *a)* aquelas que a lei especificamente lhe atribui; b) as que lhe são conferidas pela convenção ou pelo regulamento do condomínio; c) tudo o mais que consulte ao interesse coletivo dos proprietários.[9] Tendo ficado deliberado pelos proprietários que o terraço do último pavimento ficava vinculado ao apartamento nele situado, é incabível que a assembleia delibere retirá-lo do uso privativo daquele condômino, alterando sua propriedade (STF, *ADV, Advocacia Dinâmica*, n. 13.912, 1984). De maneira geral, a concessão de direito de uso pela assembleia, não significa propriedade (1.º Tribunal de Alçada de São Paulo, *ADV*, n. 14.386, 1984), embora possa ser usada com exclusividade por um condômino (Tribunal de Justiça do Rio de Janeiro, *Adcoas*, n. 120.387, 1988).

Alienação. Por *quórum* especial, igualmente, há de ser tomada a decisão referente à alienação de uma parte da coisa, como se daria na hipótese de reservarem os condôminos uma área não edificada para servir de *playground* e depois se apresentasse oportunidade da venda a estranhos ou doação a uma escola ou orfanato etc. Este *quórum* é necessário, porque importa em transferência de direitos, que ninguém pode ser compelido a praticar. Sob o mesmo fundamento, a constituição de ônus reais ou de servidões passivas; a abdicação de servidões ativas ou de vantagens do todo, como a mudança de destino das coisas comuns.[10] A lei hoje clareou a matéria.

Com efeito, o art. 1.351 do Código Civil de 2002 insere, entre outros itens, que devam constituir normas específicas da Convenção, o que diga respeito às suas *alterações*, no tocante à forma e ao *quórum*. O que ali estiver disposto será obedecido. Se aceitar maioria simples, ou maioria absoluta, ou dois terços, ou mesmo unanimidade, as modificações para valer hão de ser aprovadas com esse *quórum*. Para anular decisão

---

[9] Ver decisões em *Revista Forense*, v. 244, p. 169; *Adcoas*, n. 19.347, 29.362, 30.203, 1974.

[10] Carlos Maximiliano n. 215; Cunha Gonçalves, *Da propriedade horizontal*, p. 66.

da Comissão de Representantes já se decidiu ser necessária a maioria absoluta de condôminos (*Adcoas*, 19.505, 1973).

Nos casos em que a Assembleia deva votar por *unanimidade* e um condômino insistir na recusa, será possível o apelo à Justiça, para se resolver a controvérsia? Evidentemente não, porque naquilo que importar em faculdade ou direito insuscetível de alteração compulsória ninguém pode impor vontade ao condômino, e, como em nenhuma hipótese cabe a divisão das partes comuns, a solução única é conformar-se o dissidente, ou vender o seu apartamento, retirando-se do condomínio. Jamais impor decisão contra *non volentem agere*.

Se a Convenção exigir *unanimidade* e um só comunheiro recusar sua anuência, a votação é frustrada, não por amor a um pseudodireito de veto, mas pelo respeito devido à Convenção, como direito vigente entre os condôminos. No entanto, no silêncio dela, a alteração exige 2/3, no mínimo, do total das frações ideais.

Uma vez tomada uma deliberação pela Assembleia, dentro das suas atribuições, e observada a maioria *ex ratione materiae*, como visto anteriormente, ela obriga a todos os coproprietários do edifício ainda aos ausentes e aos que na reunião votarem contra,[11] e somente se invalidará pela mesma forma e pelos mesmos motivos que geram a ineficácia dos negócios jurídicos em geral.[12]

Embora a Assembleia Geral se reúna e delibere em ato contínuo, encerrado com a votação da matéria, não atenta contra os bons princípios a suspensão dos trabalhos e prosseguimento em dia subsequente, quer pelo adiantado da hora, quer pela necessidade de coligir elementos ou completar informações. Válida será até a declaração de manter-se a Assembleia em sessão permanente. Assim já foi decidido pelos Tribunais.[13]

Demolição e reconstrução. Em conformidade do que dispõe o art. 17 da Lei n. 4.591/1964, na redação que lhe deu a Lei n. 6.709, de 31 de outubro de 1979, condomínios que representem pelo menos 2/3 do total de unidades isoladas e frações ideais correspondentes a 80% do terreno e coisas comuns poderão decidir sobre a demolição e a reconstrução do prédio, ou sua alienação, por motivos urbanísticos ou arquitetônicos, ou ainda no caso de condenação do edifício pela autoridade pública, em razão de sua insegurança ou insalubridade.

Não ficando a minoria obrigada a contribuir para as obras, assegura-se à maioria o direito de adquirir as partes dos dissidentes, mediante avaliação judicial.

A alienação, pelo mesmo *quórum* acima, pode ser decidida, ocorrendo desgaste das unidades habitacionais pela ação do tempo.

Posto que a referência, pela Lei n. 6.709, de 31 de outubro de 1979, que criou esta inovação mediante nova redação dada ao art. 17 da Lei n. 4.591/1964, seja somente a "unidades habitacionais", o princípio deve estender-se ao caso em que o mesmo ocorra nos edifícios profissionais ou mistos.

---

[11] Decisão do Tribunal de Justiça de São Paulo, *Arquivo Judiciário*, v. 102, p. 296.
[12] Tribunal de Justiça do Distrito Federal, decisão em *Arquivo Judiciário*, v. 108, p. 113.
[13] Ac. do Tribunal de Justiça do Estado da Guanabara, *Revista Forense*, v. 242, p. 159.

No que concerne à matéria versada neste item, o Código Civil de 2002 estabelece, em seu art. 1.357, que, se a edificação for total ou consideravelmente destruída, ou ameace ruína, os condôminos deliberarão em assembleia sobre a reconstrução ou venda, por votos que representem metade mais uma das frações ideais.

Deliberada a reconstrução, o condômino poderá eximir-se do pagamento das despesas respectivas, alienando os seus direitos a outros condôminos, mediante avaliação judicial.

Diz ainda o Código Civil, no § 2.º do art. 1.357, que, "realizada a venda, em que se preferirá, em condições iguais de oferta, o condômino ao estranho, será repartido o apurado entre os condôminos, proporcionalmente ao valor das suas unidades imobiliárias".

96. Competências (4): Alteração da convenção. Neste passo, cabe indagar e responder se pode e como pode *alterar a convenção.* De início, ocorre prontamente que a convenção não pode ser imutável. No momento em que se constitui a propriedade horizontal, os condôminos não se consideram tocados de infalibilidade, induzindo presumir que os itens do título constitutivo a tudo provejam, e para sempre. A experiência, as injunções decorrentes do tempo, as questões surgidas da convivência poderão suscitar o conselho de se adotarem regras permanentes, incorporadas ao complexo de preceitos que componham a lei particular do agrupamento. E, então, é evidente o poder da Assembleia para votá-las. Não oferece interesse doutrinário ou prático a primeira parte da questão, pois que dúvida não pode haver que a Assembleia, como órgão máximo do condomínio, pela mesma razão que reúne os poderes de votá-lo, tem-nos igualmente para alterar o estatuto do edifício. É incontroverso. No entanto, enquanto não for alterada, a Convenção obriga, sendo, portanto, nula a deliberação tomada ao arrepio de suas disposições.[14]

Cumpre, porém, precisar o *quorum da votação.* Neste particular, cabe distinguir. *Regras supletivas* de *normas complementares,* de provimentos que se articulem com o estabelecimento de determinações de comportamento, afinadas com a conveniência geral, podem ser deliberadas pela *maioria,* pois não traduzem, na verdade, alterações propriamente ditas.

Contudo, se a matéria importa *alteração* introduzida na Convenção vigente, dos direitos ou das prerrogativas dos condôminos, ou estabelecimento de novas normas com obrigações especiais envolventes da restrição de prerrogativas dos proprietários de apartamentos, somente por *quorum* especial pode aprovar-se, dispensada, porém, a unanimidade, o que, em relação ao direito francês, sustenta Mazeaud, e não há razão de direito para que entre nós seja diferente.[15] Se, porém, a alteração envolver direito de propriedade exclusivo, de qualquer condômino, estará sujeita a unanimidade (2.º Tribunal de Alçada de São Paulo, *Revista Forense,* v. 264, p. 196).

Para mais considerações sobre a alteração da convenção, ver item 63.

---

[14] Ac. em *Revista dos Tribunais,* v. 367, p. 301.

[15] Henri Mazeaud, *La Loi du 28 Juin 1938 et les immeubles divises par Appartements antérieurement à la publication de la Loi, in Dalloz Hebdomadaire,* 1939, p. 44.

96-A. Ata notarial. O art. 384 do Código de Processo Civil de 2015 incluiu entre os meios de prova admitidos no direito brasileiro a ata notarial.

Segundo o que nele se dispõe, "a existência e o modo de existir de algum fato podem ser atestados ou documentados, a requerimento do interessado, mediante ata lavrada por tabelião".

E o seu parágrafo único completa a norma, admitindo que os dados representados por imagem ou som gravados em arquivos eletrônicos poderão constar da ata notarial.

Trata-se, portanto, de um documento dotado de fé pública, gozando da presunção de veracidade e certeza, até prova em contrário.

Ressalte-se que a ata se destina a provar fatos existentes, ou o seu modo de existir, jamais se prestando a afirmar, reconhecer ou atribuir direitos.

É bem verdade que a ata notarial já era utilizada antes do advento do novo Código de Processo Civil, ainda que com raras aplicações.

Ela se fortaleceu agora, quando incluída expressamente entre os meios de prova.

Na vida condominial ela pode produzir excelentes resultados, contribuindo para resolver intrincadas questões de fato que ocorrem, frequentemente, nas assembleias gerais.

Não raras vezes surge acirrada discussão entre os condôminos quanto ao que consta da ata da assembleia geral, redigida pelo secretário indicado pelo seu presidente.

A aprovação da ata, que é obrigatória, gera intensos debates, afirmando uns que o que dela consta não teria de fato ocorrido, ou, pelo menos, da maneira como foi retratado, enquanto outros sustentam que da ata não constaram fatos ocorridos e decididos.

Muitas vezes deságuam no Judiciário as controvérsias sobre a veracidade dos fatos e decisões constantes da ata, o que representa grande dificuldade para o julgador diante das versões conflitantes.

A ata notarial traz solução adequada para a questão, em razão da sua fé pública, considerando-se verdadeiro tudo o que dela consta.

Frise-se, por oportuno, que ela não dispensa a figura do secretário da assembleia geral e da ata a ser por ele redigida e aprovada.

Contudo, em caso de conflito entre o que consta das atas, prevalecerá a ata notarial.

A presença do encarregado de elaborar a ata notarial, indicado pelo Tabelião, deve ser comunicada aos presentes, que, entretanto, não podem impedir sua realização.

A experiência prática tem demonstrado que as assembleias que serão objeto de ata notarial se desenrolam de maneira mais cautelosa e ordeira, já que poderá ela servir de prova para eventuais ações cíveis e criminais, decorrentes de fatos nelas verificados.

Outras utilidades terão as atas notariais, em sede condominial, por exemplo, para atestar danos nas partes comuns, vazamentos, utilização indevida de áreas comuns e tantos outros fatos que antes eram de difícil demonstração.

96-B. Reunião em sessão permanente. O que antes era objeto de intensa discussão na doutrina e nos tribunais, finalmente foi solucionado com o advento da Lei n. 14.309/2022, que incluiu os §§ 1.º a 3.º no art. 1.353 do Código Civil, com o objetivo de mitigar o problema dos quóruns especiais, reduzindo a dificuldade de sua obtenção.

Agora, no caso de não ser alcançado o quórum, a assembleia pode, por decisão da maioria dos presentes, por uma ou mais vezes, ser declarada em sessão permanente, desde que: (i) havendo mais de uma suspensão, a deliberação ocorra no prazo total máximo de 90 dias contados da sessão inicial; (ii) sejam indicadas a data (máximo de 60 dias) e a hora da continuação dos trabalhos, apontando-se o tema pendente de deliberação; (iii) os presentes fiquem desde já alertados, e os ausentes sejam convocados, anexando-se a ata parcial; e (iv) a ata parcial seja completada com o que ocorrer na continuação dos trabalhos.

Os condôminos que já tiverem votado na sessão inicial não precisam comparecer para ratificar seu voto, mas podem alterá-lo no encontro seguinte.

96-C. Assembleia virtual. A pandemia de covid-19 trouxe um choque de realidade e alterou repentinamente costumes em todo o mundo. Uma das modificações mais notáveis de comportamento foi a familiarização das pessoas em geral com dispositivos eletrônicos e reuniões virtuais, cujas plataformas receberam explosivo aumento de usuários e foram rapidamente desenvolvidas para a melhor experiência do usuário. Essa soma de fatores criou o ambiente favorável para que a mesma Lei n. 14.309/2022, que previu a reunião em sessão permanente (item 96-B), também regulasse a assembleia virtual.

Essa modalidade não só é mais segura para evitar a disseminação de doenças contagiosas, como também é mais prática, permitindo que o condômino participe da assembleia de qualquer lugar do mundo, bastando uma simples conexão à internet. Isso traz o potencial de substancial aumento de participação nas reuniões, sendo um importante elemento adicional para se alcançar os quóruns qualificados.

Para a viabilidade da reunião eletrônica, sequer é necessário previsão expressa na convenção, bastando que não haja proibição.

Então, se a convenção não proibir, as assembleias poderão ser convocadas e realizadas virtualmente ou de forma híbrida, preservando-se os direitos de debate e voto.

Além disso: (i) a convocação deverá alertar sobre a realização em meio virtual ou híbrido, com instruções sobre acesso, manifestação e coleta dos votos; (ii) a administração não será responsabilizada por problemas dos dispositivos ou conexão à internet dos participantes, nem por outras situações que não estejam sob o seu controle; (iii) os documentos pertinentes à ordem do dia poderão ser disponibilizados de forma física ou eletrônica; e (iv) a ata eletrônica será lavrada após a somatória e divulgação dos votos.

96-D. Nulidade e anulabilidade. A soberania da assembleia geral significa que suas deliberações obrigam a todos os condôminos, presentes ou ausentes, concordantes ou não com a decisão. Em regra, a deliberação assemblear produz efeito imediato. Porém, se tomada de forma irregular, ou seja, em desrespeito à convenção de condomínio, a direitos individuais ou à lei, torna-se passível de invalidação.

As irregularidades podem ser procedimentais ou materiais, sendo alguns exemplos: (i) a não convocação de todos os condôminos; (ii) o desrespeito ao prazo mínimo de convocação exigido pela convenção; (iii) a deliberação de item não constante da ordem do dia; (iv) a proibição de defesa, participação ou voto de um condômino; (v) a inobservância de quórum mínimo legal ou convencional, ou contagem de votos segundo critério equivocado; e (vi) a violação ao direito de um ou mais condôminos, assegurado pelo ato de instituição do condomínio, pela convenção, por deliberação assemblear anterior, ou pela lei.

A irregularidade somente acarretará a invalidação da deliberação se existir prejuízo efetivo. O autor da ação precisa demonstrar ao juiz o direito suprimido com a deliberação, ou que esta provavelmente não teria sido tomada, ou que provavelmente teria resultado diferente, se a irregularidade não tivesse ocorrido. Não basta, portanto, a prova da irregularidade, sendo necessário demonstrar o prejuízo no caso concreto.

Ocorrendo a irregularidade e demonstrado o prejuízo, é necessário verificar se a hipótese é de nulidade ou anulabilidade. A distinção é relevante, pois na primeira hipótese a ação não se sujeita a prazo prescricional, e a sentença produz efeitos retroativos. O Ministro Ruy Rosado de Aguiar, do Superior Tribunal de Justiça, em acórdão histórico sobre o tema, a partir de Pontes de Miranda, fez interessante distinção. Para ele, para que haja nulidade, "é preciso que a ofensa seja à lei", pois "a ofensa à norma convencional não está prevista em nosso sistema como uma causa de nulidade do ato", de modo que "o ato que desatende à convenção, e não à lei, é deficitário e pode ser incluído entre os anuláveis" (REsp 196.312). Por identidade de razões, a deliberação que viola um direito individual garantido pela convenção, por deliberação assemblear anterior ou pelo ato de instituição do condomínio, por não ser uma ofensa direta à lei, será um ato anulável. Isto, aliás, vale também para a análise da nulidade ou anulabilidade de cláusulas da convenção eventualmente impugnadas.

Nessa linha, sendo "anulável o ato de alteração de convenção do condomínio aprovado sem requisito exigido na convenção, é prescritível a pretensão anulatória" (AgInt no REsp 1.433.640, STJ).

Finalmente, em se tratando de ato anulável e não havendo prazo legal específico para a ação anulatória, a hipótese é de prescrição, aplicando-se a regra geral de dois anos, por força do art. 179 do Código Civil (AgREsp 2.197.885, STJ).

CAPÍTULO IX

ADMINISTRAÇÃO DO CONDOMÍNIO[1]

97. Representante geral. O síndico, eleito pela Assembleia, é representante geral dos condôminos, salvo renúncia ou destituição. Como pessoa da confiança deles, pode ser exonerado sem que lhe assista direito a reclamação.

Não sendo o condomínio dotado de personalidade jurídica, assim como acontece com a família, o espólio, a massa falida, é indispensável que a ele se atribua um representante legal, que emita vontade em nome dos seus integrantes.

Esta é, sem dúvida, a função principal do síndico, que emite vontade em nome dos condôminos, sem que seja preciso consultá-los individualmente, o que tornaria quase impossível a administração do condomínio.

Atribuiu-se ao condomínio legitimidade *ad causam* e *ad processum*, o que supre a ausência da personalidade jurídica, permitindo sua presença em juízo, como autor ou como réu, além de celebrar negócios jurídicos (para outras considerações sobre a natureza jurídica do condomínio, ver Capítulo II).

Pendendo litígio em torno da eleição ou destituição do síndico, pode levantar-se a questão a quem caberia a representação. A doutrina belga entende que compete ao Tribunal a designação de um *administrador provisório.*[2] Segundo a lei brasileira, que atribui aos comunheiros não somente a faculdade, mas também o dever de escolhê-lo, uma solução há de ter o problema. E, desde que os interessados convertam o seu poder de voto em litígio, pode o juiz, a quem caiba dirimir a contenda, fazer uma designação *lite pendente,* até que a sentença, pondo termo à controvérsia, decida em definitivo a quem passa a administração.

---

[1]   Nota do editor: o texto na cor preta indica o texto original do Professor Caio Mário, e o texto na cor cinza é de autoria dos atualizadores. Os capítulos e itens de autoria dos atualizadores, além de estarem na cor cinza, estão indicados com letras após o número.

[2]   Poirier, *Le Propriétaire d'Appartement*, p. 151.

98. Perpetuidade. Tem sido aflorada, na doutrina, a questão referente à *perpetuidade* da função do síndico, quando sua designação constar da convenção do condomínio.[3] Em nosso direito, opinamos pela validade da *nomeação* por esta forma, *sem caráter de perpetuidade*. É válida porque os comunheiros, que se podem reunir em Assembleia e eleger, podem igualmente dar o seu voto na escritura de convenção.

No entanto, não pode prevalecer o caráter de perpetuidade, porque a lei brasileira, referindo-se à eleição bienal, assegurou aos interessados a faculdade de escolha, que seria frustrada, e a lei contrariada, se se desse validade à cláusula do regulamento derrogatória desse poder. Um incorporador-condômino que pretendesse manter o edifício sob seu controle far-se-ia nomear síndico na convenção e se converteria em ditador do edifício. Por outro lado, o administrador, sendo um representante, deve ser temporário. No caso de existir tal cláusula, deve ela ser entendida como designação para o primeiro biênio. É claro que o nomeado pode ser reconduzido; neste caso continuará ele, não por força da disposição regulamentar, mas pelo voto dos comunheiros. É lei expressa a dizer que o mandato não poderá exceder de dois anos, facultada a reeleição, sem que se limite o seu número [N.A.: art. 1.347 do Código Civil].

A função do síndico pode ser conferida a um dos proprietários de apartamento (o que, aliás, normalmente acontece), como pode, ainda, ser atribuída a pessoa estranha ao condomínio. Nada impede que a função de administrador seja dada a uma pessoa jurídica. Assim já argumentávamos no regime anterior, em nossa obra sobre a *Propriedade horizontal*, pois não somente o silêncio do Decreto n. 5.481, como a teoria geral do mandato o comportam. No tocante à *gratuidade* ou não, vigora a mais ampla liberdade. Em princípio, se a administração é outorgada a um dos condôminos, presume-se gratuita, como, aliás, todo mandato civil [N.A.: Código Civil, art. 656]. Contudo, nada impede que os condôminos votem em assembleia verba de remuneração, rateada com as despesas de condomínio, por todos os consortes. Igualmente lícita é a remuneração indireta: o condômino-síndico dispensado da quota nas despesas de administração enquanto estiver no exercício do cargo. No direito argentino medra controvérsia, pois, segundo uns, a sindicância, quando exercida por um dos coproprietários, é cargo honorífico, e *deve* ser gratuita,[4] enquanto outros sustentam ser matéria relegada ao livre alvedrio dos interessados, que podem instituir um ou outro critério.[5]

Quando a administração é dada a um estranho, pessoa física ou jurídica, é remunerada, pois não se admite que uma prestação de serviços, obrigatoriamente ligada à função de síndico, tenha por si a mesma presunção. Ao revés, portanto, somente por estipulação expressa haveria administração gratuita, neste caso, no que igualmente acorda a teoria geral do mandato [N.A.: Código Civil, art. 658, *caput*]. A Lei do *Condomínio e Incorporações* desatou essas controvérsias todas. O síndico, na forma da lei (art. 22, § 4.º),

---

[3] Edith Kischinewsky-Brocquisse, *Statut de la Copropriété des Immeubles et Sociétés de Construction*, n. 364; Frédéric Denis, *Sociétés de constructions et copropriété dês immeubles divisés par appartements*, p. 133.

[4] Santiago Rosemberg, *Teoria de la propiedad horizontal en la Argentina*, p. 61.

[5] Hernan Racciatti, *Propiedad por pisos,* p. 157.

pode ser condômino, ou qualquer pessoa física ou jurídica estranha ao condomínio. E suas funções serão remuneradas segundo o que dispuser a Convenção, fixando-lhe os proventos a mesma Assembleia Geral que o eleger.

A mesma regra consta do art. 1.347 do Código Civil atual.

Atualmente é cada vez mais difícil eleger um condômino para exercer a sindicância, ainda mais quando não é remunerada.

Além do mais, assume o síndico pesadas responsabilidades e funções, inclusive de natureza administrativa, afastando-o de suas atividades profissionais.

Sem falar que o síndico muitas vezes é envolvido nos inevitáveis conflitos que explodem entre condôminos.

Para contornar esta dificuldade, têm adotado muitos condomínios a figura do síndico profissional, que é uma pessoa natural ou jurídica, contratada para administrar o condomínio.

Já se fala até mesmo na regulamentação da profissão, tão numerosas já são as pessoas que exercem estas atividades.

A figura do síndico profissional não se confunde com as administradoras de condomínios, que, entretanto, podem atuar concomitantemente, em especial quando se trata de grandes condomínios, cuja gestão é muito complexa.

99. Funções. Ao síndico competem a administração geral do edifício, a execução das deliberações da assembleia (razão por que Peretti-Griva o chama órgão executivo do condomínio) e em especial o cumprimento dos encargos que a convenção do condomínio lhe atribua. Exerce a polícia interna do condomínio, opondo-se a que qualquer dos coproprietários realize atos contrários aos estabelecidos na convenção ou capazes de molestar os consortes. Aplica as multas previstas na Convenção ou no regimento interno. Nomeia, com autorização da assembleia, os empregados necessários aos serviços da casa. Demite empregados, a bem do serviço ou da disciplina. Promove as obras necessárias à conservação imediata do edifício e traz ao conhecimento da assembleia as que se devam realizar, mas não tenham caráter de urgência, e possam, por isso mesmo, aguardar o pronunciamento dela. Organiza a previsão orçamentária para o ano subsequente e pede reforço de verba, se uma imprevista elevação de despesas ocorrer. Recebe as rendas do condomínio, auferidas das fontes normais, por exemplo, a locação autorizada de alguma parte comum. Prove a tudo que se refira à administração do edifício, procedendo *cum arbítrio boni viri*. Presta contas à assembleia anual das despesas e receita do exercício findo, pormenorizando o emprego das verbas arrecadadas e comprovando os gastos. Recebe dos condôminos as quotas a que estão sujeitos para os encargos do condomínio.[6]

---

[6] Cf., a respeito dos poderes do síndico: Carlos Maximiliano, n. 208; Poirier, n. 131 e 132; Lino Salis, *Il Condomínio negli edifici*, n. 85. A Lei do condomínio minudencia as atribuições do síndico, na forma seguinte:

a) representar ativa e passivamente o condomínio em juízo ou fora dele, e praticar os atos de defesa dos interesses comuns, nos limites das atribuições conferidas por esta lei ou pela Convenção;

Afora os que a lei e a convenção de condomínio lhe atribuem, é justo que o síndico se considere ainda investido de faculdades *implícitas* para o exercício dos atos necessários ao bom desempenho das funções.[7] Portanto, pode proibir o estacionamento de pessoas estranhas, mas não pode impor-lhes multa (Tribunal de Justiça do Rio de Janeiro, *Adcoas*, n. 117.123, 1988).

E, como representante que é, responde pela má execução das incumbências, como pela omissão culposa,[8] bem como pelos atos por ele praticados abusivamente.[9] De fato, não pode agir o síndico de maneira abusiva, contrária à lei ou à convenção, até porque, como já visto, ele é eleito pelos condôminos para representá-los, e não para impor-se a eles, como se seus dependentes fossem. A conduta abusiva ou prepotente do síndico pode resultar em sua destituição, na forma prevista na lei ou na convenção.

O Código Civil de 2002 elenca em seu art. 1.348 as funções e competências do síndico, e de maneira mais minuciosa do que a Lei n. 4.591/1964.

A lista, entretanto, não é exaustiva em *numerus clausus*, mas enunciativa. Outras funções ou deveres recaem sobre o síndico, se considerados necessárias para a boa administração do condomínio, o que pode ocorrer em situações excepcionais ou de urgência. E a convenção pode atribuir ao síndico funções adicionais.

100. Representação em juízo. Pode o síndico representar o condomínio em juízo?

A lei é expressa: o síndico representa ativa e passivamente o condomínio, em juízo ou fora dele, e pratica os atos de defesa dos interesses comuns, nos limites da lei e da Convenção [N.A.: art. 1.348, inc. II, do Código Civil].

Se se trata da efetivação de medidas de sua atribuição normal, tem a representação para ingressar em juízo contra o condômino ou contra qualquer estranho, independentemente de prévia autorização da assembleia. Cabe-lhe acionar o condômino em mora de suas contribuições, como ainda impedir que o condômino converta para uso privado partes comuns do edifício ou mude a fachada do prédio ou altere a decoração de portas, esquadrias etc. Pode o síndico impedir, judicialmente, a transformação do apartamento que venha a causar dano ou incômodo. Tem qualidade para litigar, com condômino ou estranho, no que se refira às regras de boa vizinhança, como também na manutenção ou reintegração de posse sobre as coisas e áreas comuns. O Tribunal de Justiça de São Paulo

---

b) exercer a administração interna da edificação ou do conjunto de edificações, no que a respeita sua vigilância, moralidade e segurança, bem como aos serviços que interessam a todos os moradores;

c) praticar os atos que lhe atribuírem as leis, a Convenção e o regimento interno;

d) impor as multas estabelecidas na Lei, na Convenção ou no regimento interno;

e) cumprir e fazer cumprir a Convenção e o regimento interno, bem como executar e fazer executar as deliberações da assembleia;

f) prestar contas à assembleia dos condôminos.

[7] Eduardo Jorge Lage, *La propiedad horizontal*, n. 274 p. 140.

[8] Peretti-Griva, *Il condomínio delle case*, p. 441.

[9] *Adcoas*, n. 31.752, 1975.

decidiu faltar legitimidade a um condômino para propor ação cominatória, visando à reposição de dependência comum no estado anterior, contra locatário ou ocupante *(Revista Forense,* v. 217, p. 159). Não se coaduna a tese com a doutrina legal, pois, se é atribuição do síndico tal iniciativa, a sua omissão legitima o condômino para proceder, como visto acima (n. 85, *supra).* Tem legitimidade para cobrar as quotas dos condôminos em atraso com suas contribuições [N.A.: art. 1.348, inc. VII, do Código Civil], como para litigar com condômino ou estranho *(Adcoas,* n. 19.025 e 19.203, 1973).

Passivamente, tem a representação do condomínio, dispensada a citação pessoal de cada condômino, para as ações que se fundem em deliberação da assembleia, lesiva de direitos de algum estranho ou consorte. Representa passivamente o condomínio em processo em que se litigue sobre pretensão oponível à comunhão, inclusive nas *reclamações trabalhistas.*

Quanto a estas, toda dúvida fora já afastada pela Lei n. 2.757, de 26 de abril de 1956. Este diploma define a situação dos empregados em edifícios, que não são domésticos, porém amparados pela legislação trabalhista, a não ser que trabalhem a serviço do condômino em particular. Porteiros, zeladores, garagistas, faxineiros, serventes, admitidos pelo síndico, são empregados *do condomínio.* Nas reclamações trabalhistas, o síndico é o representante dos condôminos, o que confirma a tese da não citação pessoal deles.

Na lei encontramos, ainda, solução ao problema da *autoridade da coisa julgada* de sentença proferida nas ações em que é interessado o condomínio. Quanto às reclamações trabalhistas, é expresso o art. 3.º da Lei n. 2.757, ao distribuir proporcionalmente entre os condôminos as respectivas obrigações, inclusive judiciais e extrajudiciais.

Fora do âmbito trabalhista, e nas ações em que o síndico figura como representante dos condôminos, as decisões proferidas fazem *res iudicata* contra e a favor deles, não obstante a sua falta de citação pessoal. É o princípio da representação o fundamento para a conclusão: se o síndico é o representante dos condôminos, a sentença proferida lhes é oponível, tanto para o efeito de obrigá-los ao rateio dos encargos como para o de lhes facultar a oposição da *exceptio rei iudicatae.*

Não tem, porém, a mesma representação passiva, tratando-se de questões que dizem respeito aos interesses privados dos condôminos. Assim, se um vizinho intenta ação que visa a uma pretensão particularmente oponível contra certos condôminos, terá de citar os condôminos, individualmente, e não apenas o síndico, pois o objetivo de sua ação será limitado subjetivamente. Igualmente é imprescindível a citação pessoal de cada condômino para a ação de desapropriação, ainda que a pública administração exproprie o prédio em seu conjunto, pagando por ele um preço global que deva ser rateado entre todos os comproprietários,[10] porque cada comunheiro tem interesse legítimo a defender com exclusividade.

Esta mesma falta de *legitimatio* impera, se se tratar de ação a ser intentada contra terceiros, envolvendo os direitos de determinados condôminos, e não apenas interesses

---

[10] Cunha Gonçalves, *Da propriedade horizontal ou por andares,* p. 66; Campos Batalha, II, n. 294; Poirier, p. 158, 193 e 204.

da comunhão.[11] A explicação para esta diferença de princípios e diversidade de efeitos pode buscar-se em que o síndico, como órgão administrador do condomínio, é o representante do agrupamento, do condomínio como complexo jurídico de interesses da sua coletividade, mas não é nem se pode arrogar à representação de cada condômino, individualmente considerado.[12]

Nesses casos ora considerados, a coisa julgada é inextensível a quem não foi parte no feito, por força da velha regra: *res inter alies iudicata aliis nec nocet nec prodest.*

101. Representação legal. Em suma: o síndico, embora eleito por *maioria de votos,* é o representante de todos os coproprietários do edifício. Evidentemente, esta regra não está na conformidade do princípio geral que preside à representação convencional, na qual ninguém constitui mandatário contra vontade. A natureza especial da representação do condomínio leva, entretanto, a esta especialização do princípio de direito comum e enunciado de um especial à propriedade horizontal: o síndico ou administrador, nas matérias de interesse comum, é, por força de lei (representação legal), o representante de todos, inclusive dos ausentes e dissidentes.[13] O problema, aliás, não tem ficado apenas no campo doutrinário. Trazido ao pretório, outra não tem sido a decisão, como se vê de aresto do Tribunal de Justiça de São Paulo, que entendeu ter ele, em face dos demais condôminos, os poderes de qualquer administração, porém limitados ao que condiz com o interesse de todos, e não os referentes a direito subjetivo de condômino isoladamente, como decidiu o Tribunal de Justiça do Rio de Janeiro.[14]

102. Empregado ou mandatário? É na representação, ainda, que vamos encontrar a natureza jurídica da relação do síndico com os condôminos. Contra a opinião dos que enxergam aí uma relação de emprego,[15] entendemos que não existe subordinação laboral. Na verdade, não há no direito comum uma figura perfeitamente idêntica, pois a categoria desta representação é toda especial (*vide* número anterior). Há certa analogia entre a diretoria da sociedade anônima e a administração do edifício de apartamentos: eleição por maioria, representação mesmo da minoria dissidente, possibilidade de destituição.

Diferentemente desta, pode ser o síndico uma pessoa natural ou jurídica, integrante ou não do condomínio. E pode a função ser ou não remunerada. Prevista a remuneração do Síndico, e fixada na Convenção, não pode ser majorada pela assembleia (1.º Tribunal de Alçada do Rio de Janeiro, *ADV,* n. 16.558, 1984).

---

[11] Carlos Maximiliano, n. 209.

[12] Hernán Racciatti, p. 137; Lino Salis, n. 95 e 96.

[13] Carlos Maximiliano, n. 204 e 224-a; Racciatti, n. 39.

[14] Decisão em *Arquivo Judiciário,* v. 55, p. 62. A representação do condomínio pelo síndico foi proclamada pelo Supremo Tribunal Federal, em acórdão em *Diário da Justiça,* de 11 de junho de 1960, p. 921. Sobre a representação de todos, ver *Revista do Tribunal de Justiça* do antigo Estado da Guanabara, v. 29, p. 248; Tribunal de Justiça de São Paulo, Revista Forense, v. 277, p. 190). Perante a Justiça do Trabalho, a representação é, de preferência, pelo Síndico, mas pode ser feita pelo Administrador (2.º TRT, *Revista Forense,* v. 283, p. 388).

[15] Carlos Maximiliano, n. 206.

Cap. IX • Administração do Condomínio | 207

É precisamente quando existe remuneração que se pretende trazer a função do síndico para a relação de emprego. Não nos parece, entretanto, que um ordenado, vencimento ou gratificação transfiram para este terreno a sua situação, pois o mandato é perfeitamente compatível com a remuneração. No sentido do que sustentamos é a opinião de Campos Batalha,[16] argumentando com a total ausência de subordinação hierárquica, absolutamente incompatível com a faculdade de acionar os condôminos remissos, o que em última análise iria dar em que, se houvesse relação de emprego, o "empregado" estaria munido de poderes repressivos da conduta do "patrão". A nova lei desfaz as dúvidas, quando lhe atribui *poderes de representação*. É um caso de *representação anômala,* tendo em vista que o condomínio não é pessoa jurídica (*vide* n. 37, n. 40 e n. 90, *supra*). No entanto, esta situação não é estranha ao nosso direito, tendo em vista que tanto a herança aberta como a massa falida não têm personalidade jurídica e no entanto são representadas pelo inventariante e pelo síndico, respectivamente.[17]

Por ser o síndico representante e não empregado, pode ser destituído como qualquer mandatário, sem direito a indenização pelo fato da destituição, o que é aprovado pelos doutrinadores (Zurfluh) e estabelecido na lei. Por maior que seja o tempo na função, jamais adquire estabilidade; não tem direito a férias; nenhuma das concessões de legislação do trabalho se lhe aplica. A revogabilidade da representação, pela assembleia, encontraria amparo no direito comum, em que é assentada a revogabilidade do mandato [N.A.: Código Civil, art. 682], se a Lei do Condomínio não a houvesse explicitado no dizer: O síndico poderá ser destituído pela forma, sob as condições previstas na Convenção, ou, no silêncio desta, pelo voto de dois terços dos condôminos presentes, em Assembleia Geral especialmente convocada (Lei n. 4.591, de 1964, art. 22, § 5.º [N.A.: hoje, art. 1.349 do Código Civil].

E é óbvio que, sendo a destituição um direito ou um poder da Assembleia, não gera para o síndico demitido, em razão da dispensa, qualquer pretensão. Não goza o síndico, por não ser empregado, de proteção trabalhista. Sendo o síndico, como é, representante e não empregado, pode ser destituído sem direito a indenização (Tribunal de Justiça de São Paulo, *ADV*, n. 34.586, 1987).

102-A. Seguro da edificação. O art. 1.348, em seu inciso IX, atribuiu ao síndico a obrigatoriedade de realizar o seguro da edificação contra incêndio ou qualquer outro sinistro que lhe acarrete danos.

Este seguro não se confunde com o que pode ser celebrado pelos condôminos, individualmente, com relação às suas unidades autônomas e o seu conteúdo, o que não é obrigatório.

O prêmio do seguro coletivo obrigatório é considerado despesa ordinária do condomínio, o que repercute na legislação inquilinária, podendo ser repassado para o locatário, desde que haja previsão expressa no contrato de locação.

---

[16] Campos Batalha, II, p. 313.

[17] Cf., a propósito de representação anômala ou imprópria, Caio Mário da Silva Pereira, *Instituições do direito civil,* v. I, n. 106.

Tão relevante é a questão do seguro que responderá o síndico, pessoalmente, pela sua omissão, no caso de ocorrer o sinistro.

Também é conveniente que se faça o seguro de responsabilidade civil contra danos causados a terceiros, o que também compete ao síndico, com a autorização da assembleia, no que tange à escolha da seguradora.

103. Porteiro. Na Europa, especialmente na França e na Bélgica, o porteiro do edifício *(concierge) é* uma figura de importância e prestígio na casa, onde exerce uma função de medianeiro entre os condôminos e o administrador, como às vezes entre os coproprietários entre si, não se achando a serviço propriamente dos coproprietários, individualmente, mas da coletividade.[18]

Entre nós o porteiro originariamente não passa de empregado admitido pelo síndico. Não é, porém, um mero preposto deste, pois, ainda que se substitua o síndico por outro, condômino ou estranho, comumente o porteiro permanece e, no caso de um novo síndico substituí-lo arbitrariamente, tem ele direito a indenização pela rescisão do contrato de trabalho, o que evidencia não ser pessoa da confiança do síndico.

As suas atividades são interessantes, se se atentar em que, sendo mero empregado, exerce uma função de autoridade, inclusive perante os próprios condôminos, aos quais adverte na verificação de atos que importam em desrespeito às normas disciplinares do edifício.

Sob certo aspecto, é delegado do síndico, que por seu intermédio preenche uma parte das suas atribuições legais e convencionais, mas tem, além delas, atribuições próprias, como o recebimento e a distribuição de correspondência, a abertura e o encerramento das portas do prédio etc. É a quem cumpre, efetivamente, o policiamento interno do edifício, podendo impedir a entrada de pessoas inconvenientes ou fazer com que se retirem.

Figura a que a lei se não refere e não tinha atribuições definidas, não passando de mero empregado, já vai assumindo contornos característicos. A convenção coletiva define habitualmente as suas atribuições.[19]

Não há, também, na lei referência ao "garagista". Empregado que aparenta ser mero subalterno, nos edifícios em que número elevado de veículos se alojam, assume funções específicas e de responsabilidade quanto aos carros que são guardados, cuidando de sua colocação e manobra, impedindo a entrada de estranhos, respondendo e velando por eles. Por tal razão, o condomínio será responsável pelos danos oriundos de sua ação ou omissão, causados a condômino ou estranho.

104. Prestação de contas. Sendo o síndico o representante dos condôminos, está evidentemente sujeito à *prestação de contas* de sua gestão. A lei especial dispõe a respeito desta obrigação (art. 22, § 1.º, alínea *f* [N.A.: e art. 1.348, inc. VIII do Código Civil]), tanto

---

[18] Poirier, *Le propriétaire d'appartements*, p. 155.

[19] Carlos Maximiliano, n. 211; Orlando Gomes, *Direitos reais*, n. 180. Aliás, é o que tem sido decidido pelos Tribunais. Ver *Revista Forense*, v. 236, p. 174.

mais impositiva como certo é que, investido dos poderes previstos em lei ou na convenção, tem a seu cuidado e sob sua guarda acervo financeiro alheio. É ele que arrecada o numerário proveniente do aluguel de partes comuns do edifício e outras eventuais fontes de renda; é ele quem recebe as contribuições dos comunheiros para as despesas gerais; é ele quem emprega as verbas, faz compras, paga empregados, salda compromissos.

A prestação de contas tanto abrange os atos praticados diretamente pelo administrador como aqueles cometidos a prepostos ou mandatários, pois, se a lei faculta delegar tais funções em pessoa de sua confiança, acrescenta que será sob sua responsabilidade e, conseguintemente, é o próprio síndico que deve contas aos comitentes.

Não dispondo a convenção do condomínio a respeito do momento em que será julgada a atuação do administrador, cabe à assembleia anual, convocada nos termos do art. 24, este poder [N.A.: art. 1.350 do Código Civil].

Evidentemente, não se reclamará *quorum* especial nem maioria qualificada, para tal apreciação, pois é de princípio que somente se tornam necessários quando a lei ou a Convenção os exija, e, em caso contrário, prevalece a regra de ser aceita a deliberação da assembleia ordinária. O problema já foi enfrentado na justiça, tendo o Supremo Tribunal Federal decidido ser bastante o voto da maioria simples,[20] como a nova lei, não fazendo exigência maior, admite que basta à aprovação a maioria simples dos presentes.

As contas devem ser apresentadas em forma contábil, acompanhadas de recibos e comprovantes das despesas realizadas, sendo de todo conveniente que, mensalmente, o Conselho Fiscal, se existir, confira os balancetes mensais, aprovando-os ou exigindo correção, o que muito facilita aos condôminos, quando convocados para apreciar as contas.

No que tange à aprovação das contas, já se consolidou o entendimento de que o credor delas é a Assembleia Geral. Daí decorre que, sendo elas aprovadas, não poderá qualquer condômino, isoladamente, ou em conjunto com outros, exigir do síndico nova prestação, o que poderia inviabilizar a administração. Disso decorre que o condômino "não tem legitimidade para propor, individualmente, a ação de exigir contas", pois "o direito de examinar os livros e documentos relativos ao condomínio não se confunde com o direito da coletividade dos condôminos de obter a prestação de contas da administração do condomínio" (REsp 2.050.372, STJ).

Resta ao condômino irresignado com a aprovação das contas, propor ação de anulação da deliberação, caso exista um vício que a tenha maculado. Em tal caso, anulada a deliberação, nova assembleia deverá ser convocada para apreciar as contas.

O condomínio, como visto, tem legitimidade ativa para a ação de prestação de contas. Entretanto, a ação somente terá cabimento se o síndico tiver se recusado a prestá-las, ou se, tendo feito, as contas tiverem sido rejeitadas. Pois, uma vez aprovadas as contas pela assembleia geral, ocorre a perda do interesse de agir (AgInt no AREsp 2.027.906, STJ), e qualquer discussão sobre as contas vai requerer prévia anulação da deliberação assemblear, se possível for.

---

[20] *Vide Revista Forense*, v. III, p. 115.

105. Delegação dos poderes de administração. Das atribuições do síndico, mencionadas no art. 1.348 do Código Civil, umas são de natureza meramente administrativa. Atentando para esta circunstância e considerando que não há mister as exerça ele pessoalmente, a Lei do *Condomínio e Incorporações* as considera *delegáveis,* sem, contudo, se desligar dos compromissos que para com o condomínio assume ao investir-se nas funções. As demais, que exorbitam da mera administração, têm de ser exercidas direta e pessoalmente.

No regime anterior só se autorizava o síndico a transferir a outrem, pessoa natural ou jurídica, os poderes de administração, e jamais os de representação, que teriam que ser por ele exercidos direta e pessoalmente.

Isto contribuía para que muitos condôminos se recusassem a aceitar o encargo, temerosos de que esse dever afetasse seus compromissos profissionais e/ou familiares.

O Código Civil de 2002 alterou, significativamente, o sistema, ao estabelecer que "o síndico pode transferir a outrem, total ou parcialmente, os poderes de representação ou as funções administrativas, mediante aprovação da Assembleia, salvo disposição em contrário da Convenção" (art. 1.348, § 2.º).

Por outro lado, o art. 1.349 admite que, se não se observar o conteúdo do dispositivo acima transcrito, quanto à autorização da Assembleia, para a delegação dos poderes de representação, poderá ela, especialmente convocada, destituir o síndico, pela maioria absoluta de seus membros.

Especialmente nos grandes centros, instituiu-se o uso de se entregar a profissionais, notadamente a empresas especializadas, a administração dos condomínios, com grande proveito para todos.

A lei não haveria, certamente, de ignorar estes costumes, de reconhecida utilidade. E, efetivamente, deles tomou conhecimento, quando estabeleceu no art. 22, § 1.º, que as funções administrativas podem ser *delegadas* a pessoa de confiança do síndico e sob sua inteira responsabilidade, mediante aprovação da Assembleia Geral de Condôminos [N.A.: art. 1.348, § 2.º, do Código Civil].

Não são todas as atribuições que comportam delegação, porém as administrativas, apenas. Portanto, são insuscetíveis de substabelecimento a imposição de *multas,* a *prestação de contas,* a *representação* do condomínio, que competem ao síndico e não podem ser transferidas a ninguém. É, também, privativa do síndico a ação contra condômino, para cobrar despesas de condomínio.[21]

Esta questão está modificada, conforme nota anterior, referente à autorização conferida pelo Código Civil para que o síndico delegue os poderes de representação.

Quando a lei fala da delegação a *uma pessoa* da confiança do síndico, usa o vocábulo em sentido genérico, abrangendo assim as pessoas físicas como as pessoas jurídicas, e, desta sorte, legitima o uso de se delegarem às *empresas administradoras* os encargos respectivos.

---

[21] Cf. Ac. do 1.º Tribunal de Alçada de São Paulo, *Revista dos Tribunais,* v. 449, p. 152; v. 454, p. 153; *Adcoas,* nº 25.539, 1974.

Como as funções que exercem resultam de desdobramento das atribuições do síndico, conferidas por lei ou pela Convenção, a entidade administradora deve merecer a confiança daquele. No entanto, não é arbitrária a designação, pois os condôminos guardam sempre o interesse na escolha de quem receba os encargos administrativos do edifício e o têm legítimo quanto à empresa que deles aufere, indiretamente embora, poderes e faculdades. Daí haver ficado bem claro que a delegação é feita pelo síndico, mas depende da *aprovação* da Assembleia de Condôminos.

Se o síndico fizer a escolha, submetê-la-á à aprovação de Assembleia Geral, e, se esta lhe negar o voto, abre-se uma alternativa inevitável: ou o síndico submete-se e substitui a Administradora, de forma a contentar o órgão deliberante do condomínio, ou então terá de deixar a sindicância, traduzindo-se em voto de desconfiança a recusa da aprovação.

Entretanto, se após a votação desfavorável persistir na escolha, sua rebeldia e intransigência lhe imporão, necessariamente, a destituição. O que não se compadece com o espírito de harmonia que a lei pretende instituir é que o síndico mantenha uma Administradora com delegação de suas funções, contra a vontade dos condôminos manifestada por meio do voto adverso da Assembleia Geral.

106. Subsíndico. A lei criou uma figura nova na administração do condomínio: o *subsíndico,* que será eleito por dois anos pela Assembleia Geral, podendo ser reeleito.

Não é, porém, obrigatório. O síndico é, e a linguagem legal não deixa margem à dúvida (art. 1.347 do Código Civil), quando diz secamente "que a Assembleia escolherá um síndico".

Ao referir-se ao subsíndico, institui a faculdade: "A Convenção *poderá prever* a eleição de subsíndicos...". É uma faculdade. A Convenção que o admitir mencionará o seu número (um, dois, três) e ao mesmo tempo definirá suas atribuições.

O Código Civil nenhuma referência faz à figura do subsíndico. Nesse caso, ante a ausência de regulação da matéria pela lei nova, permanece em vigor o art. 22, § 6.º, da Lei n. 4.591/1964, segundo o qual a convenção "poderá prever a eleição de subsíndicos, definindo-lhes atribuições e fixando-lhes o mandato, que não poderá exceder de 2 anos, permitida a reeleição". O cargo de subsíndico é mais frequente nos condomínios com elevado número de unidades autônomas, o que, atualmente, não é raro.

A utilidade da providência é manifesta, e é por seu intermédio que se alivia o síndico de uma sobrecarga maior de trabalho ou se institui a sua substituição nas ausências e nos impedimentos temporários. Enfim, os subsíndicos poderão prestar relevante serviço no desenvolvimento do condomínio e sua administração.

107. Comunicação das deliberações. Preenchendo lacuna até agora aberta, a Lei do *Condomínio e Incorporações* adota medida salutar, relativa à publicidade das deliberações e à sua execução. Como a matéria aprovada tem efeito normativo em relação a todos os comunheiros, inclusive ausentes, é mister se torne conhecida, para seu cumprimento e sua observância. Manda, então, o art. 24, § 2.º: "O síndico, nos oito dias subsequentes à Assembleia, *comunicará aos condôminos* o que tiver sido deliberado, inclusive no tocante à previsão orçamentária e ao rateio das despesas".

No Código atual não se encontra reproduzido o texto do § 2.º do art. 24 da Lei n. 4.591/1964, o que não significa que estará o síndico dispensado de dar conhecimento das decisões da Assembleia Geral aos demais condôminos. O citado dispositivo, considerando a omissão da lei posterior na regulação da matéria, permanece em vigor.[22]

A regra geral é que essa obrigação conste expressamente das convenções, e, ainda que não o seja, a comunicação decorra dos deveres inerentes à função de administrador de interesses de terceiros, ou do mandatário.

Além do mais, e segundo o que dispõe a parte final do art. 1.349, poderão os condôminos destituir o síndico que "não administrar convenientemente o condomínio", podendo se caracterizar essa hipótese pela omissão do síndico em dar publicidade adequada ao que for decidido nas Assembleias.

Também nada impede que qualquer condômino ou interessado interpele o síndico ou o administrador para que lhe remeta a ata da Assembleia, que é obrigatoriamente redigida.

Não determina a lei o *modus faciendi,* porém se reporta à convenção, cabendo, pois, a esta minudenciar como se realiza a comunicação: por carta ou telegrama, na medida da urgência; por afixação no *quadro de informações* em lugar visível do edifício; ou pela conjunção de uma e outra.

Também cabe ao síndico, por força do mesmo inciso da Lei do *Condomínio e Incorporações* (art. 24, § 2.º), promover a execução do decidido, especialmente quanto à arrecadação das quotas atribuídas aos condôminos em rateio, na forma prevista na Convenção (art. 1.348, inc. IV, do Código Civil).

Tratando-se de atribuições de natureza administrativa, pode ser delegada a pessoa de confiança do síndico. Desta sorte, a lei procurou conciliar a disciplina com a realidade prática, pois é comum, nesses casos, deixar a cargo das empresas *Administradoras* tais providências, e, como a lei não as considera privativas, o regime inaugurado com a Lei n. 4.591 e reiterado pelo atual Código Civil comporta a continuação do que se vem fazendo, com bom rendimento e utilidade.

108. Conselhos Consultivo e Fiscal. O Decreto n. 5.481/1928 cuidava apenas do administrador do condomínio, que a doutrina admitia fosse pessoa física ou jurídica. Naquele regime, indagava-se da possibilidade de se eleger, em lugar do administrador, um "conselho de administração". Pronunciando-nos a respeito, opinamos que a matéria era puramente de regulamentação ou da previsão estatutária. Se a Convenção assim dispusesse, não encontraria obstáculo legal.[23] E, a propósito, não era silente a doutrina estrangeira, mas, ao revés, ao assunto aludia, chegando a minudenciar que, se coletivo o órgão de administração, haveria de ordenar-se, em funções especializadas de direção interna.[24]

A nova lei toma, porém, o assunto em termos mais precisos (art. 22). O síndico sob a forma de colegiado não se coaduna com o sistema ora vigente. A ele poderão acostar-se

---

[22] Para outros dispositivos da Lei n. 4.591/1964 ainda em vigor, ver item 23-A.

[23] Caio Mário da Silva Pereira, *Propriedade horizontal,* n. 77.

[24] Hernán Racciatti, *Propiedad por pisos,* p. 155.

subsíndicos, que o auxiliem, e com ele partilhem, segundo o que a Convenção dispuser, as atribuições e os encargos.

Paralelamente, a mesma lei criou a figura do *Conselho Consultivo* (art. 23), quando a Convenção o admitir, o qual se comporá de três condôminos, eleitos por dois anos, permitida a reeleição.

Note-se que o *Conselho Consultivo* é de condôminos. Enquanto ao síndico, expressamente, a lei diz que pode ser pessoa estranha à comunhão, quanto aos subsíndicos silencia, autorizando que também possam sê-lo, já no tocante aos membros do Conselho é taxativa, considerando tal função *privativa da qualidade condominial*.

As suas atribuições a Convenção minudenciará, bem como a ordem de trabalho, número de reuniões, forma de convocação, técnica de pronunciamento, matéria de audiência obrigatória ou facultativa etc.

Em linhas gerais, cabe ao Conselho Consultivo do Condomínio aconselhar o síndico e assessorá-lo na solução dos problemas que digam respeito ao condomínio (art. 23, parágrafo único).

Em princípio, a função dos membros do Conselho é gratuita, pois não se trata de uma continuidade e permanência de atividades, a exigir perda de tempo e dispêndio de energias. No entanto, se a Convenção, que definir as atribuições específicas do Conselho, entender que lhe seja abonado um *jeton* pelas reuniões que realizem, não há obstáculo legal nem incompatibilidade conceitual a opor-lhe, tanto mais que a tendência é considerar-se remunerada toda atividade humana, e a gratuidade uma resultante da intenção ou do acordo.

Com o Conselho Consultivo completa-se a organização administrativa do condomínio e assegura-se ao síndico um apoio frequente da maior importância e necessidade. Nos momentos difíceis, em que deva assumir a responsabilidade de agir em termos que possam contrariar os interesses de comunheiros ou em outras em que não seja de grande justiça atirar-lhe sobre os ombros as consequências de uma atitude ou previsibilidade dos efeitos possíveis de seu comportamento, cumpre seja ouvido. Trata-se, com efeito, de órgão que delibera coletivamente. Demais disso, pelo fato de se não acharem os seus membros empenhados diretamente nos problemas administrativos, poderão opinar a frio e sem qualquer paixão.

Convém, entretanto, deixar bem claro que a função do Conselho é puramente consultiva, salvo se a Convenção lhe atribuir atividade maior,[25] conceito este que encontra pleno amparo no preceito legal que criou esta nova figura na organização condominial entre nós. Assim nos expressando, queremos enfatizar que, embora exista o Conselho, nunca se dispensará a figura do síndico do caráter impositivo como visto acima (n. 106, *supra*).

No que concerne ao Conselho Consultivo e Fiscal, e como assinalamos antes, o Código Civil inovou ao não tornar obrigatória a sua instituição.

É o que se depreende do art. 1.356, ao estabelecer que "poderá haver no condomínio um conselho fiscal, composto de três membros, eleitos pela Assembleia, por prazo não superior a dois anos, ao qual ao qual compete dar parecer sobre as contas do síndico".

---

[25] Peretti-Griva, *II condomínio delle case divise in parti,* p. 414.

214 | Condomínio e Incorporações – Caio Mário da Silva Pereira

Como se vê, nenhuma alusão se faz ao conselho consultivo.

Conclui-se, sem nenhum esforço, que caberá à convenção criar estes ou outros conselhos, definindo suas funções e competências, no interesse dos condôminos.

Nada se dispondo na convenção, ou não a existindo, poderá a Assembleia Geral instituí-los, já que a lei não os proíbe.

Nos grandes condomínios, hoje frequentes, é de praxe que haja um Conselho Consultivo e outro Fiscal, para auxiliar o síndico, no exercício de suas múltiplas e complexas funções.

108-A. Quórum de destituição do síndico. O art. 1.349 do Código Civil trouxe nova hipótese de destituição do síndico, que antes era regulada somente pelo art. 22, § 5.º, da Lei n. 4.591/1964.

Como visto anteriormente, o síndico pode transferir a outrem, total ou parcialmente, os poderes de administração, e caso a convenção não lhe dê o poder para transferir diretamente, deverá obter a aprovação da assembleia geral (CC, art. 1.348, § 2.º).

O art. 1.349, então, prevê que a "assembleia, especialmente convocada para o fim estabelecido no § 2.º do artigo antecedente, poderá, pelo voto da maioria absoluta de seus membros, destituir o síndico que praticar irregularidades, não prestar contas, ou não administrar convenientemente o condomínio". Trata-se, a toda evidência, de hipótese restrita e motivada de destituição.

Assim, não tendo ocorrido, pela lei nova, a inteira regulação da matéria, o art. 22, § 5.º, da Lei n. 4.591/1964 permanece em vigor e aplicável à destituição do síndico para as hipóteses não previstas no art. 1.349 do Código Civil:

	Código Civil (art. 1.349)	Lei n. 4.591/1964 (art. 22, § 5.º)
Hipótese normativa	Assembleia especialmente convocada para os fins do art. 1.348, § 2.º.	Qualquer assembleia, exceto se convocada para os fins do art. 1.348, § 2.º.
Destituição deve ser motivada?	Sim. A destituição deve ser fundamentada por ao menos um dos seguintes fatos: (i) prática de irregularidades; ou (ii) ausência de prestação de contas; ou (iii) administração não conveniente do condomínio.	Somente se convenção exigir. Não existindo convenção, ou sendo ela omissa, a destituição pode ocorrer sem motivação, a critério exclusivo dos condôminos.
Quórum	Maioria absoluta dos condôminos.	– Quórum estabelecido na convenção. – Se não existir convenção, ou em caso de omissão, 2/3 dos condôminos presentes.

Por fim, mas não menos importante: o art. 1.349 do Código Civil, quando aplicável à destituição do síndico, deve ser interpretado com cuidado. O dispositivo prevê que a assembleia poderá deliberar a remoção do síndico "pelo voto da maioria absoluta de seus membros".

O termo "membros" não pode ser interpretado como "condôminos presentes", por mais de uma razão.

Em primeiro lugar, a assembleia geral possui dupla acepção: ela é sinônimo de reunião, e, principalmente, ela é, como visto anteriormente, o órgão deliberativo mais importante do condomínio, composto por todos os condôminos. O condômino ausente à reunião não deixa de ser membro da assembleia geral; assim como um membro do Conselho Consultivo que falte a uma reunião do órgão não deixa de compô-lo. Se uma convenção previr um Conselho Consultivo com 5 membros, e exigir, para determinada matéria, a aprovação "pelo voto da maioria absoluta dos seus membros", o quórum será de 3 votos (mais de 50% de 5) e não da maioria dos presentes. A mesma lógica vale para a assembleia geral.

Em segundo lugar: mesmo se adotando a interpretação literal, fiel ao texto legal, ainda assim a conclusão é a mesma. Suponha-se que o sentido gramatical da "assembleia" prevista no art. 1.349 seja "reunião", e não órgão deliberativo. Sendo sinônimo de "reunião", bastaria substituir o termo no próprio dispositivo. Eis o resultado: "A reunião... poderá, pelo voto da maioria absoluta dos seus membros...". Como se vê, um encontro não é sujeito ativo de ações. Uma reunião é um evento em que as pessoas fazem algo. A reunião nada faz. Nela se faz. Portanto, o único sentido gramatical possível para "assembleia" é o de órgão deliberativo. E os membros desse órgão, a assembleia geral, não se limitam aos presentes na reunião, ela é formada por 100% dos condôminos, ainda que ausentes.

Em terceiro lugar: admitir um quórum tão reduzido de destituição poderia levar a uma perigosa instabilidade no condomínio. No exemplo da tabela de apuração do item 92-A, seria possível destituir o síndico com apenas 14 votos de um total de 100 condôminos. E, como se sabe, normalmente as reuniões condominiais costumam contar com presença irrisória de condôminos, o que permitiria a destituição por quórum ainda menor.

Portanto, e para concluir: (i) o art. 1.349 do Código Civil não deve ser aplicado a qualquer hipótese de destituição do síndico, mas somente naquelas estritamente previstas no citado dispositivo, prevalecendo, para todos os demais casos, a regra do art. 22, § 5.º, da Lei n. 4.591/1964; e (ii) nos casos de aplicação do art. 1.349 do Código Civil, o quórum a ser observado é o da maioria absoluta dos condôminos, e não apenas dos presentes na reunião.

Capítulo X

EXTINÇÃO DO CONDOMÍNIO[1]

109. A extinção do condomínio edilício. Como toda relação jurídica, a propriedade horizontal tem seu começo, tem sua vida de atividade e tem seu fim. Não ocorre, porém, com ela o mesmo que se dá com o condomínio tradicional, que se pode extinguir pela *actio communi dividundo,* tão antiga no direito quanto na língua, como dá notícia a desinência verbal *dividundo,* de notório arcaísmo.

A ação de divisão da coisa comum está disciplinada nos arts. 967 e segs. do Código de Processo Civil, substituído pelo art. 588 no Código de Processo Civil de 2015.

É, com efeito, uma faculdade reconhecida a qualquer condômino, esta de requerer a todo tempo a divisão da coisa comum (Código Civil de 1916, art. 629 e art. 1.320 do Código atual). E mesmo quando hajam acordado os coproprietários a conservação do estado de indivisão ou este seja imposto como condição pelo doador ou testador, é temporário, limitado a lapso não maior de cinco anos (arts. 629, parágrafo único, e 630 do Código Civil de 1916 e art. 1.320, §§ 1.º e 2.º, do Código atual). Na propriedade horizontal o mesmo não ocorre. Ligada a existência jurídica da propriedade coletiva sobre o solo e partes comuns do prédio à subsistência da propriedade particular e individual sobre os apartamentos, constitui um *condomínio indivisível.* Não é uma propriedade distinta, tendo como titular uma entidade abstrata, porém uma propriedade exercida em comum pelos proprietários dos apartamentos, insuscetível de alienação destacada da unidade autônoma a que adere, e insuscetível ainda de divisão.

Não obstante esta indivisibilidade essencial, o condomínio pode cessar, por vários motivos ou por diferentes causas jurídicas, com a extinção do regime de propriedade horizontal.

---

[1] Nota do editor: o texto na cor preta indica o texto original do Professor Caio Mário, e o texto na cor cinza é de autoria dos atualizadores. Os capítulos e itens de autoria dos atualizadores, além de estarem na cor cinza, estão indicados com letras após o número.

A primeira delas é a *confusão*. Se todos têm na parte coletiva do prédio uma quota ideal, que é fundamente ligada à existência daquela multiplicidade de relações jurídicas individuais, e se um mesmo condômino pode ser titular de várias quotas ideais que se incorporam ao seu patrimônio, é evidente que a *concentração de todos os apartamentos* no domínio de um mesmo sujeito, por sucessão *causa mortis,* importará no enfeixamento de todas as quotas ideais na titularidade de um só, e, *ipso facto,* desaparecerá o condomínio, que se converterá em domínio exclusivo. Em razão da natureza da própria causa extintiva, uma operação inversa pode restabelecê-lo, de sorte que a alienação de um ou mais apartamentos levará à criação da propriedade por frações ideais sobre o solo etc. Entretanto, como a ideia condominial é uma decorrência inevitável da coexistência das unidades autônomas, a *confusão* que opera a extinção do condomínio terá de ser averbada no Registro Imobiliário, para cancelamento do registro que institui a propriedade horizontal.

Na mesma linha de causação, opera a cessação da copropriedade a aquisição, por ato *inter vivos,* de todas as unidades autônomas por uma só pessoa, física ou jurídica, pois ela, tornando-se titular da propriedade de todos os apartamentos, engloba no seu patrimônio o domínio total das partes que antes eram comuns. Esta concentração por aquisição pode dar-se em caso de alienação *voluntária,* isto é, em virtude de uma pessoa, em ato único ou em atos sucessivos, receber a transferência do domínio das unidades em que o prédio se divide, ou em caso de alienação *compulsória,* quando todos os apartamentos forem levados a leilão e arrematados em bloco, o que poderia ocorrer, por exemplo, em excussão hipotecária promovida por entidade financiadora. Em tais casos, Racciatti adverte que se promova a respectiva averbação no registro imobiliário, em que a divisão horizontal se acha inscrita. Permanecendo o regime decorrente da instituição da propriedade horizontal, a confusão dos domínios nas mãos de um só *dominus* extingue o condomínio, pois ninguém pode ser condômino de si mesmo, porém facilita a reconstituição dele pela simples alienação de uma ou mais unidades, independentemente de novo ato de divisão por andares. Aliás, se a destinação do proprietário é fonte criadora da propriedade horizontal,[2] a mesma declaração de vontade tanto será sua causa reconstitutiva como poderá sê-la impediente da confusão ou concentração (*vide* n. 49, *supra*). Em qualquer caso, a consulta ao Registro de Imóveis esclarece se perdura o condomínio especial ou se desaparece como corolário do cancelamento da inscrição geradora.

110. Desapropriação. Pode-se perder a propriedade horizontal e extinguir o condomínio por *desapropriação.* A lei especial prevê, na verdade, o caso de ser o edifício de apartamentos expropriado, por necessidade ou utilidade pública. Dizia o art. 7.º, parágrafo único, do Decreto n. 5.481 que a desapropriação alcançaria sempre a *totalidade* do edifício, com todas as suas dependências. Em nosso trabalho sobre a *Propriedade horizontal,* entendemos ser nosso dever fazer um reparo, quanto a este princípio, restritivo do poder expropriatório. Nunca nos pareceu juridicamente considerável como regra de caráter absoluto. Do ponto de vista da necessidade ou da utilidade pública, pode haver conveniência em que o Estado desaproprie *uma parte* do prédio, e não o prédio todo,

---

[2] Hernán Racciatti, *Propiedad por pisos,* p. 299.

Cap. X • Extinção do Condomínio   219

e, a ser rígida a regra, ou a pública administração estaria na contingência de despender maiores somas para haver o prédio inteiro ou ficaria adstrita a não atender ao interesse público. Nunca vimos, pois, cabida na limitação.

Estes comentários originais de autoria do Prof. Caio Mário se tornam ainda mais oportunos quando se sabe que hoje há grandes condomínios ocupando extensas áreas, com blocos distintos, e, nestes casos, pode ocorrer que ao poder expropriante só tenha utilidade uma parte do conjunto, ou só um ou alguns dos edifícios.

Nestes casos, o expropriante passará a integrar o condomínio geral, submetendo-se à sua convenção e assumindo os direitos e deveres dela decorrentes.

Por outro lado, não há, nem pode haver, razão para que se entenda nefanda a cotitula-ridade de direitos do Poder Público e do particular sobre a mesma coisa. Se dá resultados, às vezes ótimos, a coexistência do interesse privado e público na sociedade de economia mista (situação que não tem plena paridade com o condomínio e propriedade horizontal, porque os direitos de uns e outros são representados naquelas sociedades pelos títulos, como expressão de autonomia jurídica, enquanto nesta há propriedades distintas aliadas a um condomínio por quotas ideais), e se em uma incorporação que se venha a inaugurar nada impede que o Poder Público subscreva a aquisição de uma ou mais unidades, de um andar ou de um grupo de andares, não nos parece justificável que a desapropriação não tivesse por objeto uma parte de edifício, senão o edifício inteiro. O legislador acolheu as nossas ponderações doutrinárias, e a Lei do *Condomínio e Incorporações* referiu-se, em particular, à desapropriação parcial de edifício (art. 18).

O Código Civil de 2002 não contém dispositivo semelhante, limitando-se a estabe-lecer, em seu art. 1.358, que "se ocorrer desapropriação, a indenização será repartida na proporção a que se refere o § 2.º do artigo antecedente".

Este dispositivo, por sua vez, dispõe que, "realizada a venda, em que se preferirá, em condições iguais de oferta, o condômino ao estranho, será repartido o apurado entre os condôminos, proporcionalmente ao valor das suas unidades imobiliárias".

Realizada a desapropriação do prédio inteiro, sua consequência será a extinção do condomínio. Na verdade, declarada a necessidade ou utilidade pública do edifício, ou os condôminos se conformam com o preço de oferta ou aguardam o processo judicial. Neste caso, segundo seus trâmites, dever-se-ão avaliar as unidades autônomas, assegurada indenização prévia, *justa* e em dinheiro, como a jurisprudência assentou em princípio para toda expropriação, sem predeterminação compulsória de preço.[3]

Por conseguinte, em caso de desapropriação do edifício, cada unidade em que se subdivide será avaliada, levando-se em consideração todos os fatores de composição de preço, com inclusão da quota ideal do solo e das partes comuns.

Proferida a sentença no processo de desapropriação, opera-se a conversão do bem no seu valor pecuniário, e, consequentemente, a coisa sub-roga-se no seu preço. O condômino,

---

[3]   *Diário da Justiça*, de 10 de outubro de 1953, p. 3.082; de 29 de março de 1954, p. 1.108; de 12 de abril de 1954, p. 1.235; de 31 de maio de 1954, p. 1.743. *Diário da Justiça*, de 5 de julho de 1955, p. 2.529.

que era sujeito de uma relação jurídica dominial e condominial simultaneamente, perde esta qualidade, e tem direito ao recebimento de sua quota-parte do preço, na proporção do valor que regularmente é atribuído à sua unidade autônoma. Como esta operação é idêntica para todos os proprietários, a sentença que homologar a desapropriação atribui ao expropriante a propriedade total do prédio ao mesmo tempo sub-roga o direito de propriedade de todos os condôminos na quantia fixada e no mesmo ato extingue o condomínio sobre as partes e coisas comuns. Os valores das unidades poderão, todavia, ser diferentes, atendendo-se a condições que a elas sejam peculiares.

111. Desapropriação parcial. O que havia de peculiar era a desapropriação parcial. Admitida e processada, com a estimativa das unidades consideradas de necessidade ou de utilidade pública, a entidade desapropriante assumia a parte expropriada. Os proprietários das unidades expropriadas seriam indenizados, sem que aos demais assistisse qualquer direito ou participação no preço, porque a sua condição condominial não se alterava.

Se efetuada, o expropriante ingressava no condomínio, e, *ipso facto,* sujeitava-se às disposições da lei que o rege, e ainda às da Convenção e do regimento interno. Pode parecer estranho que o Estado se subordine a uma normação particular, mas, se ao primeiro súbito assim é, um instante de meditação desfaz qualquer dúvida. Em símile adequado, a ideia não é nova, pois nas mistas também ocorre a submissão do Estado aos Estatutos. Dir-se-á que, nelas, o Poder Público já participa da elaboração deles. Se comumente é assim, nem sempre o é, pois pode decorrer a participação da Administração Pública de ato expropriatório das ações, caso em que o Estado, tornando-se acionista majoritário, aceita no entanto o regime estatutário. Na propriedade horizontal o mesmo ocorre. O Estado, pela desapropriação, ingressa em uma comunidade já existente e regulada por um conjunto de normas em vigor, que constituem o direito estatutário daquele condomínio. O Estado não pode impor a sua vontade, mas deve limitar-se a emitir o seu voto na Assembleia. A sua condição soberana exerce-se pela desapropriação. Uma vez realizada esta, converte-se em condição condominial, em paridade com os demais comunheiros.

O assunto, que já discutíamos no plano técnico, tornou-se perfeitamente clareado nestes termos: "Em caso de desapropriação parcial de uma edificação ou de um conjunto de edificações, serão indenizados os proprietários das unidades expropriadas, ingressando no condomínio a entidade expropriante, que se sujeitará às disposições desta lei e se submeterá às da Convenção do Condomínio e do regulamento interno" (Lei n. 4.591/1964, art. 18 na redação que lhe deu o Decreto-lei n. 981, de 21 de outubro de 1969 [N.A.: sem correspondência no Código atual].

Não obstante a exatidão científica da doutrina que defendemos, a Lei n. 4.864, de 29 de novembro de 1965, retrocedendo lamentavelmente 40 anos, retomou a orientação do Decreto n. 5.481/1928, e substituiu o art. 18 da Lei n. 4.591 por este: "A desapropriação de edificações ou conjunto de edificações abrangerá sempre a sua totalidade com todas as suas dependências, indenizando-se os proprietários das unidades expropriadas". Se pesarosamente consideramos este retrocesso, que nem no plano doutrinário nem no prático se justifica, verificamos a restauração de nossa doutrina *ex vi* da nova redação do art. 18, advinda do Decreto-lei n. 981, de 21 de outubro de 1969.

112. Perecimento. É velho o princípio de que a relação jurídica termina pela extinção ou pelo perecimento do objeto. A regra não é nem pode ser estranha à propriedade horizontal. O prédio pode ser destruído pelo fogo, ruir por terremoto, ser devastado por ciclone. Pode, ainda, e a amarga experiência já o tem revelado mais de uma vez no Rio de Janeiro, ruir, por esboroamento, reduzindo-se a um montão de materiais inutilizados. São hipóteses diferentes, que merecem tratamento diverso e que passaremos em revista em seguida.

113. Destruição. O *esboroamento* do prédio ou a ocorrência de outro sinistro não coberto por apólice de seguro é uma hipótese a verificar-se, na qual a coisa perece, sem que existam os recursos vinculativos dos coproprietários à reedificação. Se for caso de danificação apenas, o problema é idêntico ao solucionado no número seguinte, suportando todos os proprietários de apartamentos, *pro rata,* as despesas de reparações. Se for total a destruição ou considerável a falta de um cabedal comum, opõe-se à aplicação daquela regra que ordena a reedificação, salvo acordo unânime dos consórcios, prevalecendo então o disposto no art. 14, § 1.º, no que couber (Leia-se o art. 1.357, §§ 1.º e 2.º, do Código Civil de 2002).

114. Não reconstrução. O efeito do sinistro, afora o caso da reconstrução compulsória ou facultativa, é que, destruído o edifício e *ajustada a não reconstrução,* ou resultante das circunstâncias, acabam as unidades autônomas, desaparecendo os apartamentos. O que resta é, só e só, o solo, o terreno, objeto de condomínio de rodos *os proprietários,* daquilo que havia sido o prédio e não é mais. Restaura-se um condomínio por fração ideal em termos tradicionais. Em tal hipótese, perdura a mesma inalienabilidade essencial ao condomínio por unidades autônomas? Evidentemente, não.

A regra jurídica não se faz para atender a um capricho do legislador e, se é abstrata como comando geral, não o pode ser em face de suas finalidades sociais. A estas e aos interesses do bem comum manda o art. 5.º da Lei de Introdução que o juiz atenda, no momento de aplicá-la, e, portanto, ao intérprete no instante de explicá-la.

Para a esta conclusão chegar é necessário e suficiente que se atenda à razão determinante dessa indivisibilidade e inalienabilidade, a qual já foi focalizada, reclamando apenas relembrada para bom entendimento da doutrina. O condomínio indivisível e a inalienabilidade da fração de cada proprietário de apartamento instituem-se como consectário lógico daquela simbiose dos direitos de propriedade e compropriedade, fundidos organicamente, em razão da finalidade econômica do conjunto (ver item 43).

Desde, porém, que desapareça aquela união teleológica que mantinha o edifício com seus apartamentos, partes comuns e condomínio do solo, na articulação de um *complexus* orgânico, desaparecem a natureza jurídica da *propriedade horizontal* e a peculiaridade do sistema. Com efeito, a propriedade horizontal não existe onde não haja um edifício dividido por planos horizontais, ou por planos horizontais e verticais simultaneamente, composto de unidades autônomas.

Destruído pelo fogo, pela água, pelo terremoto, por qualquer causa, o prédio, na sua projeção espacial, e deliberada a não reconstrução, pelo *quorum* devido, o que resta é um terreno, é um pedaço de terra delimitado, sobre o qual têm várias pessoas um direito de propriedade em comum, *pro partibus indivisis*. E, desde que não mais tem existência jurídica ou material aquele prédio dividido em unidades autônomas que forçara o encadeamento perpétuo dos respectivos proprietários num condomínio sobre o solo, razão não haverá mais, também, para que se mantenha este condomínio na mesma categoria jurídica da copropriedade especial, e, forçosamente, há de recair no sistema tradicional de compropriedade tal como regida pelo Código Civil, suscetível, pois, de cessação por via de ação divisória ou por atos de alienação das quotas ideais, promovidos pelos consortes, de forma a atingir a concentração da propriedade em um só titular.

Reduzido ao condomínio tradicional, poderão os comproprietários decidir se a gleba deve ser vendida, alugada ou administrada. Poderá, ainda, qualquer comproprietário promover a sua divisão, se esta for economicamente possível. No entanto, se não for, competirá a qualquer condômino postular a alienação forçada, segundo os ritos e trâmites da ação de extinção de condomínio, na qual há de ser reconhecido o direito preferencial do condômino sobre o estranho, para a aquisição e a licitação entre os condôminos, se mais de um preferir adjudicar o bem oferecido à pública arrematação.

115. Incêndio com destruição parcial. No caso de incêndio que destrua parcialmente o edifício, poderá a assembleia decidir que se deixe o andar sinistrado, reparando-se os restantes?

Não conhecemos nenhuma hipótese concreta em que a questão se tenha apresentado, não obstante a busca jurisprudencial que empreendemos. Fato é, contudo, que não passou despercebida à argúcia dos escritores em que a solução aventada é perfeitamente adaptável ao nosso direito. Não pode a assembleia decidir pela não restauração do andar destruído, a não ser por unanimidade, compreendido nesta o voto dos proprietários das unidades sacrificadas.[4]

Uma vez que a não reconstrução do andar atingido traduz sacrifício dos direitos dos proprietários respectivos, somente será válida a decisão se eles dela participarem, traduzindo-se, desta sorte, o seu voto como renúncia de direito, que é uma forma de perda da propriedade horizontal. Apurada, então, a decisão unânime, cabe ao síndico executar a deliberação, retocando-se o teto, de forma a convertê-lo na cobertura do prédio, e indenizando-se eventualmente os prejudicados.

116. Incêndio com destruição total. O caso mais grave é o do incêndio ou outro sinistro total. Já vimos no n. 74, *supra,* que o seguro é obrigação hoje imposta a todos, como dever a ser cumprido pelo próprio condomínio e rateado entre as despesas deste.

Agora cuidamos dos efeitos, nos casos da destruição total ou parcial da edificação, em face da lei.

Destruído o edifício, o segurador pagará, dentro das forças da apólice e segundo as suas cláusulas, a indenização.

---

[4]   Edith Kischinewsky-Brocquisse, n. 274.

A lei prevê as hipóteses de destruição de maior ou menor extensão e formula as regras relativas a uma e outra.

A mais simples é a que compreende sinistro que destrói menos de dois terços da edificação. Neste caso (Lei n. 4.591, art. 16 [N.A.: sem correspondência no Código vigente]), cabem ao síndico o recebimento do seguro e a reconstrução ou os reparos nas partes danificadas. Admite-se, neste caso, que a consequência do sinistro não ameaça o conjunto nem atinge a vinculação existente entre os comunheiros. A reconstrução ou reparação é dever do síndico, que nela empregará o seguro recebido. Entretanto, nada impede que os proprietários das unidades atingidas assistam às obras ou contribuam com seus próprios recursos para seu melhor acabamento, conforto ou aformoseamento.

Se o incêndio houver devorado *mais de dois terços* da edificação, as regras aplicáveis já são outras.

Em princípio, o sinistro não opera a desvinculação dos condôminos, mantendo-se a mesma destinação da coisa, imanente no produto do seguro, que deverá ser convertido novamente em edifício, pois esta é a sua finalidade essencial. Contudo, não é possível forçar os condôminos a isto, porque a ideia de comunhão se encontra fundamente abalada em consequência do fortuito que atingir o prédio, e não pode deixar de alcançar o *complexus* jurídico do condomínio.

Verificado o incêndio que destrua a totalidade ou mais de dois terços do prédio, reunir-se-á a Assembleia Geral em caráter extraordinário e especial e deliberará, pelos votos que representem metade mais uma das frações ideais do terreno, sobre a reconstrução ou alienação deste (Lei n. 4.591, art. 14 [N.A.: e art. 1.357 do Código Civil]).

Se for rejeitada a proposta de reconstrução, a mesma Assembleia, ou outra para tal fim convocada, decidirá pelo mesmo *quorum o* destino a ser dado ao terreno e aprovará o plano de partilha do valor do seguro entre os condôminos (art. 14, § 1.º).

O Código Civil (art. 1.357) trata de ambas as hipóteses, e estabelece que, "se a edificação for total ou consideravelmente destruída, ou ameace ruína, os condôminos deliberarão em Assembleia sobre a reconstrução, ou venda, por votos que representem metade mais uma das frações ideais". E no § 1.º admite que o condômino se exonere do pagamento das despesas respectivas, alienando os seus direitos a outros condôminos, mediante avaliação judicial, o que não estava previsto na Lei n. 4.591/1964.

É claro que aqui tão somente se cogita do seguro global, uma vez que os condôminos, que hajam feito seguro, promoverão a sua liquidação como assunto do seu particular interesse e independente do seguro geral.

Aprovada, porém, a reconstrução, será feita esta com observância da forma externa e da disposição interna do edifício sinistrado, bem como mantido o seu destino. É o princípio de defesa dos condôminos, que não podem estar sujeitos aos riscos de uma decisão decorrente de maioria eventual. A reedificação obedecerá ao plano primitivo.

O nosso Anteprojeto era, *data venia*, mais racional, porque, no seu art. 11, § 2.º, mandava simplesmente resguardar a observância das mesmas áreas das unidades. A Comissão Mista no Congresso foi infeliz na alteração do preceito, porque é claro que o condômino não pode estar condenado a repetir uma divisão das peças sem o direito de melhorar. O que se deve entender, já que o artigo foi tão prejudicado, é que as linhas gerais do antigo deverão ser guardadas, sem que se beneficie qualquer condômino, em prejuízo de outro. Uma nova e mais elegante fachada e uma boa distribuição das peças de cada unidade, desde que não haja modificação de área e receba a anuência dos interessados, não contrariam a lei, e podem ser cumpridas.

Deliberada a reconstrução do edifício, pela maioria qualificada acima aludida, a minoria não é obrigada a aceitar, tanto mais que a reedificação poderá ultrapassar as forças do seguro, e não é de justiça que seja obrigado a contribuir para a reconstrução o comunheiro que não o queira ou não possa. Todavia não tem, também, a faculdade de converter a sua voz discordante em veto ao empreendimento. Nesse caso, à maioria serão adjudicadas, por sentença, as frações ideais da minoria (art. 15).

O processo adotado é o seguinte: A maioria oferecerá e depositará em Juízo as importâncias arbitradas por peritos, com prevalecimento do laudo desempatador, se não houver unanimidade. Feito o depósito, o juiz, em despacho liminar, fará a adjudicação, que constará ainda do Registro de Imóveis (art. 15, § 2.º), e, em seguida, expedir-se-á mandado de citação, para que os interessados apresentem, nos dez dias, a contestação que tiverem (art. 15, § 3.º).

O Código Civil de 2002 não reproduz o texto do art. 15 da Lei n. 4.591/1964, mas os comentários do autor foram mantidos, em sua homenagem e como referência histórica, das mais relevantes.

Esta mesma técnica tem sido por nós adotada, em outros locais, para conservar, o mais possível, a obra original, diante da qual todos nos devemos curvar.

Não contestado o pedido, presume-se aceita a oferta, e o juiz decide de plano, contestado, segue a ação o rito ordinário.

Percorrendo a ação os termos regulares, proceder-se-á a estimativa rigorosa, e, fixado o valor, realizar-se-á o acerto na execução da sentença, com restituição da diferença, acrescida dos juros de mora à razão de 1%, se houver excesso, ou complementação em caso contrário (art. 15, § 6.º).

Passada em julgado a sentença, será título aquisitivo para a maioria, que a levará ao Registro Imobiliário, onde se fará a transcrição (art. 15, § 7.º).

A solução de nossa lei é racional e humana, pois nem condena o prédio à ruína perpétua pela falta de resistência financeira da minoria, nem obriga os proprietários impossibilitados de reconstruir a suportarem o abandono de suas unidades e de seus direitos, nem os compele a efetuarem a cessão de suas quotas como no direito belga sugere Frédéric Aéby.[5]

Na hipótese de não haver seguro global do edifício, em contravenção à lei, porém individualmente realizado pelos proprietários das unidades autônomas, não se podem aplicar as mesmas regras, uma vez que falta a vinculação jurídica dos beneficiados, em torno de um mesmo valor econômico. Ao revés, cada proprietário de apartamento receberá o seu seguro, e, faltando uma verba global com a destinação específica da reconstrução, não existirá obrigação de reedificar.

---

[5]   Aéby, *La Propriété d'Appartements*, n. 467.

Ocorrendo, porém, o incêndio ou outro sinistro que danifique as partes comuns, sem destruir o edifício como conjunto orgânico, é obrigatória a sua reparação, haja ou não seguro comum. Se houver, aplica-se o valor respectivo na reconstrução, e *tollitur quaestio*. Em caso contrário, as despesas de reparações inscrevem-se como despesas de condomínio e serão rateadas entre todos.

117. Abandono e renúncia. O abandono e a renúncia são formas de perda dos direitos. Cabe, então, indagar se por esta via é lícito abdicar o titular da unidade autônoma.

Na pendência do condomínio, é bem de ver que não se pode renunciar à propriedade exclusiva, retendo os direitos sobre o terreno e as partes comuns; e *vice-versa*, abdicar destes, conservando a propriedade da unidade autônoma. Já fixamos, e de maneira, exaustiva, a sua indissolubilidade.

Entretanto, quer na vigência do regime, quer no caso de destruição do prédio e conversão do condomínio especial em condomínio tradicional, é possível a perda de direito pelo abandono e pela renúncia, pois *in communione vel societate, nemo compellitur invitus detineri.* O abandono e a renúncia importam na demissão do direito de propriedade, na forma do que estabelece o art. 589 do Código Civil [N.A.: que corresponde ao art. 1.275, incs. II e III, do Código atual], segundo o qual são causas expressas de extinção da propriedade imóvel. Não pode, porém, o condômino abandonar o direito simplesmente por afastar-se da coisa ou deixar de usá-la, pois o não uso já é por si uma forma de exercer a propriedade. Para que ocorra o *abandono* é necessário um *ato translatício,* por via do qual se passe a demissão do direito do proprietário e correlata aquisição por outrem, ou por todos os condôminos, ou integração dos direitos nos demais ou em um *dominus* remanescente.[6] E isto é de toda evidência, porque a ausência, o afastamento e o desinteresse do proprietário não podem ser traduzidos como perda do direito dominial, não só porque não se dá *derelictio* da coisa imóvel, como ocorre com o bem móvel, como também porque a demissão do sujeito da relação jurídica não poderia fazer-se sem a correlata *adquisitio,* que hão de ser inequívocas.

No que diz respeito, particularmente, à propriedade horizontal, ainda se subordina a validade da renúncia à sua incidência na dualidade de direitos, isto é, à propriedade exclusiva e à copropriedade. O que nunca poderá ocorrer será o abandono da quota de condomínio, com retenção da propriedade sobre o apartamento como objeto de propriedade individual, porque os dois direitos são indissociáveis, formando um *complexus* insuscetível de separação.[7]

Considerando a renúncia ou o abandono do complexo jurídico, resta ainda uma questão, a saber, *quid iuris,* se os demais condôminos não aceitam. É certo que o abandono da propriedade importa em sua perda e, portanto, acresce a parte do renunciante aos demais. No entanto, como do condomínio em edifício de apartamentos se originam deveres para os coproprietários, obrigações inclusive de ordem econômica, no caso de

---

6   Hernán Racciatti, *Propiedad por pisos,* p. 303.

7   Hébraud, La Copropriété par Appartements, *Revue Trimestirielle de Droit Civil,* p. 35, 1938.

recusa, os condôminos podem acionar o renunciante pelo seu débito para com o condomínio.[8] Se ninguém puder ser compelido à titularidade de um direito contra a vontade, os coproprietários podem opor-se a que aquele se liberte quanto *aos ônus pretéritos,* porém não lhes é lícito obrigá-lo a continuar no condomínio, e, se não lhes convier a situação, poderão expor a parte do renunciante a aquisição por outrem.[9]

A solução do problema não é fácil, quer em doutrina, pura quer em direito positivo. A lei italiana de 1935 e o novo Código, de 1942, estatuem uma proibição, se bem que cogitando da hipótese de pretender o renunciante subtrair-se aos encargos.[10] Com o mesmo fundamento, idêntica é a solução da Lei argentina n. 13.512, e não destoa deste rumo o direito francês.[11]

Outra não pode, certamente, ser a solução do direito brasileiro, pois o condômino relapso, como todo devedor, responde com o seu patrimônio, que é garantia genérica, e não se libera abandonando um bem ao credor. Não pode haver exoneração de responsabilidade, pela renúncia.

Cogitando, porém, do abandono como forma extintiva, irrecusavelmente há de se reconhecer ao proprietário a faculdade de renunciar ao seu direito dominial, abandonando o condomínio e a sua unidade autônoma, observado, porém, o requisito formal, pois a coisa imóvel nunca se perde por *derelictio.*

Quanto, porém, ao *abandono parcial,* é inadmissível, quer em doutrina pura, quer à vista da lei. Não pode o proprietário de apartamento renunciar aos direitos de condômino e conservar a propriedade exclusiva de sua unidade, visto como os dois direitos são indissociáveis, como já temos amplamente explanado.

118. Renúncia parcial. Ninguém pode, também, renunciar a certos benefícios ou vantagens a fim de eximir-se de concorrer nas despesas.[12] O assunto já foi discutido, parecendo a Carlos Maximiliano admissível que o condômino abandone certos melhoramentos.[13] Não obstante a autoridade, do eminente monografista do condomínio, parece-nos contudo melhor a doutrina oposta, pois – como se vê deduzido em Poirier, que é partidário da renúncia total, embora continuando o proprietário responsável até a coincidência de seu débito – há um compromisso do comunheiro para com os demais no sentido de concorrer em *todas* as despesas do edifício. Não lhe é lícito, portanto, surpreendê-los com a atitude de abandono da vantagem (ainda que de mero conforto) para eximir-se da obrigação. Não é lícito, por exemplo, que o proprietário do apartamento dos pavimentos

---

[8] Eduardo Jorge Lage, *La propiedad horizontal,* p. 362.

[9] Racciatti, *Propiedad por pisos o por departamentos,* p. 173.

[10] Novo Código Civil italiano, art. 1.118, parte 2.ª: "Il condômino non può rinunziando al diritto sulle cose anzidette, sottrarsi al contributo nelle spese per la loro conservazione".

[11] Frédéric Denis, *Sociétés de constructions et copropriété dês immeubles divisés par appartements,* p. 79; Edith Kischinewsky-Brocquisse, *Statut de la Copropriété des Immeubles et Sociétés de Construction,* n. 252.

[12] Frédéric Denis, *Sociétés de Constructions et Copropriété des Immeubles divises par Appartements,* p. 79.

[13] Carlos Maximiliano, *Condomínio,* p. 214.

mais baixos desista de servir-se dos elevadores, para não pagar a quota de seu custeio, ou deixe de trafegar pelo vestíbulo, para não pagar sua parte na respectiva manutenção, ou dispense o serviço de portaria, para não contribuir no salário do porteiro.[14] Racciatti (*Propiedad por pisos o por departamentos*) não admite esta renúncia parcial e, exemplificando com os ascensores, argumenta com a dificuldade de se comprovar o não uso do serviço abandonado. Esta motivação não nos impressiona: todos os condôminos são obrigados a concorrer nas despesas comuns, sem se indagar se estão ou não utilizando os serviços. A vingar o argumento do escritor argentino, o condômino que se ausentasse por período prolongado ou o que mantenha o apartamento fechado em localidade diversa da de seu domicílio somente estaria sujeito a contribuir para a manutenção do prédio nos períodos em que o ocupasse. Ora, isto é insustentável, de vez que a contribuição do condômino não é a contraprestação do serviço recebido, porém a sua quota-parte no custeio de todos os que se acham potencialmente à sua disposição, independentemente do uso efetivo. A lei veio expressamente resolver o problema, e nos termos que doutrinariamente defendemos: A renúncia de qualquer condômino aos seus direitos em caso algum valerá como escusa para exonerá-lo de seus encargos (art. 12, § 5.º). Em tese, é pois aceitável a renúncia, e, uma vez feita, produz efeitos *ex nunc,* ou seja, para o futuro. Quanto à obrigação de concorrer, com dispensa de parte não utilizável, como é o caso do proprietário de loja em relação às despesas internas, já examinamos o n. 68, *supra.*

No Código vigente, a matéria é versada no art. 1.316, segundo o qual "pode o condômino eximir-se do pagamento das despesas e dívidas, renunciando à parte ideal", o que traduz inovação significativa. No § 1.º se estabelece que os demais condôminos, se lhes convier, podem adquirir a parte ideal do renunciante, assumindo as despesas e as dívidas. Não havendo condômino que faça os pagamentos, a coisa comum será dividida.

119. Extinção por convenção. Finalmente, pode a propriedade horizontal extinguir-se por *convenção,* sob inspiração da ideia dominante do direito obrigacional, em virtude de que à vontade é lícito desfazer uma situação jurídica, da mesma forma que lhe era permitido constituí-la.

Nesta linha de extinção caberá, evidentemente, a aquisição por uma pessoa, anteriormente integrante ou não do condomínio, de todas as unidades. Por um *ato negocial aquisitivo,* provoca-se o desaparecimento da comunhão, por concentração de todos os direitos em uma só pessoa.

Outra hipótese análoga é a de criação de uma sociedade entre os proprietários de todos os apartamentos de um edifício, para a formação de cujo capital cada um realize o *apport* de seu apartamento e respectiva fração ideal. Desde que não mais exista a pluralidade de proprietários, porém um único, e desde que não mais se fracione o solo por diversos donos, mas se atribua a um só, não há mais falar senão em propriedade exclusiva da pessoa jurídica.

---

[14] Poirier, *Le Propriétaire d´Appartement,* p. 145; Campos Batalha, *Loteamentos e condomínios,* p. 237 e segs., é mais radical, pois não admite que em nenhuma hipótese o comunheiro renuncie aos seus direitos, para liberar-se de encargos, seja total, seja parcialmente.

Outra ainda, que é menos frequente, porém prevista,[15] encontrar-se-ia na *renúncia unânime,* efetuada pelos proprietários de apartamentos, de todos os seus direitos individuais, e conversão da propriedade horizontal em comunhão tradicional, sobre a totalidade do edifício, situação em que cada consorte, em vez de ter o seu direito exclusivo sobre um apartamento e a sua fração ideal do solo e partes comuns, tornar-se-ia titular de uma fração ideal de todo o prédio (apartamento, solo etc.), comunhão esta que se deslocaria do regime da propriedade horizontal para o do condomínio tradicional.

No Código Civil de 2002, a extinção do condomínio edilício está disciplinada, de maneira bem mais sucinta, nos arts. 1.357 e 1.358, aduzindo apenas às hipóteses de destruição total ou considerável da edificação e sua desapropriação.

Daí serem ainda mais relevantes os comentários feitos pelo Prof. Caio Mário, que por isto mesmo foram na íntegra preservados.

Contudo, o que não é possível é que o acordo ou a convenção extinga a propriedade horizontal, deixando que sobrevivam as unidades autônomas, porque, enquanto subsistir, aplicam-se os princípios contidos na Lei n. 4.591, de 16 de dezembro de 1964.

---

[15] Serpa Lopes, *Curso,* VI, n. 230.

SEGUNDA PARTE

INCORPORAÇÕES

NOTA INTRODUTÓRIA

AS ALTERAÇÕES DA LEI N. 14.382/2022

119-A. As relevantes alterações da Lei n. 14.382/2022. A Medida Provisória n. 1.085/2021, convertida na Lei n. 14.382/2022, promoveu relevantes modificações nas regras atinentes à incorporação imobiliária.

Apesar de estarem consideradas ao longo do livro, é útil uma visão consolidada dessas novas regras, como segue:

(i) Condomínio de lotes. A nova Lei, agora expressamente, prevê que ao condomínio de lotes se aplica o regime jurídico das incorporações imobiliárias previsto na Lei n. 4.591/1964, equiparando o empreendedor ao incorporador. Contudo, a técnica da equiparação (que, por exemplo, o Código de Defesa do Consumidor utiliza acertadamente nos arts. 2º, parágrafo único, 17 e 29) não parece ser adequada para este caso, pois o empreendedor de um condomínio de lotes não é outra figura senão o incorporador. Não há equiparação a fazer.

(ii) Definição do registro do Memorial de Incorporação como modo de constituição do condomínio edilício: a alteração da redação da alínea "i" do art. 32 da Lei n. 4.591/1964 e a inclusão do § 1.º-A vieram eliminar uma antiga discussão sobre a possibilidade de sujeição do terreno dividido em frações autônomas e respectivas acessões ao regime jurídico do condomínio especial (CC, art. 1.331 e ss.), em oposição ao condomínio geral (art. 1.314 e ss.).

(iii) Disciplina do cancelamento da averbação do patrimônio de afetação no Registro de Imóveis: a nova lei inclui parágrafos no art. 31-E que explicitam o procedimento de cancelamento nestes termos: (a) a afetação das unidades não negociadas será cancelada após a averbação da construção e extinção integral das obrigações do incorporador perante a instituição financiadora da construção, mediante averbação sem conteúdo financeiro do termo de quitação, na matrícula matriz do empreendimento e nas matrículas das unidades; (b) em caso de denúncia da incorporação, a afetação será cancelada após o cumprimento das obrigações de que trata o art. 34. Além disso, nas hipóteses do art. 31-E, inciso I e § 1.º, a extinção do patrimônio de afetação não implica o cancelamento do regime especial de tributação instituído pelo art. 1.º da Lei n. 10.931/2004. Em caso de denúncia da incorporação, o cancelamento do patrimônio de afetação fica condicionado ao cumprimento das obrigações previstas nos arts. 31-E e 34 e demais disposições legais.

(iv) Registro do memorial de incorporação. Além de ajustes de redação, a Lei n. 14.382/2022 promoveu as seguintes modificações na Lei n. 4.591/1964 quanto ao procedimento registral: (a) os prazos para a apresentação de exigências e emissão da certidão do registro foram alterados de 15 dias corridos para 10 dias úteis, eliminando dúvidas sobre sua contagem; (b) em caso de memorial eletrônico (cada vez mais comum), não há documentação a devolver; e (c) a certidão de objeto e pé, cuja obtenção é muitas vezes morosa, pode ser substituída pelo andamento do processo "digital". O termo utilizado deixa a dúvida se a regra se aplica a processos ainda físicos, o que parece ser o mais correto, desde que o incorporador apresente o andamento e as cópias que permitam a correta identificação do objeto e *status* da lide, atendendo ao objetivo de dar transparência ao público.

(v) Concretização e validade da incorporação. A nova Lei, coerentemente, caracterizou o momento de "concretização" da incorporação imobiliária, eliminando discussões, e padronizou a regra de renovação dos documentos em caso de demora no lançamento do empreendimento. O empreendimento é considerado concretizado desde que tenha ocorrido uma das seguintes situações: (a) formalização da alienação ou da oneração de alguma unidade futura; (b) contratação de financiamento para a construção; ou (c) início das obras. Decorrido o prazo de 180 dias sem a concretização, o incorporador deve averbar a atualização das certidões e demais documentos cujo prazo de validade esteja vencido, repetindo o procedimento a cada 180 dias, até que ocorra a concretização. Outro mérito da alteração é corrigir uma atecnia existente na redação anterior, que mencionava a "validade" do registro da incorporação, como se ele se tornasse inválido com a fluência do prazo, gerando exigências de renovação de registro. Agora está claro que o registro da incorporação se mantém mesmo após o prazo, bastando a averbação antes referida.

(vi) Destituição do incorporador. A sistemática, explicitada pela alteração legislativa, é a seguinte: (a) a comissão de representantes deverá ser designada no contrato de construção ou eleita em assembleia geral, a ser convocada pelo incorporador e realizada em até seis meses contados do registro da incorporação; (b) se o incorporador, sem comprovada justa causa, paralisar ou retardar as obras, poderá, caso desatenda a notificação de retomada, ser destituído pela maioria absoluta dos adquirentes, facultando-se aos interessados terminar a obra; (c) em caso de insolvência do incorporador que tiver optado pelo regime da afetação, e não sendo a obra retomada pelos adquirentes, a assembleia geral poderá, pelo voto de 2/3 dos adquirentes, deliberar pela venda do terreno e demais ativos do patrimônio de afetação, distribuindo, na proporção dos recursos aportados, o resultado líquido da venda, depois de pagas as dívidas. Não havendo saldo a repartir, os adquirentes serão credores privilegiados do incorporador, cujos bens pessoais responderão subsidiariamente; (d) no prazo de 15 dias contados da notificação que comunicar sua destituição, o incorporador deverá imitir a comissão de representantes na posse do empreendimento, entregando-lhe os documentos da incorporação, e pagando e comprovando a quitação das suas quotas de construção, de modo a viabilizar a realização de auditoria; (e) as unidades não negociadas pelo incorporador ficam indisponíveis até que o incorporador comprove a regularidade do pagamento das suas quotas de construção, podendo a comissão de representantes, após notificação e inércia do incorporador, promover a venda de tais unidades, com aplicação do produto obtido no pagamento do débito correspondente; (f) a ata da assembleia que deliberar a destituição será registrada em cartório de registro de títulos e documentos, e dela deverão constar nome e qualificação dos adquirentes presentes, e as respectivas unidades e títulos aquisitivos, ainda que não registrados. Tal ata constitui documento hábil para a averbação da destituição e a implementação das medidas necessárias à imissão da comissão de representantes na posse do empreendimento e sua investidura na administração e atos de disposição; à inscrição do condomínio edilício no Cadastro Nacional das Pessoas Jurídicas; e à conclusão da obra e liquidação do patrimônio da incorporação.

Capítulo XI

O INCORPORADOR[1]

120. O incorporador. Esta figura especial de propriedade, que apresenta peculiaridades marcantes relativamente ao condomínio tradicional, quer quando visto como direito de um com exclusividade, quer encarado como condomínio, veio sugerir a figura específica de uma entidade, que nasceu um tanto à revelia do direito e que aos poucos foi tomando forma no foco jurídico, até o momento atual, em que é presente em todos os negócios sobre edifícios coletivos, muito embora a sua caracterização deixasse muito a desejar. É o *incorporador,* que nem a Lei n. 5.481, sobre condomínio de apartamentos, mencionava em nenhum momento nem o Código Civil conheceu. Sua aparição deve-se à generalização do negócio e à proliferação de edifícios em todas as grandes cidades. Pouco a pouco, surgiram pessoas que realizavam uma atividade peculiar, ligada a estes empreendimentos, e com o tempo constituiu-se a figura, que se batizou com o nome de *incorporador,* gostou do apelido e ficou.

Antes de passarmos ao estudo de sua pessoa no âmbito do direito, devemos observá-lo dentro do negócio, pois aqui temos um caso típico de atividade jurídica mobilizada no rumo de buscar disciplina a um ente que nasceu por imposição das exigências do comércio social. O incorporador existiu antes de o direito ter cogitado dele. E viveu a bem dizer na rua ou no alto dos edifícios em construção, antes de sentar-se no gabinete dos juristas ou no salão dos julgadores.

Um indivíduo procura o proprietário de um terreno bem situado, e incute-lhe a ideia de realizar ali a edificação de um prédio coletivo, mas nenhum dos dois dispõe do numerário e nenhum deles tem possibilidade de levantar por empréstimo o capital, cada vez mais vultoso, necessário a levar a termo o empreendimento. Obtém, então, *opção* do

---

[1] Nota do editor: o texto na cor preta indica o texto original do Professor Caio Mário, e o texto na cor cinza é de autoria dos atualizadores. Os capítulos e itens de autoria dos atualizadores, além de estarem na cor cinza, estão indicados com letras após o número.

proprietário, na qual se estipulam as condições em que este aliena o seu imóvel. Feito isto, vai o incorporador ao arquiteto, que lhe dá o projeto. O construtor lhe fornece o orçamento. De posse dos dados que lhe permitem calcular o aspecto econômico do negócio (participação do proprietário, custo da obra, benefício do construtor e lucro), oferece à venda as unidades. Aos candidatos à aquisição não dá um documento seu, definitivo ou provisório, mas deles recebe uma "proposta" de compra, em que vêm especificadas as condições de pagamento e outras minúcias. Somente quando já conta com o número de subscritores suficientes para suportar os encargos da obra é que o incorporador a inicia. Se dá sua execução por empreitada, *contrata* com o empreiteiro; se por administração, ajusta esta com o responsável técnico e contrata o calculista, os operários, o fornecimento de materiais etc.

Vendidas todas as unidades, promove a regularização da transferência de domínio, reunindo em uma escritura única o vendedor e compradores que ele nunca viu, aos quais são transmitidas as respectivas quotas ideais do terreno. Normalmente, os contratos com o construtor, fornecedores, empreiteiros de serviços e empregados são feitos em nome dos adquirentes, que o incorporador é encarregado de representar. Quando o edifício está concluído, obtém o "habite-se" das autoridades municipais, acerta suas contas com cada adquirente e lhe entrega as chaves de sua unidade. Normalmente, é o incorporador que promove a lavratura da escritura de *convenção do condomínio*.

Nem sempre é observado todo este esquema.

Pode o incorporador, como nota Pontes de Miranda, ser o próprio dono do terreno, que pretende promover a elevação do edifício; ou pode ser um condômino; ou titular de um direito de opção, que é a hipótese mais frequente; ou um simples especulador.[2] Variando este aspecto inicial do negócio jurídico, o desenvolvimento de sua atividade é mais ou menos enquadrado no esquema que traçamos acima, suportando, todavia, as variações que cada espécie oferece.

121. Propulsor do empreendimento. Aí está, em linhas gerais, o esquema de sua atuação que nem sempre ocorre nesta sequência, como visto. Às vezes o incorporador é o próprio construtor; outras vezes é o proprietário. Umas vezes o incorporador adquire o terreno, outras ajusta com o dono deste a edificação mediante a entrega de partes do prédio (certo número de apartamentos ou de lojas). Umas vezes o incorporador é um estabelecimento de crédito, que financia a edificação; outras vezes os adquirentes pagam todo o preço no correr dela; e outras ainda custeiam uma parte, obtendo um financiamento de terceiros ou do próprio incorporador (caso em que este na realidade financia apenas o que é o seu lucro, ou o lucro mais o valor do terreno, se este lhe pertence).

Diante desta variedade polimorfa de atividades, era, com efeito, impossível definir o incorporador dentro de fórmula tradicional das figuras componentes de qualquer contrato típico. Ele é um *corretor*, porque efetua a aproximação do dono do terreno com os compradores; mas é mais do que isso. É um *mandatário*, porque opera em nome do proprietário junto aos compradores; e porque os representa junto ao construtor, aos

---

[2] Pontes de Miranda, *Tratado de direito privado*, v. XII, § 1.372.

fornecedores etc. É um *gestor de negócios,* porque, em todas as circunstâncias eventuais, defende oficiosamente os interesses de seus clientes, de um e de outro lado. É um *industrial* de construção civil. É às vezes um *banqueiro financiador.* É um *comerciante.* Um pouco de tudo. Contudo, é necessário frisar que o negócio jurídico da incorporação é nitidamente diferenciado dos negócios jurídicos da futura comunhão. Não importa que tenha sido tudo resolvido pelo incorporador. A sua atividade cessa com a constituição da propriedade horizontal, destacando-se as duas fases, ainda que o incorporador tenha reservado para si mesmo um ou mais apartamentos no edifício.[3]

E foi precisamente porque faltava uma caracterização exata para a sua atuação, como porque o negócio da incorporação não tinha a natureza de um contrato nominado, é que não havia pronunciamentos seguros da justiça a seu respeito. Ulteriormente foi mais bem positivada a natureza da incorporação, e já mais seguramente afirmaram os tribunais as suas responsabilidades, em contraposição aos adquirentes cujos direitos são mais bem assegurados. De início, o que se proclamava era a sua plena irresponsabilidade. Efetivamente, o Tribunal de Justiça do antigo Distrito Federal, em 1944, equiparou o *incorporador* ao *corretor,* acrescentando que nenhuma responsabilidade lhe advinha dos contratos que firma, "porque traduzem simples promessa", salvo no caso de se ter pessoalmente obrigado.[4] Ao mesmo tempo, em voto vencido lançado ao pé desse aresto, o Des. Saboia Lima esclarece, e bem, que o incorporador não é um simples corretor, mas uma figura que é necessário bem focalizar, pois da sua honestidade e exação no cumprimento das obrigações depende a estabilidade dos negócios de apartamentos. Sustenta que é responsável perante as pessoas com quem tratar, responsável especialmente perante o grupo dos interessados pela real existência dos negócios correlatos, verdadeira chave do empreendimento. Como efetua uma intermediação lucrativa, deve ter esclarecidas as suas responsabilidades (loc. cit.). E na linha do voto vencido a doutrina medrou, com a tese de que não é mero corretor, pois financia, constrói o edifício, adquire apartamento para revenda, é, numa palavra, o propulsor do empreendimento.[5]

122. Atividade empresária. Não comportam os esquemas tradicionais o conceito preciso de *incorporação.* Quem se valer da ideia de *corretagem* fica aquém da sua atividade. Quem se utilizar do *mandato* não enfeixa a sua produção. Ele não chega a ser um *industrial* na acepção precisa do termo. A *comissão mercantil* é insuficiente, porque se de um lado há uma proximidade quando a incorporação envolve atos por conta de terceiros e não em nome próprio, por outro lado abraça uma atuação de nítida *representação.* Falham, pois, todos os esforços de enquadramento da incorporação e do incorporador nas linhas contratuais clássicas.

Nem por isso o direito é ermo de lugar para situá-lo. E, exatamente quando encontramos a praça desejada em que o colocamos, novos horizontes vão se abrir para definir não apenas a sua atividade, como ainda as suas responsabilidades e seus direitos também.

---

[3]   Pontes de Miranda, *Tratado de direito privado,* v. XII, § 1.327.

[4]   *Arquivo Judiciário,* v. 71, p. 127.

[5]   Pontes de Miranda, *Direito predial,* v. II, p. 81; Hely Lopes Meirelles, *Direito de construir,* p. 300.

É que o direito moderno criou o conceito novo da *empresa*. E é no campo da empresa que o assentamos. O *incorporador é uma empresa ou empresário*.

Comecemos, pois, por fixar em que consiste a empresa.

Provavelmente em razão da novidade relativa do conceito, não há ainda uma exata caracterização dela. Ora encaminham os juristas o raciocínio partindo de uma noção subjetiva, ora se valem de uma coordenação objetiva.

Ruggiero e Maroi *recuam* a uma percepção mais remota da situação social do indivíduo, para ensinar que, ao lado dos três estados clássicos *(status famliae, status personae e status civitatis)*, o direito moderno identifica ou pode identificar um quarto *status,* que é o *estado profissional,* emanado da posição que a pessoa ocupa, em razão da sua qualidade de partícipe do fenômeno da produção. O exercício efetivo de uma atividade econômica cria uma correspondente qualificação jurídica, geradora a um tempo de direitos e deveres, de prerrogativas e responsabilidades. E, fundados no art. 2.082 do novo Código Civil italiano,[6] esses escritores discriminam seus requisitos:

A) *O exercício de uma atividade econômica,* em nome próprio e com autonomia, independentemente do fito lucrativo. Afasta-se do conceito o exercício de uma profissão intelectual pura (medicina, magistério), mas nele se inclui o deslocamento destas atividades para o plano da organização econômica (fundação de uma clínica, criação de um instituto de ensino).

B) *Profissionalidade,* situada no exercício de certa ou de múltiplas atividades com caráter de estabilidade e sistema.

C) *Organização dos fatores da produção,* bens e trabalho, e sua coordenação para os fins produtivos.[7]

Em monografia recente, na qual coordena os fatores de atualização do direito comercial, o Prof. Rui de Sousa, passando em revista um e outros escritores que têm tratado do assunto, salienta a dificuldade de se fornecer dela um conceito não só sob o aspecto econômico, onde já estaria mais assentada a sua noção, como também particularmente no setor jurídico.[8]

Com efeito, formular conceitos e dar definições, se já constitui matéria tormentosa normalmente em termos de institutos vetustos, mais árduo se afigura ao escritor naqueles terrenos em que falta sedimentação às ideias. Não é provável, portanto, que tão cedo se possa alguém vangloriar da paternidade de uma fórmula satisfatória. No momento atual é isto impossível, pois, se o extremado subjetivismo de uns não lhes permite desvinculá-la da ideia antiga do ato de comércio, definindo a empresa como a repetição profissional de atos de comércio,[9] o extremado objetivismo de outros encara a atividade e a organização, independentemente de um "alguém" que coordene os elementos geradores da finalidade produtiva e a impulsione, confundindo-a inteiramente com a *azienda*.

---

[6] O art. 2.082 do *Códice Civile,* de 1942, define empresário: "chi esercita professionalmente um´attività econômica organizzata al fine della produzione o dello scambio di beni o di servizi".

[7] Ruggiero e Maroi, *Istituzione di diritto privato,* I, § 46.

[8] Rui de Sousa, *Atualização do direito comercial,* p. 216.

[9] Jean Escarra, *Cours de droit commercial,* p. 60.

Um bom conceito, ou ao menos uma boa noção, nem pode pender para um nem para outro terreno. De certo subjetivismo há de vir munida, porque é indispensável que alguém promova a organização da produção e coordene seus fatores, canalizando-os para certos fins. No entanto, não pode ficar adstrita à ideia de *empresário*, porque não está a empresa na dependência do profissionalismo pessoal nem é necessário se lhe atribua personalidade jurídica.

Toda pessoa, natural ou jurídica, que organiza uma atividade economicamente estável e teoricamente produtiva, tomando a si os riscos respectivos, constitui uma empresa. Houve, a princípio, certa resistência à ideia de *empresa individual*, pois uma natural associação levava a mente ao campo das pessoas jurídicas, confundindo as duas noções. Posto de lado o prejuízo, entrou no comércio jurídico e no vocabulário técnico a precisar noção de que *a empresa pode ser individual ou coletiva*, o que, aliás, é tranquilamente aceito no nosso direito positivo.[10]

Na empresa está, evidentemente, incrustada a figura de seu organizador, repetimos, pois nem ela é um ente autogerado, ou a *se stante,* nem convém ao direito aceitar sua total despersonalização ou seu absoluto objetivismo, pois é preciso ter presente a consequente *responsabilidade,* precisamente pelos capitais que mobiliza, pelos interesses em jogo, pela repercussão na economia alheia e sua projeção mesmo popular em certos casos. Não se confunde, entretanto, com ele. Para os seus efeitos, para os negócios jurídicos que realiza, para a atividade que desenvolve, deve a empresa ser tratada *como organização,* ainda no caso de não ser dotada de personalidade jurídica. Uns tipos de empresa vinculam-se ao *empresário,* e a elas pode aplicar-se a definição do Prof. Pinto Antunes, quando diz que é "um regime de produzir, onde alguém (empresário), por via contratual, utiliza os fatores de produção sob sua responsabilidade (riscos), a fim de obter uma utilidade, vendê-la no mercado e tirar da diferença, entre o custo da produção e o preço da venda, o maior proveito monetário possível".[11]

No entanto, nem sempre se deve confundir e identificar a empresa com aquele "alguém" que utiliza os fatores da produção, pois precisamente na organização que ela se situa. Além deste tipo de empresa, definido pelo ilustre professor paulista, havemos de encontrar ainda outras categorias, em que não ocorre a produção de bens materiais para revenda lucrativa, já que se admite a empresa de serviços puramente, como, *ex. gr.,* a cinematográfica.

O art. 966, *caput,* do Código Civil de 2002, com base, nesta parte, no Anteprojeto Sílvio Marcondes (Projeto de 1965, art. 1.096) define empresário "quem exerce profissionalmente atividade econômica organizada para a produção ou a circulação de bens ou de serviços".

---

[10] A Consolidação das Leis do Trabalho, art. 2.º, assim se exprime: "Considera-se empregador a *empresa, individual ou coletiva,* que, assumindo os riscos da atividade econômica, admite assalaria e dirige a prestação pessoal de serviços". O Decreto-lei n. 7.666, de 22 de junho de 1945 [revogado pelo Decreto n. 8.167/1945], preceitua no art. 1.º uma quase definição legal dizendo que "a palavra empresa abrange as pessoas *físicas* ou *jurídicas* de natureza comercial ou civil, que disponham de organização destinada à exploração de qualquer atividade com fins lucrativos".

[11] J. Pinto Antunes, *A produção sob o regime de empresa,* p. 90.

Como temos interesse em fixar a sua figura para mostrar que a incorporação é atividade empresária, limitamo-nos a fazer agora estas observações fundamentais: a empresa pode ser individual ou coletiva; pode ser dotada ou não de personalidade jurídica; pode confundir-se com seu organizador ou destacar-se dele; pode visar à produção de utilidades (empresa de produção), ao seu comércio (empresa de distribuição), à exploração de serviços alheios (empresa de serviços), ou pode reunir mais de um objetivo especializado (empresa mista), e será nesta última classe que colocamos o incorporador.[12]

123. Empresa incorporadora. Entretanto, aqui nos assalta uma pergunta: pode o incorporador ser empresa? A razão da indagação está em que, operando em negócio imobiliário, o incorporador, em última análise, estaria comerciando com imóveis.

Não nos parece procedente qualquer dúvida a respeito, porque entendemos não haver razão para afastar o imóvel do negócio jurídico mercantil. Existe, é certo, em nosso direito dispositivo que explicitamente considera que somente os efeitos móveis podem ser objeto de mercancia (Código Comercial de 1850, art. 191). Trata-se, porém, de uma norma ditada por motivo de política legislativa, e não por uma razão natural. Desde que o imóvel é suscetível de circulação econômica, pode-se com ele comerciar. Contudo, o nosso Código Mercantil, elaborado no meio do século passado, não pôde vencer o preconceito que se inseria sob forma preceptiva no *Code Commercial Français,* de 1807, e estatuíra a proibição de mercadejar sobre imóveis. Depois disso muito se modificaram a prática mercantil e a conceptualidade jurídica. Várias atividades foram criadas em que o sujeito não realiza mera intermediação, mas especula efetivamente com o imóvel, seja comprando-o em grosso e vendendo-o a retalho, seja criando a empresa de administração imobiliária etc. Reconhecendo-o, os Códigos alemão e suíço levantaram a interdição. Na própria Franca, uma lei (se bem que orçamentária) de 13 de julho de 1925 já envolveu na profissão mercantil toda pessoa ou sociedade que se dedique a operações sobre imóveis (art. 39). E, no Brasil mesmo, todos os escritores que tratam do assunto lembram a legislação a respeito das sociedades anônimas, que sempre (desde 1882) proclamou a sua natureza mercantil, qualquer que seja seu objeto. Embora o argumento não se possa dizer de rigorosa precisão científica, diz-se frequentemente que, se se organiza uma sociedade anônima cujo objeto sejam as operações imobiliárias, estas se consideram comerciais por atração da categoria mercantil da entidade e neste ponto, é certo, não repugna ao legislador pátrio fazer do imóvel objeto de comércio. Uma corrente de juristas nacionais e estrangeiros, repudiando o preconceito acolhido por Carvalho de Mendonça, aceita hoje a tese de que o imóvel pode ser objeto de comércio, assim em terreno de pura ciência,[13] como à luz do direito positivo.[14]

---

[12] Cf., ainda sobre empresas Ripert, *Aspectos jurídicos do capitalismo moderno,* trad. de Gilda G. de Azevedo, p. 276 e segs.; H. F. Koechlin, *Droit de l'Entreprise, passim.*

[13] João Eunápio Borges, *Curso de direito comercial terrestre,* I, n. 112.

[14] Estevão Pinto, Os imóveis como objeto de comércio, *Revista Forense,* v. 99, p. 611. Cf., ainda sobre o tema: Bolaffio-Rocco-Vivante, *Derecho comercial, Parte general,* I, p. 315; Ripert, *Traité élémentaire de droit commercial,* n. 141 e 293; Ferreira de Sousa, Elaboração do Código Comercial e sua matéria, *Digesto Econômico,* n. 107, p. 153, 1953.

124. Empresa imobiliária. Condenada, pois, pela ciência jurídica moderna a ojeriza do Código de 1850 contra a comercialização dos imóveis, voltamos à nossa afirmativa anterior, já agora qualificadamente: o *incorporador é uma* empresa *imobiliária*. Ou, segundo o art. 966 do Código Civil, um empresário. Exerce atividade empresária.

Não passou sem relutância, alhures como aqui, a aceitação da empresa imobiliária. Especialmente na órbita das construções de imóveis, o preconceito vindo do Código Comercial francês de 1807 opôs resistência à ideia, mas ao fim foi vencida: a Corte de Cassação, na França, afirmou a comercialidade das empresas de construção imobiliária.[15] A doutrina, não obstante a hesitação dos Tribunais, hoje considera que "a construção ou a reparação de edifícios, de pontes, de estradas, a abertura de canais e de portos são trabalhos industriais".[16] Especialmente focalizado o assunto, não é repelida, antes aceita, em nosso direito a ideia de que a empresa imobiliária é uma realidade mercantil, não somente caracterizada, mas também difundida, seja no campo da compra de terreno para revenda, seja no da construção. [17]

Encarada em particular a incorporação de edifícios de apartamentos, verificamos, na complexidade de sua organização, uma *empresa mista*. É, de um lado, uma atividade industrial, naquela caracterização das Cortes francesas, mencionada por Georges Ripert, citado *supra,* e, de outro lado, uma atividade de distribuição de utilidades. E é ainda uma atividade de prestação de serviços, no emprego de mão de obra comum ou especializada.

Quando o *incorporador* é uma *sociedade anônima,* as operações são mercantis, obrigatoriamente mercantis, em decorrência do disposto na lei especial respectiva, capituladas na atividade mercantil por força ou autoridade de lei, da classificação de Carvalho de Mendonça, comercialista. Quando for uma *sociedade comercial,* ainda não há dificuldade na sua classificação como empresa mercantil: ato de comércio por natureza. Quando é uma *empresa de construção,* também se lhe atribui, *ex vi legis,* a natureza mercantil, expressamente definida na Lei n. 4.068, de 9 de junho de 1962 (art. 1.º: "São comerciais as empresas de construção").

Com o advento do Código Civil de 2002, a incorporação de edifício, qualquer que seja a estrutura societária adotada, seja a da sociedade anônima, da sociedade limitada ou outra admitida em lei, qualifica-se como atividade empresária, e o incorporador constitui uma empresa, porque "exerce profissionalmente atividade econômica organizada para a produção ou a circulação de bens ou de serviços" (Código Civil, art. 966, *caput*).

Com efeito, na incorporação há uma série de atos que tanto podem ser civis como comerciais (mandato, compra e venda, corretagem etc.), mas que, tendo em vista o seu exercício com fito de lucro, facilmente se situam na órbita mercantil. Não são, pois, os atos praticados pelo incorporador incompatíveis com a natureza comercial. O obstáculo maior está na qualificação da operação imobiliária como mercancia, mas isto já é assunto superado e que de certo modo perdeu interesse, como assinala Ripert.

---

[15] Dalloz, 1900.1.97 e 1906.2.73.

[16] Ripert, *Traité Élémentaire de Droit Civil*, n. 146

[17] Rui de Sousa, *Atualização do direito comercial*, p. 260.

Entendido, como entendemos, que a incorporação de edifício é uma atividade empresarial e conceituando o incorporador como empresa (ou empresário, segundo alguns), não é o fato de operar com imóvel que lhe tira a capitulação de mercantil. Pode, contudo, acontecer que alguém não proceda com intuito de lucro,[18] ou que o edifício seja incorporado pela Administração Pública ou entidade paraestatal, inspirada uma ou outra no propósito de bem servir a coletividade ou seus associados e beneficiários. Nestes casos, faltando o caráter especulativo do negócio, ressai de caracterização empresária.

Em nosso livro sobre a *Propriedade horizontal* sustentamos que *de lege ferenda o* assunto devia merecer do legislador uma definição exata, de forma a precisar bem a qualidade empresária e mercantil do incorporador. E verificamos que nosso apelo foi acolhido, pois a Lei n. 4.591, de 16 de dezembro de 1964, o caracterizou, conforme veremos neste mesmo capítulo.

125. Responsabilidades e deveres. Depois de estudar a sua natureza, passamos agora a cogitar das *responsabilidades* e dos *deveres* do incorporador.

Com o fito de realizar uma exposição sistemática, examinamo-lo no estado anterior do nosso direito positivo, como diante da reforma legislativa, que propusemos, deduzindo as suas responsabilidades e apontando os seus deveres.

Não encontrando então na lei especial uma só palavra para esta figura contratual então inominada, que é a incorporação, fomos levados a buscar alhures os princípios aplicáveis, enquanto a lei não tratou explicitamente do assunto.

Hoje temos a Lei do *Condomínio e Incorporações,* e é sob a inspiração de seus preceitos que procedemos ao estudo dos vários aspectos do fenômeno da incorporação.

Antes, porém, um exame retrospectivo para a atividade do incorporador, anteriormente à Lei n. 4.591, de 16 de dezembro de 1964, mostrará pelo confronto a utilidade de sua caracterização jurídica.

O incorporador operava como um *corretor,* aproximando os interessados, agenciando o negócio.

Entretanto, não se lhe opunha, por isto, uma barreira aos abusos, porque faltava uma regulamentação da profissão de corretor de imóveis. É certo que a atividade mercantil dos corretores é submetida na legislação a certas exigências, não somente relativas à admissão, como também ao exercício (Código Comercial, arts. 36 e segs.); regulamento dos corretores de fundos públicos (Decreto n. 2.475, de 13 de março de 1897); regulamento dos corretores de mercadorias (Decreto n. 20.881, de 30 de dezembro de 1931); regulamento dos corretores de navios (Decreto n. 19.009, de 27 de novembro de 1929). Como o corretor de imóveis exerce uma profissão que dia a dia se torna mais difundida, rendosa, e especialmente exige requisitos subjetivos e objetivos para ser cumprida, tornou-se necessária a sua regulamentação, pois não era possível exigir, por exemplo, que se matriculasse o corretor de imóveis, que prestasse fiança, que tivesse livros etc., se não há uma lei que o determine.

---

[18] Pontes de Miranda, ob. cit., § 1.328: "A organização para a construção de edifícios de apartamentos pode ser com intuito de lucro ou não".

Cap. XI • O Incorporador 243

Vieram, então, a Lei n. 4.116, de 27 de agosto de 1962, que primeiro regulamentou a profissão, e a Lei n. 6.530, de 12 de maio de 1978, que institui nova regulamentação à profissão de corretor de imóveis e disciplina o funcionamento dos seus órgãos de fiscalização.

Como *mandatário*, o incorporador está sujeito às normas disciplinares do mandato e tem as obrigações àquele inerentes. Tem de aplicar sua diligência habitual na execução do mandato; indenizar aos comitentes os prejuízos que lhes causar; prestar contas minuciosas de sua gerência, transferindo ao comitente as vantagens provenientes do ato que praticar; não se utilizar do numerário do cliente em proveito próprio ou de outros clientes ou em outros negócios; contratar o que for de estrito interesse do mandante [N.A.: Código Civil, arts. 667 e segs.]).

Nem toda atuação do incorporador é de mandatário. Aquela que o for estará compreendida nas regras atinentes às obrigações atribuídas ao mandatário.

As sanções para o desgoverno do mandatário são, porém, *insuficientes*. A experiência demonstrou que não satisfaz, por exemplo, estabelecer a fluência de juros independentemente de interpelação constitutiva em mora, contra o mandatário que abusa, empregando em proveito próprio as quantias que devia entregar ao comitente ou dele receber para despesas. A incorporação de edifícios envolve capitais demasiadamente vultosos para que o pagamento de juros de 6% ao ano, ou em taxa maior, coíba alguém. Era preciso que viessem definidas as obrigações do incorporador enquanto mandatário, porém subordinadas a um sistema punitivo muito mais rigoroso, e a um processo defensivo muito mais seguro, para que os desmandos e abusos não exponham os adquirentes de unidades às eventualidades de perda por desorientação ou má-fé. E, então, a evocação do direito comum não trazia senão subsídio inane, do qual seriam os maus incorporadores.

126. Coordenador-chave. Como temos acentuado, o incorporador é algo mais do que um corretor e algo mais que um mandatário. Ele é a chave do negócio, como tem sido reconhecido em justiça. É ele quem promove a constituição do condomínio, quem harmoniza os interesses, encaminha as pessoas e as coisas para a consecução do resultado, que é o edifício todo inteiro. E, na falta de melhor caracterização, já que era omissa uma qualificação legal, fizemos apelo a símile com uma entidade que se lhe aproxima nas funções: o *fundador* ou *incorporador* da sociedade anônima, que tal qual no edifício de apartamentos é o pai da ideia de sua criação. Um paralelo entre ambos é ilustrativo: não existe sociedade anônima, não existe edifício; alguém tem a ideia da constituição de uma ou da construção do outro; promove os contatos, aproxima os interessados; obtém capital; elabora planos; faz contratos; consegue a redação de documentos, e tira de seus esforços, de suas boas relações, de sua capacidade de empreendimento, de sua imaginação, de sua experiência a sociedade por ações ou o edifício em condomínio. Em um e outro caso, o incorporador tudo faz visando a um benefício, ou tem um fito de lucro, que até na forma de realização os aproxima, pois na sociedade anônima é representado por ações (às vezes concretizado em uma quota percentual nos lucros financeiros) e, no condomínio, por unidades do próprio edifício, ou percentagem no custo das mesmas.

Velha que é a figura do *incorporador da sociedade anônima,* a símile dele tentamos buscar as obrigações e as responsabilidades do *incorporador do edifício.*

Compete ao incorporador planejar a obra, redigir as propostas e os contratos, obter o projeto arquitetônico, fazê-lo aprovar pela autoridade, tudo em termos tais que o edifício se constrói segundo o plano do incorporador, e o condomínio se constitui na forma da minuta por ele redigida. Do contrário não vai a termo, como para a sociedade anônima diz Miranda Valverde, que usa de uma linguagem literalmente aplicável à propriedade horizontal: "A sua responsabilidade está também em jogo. É conveniente, portanto, deixar sobre os seus ombros todo o peso da construção por ele arquitetada".[19]

Com ele não se confundem as pessoas que contrataram a prestação de serviços, a execução de obras ou o financiamento de materiais ou utilidades integrativas do edifício. Na sua qualidade de incorporador age *in nomine suo* e por direito próprio. Deve, pois, suportar, como o fundador da S.A., os riscos da sua iniciativa e as responsabilidades do andamento do plano.[20] Tanto maior é a responsabilidade, e tanto mais pessoal é esse risco, quanto é certo que seu negócio de incorporação é lucrativo, e no comum é altamente lucrativo. Conseguintemente, há de suportar os ônus do empreendimento e deve responder civilmente com seus bens, e ainda com a sua pessoa. Sendo mais de um, todos devem estar ligados por vínculos de solidariedade passiva. Da mesma forma que os fundadores respondem solidariamente pelos prejuízos causados aos tomadores de ações, os incorporadores terão igual responsabilidade, pelos prejuízos causados aos subscritores ou candidatos à aquisição de apartamentos, bem como aos que com eles tratam na caracterização do projeto do edifício.

No tocante à responsabilidade criminal, além da capitulação de crimes comuns, como seja, apropriação indébita, estelionato, delito contra a economia popular, a lei deverá punir o incorporador por contravenção específica, por afirmação falsa ou por omissão dolosa das condições econômicas do condomínio e fatos e circunstâncias do interesse dos adquirentes.

127. Os conceitos de incorporação e incorporador. Estes anseios por uma disciplina da atividade do incorporador, que fizeram de nossa *Propriedade horizontal* obra pioneira, não encontravam eco no mundo jurídico, e não repercutiam mais assiduamente no pretório, porque faltava a definição das obrigações e responsabilidades. E, sobretudo, não havia o *contrato típico de incorporação*. Foi o que o legislador de 1964 fez, convertendo em preceito os deveres que alinháramos no plano teórico. Aquilo que girava na órbita do *dever-ser*, e que reclamava o mandamento legal para converter-se em obrigação juridicamente exigível sob a cominação de sanções facilmente imponíveis, tornou-se norma cogente. Aquilo que defendíamos, como indispensável à regulamentação da profissão do incorporador, a Lei n. 4.591, de 16 de dezembro de 1964, incorporou ao nosso sistema.

E, neste passo, cumpre acompanhá-la, a partir da tipicidade do contrato.

A Lei do *Condomínio e Incorporações*, abrindo o Título II, começa pela definição de "incorporação", o que não nos parece de boa técnica, além de ser inútil. O nosso Ante-

---

[19] Miranda Valverde, *Sociedade por ações*, ed. 1959, I, n. 208, p. 267. V; ainda: Carvalho de Mendonça, *Tratado*, v. III, n. 913; A. Russel, *Sociedades Anônimas*, n. 130, p. 109; Aloísio Lopes Pontes, *Sociedades Anônimas*, v. II, n. 231, p. 325.

[20] Miranda Valverde, ob. cit., n. 212.

projeto, mais na conformidade das boas regras, fornecia indiretamente um conceito de incorporador. Sempre nos manifestamos contrários às definições no corpo das leis, partindo sempre do ensinamento segundo o qual este é um comando que se dirige à vontade, e de que a função definidora é atribuição da doutrina. No entanto, o Congresso, sem a cautela ou autoridade para repelir as más emendas, aceitou uma definição desnecessária de incorporação, e, assim, considera *a atividade exercida com o intuito de promover e realizar a construção, para alienação total ou parcial de edificações ou conjunto de edificações compostas de unidades autônomas* (Lei n. 4.591, art. 28, parágrafo único).

Não tendo, entretanto, fugido das noções doutrinárias, a concepção legal enquadra-se, perfeitamente, entre os extremos que determinamos acima, da natureza empresarial da atividade.

O que mais importa, porém, é a caracterização do *incorporador,* que em nosso livro *Propriedade horizontal* construímos a bem dizer do nada, e que em nosso Anteprojeto (art. 23) sucintamente apresentamos nestes termos: "Considera-se incorporador e se sujeita aos preceitos dessa lei toda pessoa física ou jurídica que promova a construção para alienação total ou parcial de edificação composta de unidades autônomas, qualquer que seja a sua natureza ou destinação".

Em seu lugar a lei colocou disposição demasiado longa, imprecisa e deselegante, que aqui transcrevemos para melhor confronto: "Considera-se incorporador a pessoa física ou jurídica, comerciante ou não, que, embora não efetuando a construção, compromisse ou efetive a venda de frações ideais de terreno, objetivando a vinculação de tais frações a unidades autônomas *(vetadas aqui as palavras – 'inclusive' e 'vagas em garagem')* em edificações a serem construídas ou em construção sob regime condominial, ou que meramente aceite propostas para efetivação de tais transações, coordenando e levando a termo a incorporação e responsabilizando-se, conforme o caso, pela entrega, a certo prazo, preço e determinadas condições, das obras concluídas" (art. 29).

Quem o lê tem a impressão de que foi redigido por pessoa que desconhece até as mais comezinhas noções jurídicas, pois ali se confunde o conceito de "transação" com "negócio jurídico". Não podemos deixar de lamentar que se consagrassem, em substituição a um conceito certo, o erro de linguagem, o erro de doutrina e a deselegância de estilo. É verdade que esta matéria da incorporação não é muito conhecida, e por isso mesmo quem dela cogita corre os riscos de muito falhar. A ausência de conhecimentos técnicos poderia ser suprida por uma assessoria consciente. Mas não o foi. E daí este artigo quilométrico, de mau entendimento e pouco vernáculo, a ferir ao mesmo tempo os ouvidos e o direito.

Como foi isto que se converteu em lei, é sobre isto que teremos de trabalhar, procurando com redobrado esforço corrigir com a explicação doutrinária as deficiências legislativas.

128. Coligação entre venda da fração e construção. O incorporador, dentro da doutrina de que fomos pioneiros e que nem a má redação da lei conseguiu perturbar, é uma *empresa*.

Pessoa física ou jurídica, comerciante ou não comerciante, o incorporador se caracteriza pela sua *atividade*. É, precisamente, o que ocorre na noção moderna de *empresa,* tal como em pura doutrina definimos acima (V. n. 122, *supra*). Toda pessoa física ou jurídica, independentemente da sua anterior profissão, torna-se *incorporador* pelo fato de exercer, em caráter permanente ou eventual, certa atividade, que consiste em promover a construção de edificação dividida em unidades autônomas. Na configuração do incorporador cabe a *construção* do edifício, mas dela não se afasta a ação de quem, embora não realize diretamente a construção, promova-a indiretamente, lançando à venda apartamentos, conjuntos residenciais ou comerciais, lojas, compartimentos em mercados, unidades em edifício-garagem ou qualquer outro tipo de edificação, desde que em regime de propriedade horizontal. Este é extremo inarredável, pois a ideia da incorporação é geminada ao condomínio especial, e ocorre nas operações aludidas, cujo objeto seja a unidade autônoma vinculada à fração ideal de terreno e condomínio indissolúvel das partes comuns.

Em minúcia desnecessária, a lei ainda acrescenta que a simples aceitação de propostas para a realização daqueles atos negociais (que chama erroneamente de "transações"), coordenando-os e levando-os a termo, é incorporação, e induz a responsabilidade pela entrega das obras concluídas, no prazo, pelo preço e nas demais condições da proposta aceita. Ao mesmo tempo, cria *direito real* a partir do momento em que se opera o registro (*V.* n. 140, 144-A, *infra*).

A vinculação entre as frações ideais de terreno e negócio jurídico da construção presume-se desde o momento da venda, ou da promessa de venda, ou da cessão, uma vez que o projeto do edifício já esteja aprovado ou meramente requerida a aprovação e penda de despacho da autoridade administrativa (art. 29, parágrafo único).

Trata-se aqui de uma presunção irrefragável, *praesumptio legis et de lege*, que não pode ser ilidida por prova em contrário, porque instituída em lei, para defesa dos adquirentes.

Não é, porém, apenas neste caso que ocorre tal vinculação, que se presume definitivamente nesses termos. Pode ainda provir do *ajuste expresso* ou emanar de *outras circunstâncias* que a autorizem.

E é importante determinar por que a vinculação gera a responsabilidade do alienante (tomada aqui a palavra em sentido amplo de vendedor, ou promitente vendedor, ou cedente) como incorporador da edificação em perspectiva.

Tal como sustentamos em doutrina, declaramos em nosso livro e desenvolvemos acima, para a nova lei a qualidade de incorporador estende-se ao proprietário ou adquirente do terreno, que promova a edificação destinada à utilização condominial, uma vez que exponha as unidades, total ou parcialmente à venda, antes da conclusão das obras (art. 30). É óbvio que, sendo a incorporação uma atividade empresarial, constitui organização econômica destinada a fim lucrativo. Quem constrói para si mesmo, ainda que seja edifício de apartamentos, não é incorporador. Nele se converte, porém, desde o momento em que exponha à venda as unidades vinculadas à fração ideal, antes da conclusão do edifício.

Reversamente, se alienar apartamento ou conjunto depois de estar o prédio terminado – e como tal se considera o que tenha já o "habite-se" da autoridade administrativa, não procede como incorporador. A ele se não aplica a Lei n. 4.591/1964, na parte relativa ao incorporador, sendo como é um vendedor. A parte referente ao condomínio será aplicável, todavia, a todos quantos, de futuro, venham a adquirir unidades no edifício, ou integrar o condomínio.

Capítulo **XII**

LANÇAMENTO DA INCORPORAÇÃO[1]

129. Necessidade de regulação legal. A grita geral, no regime do Decreto n. 5.481/1928, omisso o nosso direito a propósito do assunto, era a total ausência de disciplina jurídica da profissão de incorporador. Apurado que se tratava de um dos mais lucrativos negócios, que deixava margem ampla de proveitos, atraiu grande número de interessados. A princípio, as empresas construtoras fizeram destes empreendimentos o lado melhor de seus negócios. Depois, outros profissionais foram se aproximando, e ulteriormente qualquer pessoa era incorporador. Com ou sem habilitação técnica, com ou sem idoneidade financeira e moral. Encontrando campo fértil, estimulado pela fome aquisitiva de unidades residenciais e comerciais, o incorporador nadou livremente neste mar sem controle. Muitos fizeram fortuna.

Depois veio a época da crise. As entidades autárquicas e os estabelecimentos bancários desinteressaram-se de financiar a construção de edifícios. Mudando de técnica, o incorporador permaneceu firme no negócio, encontrando meios e modos de reduzir os seus riscos e de não expor os seus cabedais.

O mau incorporador, irresponsável e inconsequente, tratou de imprimir ao empreendimento feição propícia e cogitou, então, de "armar as incorporações", expressão com que designava as operações iniciais de imaginar e projetar a edificação, anunciar a venda com farta publicidade, colocar as unidades, contratando a construção não em seu próprio nome, porém no dos adquirentes, e saindo às pressas, antes que a espiral inflacionária se agravasse, encurtando os recursos e suscitando os desentendimentos.

Enquanto isso, o incorporador honesto, com seu nome respeitado, cada vez maiores dificuldades defrontava, obrigado a vender sem reajustamento e suportando as elevações periódicas de salários e materiais.

---

[1] Nota do editor: o texto na cor preta indica o texto original do Professor Caio Mário, e o texto na cor cinza é de autoria dos atualizadores. Os capítulos e itens de autoria dos atualizadores, além de estarem na cor cinza, estão indicados com letras após o número.

E sobre o negócio veio pairar a nuvem da desconfiança, concorrendo seriamente para a crise habitacional, pelo receio cada vez mais generalizado de comprar e não ver a unidade concluída.

A grita era geral.

Acolhemo-la em nosso livro da *Propriedade horizontal,* apontando o descalabro em que andava este rendoso comércio e clamando por uma lei que viesse pôr paradeiro a esta irresponsabilidade e ordem nesse caos.

130. Legitimação para incorporar. Para lançar uma incorporação, a Lei n. 4.591/1964, neste passo dando início às normas disciplinares, estabelece desde logo uma condição de natureza subjetiva. Não é qualquer pessoa que pode ser incorporador, porém aquelas a quem o legislador reconhece essa qualidade. O que arrepiava o bom senso era o descuido em relação a isso. Para ser advogado, médico, engenheiro, dentista – para exercer qualquer atividade – o ordenamento social exige o preenchimento de requisitos específicos, que compõem a habilitação técnica e legal. São pressupostos sem os quais se configura o exercício ilegal da profissão, suscetível de punição criminal. Enquanto assim se procedia em plena normalidade, nada se dizia do incorporador. E qualquer um se achava habilitado para assumir-lhe as vestes, sem que a lei lhe tomasse contas, não obstante o incorporador mobilizar somas extremamente altas, amealhadas na economia do grande público.

A Lei n. 4.591, de 16 de dezembro de 1964, franqueia a incorporação a três pessoas e a ente da Federação (art. 31) tão somente:

I – Pode ser *incorporador o proprietário do terreno,* a ele equiparados o promitente--comprador, o cessionário deste ou o promitente-cessionário.

Quanto ao proprietário, nada a acrescentar, de vez que o seu título lhe outorga a plena disponibilidade da coisa e constitui, simultaneamente, uma garantia para os adquirentes.

Quanto, porém, ao promitente-comprador e aos que se sub-rogam em seus direitos (cessionário e promitente-cessionário), se a lei não houvesse restringido, os abusos viriam, irrogando-se a habilitação legal para incorporar qualquer pessoa, a quem o proprietário passasse, em caráter precário, um compromisso informal de venda, ou simples opção. No entanto, o legislador foi cauteloso e reclamou a promessa revestida das condições especiais do art. 32, alínea *a,* a saber:

a) irrevogabilidade e *irretratabilidade.* A promessa irretratável é documento definitivo, não sujeito às contingências de um arrependimento, tanto mais frequente como o aviltamento da moeda, provocado pela inflação, tornou mais instáveis os preços e, consequentemente, inseguros os negócios;

b) imissão imediata do promitente-comprador na posse, proporcionando-lhe com isso o poder sobre a coisa;

c) possibilidade de *alienação do imóvel* em frações ideais, decorrentes da *ausência de estipulação em contrário.* Com efeito, o promitente-comprador, em princípio, pode assumir o compromisso de alienar o objeto de que tem promessa. Contudo, sendo lícita a restrição convencional ao seu direito, a promessa ou a subsequente cessão há de ser livre de estipulação ou cláusula obstativa das futuras alienações;

d) consentimento para *demolição* e *construção,* que é uma decorrência da posse em que o promitente se invista. Não é necessária a cláusula expressa, bastando que do contexto e das circunstâncias resulte a *anuência* do promitente-vendedor, cedente ou promitente--cedente à demolição de prédio acaso existente no terreno e à futura edificação;

e) registro, pois, no nosso sistema, é no Registro de Imóveis que reside toda a vida das operações em torno da propriedade imobiliária e é o registro da promessa e das cessões, ou promessas de cessão, que gera o direito real, habilitando seu titular a perseguir a coisa, em mãos de um terceiro adquirente.

O direito real de aquisição que habilita o promitente comprador, seu cessionário ou promitente cessionário a exercer a atividade da incorporação é da mesma natureza do direito real de aquisição atribuído ao devedor fiduciante, que tiver alienado fiduciariamente o terreno em garantia de alguma obrigação, estando este igualmente habilitado a promover incorporação imobiliária, desde que seu título se revista dos mesmos requisitos acima referidos.

II – Pode ser incorporador o *construtor.* Não uma pessoa qualquer, que se inculque esta condição, porém aquela que faça da edificação uma atividade disciplinada e que, devidamente licenciada, esteja enquadrada naquelas condições previstas nos Decretos n. 35.569, de 11 de dezembro de 1933; n. 3.955, de 31 de dezembro de 1941, e Decreto-lei n. 8.620, de 10 de janeiro de 1946, bem como demais disposições legais e regulamentares atinentes à espécie.

III – Pode, ainda, ser incorporador o *corretor de imóveis,* devidamente matriculado, tal como considerado pela Lei n. 6.530, de 12 de maio de 1978.

IV – Pode, finalmente, ser incorporador o ente da Federação imitido na posse por decisão judicial em ação de desapropriação em curso ou o cessionário deste, comprovada mediante registro no registro de imóveis.[2]

Sendo incorporador um construtor ou corretor de imóveis, deve receber do titular do direito sobre o terreno procuração por instrumento público, com poderes especiais e expressa menção à Lei n. 4.591/1964, para celebrar todos os atos conexos com a incorporação e a alienação das frações ideais do terreno.

Na procuração será ainda transcrito o § 4.º do art. 35 da Lei n. 4.591/1964, ao qual em particular e detidamente nos referiremos no n. 161, *infra,* ao tratarmos das *Obrigações do Incorporador.*

Na Argentina, problemas análogos surgiram no período anterior à instituição do condomínio, notando-se abusos e deformações. Ao promover a sua disciplina e coibir abusos na defesa dos adquirentes, o legislador argentino votou a Lei n. 19.724, de 1972, regulando as obrigações e os direitos na fase denominada de "pré-horizontalidade", correspondente à da incorporação em nosso direito.[3] Vale anotar que o sistema instituído em nossa Lei n. 4.591, de 1964, foi fartamente aproveitado no diploma argentino.

---

[2]   Incluído pela Lei n. 12.424, de 2011.

[3]   Ver a exposição crítica da lei argentina em Ival Rocca y Omar Griffi, *Prehorizontalidad Ley* 19.724 *explicada y comentada.*

131. Toda incorporação deve ter um incorporador. A Lei do *Condomínio e Incorporações* trouxe, também, como novidade a *obrigatoriedade do incorporador.* Efetivamente, uma das técnicas de evadir-se às responsabilidades era a do "incorporador oculto", que figurava na fase inicial, armava o negócio e, auferidos os proveitos, desaparecia. Operando reservada e discretamente, era um ente amorfo, insuscetível de ser alcançado pelos adquirentes eventualmente prejudicados, que aparentemente figuravam como se não houvesse incorporador e tivessem agido coletivamente. Com a nova lei, tornou-se *obrigatório o incorporador.* Toda incorporação, independentemente da forma por que seja constituída, terá incorporador. Se houver mais de um, serão solidariamente responsáveis, independentemente de convenção ou cláusula, porque a sua solidariedade vem da Lei n. 4.591/1964, art. 31, § 3.º.

Não havendo incorporação sem incorporador, não poderão ser lançadas e postas as unidades à venda ou anunciadas por qualquer meio, sem a menção de quem seja o incorporador, ainda mesmo na fase inicial ou no período da carência (V. n. 135, *infra*), em que é lícita a desistência do negócio.

Ainda na defesa dos adquirentes, o nome do incorporador permanecerá *indicado ostensivamente* no local da construção, em tabuleta ou por qualquer forma, que permita a quem passe pelas imediações ligar aquela obra ao respectivo incorporador e ainda possibilite aos interessados identificar o incorporador em relação ao empreendimento, em demonstração inequívoca de sua vinculação desde o início e lançamento da incorporação, até o final da construção e a entrega das unidades.

131-A. Incorporação imobiliária de casas geminadas ou isoladas. A incorporação imobiliária não se limita à constituição, construção e comercialização de conjuntos imobiliários sob regime de condomínio edilício, mas é também legalmente qualificada como atividade de construção de conjuntos imobiliários compostos por casas geminadas ou isoladas e sua comercialização durante a obra. Esse conjunto e as casas que o compõem não se sujeitam ao regime do condomínio edilício, deste se distinguindo, fundamentalmente, por serem essas unidades dotadas de total autonomia, passíveis de fruição independente de serem viços comuns ou de partes comuns que as interliguem, pois cada uma delas tem acesso direto às vias públicas de circulação e outras áreas atribuídas ao domínio público conforme projeto do correspondente loteamento.

A caracterização dessa atividade como incorporação imobiliária, sem constituição de condomínio, já estava prevista no art. 68 da Lei n. 4.591/1964, vindo a Lei 14.382/2022 a dar nova redação a esse dispositivo, visando atender à necessidade de dotá-la de disciplina peculiar que a revista de maior segurança jurídica.

Assim, de acordo com a nova redação do art. 68, a atividade de alienação de lotes integrantes de parcelamento do solo urbano (desmembramento ou loteamento), quando vinculada à construção de casas isoladas ou geminadas, caracteriza incorporação imobiliária, sujeitando o incorporador ao registro de um Memorial de Incorporação. Considerando, entretanto, que nesse caso não há constituição de condomínio edilício, é dispensada a juntada de documentos correspondentes à divisão do terreno em frações autônomas que caracterizem o condomínio e outros relacionados a esse regime condominial especial, referidos nas alíneas "e", "i", "j", "l" e "n" do art. 32.

Em outras palavras, o incorporador de conjuntos de casas geminadas ou isoladas fica dispensado de apresentar: (i) o cálculo das áreas das edificações, discriminando, além da global, a das partes comuns, e indicando, para cada tipo de unidade, a respectiva metragem de área construída; (ii) o instrumento de divisão do terreno em frações ideais autônomas com a discriminação de unidades autônomas e partes comuns; (iii) a minuta de convenção de condomínio; (iv) a declaração em que se defina a parcela do preço referente à quota-parte da área das unidades a serem entregues em pagamento do terreno (art. 39, II); e (v) a declaração expressa em que se fixe, se houver, o prazo de carência da incorporação.

Essa espécie de incorporação imobiliária pode abranger a totalidade ou apenas parte dos lotes integrantes do empreendimento, permanecendo sob domínio público as vias e áreas por ele abrangidas, por não constituir condomínio especial.

Ainda nessa modalidade, o memorial de incorporação deve indicar a metragem de cada lote e da área de construção de cada casa.

A incorporação será registrada na matrícula de origem em que tiver sido registrado o parcelamento, na qual serão também assentados o respectivo termo de afetação e os demais atos correspondentes ao empreendimento.

A partir do registro da incorporação, e até a emissão da carta de habite-se do conjunto imobiliário, os atos registrais referentes ao empreendimento sujeitam-se às normas do art. 237-A da Lei n. 6.015/1973, ou seja: (i) as averbações e registros relativos à pessoa do incorporador ou referentes a direitos reais de garantias, cessões ou demais negócios jurídicos que envolvam o empreendimento serão realizados na matrícula de origem do imóvel e em cada uma das matrículas das unidades autônomas eventualmente abertas; e (ii) para efeito de cobrança de custas e emolumentos, as averbações e os registros relativos ao mesmo ato jurídico ou negócio jurídico e realizados no âmbito do empreendimento serão considerados como ato único, não importando a quantidade de casas ou de atos intermediários existentes.

131-B. Hotelaria, multipropriedade e *timeshare*. A Lei n. 11.771/2008 dispõe sobre a política nacional de turismo, estando o condomínio hoteleiro, o hotel-residence, o apart-service condominial, o condohotel e similares entre os meios de hospedagem.

Trata-se de operação que conjuga negócios jurídicos distintos.

De uma parte, a comercialização desses empreendimentos durante a construção caracteriza a atividade da incorporação imobiliária, na medida em que vincule o alienante e os adquirentes/investidores mediante promessa de venda, com ou sem contratação da construção, nos termos do art. 29 da Lei n. 4.591/1964, enquanto, de outra parte, a exploração econômica do edifício vincula a operadora hoteleira e os adquirentes/investidores, mediante locação das unidades, participação em sociedade empresária ou outra forma jurídica, e se sujeita às normas relativas à atividade hoteleira, entre elas a Lei n. 11.771/2008.

Considerando que o fim econômico do negócio é a exploração da atividade hoteleira, com participação dos adquirentes nos resultados, é exigida a observância das normas relativas à oferta de contratos de investimento coletivo (CIC), de que trata o inciso IX do art. 2.º da Lei n. 6.385/1976,[4] e à exploração dos meios de hospedagem, nos termos da Lei n. 11.771/2008, além das normas dos arts. 28 e seguintes da Lei n. 4.591/1964.

Em razão da configuração assim delineada, a divulgação da oferta compreende os elementos do Memorial de Incorporação e, ainda, as informações constantes no prospecto de que tratam as normas do CVM, correspondentes às características da futura exploração comercial do empreendimento, que devem esclarecer, entre outros aspectos, a possibilidade de os adquirentes/investidores obterem lucro ou apurarem prejuízo em decorrência de eventual insucesso.

A atuação e a responsabilidade do incorporador, pelos atos da incorporação e da operadora hoteleira, pelos atos correspondentes à exploração econômica do imóvel, são definidas em função da atividade para a qual cada uma delas é legalmente habilitada, dos distintos negócios celebrados com os adquirentes/investidores e dos atos praticados por cada uma delas.

Outra operação em que a comercialização durante a construção também se submete ao regime jurídico da incorporação imobiliária é a do empreendimento destinado ao compartilhamento da propriedade das unidades autônomas por unidades fixas de tempo, na forma conhecida como *multipropriedade*.

Como vimos, caracteriza-se a multipropriedade pela atribuição da titularidade de certo bem a uma pluralidade de sujeitos para que dele tirem proveito alternadamente, em períodos determinados, sendo seu elemento essencial, portanto, a fruição periódica do bem.[5]

A atividade desdobra-se em dois estágios: o primeiro é caracterizado pela venda dos imóveis em construção, para futura fruição temporária, operação que se aproxima da incorporação imobiliária e a sujeita ao regime instituído pelos arts. 28 e seguintes da Lei n. 4.591/1964, devendo o empreendedor arquivar o respectivo Memorial de Incorporação; o segundo estágio é caracterizado pela fruição das unidades imobiliárias e do complexo de serviços nele disponíveis, compreendendo alimentação, passeios etc., prestados por uma multiplicidade de agentes. São negócios que se desenvolvem autonomamente e se sujeitam a regimes jurídicos distintos; no primeiro estágio, o regime da incorporação, tipificado pela construção e venda das unidades imobiliárias durante a obra, e, no segundo, o regime da prestação de serviços, caracterizado pela gestão do empreendimento e pelo fornecimento de serviços. Tal autonomia é relevante, inclusive, para determinar a inexistência de responsabilidade da rede hoteleira por eventual inadimplemento do contrato de promessa de compra e venda das unidades, "uma vez que não compõe a cadeia de fornecimento, além de também ter ser sido prejudicada, ante a impossibilidade de gerar renda com a locação das unidades imobiliárias correspondentes" (AgInt no REsp 1.935.362, STJ).

---

[4] Lei n. 6.385/1976: "Art. 2.º São valores mobiliários sujeitos ao regime desta Lei: (...); IX – quando ofertados publicamente, quaisquer outros títulos ou contratos de investimento coletivo, que gerem direito de participação, de parceria ou de remuneração, inclusive resultante de prestação de serviços, cujos rendimentos advêm do esforço do empreendedor ou de terceiros".

[5] Tratamos da matéria em nosso *Incorporação Imobiliária*, cit., item 1.4.7.

Em ambas as situações – construção e venda de conjuntos imobiliários para exploração hoteleira ou para fruição em regime de timeshare – é particularmente relevante no primeiro estágio a vinculação das receitas de comercialização das unidades, visando assegurar a preservação dos recursos necessários à execução do conjunto imobiliário, entre as quais avultam a constituição de um patrimônio de afetação composto pelos direitos e obrigações correspondentes ao empreendimento e a impenhorabilidade dos créditos oriundos da comercialização, vinculados à execução da obra, estabelecida pelo art. 833, XII, do Código de Processo Civil.

131-C. Requalificação urbanística da edificação. Retrofit. A reconstrução de edificações por meio do emprego de novos recursos tecnológicos mediante intervenção construtiva denominada retrofit, em geral realizada no contexto de políticas públicas destinadas a finalidades urbanísticas, em regra não se confunde com a incorporação imobiliária, a despeito de envolver reconfiguração do edifício e alteração das frações e das unidades.

Contudo, se o empreendedor pretender ofertar a venda, durante a reconstrução, as unidades a serem remodeladas, estará caracterizada a incorporação imobiliária, pois a comercialização dos imóveis a construir constitui um dos elementos de caracterização dessa atividade empresarial, hipótese em que o incorporador se sujeita aos correspondentes deveres legais, entre os quais avultam mecanismos de prevenção e alocação de riscos, vinculação de receitas, proteção patrimonial dos titulares de créditos relacionados diretamente ao empreendimento, notadamente os adquirentes, entre outras normas prudenciais e de administração financeira previstas no art. 28 e seguintes da Lei n. 4.591/1964.

Nesse caso, é exigível o registro do Memorial de Incorporação, porque, se o empreendimento comportar reconfiguração e/ou alteração da destinação das unidades, com ou sem aumento ou redução de área de construção privativa ou comum, e, em consequência, recálculo das frações ideais do terreno, esse é o ato registral hábil para requalificar o correspondente direito de propriedade. Além disso, é o meio legal de identificação do responsável pelo empreendimento, exibição do projeto e dos documentos que comprovem sua aptidão legal e empresarial para transmitir a propriedade das unidades, celebrar contratos, promover a construção, por si ou por terceiros, e entregar as futuras unidades.

O tema foi objeto de debate na IX Jornada de Direito Civil do Conselho da Justiça Federal, realizada em Brasília em maio de 2022, que aprovou o Enunciado 665, nos seguintes termos: "A reconstrução de edifício realizada com o propósito de comercialização das unidades durante a obra sujeita-se ao regime da incorporação imobiliária e torna exigível o registro do Memorial de Incorporação".

132. Requisitos para incorporar. No entanto, a grande inovação, diríamos mesmo, a revolução operada pela Lei n. 4.591/1964, no sistema vigente, foi a fixação dos requisitos para que uma incorporação seja lançada e as unidades comprometidas ou vendidas.

Ao contrário do que antes ocorria, quando o incorporador negociava sem oferecer garantias e o adquirente realizava verdadeiro salto no escuro, sob todos os aspectos a lei nova cuidou particularmente do assunto e fez dele um capítulo, imprimindo-lhe ênfase toda especial.

Impôs exigências para que se inicie uma incorporação, mas não as deixou no vazio. Atribuiu seu cumprimento a alguém, a quem incumbiu de preenchê-las, sob penas instituídas, o que significa que não são meros requisitos abstratos. Ao revés, seu preenchimento foi deslocado para a esfera obrigacional do incorporador.

Uma indagação ocorreria, de princípio, a saber se a menção de tais requisitos melhor caberia no Capítulo do "Lançamento da Incorporação" ou se se situaria mais adequadamente nos "Deveres Gerais do Incorporador". Em ambos encontraria certamente bom lugar. Teoricamente, estamos mesmo em que o melhor lugar de sua colocação seria no primeiro. Na verdade, se este cogita do que deve ser feito para que uma incorporação seja lançada, desde logo deveriam ali figurar as condições legais de sua liberação.

Entretanto, de outro lado, querendo mostrar que tais exigências têm de ser atendidas pelo incorporador e evidenciar pelo contraste com a omissão total no regime anterior, fizemos consigná-las, ao elaborarmos o nosso Anteprojeto, como obrigações do incorporador. E a Lei n. 4.591/1964, placitando o sistema que preconizamos, incluiu-as no Capítulo II do Título II, sob a epígrafe "Das Obrigações e Direitos do Incorporador".

Ao redigirmos a presente monografia, em que cuidamos da dogmática do *Condomínio e Incorporações,* a mesma dúvida nos assaltou. Por amor à sistemática, perto estivemos de transpô-las para o capítulo do "Lançamento da Incorporação". Contudo, resistimos à tentação, e deixamo-las para os seguintes, dos "Deveres do Incorporador" e "Obrigações do Incorporador".

Assim procedemos, guardando desta sorte fidelidade na obra doutrinária ao sistema da lei e ainda facilitando, pela mesma referência desta, aos que consultem o livro na procura de soluções a problemas suscitados em matéria de aplicação daquela.

133. Fiscalização do incorporador. Problema, sem dúvida, relevante, cuja solução a todos preocupa, é o da *fiscalização* a que está sujeito o incorporador no cumprimento dos deveres e das obrigações a seu cargo.

E pareceu-nos que o local apropriado é este Capítulo, não somente porque o assunto é intimamente ligado às condições e aos requisitos para o lançamento da incorporação, como ainda porque o seu deslocamento para o dos deveres e das obrigações ou o das infrações poderia dar ideia de uma limitação totalmente injustificável.

Na verdade, uma lei complexa como é a do *Condomínio e Incorporações,* que cria requisitos, institui condições, define crimes e contravenções, estabelece penalidades, devia ter também o cuidado de credenciar um *órgão fiscalizador* que acompanhasse a sua execução e velasse pelo cumprimento dos encargos.

Em nosso livro da *Propriedade horizontal* já tratáramos do assunto, e sugerimos então que se incumbissem as autoridades administrativas locais desse mister, bem como aos Conselhos Regionais de Engenharia e Arquitetura, dada a proximidade patente entre a atividade do incorporador e a do construtor (às vezes reunidas na mesma pessoa), e ainda pelo fato notório da eficiência e elevação com que se conduzem esses Conselhos No Anteprojeto que redigimos, tivemos a mesma cautela, mas parece que na tramitação legislativa faltou quem tivesse conhecimento especializado da matéria, para imprimir sistema a este ponto tão importante.

A Lei n. 4.591, de 16 de dezembro de 1964, não cria um órgão específico de fiscalização. Possivelmente, um dia será criado um *Conselho dos Incorporadores,* que, a exemplo de entidades análogas de outras profissões, exerça o controle dos profissionais. Esta lei, se não houvesse o Congresso deixado que outra orientação prevalecesse, já traria consignado, na trilha do nosso Anteprojeto, o registro obrigatório dos incorporadores e o sistema fiscalizador.

Não o tendo feito, nem por isso os profissionais da incorporação poderão andar à solta.

Cabe, de início, ao oficial do Registro Imobiliário, na verificação da documentação oferecida para ser arquivada, fiscalizar, sob pena de responsabilidade civil e criminal, a sua exatidão, o que envolve, desde logo, a apuração se não falta a qualidade legal ao que promove o empreendimento.

Indiretamente, ao Ministério Público e ao juiz incumbe também esta fiscalização, no exercício de suas funções de disciplina e correição, quanto aos Cartórios de Registro.

Às autoridades policiais compete, por outro lado, abrir inquérito, a fim de apurar a infração das normas disciplinares e a responsabilidade dos infratores. Os delegados de polícia, que venham a conhecer das faltas, de ofício ou mediante representação, procederiam segundo as regras processuais.

Os adquirentes, independentemente da ação cível para o ressarcimento de seus prejuízos ou para a apuração do inadimplemento do contrato, têm qualidade para pedir a abertura de inquérito, e as autoridades administrativas, órgãos de representação de classe ou categoria profissional e econômica, Conselhos de Engenharia e Arquitetura, Conselhos de Corretores, Sindicatos Profissionais, todos, enfim, que têm por dever de ofício ou por imposição estatutária zelar pelo cumprimento das leis e da observância das normas regulamentares, acham-se investidos de legitimidade bastante para representarem às autoridades ou ao Ministério Público, denunciando as contrariedades e infrações à lei.

Criada pela própria Lei n. 4.591/1964, a *Comissão de Representantes* dos adquirentes é o órgão de controle do desenvolvimento da incorporação e da construção, e expressamente lhe cabe a função fiscalizadora da construção (art. 61) dentro da qual se insere a do cumprimento das disposições legais a ela inerentes, escolhida e designada que é, no contrato ou pela Assembleia, para representar os interesses dos condôminos (V. n. 153, *infra*).

A Assembleia Geral dos Condôminos, que reúne os principais interessados, por seu turno acompanha e age no interesse de todos, cabendo-lhe tomar as providências necessárias à boa execução da lei.

Não faltarão, portanto, nem as pessoas, entidades e órgãos credenciados nem as oportunidades e veículos para a fiscalização da atividade de incorporador, bem como do exercício das suas atribuições e atividades e ainda da conformidade ou desconformidade com que proceda, em relação às leis, e em especial à do *Condomínio e Incorporações.*

133-A. O início da incorporação. A Lei n. 4.591/1964 havia estabelecido em seu art. 70 a entrada imediata em vigor, alterado neste passo o nosso Projeto, que fazia uma ressalva quanto às incorporações já iniciadas. Foi a Comissão Mista do Congresso, desatenta à realidade, quem assim procedeu e trouxe os maiores inconvenientes e dificuldades. Como a parte referente ao Registro Imobiliário dependera de regulamentação, obviamente os dispositivos a ela subordinados somente passaram a vigorar a partir da vigência do Decreto n. 55.815, de 8 de março de 1965. No entanto, os problemas perduraram.

A Lei n. 4.864, de 29 de novembro de 1965, retomou o assunto e estatuiu que as disposições dos arts. 28 e seguintes da Lei n. 4.591, de 16 de dezembro de 1964, não se aplicam às incorporações iniciadas antes de 10 de março de 1965, data em que foi publicado o Dec. n. 55.815, aqui aludido.

Para tais efeitos, considera-se início de incorporação (Lei n. 4.864/1965, art. 9.º e seus parágrafos) a venda, promessa de venda, cessão ou promessa de cessão de quota ideal de terreno vinculada a projeto de construção, ou o contrato de construção assinado pelo incorporador ou por adquirente.

Contudo, para evitar simulação com a antedata de instrumento contratual, ficou ainda estabelecido que os instrumentos de contrato, para produzirem o efeito de caracterizarem o início da incorporação, deverão estar já selados antes da Lei n. 4.864/1965. Aqui o legislador instituiu um requisito formal *ad probationem, insuscetível* de suprimento. E, pois, não fazem prova do início da execução da incorporação os instrumentos, ainda que assinados, se o imposto de selo ainda não estiver pago em 30 de novembro de 1965. Perdeu interesse esta formalização, tendo em vista que a sistemática tributária do País aboliu o imposto de selo.

Capítulo XIII

DEVERES GERAIS DO INCORPORADOR[1]

134. A exigência do memorial de incorporação. Ao incorporador impõe a lei uma série de deveres e de responsabilidades, em todas as fases da incorporação. Suas obrigações nascem antes desta, precedendo-a, portanto. Vivem com ela e acompanham o incorporador enquanto se desenvolve a obra. E sobrevivem à conclusão desta, não bastando, como título liberatório, a quitação fornecida pelos adquirentes contra a entrega do edifício.

Sistematizando a matéria, distinguimos de um lado os deveres e de outro as obrigações do incorporador, deslocando estas para o capítulo seguinte. Iniciamos o presente, acompanhando a sistemática da lei, por aquelas que o legislador impõe como outros tantos requisitos a serem preenchidos no início do empreendimento (Lei n. 4.591/1964, art. 32).

O primeiro dever do incorporador é arquivar um Memorial de Incorporação no Registro de Imóveis do local do terreno no qual implantará a edificação, composto por um conjunto de documentos que, de uma parte, o identificam como empresário responsável pelo negócio e o habilitam a exercer a atividade de comercialização das frações ideais de terreno vinculada ao negócio da construção do futuro conjunto imobiliário[2] e, de outra parte, descrevem e caracterizam o empreendimento planejado, tais como o título aquisitivo do terreno e seu registro, o instrumento de divisão do terreno em frações ideais sob

---

[1]   Nota do editor: o texto na cor preta indica o texto original do Professor Caio Mário, e o texto na cor cinza é de autoria dos atualizadores. Os capítulos e itens de autoria dos atualizadores, além de estarem na cor cinza, estão indicados com letras após o número.

[2]   Lei n. 4.591/1964: "Art. 29. Considera-se incorporador a pessoa física ou jurídica, comerciante ou não, que embora não efetuando a construção, compromisse ou efetive a venda de frações ideais de terreno objetivando a vinculação de tais frações a unidades autônomas, em edificações a serem construídas ou em construção sob regime condominial, ou que meramente aceite propostas para efetivação de tais transações, coordenando e levando a termo a incorporação e responsabilizando-se, conforme o caso, pela entrega, a certo prazo, preço e determinadas condições, das obras concluídas".

regime de condomínio edilício, o projeto aprovado pelas autoridades, a especificação dos materiais, entre outros que serão a seguir indicados.

Uma vez efetivada a qualificação registral desse dossiê, o oficial do Registro de Imóveis procederá ao registro da incorporação, cujo efeito mais importante é a divisão do terreno em frações ideais e sua qualificação como objeto de direito de propriedade autônomo sob regime condominial especial, que constitui pressuposto necessário a que o incorporador esteja investido na sua livre disponibilidade, juntamente com as acessões que a elas se agreguem, pois, caso não houvesse a especialização dessas frações e acessões como objeto de direito de propriedade dotado de autonomia, sua comercialização resultaria na constituição de um condomínio geral, *pro indiviso*, no qual as frações são insuscetíveis de alienação ou oneração sem anuência dos demais comunheiros.[3]

É a qualificação dessas frações ideais como objeto de direito real de propriedade autônomo, mediante registro do Memorial de Incorporação, que habilita o incorporador a comercializar as frações e acessões; autoriza-o a constituir um patrimônio separado para o empreendimento, incomunicável em relação ao patrimônio geral do incorporador e a cada um dos seus outros empreendimentos; viabiliza a investidura dos adquirentes no direito real de aquisição, inclusive mediante averbação da "carta-proposta" ou do "documento de ajuste preliminar" (Lei n. 4.591/1964, art. 35, § 4.º, e CC, arts. 1.417 e 1.418); assegura aos adquirentes a livre cessão dos seus direitos aquisitivos; possibilita a limitação da responsabilidade dos adquirentes por dívida oriunda de financiamento da construção (CC, art. 1.488); entre outros fatores destinados a conferir segurança jurídica a todos quantos estejam vinculados ao negócio da incorporação.

Esses e outros relevantes aspectos de natureza patrimonial e social constituem a justificativa do art. 32 da Lei n. 4.591/1964, segundo o qual nenhum incorporador poderá oferecer e negociar unidades autônomas sem ter, antes, registrado no cartório do Registro de Imóveis documentação completa, relativamente ao empreendimento que promove:

a) Título de propriedade do terreno, ou promessa *irrevogável e irretratável*, de compra e venda ou de cessão de direitos, ou de permuta, na qual conste cláusula de imissão na posse do imóvel, não haja estipulação impeditiva de sua alienação em frações ideais e inclua consentimento para demolição e construção.

Como já ficou examinado (V. n. 130, *supra*), podem ser incorporadores o proprietário do terreno, o construtor, o corretor de imóveis e o ente da federação imitido na posse de terreno por decisão judicial em ação de desapropriação. No primeiro caso, sendo ele titular do domínio, a qualidade que o habilita a incorporar se confunde com

---

[3] Lei n. 4.591/1964: "Art. 32. O incorporador somente poderá alienar ou onerar as frações ideais de terrenos e acessões que corresponderão às futuras unidades autônomas após o registro, no registro de imóveis competente, do memorial de incorporação composto pelos seguintes documentos: (...) i) instrumento de divisão do terreno em frações ideais autônomas que contenham a sua discriminação e a descrição, a caracterização e a destinação das futuras unidades e partes comuns que a elas acederão; (...) § 1.º-A. O registro do memorial de incorporação sujeita as frações do terreno e as respectivas acessões a regime condominial especial, investe o incorporador e os futuros adquirentes na faculdade de sua livre disposição ou oneração e independe de anuência dos demais condôminos".

o requisito para expor a incorporação ao público, e a exibição do título, a uma só vez, atende às duas exigências.

Pela mesma razão estão habilitados os titulares de direito aquisitivo sobre o terreno, entre eles o promitente comprador ou o fiduciante, que alienou o terreno em garantia de determinada obrigação, devendo este indicar as condições de exoneração do gravame.

Sendo, porém, o construtor ou o corretor de imóveis, não satisfaz a mera autorização do dono a simples opção precária e a prazo curto, ou mesmo promessa não formalizada e revogável. A nova lei quer a promessa ou cessão, mas em caráter de contrato insuscetível de resilição unilateral, o que se obtém com as cláusulas de irrevogabilidade e irretratabilidade.

Faz a lei menção à promessa de compra e venda, de cessão e de permuta, mas não esgota as hipóteses, pois tem o mesmo valor outro título que a estes equivalha em compromisso de alienação, como a promessa de doação ou de dação em pagamento, desde que revestida dos outros requisitos.

Como o pressuposto da incorporação é o fracionamento do terreno em quotas ideais, a promessa, qualquer que seja ela, não pode obstar a que se realize. É claro que a lei não exige autorização expressa caso o incorporador seja promitente comprador ou cessionário, pois nesse caso tal seria um formalismo exagerado, porém exige a ausência de cláusula obstativa da alienação por frações ideais.

O promitente deve achar-se desde logo investido na posse e autorizado a demolir e construir.

Sendo casado o alienante, não se prescindirá da outorga do outro cônjuge, pois a lei tem em vista resguardar os adquirentes das unidades autônomas de uma recusa, que os atire nas malhas de um litígio no momento de legalizarem as aquisições ou que constitua motivo para o retardamento da incorporação.

Finalmente, o título, qualquer que seja, deve constar do Registro de Imóveis, que só ele opera a constituição do direito real e dá publicidade ao ato.

A esses requisitos submete-se o incorporador que se apresente como titular de direito real de aquisição do terreno, inclusive na posição de fiduciante em contrato de alienação fiduciária em garantia, e, nessa hipótese, a comercialização se dá mediante cessão do direito aquisitivo de que o incorporador será titular, devendo a cessão contar com anuência do credor proprietário fiduciário.

Caso o incorporador seja ente da federação a que se refere a alínea "c" do art. 31 da Lei n. 4.591/1964, as frações ideais serão comercializadas mediante contrato de cessão de posse das frações ideais, nos termos dos §§ 4º, 5º e 6º do art. 26 da Lei n. 6.766/1979.

b) Certidões negativas de impostos federais, estaduais e municipais, de protestos de títulos, de ações cíveis e criminais e de ônus reais, relativamente ao imóvel, aos alienantes do terreno e ao incorporador.

É de boa regra que todo aquele que aliena um imóvel demonstre que pode fazê-lo. Com mais razão quem lança uma incorporação, porque se compromete perante certo público, junto ao qual recruta capitais vultosos.

A prova de que pode livremente vender, ou de que não sofre embaraços para a alienação e de que não expõe os candidatos a riscos na aquisição, faz-se, quanto ao imóvel, pela demonstração de inexistirem ônus reais sobre ele nem débitos fiscais; quanto às pessoas dos alienantes e do incorporador, com a certidão de quitação fiscal e a negativa de protestos e de ações. Quem tem título protestado ou está sendo acionado não tem o patrimônio livre e, pois, não se acha habilitado para mobilizar capitais alheios. A negativa de ação criminal é um luxo do legislador ou um excesso de cautela.

É possível, porém, que haja protesto por falta de aceite ou ação inspirada em capricho alheio. Não sendo razoável, nesses casos, que a incorporação seja embaraçada, o incorporador poderá suprir o requisito, demonstrando haver efetuado o depósito da quantia ou da coisa disputada ou por meio idôneo segurado o juízo, pondo a salvo de qualquer contestação ou litígio futuro os adquirentes ou candidatos à aquisição das unidades no edifício a ser incorporado.

É igualmente possível que haja ônus fiscais ou reais que pela natureza não obstaculizem a incorporação. Nesses casos, esta não se prejudica, como será visto abaixo (V. n. 137, *infra*).

Em relação às ações cíveis ou penais em curso contra o incorporador, as certidões que demonstrem o estado do processo e a repercussão econômica do litígio poderão ser substituídas por impressão do andamento do processo digital (§ 14 do art. 32).

c) Histórico da propriedade, abrangendo os últimos 20 anos, acompanhado de certidão dos respectivos registros. Aliás, o histórico se faz pelo registro e com as certidões.

O período de vinte anos, referido, conjuga-se com os prazos máximos de prescrição aquisitiva.

Como o Código Civil de 2002 reduziu para dez anos o prazo máximo de prescrição aquisitiva, o histórico da propriedade do terreno para efeito de incorporação imobiliária passará a abranger os últimos dez anos.

A propósito do conjunto das alíneas referidas, e, ainda, da alínea "f", merece registro o art. 54 da Lei n. 13.097/2015,[4] segundo o qual os negócios de transmissão ou constituição

---

[4] Lei n. 13.097/2015: "Art. 54. Os negócios jurídicos que tenham por fim constituir, transferir ou modificar direitos reais sobre imóveis são eficazes em relação a atos jurídicos precedentes, nas hipóteses em que não tenham sido registradas ou averbadas na matrícula do imóvel as seguintes informações: I – registro de citação de ações reais ou pessoais reipersecutórias; II – averbação, por solicitação do interessado, de constrição judicial, de que a execução foi admitida pelo juiz ou de fase de cumprimento de sentença, procedendo-se nos termos previstos no art. 828 da Lei n. 13.105, de 16 de março de 2015 (Código de Processo Civil); III – averbação de restrição administrativa ou convencional ao gozo de direitos registrados, de indisponibilidade ou de outros ônus quando previstos em lei; IV – averbação, mediante decisão judicial, da existência de outro tipo de ação cujos resultados ou responsabilidade patrimonial possam reduzir seu proprietário à insolvência, nos termos do inciso IV do *caput* do art. 792 da Lei n. 13.105, de 16 de março de 2015 (Código de Processo Civil); V – averbação, mediante decisão judicial, de qualquer tipo de constrição judicial incidente sobre o imóvel ou sobre o patrimônio do titular do imóvel, inclusive a proveniente de ação de improbidade administrativa ou a oriunda de hipoteca judiciária. § 1.º Não poderão ser opostas situações jurídicas não constantes da matrícula no registro de imóveis, inclusive para fins de evicção, ao terceiro de boa-fé que adquirir ou receber em garantia direitos reais sobre o imóvel, ressalvados o disposto nos arts. 129 e 130 da Lei n. 11.101, de 9 de fevereiro de 2005, e as hipóteses de aquisição e extinção da propriedade que independam de registro de

de direitos reais imobiliários "são eficazes em relação a atos jurídicos precedentes, nas hipóteses em que tenham sido registradas ou averbadas na matrícula do imóvel" determinadas informações, tais como ações reais ou reipersecutórias, execuções, penhoras ou outros atos de constrição ou restrição administrativa, além de ações cujos resultados possam reduzir seu proprietário à insolvência.

Apesar da simplificação visada por essa norma, continuam indispensáveis para o registro do Memorial de Incorporação informações de outras fontes, seja por força da ressalva do parágrafo único do mesmo art. 54, seja pela necessidade de análise de outras situações que, embora ali não referidas, possam comprometer a segurança jurídica da transmissão ou da constituição de direitos reais sobre o imóvel. É o caso, entre outros, das dívidas perante a Fazenda Pública, que não estão compreendidas na inoponibilidade prevista no art. 54. Nessas situações, há presunção de fraude ante a existência de dívida inscrita, tal como dispõe o art. 185 do Código Tributário Nacional, sendo necessária, portanto, a apresentação da Certidão Conjunta Negativa de débitos relativos aos tributos federais e à dívida ativa da União.[5]

d) Projeto de construção devidamente aprovado pelas autoridades competentes. A medida é rigorosa. Sua origem situa-se em que, antes, o incorporador iniciava de mãos vazias. Angariava fundos com a venda de unidades em um edifício de que não tinha projeto, a ser construído em terreno sobre que não tinha direito, e com material que não tinha dinheiro para adquirir. Incorporação fazia lembrar a famosa faca de Lichtenberg, que não tinha cabo e lhe faltava a lâmina.

No mesmo afã de proteger a economia dos adquirentes, a lei agora quer que o incorporador tenha o que oferecer. E, consequentemente, o projeto, elaborado por profissional habilitado, deverá estar aprovado pela autoridade administrativa.

e) Cálculo das áreas das edificações, discriminando, além da global, a das partes comuns, e indicando a cada tipo de unidade a metragem de área construída.

Trata-se de operação que se torna singela, uma vez que todos os dados são conhecidos: a área do terreno, a do edifício no seu conjunto, a das unidades autônomas, as das partes comuns. É uma questão apenas de pôr em termos numéricos discriminados o que o arquiteto traçou. E a utilidade da providência é manifesta, uma vez que o candidato à aquisição deve ser honestamente informado do que vai comprar.

---

título de imóvel. § 2.º Para a validade ou eficácia dos negócios jurídicos a que se refere o caput deste artigo ou para a caracterização da boa-fé do terceiro adquirente de imóvel ou beneficiário de direito real, não serão exigidas: I – a obtenção prévia de quaisquer documentos ou certidões além daqueles requeridos nos termos do § 2.º do art. 1.º da Lei n. 7.433, de 18 de dezembro de 1985; e II – a apresentação de certidões forenses ou de distribuidores judiciais" (incisos II e IV do *caput* e §§ 1.º e 2.º e incisos com a redação dada pela Medida Provisória n. 1.085/2021, convertida na Lei n. 14.382/2022; inciso V incluído pela Lei n. 14.825/2024).

5 Código Tributário Nacional: "Art. 185. Presume-se fraudulenta a alienação ou oneração de bens ou rendas, ou seu começo, por sujeito passivo em débito para com a Fazenda Pública, por crédito tributário regularmente inscrito como dívida ativa. Parágrafo único. O disposto neste artigo não se aplica na hipótese de terem sido reservados, pelo devedor, bens ou rendas suficientes ao total pagamento da dívida inscrita".

f) Certidão negativa de débito para com a Previdência Social quando o titular de direitos sobre o terreno for responsável pelas respectivas arrecadações.

A comprovação de quitação, que se restringia aos débitos relativos às contribuições devidas à Previdência Social, administrados pelo Instituto Nacional do Seguro Nacional (INSS), passou a abranger todos os tributos e contribuições federais, tornando-se atualmente exigível a apresentação da Certidão Negativa de Débitos de Tributos e Contribuições Federais (CTCF), que compreende os tributos administrados pela Secretaria da Receita Federal do Brasil (RFB) e a Dívida Ativa da União administrada pela Procuradoria-Geral da Fazenda Nacional (PGFN).

g) Memorial descritivo das especificações da obra projetada, segundo modelo elaborado pela *Associação Brasileira de Normas Técnicas* (art. 53, n. IV). A referência ao modelo é útil, porque, sendo um documento de natureza técnica, somente se habilita o oficial do Registro à sua verificação imediata, e sem apelo a um perito, se obedecer a padrão predeterminado.

A Associação Brasileira de Normas Técnicas (ABNT), elaborando os modelos, adotou sistema demasiadamente complexo, que cumpre simplificar, tendo em vista que a padronização deve ser gêmea da singeleza.

h) Avaliação do custo global da obra, atualizada na data do arquivamento, discriminando-se, também, o *custo da construção* de cada unidade, devidamente autenticada pelo profissional responsável.

Medida de grande alcance, que acoberta os candidatos à aquisição das unidades autônomas de serem empulhados por incorporador inescrupuloso, que lhe forneça dados inexatos, a lei coloca, neste item, uma tríplice garantia: valor atual da obra, tomando por base a data do arquivamento em cartório; autenticação pelo profissional responsável pela obra; e padronização, pois a lei aqui se reporta também à elaboração pela *ABNT* e aos custos unitários divulgados mensalmente pelo *Sindicato da Construção Civil do Estado* respectivo ou por outro em cuja região os custos de construção mais se lhe aproximem, no caso de se omitir o do Estado em que a incorporação se vai realizar (art. 53, n. III, e art. 54). O incorporador adotará o valor de custo global divulgado pelo sindicato, referente ao tipo de prédio padronizado que mais se aproxime do que é objeto da incorporação (art. 14, parágrafo único, da Lei n. 4.864/1965). Não obstante a exigência da avaliação, ainda ocorrem distorções que necessitam ser corrigidas e evitadas, na defesa dos adquirentes.

i) Divisão do terreno em frações ideais autônomas em instrumento que contenha a sua discriminação e a descrição, a caracterização e a destinação das futuras unidades e partes comuns que a elas acederão, elementos a serem utilizados pelo oficial do Registro de Imóveis para qualificar as frações do terreno como objeto de direito de propriedade dotado de autonomia e saibam os candidatos qual a expressão matemática, em fração decimal ou ordinária, do seu valor proporcional, na edificação. Trata-se de um dado da mais lídima relevância e indicativo do direito do condômino, bem como definidor de seu poder deliberativo, pois um grande número de decisões nas Assembleias se toma em função das frações ideais.

j) Minuta de *Convenção do Condomínio.* Trata-se, evidentemente, de um projeto de Convenção, suscetível de alterações, segundo o que deliberarem os interessados.

k) Declaração em que se define a *parcela do preço* do terreno a ser paga em unidades do próprio edifício, com a menção expressa da área. No regime anterior, nunca os adquirentes sabiam de que forma o terreno seria pago, e, quando em apartamentos, lojas, ou salas, qual a parte respectiva. A nova lei quer que se dê uma declaração discriminada, e, ainda mais, que se mencionem, por metros quadrados, as partes que compõem o preço.

l) Certidão da *procuração* passada pelo titular de direito sobre o terreno, quando o incorporador for construtor ou corretor, não proprietário ou promitente-comprador.

m) Declaração em que se fixe, se houver, o *prazo de carência*, a respeito do qual falaremos (V. n. 135, *infra*), em minúcia.

n) Declaração, acompanhada de plantas elucidativas, sobre o número de veículos que a garagem comporta e os locais destinados à guarda dos mesmos. Trata-se de declaração igualmente não mencionada no Anteprojeto, mas que veio a ser exigida pela Lei n. 4.864, de 29 de novembro de 1965, adiante referida (V. n. 139-A, *infra*).[6]

Se o incorporador pretender submeter o empreendimento ao regime da afetação, a que se referem os arts. 31-A a 31-F da Lei n. 4.591/1964, com a redação dada pela Lei n. 10.931/2004, deve apresentar também o "termo de constituição de patrimônio de afetação".

135. Registro da incorporação e prazo de carência. Apresentada a documentação referida no número anterior, será examinada pelo oficial e, considerada regular, será arquivada no cartório e registrada, na matrícula do terreno, a divisão do terreno em frações ideais, sua qualificação como objeto de direito de propriedade autônomo, bem como a descrição, a caracterização e a destinação das futuras unidades e partes comuns que a elas acederão, objeto do **empreendimento**, passando ao incorporador, como a quem quer que o solicite, *certidão* deste fato.

Não estando os papéis em ordem, o oficial fará por escrito as exigências que entender necessárias no prazo de dez dias úteis; uma vez satisfeitas essas exigências, o oficial fornecerá a certidão de registro no prazo de dez dias úteis e, em caso de divergência, levantará dúvida, perante o juiz competente, e na forma prescrita na lei processual.

Uma vez passada a certidão, vale por 180 dias, para que se concretize a incorporação mediante alienação da fração ideal e acessões de alguma unidade, contratação de financiamento para a construção ou início das obras. Em caso contrário, o incorporador somente poderá negociar unidades depois de averbar a atualização das certidões e de eventuais documentos a que se refere o art. 32, cujo prazo de validade tenha expirado, repetindo esse procedimento a cada 180 dias enquanto não concretizada a incorporação

---

[6] A lei exigia a apresentação de um *atestado de idoneidade financeira* fornecido por instituição financeira (alínea "o" do art. 32, revogada pela Medida Provisória n. 1.085/2021, convertida na Lei 14.382/2022). A exigência não constava do anteprojeto de Caio Mário da Silva Pereira e foi por ele criticada com fundamento no fato de que a emenda foi "sugerida naturalmente por quem não tem experiência de negócios. Este atestado de idoneidade é inócuo, não obriga o banco, e via de regra figura com atestação meramente graciosa. Não aumenta nem diminui a solvência do incorporador, e nada acrescenta em matéria de segurança para os candidatos à aquisição" (observação constante até a 14.ª edição desta obra).

(art. 33 e parágrafo único, com a redação dada pela Medida Provisória n. 1.085/2021, convertida na Lei n. 14.382/2022).

No mesmo prazo de 180 dias, poderá o incorporador *desistir* do empreendimento, denunciando o fato, por escrito, ao oficial, para que dê baixa no respectivo registro, e comunicará por escrito aos interessados, sob pena de responsabilidade civil e criminal (art. 34, § 4.º).

A esta desistência, a Lei n. 4.591/1964 chama *prazo de carência,* agora disciplinado. O que se observava, antes, eram a desordem e a falta de responsabilidade. O incorporador entrava e saía sem ser molestado. Jamais se vinculava ao negócio, e nada lhe acontecia quando os candidatos à aquisição de apartamentos ou de conjuntos profissionais vinham a ter notícia de que uma incorporação não fora avante. Dava-se, mesmo, por bem feliz se lhe restituíam, ainda sem juros, as prestações que realizara, em moeda de poder aquisitivo aviltado pela inflação. O incorporador, que experimentara o mercado e mobilizara o dinheiro alheio, financiando seus próprios negócios, não era por ninguém molestado, já que aos prejudicados nada mais restava além de inócuas reclamações, ficando o reembolso do despendido na dependência da boa vontade do devedor ou da sua solvência.

Prendendo o incorporador ao negócio, a lei lhe dá prazo para sondar condições de aceitação do mercado. Prazo relativamente apertado, embora prorrogável.

Ao tomar as primeiras providências relativas a um conjunto residencial, comercial ou profissional, o incorporador, não tendo certeza das condições de mercado, pode admitir a hipótese do arrependimento. Entretanto, para que não incorra nas perdas e danos, deve proceder lisamente, deixando consignada a *faculdade de desistir.* Para usá-la, terá de deixar, com os documentos a serem arquivados em Cartório, a *declaração expressa do prazo de carência.* E, como este não pode exceder o de validade do registro da incorporação, fica limitado a 180 dias. Para um profissional consciente, é *quantum satis.* Nesse tempo, tem perfeitas condições de avaliar a reação do mercado e verificar se é viável o negócio. Em caso afirmativo, vai em frente. E, se lhe não for possível concretizar a incorporação nos 180 dias, lícito lhe será revalidar a certidão por mais outro tanto de tempo.

Não pode, porém, dilargar o prazo de carência, que é único e *improrrogável* (art. 34, § 6.º).

Vale, pois, acentuar uma distinção, que é da maior importância e de repercussão funda nas relações com os clientes: o incorporador é vinculado ao negócio e obrigado a promovê-lo, não lhe sendo lícito prender indefinidamente à incorporação; tem, para concretizá-la, o prazo de 180 dias, prorrogável mediante revalidação da certidão do registro. Se não a concretiza no prazo ou na sua prorrogação, responde pelos prejuízos e sujeita-se às penalidades. Na hipótese de ressalvar o seu arrependimento, a lei lhe reconhece o *prazo de carência* de 180 dias, este, sim, improrrogável. Não usado pela forma prescrita (denúncia em cartório e averbação no registro da incorporação), apura-se a definitiva vinculação do incorporador, que não pode mais fugir às consequências da falta de concretização do negócio.

136. Sanções. A lei teve, também, a cautela, toda especial, de fixar os deveres e penalizar as faltas. O incorporador tem a obrigação de depositar os documentos, de acompanhar a sua tramitação, de cumprir as exigências, de observar os prazos. E, vendo frustrado o negócio, é ainda obrigação sua *denunciar a incorporação.*

Não estando só, pois o construtor e o corretor de imóveis podem incorporar sem domínio, porém como mandatários do titular de direitos sobre o terreno, a lei devolve ao outorgante da procuração, nos cinco dias subsequentes ao escoamento do prazo de carência, o direito de formalizar a denúncia.

Se o não fizer, associa-se ao incorporador nas consequências, ficando solidariamente responsável com o incorporador pela devolução das quantias por este recebidas.

O oficial de Registro não funciona como um mero espectador remunerado ou participante passivo do processo de registro da incorporação. Ao revés disso, tem papel importante. É ele quem recebe a documentação, quem a examina, quem verifica a sua exatidão, quem exige se sanem as falhas, quem levanta dúvida perante o juiz, quem passa as certidões, quem recebe a declaração de desistência, quem apura a sua oportunidade em face do prazo de carência, quem efetua a sua averbação. Tudo isso em função de sua investidura, em razão do ofício.

Descumprindo o que por lei lhe corre fazer, comete infração legal, que o sujeita às penas que, na forma da legislação estadual, sofreria como serventuário faltoso.

No entanto, não é só. A lei quer mais, e define uma responsabilidade específica. O oficial do Registro de Imóveis *responde civil e criminalmente* se efetuar o arquivamento de documentação contraveniente à lei ou der certidão sem o arquivamento de todos os documentos exigidos (art. 32, § 7.º).

137. Ônus e débitos. Não foge da realidade a lei nem tem a intenção de embaraçar a concretização das incorporações. Longe disso, procura criar-lhe incentivos. Sabe que o terreno pode estar, e muitas vezes efetivamente está, gravado de ônus real ou sujeito a débitos fiscais. Se, em princípio, somente quem está livre pode obrigar-se, e, portanto, a presença do gravame atinge o lançamento da incorporação, não se considera, contudo, inapto a ser objeto de incorporação o imóvel em tais condições.

Cuida-se, porém, de defender os candidatos à aquisição de unidades, contra as surpresas e os riscos, quer num caso, quer no outro. E ambos se acham especialmente previstos (Lei n. 4.591, art. 32, § 5.º).

A existência de ônus fiscais ou reais não impede o registro da incorporação nem a expedição da certidão que libera o seu lançamento. O que cumpre é mencionar, em todos os documentos extraídos do registro, a existência e a extensão do ônus.

Além da exigência legal de fazer constar a existência desses gravames ou situações constantes das certidões apresentadas pelo incorporador, para que os interessados possam avaliar o grau de comprometimento do empreendimento (§§ 4.º e 5.º do art. 32 da Lei 4.591/1964 e art. 21 da Lei n. 6.015/1973), os oficiais de Registro de Imóveis devem observar as orientações emanadas das Corregedorias de Justiça locais.

Pode acontecer, no entanto, que este, só por si, impeça a alienação, como no caso de achar-se o terreno onerado de promessa de compra e venda a terceiro, registrada no Registro Imobiliário, ou de servidão de não construir acima de certa altura. Se isto ocorrer, é claro que no local não pode surgir um edifício; ou se o imóvel não se puder alienar, é também óbvio que não pode ser objeto de incorporação, pois que esta não se objetivará sem a alienação em unidades autônomas ou sem a edificação.

O direito positivo vem criando novas inalienabilidades, sendo dignas de nota:

a) A penhora e consequente indisponibilidade de bens em execuções fiscais por créditos da União (Lei n. 8.212/1991, art. 53);

b) A indisponibilidade dos bens de diretores e ex-administradores de entidades financeiras sob intervenção ou liquidação extrajudicial (Lei n. 6.024/1974, art. 38);

c) Os bens de família (Código Civil, arts. 1.711 e segs.);

d) Os bens inalienáveis por destinação de doadores ou testadores (Código Civil, arts. 1.848 e 1.911);

e) Os imóveis tornados inalienáveis por determinação judicial (CTN, art. 185).

Há outras situações que, embora não impeditivas de alienação, reclamam a anuência do interessado para registro da incorporação, como são os casos do terreno objeto de alienação fiduciária (Lei n. 9.514/1997, art. 29), os imóveis hipotecados em favor de entidade do sistema financeiro da habitação (Lei n. 8.004/1990) e aqueles hipotecados por cédulas de crédito rural, industrial, comercial, à exportação, do produto rural, que, em razão de relativa indisponibilidade, dependem da anuência do credor.

Em tais hipóteses, a incorporação não se concretizará, e, portanto, o registro não se fará sem a prova da quitação ou o levantamento do ônus.

Demais disso, se o imóvel estiver gravado de ônus fiscal ou real ou se contra o alienante houver qualquer ação que possa comprometê-lo, o fato será obrigatoriamente mencionado em todos os documentos de ajuste, com indicação de sua natureza e das condições de liberação (art. 37).

O candidato que fechar negócio e firmar contrato de aquisição com a referência expressa ao débito fiscal, ao direito real ou à ação, corre certamente o risco, porém conscientemente. Está a coberto de uma surpresa. E, se assim faz porque quer, não está iludido nem enganado.

138. Ocupação do imóvel. Embora não constitua ônus que atinja o direito dominial, a circunstância de se achar o imóvel *ocupado* influi no andamento da incorporação. A pendência de um contrato de locação ou comodato, ou mesmo a invasão do terreno, sem título, poderá prejudicar o início da construção, pelo tempo de espera que imporá enquanto se aguarda a sentença que determine se desaloje o locatário ou comodatário ou se expulse o intruso. E quem entra em um negócio de incorporação quer enxergar, ainda em termos aproximados, o seu final. As vicissitudes de um litígio, a manifestação de recursos e até a incerteza de seu desfecho não permitem se preveja quando se dariam a desocupação e o início da edificação.

Sem que se equipare, pois, aos ônus reais, o estado de *ocupação* do imóvel não pode ser apresentado pelo incorporador como razão determinante do retardamento ou escusativa para o cumprimento do contrato. Para isso, também ali constará obrigatoriamente do ajuste o fato de encontrar-se ocupado o imóvel, esclarecendo-se a que título se deve esta ocupação e quais as condições de desocupação.

139. Pagamento do terreno com unidades no local. Cabe, ainda, ao incorporador mencionar o fato, se o pagamento do terreno, total ou parcialmente, se fizer mediante a atribuição de unidades construídas.

Esta, aliás, é operação das mais frequentes no comércio imobiliário e franqueia grande número de empreendimentos, tendo em vista que o pagamento em dinheiro exige disponibilidades fora do alcance do comum dos incorporadores, e que interessa ao proprietário do terreno investir em apartamentos ou conjuntos comerciais o valor do seu imóvel. Assim se tem procedido com habitualidade, e prevê-se, razoavelmente, ainda se faça no futuro.

No entanto, os adquirentes têm o direito de saber o que se passa, pois a aquisição do terreno em unidades do próprio edifício irá fazer-se às suas expensas, e, então, devem acautelar-se para que não o paguem duas vezes: uma primeira, quando se inclui o rateio do valor respectivo na composição do preço da unidade; e uma segunda, quando a construção daquela que se destina, em pagamento, ao alienante do terreno, se realiza descarregando-se o seu custo nos encargos indiscriminados da edificação, debitados *pro rata* aos adquirentes.

Cumpre, então, se especifiquem as unidades (apartamentos, lojas, salas) destinadas ao pagamento do preço do terreno, discriminando-se a parcela em dinheiro, se houver, bem como a quota-parte da área das unidades a serem entregues em pagamento do terreno, expressa em metros quadrados de construção. E a providência se completará, fazendo-se constar dos documentos de ajuste se o alienante do terreno recebe o pagamento em área construída livre de contribuição pecuniária, ou se, reversamente, ficará sujeito a qualquer prestação ou encargo (Lei n. 4.591, art. 39 e seu parágrafo único).

Importa notar que nem sempre o proprietário do terreno participa da atividade empresarial da incorporação: apenas entrega o terreno ao incorporador, mediante permuta ou promessa de permuta, para que este promova o negócio sob sua inteira responsabilidade e, ao final, lhe entregue determinadas unidades em pagamento do preço do terreno. Trata-se apenas de uma forma de pagamento pela transmissão da propriedade do terreno, pois, ao invés de receber o preço em dinheiro, o proprietário do terreno o receberá em unidades a serem construídas no local.[7]

---

[7] "Nem sempre o proprietário do terreno incorporado participa ativamente da incorporação, como incorporador. Este, não raro, firma compromisso de compra e venda com o proprietário do imóvel, assumindo a obrigação de efetuar o pagamento do preço, no todo ou em parte, com unidades do empreendimento, modalidade que encontra previsão no art. 39 da Lei n. 4.591/64 e que é denominada de 'permuta no local'. Nessa circunstância, o proprietário do terreno assumirá o *status* jurídico de mero condômino, em igualdade de condições com qualquer outro adquirente de unidades da incorporação. A figura do proprietário do terreno se equipara à do consumidor, nos termos do art. 2.º do CDC, tendo o incorporador como fornecedor. O dono do imóvel só difere dos demais adquirentes porque paga sua unidade autônoma com o próprio terreno no qual

Para alcançar o mesmo objetivo da permuta por unidades imobiliárias a serem construídas no local, tem sido empregada no mercado uma outra estrutura formal de negócio, pela qual, ao invés de contratar a permuta, em que se reserva a propriedade de determinado quinhão do terreno, o proprietário do terreno contrata com o incorporador a venda, ou a promessa de venda, do terreno, na sua totalidade, e, em ato subsequente, o incorporador, já como proprietário da totalidade do terreno, contrata com o antigo proprietário uma promessa de venda, ou promessa de dação, de determinadas futuras unidades, obrigando-se a lhe vender e entregar as unidades equivalentes ao preço do terreno; para adotar essa estrutura operacional, as partes, em geral, declaram, na escritura de compra e venda do terreno ao incorporador, que o preço é pago no ato e seu valor é representado por uma nota promissória *pro soluto*, fazendo-se, a seguir, uma escritura de novação, pela qual se substitui a obrigação de pagar o preço em dinheiro, que haveria de ser cumprida mediante resgate da nota promissória, pela obrigação do incorporador de construir e entregar ao antigo proprietário as unidades correspondentes ao preço do terreno.[8] Nessa modalidade de operação de "permuta" a posição do antigo proprietário do terreno pode tonar-se vulnerável, pois transmite ao incorporador a totalidade da propriedade plena do seu terreno e a contrapartida que recebe é um crédito quirografário, que, se o incorporador vier a se tornar insolvente, dificilmente será satisfeito. Essa vulnerabilidade pode ser superada mediante contratação de garantias em favor do antigo proprietário do terreno, sejam garantias reais imobiliárias ou seguros.

139-A. Alterações da Lei n. 4.864/1965. O art. 10 da Lei n. 4.864, de 29 de novembro de 1965, introduziu algumas modificações no que se refere aos Deveres Gerais do Incorporador, aditando parágrafos e alíneas ao art. 32 da Lei n. 4.591/1964, os quais passamos a examinar em seguida.

De começo, o § 8.º passou a sujeitar o oficial de Registro, que não observar os prazos previstos no art. 32, § 6.º[9] (10 dias úteis para formular as exigências, e superadas ou ine-

---

foi erguido o empreendimento, mas tal circunstância não tem o condão de desvirtuar a relação de consumo. A natureza da relação entre o proprietário do terreno e os demais adquirentes, contudo, não é de consumo, mas civil, tanto na conclusão regular do empreendimento – quando serão todos condôminos – quanto na rescisão do contrato de alienação do terreno – hipótese em que surgirá para o seu proprietário uma obrigação de reparação civil, visando a evitar o seu enriquecimento sem causa. O dever de indenização previsto no art. 40 da Lei n. 4.591/64 deve limitar-se à vantagem financeira auferida pelo proprietário do terreno, a qual não se confunde com o valor integral pago pelos demais adquirentes à incorporadora" (STJ, REsp n. 686.198-RJ, rel. Min. Carlos Alberto Direito, rel. para o acórdão, Min. Nancy Andrighi, *DJ* 01.02.2008).

[8] O Decreto n. 9.580/2018, que consolida o Regulamento do Imposto de Renda, equipara essa espécie de operação à permuta de terreno por área a ser construída no local, hipótese em que o ganho de capital do proprietário do terreno deverá ser apurado "apenas em relação à torna" (art. 132).

[9] Os prazos do art. 32, § 6.º, são os seguintes: (i) 10 dias úteis para formular as exigências cabíveis; e (ii) superadas ou inexistindo exigências, 10 dias úteis para fornecer certidão e devolver a segunda via autenticada da documentação, quando apresentada por meio físico, com exceção dos documentos públicos. Se uma ou mais exigências não forem superadas, e o interessado assim solicitar, caberá ao oficial registrador suscitar a dúvida, nos termos do art. 198 da Lei n. 6.015/73.

xistindo exigências, 10 dias úteis para formular as exigências cabíveis), à multa imposta pela autoridade judiciária competente, em montante igual ao dos emolumentos devidos pelo registro de que trata este artigo, aplicável por quinzena ou fração de quinzena de superação de cada um daqueles prazos, o que significa que a multa não se torna devida uma só vez pelo excesso de prazo. Ao revés, o oficial em mora sofre a penalidade com caráter sucessivo, correspondente a tantas vezes o emolumento quantas forem as quinzenas ou frações de quinzenas do retardamento.

Reconhecendo a natureza técnica de algumas das exigências contidas no art. 32, exime o oficial de Registro da responsabilidade quanto à exatidão dos documentos seguintes, desde que assinados pelo profissional responsável pela obra: cálculo das áreas das edificações, memorial descritivo das especificações da obra, avaliação do seu custo global, declaração em que se defina a parcela do preço pagável em unidades do próprio edifício e declaração do número de veículos que a garagem comporta.

As plantas do projeto aprovado (alínea "*d*") poderão ser apresentadas em cópia que o profissional responsável pela obra autenticará, acompanhada de cópia da licença de construção. Trata-se de uma facilidade demasiada, pois, se é certo que se dispense a exibição do projeto em original, conviria que as cópias recebessem uma autenticação, pois se trata de sua perpetuação no Cartório que arquivará toda a documentação relativa ao edifício.

O § 11 do art. 32, inserido pela Lei n. 4.864/1965, previa que até 30 de junho de 1968, se o oficial do Registro de Imóveis, tendo recebido a documentação do memorial por meio do Registro de Títulos e Documentos, não efetivasse o respectivo registro nem formulado exigências, considerar-se-ia efetivado tal ato como registro provisório, autorizado o incorporador a negociar as unidades.

Tratava-se, como se vê, de norma de efeito transitório, formulada para atender a uma necessidade daquele momento em que era necessário abandonar um ambiente de negócio absolutamente desordenado para colocar em prática uma rígida organização empresarial e se instalar um rigoroso sistema de proteção do adquirente, tudo isso a partir de profundas inovações que a Lei n. 4.591/1964 acabara de introduzir. A norma desse § 11 visava suprir as dificuldades dos oficiais em atender aos novos requisitos instituídos pela nova lei.

Dado seu caráter transitório, e já tendo produzido seus efeitos no prazo fixado na lei, a norma não mais tem vigência, sendo digna de nota, apenas, a razão que a justificava.

O mesmo art. 10 da Lei n. 4.864/1965 incluiu uma alínea "*p*" ao art. 32 da Lei n. 4.591/1964, acrescentando aos documentos que devem ser apresentados ao oficial do Registro de Imóvel para arquivamento, "declaração, acompanhada de plantas elucidativas, sobre o número de veículos que a garagem comporta e os locais destinados à guarda dos mesmos". A providência é útil. A linguagem do inciso é que é péssima.

Capítulo **XIV**

OBRIGAÇÕES DO INCORPORADOR COM O ADQUIRENTE[1]

140. A nova sistemática da Lei n. 4.591/1964. Obedecendo a um imperativo lógico, imprimimos peculiar sistemática aos deveres e às obrigações do incorporador. A este a lei nova faz uma série de imposições, que tem de cumprir sob a cominação de certas sanções. Umas, de caráter mais genérico, confundem-se com os pressupostos para o lançamento da incorporação e condizem com o desenvolvimento do empreendimento mesmo. Outras se estabelecem em relação ao adquirente das unidades autônomas e correspondem aos créditos que contra aquele adquirem estes, traduzindo outras tantas prestações exigíveis.

Num critério sistemático, agrupamo-las em capítulos distintos, o primeiro sob a epígrafe dos "Deveres do Incorporador" e o presente subordinado ao título das "Obrigações do Incorporador". Ambos se completam, e muitas vezes se entrelaçam os respectivos princípios, devendo entender-se formando um complexo, que a empresa lançadora da incorporação tem de desempenhar sempre.

Por uma razão de ordem prática, depois de havermos alinhado os deveres do incorporador na ordem dos pressupostos ou requisitos da incorporação, aqui tratamos das obrigações ou prestações, *correlatas dos direitos* dos candidatos ou adquirentes de unidades no edifício.

Na primeira fase da incorporação, surge o primeiro *direito* do adquirente, com a obrigação imposta ao incorporador de *celebrar o contrato*. Trata-se evidentemente de direito para um e obrigação para outro. No entanto, houve razão para que o legislador se lhe referisse (Lei n. 4.591, art. 35). No regime anterior, inaugurada uma incorporação pelo anúncio, exposição à venda, exibição de *maquettes,* plantas, projetos, oferecimentos de vantagens, o incorporador (ou seu corretor, pois na maioria das vezes ele não apare-

---

[1] Nota do editor: o texto na cor preta indica o texto original do Professor Caio Mário, e o texto na cor cinza é de autoria dos atualizadores. Os capítulos e itens de autoria dos atualizadores, além de estarem na cor cinza, estão indicados com letras após o número.

cia) entregava ao interessado uma proposta logo por este firmada, à qual não apunha o incorporador sua assinatura nem lhe respondia. Embora a doutrina jamais haja negado a existência, nesses casos, do *contrato bilateral* de incorporação (*Vide* nossa *Propriedade horizontal*, n. 102), e o signatário assumisse desde logo os encargos de pagar as prestações, assinar escrituras, aceitar a convenção do condomínio, atender às despesas ocorrentes e demais compromissos – as contraprestações no entanto ficavam como que em suspenso, deixando-se ao interessado o ônus de provar a existência do contrato, na decorrência das circunstâncias que o pudessem induzir, seja dos recebimentos, seja do começo de execução. Psicologicamente, entretanto, desenhava-se uma desigualdade notória de condições, pois de uma parte o adquirente deixava sua firma em um instrumento que lhe recordava as obrigações assumidas, de outra parte não era portador do título formal das do incorporador.

Pela nova lei, todavia, já se desenha com nitidez a obrigação de formalizar o contrato, pois este, não sendo solene, porém meramente consensual, nasce do só acordo das partes, manifestado por qualquer meio em direito admitido. Como quer que seja, o incorporador tem o prazo de 60 dias, no máximo, para promover a celebração do contrato relativo à incorporação, bem como a convenção do condomínio, segundo a minuta depositada no Cartório do Registro Imobiliário. Este prazo conta-se do escoamento do de carência, se houver, ou da data em que tiver sido firmado qualquer documento de ajuste preliminar (art. 35 da Lei n. 4.591/1964, na redação decorrente do disposto no art. 13 da Lei n. 4.864/1965).

Descumprida esta obrigação, não há mister ir a Juízo a outra parte e propor contra o incorporador ação cominatória, compelindo-o a emitir a declaração de vontade recusada. Assegura-se-lhe, simplesmente, a *averbação* do título preliminar no Registro Imobiliário, ficando desde logo estabelecido o contrato e constituído *direito real,* oponível a terceiros.

A propósito da constituição de *direito real,* comentamos em nossa monografia da *Propriedade Horizontal* o desamparo em que vivia quem contratava com o incorporador. A falta de disciplina legal era estímulo à má-fé. Quando o incorporador era pessoa física, permanecia a outra parte na dependência da sua honorabilidade, da sua idoneidade moral e financeira. Quando era pessoa jurídica, somente o acervo social lhe servia de garantia, já que a fortuna pessoal, não raro grande dos diretores e gerentes, estava a coberto do vendaval da má sorte que viesse a soprar sobre os negócios sociais. Como já notava Pontes de Miranda, podia ocorrer, no período pré-comunal, que o incorporador, "por inexistência, invalidade ou ineficácia do negócio jurídico entre ele e o dono ou os donos do terreno, não venha transferir ou lograr transferência direta das partes indivisas dos terrenos aos promissários". E o remédio único, já que então a legislação em vigor não oferecia outro, era "responder o promitente segundo os princípios e as regras jurídicas concernentes à obrigação de prestar" (Pontes de Miranda, *Tratado de direito privado,* v. 12, § 1.330).

Sustentávamos, então, que se instituísse um *direito real* (Caio Mário da Silva Pereira, *Propriedade horizontal,* n. 101).

A nova Lei do *Condomínio e Incorporações* adota medida da maior importância, gravando o terreno com direito à construção da unidade autônoma e impondo ao incorporador a obrigação de contratar, em seguimento ao título provisório. A natureza e os efeitos da constituição do *direito real* vêm desenvolvidos abaixo (n. 144-A, *infra*).

Não colheria objetar que não se sabe qual o teor do contrato, porque o incorporador é obrigado a arquivar no Cartório vários documentos, de que se torna fácil extrair o conjunto de obrigações e direitos ligados a uma dada incorporação (art. 32). Em nosso Anteprojeto, havíamos tido mais cautela e acrescentávamos àquela documentação o "modelo de contrato-tipo e carta-proposta para aquisição das unidades autônomas" *(Anteprojeto,* art. 27, alínea *m).* Com isso, protegia-se o adquirente, porque, se for preciso reconstituir literalmente e compor uma redação contratual completa, o incorporador não permanece livre, já que as obrigações legais a ele impostas geram uma situação em si mesma defensiva do adquirente e de suas economias, e o modelo de contrato permite estabelecer em sua literalidade as cláusulas e condições do ajuste. Embora deixando de alinhar entre os documentos necessários esta exigência, nem por isto olvidou a Lei n. 4.591 a providência, porque considerou no art. 67 que os Cartórios de Registro de Imóveis, para os devidos efeitos, receberão dos incorporadores, autenticadamente, o *contrato-padrão* contendo as cláusulas, os termos e as condições comuns a todos os adquirentes, os quais se dispensa transcrever nos instrumentos individuais de contrato.

A segurança jurídica da aquisição, visada por esse sistema, veio a ser reforçada pelo art. 55 da Lei n. 13.097/2015, segundo o qual a alienação ou oneração, pelo incorporador, de imóveis integrantes de incorporação imobiliária e de loteamento "não poderá ser objeto de evicção ou de decretação de ineficácia", ficando eventuais credores do alienante sub-rogados no preço ou no eventual crédito imobiliário constituído por efeito das alienações das unidades, "sem prejuízo das perdas e danos imputáveis ao incorporador ou empreendedor, decorrentes de seu dolo ou culpa, bem como da aplicação das disposições constantes da Lei n. 8.078, de 11 de setembro de 1990".

Como sanção, para a infringência da obrigação legal de celebrar formalmente o contrato, sujeita-se o incorporador a multa, em favor do candidato à aquisição, correspondente a 50% do que houver ele pago, cobrável por via executiva.

Como referido acima, no momento histórico que antecedeu a regulamentação da atividade empresarial da incorporação imobiliária pela Lei n. 4.591/64, o "incorporador (ou seu corretor, pois na maioria das vezes ele não aparecia), entregava ao interessado uma proposta logo por este firmada, à qual não apunha o incorporador sua assinatura nem lhe respondia", de modo que as obrigações do candidato eram desde logo exigíveis, mas as do incorporador "ficavam como que em suspenso, deixando ao interessado o ônus de provar a existência do contrato". Esse quadro de exacerbada abusividade justificou a imposição de elevada multa de 50% das quantias por ele pagas caso o incorporador não celebrasse com ele o contrato no prazo de 60 dias, e naquele contexto o percentual de 50% parecia razoável porque a multa seria exigível tão logo expirado o prazo de 60 dias, caso em que a base de cálculo da multa corresponde ao valor do sinal adicionado ao de uma ou duas parcelas mensais que o candidato tivesse pagado. Entretanto, superado aquele quadro que favorecia essa prática abusiva, e conforme sejam as circunstâncias em que ocorra o inadimplemento do incorporador, os tribunais têm interpretado *cum grano salis* a exigibilidade daquela multa; há casos, por exemplo, em que o incorporador cumpriu por inteiro a obrigação de construir e entregar o edifício, mas deixou de outorgar o contrato por não ter logrado atender a algum requisito formal essencial para outorga do título (exigências para registro do memorial de incorporação, por exemplo); em casos análogos, os tribunais têm reduzido substancialmente a multa, tendo em vista que o percentual de 50% é exacerbado em face do prejuízo do adquirente.[2] Outro aspecto que justifica a redução é o enriquecimento sem causa do adquirente, também em casos em que o incorporador cumpre sua obrigação de construir e entregar, mas só muito depois cumpre a obrigação de outorgar o contrato, podendo ocorrer o caso de o adquirente receber o imóvel, passando a dele tirar proveito, e vir a cobrar a multa após pagar quase todo o preço; assim, se o adquirente cobrar a multa de 50% após ter pago 90% do preço acabará por cobrar multa correspondente a 45% do preço de aquisição convencionado no contrato. A redução da multa tem sido fundamentada "nos moldes da regra geral insculpida no art. 413 do CC/02, a fim de melhor adequar-se aos parâmetros da razoabilidade (...), consoante precedente do STJ."[3]

140-A. O contrato de incorporação. Pelo contrato de incorporação, o incorporador se obriga a transmitir a propriedade de frações ideais de determinado terreno e promover, por si ou por terceiro, a construção de conjunto imobili

ário "objetivando a vinculação de tais frações a unidades autônomas, em edificações a serem construídas ou em construção sob regime condominial (...), responsabilizando--se, conforme o caso, pela entrega, a certo prazo, preço e determinadas condições, das obras concluídas".[4]

Essa é a tipificação peculiar instituída pela Lei n. 4.591/1964 para o contrato de venda ou promessa de venda de frações de terreno às quais serão incorporadas acessões correspondentes aos apartamentos, salas ou outros tipos de unidades autônomas que integrarão conjunto imobiliário edificado sob regime condominial especial por meio da atividade da incorporação imobiliária.

Tratando-se de alienação imobiliária, a eficácia do negócio tem como pressuposto lógico a qualificação dessas frações ideais como objeto direto de propriedade no Registro de Imóveis (Lei de Registros Públicos, arts. 176, § 1.º, e 225) e, para esse fim, como vimos no n. 134, a lei define o registro do Memorial de Incorporação na matrícula do terreno como modo de constituição dessa propriedade sob regime condominial especial.

A atribuição de individualidade autônoma sob regime do condomínio especial por unidades autônomas que o Código Civil denomina condomínio edilício torna essas

---

[2] REsp n. 200657-DF, rel. Min. Cesar Asfor Rocha, *DJ* 12.2.2001.

[3] TJRJ, Apelação Cível n. 0014274-51.2006.8.19.0002, *DJ* 14.1.2008, rel. Des. Leila Mariano.

[4] Lei n. 4.591/1964: "Art. 29. Considera-se incorporador a pessoa física ou jurídica, comerciante ou não, que embora não efetuando a construção, compromisse ou efetive a venda de frações ideais de terreno objetivando a vinculação de tais frações a unidades autônomas, em edificações a serem construídas ou em construção sob regime condominial, ou que meramente aceite propostas para efetivação de tais transações, coordenando e levando a têrmo a incorporação e responsabilizando-se, conforme o caso, pela entrega, a certo prazo, preço e determinadas condições, das obras concluídas. Parágrafo único. Presume-se a vinculação entre a alienação das frações do terreno e o negócio de construção, se, ao ser contratada a venda, ou promessa de venda ou de cessão das frações de terreno, já houver sido aprovado e estiver em vigor, ou pender de aprovação de autoridade administrativa, o respectivo projeto de construção, respondendo o alienante como incorporador".

frações ideais e respectivas acessões passíveis de alienação independente de anuência dos demais condôminos-adquirentes, distinguindo-as das frações ideais de um condomínio geral, *pro indiviso*, no qual, de uma parte, elas não são identificadas com parte do imóvel representada por específicas acessões que venham a ser agregadas ao solo e, de outra parte, a alienação de cada uma delas depende da manifestação de vontade dos demais condôminos.

A par desses pressupostos correspondentes à constituição do direito real a ser objeto de transmissão, importa ter presente que o contrato de alienação de imóveis pelo regime da incorporação imobiliária não se caracteriza tão somente pela transmissão do domínio de determinado imóvel por certo preço, como caracterizado pelo art. 481 do Código Civil, mas, também, pela obrigação de promover sua construção, por si ou por terceiro, e pela sua entrega aos adquirentes no prazo convencionado, com a configuração e especificações constantes do Memorial de Incorporação.

É prática consagrada no mercado a contratação da promessa de venda da unidade imobiliária como coisa futura, pela qual o incorporador, sendo proprietário do terreno e das acessões, promete vender a unidade e entregá-la "pronta" por preço certo, reajustável ou não, acrescido de juros ou não, assumindo o risco da construção, custe quanto custar, e podendo executá-la por si ou por terceiros; o promitente comprador, por sua vez, se obriga a pagar o preço convencionado, geralmente em parcelas, com atualização monetária e juros[5]. Na linguagem corrente, esse contrato é conhecido como *promessa de venda a preço fechado*.

Outra forma contratual empregada com muito menor frequência é a venda ou a promessa de venda, cujo objeto é a transmissão da fração ideal do terreno, e não da unidade como "coisa futura"; nessa outra forma, celebra-se um contrato de venda ou de promessa de venda da fração ideal e um contrato de construção, o primeiro entre incorporador e o adquirente e o segundo entre uma construtora e o adquirente, tendo como objeto a execução da obra, podendo a construtora ser a própria empresa incorporadora; são contratos distintos, mas operam coligados para realização da incorporação.

Traço distintivo importante entre a promessa da unidade como "coisa futura", a preço fechado, e a promessa de venda da fração conjugada a contrato de construção é a responsabilidade pelo custo da unidade: enquanto no primeiro caso o custo da construção é atribuído exclusivamente ao incorporador, custe quanto custar, na venda da fração ideal conjugada com contrato da construção esse custo é atribuído ao adquirente.

---

[5] Quanto à cobrança de juros "no pé", isto é, durante a fase de construção, confira-se o seguinte acórdão do Superior Tribunal de Justiça, que pacificou a matéria a partir do julgamento do EREsp 670.117: "Na incorporação imobiliária, o pagamento pela compra de um imóvel em fase de produção, a rigor, deve ser à vista. Nada obstante, pode o incorporador oferecer prazo ao adquirente para pagamento, mediante parcelamento do preço. Afigura-se, nessa hipótese, legítima a cobrança de juros compensatórios. Por isso, não se considera abusiva cláusula contratual que preveja a cobrança de juros antes da entrega das chaves, que, ademais, confere maior transparência ao contrato e vem ao encontro do direito à informação do consumidor (art. 6º, III, do CDC), abrindo a possibilidade de correção de eventuais abusos" (AgInt no REsp 2.010.593).

Para qualquer dessas formas de comercialização durante a construção, o contrato sujeita-se a determinados requisitos legais.

A par do requisito de constituição do direito real de propriedade sobre cada fração ideal do terreno, mediante registro do memorial de incorporação e do cumprimento de outros deveres do incorporador, já referidos, a Lei n. 13.786/2018 incluiu na Lei n. 4.591/1964 o art. 35-A, que define, como requisito do contrato celebrado durante a construção,[6] a indicação das condições essenciais do contrato na parte inicial do respectivo instrumento, em um quadro-resumo.

De acordo com essa disposição legal, as condições essenciais a serem destacadas no quadro-resumo que inicia o contrato precisam conter os seguintes dados: (i) preço e forma de pagamento; (ii) a parcela considerada como "entrada" e sua forma de pagamento; (iii) o valor da corretagem e a identificação do beneficiário; (iv) a indicação do valor das parcelas do preço e seus vencimentos; (v) os índices de atualização monetária; (vi) as taxas de juros; (vii) os ônus que recaem sobre o imóvel, especialmente as garantias constituídas no contrato de financiamento da construção; (viii) as consequências do rompimento do contrato; (ix) a forma do exercício de arrependimento de que trata o art. 49 do CDC; (x) o prazo e quitação da parcela exigível após o "habite-se"; (xi) o número do registro do Memorial de Incorporação; e (xii) o prazo de conclusão da obra e as consequências do inadimplemento dessa obrigação pelo incorporador.

Merecem atenção os incisos III, VI, VIII, X e XII.

O inciso III determina a indicação do valor da comissão de corretagem, das condições de pagamento, e a identificação do corretor que intermediou a alienação do imóvel, incorporando ao direito positivo o reconhecimento, pela jurisprudência, da validade da cláusula contratual pela qual se atribui ao adquirente o pagamento da comissão de corretagem, "desde que previamente informado o preço total da aquisição da unidade autônoma, com o destaque do valor da comissão de corretagem promessa de venda" (STJ, REsp 1.599.511/SP, Tema 938).[7]

O inciso VI é particularmente relevante para os adquirentes, pois exige a indicação das consequências do inadimplemento das obrigações tanto do adquirente quanto do

---

[6] Segundo o Enunciado 653 da IX Jornada de Direito Civil, os instrumentos de alienação de imóvel já com habite-se deve contar o quadro-resumo: "Enunciado 653: Art. 483: O quadro-resumo a que se refere o art. 35-A da Lei n. 4.591/1964 é obrigação do incorporador na alienação de imóveis em fase de construção ou já construídos."

[7] "Recurso especial. Direito civil e do consumidor. Incorporação imobiliária. Comissão de corretagem. Cláusula de transferência da obrigação ao consumidor. Validade. Aceitação da proposta e formalização do contrato no mesmo dia. Validade. Dever de informação observado. Recurso repetitivo n.º 1.599.511/SP. 1 – Nos termos do entendimento consolidado no Recurso Especial n.º 1.599.511/SP, sob o rito dos recursos repetitivos, não é abusiva a 'cláusula contratual que transfere ao promitente-comprador a obrigação de pagar a comissão de corretagem nos contratos de promessa de compra e venda de unidade autônoma em regime de incorporação imobiliária, desde que previamente informado o preço total da aquisição da unidade autônoma, com o destaque do valor da comissão de corretagem'. 2 – Irrelevância, para o efeito de atender ao dever de informação, que a data da aceitação proposta seja a mesma da celebração do contrato. 3 – Recurso especial provido" (STJ, REsp 1.793.665/SP, rel. Min. Maria Isabel Gallotti, DJe 15.3.2019).

incorporador, com destaque negritado para as penalidades e os prazos de restituição de quantias ao adquirente.

O inciso VIII introduz inovação relevante ao referir-se à faculdade de arrependimento conferida ao adquirente, a ser exercida no prazo de sete dias da assinatura, desde que o contrato tenha sido celebrado no estande de venda ou fora da sede da incorporadora. Se exercido esse direito, o incorporador deverá restituir ao adquirente a totalidade das quantias recebidas, inclusive aquela correspondente à comissão de corretagem. Findo esse prazo e não tendo o adquirente exercido o direito de arrependimento, considera-se irretratável a promessa de compra e venda independente de qualquer outra manifestação dos contratantes (art. 67-A, §§ 10, 11 e 12).

Trata-se de prazo de carência conferido ao adquirente para avaliar sua capacidade financeira de cumprimento do contrato e para confirmar a obrigação assumida, de natureza semelhante à carência conferida ao incorporador pelo art. 34, para confirmar a realização da incorporação ou dela desistir.

De acordo com o § 12 do art. 67-A, transcorrido esse prazo de sete dias sem que o promitente comprador tenha exercido o direito de arrependimento, a promessa se considera contratada com a cláusula da irretratabilidade instituída pelo § 2.º do art. 32.

O inciso X do art. 35-A diz respeito ao financiamento que o incorporador tomar para construção do conjunto imobiliário, ao exigir que constem no quadro-resumo "informações acerca dos ônus que recaiam sobre o imóvel, em especial quando o vinculem como garantia real do financiamento destinado à construção do investimento".

O inciso XII do art. 35-A diz respeito aos efeitos da mora e do inadimplemento da obrigação do incorporador de concluir a obra no prazo fixado no contrato, admitida sua prorrogação por 180 dias, findo o qual se considera caracterizado o inadimplemento absoluto dessa prestação do incorporador, que autoriza a resolução do contrato por iniciativa do adquirente, da qual resulta a obrigação de restituição integral das quantias pagas e de pagamento da multa estabelecida no contrato. Caso o adquirente adimplente opte pela conservação do contrato, mesmo após expirado o prazo de tolerância de 180 dias, fará jus ao recebimento de 1% por mês ou fração pelo prazo que exceder o prazo de tolerância, a título de indenização das perdas e danos pelo atraso superior a 180 dias.

Esses dados constituem elementos relevantes do contrato, especialmente no interesse do adquirente, sendo recomendável que aponha sua rubrica nessas cláusulas.

Se houver omissão de dados no quadro-resumo, o incorporador é obrigado a supri-la no prazo de trinta dias da data em que o adquirente solicitar, dispondo o § 1.º do art. 35-A que o não suprimento "caracterizará justa causa para rescisão contratual por parte do adquirente".[8]

---

[8] Lei n. 4.591/1964, com a redação dada pela Lei n. 13.786/2018: "Art. 35-A. (...) § 1.º Identificada a ausência de quaisquer das informações previstas no *caput* deste artigo, será concedido prazo de 30 (trinta) dias para aditamento do contrato e saneamento da omissão, findo o qual, essa omissão, se não sanada, caracterizará justa causa para rescisão contratual por parte do adquirente".

Os dados exigidos pelo art. 35-A indicam que, em geral, o ciclo do contrato de promessa de venda de imóveis integrantes de incorporação imobiliária se encerra por ocasião da conclusão da obra e da disponibilização do imóvel ao promitente comprador,[9] pois, em regra, é nesse momento que o incorporador cumpre sua prestação de entregar o imóvel e o adquirente a sua contraprestação de pagamento do preço.[10]

Não dispondo de recursos próprios para pagamento integral do preço, o promitente comprador, em geral, toma financiamento bancário ou concedido diretamente do incorporador, para cuja garantia aliena fiduciariamente o mesmo imóvel ao banco ou ao incorporador.[11]

A alienação fiduciária de bens imóveis é contrato de garantia tipificado pela Lei n. 9.514/1997.[12]

Trata-se de negócio jurídico de transmissão condicional; o contrato é denominado *alienação fiduciária* e a garantia, *propriedade fiduciária*; trata-se de propriedade resolúvel que o devedor (ou terceiro prestador da garantia) transmite ao credor; extingue-se essa propriedade automaticamente tão logo cumprida a obrigação garantida.

Admite-se a contratação da alienação fiduciária para garantia de quaisquer obrigações.

Nas incorporações imobiliárias, a operação se formaliza, basicamente, mediante coligação de três operações, a saber: (i) abertura de crédito do incorporador ao adquirente, seguida de (ii) venda da unidade imobiliária do incorporador ao adquirente e, em ato subsequente, (iii) alienação fiduciária desse mesmo imóvel do adquirente ao incorporador. No primeiro momento, o incorporador figura como creditador e o adquirente como tomador do crédito; no segundo momento, o incorporador/creditador passará a figurar como vendedor e o adquirente como tomador do crédito, comprador e devedor; no terceiro momento, o incorporador/creditador passará a figurar como credor e como proprietário fiduciário e o adquirente como devedor e fiduciante. Por efeito dessa operação, o incorporador será investido na propriedade fiduciária do imóvel que acabara de vender ao adquirente, sendo essa uma propriedade sob condição resolutiva, com escopo

---

[9] Na IX Jornada de Direito Civil, realizada em maio de 2022, foi aprovado o Enunciado, 663, segundo o qual o quadro-resumo é exigível também na alienação celebrada depois da conclusão da obra, excetuados, obviamente, os dados relacionados à construção: "O quadro-resumo a que se refere o art. 35-A da Lei n. 4.591/1964 é obrigação do incorporador na alienação de imóveis em fase de construção ou já construídos".

[10] Apesar de a comercialização de imóveis integrantes de incorporação imobiliária se fazer, usualmente, mediante promessa de compra e venda, nada impede a celebração de compra e venda de imóveis em construção; trata-se de operação menos frequente, na qual o pagamento é feito frequentemente com financiamento e garantia fiduciária ou hipotecária.

[11] Até o final do século XX, a garantia empregada era a hipoteca, mas a partir dos anos 2000 passou a preponderar a contratação da alienação fiduciária, permitida a qualquer pessoa física ou jurídica, mesmo não integrante do Sistema Financeiro Nacional, do Sistema de Financeiro da Habitação ou do Sistema de Financiamento Imobiliário.

[12] Lei n. 9.514/1997: "Art. 22. A alienação fiduciária regulada por esta Lei é o negócio jurídico pelo qual o fiduciante, com o escopo de garantia de obrigação própria ou de terceiro, contrata a transferência ao credor, ou fiduciário, da propriedade resolúvel de coisa imóvel".

de garantia; já o adquirente, em posição de devedor fiduciante, será investido na posse direta sobre o imóvel e no direito real de reaquisição da propriedade quando completar a amortização da dívida oriunda do financiamento; esse direito real é caracterizado como um direito sob condição suspensiva, de modo que, uma vez verificada a condição (que corresponde ao pagamento do preço), dá-se a automática reversão da propriedade plena ao devedor fiduciante, independentemente de qualquer outro negócio jurídico ou intervenção judicial.

Tendo função de garantia, a alienação fiduciária em garantia é acessória de um direito de crédito ou de uma obrigação à qual está vinculada para fins de garantia. Portanto, seguirá sempre a sorte do direito principal, de crédito, de modo que, em caso de cessão desse direito, a propriedade fiduciária que o garante será igualmente transmitida ao cessionário do direito creditório, salvo disposição diversa (CC, art. 287).

É garantia que pode ser contratada em favor de qualquer pessoa, física ou jurídica, não sendo privativa de instituições do mercado financeiro ou do mercado imobiliário.

Pode ser contratada para garantia de quaisquer obrigações, em geral, e não somente para garantia da obrigação de pagar o saldo do financiamento imobiliário, podendo ser prestada por terceiros (Lei n. 10.931/2004, art. 51).

Diferentemente da hipoteca, do penhor e da anticrese, a propriedade fiduciária em garantia é direito real em coisa própria, pois, enquanto naquelas modalidades de garantia o devedor conserva o bem em seu patrimônio, na garantia fiduciária o devedor demite-se do seu direito de propriedade e o transmite ao credor, em caráter resolúvel.

O contrato de alienação fiduciária pode ter como objeto quaisquer bens imóveis, sejam terrenos, com ou sem acessões, o domínio útil de imóveis ou a propriedade superficiária, o direito de uso especial para fins de moradia e o direito real de uso, desde que suscetível de alienação; os direitos oriundos da imissão provisória na posse, quando concedida à União, aos estados, ao Distrito Federal, aos municípios ou às suas entidades delegadas, e a respectiva cessão e promessa de cessão; e, ainda, os bens que, não constituindo partes integrantes do imóvel, destinam-se, de modo duradouro, ao uso ou ao serviço deste; a propriedade fiduciária sobre o direito real de uso e sobre a propriedade superficiária tem duração limitada ao prazo da respectiva concessão (§§ 1.º e 2.º do art. 22 da Lei 9.514/1997).

No caso de imóveis enfitêuticos, o laudêmio só será exigível se, no curso do contrato, o domínio útil vier a ser consolidado no patrimônio do fiduciário, aplicando-se o mesmo princípio à exigibilidade do imposto de transmissão *inter vivos* (art. 26, § 7.º, da Lei n. 9.514/1997). É que a transmissão da propriedade em caráter fiduciário tem finalidade de garantia, e neste caso, é inexigível o ITBI (Constituição Federal, art. 156, inc. II), bem como o laudêmio; em ambos os casos, o pagamento só será exigível em caso de transmissão definitiva do domínio, que nesse caso se dá mediante consolidação da propriedade no patrimônio do credor.

São partes no contrato o devedor e o credor; caso a garantia seja prestada por terceiro, que seja o titular do bem a ser transmitido em garantia, figurará também no contrato, como garantidor; caso seja constituída numa operação de compra e venda com financiamento de entidade financeira, no contexto de uma incorporação imobiliária, são partes o vendedor (incorporador), o devedor (adquirente) e o credor (entidade financeira).

O contrato pode ser formalizado por instrumento particular (Lei n. 9.514/1997, art. 38).[13]

Considera-se constituída a propriedade fiduciária em garantia mediante registro do contrato, no Registro de Imóveis, ato que igualmente importa no desdobramento da posse do imóvel, ficando o credor fiduciário com a posse indireta e o devedor fiduciante com a posse direta.

O registro do contrato de alienação fiduciária atribui ao fiduciário direito de propriedade resolúvel sobre o imóvel que lhe foi transmitido; de outra parte, confere ao fiduciante direito real de aquisição, sob condição suspensiva, em posição de se tornar novamente proprietário do bem que transmitira em caráter resolúvel ao credor-fiduciário.

Sendo titular da posse direta, o fiduciante é responsável pelo pagamento de todos os impostos, taxas, contribuições condominiais e quaisquer outros encargos que recaiam ou venham a recair sobre o imóvel, até a data em que o fiduciário ou seus sucessores vierem a ser imitidos ou reintegrados na posse, caso venha o devedor fiduciante a se tornar inadimplente (§ 8.º do art. 27 da Lei n. 9.514/1997, com a redação dada pela Lei n. 10.931/2004).

A cessão dos direitos do credor-fiduciário e do devedor-fiduciante é prevista nos arts. 28 e 29 da Lei n. 9.514/1997.

No primeiro caso, cuida-se de cessão de direito creditório garantido pela propriedade fiduciária, que o credor-fiduciário transfere ao cessionário a garantia fiduciária depois de averbada na matrícula do imóvel (Lei de Registros Públicos, art. 167, inc. II, item 21), salvo estipulação em contrário no contrato (CC, art. 287).

Pela cessão dos direitos do devedor-fiduciante, o cessionário fica sub-rogado nos direitos e obrigações constituídas no respectivo contrato. Embora não haja previsão expressa na lei, essa cessão deve ser igualmente averbada na matrícula do imóvel, de modo a tornar o cessionário do fiduciante titular do direito real de aquisição sobre o imóvel e legitimá-lo a adquirir a propriedade plena do imóvel quando completar o cumprimento das obrigações contratuais a que estiver vinculada a propriedade fiduciária.

---

[13] A despeito da permissão legal sem restrição alguma quanto aos sujeitos contratantes e ao objeto do contrato, a Corregedoria do CNJ restringiu essa faculdade às empresas integrantes do Sistema de Financiamento Imobiliário – SFI e outros entes sujeitos a regulamentação da Comissão de Valores Mobiliários (CVM) ou do Banco Central do Brasil, por meio do Provimento CNJ n. 172/2024, alterado pelos Provimentos n. 175/2024 e n. 177/2024. Os efeitos desses Provimentos restritivos se encontram suspensos por decisão liminar proferida pelo Corregedor Nacional, a requerimento da União Federal e de entidades representativas do setor financeiro e do mercado imobiliário, no Processo CNJ n. 0007122-54.2024.2.00.0000, com fundamento na grave repercussão dessa restrição na economia e na jurisprudência do STJ que reconhece a aplicação irrestrita da forma particular, "sendo irrelevante que o referido bem não esteja vinculado ao sistema de financiamento imobiliário – SFI". O caso foi apreciado também no Mandado de Segurança 39.930 impetrado por empresa incorporadora, tendo o ministro Gilmar Mendes concedido a ordem com fundamento em que não há qualquer restrição na legislação correspondente. Quando da conclusão da revisão da atualização para a 17.ª edição desta obra ainda não tinham sido proferidas decisões definitivas nesses processos. A questão foi apreciada mais detidamente em Melhim Chalhub, A segurança jurídica do contrato de alienação fiduciária por instrumento particular.

Por força do contrato de alienação fiduciária, o credor (na incorporação imobiliária, poderá ser o incorporador ou a entidade financeira) adquire o imóvel apenas em garantia, sob condição resolutiva; de outra parte, o fiduciante torna-se titular de direito de aquisição (Código Civil, art. 1.368-B[14]), sob condição suspensiva.

Nas operações em que haja financiamento para a construção, a comercialização se faz mediante financiamento concedido pela entidade financeira aos adquirentes, conjugado com o contrato de compra e venda e pacto adjeto de alienação fiduciária, na seguinte sequência: (i) a entidade financeira concede financiamento ao adquirente, em valor correspondente ao saldo do preço da futura unidade imobiliária; (ii) o incorporador vende a futura unidade ao adquirente, recebendo o preço diretamente da entidade financeira, em regra, sob forma de crédito que será liberado parceladamente ao incorporador, na medida em que sejam executadas as etapas da obra; e (iii) o adquirente, já como proprietário da futura unidade, a aliena fiduciariamente à entidade financeira em garantia do crédito que tomou para comprar o imóvel. Anote-se, por relevante, que as parcelas do crédito correspondentes a cada etapa da obra são entregues ao incorporador ou à construtora, mas em nome e por conta dos adquirentes, já que eles, e não o incorporador, é que são os titulares do crédito para a construção e aquisição da unidade.

Ao identificar a posição jurídica do devedor-fiduciante, José Carlos Moreira Alves vê pontos de contato entre a alienação fiduciária e a compra e venda com reserva de domínio, em que "o comprador, antes de pagar integralmente o preço, tem, como titular que é de propriedade sob condição suspensiva, direito expectativo, em cujo conteúdo se encontram os *iura possidendi*, *utendi* e *fruendi*".[15]

Ressalva, entretanto, que na alienação fiduciária "a resolução decorre da verificação de *condicio iuris* (a extinção da obrigação, ainda que posteriormente ao vencimento, a venda, pelo credor, da coisa alienada fiduciariamente, ou a renúncia dessa modalidade de propriedade), e não de *condicio facti* (que é condição em sentido técnico), porquanto a existência de *condicio iuris* não depende da vontade das partes".[16]

Efetivamente, os eventos que ensejam a recuperação do bem, pelo fiduciante, e sua consolidação no fiduciário são elementos da tipificação desse negócio jurídico, não tendo as partes autonomia para criar condições diversas daquelas constantes da lei, de modo que as condições do contrato de alienação fiduciária não o são em sentido próprio, mas caracterizam-se como requisitos, condições legais ou condições *impróprias*, pois "enquanto as condições, em sentido próprio, são postas pelo manifestante ou pelos manifestantes, as *condiciones iuris* são-no pela lei".[17]

---

[14] Código Civil: "Art. 1.368-B. A alienação fiduciária em garantia de bem móvel ou imóvel confere direito real de aquisição ao fiduciante, seu cessionário ou sucessor."

[15] José Carlos Moreira Alves, *Alienação fiduciária em garantia*, p. 132.

[16] José Carlos Moreira Alves, *Alienação fiduciária em garantia*, p. 140.

[17] Francisco Cavalcanti Pontes de Miranda, *Tratado de direito privado*. A propósito, anota Beviláqua que "algumas destas condições são chamadas impróprias, porque apresentam a forma, sem ter a essência das condições. Tais são as necessárias, as condiciones juris..." (Clóvis Beviláqua, *Teoria geral do direito civil*, p. 297).

Assim, a condição suspensiva que a doutrina, majoritariamente,[18] identifica na posição do devedor-fiduciante deve ser tomada na acepção de *condicio iuris*, que opera independentemente da vontade das partes e "é, por definição, suspensiva, no sentido de que, antes da sua verificação, ou não há contrato, ou o mesmo não é eficaz".[19]

Os direitos do titular da propriedade resolúvel (fiduciário) e do titular do direito aquisitivo sob condição suspensiva (fiduciante) são "direitos opostos e complementares, e o acontecimento que aniquila o direito de um consolidará, fatalmente, o do outro (...); isso decorre da feição complementar atribuída às duas condições, de maneira que a todo proprietário sob condição suspensiva corresponde um proprietário sob condição resolutiva, e reciprocamente".[20]

Dada essa concepção, o fiduciante fica investido em um direito expectativo, que corresponde ao direito de recuperar automaticamente a propriedade, uma vez verificada a condição resolutiva; será ele um proprietário sob condição suspensiva, autorizado a praticar os atos conservatórios do seu direito eventual, "enquanto o verdadeiro proprietário é o que adquiriu a cousa sob condição resolutiva".[21]

Dado o efeito retroativo da condição resolutiva, o implemento da condição retrotrai os seus efeitos ao tempo da aquisição, daí por que (1.º) aquele em favor de quem se opera a resolução do domínio é considerado como se nunca o tivesse alienado de si e (2.º) o proprietário em favor de quem se resolve o domínio pode reivindicar a coisa de quem quer que a detenha (Código Civil, arts. 1.359 e 1.360).[22]

O evento correspondente à condição produz seus efeitos de forma automática, tão logo ocorrido: na alienação fiduciária, do ponto de vista do devedor-fiduciante, o evento é o pagamento, de modo que tão logo efetuado o resgate dá-se a automática extinção da propriedade para o fiduciário e sua consequente reversão ao patrimônio do fiduciante.

Sob a perspectiva do sistema registral, verificado o evento que constitui a condição, não é necessário novo registro em nome daquele em favor do qual a condição opera, bastando o cancelamento do registro da propriedade resolúvel e dos atos dela resultantes, com o que automaticamente se restaura o registro primitivo.[23]

---

[18] Registrem-se, nesse sentido, Orlando Gomes: "o fiduciário adquire uma propriedade limitada, *sub conditionis*, a denominada propriedade resolúvel. Ele passa a ser proprietário sob condição resolutiva e o fiduciante, que a transmitiu, proprietário sob condição suspensiva" (*Alienação fiduciária em garantia*, p. 38); Marco Aurélio S. Viana: "(...) temos, então, na pessoa do credor a propriedade sob condição resolutiva, enquanto no devedor a propriedade é sob condição suspensiva" (*Comentários ao novo Código Civil* – Dos direitos reais, p. 533) e Paulo Restiffe Netto: "Esse direito expectativo está submerso na eventualidade da reaquisição do domínio do bem, agora sob condição suspensiva da integralização do pagamento da dívida" (Garantia fiduciária, cit., p. 325).

[19] Francesco Messineo, apud Aderbal da Cunha Gonçalves, *Da propriedade resolúvel*, p. 91.

[20] Aderbal da Cunha Gonçalves, *Da propriedade resolúvel*, p. 67, nota 82.

[21] Aderbal da Cunha Gonçalves, *Da propriedade resolúvel*, p. 66.

[22] Lafayette, *Direito das coisas*, cit., p. 114.

[23] Melhim Namem Chalhub, *Alienação fiduciária* – *Negócio fiduciário*, p. 104.

A esse propósito, diz Serpa Lopes: "sobrevindo a resolução de um negócio com a verificação da condição, não há certamente um negócio novo destruindo os efeitos do precedente, não há retrocesso de direito; assim, o comprador sob condição resolutiva não se torna vendedor, ocorrida a condição, nem vice-versa. A operação consistirá no cancelamento de todas as inscrições resultantes do ato resolutivo, restaurando a situação primitiva, dada a força retroativa da condição e sua natureza eminentemente resolutiva, sendo aplicável a lição de Coviello, 'quando um ato é por lei retroativo, deve-se considerá-lo isento de transcrição'".[24]

Em consequência, uma vez efetivado o pagamento da dívida com garantia fiduciária de bem imóvel, o ato que restaura a propriedade plena do fiduciante é simples averbação, que opera o cancelamento da propriedade fiduciária, pelo qual (i) será revigorado o registro anterior, constante da matrícula do Registro de Imóveis, pelo qual se atribuía a propriedade ao fiduciante, ou (ii) será conferido direito de propriedade plena ao cessionário do fiduciante, desde que efetivado o pagamento integral da cessão. A averbação que opera o cancelamento da propriedade fiduciária é feita à vista do "termo de quitação" que o fiduciário deve fornecer ao fiduciante no prazo de trinta dias após o resgate da dívida.

140-B. Promessa *versus* compra e venda com pacto adjeto de alienação fiduciária. São dignos de nota os traços que distinguem a estrutura e a função da promessa de venda e as da venda com pacto adjeto de alienação fiduciária.

Ao contratar a promessa de venda, o incorporador transmite ao adquirente os direitos aquisitivos sobre o imóvel, os *iura utendi e fruendi*, e conserva consigo o domínio, que só transmitirá quando o adquirente complementar o pagamento do preço, fazendo-o mediante novo contrato, o de compra e venda.

Já ao contratar a compra e venda com pacto adjeto de alienação fiduciária o incorporador transmite a propriedade plena ao adquirente e as partes firmam três contratos coligados, a saber, o de financiamento, o de compra e venda e o de garantia fiduciária; por essa operação o incorporador concede crédito ao adquirente e lhe vende a unidade, transmitindo-lhe desde logo o domínio pleno (diferentemente da promessa, em que só transmite os *iura utendi e fruendi*), e, em ato subsequente, o adquirente o alienará ao incorporador, ressalvado que essa alienação tem função exclusiva de garantia, e é por essa razão que a propriedade que o incorporador recebe é resolúvel, que se extingue automaticamente tão logo satisfeito seu crédito, independentemente de novo negócio jurídico e de intervenção judicial.

A despeito do caráter singular da venda com garantia fiduciária, vez por outra esse contrato é confundido com a promessa de compra e venda, talvez pela possibilidade de emprego de ambas com a mesma finalidade de comercialização de imóveis – o primeiro, contrato de venda a crédito com garantia, e o segundo, contrato preliminar –, e por existir grande acervo de jurisprudência sobre o contrato de promessa de compra e venda, construída e consolidada há mais de meio século.

---

[24] Miguel Maria Serpa Lopes, *Tratado dos registros públicos*, p. 376.

Entretanto, não há como tratar indistintamente espécies contratuais de natureza diversa, cujas estrutura e função demarcam com nitidez suas distintas identidades.

A promessa é contrato preliminar cuja função é estabelecer um vínculo obrigacional visando uma futura compra e venda; concluído seu ciclo natural, com o pagamento do preço convencionado, dá-se sua extinção, seguindo-se a celebração de outro contrato, o de compra e venda do imóvel objeto do contrato.

Já a alienação fiduciária tem função de garantia e, portanto, é sempre dependente de outro contrato, em geral de empréstimo ou financiamento, que se submete aos arts. 586 e seguintes do Código Civil, razão pela qual só se extingue mediante satisfação do crédito garantido; é esse contrato principal, de crédito, que determina a formação, a execução e a extinção da garantia fiduciária.

Dadas suas diferentes funções, são necessariamente distintos os efeitos da extinção do vínculo obrigacional por inadimplemento do devedor.

Na promessa de compra e venda (contrato preliminar, que contempla obrigações de fazer para ambas as partes), a extinção forçada do contrato se dá mediante resolução, da qual decorre o retorno das partes ao estado anterior, daí por que o promitente vendedor conserva a propriedade no seu patrimônio e restitui as quantias pagas ao promitente comprador, depois de deduzir a multa contratual compensatória e demais encargos, além da taxa de ocupação, se o imóvel já estiver ocupado.

Diferentemente, o financiamento com pacto adjeto de alienação fiduciária é contrato de crédito com garantia real classificado como título executivo extrajudicial (CPC, art. 784, V), cujo procedimento de execução conforma-se à natureza fiduciária da garantia. Nessa espécie de negócio, a função da propriedade fiduciária é apenas a de assegurar ao credor fiduciário a satisfação do crédito com o produto da venda do bem, em público leilão, devendo entregar ao devedor fiduciante o saldo, se houver.

Assim, enquanto a promessa de venda *vincula o imóvel à pessoa do promitente comprador*, ao investi-lo no direito de apropriação e de fruição do imóvel (CC, arts. 1.228, 1.417 e 1.418), a alienação fiduciária em garantia *vincula o imóvel ao cumprimento de obrigação*, ao atribuir ao credor fiduciário o direito de satisfazer seu crédito com o produto da venda do bem (CC, arts. 1.361 e seguintes e 1.419), negando-lhe a fruição e apropriação do bem (CC, arts. 1.365 e 1.428).

Coerentemente com as distintas funções assim definidas, na extinção do contrato de promessa de venda por inadimplemento da obrigação do devedor a reincorporação do domínio do imóvel ao patrimônio do credor (promitente vendedor) é a regra; na execução da operação de crédito com garantia fiduciária, exceção.[25]

A jurisprudência do STJ dá a esses contratos tratamento compatível com suas distintas identidades, vindo esse entendimento a ser positivado pela Lei n. 13.786/2018, ao

---

[25] Essas espécies de contrato são tratadas de maneira específica nas seguintes obras: (1) Caio Mário da Silva Pereira, *Instituições de direito civil* – Contratos – Capítulos XXXIX e XLV e Anexo 283-E; (2) Melhim Namem Chalhub, *Incorporação imobiliária*, Capítulo VI; e (3) Melhim Namem Chalhub, *Alienação fiduciária – Negócio fiduciário*, Capítulo VI.

incluir o art. 67-A na Lei n. 4.591/1964 e o art. 32-A na Lei n. 6.766/1979, cujos §§ 14 e 3º, respectivamente, esclarecem que o modo específico de extinção forçada do contrato de crédito com alienação fiduciária, por inadimplemento do devedor, é o procedimento de execução.

Posteriormente, e diante de divergências nas instâncias ordinárias, o STJ afetou o REsp 1.891.498-SP à sistemática dos recursos repetitivos, tendo fixado a seguinte tese jurídica:

Tema 1.095/STJ: "Em contrato de compra e venda de imóvel com garantia de alienação fiduciária devidamente registrado em cartório, a resolução do pacto, na hipótese de inadimplemento do devedor, devidamente constituído em mora, deverá observar a forma prevista na Lei n. 9.514/97, por se tratar de legislação específica, afastando-se, por conseguinte, a aplicação do Código de Defesa do Consumidor".[26]

A decisão foi proferida em recurso interposto por incorporadora imobiliária e tem por objeto contrato de venda de imóvel com financiamento direto e alienação fiduciária em favor da própria vendedora, e, assim, põe fim às divergências observadas vez por outra em decisões de instância ordinária que interpretavam essa operação como "tentativa de burlar o sistema de defesa do consumidor",[27] partindo da equivocada premissa de que a alienação fiduciária só poderia ser contratada em favor de um terceiro financiador.

Confirma-se, portanto, que a constituição de garantia real em favor do próprio vendedor atende à lógica das vendas a crédito em geral (CC, art. 491) e está prevista na Lei n. 9.514/1997, que faculta a livre contratação de alienação fiduciária de imóveis "por qualquer pessoa física ou jurídica" (arts. 5º e 22), abrangendo as vendas de imóveis pelas incorporadoras e loteadoras e até entre particulares, não havendo, portanto, nenhum impedimento legal a que o loteador ou o incorporador celebre o contrato de venda com financiamento direto e garantia fiduciária.

Coerentemente com esse precedente, as Turmas Recursais Cíveis Reunidas do Tribunal de Justiça do Rio Grande do Sul aprovaram Enunciado de Uniformização de Jurisprudência, segundo o qual é "dispensada vinculação da promitente vendedora ao sistema financeiro imobiliário – SFI – além de não serem aplicáveis as disposições do CDC, nem da Súmula 543 do STJ."[28]

---

[26] STJ, 2ª Seção, relator Min. Marco Buzzi, j. 26.10.2022, *DJe* 19.12.2022.

[27] Agravo de instrumento. Compra e venda de imóvel com cláusula de alienação fiduciária. Rescisão contratual. Tutela urgência. No caso em questão a vendedora se confunde com a credora fiduciária, na tentativa de burlar o sistema de defesa do consumidor, o que não se admite e assim, presentes elementos que evidenciam a probabilidade do direito e o perigo de dano ou risco ao resultado útil do processo fica demonstrada a possibilidade da concessão da tutela de urgência. Inteligência do art. 300 do CPC. Decisão mantida. Recurso desprovido" (TJ/SP, AI 2086602-91.2022.8.26.0000, 26ª Câmara Direito Privado, Des. Rel. Felipe Ferreira, j. 28.07.2022).

[28] "Em contrato de compra e venda de imóvel com garantia de alienação fiduciária, a resolução do pacto, na hipótese de inadimplemento do devedor fiduciante, observará as disposições da Lei nº 9.514/97, dispensada vinculação da promitente vendedora ao sistema financeiro imobiliário – SFI – além de não serem aplicáveis as disposições do CDC, nem da Súmula 543 do STJ" (Incidente de Uniformização Jurisprudência, nº 71009651308, Turmas Recursais Cíveis Reunidas, Relator Luiz Augusto Guimaraes de Souza, j. 29.03.2023, public 12.04.2023).

A fixação de tese jurídica dotada de eficácia *erga omnes* para o judiciário pode contribuir para pôr fim às divergências construídas nas instâncias ordinárias.

Entretanto, a consecução do propósito de uniformização da jurisprudência depende de especial atenção à *ratio decidendi* do precedente, não podendo o julgamento dos casos futuros ser orientado apenas pela literalidade da tese jurídica fixada no acórdão, sem levar em consideração a fundamentação constante da decisão, bem como a complexidade dessa espécie de operação e, ainda, a especificidade das relações jurídicas que a compõem.

Observe-se que a tese jurídica enunciada no Tema 1.095/STJ identifica como veículo adequado à satisfação do credor fiduciário o procedimento instituído pelos arts. 26, 26-A, 27 e 27-A da Lei n. 9.514/1997, que disciplina a execução extrajudicial de crédito fiduciário cujos requisitos são (i) registro do contrato de alienação fiduciária, (ii) constituição do devedor em mora e (iii) inadimplemento da obrigação garantida.

A par da questão de fundo assim definida, o voto do relator envolve ampla apreciação das características desse negócio jurídico, seus requisitos e efeitos e faz alusão à eventualidade de substituição do rito especial identificado na ementa por outros meios de extinção dos contratos por inadimplemento, entre os quais se encontram a execução disciplinada pelo Código de Processo Civil, a resilição unilateral ou bilateral e a resolução dos contratos dotados de prestações interdependentes.

Todavia, a alusão aos arts. 472 a 475 do Código Civil não induz ao automático abandono da regra especial da Lei n. 9.514/1997 e sua substituição pela regra codificada, não só porque, se constatada a falta de algum dos requisitos procedimentais indicados na tese jurídica, o interessado deve ser intimado a supri-lo e, também, porque mesmo que o requisito não seja preenchido, a substituição do rito processual não pode ser admitida sem que seja demonstrada a adequação do remédio resolutório ao caso concreto.

No primeiro caso, a diligência é exigida em cumprimento à regra geral da sanabilidade dos vícios processuais consagrada nos arts. 10, 282, § 2º, 303, § 6º, 321, 406, 485, § 1º, 700, § 5º, 801, 968, § 5º, 1.071[29] do CPC, entre outros,[30] e tem por objeto direito subjetivo da parte no processo conforme o conteúdo do seu direito material,[31] indispensável para assegurar a análise do mérito.

---

[29] Na parte em que insere o art. 216-A, § 10, na Lei n. 6.015/73, para estabelecer que "Em caso de impugnação do pedido de reconhecimento extrajudicial de usucapião... o oficial de registro de imóveis remeterá os autos ao juízo competente da comarca da situação do imóvel, cabendo ao requerente emendar a petição inicial para adequá-la ao procedimento comum".

[30] Código de Processo Civil: "Art. 801. Verificando que a petição inicial está incompleta ou que não está acompanhada dos documentos indispensáveis à propositura da execução, o juiz determinará que o exequente a corrija, no prazo de 15 (quinze) dias, sob pena de indeferimento".

[31] "Direito Processual Civil. Pasep. Conta individual. Banco do brasil. Legitimidade passiva. Teoria da asserção. Emenda à inicial não oportunizada na origem. I – A emenda da petição inicial é direito subjetivo do autor, de modo que sendo a emenda possível, configura cerceamento desse direito o indeferimento da inicial ou extinção do processo sem julgamento do mérito, sem concessão de prazo para correção do vício. II – Pela teoria da asserção, a análise do preenchimento das condições da ação deve ser feita à luz das afirmações do demandante contidas em sua petição inicial, e não do direito provado, presumindo-se verdadeiras as alegações. Assim,

Já quanto ao prévio exame da admissibilidade, a questão reclama cuidadosa análise das singularidades da relação jurídica no caso concreto, tendo em vista que a ação de resolução de contrato tem como pressuposto necessário a quebra do sinalagma provocada por inadimplemento de prestação exigível em negócio jurídico bilateral, com o qual, em regra, não se confunde a operação de crédito fiduciário destinado à compra de imóvel com fundamento na Lei n. 4.591/1964 e na Lei n. 9.514/1997.

É que, nesse caso, a operação compõe-se de um conjunto de contratos coligados de (i) mútuo, (ii) compra e venda e (iii) alienação fiduciária ou hipoteca, no qual o objeto do contrato de compra e venda se exaure no momento da celebração, pois o pagamento integral do preço, a entrega do bem e a recíproca quitação são efetivados nesse mesmo ato, só restando em curso daí em diante o contrato de mútuo com garantia real, classificado pelo CPC como título executivo extrajudicial (CPC, art. 784, XII).

Assim identificado esse negócio jurídico, e considerando que o mútuo é contrato unilateral em que só há obrigação para a parte devedora, a extinção do pacto por inadimplemento se dá mediante execução, e não resolução, é de se admitir que a expressão "resolução do pacto" tenha sido empregada no acórdão do Tema 1.095/STJ em sentido genérico, parecendo recomendável que seja tomada no sentido específico de "execução".

É como alguns acórdãos proferidos nas instâncias ordinárias interpretam a tese jurídica definida no Tema 1.095/STJ e decretam a improcedência de pedidos de resolução de compra e venda com alienação fiduciária,[32] fundamentando-se na "impossibilidade

---

não se exige prova, bastando a afirmação da pertinência da ação. III – Assim, à luz da aludida teoria, o Banco do Brasil ostenta legitimidade passiva em ação na qual se busca o pagamento de indenização por danos materiais decorrentes de supostos desfalques ilícitos na conta Pasep. IV – Deu-se provimento ao recurso" (TJDF, 6ª Turma Cível, Apelação Cível 07029072220208070005, rel. Desembargador José Divino, *PJe* 13.08.2020).

[32] "[...]. Garantia fiduciária registrada. Inaplicabilidade da tese vinculante aprovada pelo STJ no julgamento do Tema 1.095. Autor adimplente ao tempo do ajuizamento da ação. Fato que não justifica a resolução do contrato na forma pretendida na inicial. Compromisso de compra e venda extinto diante do esgotamento de seu objeto. Resolução do contrato de compra e venda com pacto de alienação fiduciária em garantia por desinteresse do adquirente que configura quebra antecipada do contrato ('antecipatory breach'), mesmo que ainda não tenha havido mora no pagamento das prestações. Precedentes do STJ. Resolução que deve se submeter aos ditames da Lei nº 9.514/97. Ação improcedente. Sentença reformada. Recurso provido" (TJSP, 1ª Câmara de Direito Privado, Apelação Cível 1042100-73.2020.8.26.0576, rel. Desembargador Alexandre Marcondes, *DJe* 15.03.2023).
"[...]. *In casu*, trata-se de instrumento de compra e venda de unidade imobiliária, com pacto adjeto de alienação fiduciária em garantia, e não de mera promessa de compra e venda, de modo que se aplica a Lei n. 9.514, de 20 de novembro de 1997, em detrimento das disposições do Código de Defesa do Consumidor, em razão da especialidade daquela. Tese firmada pelo Superior Tribunal de Justiça, cadastrada sob o Tema 1.095. Assim, na espécie, não há que se falar em direito de arrependimento ou em desistência imotivada, não se revelando cabível a resilição da avença com a determinação de devolução de qualquer quantia ao apelante, uma vez que, descumprida a obrigação de pagamento do débito, se deve promover a execução da garantia, nos termos da lei específica que rege a matéria. Manutenção do decisum que se impõe. Recurso ao qual se nega provimento, majorando-se os honorários advocatícios em 5% (cinco por cento) sobre o quantum fixado pelo Magistrado a quo, nos termos do artigo 85, § 11, do Código de Processo

de resolução do contrato, que perdeu a sua natureza bilateral (...). Garantia real deve ser executada na forma da Lei n. 9.514/1997, com leilão do imóvel".[33]

140-C. Cédula de Crédito Imobiliário. Visando facilitar a circulação dos créditos imobiliários, em geral, notadamente aqueles oriundos da comercialização de imóveis nas incorporações imobiliárias, a Lei n. 10.931/2004 criou a Cédula de Crédito Imobiliário (CCI).

Trata-se de instrumento de representação de créditos imobiliários, que reproduz condensadamente as características do contrato imobiliário no qual foi constituído o crédito que representa – identificação das partes, objeto do contrato, valores, condições de pagamento, garantias etc. Não se trata, portanto, de instrumento de constituição do crédito, mas de simples representação, de modo que os créditos são constituídos pelos meios usuais de origem de crédito imobiliário (compra e venda de imóvel com financiamento ou parcelamento do pagamento do preço e pacto adjeto de hipoteca ou de alienação fiduciária, empréstimo sem destinação específica garantidos por direito real imobiliário, promessa de compra e venda de imóveis etc.), e seus elementos podem ser reproduzidos em CCIs emitidas pelo respectivo credor para facilitar a circulação do crédito.

A CCI pode representar qualquer espécie de crédito imobiliário, seja hipotecário, fiduciário, seja oriundo de promessa de compra e venda ou qualquer outro crédito que, por alguma forma, esteja vinculada a uma operação imobiliária.

A Cédula pode ser emitida sob forma cartular ou escritural.

A CCI pode ser emitida por qualquer credor em favor de qualquer pessoa, natural ou jurídica, entidade financeira ou não, sociedade securitizadora ou não, estando entre essa espécie de credores, naturalmente, empresas incorporadoras que tiverem comercializado imóveis e sejam titulares de crédito correspondente ao saldo do preço de venda.

A CCI representativa de crédito vinculado a direito real deve ser averbada no Registro de Imóveis, na matrícula do imóvel objeto da garantia, mas, se se limitar a representar uma relação meramente obrigacional, sem vínculo real, a Cédula não comporta essa averbação, até porque se o crédito não tiver vínculo com algum imóvel nada haveria a averbar.[34]

Aspecto atualizador da CCI é sua conformação, que, além da tradicional cédula cartular, pode também ser emitida em forma escritural, admitida pela legislação para facilitar a negociação do crédito imobiliário por meio dos sistemas de registro e liquidação financeira de títulos. Nesse sentido, a Lei n. 10.931/2004 prevê que a emissão de CCI sob forma escritural "ocorrerá por meio de escritura pública ou instrumento particular, que permanecerá custodiado em instituição financeira".

Civil" (TJRJ, 12ª Câmara Cível, Apelação 0002121-60.2019.8.19.0024, des. Geórgia de Carvalho, *DJe* 14.04.2023).

[33] TJSP, 1ª Câmara de Direito Privado, Apelação Cível 1000418-80.2021.8.26.0099, rel. Des. Francisco Loureiro, j. 08.03.2023.

[34] Ressalve-se que há relações meramente obrigacionais suscetíveis de averbação no Registro de Imóveis, como é o caso do contrato de locação no qual tiver sido estipulada cláusula de vigência em caso de alienação. Esse contrato é averbável, como prevê o art. 8.º da Lei n. 8.245/1991.

Importante ressalva é a do art. 25 da Lei n. 10.931/2004, que proíbe a "emissão de CCI com garantia real quando houver prenotação ou registro de qualquer outro ônus real sobre os direitos imobiliários respectivos, inclusive penhora ou averbação de qualquer mandado ou ação judicial".

Na linha da agilização e simplificação, visando incrementar o mercado secundário de créditos imobiliários, a Lei n. 10.931/2004 introduziu outra importante alteração no processo de securitização, ao prever que, quando adotado o regime fiduciário, a afetação dos créditos, resultante desse regime, seja constituída mediante simples registro do "Termo de Securitização" na entidade custodiante, dispensada sua averbação no Registro de Imóveis.

A dispensa do assentamento desse ato no Registro de Imóveis implica, naturalmente, redução de custo, de duração e simplificação da operação de securitização e incrementa o uso da CCI para fins de securitização, quando adotado o regime fiduciário.

Característica relevante da CCI é a possibilidade de emissão independente da prévia existência de endossatário, a qualquer momento da existência do crédito, e de negociação independente de autorização do devedor, podendo emiti-la e endossá-la se e quando vier a ceder o crédito nela representado (Lei n. 10.931/2004, art. 21).

Essas inovações dotaram a CCI de características necessárias para adequação do crédito imobiliário às condições de negociação no mercado financeiro e de capitais.

Uma das mais importantes inovações da Lei n. 10.931/2004, no que tange à circulação do crédito, é a criação da CCI escritural, que se ajusta plenamente às modernas condições de utilização de meios eletrônicos para realização de negócios.

A CCI escritural é título emitido por escritura pública ou particular, que deve ser objeto de custódia em entidade financeira e registro em sistemas de registro e liquidação financeira de títulos privados, autorizados pelo Banco Central do Brasil.

A movimentação das CCIs escriturais, assim como das CCIs cartulares integrantes de carteiras de entidades financeiras, é feita em sistemas eletrônicos de negociação, por iniciativa da entidade custodiante.

140-D. Securitização de créditos imobiliários. Outro importante mecanismo de circulação dos créditos constituídos pelos contratos de comercialização nas incorporações imobiliárias é a securitização de créditos imobiliários, que possibilita a antecipação das receitas oriundas das vendas de imóveis a prazo e, assim, permite ao incorporador acelerar o ciclo da sua atividade produtiva.

Define-se a securitização de créditos imobiliários como a operação pela qual uma companhia securitizadora emite títulos lastreados em créditos imobiliários de que seja titular e os coloca no mercado (Lei n. 9.514/1997, art. 3.º).

A operação se desenvolve em três momentos principais, a saber: no primeiro momento, o titular de direitos creditórios oriundos da comercialização de imóveis (em geral, empresa incorporadora), e, estando esses direitos plenamente disponíveis, cede-os a uma companhia securitizadora; no segundo momento, a securitizadora emite títulos em correspondência a esses créditos; no terceiro momento, a securitizadora vende esses títulos no mercado.

A operação atende os interesses da empresa incorporadora e do mercado investidor. No primeiro caso, ao ceder seu crédito, a incorporadora obtém a antecipação de sua receita, recebendo de uma só vez, embora com deságio, o valor total do crédito que tem contra os adquirentes, oriundo da venda a prazo; no segundo caso, atende o interesse do investidor porque o título que adquirirá está vinculado a créditos imobiliários, que em princípio oferece maior segurança jurídica e econômica.

Regulamentada originalmente pelos arts. 7.º a 16 da Lei n. 9.514/1997, tendo por objeto a securitização de créditos imobiliários, essa operação passou a ser objeto de regras gerais aplicáveis à securitização em geral pela Medida Provisória n. 1.103/2022, convertida na Lei n. 14.430/2022, permanecendo regulados pela Lei n. 9.514/1997 os aspectos relacionados especificamente aos créditos imobiliários.

O processo de securitização se desenvolve, basicamente, mediante os seguintes atos:

a) contrato de cessão de crédito, pelo qual a incorporadora transmitirá os créditos para a companhia securitizadora ou para uma entidade financeira que haverá de vincular-se à securitizadora;

b) averbação das cessões de crédito nos Registros de Imóveis competentes, para deixar assentada sua transmissão à securitizadora;

c) "Termo de Securitização" emitido pela companhia securitizadora; esse "termo" é o ato pelo qual são identificados os títulos emitidos e os créditos vinculados à emissão;

d) averbação do "Termo de Securitização" nos Registros de Imóveis competentes.[35]

A companhia securitizadora está definida no art. 3.º da Lei, a ela competindo lavrar o "Termo de Securitização de Créditos Imobiliários", que vinculará cada emissão de títulos, do qual constarão, obrigatoriamente, os elementos de identificação dos créditos imobiliários afetados aos títulos – CRIs – objeto da emissão.[36]

Como mecanismo de proteção dos investidores, as operações das companhias securitizadoras, relativas à emissão e colocação de títulos, serão registradas em sistema centralizado de custódia autorizado pelo Banco Central do Brasil, devendo constar desse registro a correlação entre os títulos emitidos e os créditos que os lastreiam.

Importante fator de segurança para os investidores é a atribuição, aos subscritores dos títulos, da titularidade fiduciária dos créditos que lastreiam os títulos, que os submete a um regime fiduciário constituído mediante declaração unilateral da securitizadora, no contexto do "termo de securitização", ficando esses créditos alocados num patrimônio de afetação destinado específica e exclusivamente ao resgate dos títulos.

---

[35] Essa averbação é dispensada quando os créditos que constituem o lastro forem representados por Cédula de Crédito Imobiliário, nos termos da Lei 10.931/2004.

[36] a) a identificação do devedor e o valor nominal de cada crédito que lastreie a emissão, com a individuação do imóvel a que esteja vinculado e a indicação do Registro de Imóveis em que esteja registrado e respectiva matrícula, e, ainda, o número do registro do ato pelo qual o crédito foi cedido à securitizadora; b) a identificação dos CRIs emitidos; c) a constituição de outras garantias de resgate dos títulos emitidos. Quando os créditos securitizados forem representados por Cédula de Crédito Imobiliário, o termo conterá, apenas, o valor de cada crédito, o número e a série das CCI e a entidade custodiante dos créditos.

A instituição do regime fiduciário visa evitar que os direitos dos investidores sejam atingidos por eventuais desequilíbrios patrimoniais da securitizadora, a partir da ideia de que não se deve transmitir ao mercado senão os riscos da carteira dita "securitizada".

Incumbe à securitizadora administrar cada patrimônio de afetação, mantendo registros contábeis independentes em relação a cada um deles.

Nesse tipo de operação atuará um agente fiduciário, com a função de proteger os direitos dos investidores. O agente fiduciário está legitimado a praticar todos os atos de administração necessários à satisfação dos créditos representados pelos títulos e, para tal fim, acompanhará a atuação da securitizadora na administração do patrimônio separado, assumindo, nas hipóteses previstas na lei, a gestão desse patrimônio e dos respectivos créditos, podendo, inclusive, promover sua liquidação em benefício dos investidores.

Uma vez instituído o regime fiduciário, não mais poderá a securitizadora fazer uso daqueles créditos, que não se comunicam com seu patrimônio comum, não podendo, portanto, ser objeto de ações ou execuções pelos credores da securitizadora. Nessas condições, os direitos dos investidores ficarão imunes aos efeitos de eventual insolvência da securitizadora.

141. Custeio das unidades em estoque. Fonte de abusos frequentes no regime anterior, que se caracterizava pela mais franca irresponsabilidade, era a ausência de discriminação dos obrigados, individualmente, pelas unidades autônomas do edifício. O incorporador as colocava à venda, total ou parcialmente. Desde que a aceitação do público adquirente oferecia perspectiva de bom êxito, iniciava-se a construção, embora não estivesse o edifício inteiramente vendido. E, com os fundos arrecadados dos subscritores das unidades alienadas, dava-se início à construção.

Muitas vezes, ou quase sempre, o incorporador reservava mesmo para si certo número de unidades, que recebiam sensível valorização, e que ele alienava no final da obra, por preço elevadíssimo, ou guardava como investimento rentável.

Uma pergunta nunca lhe era feita, quer pelos adquirentes desatentos à circunstância, quer pela autoridade administrativa desprovida do poder fiscalizador, quer pelo Ministério Público, cujas atribuições não o incluíam, quer pelo juiz que somente por iniciativa do interessado pode proceder – *ne procedat iudex ex officio*.

No entanto, a pergunta desafia um pronunciamento: *quem custeia a construção das unidades não vendidas?*

Elas custam dinheiro; elas concorrem nas despesas gerais; exigem material e mão de obra como as demais. E, como os fundos para a edificação saem de uma caixa comum, e por outro lado como esta é alimentada pelos recursos fornecidos pelos adquirentes das unidades vendidas, apura-se que aquelas não vendidas são custeadas, também, pelos adquirentes das outras, que se oneram sobremaneira. Aí está a razão de muitos reajustamentos, e, especialmente, de sobrepujarem as percentagens destes as cifras de elevação dos custos de salários e de materiais.

Entretanto, os adquirentes, inadvertidos, frequentemente iludidos, concorrem e suportam os encargos elevados, contribuindo, além da margem natural do lucro com as suas economias, para as unidades que o incorporador guarda para si próprio, e que não lhe custam nada.

Pondo cobro a tal abuso, a lei quer que o *contrato de construção* seja também celebrado nos 60 dias seguintes ao prazo de carência ou à assinatura de instrumento de ajuste preliminar. E determina, ainda, fique dele constando expressamente a menção dos responsáveis pelo pagamento da construção de cada uma das unidades.

Se estiverem todas vendidas, *tollitur quaestio.* Cada comprador pagando as prestações nas épocas devidas, toda a edificação está sendo custeada pelos interessados.

Quid iuris, se não estiverem? Diz a Lei n. 4.591: "O incorporador responde, em igualdade de condições com os demais contratantes, pelo pagamento da construção das unidades não adquiridas por terceiros" (art. 35, § 6.º). É claro e claríssimo que as unidades não vendidas têm de ser custeadas por alguém. Se não aparece uma pessoa que por elas responda, ou pelas despesas respectivas, sua construção fica onerando a caixa comum, e, consequentemente, encarecendo as unidades vendidas. Contudo, como mais tarde o incorporador as aliena, e por preço mais elevado do que inicialmente, embolsa a *plus-valia,* em detrimento dos adquirentes das unidades. Realiza um caso típico de enriquecimento sem causa, correlato ao empobrecimento dos adquirentes, se não for compelido a contribuir para o seu custeio. Tem, então, de fazê-lo.

Tal contribuição cessará no momento em que alienar quaisquer daquelas unidades e em relação à que for vendida, porque neste momento transfere os respectivos encargos para o novo adquirente.

Como se trata de obrigação legal, que impõe ao incorporador uma prestação pecuniária, e, como os adquirentes das unidades são prejudicados pela omissão, qualquer deles tem legítimo interesse para constranger o incorporador a efetuar as suas entradas e, pois, assiste-lhe *legitimatio ad causam* para tornar efetiva a contribuição do incorporador. Desta sorte, evita-se fique ele mancomunado com o construtor ou com alguns adquirentes, cuja inércia ou conivência acabaria por eximi-lo de cumprir a sua obrigação, em prejuízo dos interessados.

142. **Devolução em caso de denúncia da incorporação.** Já tratamos da denúncia da incorporação em decorrência de ressalva instituída com prazo de carência e já estudamos os seus efeitos administrativos e as providências correspondentes.

No entanto, existe uma consequência de natureza econômica. A desistência gera uma dívida, imediatamente, para o incorporador, quanto às prestações ou quantias já arrecadadas dos candidatos à aquisição das unidades: é ele obrigado a *restituí-las.*

Independentemente de interpelação judicial ou extrajudicial, a restituição terá de fazer-se no prazo de 30 dias, a contar da denúncia. Não é necessária, aqui, a constituição em mora, porque esta é definida, legalmente, sob as cominações estabelecidas na lei (Lei n. 4.591, art. 36).

Se não fizer espontaneamente a devolução, os adquirentes têm a faculdade de exigir reembolso por via executiva, e com direito ao reajustamento dos valores em débito, na proporção ou em função do índice geral de elevação dos preços, que reflete as variações no poder aquisitivo da moeda nacional.

Sobre os totais corrigidos, haja ou não alteração sensível, contam-se juros de 6% ao ano.

Os juros de mora foram fixados em 6% ao ano pela Lei n. 4.591/1964 em correspondência à taxa estabelecida pelo Código Civil de 1916 (art. 1.062), mas, levando em conta que o Código Civil de 2002 estabelece juros de mora à taxa prevista em lei para os impostos devidos à Fazenda Nacional, é essa taxa que deve ser aplicada sobre o débito do incorporador na hipótese de denúncia da incorporação.

Com essa *correção monetária,* defende-se a economia dos adquirentes contra qualquer tipo de manobra, de que a mais importante e mais benéfica ao incorporador tem sido a retenção dos recursos financeiros dos adquirentes, seu emprego em investimentos lucrativos, e ao fim uma restituição pura e simples, ou acrescida de juros, mas numa desproporção absurda em face do aviltamento do valor aquisitivo da moeda nacional, devida ao surto inflacionário que nos atingiu desde os dias que se seguiram à Segunda Guerra Mundial, e se agravaram em função de fatores vários, não se logrando até hoje debelá-la.

A ideia da correção monetária não é nova, porém uma técnica de sustentar o valor real da moeda em oposição à teoria nominalista, e é o remédio hábil a evitar os abusos do devedor que joga com o tempo, aproveitando a depreciação que nas épocas de inflação se transforma numa constante. Como demonstramos em estudo especializado e pioneiro,[37] e como explicamos em nossas *Instituições (Instituições de direito civil,* v. II, n. 148), não é possível deixar livre a adoção dos processos de indexação, pela instabilidade que gera no mercado monetário, com reflexo inevitável nos negócios. Contudo, neste caso, a correção monetária justifica-se não somente como um meio de resguardar a economia dos adquirentes, mas também como técnica de coibir abusos do incorporador que se aventura em negócios que escapam às suas possibilidades e que utiliza para obter e movimentar, no giro de seus investimentos, capitais alheios.

143. Obrigações básicas do incorporador. O fim do contrato é a edificação. Para isto se celebra. Com este objetivo estabelecem-se os compromissos. Neste *desideratum,* o ajuste se determina. E, perseguindo esta finalidade, as partes acordam em aceitar cláusulas e condições.

A experiência, contudo, demonstrou que a desigualdade contratual é muito flagrante nesta matéria. Não podia continuar relegada para o plano da convenção livre.

Identificada a vulnerabilidade da posição do adquirente, e ante as práticas abusivas que se verificavam no mercado, a Lei n. 4.591/64 regulamentou a atividade da incorporação imobiliária, interveio no contrato de compra e venda de imóveis durante a construção e instituiu um sistema de proteção da posição contratual do adquirente, dada a vulnerabilidade em que se encontra, caracterizando-se como lei precursora do sistema de proteção instituído pelo Código de Defesa do Consumidor.

---

[37] Caio Mário da Silva Perkiha, Cláusula de escala móvel, *Revista dos Tribunais,* 1955; *Instituições,* v. II, n. 148.

A partir desses pressupostos, a Lei n. 4.591, de 16 de dezembro de 1964, mencionou, então, certas regras, de aplicação obrigatória, que constituem condições legais de incorporação e que se aplicam em relação a qualquer incorporador, seja pessoa física, seja pessoa jurídica (art. 43), que haja contratado a entrega de unidade a prazo e preço certos, determinados ou determináveis. São, pois, obrigações do incorporador:

I – Informar os adquirentes, por escrito, a respeito do *estado da obra,* ao menos de três em três meses.[38] Há edifícios cuja construção se arrasta por tempo demasiadamente extenso, atrasando-se a conclusão sem que os interessados saibam o que ocorre. Enquanto isso, os materiais encarecem, os salários sobem, a paralisação danifica a parte feita. A lei quer, então, que o incorporador traga os interessados bem esclarecidos do que se faz. E o exige por escrito, não somente com o intuito de documentar os adquirentes e permitir-lhes, pelo confronto dos boletins semestrais, avaliar o progresso da construção, mas também para que o incorporador seja mais cuidadoso e exato, prestando a informação do que o seria se se limitasse a comunicações verbais.

II – Responder civilmente pela execução da incorporação, devendo indenizar os adquirentes ou compromissários pelos prejuízos que sofrerem com a interrupção das obras ou seu retardamento injustificado. O incorporador não se pode plantar na escusativa de que é mero intermediário. Dentro da filosofia da nova lei, é a chave do empreendimento, ao qual se vincula em caráter permanente. Como parte contratante, tem o dever de movimentar a obra e manter a construção em ritmo normal, para que se cumpra o cronograma traçado desde o início. Poderá ocorrer motivo justo de redução da intensidade de trabalho, ou mesmo sua paralisação, como seria uma greve ou a falta de material indispensável, ou mesmo o fato da outra parte, como a cessação dos pagamentos.

O que a lei não lhe escusa é o retardamento ou a paralisação injustificada, que erige em fundamento de reparação civil aos adquirentes.

Ocorrendo que a demora seja do construtor, nem por isso se exime o incorporador do dever de indenizar. Ao contrário, continua ainda assim sujeito passivo desta obrigação, mas com ação *de in rem verso* contra o construtor moroso, a expensas do qual se ressarce, por seu turno, do que tiver perdido ou pago aos adquirentes.

III – Em caso de *falência do incorporador* e não ser possível à massa prosseguir na construção, os adquirentes serão credores privilegiados pelas quantias que houverem pago.

Ele, como vimos acima (n. 124, *supra*), é uma empresa mercantil, independentemente de ser pessoa física ou jurídica (empresa individual ou coletiva), e, como tal, estará sempre sujeito à falência. Já foi um passo considerar os adquirentes como credores privilegiados, pois a condição quirografária em que eram tidos acabava por lhes carrear prejuízo total.

Entretanto, ainda assim, é garantia insuficiente, que somente se completa com a imposição legal, por cuja via (art. 43, n. III) os bens pessoais do incorporador respondem subsidiariamente.

---

[38] Essa periodicidade foi alterada pela Lei 14.382/2022.

A situação, de inadmissível incongruência (ora, o empreendimento construído em grande parte com recursos aportados pessoalmente pelos adquirentes era vendido para pagar preferencialmente créditos dos demais credores), foi corrigida pela Lei n. 10.931/2004, cujo art. 53 instituiu a afetação do acervo do empreendimento em favor dos credores que contribuíram para sua construção, excluindo-o dos efeitos da insolvência do incorporador e conferindo poderes à comissão de representantes dos adquirentes para administrá-lo diretamente, sem qualquer interferência do juízo da falência, inclusive para dar prosseguimento à obra, entregar as unidades aos adquirentes e outorgar-lhes as escrituras independentemente de alvará, tudo mediante procedimento extrajudicial (V. Capítulo XIV-A).

IV – É vedado ao incorporador *alterar o projeto*, especialmente no que se refere às unidades dos adquirentes e às partes comuns, modificar as especificações ou desviar-se do plano da construção. Quem contrata uma incorporação tem de guardar fidelidade ao prometido, e não pode, unilateralmente, fugir dos termos avençados. A recomendação é a bem dizer ociosa, pois é própria de todo contrato bilateral. Tais foram, porém, os abusos que a lei considerou necessário acentuá-lo, pondo-o como obrigação específica do incorporador.

As alterações se legitimam, porém, se forem aprovadas pelo voto unânime dos adquirentes ou provierem de exigência legal. A regra fundamenta-se na previsibilidade inerente à segurança jurídica e tem o propósito de afastar o risco de alteração surpresa prejudicial aos adquirentes, notadamente mediante alteração da unidade imobiliária ou da sua área de construção.[39]

Cumpre, entretanto, ressalvar que a determinação da autoridade administrativa, devendo embora cumprir-se por assentar na lei, não exime o incorporador de responsabilidade, quando haja prometido ou ajustado condições que contrariam as normas legais ou regulamentares, que por dever de ofício lhe cabia conhecer.

V – Não pode o incorporador modificar as *condições de pagamento* nem reajustar o preço das unidades, ainda no caso de elevação salarial ou de custo dos materiais, salvo se tiver sido expressamente ajustada a faculdade de reajustamento, procedendo-se então nas condições estipuladas.

Já era princípio assente que o empreiteiro não podia alterar as condições de execução do contrato, ainda que os materiais e a mão de obra se elevassem [N.A.: Código Civil de 1916, art. 1.246; Código Civil de 2002, art. 619]). Com a inflação alterando as condições objetivas da execução dos contratos, desfigurou-se, contudo, a rigorosa fidelidade aos bons conceitos e passou-se a admitir reajustamento, ainda quando não contratado.

No campo da incorporação imobiliária, três regimes se adotaram: reajustamento contratado, reajustamento excluído e silêncio.

---

[39] A aplicação dessa regra tem sido flexibilizada na prática pela jurisprudência quando demonstrado que as alterações não causam prejuízo aos adquirentes, em que a rejeição por escassa minoria caracterize abuso de direito (TJSP, 9.ª Câmara de Direito Privado, Apelação Cível n. 1014553-92.2019.8.26.0576, rel. Des. Piva Rodrigues, j. 28.1.2020; TJSP, 9.ª Câmara de Direito Privado, Apelação Cível n. 1001626-35.2018.8.26.0510, rel. Des. Edson Luiz de Queiróz, j. 3.9.2019).

É claro que, na falta de cláusula expressa, o reajustamento não tem cabida. O incorporador tem obrigação, como profissional, de prever as variações de mercado, e, contratando num período inflacionário, não pode invocar a depreciação monetária como justificativa para a alteração nas condições de pagamento. Contratando sem reajustamento, atrai o público adquirente, ilude os candidatos e faz concorrência séria aos que se obrigam em termos reajustáveis. Logo, não pode, na pendência do contrato, modificar o regime avençado, porque, assim procedendo, onera a outra parte que tinha o direito de contar com certos limites para os seus compromissos, surpreende-a com uma alteração de condições não previstas e torna-se concorrente desleal em relação aos profissionais que agiam sinceramente e inseriam no contrato cláusula corretora dos valores.

É, pois, evidente que não cabe reajustamento fora de acordo expresso. E está sujeito a verificação das estimativas pela Comissão de Representantes.[40]

O Tribunal de Justiça do Rio Grande do Sul decidiu neste sentido, assentando que o incorporador que contrata preço fixo não tem direito a reajuste nem com fundamento na cláusula *rebus sic stantibus*.[41]

No contexto histórico que justificou a regulamentação da atividade da incorporação imobiliária não era incomum ir a juízo buscar reajustamento do valor que fora estipulado a preço fixo, mas a questão foi superada a partir da disciplina imposta pela Lei n. 4.591/1964, que não dá margem a essa espécie de questionamento.

Dando ênfase à regra, a Lei n. 4.591/1964 o declara em termos peremptórios: Somente cabe reajustamento quando expressamente estipulado, e, ainda nesta hipótese, apenas será lícito a ele proceder dentro das condições contratadas (art. 55, § 6.º). Se ficar assentado que se reajustem os preços somente quando houver aumento do salário mínimo legal, não tem cabimento em outra oportunidade. Se ficar convencionado que o lucro não é reajustável, excluir-se-á da revisão esta parcela de composição dos preços. Em suma, o reajustamento como cláusula de favor para uma parte, e geradora de ônus para a outra, somente se aplica nos termos explícitos e estritos em que tenha sido convencionado. E na ausência de estipulação vigora a *praesumptio legis* do preço fixo.

VI – Se o incorporador, sem justa causa devidamente comprovada, paralisar as obras por mais de 30 dias ou retardar-lhes excessivamente o andamento, poderá o juiz notificá-lo para que, no prazo mínimo de 30 dias, as reinicie ou torne a dar-lhes andamento normal. Desatendida a notificação, poderá o incorporador *ser destituído* pela maioria absoluta dos votos dos adquirentes, sem prejuízo da responsabilidade civil ou penal que couber.

Este inciso do art. 43, completando a ideia contida na alínea II, traduz, entretanto, ideia diversa e de consequências diferentes. Ali, com efeito, cuida-se de mencionar a responsabilidade civil do incorporador pela paralisação ou pelo retardamento das obras, sabido como é que a demora na entrega, por si só, já causa danos, além de concorrer para o encarecimento das unidades.

---

[40] Ac. do Tribunal de Justiça do Rio de Janeiro, *Revista do antigo Trib. de Justiça da Guanabara*, v. 28, p. 481.

[41] Ac em *Revista Forense*, v. 220, p. 235.

Cap. XIV • Obrigações do Incorporador com o Adquirente | 297

Aqui se trata de munir o adquirente de um poder maior: a *destituição do incorporador.*

De início, é bom frisar que o inciso legal prevê duas hipóteses: a da paralisação por mais de 30 dias e a do retardamento excessivo. A primeira é de fácil averiguação, uma vez que a suspensão das atividades é circunstância de verificação material direta. A segunda, menos singela, é também comprovável no regime instituído na Lei n. 4.591/1964, uma vez que o ritmo da construção é acompanhado de perto pelos interessados e constitui obrigação do incorporador informar aos subscritores e adquirentes, por escrito, a marcha da construção semestralmente. Há, pois, um dado ao alcance dos adquirentes, para confronto, além dos demais meios de prova, resultantes da queda na entrada de materiais, diminuição do número de operários, rompimento do ritmo de desenvolvimento e qualquer outro fato que permita induzir o *retardamento* na construção, que, se for *excessivo,* se equipara para o mesmo efeito à paralisação.

Verificado o fato – paralisação ou retardamento excessivo –, o incorporador será notificado para reiniciar a obra ou imprimir-lhe andamento normal. Aqui é preciso dar uma explicação: fala-se que o juiz poderá notificar o incorporador não para significar que tomará iniciativa desta providência, pois o juiz não procede *ex officio,* mas que, a requerimento de qualquer interessado, ordenará a notificação.

Realizada esta, e decorrido o prazo de 30 dias sem que as obras se reiniciem ou o andamento readquira a normalidade, os interessados não precisam ir a juízo para resolver o contrato, porque a lei lhes oferece a faculdade de, pela sua vontade, destituírem o incorporador.

Uma vez destituído o incorporador, a incorporação passa a ser administrada pela comissão de representantes dos adquirentes, que está investida pela lei de poderes para receber as parcelas do saldo do preço ainda devidas ao incorporador (se contratada a promessa de venda da unidade como coisa futura) ou do custo da construção (se contratada sob essa forma), estando legitimada, inclusive, a promover sua cobrança judicial.[42]

Invertendo-se a situação, armam-se os adquirentes de formidável poder. Na verdade, lançá-los nos azares de uma demanda para, ao fim de luta porfiada, conseguirem com a resolução do contrato a liberdade de prosseguir com outro incorporador ou tomarem diretamente a direção da edificação, sempre constituiu o maior obstáculo para que os interessados se movimentassem. É um óbice tanto maior quanto o decurso do tempo, alterando as situações, desencoraja as iniciativas. Desde, porém, que a destituição se pode fazer sem necessidade de recurso à autoridade judicial, os interessados já têm a faculdade de examinar a oportunidade de deliberarem.

Reconhecendo a gravidade da inovação, o legislador revestiu-a de uma cautela especial, além da apuração do pressuposto legal da paralisação ou diminuição do ritmo. É a exigência do *quorum.* Tratando-se de uma decisão grave e de sérias consequências, a Lei n. 4.591 condiciona a destituição *ao voto da maioria absoluta dos adquirentes,* ou

---

[42] "A comissão de condôminos, que depois de destituído o incorporador recebeu poderes da assembleia geral para prosseguir a obra, tem legitimidade para promover ação de cobrança das parcelas referentes ao custo da construção" (STJ, 4.ª Turma, REsp 255.593-SP, rel. Min Ruy Rosado de Aguiar, *DJ* 18.09.2000).

seja, à metade mais um dos adquirentes de unidades. É evidente que para este cômputo não se levam em conta as unidades não vendidas, reservadas pelo incorporador, ou por qualquer motivo não alienadas ou não comprometidas. A destituição somente se considera aprovada se lograr essa maioria qualificada. Note-se, pois, que não é calculada a maioria de votos dos que tenham participado da Assembleia, mas é necessário que pela destituição se pronunciem as vozes de metade mais um dos adquirentes de unidades, assim considerados os titulares de direitos a elas, ainda que não hajam recebido escritura definitiva de compra e venda.

Dada a complexidade da matéria, o tratamento da situação foi complementado pela Lei n. 10.931/2004, que regulamentou a afetação patrimonial do acervo das incorporações e instituiu os procedimentos a serem adotados caso ocorra a falência da incorporadora ou, ainda, em caso de paralisação da obra ou seu atraso injustificado, de que trata o inc. VI do art. 43.

Nessa nova regulamentação, os §§ 1.º e 2.º do art. 31-F da Lei n. 4.591/1964, introduzidos pelo art. 53 da Lei n. 10.931/2004, preveem que, ocorrendo a falência da incorporadora ou a paralisação da obra, os adquirentes realizarão assembleia geral, instituirão o condomínio da construção e, em primeira convocação, pelos votos de dois terços dos adquirentes, ou em segunda convocação, pela maioria desses votos, deliberarão sobre os termos da continuação da obra ou da liquidação do patrimônio de afetação, mediante venda do acervo da incorporação.

Destituído o incorporador, os interessados se libertam dos compromissos e poderão prosseguir nas obras, sem que àquele assista mais qualquer direito correspondente à implantação da edificação.

Ao revés, restam-lhe apenas deveres, dos quais é imediato o de restituir as importâncias comprovadamente devidas, que lhe poderão ser reclamadas por via executiva (art. 43, alínea VI).

A partir da regulamentação instituída pelo art. 53 da Lei n. 10.931/2004, que acrescentou à Lei n. 4.591/1964 os arts. 31-A a 31-F, a situação deve ser examinada à luz da espécie de contrato firmado entre os adquirentes e o incorporador, permanecendo sem alteração, entretanto, a responsabilidade objetiva deste último.

A par das normas sobre segregação patrimonial por empreendimento, a Medida Provisória n. 1.085/2021, convertida na Lei n. 14.382/2022, incluiu os §§ 1.º a 5.º do art. 43 da Lei n. 4.591/1964, que instituem procedimento de destituição do incorporador e de transferência da gestão da incorporação, bem como dispõem sobre os assentamentos desses fatos na matrícula do terreno, no Registro de Imóveis.

Para superar obstáculos e viabilizar a identificação de eventual situação de mora representada pelo retardamento da execução da obra, ou sua paralisação por mais de 30 dias, a ser apreciada em assembleia dos adquirentes, o inciso I do art. 43 prevê a remessa à comissão de representantes da listagem dos promitentes compradores, juntamente com a remessa do demonstrativo do andamento da obra.[43]

---

[43] Lei n. 4.591/1964, com a redação dada pela Medida Provisória n. 1.085/2021, convertida na Lei 14.382/2022: "Art. 43. (...) I – encaminhar à comissão de representantes: a) a cada 3 (três)

Os requisitos da realização da assembleia geral, elaboração da respectiva ata e sua averbação no Registro de Imóveis também são merecedores de tutela especial.

Considerando que a questão se circunscreve à relação obrigacional, as normas procedimentais instituídas pelo art. 43 admitem a participação dos adquirentes na assembleia mesmo que seus títulos aquisitivos preliminares (cf. art. 35 e parágrafos) não tenham sido registrados, na medida em que esses instrumentos contenham os requisitos de identificação dos adquirentes e do objeto dos compromissos. A ata da assembleia deve conter os nomes e a qualificação completa dos adquirentes, a identificação do objeto de cada contrato preliminar, isto é, a fração ideal e a futura unidade que a ela se vinculará.[44]

Uma vez registrada em Registro de Títulos e Documentos, essa ata constituirá documento hábil para (i) publicidade da investidura da comissão de representantes na gestão do empreendimento e sua averbação no Registro de Imóveis; (ii) adoção das medidas judiciais ou extrajudiciais necessárias à imissão da comissão na posse do empreendimento e demais atos conferidos pelos arts. 31-F e parágrafos e 63 e parágrafos; (iii) inscrição do condomínio da construção no Cadastro Nacional de Pessoas Jurídicas; e, enfim, (iv) prática de quaisquer outros atos definidos pelo art. 43.[45]

O incorporador deve ser notificado judicialmente para recolocar a obra em andamento normal, sob pena de destituição, mas, não cumprida essa obrigação, será notificado extrajudicialmente, por meio do oficial de Registro de Imóveis do local do empreendimento ou pelo seu endereço eletrônico, para, no prazo de quinze dias, imitir a comissão de representantes na posse do empreendimento e entregar os documentos da incorporação,

---

meses, o demonstrativo do estado da obra e de sua correspondência com o prazo pactuado para entrega do conjunto imobiliário; e; b) quando solicitada, a relação dos adquirentes com os seus endereços residenciais e eletrônicos, devendo os integrantes da comissão de representantes, no tratamento de tais dados, atender ao disposto na Lei n.º 13.709, de 14 de agosto de 2018 (Lei Geral de Proteção de Dados Pessoais), no que for aplicável".

[44] Lei n. 4.591/1964, com a redação dada pela Medida Provisória n. 1.085/2021, convertida na Lei n. 14.382/2022: "Art. 43. (...) § 2.º Da ata da assembleia geral que deliberar a destituição do incorporador deverão constar os nomes dos adquirentes presentes e as seguintes informações: I – a qualificação; II – o documento de identidade; III – as inscrições no Cadastro de Pessoas Físicas (CPF) ou no Cadastro Nacional da Pessoa Jurídica (CNPJ) da Secretaria Especial da Receita Federal do Brasil do Ministério da Economia; IV – os endereços residenciais ou comerciais completos; e V – as respectivas frações ideais e acessões a que se vincularão as suas futuras unidades imobiliárias, com a indicação dos correspondentes títulos aquisitivos, públicos ou particulares, ainda que não registrados no registro de imóveis".

[45] Lei n. 4.591/1964, com a redação dada pela Medida Provisória n. 1.085/2021, convertida na Lei n. 14.382/2022: "Art. 43. (...) § 3.º A ata de que trata o § 2.º deste artigo, registrada no registro de títulos e documentos, constituirá documento hábil para: I – averbação da destituição do incorporador na matrícula do registro de imóveis da circunscrição em que estiver registrado o memorial de incorporação; e II – implementação das medidas judiciais ou extrajudiciais necessárias: a) à imissão da comissão de representantes na posse do empreendimento; b) à investidura da comissão de representantes na administração e nos poderes para a prática dos atos de disposição que lhe são conferidos pelos arts. 31-F e 63 desta Lei; c) à inscrição do respectivo condomínio da construção no CNPJ; e d) quaisquer outros atos necessários à efetividade da norma instituída no *caput*, inclusive para prosseguimento da obra ou liquidação do patrimônio da incorporação".

além de efetivar o pagamento das quotas de construção das unidades do estoque que se encontrarem pendentes de quitação, em cumprimento ao que dispõem os arts. 31-A, § 5.º, e 35, § 6.º, sob pena de ser promovido o leilão dessas unidades, como previsto nos §§ 14 e seguintes do art. 31-F, caso nesse prazo não seja comprovada a quitação das quotas de construção ou não seja efetivado o pagamento das quotas pendentes.[46]

Na medida em que as unidades do "estoque" respondem pelos débitos das quotas de construção imputadas ao incorporador pelos arts. 35, § 6.º, e 63, e visando assegurar a preservação da fonte de receita para prosseguimento das obras, o § 4.º do art. 43 torna essas frações ideais e acessões "indisponíveis e insuscetíveis de constrição por dívidas estranhas à respectiva incorporação até que o incorporador comprove a regularidade do pagamento", coerentemente com o regime de vinculação de receitas da incorporação e com a impenhorabilidade instituída pelo art. 833, XII, do CPC.[47]

Para viabilizar a obtenção dos meios necessários ao prosseguimento da obra e assegurar a higidez das fontes de recursos e do orçamento da incorporação, o § 5.º do mesmo art. 43 ratifica os poderes da comissão de representantes para vender as unidades do estoque caso seja caracterizado o inadimplemento do incorporador em relação às quotas de construção, visando a regularização do débito.[48]

144. Averbação da construção. Concluída a obra e concedido o "habite-se" pela autoridade administrativa, o incorporador tem ainda a obrigação de requerer a averbação da construção, que constitui ato meramente declaratório da alteração da situação fática operada pela implantação das acessões naquele terreno. Sabendo-se que, por força do princípio da acessão, a construção que se agrega ao solo assimila o regime jurídico a que este está sujeito (condomínio edilício), a averbação não cria o condomínio edilício, mas apenas descreve o conjunto imobiliário, identificando as partes de propriedade comum e

---

[46] Lei n. 4.591/1964, com a redação dada pela Medida Provisória n. 1.085/2021, convertida na Lei n. 14.382/2022: "Art. 43. (...) § 1.º Deliberada a destituição de que tratam os incisos VI e VII do *caput* deste artigo, o incorporador será notificado extrajudicialmente pelo oficial do registro de imóveis da circunscrição em que estiver localizado o empreendimento para que, no prazo de 15 (quinze) dias, contado da data da entrega da notificação na sede do incorporador ou no seu endereço eletrônico: I – imita a comissão de representantes na posse do empreendimento e lhe entregue: a) os documentos correspondentes à incorporação; e b) os comprovantes de quitação das quotas de construção de sua responsabilidade a que se referem o § 5.º do art. 31-A e o § 6.º do art. 35 desta Lei; ou II – efetive o pagamento das quotas que estiverem pendentes, de modo a viabilizar a realização da auditoria a que se refere o art. 31-C desta Lei".

[47] Lei n. 4.591/1964, com a redação dada pela Medida Provisória n. 1.085/2021, convertida na Lei n. 14.382/2022: "Art. 43. (...) § 4.º As unidades não negociadas pelo incorporador e vinculadas ao pagamento das correspondentes quotas de construção nos termos do § 6.º do art. 35 desta Lei ficam indisponíveis e insuscetíveis de constrição por dívidas estranhas à respectiva incorporação até que o incorporador comprove a regularidade do pagamento".

[48] Lei n. 4.591/1964, com a redação dada pela Medida Provisória n. 1.085/2021, convertida na Lei n. 14.382/2022: "Art. 43. (...) § 5.º Fica autorizada a comissão de representantes a promover a venda, com fundamento no § 14 do art. 31-F e no art. 63 desta Lei, das unidades de que trata o § 4.º, expirado o prazo da notificação a que se refere o § 1.º deste artigo, com aplicação do produto obtido no pagamento do débito correspondente".

as partes de propriedade exclusiva. Essa averbação se faz no Registro de Imóveis, e, ainda, junto às autoridades municipais ou estaduais (conforme o caso), porque, com a conclusão da obra, cada unidade para efeitos tributários é tratada com autonomia.

A falta de cumprimento da obrigação tem duas consequências.

A primeira é o dever de indenizar aos adquirentes os prejuízos que acaso lhes advenham, inclusive do retardamento desta providência.

A segunda é transferir ao construtor o mesmo dever, com a imposição de solidariedade com o incorporador responsável pela indenização.[49]

Na omissão do incorporador e do construtor, a averbação poderá ser requerida por quaisquer dos adquirentes de unidades.

144-A. Efeitos reais do registro da incorporação. A grande inovação instituída na Lei n. 4.591/1964 foi a criação de *direito real,* instituído em favor dos adquirentes de unidades, como também do incorporador, com o *registro da incorporação.*

Promovido o registro, encerra-se a fase administrativa da incorporação, vigorando em toda a sua plenitude a presunção de regularidade dos documentos oferecidos.

Esta presunção de veracidade vem corroborada pelo disposto no art. 2.º, § 1.º, do Decreto n. 55.815, de 8 de março de 1965, que assim dispõe, após minudenciar a propósito do processamento de registro do memorial e documentos que o acompanham: "O oficial procederá ao registro *se os documentos estiverem em ordem.* Caso contrário, o apresentante será notificado, para atender às exigências da lei, dentro em prazo razoável que lhe será concedido".

É certo que, no direito brasileiro, não tem o Registro Imobiliário o valor absoluto (ou quase absoluto, é melhor dizê-lo) do sistema alemão, de que nos aproximamos. O Código alemão de 1896 (Bürgeliches Gezetzbuch) adotou uma técnica baseada no princípio segundo o qual o registro é um negócio jurídico abstrato, que, uma vez realizado, se desprende do negócio jurídico subjacente.[50]

Para nós, por falta de um sistema de rigoroso cadastramento da propriedade imóvel, não foi possível adotar o mesmo princípio e consequentemente extrair a mesma consequência.[51] Embora sem a força absoluta do Registro Fundiário alemão, o nosso é todo baseado na *praesumptio* respectiva, pois de nada valeria ele, em verdade, se os seus livros nada provassem por si mesmos. Sendo como é uma presunção *iuris tantum,* deve ser tida

---

[49] "Direito civil. Incorporação imobiliária. Responsabilidade solidária do construtor prevista no § 1.º do art. 44 da Lei n. 4.591/64. Obtenção do 'habite-se'. Obrigação do incorporador. Em princípio, é do incorporador a obrigação de obtenção do 'habite-se' junto à autoridade competente. A responsabilidade solidária do construtor, prevista no § 1.º do art. 44 da Lei n. 4.591/64, ocorre apenas se o mesmo não requerer a averbação das edificações no Registro de Imóveis, após a obtenção do 'habite-se' pelo incorporador e a omissão deste em requerer a mencionada averbação" (STJ, REsp 441.236-RJ, rel. Min. Nancy Andrighi, *DJ* 30.06.2003).

[50] Enneccerus, Kipp y Wolff, *Tratado, Derecho de cosas,* v. I, §§ 26 e segs.

[51] Philadelpho Azevedo, *Registro de imóveis,* n. 23; Serpa Lopes. Registros públicos, v. II n. 230; Clóvis Paulo da Rocha, *Eficácia da transcrição,* p. 107.

pro veritate enquanto se não cancelar ou anular. Na pendência do que nele se transcreve ou inscreve-se, o registro faz plena fé.

E, então, é inquestionável a inferência natural do seu contexto, quando o oficial certifica o arquivamento do memorial e documentos que o acompanham.

O antigo Regulamento dos Registros Públicos, Decreto n. 4.857, de 9 de novembro de 1939, no art. 239, dispunha que: "O registro, enquanto não for cancelado, produzirá todos os seus efeitos legais, ainda que por outra maneira se prove que o título está desfeito, anulado, extinto ou rescindido".

Referindo-se a este inciso, o grande tratadista dos registros assim se pronuncia: "Em face desse preceito, em juízo ou fora dele, a prova da extinção de um direito real inscrito ou transcrito não pode ser admitida por outro meio que não o cancelamento da respectiva transcrição ou inscrição, *é um dispositivo categórico, irrecusável*".[52]

O novo Regulamento, aprovado pela Lei n. 6.015, de 31 de dezembro de 1973, estabelece (art. 252) que o registro, enquanto não cancelado, produz todos os seus efeitos legais, ainda que, por outra maneira, se prove que o título está desfeito, anulado, extinto ou rescindido.

Uma vez promovida a incorporação e celebrados contratos sobre unidades do edifício, o memorial arquivado no Registro Geral de Imóveis integra-se neles, adquirindo com eles o caráter de bilateralidade que obsta à sua modificação por um dos contratantes. O mesmo resulta inequivocamente do art. 4.º da lei argentina.

As vendas de frações ideais de terreno e os contratos de construção (qualquer que seja o regime adotado, empreitada ou administração) celebram-se em torno dos dados oriundos dos documentos arquivados, por tal forma que tudo se passa como se em cada contrato fossem transcritos todos os dados do memorial.

Este, uma vez arquivado em cartório, deixa de pertencer ao incorporador, que, por não ter mais poder sobre ele, não o pode alterar.

As modificações, que comporta, serão aquelas ajustadas com a outra parte, mas, como a outra parte são os adquirentes de unidades, somente com a unanimidade destes será possível a sua alteração.

A grande inovação advinda do regime instituído na Lei n. 4.591, de 16 de dezembro de 1964, foi ter erigido os direitos dos adquirentes de unidades em *direitos reais*.

A constituição desse direito real é objeto do art. 32, suas alíneas e parágrafos, da Lei n. 4.591/1964, com as alterações introduzidas pela Medida Provisória n. 1.085/2021, convertida na Lei n. 14.382/2022, que caracterizam o condomínio especial das frações ideais do terreno e acessões com os mesmos elementos que o Código Civil caracteriza o condomínio especial denominado edilício (Lei n. 4.591, art. 32, alínea *i*, e CC, art. 1.332).[53] Além disso, foram incluídos no art. 32 os §§ 1.º-A e 15, que determinam o

---

[52] Serpa Lopes, *Tratado dos registros públicos,* v. IV, p. 488.

[53] Lei n. 4.591/1964: "Art. 32. O incorporador somente poderá alienar ou onerar as frações ideais de terrenos e acessões que corresponderão às futuras unidades autônomas após o registro, no registro de imóveis competente, do memorial de incorporação composto pelos seguintes docu-

registro conjunto do memorial de incorporação e da instituição do condomínio especial, mediante "ato registral único", o mesmo ocorre com o art. 237-A, *caput*, § 1.º, da Lei n. 6.015/1973, segundo os quais o condomínio edilício será instituído em "ato de registro único" com o registro da incorporação, antes do início das vendas e como requisito para a oferta pública à venda.

Assim é porque, como vimos, ao tipificar a incorporação imobiliária como negócio jurídico de "venda de frações ideais [...], sob regime condominial" e respectivas acessões, articulado ao negócio da construção, a Lei n. 4.591/1964 (art. 29) a sujeita compulsoriamente à regra geral da acessão definida pelo art. 79 do Código Civil, que enuncia o princípio *superfícies solo cedit*, segundo o qual "as construções presas à terra [...] são incrementos do terreno, onde se acham, e participam da sua natureza jurídica".[54]

Trata-se do "princípio da gravitação jurídica, pelo qual um bem atrai outro para sua órbita, comunicando-lhe seu próprio regime jurídico"[55-56], de modo que, tendo sido instituído o regime do condomínio especial/edilício pelo registro da incorporação, antes das vendas e da construção, esse é o regime a que se sujeitará a edificação, que, por ocasião do Habite-se, será apenas averbada "em correspondência às frações ideais do terreno", como preveem o art. 167, II, n. 4, da Lei de Registros Públicos (Lei n. 6.015/1973) e o art. 44 da Lei n. 4.591/1964, com a nova redação dada pela Lei n. 14.382/2022, que dele suprimiu a expressão "individuação e discriminação das unidades".

Essas alterações legislativas se articulam aos arts. 29 e 35 da Lei n. 4.591/1964, visando conferir efetividade à transmissão do direito real de aquisição das frações ideais e

---

mentos: [...] i) instrumento de divisão do terreno em frações ideais autônomas que contenham a sua discriminação e a descrição, a caracterização e a destinação das futuras unidades e partes comuns que a elas acederão; [...]. § 1.º-A O registro do memorial de incorporação sujeita as frações do terreno e as respectivas acessões a regime condominial especial, investe o incorporador e os futuros adquirentes na faculdade de sua livre disposição ou oneração e independe de anuência dos demais condôminos; [...] § 15. O registro do memorial de incorporação e da instituição do condomínio sobre as frações ideais constitui ato registral único".

Código Civil: "Art. 1.332. Institui-se o condomínio edilício por ato entre vivos ou testamento, registrado no Cartório de Registro de Imóveis, devendo constar daquele ato, além do disposto em lei especial: I – a discriminação e individualização das unidades de propriedade exclusiva, estremadas uma das outras e das partes comuns; II – a determinação da fração ideal atribuída a cada unidade, relativamente ao terreno e partes comuns; III – o fim a que as unidades se destinam".

54 Clóvis Beviláqua, *Teoria geral do direito civil*, p. 223.

55 Pontes de Miranda, Tratado de direito privado, § 18.A; Francisco Amaral, Direito Civil, p. 329; Carlos Roberto Gonçalves, Direito Civil Brasileiro, p. 286; Santiago Dantas, Programa de Direito Civil, p. 196.

56 O cotejo entre o teor da alínea i do art. 32 da Lei n. 4.591/1964 e do art. 1.332 do Código Civil evidencia que condomínio especial das frações ideais do terreno e condomínio edilício são expressões sinônimas, que designam o direito de propriedade condominial especial, em oposição ao condomínio geral (CC, art. 1.314 e ss.), sendo irrelevantes tanto a conformação física do imóvel (terreno + acessões ou edificação com Habite-se) como a diversidade terminológica empregada pela lei, como esclarecido pelos Enunciados de Interpretação n. 89 da I Jornada de Direito Civil e n. 100 da I Jornada de Direito Processual Civil.

acessões, em consequência, das unidades autônomas, afastando o risco de seus contratos não serem registrados por serem considerados "irregulares" (Lei n. 6.015/1973, art. 225).

A despeito desse comando legal, o art. 440-AN do Código Nacional de Normas – Foro Extrajudicial, com a redação dada pelo Provimento n. 169 da Corregedoria do CNJ, prevê a efetivação de novo registro da instituição de condomínio quando da averbação da construção, nos seguintes termos: "Art. 440-AN. O registro único da incorporação e da instituição do condomínio especial sobre frações ideais não se confunde com o registro da instituição e da especificação do condomínio edilício".

Fundamenta-se esse ato normativo em que o direito de propriedade em condomínio especial tendo por objeto o terreno dividido em frações ideais com suas acessões se distinguiria do direito de propriedade em condomínio da edificação, constando dos seus *consideranda* que o condomínio do terreno se encontraria "sujeito a regime jurídico próprio que não se confunde com o condomínio edilício".[57]

Para outros elementos sobre o tema, ver itens 52-A (Toda incorporação imobiliária origina um condomínio edilício?) e 52-B (O momento em que nasce o condomínio edilício).

Com efeito, determinando o registro da incorporação, após o exame da documentação apresentada ao Oficial (art. 32, § 1.º) e estabelecendo que os contratos de compra- e venda, promessa de venda, cessão ou promessa de cessão de unidades autônomas, serão averbados à margem deste registro, elevou a nova lei os direitos dos adquirentes à categoria de *iura in re*.

E, no seu regulamento, instituído no Decreto n. 55.815, de 8 de março de 1965, ficou por expresso declarado: "A averbação dos contratos de compra e venda, promessa de venda, cessão desta ou promessa de cessão, aludidas no § 2.º do art. 1.º, atribui aos compromissados direito real oponível a terceiros, e far-se-á à vista do instrumento de compromisso, no qual o oficial lançará a nota indicativa do Livro, página e data do assento".[58]

Independentemente de referência expressa no mencionado decreto, que a isto aludiu tão somente em função de uma dedução sistemática, é da própria essência do direito real a sua oponibilidade *erga omnes*.

---

[57] Por ocasião do fechamento desta edição estavam pendentes de apreciação pelo Plenário do CNJ o Pedido de Providências n. 0008349-79.2024.2.00.0000 e Consulta da Corregedoria de Justiça do Rio Grande do Sul, procedimento n. 0006248-69.2024.2.00.0000, nos quais são suscitadas questões relacionadas à aplicação do Provimento 169-CNJ. Fundamenta-se esse questionamento em que a Lei n. 4.591/1964 e a Lei de Registros Públicos sujeitam a incorporação imobiliária e o condomínio edilício dela derivado à regra geral da acessão (CC, art. 79) e, portanto, afastam a possibilidade de suspensão ou interrupção da eficácia do princípio *superficies solo cedit*, sendo certo que essa regra geral só pode ser excepcionada por lei, como são os casos do art. 21 do Estatuto da Cidade, dos arts. 1.369 e ss. do Código Civil e do art. 791 do CPC, que dispõem sobre a constituição e os efeitos do direito de superfície (Ricardo Cesar Pereira Lira, O direito de superfície, *Revista de Direito da Procuradoria-Geral do Estado do Rio de Janeiro*).

[58] A partir da Lei n. 6.015/1973, o ato que constitui o direito real é o de *registro*, e não mais o de *averbação*, que era o assentamento adequado quando vigia o Decreto n. 55.815/1965, acima referido.

Destarte, o registro da incorporação e o registro dos contratos têm validade contra todos, inclusive contra a autoridade administrativa que licenciou a obra e com isso liberou a incorporação. Opondo-se-lhe o registro, enquanto ele subsistir, descabe toda tentativa de revogação da licença. Esta foi dada, e fundamentou a constituição do direito real. Não pode mais ser revogada e não pode o incorporador, mesmo que o queira, sofrer a revogação da licença para a construção daquele projeto tal como aprovado, porque ele não mais pertence ao incorporador ou à Administração Pública, desde que se converteu em um direito oponível a todos, compreendida neste vocábulo a Administração mesma, que se não excepciona da oponibilidade por nenhuma razão de direito.

Enquanto subsistir o registro, a consequência é esta. E não há mister qualquer pesquisa doutrinária para indagar sobre quando será possível o cancelamento do registro, porque ao propósito é expresso o aludido decreto: "A inscrição *não pode ser cancelada senão*: a) em cumprimento da sentença; b) a requerimento do incorporador, enquanto nenhuma unidade for objeto de compromisso devidamente averbado, ou mediante o consentimento de todos os compromissários ou seus cessionários, expresso em documento por eles assinado, ou por procuradores com poderes especiais" (Decreto n. 55.815, art. 6.º).

Com a nova Lei dos Registros Públicos (Lei n. 6.015, de 31 de dezembro de 1973), ficou mantido o mesmo princípio no art. 255: "Além dos casos previstos nesta lei, a inscrição de incorporação ou loteamento só será cancelada a requerimento do incorporador ou loteador, enquanto nenhuma unidade ou lote for objeto de transação averbada, ou mediante o consentimento de todos os compromissários ou cessionários".

144-B. Adjudicação compulsória mediante procedimento extrajudicial. Uma vez complementado o pagamento do preço da promessa de compra e venda, é obrigação do promitente vendedor outorgar o contrato de compra e venda de modo a investir o adquirente no domínio pleno do imóvel.[59]

Em caso de inadimplemento dessa obrigação, é assegurada ao promitente comprador a obtenção do domínio mediante ação de adjudicação compulsória, que poderá ser efetivada mediante procedimento extrajudicial, nos termos do art. 216-B, incluído na Lei n. 6.015/1973 pela Lei n. 14.382/2022.

A nova norma legal legitima a esse procedimento não apenas o promitente comprador, seus cessionários ou promitentes cessionários, ou seus sucessores, mas, também, o próprio promitente vendedor.

Para esse fim, o interessado deverá requerer ao oficial do registro de imóveis da situação do imóvel a intimação do contratante para celebração do contrato definitivo no prazo de quinze dias, contado da entrega de notificação extrajudicial podendo essa

---

[59] Na atividade de parcelamento do solo urbano, uma vez pago o preço da promessa, a propriedade é atribuída ao adquirente do lote mediante registro do respectivo compromisso, independentemente de outorga de outra escritura, como prevê o § 6.º do art. 26 da Lei n. 6.766/1979: "Art. 26. (...) § 6.º Os compromissos de compra e venda, as cessões e as promessas de cessão valerão como título para o registro da propriedade do lote adquirido, quando acompanhados da respectiva prova de quitação".

diligência ser delegada ao oficial do registro de títulos e documentos. O requerimento deverá ser instruído com o instrumento de promessa, a identificação do imóvel, o nome e a qualificação do promitente comprador ou de seus sucessores constantes do contrato de promessa, procuração com poderes específicos e, ainda, instrumento de comprovação do pagamento integral do preço, certidões dos distribuidores forenses que demonstrem a inexistência de litígio envolvendo o contrato e o comprovante do pagamento do ITBI.

A adjudicação extrajudicial independe de registro da promessa, uma vez que o objeto do procedimento se restringe ao cumprimento de obrigação de fazer, e, tendo sido assegurado o direito de defesa pela regularidade da intimação, o oficial do registro de imóveis procederá ao registro da propriedade em nome do promitente comprador, sem necessidade de lavratura de escritura definitiva, servindo de título a respectiva promessa de compra e venda ou de cessão ou o instrumento que comprove a sucessão. Contudo, será inviável a adjudicação da unidade se "o memorial de incorporação não foi devidamente registrado no Cartório de Registro de Imóveis e a comercialização dos bens se deu por pessoa que não possuía sequer uma perspectiva de aquisição do domínio do terreno" (REsp 1.770.095, STJ).

O mesmo procedimento é deferido ao promitente vendedor, nas hipóteses em que o promitente comprador, seus cessionários ou sucessores não atendam à intimação para virem receber o título, em operação que, no jargão do mercado, é denominada "adjudicação inversa".

A medida pode contribuir para a efetividade das execuções fiscais cujo objeto seja a cobrança dos débitos correspondentes ao IPTU, pois propicia a identificação do sujeito passivo e responsável por esse tributo, afastando questionamentos relacionados à Súmula 399 do STJ.

Capítulo XIV-A

PATRIMÔNIO DE AFETAÇÃO NAS INCORPORAÇÕES IMOBILIÁRIAS[1]

144-C. A afetação patrimonial como relevante mecanismo de proteção do empreendimento. Na monografia *Propriedade horizontal*, o Professor Caio Mário sugeriu a instituição de mecanismo de controle do cumprimento do encargo do incorporador (V. n. 133, *supra*), mas a proposta não foi contemplada na Lei n. 4.591/1964.

Algumas décadas mais tarde, a prática demonstrou que a falta de normas de controle capazes de afastar obstáculos no curso da obra e assegurar meios para sua conclusão e entrega pode dar causa a danos irreparáveis ou de difícil reparação. Especificamente na década de 1990 registraram-se inúmeros casos de atraso ou paralisação de obras e, sobretudo, a falência da então maior incorporadora do País, causando vultosos e irreparáveis prejuízos a adquirentes, muitos dos quais não só não receberam os apartamentos que compraram na planta, como, também, não lograram sequer recuperar os recursos que confiaram ao incorporador.

A lacuna só veio a ser preenchida, em parte, em 2004, pelo art. 53 da Lei n. 10.931/2004, pela qual foram acrescentados à Lei n. 4.591/1964 os arts. 31-A a 31-F, que regulamentam a afetação patrimonial da incorporação imobiliária, pela qual os bens, direitos e obrigações correspondentes ao empreendimento constituem um núcleo patrimonial separado no patrimônio da empresa incorporadora e ali permanecem segregados até a conclusão, entrega do edifício, registrados os títulos aquisitivos em nome dos adquirentes e resgatado o financiamento da construção.

A teoria da afetação, como se sabe, atende à necessidade de privilegiar determinadas situações merecedoras de tutela especial; para tal, admite-se a segregação, dentro

---

[1]   Nota do editor: o texto na cor preta indica o texto original do Professor Caio Mário, e o texto na cor cinza é de autoria dos atualizadores. Os capítulos e itens de autoria dos atualizadores, além de estarem na cor cinza, estão indicados com letras após o número.

de um mesmo patrimônio, de determinados bens ou núcleos patrimoniais que, identificados por sua procedência ou destinação, são *encapsulados* no patrimônio geral do titular para que fiquem excluídos dos riscos de constrição por dívidas ou obrigações estranhas à sua destinação, como são os casos dos bens objeto de fideicomisso, o bem de família (Código Civil, arts. 1.711 e segs.), o imóvel de moradia da família (Lei n. 8.009/1990), entre outros.

A explicação do fenômeno está na própria noção de patrimônio como um complexo de valores ativos e passivos, ao qual se refere o Professor Caio Mário: "Os bens existem no patrimônio do titular, ora com o encargo de serem transferidos para outrem, ora sob a condição de o serem em determinadas circunstâncias, e, então, poderão, ou não, ser transmitidos ou permanecer em definitivo. Mas sempre como massa de bens e não como um patrimônio distinto do sujeito. Por uma questão de linguagem, às vezes são estes acervos bonitários apelidados de 'patrimônios separados', em atenção aos fins a que se destinam certos bens, ou às circunstâncias de se impor ao sujeito a sua discriminação, ou pela necessidade de se administrarem de maneira especial. Não obstante, porém, a separação de tais acervos ou massas, o patrimônio do indivíduo há de ser tratado como *unidade*, em razão da unidade subjetiva das relações jurídicas".[2]

A destinação de certos bens ou certo núcleo patrimonial a determinada finalidade importa em reservá-los a certo grupo de credores, mediante vinculação do respectivo ativo para satisfação dos créditos desses credores, com exclusão dos demais credores do patrimônio geral do devedor.[3]

A incorporação imobiliária se ajusta com perfeição à teoria da afetação, seja porque seu especial alcance econômico e social a tornam merecedora de tutela especial, seja porque é dotada de estrutura material e jurídica autônoma, justificando seja conferida proteção especial aos credores desse negócio, priorizando-se a posição jurídica dos adquirentes.

De fato, o contorno peculiar de uma incorporação imobiliária a identifica como um negócio único, inconfundível, que a distingue das demais incorporações de um mesmo incorporador, e essa conformação viabiliza sua segregação num acervo patrimonial próprio, que, por estar imune a constrição por dívidas estranhas àquele negócio específico, confere especial segurança jurídica e patrimonial ao grupo dos respectivos credores (entre eles os adquirentes), sem que isso prejudique o curso normal dos demais negócios do incorporador, pois cada uma das demais incorporações é dotada de receita suficiente para pagamento de suas próprias obrigações.

Com base nesses pressupostos, o Instituto dos Advogados Brasileiros aprovou anteprojeto de lei que qualifica o acervo de cada incorporação imobiliária como um patri-

---

[2] Caio Mário da Silva Pereira, 20. ed., rev. e atual. de acordo com o Código Civil de 2002. Atualizadora: Maria Celina Bodin de Moraes. Rio de Janeiro: Forense, 2004, v. I, p. 396.

[3] Messineo refere-se à possibilidade de "reserva a um certo grupo de credores um determinado núcleo de bens, sobre os quais possam eles satisfazer-se com exclusão dos outros, com a consequência de que os outros credores fiquem excluídos e de que, sobre os outros bens, tal grupo de credores não pode alegar direitos ou que, ao contrário, este grupo pode satisfazer-se só subsidiariamente, e se necessário, sobre os restantes bens do sujeito (devedor)" (Francesco Messineo, *Manual de derecho civil y comercial,* p. 265).

mônio de afetação; o anteprojeto foi encaminhado pelo IAB às autoridades competentes do Poder Executivo e a parlamentares, tendo sido reproduzido em quatro Projetos de Lei da Câmara[4] e convertido, com alterações, na Lei n. 10.931/04, cujo art. 53 acrescenta os arts. 31-A a 31-F à Lei n. 4.591/1964.

O art. 31-A faculta a afetação patrimonial de cada incorporação; dispõe que o acervo da incorporação constitui um patrimônio de afetação, que se mantém segregado no patrimônio do incorporador e destina-se à consecução da obra e entrega das unidades aos adquirentes.[5] Ressalta de plano uma diferença substancial entre o texto legal e a proposta oriunda do Instituto dos Advogados, pois, enquanto a lei apenas *faculta* a afetação, e confere essa faculdade ao incorporador, a proposta do IAB a considera elemento natural do contrato de incorporação imobiliária, que opera seus efeitos por força do simples registro do memorial de incorporação, independentemente de manifestação de vontade.[6]

A limitação do campo de incidência da proteção patrimonial propiciada pela afetação, decorrente da sua constituição a critério exclusivo do incorporador, veio a ser compensada, em certa medida, pelo Código de Processo Civil (Lei nº 13.105/2015), que estende a regra de preservação dos recursos destinados à obra a toda e qualquer incorporação, independente de o incorporador ter exercido a faculdade de averbar o "termo de afetação" no Registro de Imóveis, ao considerar impenhoráveis os créditos oriundos da alienação das unidades, vinculados à execução da obra (CPC/2015, art. 833, XII).[7] Tendo caráter cogente, a norma processual cria uma blindagem em toda e qualquer incorporação imobiliária, preservando os recursos necessários à execução da obra, que é um dos propósitos basilares da legislação que regulamenta a constituição de patrimônio de afetação nas incorporações imobiliárias. A lei processual inspira-se na doutrina e na jurisprudência, que identificam a afetação como elemento natural do contrato de incorporação, e determina

---

[4]   O anteprojeto, da lavra deste atualizador, foi apresentado por meio da Indicação n. 220, em 14 de julho de 1999, aprovado pelo plenário do IAB em 20 de novembro de 1999 e divulgado em nossa obra *Propriedade Imobiliária – função social e outros aspectos* (Melhim Chalhub, Editora Renovar, 1999). Nos termos do anteprojeto, consideramos a afetação elemento natural da incorporação, independentemente de manifestação do incorporador, mas o texto legal a considera simplesmente uma faculdade do incorporador. Outras alterações foram introduzidas no anteprojeto, mas essa é a mais significativa.

[5]   Lei n. 4.591/1964: "Art. 31-A. A critério do incorporador, a incorporação poderá ser submetida ao regime da afetação, pelo qual o terreno e as acessões objeto de incorporação imobiliária, bem como os demais bens e direitos a ela vinculados, manter-se-ão apartados do patrimônio do incorporador e constituirão patrimônio de afetação, destinado à consecução da incorporação correspondente e à entrega das unidades imobiliárias aos respectivos adquirentes".

[6]   A proposta do Instituto dos Advogados com a seguinte redação: "Art. __. O terreno e as acessões objeto de incorporação imobiliária, bem como os demais bens e direitos e ela vinculados, manter-se-ão apartados do patrimônio da incorporação e constituirão patrimônio de afetação, destinado à consecução da incorporação correspondente e à entrega das unidades imobiliárias aos respectivos adquirentes.

[7]   Código de Processo Civil (Lei nº 13.105/2015): "Art. 833. São impenhoráveis: (...); XII – os créditos oriundos de alienação de unidades imobiliárias, sob regime de incorporação imobiliária, vinculados à execução da obra".

a preservação dos recursos gerados pelas vendas, no limite do orçamento da construção, pouco importando que tenha sido averbada a constituição de um patrimônio de afetação na matrícula da incorporação, no Registro de Imóveis.

Uma vez afetada, a incorporação torna-se incomunicável em relação ao patrimônio geral do incorporador e a outras incorporações por ele empreendidas e submete-se a um regime de vinculação de receitas que assegure os meios para execução da obra; o ativo do patrimônio de afetação só responde pelas obrigações e dívidas a ela vinculadas (§ 1.º do art. 31-A).

Constitui-se o patrimônio de afetação mediante averbação de "termo de afetação" na matrícula do terreno, no Registro de Imóveis (art. 31-B). Conforme Enunciado n. 324 aprovado na IV Jornada de Direito Civil, "É possível a averbação do termo de afetação de incorporação imobiliária (Lei n. 4.591/64, art. 31b) a qualquer tempo, na matrícula do terreno, mesmo antes do registro do respectivo Memorial de Incorporação no Registro de Imóveis", e, complementando, o Enunciado n. 323 estabelece ser "dispensável a anuência dos adquirentes de unidades imobiliárias no 'termo de afetação' da incorporação imobiliária". A incorporação imobiliária que tenha por objeto o condomínio de lotes também poderá ser submetida ao regime do patrimônio de afetação (VIII Jornada de Direito Civil – Enunciado n. 625).

A afetação importa num encargo ao incorporador, mas não atinge seu direito subjetivo, de modo que, sendo titular do terreno e das acessões, o incorporador, a despeito da afetação, continua investido dos poderes de livre disposição das unidades em construção e de administração das receitas do negócio, estando o exercício desses poderes apenas condicionado pelo cumprimento da finalidade de conclusão da obra e entrega das unidades aos adquirentes, com títulos aquisitivos registrados. Por isso mesmo, a lei o autoriza a constituir garantias reais sobre os bens e direitos da incorporação, bem como a ceder os créditos oriundos da comercialização, mas ressalva que a constituição de garantias reais sobre esses bens só é admitida em operação de crédito cujo produto seja integralmente destinado à realização da incorporação e que o produto da cessão de créditos, plena ou fiduciária, passa a integrar o patrimônio de afetação (§§ 3.º[8] e 8.º do art. 31-A).

A segregação patrimonial importa, necessariamente, na criação e na manutenção de contabilidade separada, de modo a preservar os registros correspondentes ao seu ativo e passivo próprios isolados daqueles correspondentes ao patrimônio geral da empresa incorporadora.

Fundada nessa identidade, os arts. 1.º a 11-A da Lei n. 10.931/2004 criaram para esse patrimônio separado um Regime Especial de Tributação (RET), destinado exclusivamente às incorporações imobiliárias sob afetação, pelo qual a sociedade incorporadora

---

[8] O § 3.º do art. 31-A foi alterado pela Lei n. 14.620/2023, para estabelecer que "Os bens e direitos integrantes do patrimônio de afetação somente poderão ser objeto de garantia real em operação de crédito cujo produto seja integralmente destinado à consecução da edificação correspondente e à entrega das unidades imobiliárias *e de suas pertenças* aos respectivos adquirentes". A modificação legislativa explicita que o produto do financiamento não se limita às acessões, mas também às pertenças instaladas nas unidades autônomas do empreendimento.

pode optar, se lhe convier; isso significa que a sociedade incorporadora tem a faculdade de adotar o sistema do lucro real, ou o do presumido, ou do RET, à sua livre escolha.

Por esse sistema, os tributos federais são pagos pela incorporadora com base numa alíquota fixa aplicada sobre a receita mensal recebida; distingue-se do sistema do lucro presumido porque pode ser aplicado em relação a qualquer empreendimento, independentemente do seu resultado, não havendo o limite legal que constitui requisito para adoção do sistema do lucro presumido. Registre-se, por relevante, que, tendo optado pelo RET, durante todo o período em que estiver em curso a incorporação, "enquanto perdurarem direitos de crédito ou obrigações do incorporador junto aos adquirentes" (Lei n. 10.931/2004, art. 1.º), a sociedade incorporadora deve apurar e pagar separadamente os impostos e as contribuições federais referidos nesse regime de tributação especial, sendo certo que essa apuração e seu pagamento separados não interferem no tratamento tributário adotado para o patrimônio geral da sociedade; só depois de cumprida a função da afetação é que o conjunto de direitos e obrigações anteriormente afetado passa a receber o tratamento tributário adotado para o patrimônio geral da sociedade.[9]

A par de constituir proteção patrimonial de especial eficácia, a lei cuidou de simplificar procedimentos visando facilitar ao máximo a outorga dos direitos aos adquirentes. Nesse sentido, o § 3.º do art. 31-F investe a comissão de representantes de poderes irrevogáveis para outorgar aos adquirentes o contrato definitivo a que estiver obrigado o incorporador, livrando-os do encargo de ir buscar em juízo, no processo de falência, alvará para obtenção da escritura "definitiva". A nova lei simplifica, também, os procedimentos de venda do terreno e acessões a terceiros, caso a assembleia geral dos adquirentes resolva liquidar o patrimônio de afetação; nesse sentido, uma vez aprovada, pela assembleia geral dos adquirentes, a venda, o preço e as condições de pagamento, a comissão de representantes estará habilitada a firmar, em nome de todos os adquirentes, a escritura de venda do acervo da incorporação; o produto da venda será destinado ao pagamento das dívidas da incorporação e o saldo será distribuído entre os adquirentes, depositando-se em Juízo os valores pertencentes aos condôminos não localizados.

Apesar de ter aperfeiçoado o sistema de proteção dos adquirentes e demais credores da incorporação, preservando de forma eficaz seus direitos patrimoniais, há deficiências que prejudicam o pleno cumprimento da função social do importante mecanismo da afetação.

---

[9]   Quando da conclusão dos trabalhos de atualização desta 17.ª edição (maio de 2025), encontram-se em fase de elaboração a legislação e os atos regulamentares que disciplinarão a incidência dos novos impostos criados pela reforma tributária instituída pela Lei Complementar n. 214/2025 em conformidade com as diretrizes definidas pela Emenda Constitucional n. 132/2023, que criam um modelo de imposto sobre o valor agregado (IVA) composto pela articulação de uma Contribuição sobre Bens e Serviços (CBS), de competência federal, e um Imposto sobre Bens e Serviços (IBS), de competência compartilhada estadual e municipal. A CBS e o IBS substituirão a Contribuição ao PIS, a Cofins, o ICMS e o ISS, após o período de transição que se estenderá entre 2026 e 2032. Especificamente no tocante às atividades imobiliárias, será instituído um regime específico, dotado de peculiaridades adicionais, além das alterações estruturais decorrentes da criação do IVA-Dual.

O primeiro aspecto a ser considerado é que a afetação é elemento natural do contrato de incorporação, devendo ser considerado um dos seus requisitos necessários, e não uma faculdade do incorporador, como definido no art. 31-A.

De fato, a atividade da incorporação imobiliária tem entre seus traços característicos a captação de recursos do público e sua aplicação na execução da obra, sendo propósito basilar da afetação disciplinar essa modalidade de captação e preservar o patrimônio formado com recursos dos adquirentes e demais credores, no limite necessário para consecução do empreendimento.

É necessário, portanto, adequar a redação do art. 31-A ao fundamento axiológico de proteção dos direitos patrimoniais dos adquirentes, deixando claro que a afetação é requisito necessário do contrato de incorporação.

Ainda visando à coerência do sistema, o art. 9.º da Lei n. 10.931/2004[10] deve ser derrogado; ora, esse dispositivo transfere para os adquirentes a responsabilidade pelo pagamento de dívidas do incorporador falido, norma que constitui uma contradição em termos, pois o fundamento axiológico da lei da afetação é exatamente a proteção dos adquirentes contra eventuais desequilíbrios patrimoniais da empresa incorporadora, sobretudo na eventualidade de sobrevir sua falência.

Efetivamente, a afetação visa compensar a vulnerabilidade econômica e técnica dos adquirentes, nada justificando sejam transferidas para elas as dívidas e responsabilidades do incorporador falido. Essas obrigações e dívidas devem ser cobertas pelo ativo do próprio patrimônio de afetação, como, aliás, dispõe o § 1.º do art. 31-A, respondendo pessoalmente o incorporador pelos prejuízos que causar.

Ademais, o propósito da afetação é proteger o conjunto de credores do empreendimento, destacando-se entre eles os trabalhadores, a previdência e o fisco.

O art. 9.º da Lei n. 10.931/2004 subverte todo esse sistema de proteção ao determinar a desafetação da incorporação; ora, se aplicado esse dispositivo, todo o acervo da incorporação será arrecadado à massa falida e só poderá ser liquidado ao final do processo de falência, prejudicando seriamente os trabalhadores, que perderão o direito de receber seus créditos diretamente do patrimônio de afetação e serão obrigados a habilitar seus créditos e aguardar a liquidação do ativo da massa falida para recebê-los.

Apesar dessas graves distorções e algumas pequenas impropriedades, que, se não forem ajustadas mediante processo legislativo, certamente serão corrigidas pela jurisprudência,[11] a afetação patrimonial do acervo das incorporações constitui importante

---

[10] Lei n. 10.931/2004: "Art. 9.º Perde eficácia a deliberação pela continuação da obra a que se refere o § 1.º do art. 31-F da Lei n. 4.591, de 1964, bem como os efeitos do regime de afetação instituídos por esta Lei, caso não se verifique o pagamento das obrigações tributárias, previdenciárias e trabalhistas, vinculadas ao respectivo patrimônio de afetação, cujos fatos geradores tenham ocorrido até a data da decretação da falência, ou insolvência do incorporador, as quais deverão ser pagas pelos adquirentes em até um ano daquela deliberação, ou até a data da concessão do habite-se, se esta ocorrer em prazo inferior".

[11] Em decisão proferida anteriormente à vigência das normas sobre afetação das incorporações, o STJ já havia decidido pela exclusão do empreendimento da massa falida de empresa incorporadora,

Cap. XIV-A • Patrimônio de Afetação nas Incorporações Imobiliárias | 313

aperfeiçoamento do sistema de proteção dos adquirentes e demais credores das incorporações imobiliárias, que veio a ser reforçado e expandido pelo art. 833, XII, do Código de Processo Civil (Lei n. 13.105/2015), que torna impenhoráveis os créditos oriundos da alienação das unidades integrantes das incorporações imobiliárias vinculados à execução da obra, abrangendo toda e qualquer incorporação, independentemente de estar submetida ao regime da afetação.

Articulados, a impenhorabilidade instituída pelo CPC e os arts. 31-A a 31-F da Lei n. 4.591/1964 passam a formar um conjunto de normas de grande eficácia com vistas à realização do objeto da incorporação imobiliária – execução da obra e liquidação do passivo.

144-D. Insolvência do incorporador. A insolvência do incorporador não atinge os patrimônios de afetação que se encontrem segregados no patrimônio geral do incorporador; no primeiro caso, esses patrimônios não são passíveis de arrecadação e, no segundo, não se sujeitam ao plano de recuperação; em qualquer dos casos, a autonomia de que são dotados viabiliza o prosseguimento da incorporação até a entrega das unidades aos adquirentes e a liquidação do seu passivo.

É irrelevante a circunstância de a incorporação ser desenvolvida por uma sociedade de propósito específico (SPE) cujo objeto social é um único empreendimento. Também nesta conformação societária não se confundem o patrimônio geral, que abrange a totalidade dos direitos e obrigações da sociedade, e o patrimônio de afetação, pois são excluídos do patrimônio de afetação "os recursos financeiros que excederem a importância necessária à conclusão da obra" e à amortização do financiamento da construção (§ 8.º do art. 31-A da Lei n. 4.591/1964). Afinal, "o patrimônio de afetação não pode ser contaminado pelas outras relações jurídicas estabelecidas pelas sociedades do grupo" (REsp 1.975.067, STJ).

Assim, pouco importando se a incorporadora é uma sociedade empresária em cuja massa patrimonial estejam abrigadas várias incorporações ou se é uma sociedade empresária que abriga uma única incorporação, a empresa em recuperação judicial prosseguirá sua atividade sob fiscalização do administrador judicial (Lei n. 11.101/2005, art. 47) e dará

---

no REsp 1115605/RJ, do qual foi relatora a Ministra Nancy Andrighi, destacando-se do acórdão: "Embora o art. 43, III, da Lei nº 4.591/64 não admita expressamente excluir do patrimônio da incorporadora falida e transferir para comissão formada por adquirentes de unidades a propriedade do empreendimento, de maneira a viabilizar a continuidade da obra, esse caminho constitui a melhor maneira de assegurar a funcionalidade econômica e preservar a função social do contrato de incorporação, do ponto de vista da coletividade dos contratantes e não dos interesses meramente individuais de seus integrantes. 3. Apesar de o legislador não excluir o direito de qualquer adquirente pedir individualmente a rescisão do contrato e o pagamento de indenização frente ao inadimplemento do incorporador, o espírito da Lei nº 4.591/64 se volta claramente para o interesse coletivo da incorporação, tanto que seus arts. 43, III e VI, e 49, autorizam, em caso de mora ou falência do incorporador, que a administração do empreendimento seja assumida por comissão formada por adquirentes das unidades, cujas decisões, tomadas em assembleia, serão soberanas e vincularão a minoria".

sequência à incorporação afetada. Nesse contexto, a administração da sociedade deverá observar o regime de incomunicabilidade e da vinculação de receitas instituído pela Lei n. 4.591/1964, preservando, portanto, a intangibilidade do patrimônio de afetação. Uma vez cumprida sua destinação – execução da obra e liquidação do respectivo passivo –, extingue-se o patrimônio de afetação e o resultado dele remanescente, positivo ou negativo, será reincorporado ao patrimônio geral do incorporador.

Com relação à falência e à insolvência civil, situações que importam em cessação da atividade da sociedade e liquidação do seu ativo, a lei institui normas especiais que asseguram a efetividade da autonomia de que é dotado o patrimônio de afetação, investindo a comissão de representantes dos adquirentes na administração da incorporação e a ela atribuindo poderes para prosseguimento do negócio ou liquidação do patrimônio separado, venda, em leilão, das unidades do "estoque" da incorporadora falida, recebimento das receitas e pagamento das obrigações do passivo do patrimônio separado, outorga dos títulos definitivos aos adquirentes, independentemente de alvará judicial, arrecadação à massa do saldo de créditos ou recursos financeiros, após a extinção do patrimônio de afetação, entre outros.

Uma vez decretada a falência da empresa incorporadora, a comissão de representantes promoverá a venda das unidades ainda não comercializadas pelo incorporador, mediante leilão extrajudicial, segundo o procedimento estabelecido pelo art. 63. O produto do leilão será destinado em primeiro lugar ao pagamento dos créditos trabalhistas, previdenciários e fiscais vinculados ao empreendimento, só posteriormente se efetivando o pagamento aos demais credores; se, pagos todos os créditos vinculados à incorporação afetada, ainda houver saldo, a quantia correspondente será arrecadada à massa falida.

O saldo do preço de aquisição das unidades (ainda não pago pelos adquirentes ao incorporador) passará a ser pago à comissão de representantes, que o aplicará na construção, permanecendo afetados os valores correspondentes até o limite necessário à conclusão da obra. Depois de concluída a obra e averbada a construção no Registro de Imóveis, a comissão de representantes deverá arrecadar à massa o saldo que porventura restar, relativo às parcelas do preço de venda das unidades (essas parcelas constituem crédito do incorporador falido e, portanto, o crédito correspondente deve ser arrecadado). Se o produto das vendas não tiver sido suficiente para concluir a obra e os adquirentes tiverem aportado mais recursos além do valor convencionado para o preço de aquisição, deverão habilitar essa diferença como crédito perante a massa falida.

Conforme o Enunciado n. 628, aprovado na VIII Jornada de Direito Civil, "Os patrimônios de afetação não se submetem aos efeitos de recuperação judicial da sociedade instituidora e prosseguirão sua atividade com autonomia e incomunicáveis em relação ao seu patrimônio geral, aos demais patrimônios de afetação por ela constituídos e ao plano de recuperação até que extintos, nos termos da legislação respectiva, quando seu resultado patrimonial, positivo ou negativo, será incorporado ao patrimônio geral da sociedade instituidora".

O § 1.º do art. 31-F da Lei n. 4.591/1964 prevê, ainda, que nos sessenta dias que se seguirem à decretação da falência ou da insolvência civil do incorporador o condomínio dos adquirentes[12] deve realizar assembleia geral, na qual: (i) por maioria simples, ratificará o mandato da Comissão de Representantes ou elegerá novos membros; e (ii) deliberará[13] sobre os termos da continuação da obra, instituindo o condomínio da construção, por instrumento público ou particular. Se houver financiamento da obra, a convocação poderá ser feita pela instituição financiadora.

Não sendo aprovada pela assembleia geral a continuação da obra: (i) proceder-se-á à liquidação do patrimônio de afetação, quando existente (ver item 144-E, *infra*); e (ii) os adquirentes serão credores privilegiados pelas quantias pagas ao incorporador, respondendo subsidiariamente os bens pessoais deste (art. 43, III).

144-E. Extinção do patrimônio de afetação. De acordo com o art. 31-E da Lei n. 4.591/1964, três situações podem levar à extinção do patrimônio de afetação.

A primeira hipótese de extinção é o encerramento natural da incorporação imobiliária, que ocorrerá com os seguintes fatos cumulativos: (i) averbação da construção no registro imobiliário; (ii) registro dos títulos de domínio ou de direito de aquisição em nome dos respectivos adquirentes; e (iii) quando houver financiamento da obra, a extinção das obrigações do incorporador perante a instituição financiadora do empreendimento. Logo, se a obra for concluída, mas ainda houver saldo devedor do financiamento, as unidades em estoque, pendentes de alienação pelo incorporador, continuam afetadas até que se complete o pagamento do saldo devedor. Ocorrendo a quitação do financiamento, a afetação das unidades não negociadas será cancelada mediante averbação, sem conteúdo financeiro, do respectivo termo de quitação na matrícula matriz do empreendimento ou nas respectivas matrículas das unidades imobiliárias eventualmente abertas. Além disso, uma vez averbada a construção no registro imobiliário, o registro de cada contrato de compra e venda ou de promessa de venda, acompanhado do respectivo termo de quitação da instituição financiadora da construção, importará na extinção automática do patrimônio de afetação em relação à respectiva unidade, sem necessidade de averbação específica.[14]

---

[12] Por convocação da sua Comissão de Representantes ou, na sua falta, de um sexto dos titulares de frações ideais, ou, ainda, por determinação do juiz prolator da decisão.

[13] A aprovação da instituição do condomínio da construção e da continuação da obra requer, em primeira convocação, 2/3 dos votos dos adquirentes, ou, em segunda convocação, a maioria absoluta desses votos.

[14] "Empresarial. Recurso especial. Negativa de prestação jurisdicional. Não ocorrência. Súmula n. 284 do STF. Incorporação imobiliária. Patrimônio de afetação. Extinção. Condições cumulativas. Quitação. Financiamento da obra. [...]. 3. A controvérsia reside em determinar se a quitação das obrigações perante o agente financiador do empreendimento imobiliário é necessária para a extinção do patrimônio de afetação. 3.1. O patrimônio de afetação é uma universalidade de direito criada para um propósito específico, sujeitando-se ao regime de incomunicabilidade e vinculação de receitas, com responsabilidade limitada às suas próprias obrigações. Após o cumprimento de sua finalidade e a quitação das obrigações associadas, o conjunto de direitos e deveres que o compõem é desafetado. O que restar é reincorporado ao patrimônio geral do instituidor, livre das restrições que o vinculavam ao propósito inicial. 3.2. Nos termos do art. 31-E, I, da Lei n. 4.591/1964, incluído pela Lei n. 10.931/2004, a extinção do patrimônio de afetação pressupõe,

O patrimônio de afetação também se extinguirá em caso de denúncia da incorporação, depois de restituídas aos adquirentes as quantias por eles pagas. Sobre a denúncia da incorporação, ver item 142, Capítulo XIV, *supra*.

Finalmente, extingue-se a afetação em caso de insolvência do incorporador e liquidação da incorporação, quando a assembleia geral de condôminos não deliberar pelo prosseguimento da obra, conforme explicado no item 144-D, *supra*.

---

entre outras condições cumulativas, a comprovação da quitação integral do débito relacionado ao financiamento da obra perante a instituição financeira. Assim, para a desconstituição do patrimônio de afetação, que visa assegurar a conclusão do empreendimento e proteger os adquirentes, é indispensável que todos os débitos financeiros assumidos para a execução da obra estejam plenamente liquidados" (STJ, REsp 1.862.274-PR, 4.ª Turma, rel. Min. Antônio Carlos Ferreira, *DJe* 18.10.2024).

Capítulo **XV**

OBRIGAÇÕES DO ADQUIRENTE[1]

145. Deveres do adquirente. Como contrato bilateral que é, o de incorporação gera obrigações para ambas as partes. Tem-nas o incorporador, e a lei cautelosamente as menciona até com certa ênfase, não deixando mesmo de se referir àquelas que, não sendo peculiares a este contrato, entendeu destacar no seu sentido específico. No entanto, igualmente as tem o candidato ou o adquirente de unidade no edifício, e muitas vezes o malogro de incorporações, atirado a débito da má administração ou de incorreto comportamento do incorporador, origina-se do inadimplemento por parte dos outros contratantes, notadamente no tocante ao pagamento das prestações que se obrigaram a solver.

Ao construirmos, pois, a dogmática da incorporação, não podemos deixar de proceder ao estudo dos deveres que incumbem ao subscritor, candidato ou adquirente, em face da planejada edificação, reportando-nos aos princípios gerais ou aos dispositivos expressos da Lei do *Condomínio e Incorporações,* todas as vezes que em uma ou outros vão assentar.

Como conceito genérico, comecemos por acentuar o dever geral de cumprir todas as obrigações contratuais. *Pacta sunt servanda,* os antigos afirmavam para significarem a desvalia em que caiu a distinção que no direito romano vigorava entre contratos e pactos, dotados os primeiros de obrigatoriedade porque acompanhados da respectiva ação, enquanto os outros *(pacta),* vazios da *actio,* apenas geravam *exceptiones. Pacta sunt servanda* repetem os modernos, ao sustentarem que todo aquele que assume uma obrigação convencional, qualquer que seja, está sujeito aos seus termos e tem de dar-lhe execução, uma vez que as cláusulas livremente ajustadas têm de ser estritamente cumpridas.

---

[1] Nota do editor: o texto na cor preta indica o texto original do Professor Caio Mário, e o texto na cor cinza é de autoria dos atualizadores. Os capítulos e itens de autoria dos atualizadores, além de estarem na cor cinza, estão indicados com letras após o número.

Às *obrigações do adquirente* (expressão esta usada na acepção assim do comprador com título formal, como do promitente-comprador ou cessionário deste) correspondem *direitos do incorporador.*

O presente Capítulo, que as tem por epígrafe, também abrange estes últimos.

Habitualmente, o ponto de partida das relações contratuais entre incorporador e adquirente é uma *proposta* firmada por este. Aqui não difere ele dos demais contratos. Após as *negociações preliminares (pourparlers, trattative),* que não obrigam a não ser naqueles casos em que geram a chamada *obrigação pré-contratual,* a que os autores emprestam o necessário desenvolvimento,[2] todo contrato tem início pela *proposta.*

Por uma inversão de posições, entretanto, o incorporador, aquele que promove o negócio, coloca-se na situação de *oblato,* transferindo à outra parte a autoria da proposta, ainda quando esta se materializa em um impresso que o candidato recebe para assinar. Os anúncios do incorporador, as vantagens apregoadas do negócio, os prospectos ilustrados que os difundem podem, então, ser considerados como *invitatio ad offerendum,* quer dizer, convites para que lhe sejam dirigidas propostas.[3]

Firmada a do candidato à aquisição da unidade, logo lhe nascem as obrigações correspondentes, pois, segundo a regra do Código, a proposta de contrato obriga o proponente. Embora ainda não haja contrato, já existe a obrigação, originada na proposta mesma, que o proponente já não tem mais faculdade de retirar, sob pena de responder pelas suas consequências.

O que a lei inovou, no particular do contrato de incorporação, foi impor (como visto no n. 140, *supra*) a obrigação de firmar o contrato, nos 60 dias subsequentes ao escoamento do prazo de carência ou à data de qualquer documento preliminar (Lei n. 4.591, art. 35). Fora daí, afina-se com os princípios do direito comum, e nem seria científico que dele se divorciasse.

Sendo a proposta obrigatória para o proponente e havendo a Lei do *Condomínio e Incorporações* assinado prazo ao incorporador para que promova a celebração do contrato relativo à fração ideal do terreno, e bem assim do contrato de construção e da convenção de condomínio, daí advém para o subscritor da proposta ou policitante a correlata obrigação de comparecer a Cartório, ou no lugar designado, para a assinatura desses documentos.

Se lhe assiste o direito de responsabilizar o incorporador pela omissão quanto a estas providências, por outro lado torna-se inadimplente se não açode à convocação para firmar estes instrumentos contratuais e, desta sorte, arma desde logo o incorporador de uma poderosa alegação (a da *exceptio non adimpleti contractus),* para o caso de se retardar o início da construção.

146. Cláusula resolutiva expressa. O contrato de incorporação pode trazer explícita a cláusula pela qual se estabeleça o efeito resolutório da mora no pagamento das prestações

---

[2] Carrara, *La formazione dei contratti,* p. 3; Serpa Lopes, *Curso de direito civil,* v. III, n. 39; Orlando Gomes, *Contratos,* n. 36; Caio Mário da Silva Pereira, *Instituições de direito civil,* v. III, n. 188; Antônio Chaves, *Responsabilidade pré-contratual.*

[3] Barassi, *Obbligazioni,* v. II, n. 116; Trabucchi, *Istituzioni di diritto civile,* n. 279.

a que o adquirente se tenha obrigado. Todo contrato bilateral pressupõe cláusula resolutiva. O incorporador tem direito às prestações do preço, e, mais do que isto, tem interesse em que este lhe seja pago *opportuno tempore*, uma vez que o atraso reflete inevitavelmente nas disponibilidades de caixa e, por via de consequência, no ritmo das obras.

Acontece que no negócio jurídico da incorporação existe um *complexus* jurídico que requer atenção. É que se conjugam um contrato translatício de domínio quanto à fração ideal do terreno e o de construção do edifício, que irá proporcionar a unidade autônoma ao adquirente.

Ter-se-ia um resultado ilógico do ponto de vista jurídico, e desastroso sob aspecto comercial, se a falta de pagamento das prestações relativas à construção trouxesse a consequência jurídica da resolução deste contrato, mas respeitasse íntegra a transferência dominial quanto à quota-parte do terreno. Ilógica, porque o contrato de incorporação tem em vista proporcionar a aquisição de unidade autônoma em edificação coletiva e, no regime da propriedade horizontal, são indissociáveis a sua propriedade exclusiva e o condomínio do terreno e partes comuns (V. n. 40, *supra*). Desastrosa, economicamente, porque o contratante infiel, conservando a fração ideal do terreno, constituiria um quisto na comunidade dos adquirentes, dificultando o funcionamento orgânico do condomínio, pelo seu desinteresse relativo ao andamento da obra.

Bem andou, então, a Lei n. 4.591/1964 ao estabelecer que no contrato de incorporação poderá ser estipulado que, na hipótese de atrasar o adquirente o pagamento de parcela relativa à construção, os efeitos da mora recairão não apenas na aquisição da parte construída, mas, também, sobre a fração ideal de terreno, ainda que já esteja totalmente paga (art. 41, § 1.º).

Dito de outra maneira, quer o legislador significar que a cláusula resolutiva inserida no contrato de incorporação não se restringe à construção, mas envolve, com esta, a aquisição da quota-ideal do terreno num desenvolvimento lógico de que o objeto do contrato é a aquisição de unidade em regime de propriedade horizontal, e que, essencialmente, não se compadece com esta a resolução em parte por via da qual o adquirente perca a relativa à construção e conserve uma fração no condomínio de que sua infidelidade contratual o excluiu.

Reversamente, o atraso no pagamento das prestações relativas à aquisição da fração ideal do terreno terá por efeito resolver o contrato de construção, pela mesma razão de ser incompatível com o regime condominial do edifício ficar uma pessoa com a propriedade do apartamento, ou da loja, ou do conjunto profissional, sem se tornar condômina por quota ideal do terreno. Autoriza, então, a Lei n. 4.591/1964 se estipule igualmente que, na hipótese de o adquirente atrasar o pagamento da parcela relativa à fração ideal do terreno, os efeitos da mora recairão não apenas sobre a sua aquisição, mas atingirão também a parte referente à construção, ainda que totalmente paga (art. 41, § 2.º).

147. Cláusula resolutiva tácita. *Quid iuris,* porém na falta de estipulação?

A Lei n. 4.591/1964 cogita da *cláusula resolutiva expressa* no art. 41. Mas a doutrina nos ensina que, pela elaboração dos juristas medievais, a *lex commissoria*, de tão correntia que era, passou a se considerar ínsita em todo contrato bilateral, e de tal jeito que, mesmo na ausência de estipulação, pode o prejudicado pelo inadimplemento do outro contratante pedir que o contrato se resolva.

Quando o legislador do *Condomínio e Incorporações* aludiu à estipulação da condição resolutiva, teria pretendido excluir a resolutiva tácita?

A resposta somente pode ser negativa.

A condição *resolutiva tácita* é uma causa extintiva de todo contrato bilateral, consagrada em todos os Códigos, princípio em virtude do qual a inexecução por uma das partes tem como consequência facultar à outra promover a sua resolução, se não preferir a alternativa de reclamar a prestação. E tal efeito existe, ainda que não tenha sido expressamente estipulado.[4]

Este efeito resolutório do inadimplemento vem consagrado no Código francês, art. 1.184; no *Bürgerliches Gezetzbuch*, art. 326; no Código Civil brasileiro de 1916, art. 1.092, parágrafo único.

Seu *habitat* é o contrato bilateral.

E, sendo a incorporação um contrato bilateral, tem cabimento a condição resolutiva tácita, cujo efeito seria então este: mesmo na falta de convenção expressa, o incorporador lesado pela inexecução das prestações por parte do adquirente pode promover a resolução do contrato.

Entretanto, o mecanismo da faculdade resolutória difere. Se a resolução foi expressamente pactuada, opera a cláusula de pleno direito. Na falta de ajuste explícito, torna-se necessário que o incorporador faça interpelar o adquirente, pela via judicial, assinando-lhe o prazo para o pagamento, sob pena de resolução, e somente na falta de atendimento à notificação é que pode ter lugar a extinção do contrato.[5]

Operada a resolução, por invocação da resolutiva tácita, a consequência é a mesma da expressa, pois nos efeitos a *lex comissoria* não varia, senão na forma de operar. E, como é da essência da propriedade horizontal que o condomínio sobre o terreno e partes comuns é indissociável da propriedade exclusiva da unidade autônoma, a resolução por falta de pagamento das prestações relativas ao terreno gera a da parte correspondente à construção; e *vice-versa*, o não pagamento das prestações atinentes à construção causando a resolução do contrato estende-se à aquisição da fração ideal, independentemente de já estar pago o preço totalmente. Não pode uma pessoa ser titular do direito sobre a quota ideal do terreno sem ser proprietário da unidade autônoma, pela mesma razão que o dono desta não pode deixar de ser condômino por fração ideal do terreno sobre que o edifício se levanta. Há um aparente ilogismo na preceituação legal, quando inclui no efeito da resolução o caso de estar o preço do terreno integralmente pago e, *vice-versa*, o da construção. O fundamento situa-se, contudo, na própria natureza especial do condo-

---

[4] Caio Mário da Silva Pereira, *Instituições de direito civil*, v. III, n. 214; Colin *et* Capitant, *Droit civil*, v. II, n. 140; Planiol, Ripert *et* Boulanger, *Traité élémentaire de droit civil*, v. II, n. 515; Maurice Picard *et* Prudhomme, La Résolution Judiciaire des Contrats pour Inexécution des Obligations, *Revue Trimestrielle de Droit Civil*, 1912, p. 61.

[5] Caio Mário da Silva Pereira, *Instituições de direito civil*, v. III, n. 214.

mínio em edifício por unidades autônomas, cujas características peculiares explicamos detidamente na primeira parte desta obra (V, n. 40, *supra*).

148. Efeitos da resolução. A resolução opera, em princípio, a extinção da relação contratual. Esta, aliás, a sua finalidade precípua. Uma vez que o inadimplemento se verifique e que a parte prejudicada, na alternativa entre reclamar pela via competente a prestação faltosa e a resolução, escolha esta última, não lhe poderá mais sobreviver o vínculo contratual. No entanto, diferentemente do que se passa com a nulidade, em que recuam os efeitos para desfazer o negócio jurídico *ab initio,* a resolução opera *ex nunc* e rompe o liame convencional sem fazer abstração do tempo decorrido e dos efeitos produzidos.

Se assim é em tese, não pode deixar de sê-lo no que diga respeito ao contrato de incorporação, em que as partes teriam, mais ou menos longamente, vivido um certo tempo da vida contratual, em razão da qual teria havido prestações recíprocas, inclusive traslação de propriedade ou constituição de direito real em favor de um dos contratantes. Esses direitos, por um lado, não podem ficar sem sujeito e, por outro, a construção, iniciada ou em curso, não se deverá interromper. Pode, ainda, ocorrer que o titular da relação jurídica haja promovido a sua transferência a outrem e cumpre, então, tirar todas as consequências.

A primeira é que as transferências não podem permanecer válidas após a resolução. Já era princípio assente, prestigiado pela marca de ancianidade, que *resoluto iure dantis resolvitur ius accipientis.* No tocante ao assunto que nos ocupa no momento, a Lei n. 4.591/1964 expressamente estatui que, no caso de resolução do contrato de alienação do terreno ou de fração ideal, ficarão rescindidas as cessões ou promessas de cessão de direitos correspondentes à aquisição do terreno (art. 40). No alienante, em cujo favor se opere a resolução, consolida-se o direito sobre a construção, porventura existente, com o encargo, porém, de ressarcir ao ex-titular do direito à aquisição da unidade o valor da parcela relativa à parte de construção que lhe tenha sido adicionada se tiver ele dado causa à rescisão (§§ 1.º e 2.º).

Completando-se o ciclo, a resolução do contrato relativo à fração ideal do terreno e partes comuns faz sub-rogar a pessoa, em cujo favor se tenha operado, nos direitos e nas obrigações de que era titular o inadimplente, relativamente à construção (art. 42). Desta sorte, o contrato de construção com ele prossegue e ao seu patrimônio se integrará a unidade adquirida pelo contratante que sofreu a resolução.

Não lucrará, porém, gratuitamente, a unidade. Ao revés, ficando com direito a ela, assume *ipso facto* as obrigações do seu antecessor na relação jurídica e está, portanto, sujeito ao pagamento das prestações de aquisição e demais encargos.

148-A. Resolução da promessa de compra e venda. Em relação à promessa de compra e venda de unidade como coisa futura, a preço fechado, a ser construída por conta e risco do incorporador, a extinção do contrato em caso de inadimplemento da obrigação do promitente comprador se dá mediante ação de resolução, de procedimento comum ordinário, ou mediante procedimento extrajudicial, disciplinado pelo Decreto-lei n. 745/1969, articulado ao art. 251-A da Lei n. 6.015/1973, ou pelo art. 63 e parágrafos da Lei n. 4.591/1964, e nesta hipótese a resolução é seguida de venda da unidade (fração ideal e correspondentes acessões) em leilão público, promovida pela comissão de representantes, na qualidade de procuradora dos adquirentes, ou pelo incorporador. Esta última forma de extinção do contrato será tratada mais adiante. O tema do cancelamento do registro da promessa é desenvolvido no item 148-B, *infra*, e o procedimento do art. 63 consta do item 160, *infra* (Capítulo XVII).

A propositura da ação de resolução da promessa deve ser precedida de interpelação do promitente comprador, pela qual se lhe ofereça oportunidade para purgação da mora (Decreto-lei n. 745/1969).

O art. 62 da Lei n. 13.097/2015 deu nova redação ao art. 1º do Decreto-lei n. 745/1969 e a ele acrescentou um parágrafo, dispondo que a resolução se operará de pleno direito em relação aos contratos de promessa de venda de imóveis não loteados dos quais conste cláusula resolutiva expressa, uma vez caracterizado o inadimplemento absoluto caso o promitente comprador não purgue a mora no prazo da interpelação.[6]

A resolução do contrato, como se sabe, importa no retorno das partes ao estado anterior, com a recuperação da posse do imóvel pelo promitente vendedor e a restituição ao promitente comprador das quantias pagas, deduzida do valor da indenização das perdas e danos causados pelo inadimplemento.

Além da indenização, a resolução do contrato por inadimplemento do adquirente comporta também retribuição pela fruição, caso o imóvel tenha sido colocado à sua disposição.

Nos contratos em que, por não ter sido convencionada a cláusula resolutória expressa, não seja possível a resolução extrajudicial da promessa, pode o incorporador promover sua resolução judicial, devendo antes notificar extrajudicialmente o promitente comprador para purgação da mora.

A despeito de os contratos de promessa de venda de imóveis integrantes de incorporação, em geral, fixarem em cláusula penal o valor da indenização das perdas e danos, a jurisprudência, majoritariamente, impõe sua redução, arbitrando-o em valores que correspondam a percentuais que variam de 10 a 25% do valor pago pelo promitente com-

---

6   Decreto-lei n. 745/1969: "Art. 1.º   Nos contratos a que se refere o art. 22 do Decreto-Lei n. 58, de 10 de dezembro de 1937, ainda que não tenham sido registrados junto ao Cartório de Registro de Imóveis competente, o inadimplemento absoluto do promissário comprador só se caracterizará se, interpelado por via judicial ou por intermédio de cartório de Registro de Títulos e Documentos, deixar de purgar a mora, no prazo de 15 (quinze) dias contados do recebimento da interpelação. Parágrafo único. Nos contratos nos quais conste cláusula resolutiva expressa, a resolução por inadimplemento do promissário comprador se operará de pleno direito (art. 474 do Código Civil), desde que decorrido o prazo previsto na interpelação referida no *caput*, sem purga da mora."
Decreto-lei nº 58/1937: "Art. 22. Os contratos, sem cláusula de arrependimento, de compromisso de compra e venda e cessão de direitos de imóveis não loteados, cujo preço tenha sido pago no ato de sua constituição ou deva sê-lo em uma, ou mais prestações, desde que, inscritos a qualquer tempo, atribuem aos compromissos direito real oponível a terceiros, e lhes conferem o direito de adjudicação compulsória nos termos dos artigos 16 desta lei, 640 e 641 do Código de Processo Civil."

prador e determinando a restituição imediata do valor pago pelo promitente comprador, deduzido do valor da indenização das perdas e danos fixado na sentença ou prefixado em cláusula penal no contrato (Súmula 543/STJ).[7]

As questões e controvérsias que envolvem os efeitos da resolução judicial do contrato de promessa de venda de imóveis integrantes de incorporação imobiliária se intensificaram nos anos 2014/2018, diante de grave crise que levou a quebra de contratos de promessa a alcançar 45% do total dos contratos celebrados no mercado das incorporações imobiliárias.

Nesse contexto, foram apresentados vários Projetos de Lei na Câmara e no Senado visando à regulamentação da matéria, entre eles o Projeto de Lei n. 1.220/2015, convertido na Lei n. 13.786/2018, que introduz alterações na Lei n. 4.591/1964, pelas quais, além de conferir ao promitente comprador direito de arrependimento no período de sete dias contados da assinatura da promessa, se celebrada fora da sede da incorporadora, e reafirmar a irretratabilidade da promessa de compra e venda se não exercido nesse prazo o direito de arrependimento, estabelece limite para indenização das perdas e danos decorrentes do inadimplemento da obrigação do promitente comprador, fixa penalidades pelo inadimplemento da obrigação do incorporador de entregar o imóvel no prazo contratado, acrescido do prazo de prorrogação de 180 dias, e dispõe sobre o momento da restituição das quantias pagas pelo promitente comprador na liquidação da sentença de resolução do contrato.

Ao reafirmar a irretratabilidade da promessa celebrada no contexto da atividade da incorporação imobiliária, o art. 67-A e seus §§ 1.º a 8.º explicitam que duas são as formas legalmente admitidas para extinção desse contrato, a saber, "distrato ou resolução por inadimplemento absoluto de obrigação do adquirente", excluindo, portanto, a possibilidade de resilição unilateral da promessa de venda de imóvel integrante de incorporação imobiliária.

Assim, se o adquirente não mais dispuser de condições para cumprir sua obrigação e as partes não chegarem a acordo para a resilição bilateral (distrato), a promessa será extinta mediante resolução por inadimplemento da obrigação do adquirente, seja por meio do procedimento extrajudicial regulamentado pelo art. 63 ou de ação judicial, admitida a ação de resolução por inadimplemento anterior ao termo por iniciativa do próprio adquirente.

Em relação aos efeitos do distrato e da resolução judicial de promessas de venda de imóveis integrantes de incorporação imobiliária não submetida ao regime da afetação, o art. 67-A limita a indenização das perdas e danos a 25% das quantias pagas, devendo ser deduzidas do valor a ser restituído as quantias correspondentes a essa penalidade e à comissão de corretagem. A restituição deve ser feita em 180 dias após a resolução ou 30 dias após a revenda do imóvel, o que ocorrer primeiro.

---

[7] Súmula 543: "Na hipótese de resolução de contrato de promessa de compra e venda de imóvel submetido ao Código de Defesa do Consumidor, deve ocorrer a imediata restituição das parcelas pagas pelo promitente comprador – integralmente, em caso de culpa exclusiva do promitente vendedor/construtor, ou parcialmente, caso tenha sido o comprador quem deu causa ao desfazimento".

Se a incorporação estiver submetida ao regime da afetação, a indenização pela extinção da promessa, seja mediante distrato ou resolução, é limitada a 50% das quantias pagas, devendo ser deduzidas do valor a ser restituído as quantias correspondentes a essa penalidade e à comissão de corretagem; a restituição será feita em até 30 dias após o habite-se ou 30 dias após a revenda do imóvel, o que ocorrer primeiro (art. 67-A, § 5.º).

O diferimento da restituição para momento posterior à conclusão da obra ou à revenda do imóvel visa à preservação do orçamento da construção, de forma a assegurar a aplicação dos recursos provenientes das vendas das unidades no pagamento das obrigações correspondentes à construção, coerentemente com o regime de vinculação de receitas expresso no art. 833, XII, do CPC, que torna impenhoráveis os créditos oriundos das vendas destinados ao pagamento das obrigações vinculadas à construção.

A iniciativa da resolução pode ser do próprio devedor que se vê incapaz de pagar. Nesse caso, a propositura da ação pelo adquirente pode caracterizar seu inadimplemento anterior ao termo, tornando exigível a indenização das perdas e danos. Não raras vezes, as decisões qualificam a resolução por inadimplemento antecipado como "resilição unilateral", "desistência imotivada", "denúncia unilateral por inadimplemento confessado pelo promitente comprador", embora apliquem as penalidades típicas da responsabilidade por inadimplemento.[8]

---

[8] "Apelações cíveis. Contrato de promessa de compra e venda de unidade imobiliária em *pool* hoteleiro. Rescisão por iniciativa do comprador. Pretensão de rescisão do contrato, com a devolução das quantias pagas, além do recebimento de verba compensatória por dano moral. (...) A contenda versa sobre compra e venda de partes ideais de imóvel (hotel), destinadas a investimento imobiliário. (...) O litígio não envolve relação de consumo, afastada assim a aplicação do CDC ao caso em voga. (...) Autores afirmam textualmente em sua inicial que precisam rescindir o contrato, por não conseguirem mais manter o investimento realizado. Trata-se da possibilidade da denúncia unilateral do contrato por inadimplemento confessado dos autores, ou seja, a pretensão é de resolução do compromisso de compra e venda, por iniciativa do promissário comprador, por não mais suportar o pagamento das parcelas, independentemente de posterior e eventual paralisação das obras. (...) As partes contratuais devem agir em conformidade com a boa-fé objetiva (art. 422 do CC). Os autores demonstraram zelo em desfazer um contrato que já não se viam em condições de honrar. Ademais, na espécie de contrato de que se trata, o credor recebe de volta o bem transacionado, podendo negociá-lo com terceiro, de maneira a no mínimo amenizar suas perdas. O Superior Tribunal de Justiça já se manifestou no sentido da possibilidade da denúncia unilateral do contrato por inadimplemento antecipado e confessado do promitente comprador, ou seja, quando a este for insustentável economicamente o adimplemento contratual. É justo e razoável admitir-se a retenção, pelo vendedor, de parte das prestações pagas como forma de indenizá-lo pelos prejuízos suportados, notadamente as despesas administrativas realizadas com a divulgação, comercialização e publicidade. Entendimento do STJ de que a desistência do comprador rende ao promitente vendedor o direito de reter até 25% dos valores pagos. (...) A mora foi dos autores, que desistiram do negócio avençado, sendo o principal pedido da presente demanda a devolução dos valores pagos. Demandantes que não demonstraram qualquer fato a justificar o seu pleito compensatório de dano moral que, assim, não restou configurado. Recurso da parte ré a que se dá parcial provimento e recurso adesivo dos autores a que se nega provimento, reformando-se a sentença para julgar improcedente o pedido de danos morais e condenar a parte ré a restituir 80% dos valores pagos, acrescidos de juros de mora de 1% ao mês a contar da data do trânsito em julgado, mantendo-se, no mais, a sentença recorrida" (TJRJ,

A esse propósito é paradigmático o acórdão proferido em 1998 na Apelação 38.024.4/7 do Tribunal de Justiça do Estado de São Paulo, que reconheceu a caracterização do inadimplemento antecipado da obrigação do promitente comprador e decretou a resolução do contrato por ele mesmo requerida, com fundamento em que "não se pode negar ao autor [promitente comprador] o direito de ver declarada judicialmente a rescisão, já ocorrida na realidade, e de discutir o valor das perdas e danos. Se assim não se fizer, o devedor [promitente comprador] estará manietado, impossibilitado de discutir o *quantum* das perdas e danos a seu cargo".

Esse acórdão foi confirmado pelo STJ no REsp 200.019-SP[9] e constitui marco no reconhecimento da legitimidade do promitente comprador para propor a resolução com fundamento no inadimplemento da sua obrigação anteriormente à exigibilidade da prestação.

Decisões anteriores do STJ já sinalizavam para a responsabilidade do promitente comprador de reparar as perdas e danos em caso de resolução por inadimplemento decorrente de perda de capacidade financeira.

Nos Embargos de Divergência no Recurso Especial n. 59.870-SP, foi acolhido por 4 votos a 3 o pedido de resolução formulado pelo adquirente, sob fundamento em alteração da base objetiva do negócio, impedindo-o de continuar cumprindo o contrato. Negou-se, entretanto, o pedido de restituição integral, tendo o relator ressalvado: "claro está que, ao reverso do disposto na sentença, a restituição não deve operar-se de modo integral, mas com dedução de 25%, consideradas não só as despesas gerais tidas pela incorporadora com o empreendimento, mas também a circunstância de que, no caso, foi a autora quem teve a iniciativa de romper o pactuado".

Apelação 0021342-37.2015.8.19.0002, 24.ª Câmara Cível, rel. Des. Cíntia Santarem Cardinali, *DJe* 23.1.2019).

9   "Civil. Promessa de compra e venda. Rescisão. Ação de rescisão de compromisso de compra e venda ajuizada pelo promitente comprador, que ficou sem condições de cumprir o contrato. Procedência do pedido, à vista das circunstâncias do caso concreto. Recurso especial não conhecido" (STJ, REsp 200.019, 3.ª Turma, rel. Min. Ari Pargendler, *DJ* 27.8.2001). Do voto do relator da apelação cível, Desembargador José Osório, colhem-se os seguintes excertos: "percebendo que não poderia continuar cumprindo o contrato, e não obtendo o distrato amigável, [o autor] declarou expressamente que não ia pagar e pediu a declaração judicial da rescisão e a devolução das importâncias pagas, abatido o valor das perdas e danos que as rés comprovassem. (...) Segundo a teoria tradicional vigorante, a dificuldade ou mesmo a impossibilidade, econômica, pessoal, do devedor, não constitui força maior e não o exonera do dever de prestar. Entretanto, no campo das relações de consumo, em que o comprador está mais sujeito às variadas seduções das técnicas de venda, já se nota atenuação da regra *supra*; os próprios vendedores e fornecedores têm sido tolerantes com a inadimplência dos consumidores em épocas de dificuldades econômicas, de desemprego etc. Assim é que, nesse ambiente, tais circunstâncias não podem deixar de ser consideradas e vão produzir algum efeito, como se verá adiante (...). Declarando expressa e solenemente que não podia mais pagar, o autor entrou diretamente no estado de inadimplência, sem passar pela mora (...) com o inadimplemento antecipado e confesso por parte do autor, e consequente abertura de duas alternativas suprarreferidas para as rés-vendedoras e com a escolha da solução rescisória, o autor-comprador não se isentou de responsabilidade. Continuou ele submetido aos efeitos do contrato, em estado de responsabilidade, e vai pagar por isso (...)".

Embora ressalvando que "ao compromissário-comprador inadimplente, em princípio, não é dado o direito de pedir a resolução do contrato", ela foi admitida em vista da comprovação, nos autos, da impossibilidade material de prosseguir os pagamentos e mediante indenização das perdas e danos sofridas pelo promitente vendedor, como observou a Ministra Nancy Andrighi em seu voto: "se é certo que a perda das parcelas, *in totum*, acarreta excessiva onerosidade ao promissário-comprador, é também lógico deduzir que a condenação do recorrido, promitente-vendedor, à devolução integral dos valores pagos constitui grave injustiça. Com o fim solucionar a questão, tem a jurisprudência deste C. STJ admitido a retenção, pelo promitente vendedor, de parte da quantia despendida pelo promissário-comprador, a título de reembolso das despesas incorridas com a venda do imóvel (publicidade, corretagem, elaboração de contratos etc.), a título de indenização, por ter o promissário-comprador dado causa à rescisão".[10]

A hipótese é apreciada por José Osório de Azevedo Jr., que sintetiza a justificativa da resolução por iniciativa do promitente comprador incapaz de adimplir: "a) mesmo que o inadimplemento seja decorrente de fato imputável ao devedor, a ação pode ser de sua iniciativa, isto porque a imputação é de mera culpa e não de dolo; b) havendo motivo eticamente justificável, é possível que se declare o inadimplemento antecipado do contrato; c) com a declaração do devedor de que não vai pagar e mesmo com a inércia do credor, a resolução do contrato é fatal, particularmente em razão do disposto no art. 1.163 do CC/1916 [atual art. 474 do CC/2002]; d) o princípio da força obrigatória do contrato está respeitado, pois o inadimplente é responsabilizado. A questão central está na aferição das perdas; e) se o compromitente, a bem de suas conveniências, não pede a resolução do contrato, o compromissário pode fazê-lo, pois este se julga credor do excesso indenizatório que ficou em mãos daquele".[11]

É como se consolidou a jurisprudência do STJ, nos termos da Súmula 543, que, considerando a irretratabilidade da promessa, deixa claro que o modo de extinção da promessa é a *resolução* por inadimplemento do incorporador ou do promitente comprador (que pode ocorrer anteriormente ao termo), excluída, obviamente, a possibilidade de *resilição unilateral* por incompatibilidade com a irretratabilidade do contrato (Código Civil, art. 473).[12]

---

[10] REsp 59.870-SP, 3.ª Turma do STJ, decisão unânime, *DJ* 7.2.2000, *Revista do Superior Tribunal de Justiça*, Brasília, a. 12 (129), p. 246-257, rel. Min. Ari Pargendler: "Civil. Compra e venda de imóvel resilida pela vontade unilateral do adquirente. Código do Consumidor. 1. Contrato de adesão. Contrato de adesão é aquele cujo conteúdo não pode ser substancialmente modificado pelo consumidor (...), em cujo rol se inclui o contrato de compra e venda de apartamento, salvo se, *v.g.,* comprovada ou a modificação da planta padrão ou a redução significativa do preço ou o respectivo parcelamento em condições não oferecidas aos demais adquirentes de unidades no empreendimento. 2. Devolução das parcelas pagas. A devolução das prestações pagas, por efeito da desistência da compra, não é garantida pelo Código do Consumidor; o § 1.º do art. 53, que originariamente assegurava ao adquirente esse direito, foi vetado, de modo que uma exegese o restabelecesse implicaria eliminar o veto por meio de interpretação".

[11] José Osório Azevedo Jr., *Compromisso de compra e venda*. 5. ed. São Paulo: Malheiros, 2006. p. 205-207.

[12] Súmula 543: "Na hipótese de resolução de contrato de promessa de compra e venda de imóvel submetido ao Código de Defesa do Consumidor, deve ocorrer a imediata restituição das parcelas

Anteriormente, a jurisprudência do Tribunal de Justiça do Estado de São Paulo, consolidada na Súmula 1, já admitia a resolução por iniciativa do promitente comprador e reconhecia sua responsabilidade pela indenização das perdas e danos que o inadimplemento causa ao incorporador, ao determinar que do valor a ser restituído sejam deduzidos os "gastos próprios de administração e propaganda feitos pelo compromissário vendedor, assim como com o valor que se arbitrar pelo tempo de ocupação do bem".[13]

Desde a entrada em vigor da Lei n. 13.786/2018, a qual, como visto anteriormente, estabeleceu a possibilidade de o incorporador estabelecer, no contrato de promessa de compra e venda, multas de até 50% (incorporações submetidas ao regime do patrimônio de afetação) e até 25% (demais incorporações), para os casos em que o adquirente dá causa à extinção do contrato, discute-se a eventual abusividade de tais percentuais, sendo certo que a tendência dos Tribunais tem sido pelo reconhecimento de sua validade, pois "estando o limite estabelecido na cláusula de devolução de valores pactuada entre as partes em conformidade com o estabelecido na lei, não há como declarar sua nulidade, ante a prevalência do princípio da pacta sunt servanda" (AgREsp 2.062.928, STJ).

Naturalmente, havendo cláusula penal abusiva, superior aos limites legalmente permitidos, sua redução pelo Poder Judiciário será admitida mesmo nos casos em que tiver sido ajustada em distrato (AgInt no AREsp 1.924.382, STJ).

Além dos limites de penalidade na hipótese de resolução do contrato por inadimplemento da obrigação do promitente comprador e dos critérios de restituição das quantias pagas, estabelecidos pelos §§ 1.º a 8.º do art. 67-A da Lei n. 4.591/1964, com a redação dada pela Lei n. 13.786/2018, seu § 14 dispõe que esses limites e prazos de restituição aplicam-se restritivamente à resolução judicial de promessa, excluídos dessa regra os procedimentos de extinção de contrato mediante resolução extrajudicial seguida de leilão, prevista no art. 63 da mesma Lei n. 4.591, e os procedimentos de execução e excussão do imóvel, nos quais "a restituição far-se-á de acordo com os critérios estabelecidos na respectiva lei especial".

Assim, na resolução extrajudicial de que trata o art. 63, assim como na execução do crédito oriundo de compra e venda com pacto adjeto de alienação fiduciária ou de hipoteca, a restituição corresponderá à quantia que sobrar do produto do leilão.

Em relação à execução extrajudicial de créditos garantidos por hipoteca ou por propriedade fiduciária de bem imóvel, o devedor fará jus ao saldo do produto do leilão, depois de satisfeito o crédito hipotecário ou fiduciário, aplicando-se à execução hipote-

---

pagas pelo promitente comprador – integralmente, em caso de culpa exclusiva do promitente vendedor/construtor, ou parcialmente, caso tenha sido o comprador quem deu causa ao desfazimento".

[13] Súmulas do TJSP: "1. O compromissário comprador de imóvel, mesmo inadimplente, pode pedir a rescisão do contrato e reaver as quantias pagas, admitida a compensação com gastos próprios de administração e propaganda feitos pelo compromissário vendedor, assim como com o valor que se arbitrar pelo tempo de ocupação do bem. 2. A devolução das quantias pagas em contrato de compromisso de compra e venda de imóvel deve ser feita de uma só vez, não se sujeitando à forma de parcelamento prevista para a aquisição. 3. Reconhecido que o compromissário comprador tem direito à devolução das parcelas pagas por conta do preço, as partes deverão ser repostas ao estado anterior, independentemente de reconvenção".

cária extrajudicial os arts. 29 a 41 do Decreto-lei n. 70/1966 (Associações de poupança e empréstimo e cédula hipotecária) e à execução fiduciária extrajudicial, o art. 27 e seus parágrafos da Lei n. 9.514/1997 (Sistema de financiamento imobiliário e alienação fiduciária de coisa imóvel).

148-B. Cancelamento do registro da promessa de compra e venda. O art. 251-A foi inserido na Lei n. 6.015/1973 (Lei dos Registros Públicos) pela MP n. 1.085/2021, convertida na Lei n. 14.382/2022, alterando de forma relevante a sistemática da resolução da promessa de compra e venda e o cancelamento do seu registro no cartório de registro de imóveis.

Se o adquirente deixar de pagar uma ou mais parcelas do saldo do preço da unidade, e estando a promessa de compra e venda registrada, o promitente vendedor poderá requerer a intimação do promitente comprador, ou de seu representante legal ou procurador regularmente constituído, a purgar a mora no prazo de 30 dias. O pagamento deverá abranger a prestação ou prestações vencidas e as que venceram até a data de pagamento, os juros convencionais, a correção monetária, as penalidades e os demais encargos contratuais, os encargos legais, inclusive tributos, as contribuições condominiais ou despesas de conservação e manutenção em loteamentos de acesso controlado, imputáveis ao imóvel, além das despesas de cobrança, de intimação, bem como do registro do contrato, caso este tenha sido efetuado a requerimento do promitente vendedor (art. 251-A, § 1.º).

A intimação poderá ser efetivada pelo próprio oficial do Registro de Imóveis, que, no entanto, poderá delegar a diligência ao oficial de Registro de Títulos e Documentos da comarca da situação do imóvel ou do domicílio de quem deva recebê-la, aplicando-se ao procedimento, no que couber, os dispositivos referentes à citação e intimação previstas no Código de Processo Civil de 2015 (art. 251-A, §§ 2.º e 3.º).

A mora poderá ser purgada mediante pagamento ao oficial do Registro de Imóveis, que dará quitação ao promitente comprador ou seu cessionário das quantias recebidas no prazo de três dias, depositará esse valor na conta bancária informada pelo promitente vendedor no próprio requerimento, e, na sua falta, o cientificará de que o numerário está à sua disposição (art. 251-A, § 4.º).

Não ocorrendo o pagamento, isto é, caracterizado o inadimplemento absoluto, o oficial certificará o ocorrido e intimará o promitente vendedor a promover o recolhimento dos emolumentos para efetuar o cancelamento do registro (art. 251-A, § 5.º), caso em que a certidão do cancelamento do registro servirá como prova relevante ou determinante para concessão da medida liminar de reintegração de posse, caso o promitente comprador esteja ocupando o imóvel (art. 251-A, § 6.º).

Como se vê, o art. 251-A da Lei n. 6.015/1973 prevê prazo de 30 dias para a purga da mora, em aparente antinomia com o Decreto-Lei n. 745/1969 (dispõe sobre os contratos de promessa de compra e venda de imóveis não loteados com pagamento a prazo), cujo art. 1.º confere ao promitente comprador prazo de 15 dias para pagar o débito e extinguir a mora. Entretanto, uma análise mais atenta dos dispositivos revela que ambos os prazos podem conviver, sem revogação.

Cap. XV • Obrigações do Adquirente | 329

Na nova sistemática, o divisor de águas será a existência ou não, na promessa de compra e venda, de cláusula resolutiva expressa. Em caso de omissão do contrato, ainda que registrado no registro de imóveis, caberá ao incorporador notificar o adquirente de acordo com o Decreto-Lei n. 745/1969, e, caracterizado o inadimplemento absoluto pela não purgação da mora, terá que ingressar com ação judicial de resolução do contrato.

Contudo, havendo cláusula resolutiva expressa, o procedimento segue caminhos distintos conforme o contrato esteja ou não registrado.

Havendo registro da promessa, aplica-se o art. 251-A e seus parágrafos, conferindo--se ao adquirente prazo de 30 dias para a purga da mora. Se o débito não for pago no prazo, a promessa resolver-se-á de pleno direito, por força do disposto no parágrafo único do art. 2.º do Decreto-Lei n. 745/1969, sendo a extinção do contrato o fato jurídico que autoriza ao oficial o cancelamento do registro da promessa. Situação diversa é a de promessa não registrada no registro de imóveis, pois, não havendo registro a ser cancelado, será inaplicável o art. 251-A da Lei n. 6.015/1973, hipótese em que o incorporador seguirá o procedimento do referido Decreto-Lei, com prazo de 15 dias para a quitação do débito existente.

Em outras palavras, as três situações podem ser assim expressadas:

OBSERVAR-SE-Á O PRAZO DE 15 DIAS DO DECRETO-LEI N. 745/1969:

1. Se o contrato, registrado ou não no registro de imóveis, não contiver cláusula resolutiva expressa.

2. Se, havendo cláusula resolutiva expressa, a promessa não estiver registrada no cartório imobiliário.

OBSERVAR-SE-Á O PRAZO DE 30 DIAS DO 251-A DA LEI N. 6.015/1973:

3. Se o contrato contiver cláusula resolutiva expressa e a promessa estiver registrada. Aqui o Decreto-Lei também se aplicará, mas somente a regra do parágrafo único do seu art. 1º, que prevê a resolução de pleno direito.

Por fim, note-se que os dispositivos não se limitam à promessa de compra e venda de unidade integrante de uma incorporação imobiliária, aplicando-se em geral aos compromissos de compra e venda de imóveis não loteados.

148-C. Execução do crédito. Alternativamente à ação de resolução, o promitente vendedor está legitimado a obter a satisfação do seu crédito, correspondente ao saldo do preço da promessa, mediante ação de execução, sendo este líquido, certo e exigível.

No processo de execução pode ser penhorado qualquer bem do devedor (promitente comprador), inclusive os direitos aquisitivos sobre o imóvel objeto da promessa, que, ainda que destinado à moradia, não está protegido pela regra da impenhorabilidade tendo em vista que a dívida terá sido constituída para aquisição ou construção do imóvel (Lei n. 8.009/1990, art. 3.º). O valor desses direitos aquisitivos será aferido por avaliador judicial e será levado a leilão, podendo esses direitos ser adjudicados pelo credor exequente (promitente vendedor), nos termos do art. 876 do Código de Processo Civil (Lei n. 13.105/2015).[14]

148-D. Compra e venda com pacto adjeto de alienação fiduciária. Outro tipo contratual empregado com frequência nas incorporações é a compra e venda com financiamento e pacto adjeto de alienação fiduciária em garantia, cuja extinção se dá de forma diferente da extinção do contrato de promessa de venda, dadas as peculiares configurações desses distintos contratos.[15]

No contrato de crédito garantido por propriedade fiduciária, vindo o devedor a incidir em mora, será notificado pelo oficial do Registro de Imóveis da circunscrição do imóvel, a requerimento do credor fiduciário, para que purgue a mora no próprio Cartório no prazo de 15 dias.

Além do prazo para purgação da mora de 15 dias, a lei confere aos tomadores de financiamentos habitacionais prazo adicional no interregno a partir da expiração do prazo legal e até a data em que vier a ser averbada a consolidação da propriedade no patrimônio do credor fiduciário. Nesse intervalo, é conferida ao devedor fiduciante a faculdade de pagar as parcelas vencidas e encargos, bem como todas as despesas do processamento da execução.

Uma vez purgada a mora ou pagas as obrigações e despesas incorridas até a data da averbação da consolidação, convalesce o contrato e volta a seguir seu curso normal.

No entanto, se o devedor não efetivar esses pagamentos no prazo adicional conferido pela lei, o oficial do Registro de Imóveis certificará o fato e averbará a consolidação da propriedade em nome do credor, à vista de requerimento deste instruído com o comprovante de pagamento do ITBI e do laudêmio (se for o caso). Nos trinta dias que se seguirem à consolidação, o credor deverá promover dois leilões extrajudiciais para venda do imóvel, oferecendo-o num primeiro leilão pelo valor que tiver sido definido em contrato (geralmente o preço de mercado, corrigido ou revisto por critério convencionado pelas partes) ou pelo valor da avaliação realizada pelo órgão público competente para fins de pagamento do Imposto de Transmissão *Inter Vivos* (ITBI), o que for maior, e num segundo leilão pelo valor da dívida e despesas (salvo se as partes adotarem outro modo de liquidação dos seus haveres, mediante transação, inclusive em forma de dação do direito aquisitivo em pagamento). Esse procedimento extrajudicial, promovido pelo oficial do Registro de Imóveis e por leiloeiro público, inspira-se no precedente do direito brasileiro relativo ao cancelamento extrajudicial do compromisso de compra e venda decorrente de resolução do contrato por inadimplemento da obrigação de pagamento do promitente comprador de lote de terreno (Decreto n. 3.079/1938, art. 14, e Lei n. 6.766/1979, arts. 32 e segs.).

A lei confere ao antigo devedor fiduciante direito de preferência para readquirir o imóvel pelo valor da dívida, encargos e despesas da execução, inclusive impostos, até a

---

[14] Art. 685-A do Código de Processo Civil de 1973.

[15] A matéria é tratada mais detidamente na obra de CHALHUB, Melhim Namem. *Alienação fiduciária* – negócio fiduciário, 7. ed., Rio de Janeiro: Forense, 2021.

data da realização do segundo leilão. Para viabilizar o exercício dessa faculdade, o devedor e o fiduciante devem ser cientificados das datas, dos horários e dos locais dos leilões por meio de correspondência dirigida aos endereços constantes do contrato, inclusive ao endereço eletrônico"[16].

Importante nesse procedimento é que, mesmo se não se alcançar o valor da dívida, no segundo leilão, o credor deverá dar quitação da dívida e conservará consigo, definitivamente, a propriedade anteriormente consolidada.

Uma vez consolidada a propriedade no patrimônio do credor, este estará legitimado a reintegrar-se na posse do imóvel, podendo essa ação, alternativamente, ser proposta pelo arrematante do imóvel. O rito é especial, regulado pela Lei n. 9.514/1997, pelo qual o juiz concederá liminar de reintegração, fixando prazo de 60 dias para desocupação do imóvel.

A despeito do seu caráter singular, vez por outra o contrato de venda com garantia fiduciária é confundido com o de promessa de compra e venda.

É preciso atentar, entretanto, para as diferentes estruturas e funções desses contratos, que produzem distintos efeitos, notadamente em relação à sua extinção por inadimplemento da obrigação de pagamento.

Em atenção às peculiaridades dessas espécies de contrato em face das normas do CDC, é útil considerar o critério de acertamento de haveres decorrente de inadimplemento da obrigação do devedor, tendo em vista os distintos modos de extinção da promessa e da garantia fiduciária.

O art. 53 do CDC dispõe que é nula a cláusula que preveja a perda total das quantias pagas no contrato de promessa de compra e venda e no de compra e venda com pacto adjeto de alienação fiduciária, em caso de extinção do contrato por inadimplemento da obrigação do devedor.

Os procedimentos são diferenciados conforme a natureza de cada espécie de contrato.

Na promessa de compra e venda, o meio legalmente adequado de extinção do contrato por inadimplemento da obrigação do promitente comprador é a ação judicial de resolução, retornando as partes ao estado anterior, com a recuperação do imóvel pelo promitente vendedor e a restituição ao promitente comprador das quantias que este havia pagado, deduzidos a multa pelo inadimplemento e demais encargos.

Por seu turno, a alienação fiduciária, contrato de garantia que é, extingue-se pelo pagamento (inclusive mediante dação) ou pela execução do crédito, se descumprida a obrigação de pagar; neste último caso, a propriedade se consolida no patrimônio do credor e o imóvel é ofertado em dois leilões públicos, visando a obtenção de recursos financeiros para satisfação do crédito e entrega do eventual saldo ao fiduciante (Lei n. 9.514/1997, art. 27 e parágrafos).

---

[16] Lei n. 9.514/1996: "Art. 27. (...) § 2.º-A. Para fins do disposto nos §§ 1.º e 2.º deste artigo, as datas, os horários e os locais dos leilões serão comunicados ao devedor e, se for o caso, ao terceiro fiduciante, por meio de correspondência dirigida aos endereços constantes do contrato, inclusive ao endereço eletrônico".

A jurisprudência confere a esses contratos tratamento compatível com suas distintas identidades, vindo esse entendimento a ser positivado pela Lei n. 13.786/2018, ao incluir o art. 67-A na Lei n. 4.591/1964 e o art. 32-A na Lei n. 6.766/1979, cujos §§ 14 e 3º, respectivamente, esclarecem que o modo específico de extinção forçada do contrato de crédito com alienação fiduciária, por inadimplemento do devedor, é o procedimento de execução.

Posteriormente, e diante de divergências nas instâncias ordinárias, o STJ afetou o REsp 1.891.498-SP à sistemática dos recursos repetitivos, tendo fixado a seguinte tese jurídica:

Tema 1.095/STJ: "Em contrato de compra e venda de imóvel com garantia de alienação fiduciária devidamente registrado, a resolução do pacto, na hipótese de inadimplemento do devedor, devidamente constituído em mora, deverá observar a forma prevista na Lei n. 9.514/1997, por se tratar de legislação específica, afastando-se, por conseguinte, a aplicação do Código de Defesa do Consumidor".[17]

A decisão foi proferida em recurso interposto por incorporadora imobiliária e tem por objeto contrato de venda de imóvel com financiamento direto e alienação fiduciária em favor da própria vendedora, e, assim, põe fim a divergências observadas vez por outra em decisões de instância ordinária que interpretavam essa operação como "tentativa de burlar o sistema de defesa do consumidor",[18] partindo da equivocada premissa de que a alienação fiduciária só poderia ser contratada em favor de um terceiro financiador.

Confirma-se, portanto, que a constituição de garantia real em favor do próprio vendedor atende à lógica das vendas a crédito em geral (CC, art. 491) e está prevista na Lei n. 9.514/1997, que faculta a livre contratação de alienação fiduciária de imóveis "por qualquer pessoa física ou jurídica" (arts. 5º e 22), abrangendo as vendas de imóveis pelas incorporadoras e loteadoras e até entre particulares, não havendo, portanto, nenhum impedimento legal a que o loteador ou o incorporador celebre o contrato de venda com financiamento direto e garantia fiduciária.

No item 140-B desta obra, são apreciados alguns aspectos dessa tese jurídica merecedores de atenção.

148-E. Inadimplemento do incorporador. O inadimplemento das obrigações do incorporador enseja, igualmente, sua responsabilidade pela reparação das perdas e danos; ademais, a eventual resolução do contrato reveste-se de características peculiares.

A responsabilidade do incorporador é objetiva (Lei n. 4.591/1964, inc. II do art. 43 e Código Civil, parágrafo único do art. 927).

---

[17] STJ, 2ª Seção, rel. Min. Marco Buzzi, j. 26.10.2022, *DJe* 19.12.2022.

[18] "Agravo de instrumento. Compra e venda de imóvel com cláusula de alienação fiduciária. Rescisão contratual. Tutela urgência. No caso em questão a vendedora se confunde com a credora fiduciária, na tentativa de burlar o sistema de defesa do consumidor, o que não se admite e assim, presentes elementos que evidenciam a probabilidade do direito e o perigo de dano ou risco ao resultado útil do processo fica demonstrada a possibilidade da concessão da tutela de urgência. Inteligência do art. 300 do CPC. Decisão mantida. Recurso desprovido" (TJ/SP, AI 2086602-91.2022.8.26.0000, 26ª Câmara Direito Privado, Des. Rel. Felipe Ferreira, j. 28.07.2022).

Dentre suas obrigações, avulta a de construir e entregar o imóvel no prazo contratado, admitida a prorrogação até cento e oitenta dias.

O inadimplemento dessa obrigação autoriza o adquirente adimplente a enjeitar a entrega do imóvel, se provar que a entrega se tornou inútil para ele, nos termos do art. 395 do Código Civil, e propor ação de resolução do contrato, sujeitando-se o incorporador à restituição das quantias pagas e às penalidades previstas no art. 43-A, incluído na Lei n. 4.591/1964 pela Lei n. 13.786/2018.[19]

Esse dispositivo trata das consequências do atraso superior a esse prazo, compreendendo a resolução do contrato por iniciativa do adquirente e a responsabilidade do incorporador pela indenização das perdas e danos daí decorrentes.

Desde que esse prazo seja "expressamente pactuado, de forma clara e destacada" (art. 43-A), o inadimplemento dessa prestação do incorporador só estará caracterizado se não concluída a obra nesse termo final, hipótese em que o adquirente, se não tiver "dado causa ao atraso", pode promover a resolução do contrato.

Com efeito, nos termos do § 1.º do art. 43-A, o inadimplemento absoluto da obrigação do incorporador é caracterizado pela não conclusão da obra até o final dos cento e oitenta dias da prorrogação, hipótese em que é facultado ao adquirente promover a resolução da promessa, da qual resulta o retorno das partes ao *status quo ante*, com a reincorporação do domínio pleno do imóvel ao patrimônio do incorporador, a restituição integral das quantias pagas, em valor atualizado, e o pagamento, pelo incorporador, da multa estabelecida no contrato no prazo de sessenta dias corridos.[20]

Ressalva o § 2.º desse mesmo art. 43-A, entretanto, a possibilidade de cumprimento dessa obrigação depois da prorrogação, ao conferir ao adquirente o direito potestativo de optar pela conservação do contrato, hipótese em que fará jus à multa moratória de 1% ao mês sobre as quantias pagas, computada desde o dia seguinte àquele em que expirou o prazo de prorrogação até a data da efetiva disponibilização do imóvel em condições de habitabilidade.[21]

---

[19] "Art. 43. Quando o incorporador contratar a entrega da unidade a prazo e preço certos, determinados ou determináveis, mesmo quando pessoa física, ser-lhe-ão impostas as seguintes normas: I – (omissis); II – responder civilmente pela execução da incorporação, devendo indenizar os adquirentes ou compromissários dos prejuízos que a estes advierem do fato de não se concluir a edificação ou de se retardar injustificadamente a conclusão das obras, cabendo-lhe ação regressiva contra o construtor, se for o caso e a este couber a culpa".

[20] Lei n. 4.591/1964, com a redação dada pela Lei n. 13.786/2018: "Art. 43-A. (...) § 1.º Se a entrega do imóvel ultrapassar o prazo estabelecido no *caput* deste artigo, desde que o adquirente não tenha dado causa ao atraso, poderá ser promovida por este a resolução do contrato, sem prejuízo da devolução da integralidade de todos os valores pagos e da multa estabelecida, em até 60 (sessenta) dias corridos contados da resolução, corrigidos nos termos do § 8.º do art. 67-A desta Lei".

[21] Lei n. 4.591/1964, com a redação dada pela Lei n. 13.786/2018: "Art. 43-A. (...) § 2.º Na hipótese de a entrega do imóvel estender-se por prazo superior àquele previsto no *caput* deste artigo, e não se tratar de resolução do contrato, será devida ao adquirente adimplente, por ocasião da entrega da unidade, indenização de 1% (um por cento) do valor efetivamente pago à incorporadora, para cada mês de atraso, *pro rata die,* corrigido monetariamente conforme índice estipulado em contrato".

Essas normas conformam-se aos fundamentos em que assenta a caracterização do inadimplemento absoluto ou relativo, isto é, a utilidade ou inutilidade da prestação para o credor, e atendem ao que se observa na prática, nos casos de retardamento de pequena expressão, hipótese em que a jurisprudência tem reconhecido a subsistência da utilidade da prestação.[22]

É para essas situações que a lei admite o cumprimento tardio da prestação do incorporador mesmo depois de caracterizado o inadimplemento absoluto, a critério do adquirente, na medida em que subsista a utilidade da entrega do imóvel.

O § 3.º do mesmo art. 43-A distingue a indenização de 1% ao mês, em caso de conservação do contrato, da multa estabelecida no contrato por efeito da resolução do contrato, esclarecendo a não cumulatividade da multa compensatória estabelecida no contrato (§ 1.º do art. 43-A), que só é exigível pelo adquirente adimplente caso promova ação de resolução do contrato. Caso, diferentemente, o adquirente adimplente opte pela conservação do contrato, fará jus, quando da disponibilização do imóvel, à indenização das perdas pela privação do capital empregado até então, em valor correspondente a 1% ao mês sobre as quantias pagas (§ 2.º do art. 43-A).[23]

É admissível a postulação de resolução por inadimplemento anterior ao termo, em circunstâncias em que, embora não seja exigível a prestação, esteja comprovada a impossibilidade de cumprimento no prazo programado.[24]

---

[22] "A pretensão deduzida em Juízo é de rescisão de negócio jurídico, pautada em alegado inadimplemento da parte Ré. Apenas nesta situação faria jus o Autor à restituição integral do valor pago. 4) No caso concreto, o Autor alegou, quanto ao motivo de sua desistência, não possuir mais interesse na aquisição do imóvel, tendo em vista o atraso na entrega das chaves. 5) Verifica-se que o empreendimento já se encontrava pronto e acabado quando do pedido de rescisão por parte do apelado. O simples atraso de poucos dias na entrega do imóvel, por si só e desde logo, não caracterizaria inadimplemento do contrato. A obra foi concluída, no caso concreto, 81 dias após vencido o prazo de tolerância, sendo certo que a notificação do adquirente ao vendedor, comunicando da intenção da extinção do contrato ocorreu quase três meses após (14.12.2015)" (TJRJ, 25.ª Câmara Cível, trecho da ementa do acórdão da Apelação 0150871-78.2016.8.19.0001, rel. Des. Werson Rego, j. 10.10.2018).

[23] Lei n. 4.591/1964, com a redação dada pela Lei n. 13.786/2018: "Art. 43-A. (...) § 3.º A multa prevista no § 2.º deste artigo, referente a mora no cumprimento da obrigação, em hipótese alguma poderá ser cumulada com a multa estabelecida no § 1.º deste artigo, que trata da inexecução total da obrigação".

[24] STJ, REsp 309.626-RJ, 4.ª Turma, rel. Min. Ruy Rosado de Aguiar Júnior, j. 7.6.2001: "Promessa de compra e venda. Resolução. Quebra antecipada do contrato. Evidenciado que a construtora não cumprirá o contrato, o promissário comprador pode pedir a extinção da avença e a devolução das importâncias que pagou. Recurso não conhecido". Do voto do relator, Ministro Ruy Rosado de Aguiar Júnior, colhe-se: "O caso é de descumprimento antecipado de contrato de promessa de imóvel a ser construído, porquanto as circunstâncias reconhecidas pelas instâncias ordinárias evidenciaram que a construtora, até a data do ajuizamento da demanda, não iniciara as obras, embora já decorridos dois anos, e faltando apenas um para o término do prazo contratual. (...) Portanto, perfeitamente cabível o pedido de resolução. Com o atendimento do pedido, cumpria ao magistrado determinar a restituição das partes à situação anterior, o que significava a necessidade de deferir o pedido de devolução das importâncias pagas pelo promissário comprador enquanto confiou no contrato. A cláusula de decaimento, com a perda em favor da construtora

Em relação à prestação do incorporador, considere-se um projeto de edifício de seis pavimentos, cuja construção foi contratada para execução em vinte e quatro meses e no vigésimo mês não tenham sido executadas nem as fundações.

Em casos como esse, "sendo previsível e inevitável o atraso injustificado na entrega da unidade imobiliária, configura-se o inadimplemento antecipado a conferir legitimidade ao pedido de rescisão contratual, antes mesmo de expirado o prazo contratualmente ajustado para a entrega da obra".[25]

148-F. Resolução do contrato de aquisição do terreno. Norma de relevante alcance econômico e social é a do art. 40, que diz respeito aos efeitos da resolução do contrato de aquisição do terreno pelo incorporador, quando celebrada sob forma de promessa de compra e venda ou permuta.

Dispõe o art. 40 que, desfeito o contrato entre o titular do terreno e o incorporador, "ficarão rescindidas as cessões ou promessas de cessão de direitos correspondentes à aquisição do terreno" contratadas pelo incorporador com os adquirentes. Em consequência, as acessões erigidas no terreno consolidar-se-ão no patrimônio do proprietário do terreno, que só poderá alienar novamente o terreno depois de ressarcir as acessões aos adquirentes; para o caso de busca da indenização em juízo, a lei grava as frações ideais e acessões em garantia do crédito dos adquirentes, correspondente ao valor das acessões (art. 40 e §§ 1.º ao 4.º).

O *quantum* a ser indenizado a cada adquirente corresponde ao valor das acessões implantadas no terreno, na proporção do coeficiente de construção de cada unidade imobiliária.

---

do que despendera o autor, não tem validade, conforme tem sido reiteradamente afirmado neste Tribunal, nos casos em que o comprador sai do contrato por impossibilidade relativa de continuar cumprindo com as prestações mensais; com muito mais razão na hipótese sob exame, em que se está atribuindo à ré a culpa pelo inadimplemento".

[25] "Direito do consumidor. Incorporação imobiliária. Contrato de promessa de compra e venda de unidade imobiliária. Pretensão de rescisão do negócio jurídico, cumulada indenizatória de danos materiais (devolução de quantias pagas) e danos morais. (...) 1) No caso concreto, os Autores pretendem a rescisão do contrato celebrado entre as partes, ao argumento de que a obra não se encontrava iniciada por ocasião da propositura da presente demanda. 2) O contrato celebrado entre as partes estabelecia que a obra estaria concluída até o mês de maio de 2018, prevendo, ainda, um prazo de tolerância de 180 dias, o que nos remete ao mês de novembro de 2018. 3) Nada obstante a presente demanda tenha sido ajuizada em 14.12.2016, bem antes, portanto, do termo final do prazo convencionado para entrega do imóvel, a parte Ré, em petição datada de 02.08.2018, afirma que as obras somente se iniciaram em abril de 2017, bem como que, àquela altura, as mesmas se encontravam com andamento físico de 6,79%. 3.1) Ademais disso, em momento algum, nem mesmo em suas contrarrazões, protocolada na data do prazo fatal para a entrega do empreendimento, a parte Ré comprovou que a obra esteve concluída, sendo certo, ainda, que os documentos constantes dos autos demonstram de forma inequívoca que empreendimento não estaria concluído no prazo pactuado. 4) Sendo previsível e inevitável o atraso injustificado na entrega da unidade imobiliária, configura-se o inadimplemento antecipado a conferir legitimidade ao pedido de rescisão contratual, antes mesmo de expirado o prazo contratualmente ajustado para a entrega da obra" (TJRJ, Apelação 0054740-17.2016.8.19.0203, 25.ª Câmara Cível, rel. Des. Werson Rego, *DJe* 27.2.2019).

A regra do art. 40 fundamenta-se no princípio da vedação do enriquecimento sem causa e reproduz a norma geral de indenização das acessões e plantações implantadas de boa-fé em terreno alheio.[26] Esse dispositivo, portanto, não constitui novidade, e, mesmo se a Lei n. 4.591/1964 se omitisse a respeito, aquele princípio e a norma de indenização do direito comum assegurariam a indenização aos adquirentes, como, aliás, em relação a incorporações imobiliárias iniciadas anteriormente à vigência da Lei n. 4.591/1964, já decidira o Tribunal de Justiça do antigo Estado da Guanabara".[27]

Independentemente dessas regras de recomposição das perdas dos adquirentes em razão do fracasso da incorporação, dois outros aspectos devem ser considerados.

O primeiro aspecto diz respeito à execução das obras com recursos oriundos de financiamento e o segundo refere-se às incorporações realizadas em terreno resultante da anexação de vários imóveis.

Com efeito, nas incorporações imobiliárias executadas com financiamento, o terreno e acessões são dados em garantia à financiadora. Nesses casos, diante de eventual resolução do contrato de promessa ou de permuta do terreno, estarão em jogo não só os interesses dos adquirentes, cujas promessas tiverem sido resolvidas, e os do proprietário do terreno, que o tiver recuperado com acessões, mas, também, os da financiadora, cujos recursos financiaram a construção, e tem direito de excutir a garantia (terreno e acessões) para satisfação do seu crédito. Ao mesmo passo, essas mesmas frações ideais e acessões constituem garantia de excussão do direito dos adquirentes de obter o ressarcimento do seu crédito, por força do § 4º do art. 40. É verdade que isso dificilmente se materializaria na prática, tendo em vista que os recursos dos financiamentos destinados à construção são liberados parceladamente, à proporção da execução de cada etapa da obra, prática que afasta ou mitiga o risco de fracasso da incorporação. Não obstante, a hipótese não pode ser desconsiderada, tendo em vista o confronto entre a garantia dos adquirentes (art. 40, § 4.º), a da financiadora e o direito de resolução assegurado ao proprietário do terreno, na qualidade de promitente vendedor ou de permutante.

Um segundo aspecto refere-se às incorporações para as quais o incorporador tiver comprado, demolido e unificado vários imóveis contíguos. Como se sabe, na atualidade, sobretudo nos grandes centros urbanos, muitas vezes é necessário unificar vários imóveis contíguos para "formar" um terreno com área suficiente para comportar edifício de grande porte. Sucede que numa incorporação em que a obra não tenha ido além das escavações não há acréscimo patrimonial para nenhum dos participantes do negócio; ao contrário, todos sofrerão prejuízos, notadamente os adquirentes e os antigos proprietários

---

[26] Art. 547 do Código Civil de 1916 e art. 1.255 do atual Código Civil. "Art. 1.255. Aquele que semeia, planta ou edifica em terreno alheio perde, em proveito do proprietário, as sementes, plantas e construções; se procedeu de boa-fé, terá direito a indenização."

[27] "Incorporação de edifício consentida pelo proprietário do terreno. Responsabilidade pela indenização de benfeitorias. O proprietário, que consente na incorporação dum edifício no terreno de sua propriedade, responsabiliza-se pela indenização das benfeitorias feitas de boa-fé pelos terceiros compradores" (TJGB, Embargos de Nulidade e Infringentes na Apelação Cível n. 27.376, rel. Des. Francisco Pereira de Bulhões Carvalho, j. 19.04.1966, *Revista de Jurisprudência do TJGB*, v. 15, p. 147).

dos imóveis, anteriormente individualizados e agora unificados num único terreno. As controvérsias que a situação pode gerar revestem-se de considerável complexidade, que certamente devem ser solucionadas de acordo com as circunstâncias de cada caso. Uma consequência, porém, é certa: em caso de falência da incorporadora, será extremamente penosa, senão impossível, a adequada recomposição do *statu quo ante* decorrente da resolução dos contratos de alienação dos imóveis, agora demolidos e sob regime de propriedade condominial *pro indiviso.*[28]

Seja como for, situações de crise das quais resulte a frustração da atividade empresarial e do programa contratual podem ser superadas mediante mecanismos que assegurem o prosseguimento do negócio, neutralizando ou mitigando as perdas das partes interessadas.

No caso específico da incorporação imobiliária, o regime jurídico da afetação patrimonial, instituído pelo art. 53 da Lei n. 10.931/2004 e ratificado pela Lei de Falência e de Recuperação de Empresas (Lei n. 11.101/2005), assegura a continuação do empreendimento por meio de procedimentos extrajudiciais, sob administração da comissão de representantes dos adquirentes, independentemente de intervenção judicial (V. Capítulo XIV-A).

149. Obrigações fiscais do adquirente. A Lei n. 4.591/1964 especialmente cogita das *repercussões fiscais* da incorporação.

No art. 45, alude ao recolhimento do imposto de selo devido nos contratos, estabelecendo o prazo de até 10 dias do vencimento do período de carência, com extinção da obrigação se o incorporador se prevalecer da faculdade da desistência. Não há o que explicar a respeito, senão como um favor da lei, tendo em consideração a circunstância de que, na pendência do prazo de carência, o que se institui notoriamente é uma *condição suspensiva,* que obsta a que o direito se adquira. Desde que não há ainda um direito, porém mera *spes debitum iri,* o legislador considerou que não existe fato gerador do tributo.

O motivo de o registrarmos neste capítulo que trata das obrigações do adquirente é que o dever de recolher o imposto se inscreve entre os do incorporador, mas notoriamente alcança a outra parte, já que se trata de uma consequência financeira atribuível e habitualmente atribuída ao adquirente. O assunto perdeu, entretanto, interesse, devido a que o imposto de selo foi suprimido.

Também é por via indireta que o imposto de lucro imobiliário se transfere para o adquirente. Tributo a satisfazer pelo alienante, fica reservado ao adquirente o direito de reter as últimas prestações anteriores à data-limite em que é lícito pagar sem reajuste o imposto. O adquirente que retém a prestação para este efeito responde perante o Fisco pelo recolhimento do tributo, adicionais e acréscimos, inclusive pelo excesso que lhe advenha da aplicação dos índices de correção monetária (art. 45, parágrafo único). Dá-se, assim, uma *assunção de débito* realizada *ex vi legis* ou uma sub-rogação legal de obrigação fiscal, sem

---

[28] A matéria foi objeto de apreciação por este atualizador na obra *Da incorporação imobiliária* (Rio de Janeiro: Renovar, 2010, Capítulo X).

que ao adquirente assista o direito de se opor, uma vez que a lei lhe oferece a alternativa de reter ou não as prestações para se acautelar contra a hipótese de o incorporador não recolher o tributo. E é na opção do adquirente pela retenção que a lei assenta a *assunção* da obrigação tributária.

Pode, numa variante ainda, e bem frequente, transferir-se convencionalmente para o adquirente a obrigação de satisfazer o débito relativo ao imposto sobre o lucro imobiliário, acréscimos e adicionais, explicitando-se, entretanto, o montante que tal obrigação atingiria se sua satisfação se desse na data da escritura. Reconhecendo a validade da transferência que se considera uma *assunção convencional do débito* tributário, a Lei n. 4.591 declara (art. 47, § 1.º) que, nesse caso, o adquirente se considera, para todos os efeitos, responsável perante o Fisco.

Havendo parcela restituível, somente pertence ao alienante se tiver sido ele quem solva a obrigação. Uma vez que para todos os efeitos a assuma o adquirente, sub-roga-se este, por seu turno, na titularidade da restituição, emitindo-se em seu nome as obrigações do Tesouro.

É óbvio que, do ponto de vista meramente contábil, ou ainda encarada a espécie em números absolutos, a *assunção do débito* fiscal eleva para o adquirente o valor de compra. Contudo, para efeitos fiscais a majoração não é levada em conta (art. 47, § 3.º), calculando-se o preço de venda do imóvel com abstração do ônus relativo ao imposto de lucro imobiliário e tomando-se como valor básico o preço de aquisição, independentemente da circunstância de se transferir para o adquirente a responsabilidade pelo aludido tributo.

A alienação, compreendidas nesta a promessa, cessão ou promessa de cessão, quando feita a sociedade imobiliária (no caso, sociedade incorporadora), está sujeita ao imposto de lucro imobiliário na base de 5%, com opção para o contribuinte pela compra de Obrigações do Tesouro. No entanto, se a sociedade adquirente vendê-lo sem construir ou sem a simultânea contratação de sua edificação, responderá pela diferença, sujeita ainda à atualização prevista na Lei n. 4.357/1964. Ainda com base nesta lei as sociedades podem efetuar a correção do valor do terreno.

Estas medidas de estímulo à destinação de imóveis a construção vêm todas instituídas na Lei n. 4.728, de 14 de julho de 1965, arts. 62 e seguintes. Entretanto, a referência ao "imposto de selo" como ao "imposto de lucro imobiliário" perdeu interesse, por ter sido extinto o primeiro destes tributos, e o segundo estar sujeito a regime especial.

Capítulo XVI

CONSTRUÇÃO DO EDIFÍCIO[1]

150. Tipicidade contratual. Com o contrato de empreitada tinham as partes em vista as unidades autônomas a que se candidatavam os adquirentes e, consequentemente, a *construção do edifício*. E, naquela fase inicial, não se caracterizara, ainda, mesmo sem tipicidade, o contrato de incorporação, que veio a surgir, como criação do mundo dos negócios, antes que o jurista o isolasse. No direito francês, antes de aparecerem as *Sociétés de Constructions,* que vieram solucionar o problema das edificações, também se procedia sem sistema nem ordem: os interessados se agrupavam, faziam construir, concorrendo com as importâncias e, se se tornasse necessário, cada um tomava empréstimo a título individual, dando em garantia sua parte divisa e sua quota-parte indivisa do prédio projetado.[2] As espécies se mesclavam, as relações jurídicas se entrecruzavam e o contrato de empreitada, pelo qual se realizava a edificação, fazia ainda as vezes de incorporação. Com o tempo, foram se especificando as relações jurídicas, e o contrato de construção se distinguiu do contrato de incorporação, adquirindo feições próprias. As obrigações se discriminaram, os direitos se caracterizaram melhor.

E nasceu o contrato de incorporação.

Ainda inominado e atípico, é bem verdade, mas com tendência à tipicidade, que afinal veio a concretizar-se.

Com efeito, a ideia de designar por denominação própria os contratos é romana. Naquele direito, à falta de uma teoria geral dos contratos, como fontes de obrigação, os

---

[1] Nota do editor: o texto na cor preta indica o texto original do Professor Caio Mário, e o texto na cor cinza é de autoria dos atualizadores. Os capítulos e itens de autoria dos atualizadores, além de estarem na cor cinza, estão indicados com letras após o número.

[2] Frédéric Denis, *Sociétés de Constructions et Copropriété des Immeubles divisés par Appartements,* p. 11.

jurisconsultos conheciam certas figuras contratuais – *emptio venditio locatio conductio, mutuum, commodatum* –, cada uma com sua estrutura própria, com a sua peculiar característica e ainda com seu nome. Eram, pois, os contratos nominados, e só eles, dotados de *actiones,* somente eles, por esta mesma razão, revestidos de obrigatoriedade. Daí ter surgido na classificação dos contratos a categoria dos *nominados,* em contraposição aos *inominados.*

Modernamente, os escritores conservam as duas classes, porém com significação completamente diversa. Todos os contratos, como figura genérica, produzem efeitos. O contrato, como entidade de existência determinada no mundo jurídico obriga sempre. Não há mais qualquer distinção a separar uns de outros, do ponto de vista da vinculação que se estabelece entre as partes. Não obstante, a classificação ainda sobreviveu, e muitos escritores ainda hoje se referem aos contratos nominados, chegando o nosso Espínola a usar este vocábulo no título de uma obra *(Dos contratos nominados no direito brasileiro).* O fundo orgânico da classificação situa-se, porém, no fato de que os Códigos tomam certas figuras contratuais frequentes no comércio civil e comuns no *usus fori* e lhes dão disciplina própria, cuidando de seus requisitos, seus efeitos, suas peculiaridades. Como são eles batizados, e dotados de denominação própria, reserva-lhes a doutrina um lugar nas classificações – *contratos nominados.*

Inominados são aqueles outros, criados pela imaginação dos homens de negócio e cogitados pelos juristas, aos quais o Código Civil de 2002 veio a se referir no art. 425.[3]

A doutrina mais recente inclina-se pela substituição da antiga expressão por outra nova e mais adequada, identificando uns e outros como contratos *típicos* e *atípicos,* atendendo especialmente a que não é a circunstância de ter designação própria ou ser conhecido por certo *nomen iuris,* mas achar-se dotado de tipicidade legal que tem maior importância.

Diz-se, então, que um contrato é *típico* ou *nominado* quando as suas regras disciplinares são deduzidas de maneira precisa nos Códigos e nas Leis. E *atípicos* ou *inominados* os demais.[4]

O contrato de incorporação nascido do tráfico civil dos últimos tempos não era um contrato típico. Um pouco elaborado ao léu dos fatos e das exigências do quotidiano, não conseguira ingresso no campo legislativo, *ipso facto,* não se matriculara entre os nominados ou típicos, embora tratado como de execução sucessiva.

No entanto, a sua incidência frequente, a sua presença, a bem dizer, diuturna nos negócios, reclamava tipicidade. E esta agora chegou.

A Lei n. 4.591, de 16 de dezembro de 1964, tipificou este contrato. Nem poderia ser de maneira diversa, uma vez que se destina a regular o *Condomínio e Incorporações.* Sem a necessidade de definir, pois continuamos guardando fidelidade à ideia de que não é próprio da lei o definir, porém da doutrina, esta lei articulou a incorporação na contratualística brasileira.

---

[3]   Código Civil de 2002: "Art. 425. É lícito às partes estipular contratos atípicos, observadas as normas gerais fixadas neste Código".

[4]   Girard, *Droit Romain,* p. 618; Irmãos Mazeaud, *Leçons de Droit Civil,* v. II, n. 111; Josserand, *Cours de Droit Civil Positif Français,* v. II, n. 19; Messineo, *Dottrina Generale dei Contratto,* p. 233 e segs.; Caio Mário da Silva Pereira, *Instituições de direito civil,* v. III, n. 190.

No Projeto de Código de Obrigações, que nos coube a honra de elaborar, o contrato de incorporação comparece e se formula em plena tipicidade, embora reduzido às suas mais singelas expressões, em razão de ali dever-se manter tão somente a sua estrutura, deixadas as minúcias para a lei especial (art. 539).

E o Anteprojeto de Código Civil de 1972 o acompanhou, não tendo sido, entretanto, adotado pelo Código Civil de 2002, de modo que o contrato de incorporação permanece caracterizado nos arts. 28 e segs. da Lei n. 4.591/1964.

Aqui, também, ganha foros de tipicidade o *contrato de construção,* que se não confunde com o outro, muito embora, no tocante à edificação do prédio coletivo, ande com ele geminado.

Dotado de disciplina própria, o de *construção* vem disciplinado na Lei do *Condomínio e Incorporações,* que cogita dos seus aspectos gerais, das obrigações das partes, bem como das modalidades que pode revestir, por empreitada e por administração.

No presente capítulo registramos a sua dogmática, sem necessidade de principiar pela sua definição, que de tão óbvia dispensa esta providência.

151. Construção por empreitada e por administração. A incorporação sempre se encaminhava para a construção em regime de empreitada, a que não faltou, com uma frequência que estimulava o desenvolvimento deste gênero de atividade e de negócio, e propeliu o progresso das cidades, o financiamento dos estabelecimentos bancários particulares, como ainda das autarquias de cunho previdenciário. Depois, com o curso cada vez mais veloz da inflação, surgiram dificuldades na manutenção do sistema, uma vez que o empreiteiro, não obstante disposição expressa do Código Civil, a proibir a elevação do custo da obra, ainda que haja majoração nos preços e nos valores salariais [N.A.: art. 1.246 do Código Civil de 1916], tinha de recorrer à revisão, e até por mais de uma vez antes da entrega do edifício. As coisas de tal modo ocorreram que se tornou impossível uma previsão de custeio. E, então, marchou-se noutro rumo – o da construção, *por administração,* ou *por preço de custo,* em que o incorporador oferece a unidade e a estimativa de seu custo, o qual variará na medida das oscilações de mercado, obrigando-se o adquirente a cobrir os gastos na medida em que se fizerem, mediante a atualização periódica das prestações.

É evidente que, em tese, ambos os critérios são bons. A *empreitada* permite saber, de antemão, em quanto a obra ficará, muito embora a sua aplicação na época inflacionária suscite um risco maior pelo qual o empreiteiro pode estimar tão alto que acabe por trazer ao adquirente condições onerosas demais ou o faça aquém das metas e acabe por sacrificar-se e sofrer prejuízo. A *administração* assegura ao adquirente a justeza do preço em relação ao custo real, embora o traga em constante incerteza, porque as elevações de salário e o aumento nos preços de materiais às vezes são tão bruscos e sensíveis que deslocam para níveis muito altos as prestações ajustadas.

Ambos os critérios, entretanto, constituíam fontes de abusos, a que não conseguiam escapar os mais previdentes. E foram tais deformações uma das causas do desprestígio e da desmoralização que alcançou o negócio da incorporação, encarado com as mais justas desconfianças, pelo risco anormal que veio proporcionar.

A Lei do *Condomínio e Incorporações* não podia deixar de se mostrar sensível a esta realidade e dedicou então boa parte à disciplina da construção, sem perder de vista as modalidades habituais, da empreitada e da administração.

O presente Capítulo, que segue as linhas da Lei n. 4.591/1964, trata, como esta, da construção em geral, da construção por empreitada e da construção por administração ou preço de custo.

E admite, ainda, se inclua ou se insira no contrato com o incorporador, ou seja contratada diretamente com os adquirentes (art. 48). Contudo, em qualquer hipótese, o projeto e o memorial descritivo das edificações farão parte integrante do contrato, completando-o.

152. Prazo de entrega, ligações de serviços públicos e custo global. Como um dos pontos de maior interesse para as partes é a fixação da oportunidade de conclusão das obras, do contrato de construção deverá constar a expressa menção do *prazo de entrega* e, para a eventualidade de não ser possível a sua observância rigorosa, as condições de sua ocasional prorrogação.

O contrato de construção mencionará, igualmente, a responsabilidade pelas despesas com as *ligações de serviços públicos,* sejam as referentes àqueles explorados diretamente pela Administração Pública, sejam os que se prestam em regime de concessão (art. 51).

Não se trata de minúcia despicienda. Ao revés, o assunto merece a atenção dos adquirentes, e a lei trouxe uma cautela razoável na exigência, porque este é um ponto de frequentes discórdias. O sistema de autofinanciamento, ora muito em voga, traz às vezes ao usuário do serviço encargos elevados, com a imposição de despesas com linhas de transmissão, redes particulares que não se limitam ao edifício, porém demandam o entroncamento com as redes gerais ou outra qualquer modalidade de condicionamento para a ligação. Contrato de construção redigido à pressa, ou imprevidente, transfere a discussão para o momento da entrega, e nesta hora, quando o adquirente já se acha exausto pelas despesas do final da obra, a surpresa dos ônus com as ligações gera desentendimentos, em que as partes mal se acomodam, quando não marcham para litígios intermináveis. Desde que o contrato de construção, qualquer que seja a modalidade escolhida, preveja a quem competem os gastos, serão estes assumidos na hora em que se convencionam as cláusulas da construção e, pois, no momento em que trazem as partes a necessária frieza para tratarem o assunto.

O aspecto técnico do contrato de construção escapa normalmente ao conhecimento dos adquirentes, que são leigos, e não têm, por isso mesmo, conhecimento para a sua discussão com a outra parte, dotada de experiência neste ramo de atividade. Com o propósito de evitar esta desigualdade contratual, à sua vez fonte de desequilíbrios econômicos graves, e também de discórdias, a Lei n. 4.591/1964 instituiu uma série de preceitos especializados e quase regulamentares. Assim é que previu um contrato de prestação de serviços "por intermédio do Banco Nacional da Habitação",[5] com a Associação Brasileira

---

[5] N.A.: O Banco Nacional da Habitação foi extinto em 1986. As normas continuam a ser editadas pela ABNT, notadamente para atualização; trata-se de entidade privada responsável pela normalização técnica no País e pelo fornecimento da base necessária ao desenvolvimento tecnológico brasileiro.

de Normas Técnicas – ABNT –, no sentido de que esta, tendo em vista o disposto na Lei n. 4.150, de novembro de 1962, prepare, no prazo de 120 dias, normas adequadas a cada tipo de prédio, visando à *padronização dos critérios* para cálculo de custo unitário, para elaboração do orçamento do custo da construção, para a avaliação do custo global da obra, bem como modelo de memorial descritivo dos acabamentos, e critério pelo qual se ajustem o cronograma das obras e o pagamento das prestações (art. 53). Além de proporcionar esses dados, a ABNT deverá, ainda, obrigar-se a atualizar periodicamente as normas previstas. A observância das prescrições técnicas que constituíam um dever ético-profissional converteu-se, assim, em dever legal.[6]

Os dados variáveis, notadamente os índices de custo unitário da construção, que resultam de fatores para cuja composição concorrem os elementos salariais e os preços dos materiais de construção, serão divulgados mensalmente pelos Sindicatos Estaduais da Indústria de Construção Civil, que para isto se mobilizarão, sob pena de lhes ficar defeso o recebimento de qualquer subvenção ou auxílio, que pleiteiem ou a que tenham direito, junto às autoridades ou a órgãos estatais ou paraestatais (art. 54). Até 31 de dezembro de 1966 os sindicatos, nas respectivas bases territoriais, foram obrigados a atender aos critérios, às normas e aos tipos de prédios padronizados, mediante estudos próprios ou contratados (art. 14 da Lei n. 4.864, de 29 de novembro de 1965).

Perdurando, no entanto, a omissão, nem por isso impede-se ou suspende-se o curso da construção, porque as partes se valerão, nesse caso, dos dados fornecidos e divulgados por outro sindicato, em cuja região os custos de construção sejam aproximados dos da sua (art. 54, § 2.º).[7]

Nada tão elástico e amorfo como certas palavras, que se empregam ora num sentido, ora noutro, ou às vezes para conter uma ideia que não pode ficar precisamente caracterizada. Uma delas é o vocábulo "atual", ou "atualizar". Pode traduzir o conceito de adequação ao que se exige quotidianamente; sem perder conteúdo, prende-se a um tempo recuado ou relativamente próximo, e, ainda com o mesmo vigor, alia-se às referências a uma época inteira. Para o contrato de construção, a referência ao preço *atual* em termos de estimativa das obras ficou amarrada a uma condição legal ou a um requisito. E, com efeito, somente se reputa atualizado o orçamento baseado nos custos unitários relativos ao mês em que se realizem, ou no máximo até dois meses antes, evidentemente quando faltam os dados relativos ao corrente (art. 54, § 3.º).

153. Comissão de representantes. Ainda no que toca à *construção em geral,* a nova lei veio trazer uma inovação salutar. É sabido que um dos maiores incômodos em matéria de incorporação era o descaso em que os interesses dos adquirentes eram tidos. Iniciada a construção, mal podiam eles visitar as obras. Mostravam-lhes por alto as contas. E,

---

[6]   Hely Lopes Meirelles, *Direito de construir,* p. 193.

[7]   Dada a variedade de fontes de apuração de índices de preços que vieram a ser desenvolvidas nas décadas posteriores à entrada em vigor da Lei n. 4.591/1964, passaram a ser convencionados nos contratos de construção (ou mesmo de venda de unidade como coisa futura) outros índices além daqueles apurados pelos sindicatos.

como pouca gente dispõe de tempo para acompanhar o desenvolvimento dos trabalhos, o incorporador andava à solta. Hoje, a Lei do *Condomínio e Incorporações* encara de perto o problema e, conciliando os interesses dos adquirentes com o tempo do incorporador que não pode permanecer todo o dia à disposição daqueles, para lhes mostrar livros e documentos e lhes explicar o andamento da edificação, imaginou um sistema de fiscalização, que não ficou tão perfeito quanto o nosso Anteprojeto programara, em razão da alteração por que passou no Congresso, mas ainda assim guardou a ideia nele contida. Sugerimos, na verdade, que os adquirentes elegessem um Conselho Fiscal, que acompanharia e fiscalizaria as obras, as contas, o cumprimento do cronograma etc. A Comissão Mista do Congresso, aceitando sugestão que lhe chegou, converteu o Conselho Fiscal em *Comissão de Representantes,* mas não se limitou a mudar-lhe a denominação. Alterou a forma de sua escolha. E alterou para pior, porque não fixou expressa a eleição diretamente pelos adquirentes, porém a nomeação a que não permanecerá estranho o incorporador, principal interessado em que não a integrem elementos dispostos a uma atuação rigorosa. A *Comissão de Representantes,* na verdade, pela Lei n. 4.591/1964, pode ser *eleita em assembleia* ou ser *designada no contrato* (art. 50). Todavia, é claro que, se ocorrer esta segunda hipótese (e o incorporador tudo fará para que assim se passe), os adquirentes ainda não se conhecem, e não adquiriram ainda sentido de comunidade, para ordenarem seus interesses e adotarem uma linha de conduta que os defenda. Pode mesmo um incorporador audacioso impingir-lhes pessoas de seu grupo, que eles desconheçam e aceitem.

Ainda assim, a lei não foi deturpada. Não só porque os adquirentes poderão recusar a nomeação no contrato e se reservarem para a escolha em assembleia, como também porque o sistema da Lei n. 4.591/1964 armou-se por tal arte na defesa dos interessados que a emenda, embora inconveniente, não conseguiu prosperar. Nesse sentido, o art. 50, com a redação dada pela Medida Provisória n. 1.085/2021, convertida na Lei n. 14.382/2022, determina que a assembleia geral que vier a eleger a comissão de representantes deverá "ser realizada por iniciativa do incorporador no prazo de até 6 (seis) meses, contado da data do registro do memorial de incorporação".

O que se articulou foi, efetivamente, um sistema defensivo dos adquirentes, que não ficam mais à mercê de dados imprecisos ou da palavra infiel. Hoje, eles participam das deliberações e acompanham de perto o desenrolar das fases da edificação. Para isso, procedem em *assembleia* e se fazem representar por uma *Comissão.* Importa, pois, focalizar as atribuições de uma e de outra.

A *assembleia dos adquirentes* (art. 49 e seus parágrafos) poderá ser convocada pelo incorporador, pelo construtor ou por um grupo de adquirentes que representem um terço (1/3) no mínimo dos votos dos contratantes, com antecedência de cinco dias pelo menos. Instalar-se-á com a presença de metade dos contratantes, em primeira convocação, e com qualquer número em segunda, e deliberará por maioria simples dos votos dos presentes, computados na proporção das respectivas frações ideais. À assembleia comparecerão, obrigatoriamente, o incorporador ou construtor, quando convocada por um ou por outro, ou metade dos contratantes que houverem promovido a sua realização.

As deliberações da assembleia, que se haja regularmente instalado e deliberado, obrigam a todos, mas o voto da maioria simples dos representantes não poderá atingir o direito de propriedade dos adquirentes. Sua competência é, portanto, sujeita a restrições, e nem de outra maneira se poderia admitir, uma vez que a lei criou como técnica de defesa dos interessados e não pode ser desvirtuada em instrumento de ameaça aos comunheiros. Naquilo, porém, que se contém na órbita de suas atribuições, os adquirentes se sujeitam ao que for votado, pois que se trata de uma comunidade de indivíduos ligados pelos mesmos interesses, e a assembleia como seu órgão deliberativo fala por eles. Igualmente não obriga, e é óbvio que a lei se dispensou de mencioná-lo, a deliberação contrária ao direito de terceiros, pois não tem a norma estatutária tão grande alcance. Se a própria lei, como expressão da vontade geral, não pode atingir o direito adquirido e o ato jurídico perfeito, é de toda evidência que a norma que se vota e aplica em circuito fechado menos ainda pode fazê-lo.

Com as restrições apontadas, a deliberação da assembleia tem força cogente e, como toda decisão normativa, alcança nos seus efeitos os que comparecerem e os ausentes, e tanto os que lhe derem sua aprovação como os que se lhe opuserem. Como em toda reunião desta natureza, o voto é a expressão da vontade individual até o momento em que proferido. Uma vez colhida a votação, a matéria vencida passa a traduzir a vontade do grupo ou da comunidade e a todos forçosamente obriga, sob pena de se macular de completa inanidade.

Nem a tudo, porém, a assembleia pode prover. Sua reunião é espaçada, forçosamente espaçada, pois todos sabem não ser fácil reunir pessoas ocupadas, ainda quando para tratarem de seus próprios interesses.

O outro órgão criado pela Lei n. 4.591, *Comissão de Representantes* dos adquirentes, é destinado a suprir as deficiências do primeiro. E sua atuação é fiscalizadora (art. 50).

Composta a Comissão de três ou mais membros, escolhidos no contrato de construção ou eleitos em assembleia de adquirentes convocada antes do início da obra, fica investida dos poderes necessários para exercer todas as atribuições e praticar todos os atos que pelo contrato ou pela lei lhe compitam. Não é necessária outorga de procuração, quer para prova da investidura, quer para a verificação dos poderes de representação.

Na verdade, a Lei n. 4.591 se contenta com o instrumento do contrato, quando a escolha se fizer no contexto deste, ou com a ata da assembleia, devidamente registrada no Registro de Títulos e Documentos, se por eleição.

A representação, tal como ficou examinada para o síndico do Condomínio (V. n. 100, *supra*), é peculiar, pois, que se faz, *ex vi legis,* no sentido de que os escolhidos têm, por lei, a representação dos adquirentes, mas é ao mesmo tempo voluntária, em razão de que o representante é indicado ou nomeado por ato de vontade dos representados.

154. Poderes de representação. A teoria da representação, que no regime do Código Civil de 1916 não estava bem esclarecida, uma vez que se confundia com o mandato, hoje se acha plenamente sedimentada. No direito alemão, foi tratada como instituto autônomo (*Bürgerliches Gezetzbuch,* arts. 164 e segs.), mais tarde seguido de outros diplomas. E foi esta a orientação que imprimimos ao nosso Anteprojeto de Código de Obrigações, em que cogitamos dos princípios gerais na teoria do negócio jurídico (arts. 37 e segs.), enquanto da representação convencional cuidamos no mandato, como contrato típico desta natureza. Esta a técnica seguida no Anteprojeto de Código Civil de 1972/1975 [N.A.: e consagrada nos arts. 115 a 120 do Código Civil de 2002].

Em toda representação há uma ideia-força essencial, que é o *poder* conferido ao representante para falar e agir pelo representado. Este *poder* pode vir da lei ou da vontade e, conforme uma ou outra fonte, a representação é legal ou convencional.[8]

A Comissão de Representantes dos adquirentes recebe o *poder de representação* da própria lei. Independentemente de uma declaração de vontade e de instrumento de mandato, que é dispensado, tem o *poder de representação,* e é no exercício deste poder que se pronuncia e age. Aos interessados cabe, tão somente, trazer a manifestação de sua vontade na indicação das provas que vão exercê-lo.

No entanto, não é apenas aí que interfere a vontade. Pode ocorrer, também, no definir a ampliação do poder de representação. A Lei n. 4.591/1964 menciona o mínimo além de qual os adquirentes têm a faculdade de estender a sua vontade.

É por isso que a representação é mista. Mista no sentido de que a lei confere um poder extensível pela vontade dos representados, e poder que incide em pessoa escolhida por eles mesmos e não determinada legalmente, como ocorre em outros casos de representação legal, quando *ex. gr.* a lei diz que o espólio se representa pelo inventariante, a massa falida pelo síndico, o filho menor pelos pais, o louco pelo curador.

Os adquirentes representam-se, pois, pela Comissão, escolhida por eles próprios, a qual conserva o mesmo poder em relação aos cessionários ou sub-rogados nos direitos daqueles que realizaram a nomeação. No direito francês, criou-se um órgão de defesa dos interessados, com a denominação de *Conseil de Surveillance,* com o encargo de efetuar, no interesse coletivo dos associados, fiscalização permanente sobre a administração da sociedade.[9]

A representação, uma vez instituída, subsiste independentemente de qualquer manifestação volitiva e, pelo princípio da continuidade, perdura até que, cessando a razão dela, com a terminação do edifício, cessa automaticamente.

Os atos da Comissão de Representantes obrigam como em todo outro caso de representação. Entretanto, sendo do interesse dos adquirentes o que ela resolve, cabe à assembleia destes, pelo voto da maioria absoluta dos contratantes, a faculdade de revogar qualquer decisão por ela tomada.

É óbvio que os adquirentes não têm o dever de se vincularem, em razão de atos praticados pelos seus representantes, contra os próprios interesses. Contudo, não lhes é, também, lícito proceder discricionariamente. Seu direito de revogar tem um limite, que é o respeito aos direitos de terceiros quanto aos efeitos já produzidos (art. 50, § 2.º).

As atribuições da Comissão de Representantes variam em razão da natureza do contrato, se empreitada ou administração.

Cessará o *poder de representação: a)* pela terminação da obra; *b)* pela renúncia; *c)* pela revogação; *d)* pela morte.

---

[8] Salvador Pugliatii, *Introduccicn al estudio del derecho civil,* p. 245 e segs.; Serpa Lopes. *Curso de direito civil,* p. 195 e segs.; Von Tuhr, *Derecho civil,* v. III, 2ª parte, § 84; De Page, *Iraité,* v. I, n. 31 e segs. Caio Mario da Silva Pereira, *Instituições de direito civil,* I, n. 106 e segs.

[9] Frédéric Denis, *Sociétés de Constructions et Copropriété des Immeubles divises par Appartements,* p. 48.

Constituída a Comissão para representar os adquirentes na fase de construção, extinguem-se com esta os seus poderes. É uma representação causal, e ao mesmo tempo vinculada. Desde que não haja mais razão de sua existência, extinguem-se os poderes. E esta conclusão é tanto mais imperativa como a entrega do edifício sugere, desde logo, pela utilização condominial, a eleição do síndico, à sua vez representante dos comunheiros, igualmente legal e voluntário, conforme visto acima (v. n. 99, *supra*). O Supremo Tribunal Federal considerou que os poderes não cessam necessariamente com a terminação da obra, perdurando para solucionar débito do condômino inadimplente (RE n. 81.144 de São Paulo, *Diário da Justiça*, de 29 de setembro de 1978, p. 7.589); ainda o STF (*Revista Forense*, v. 264, p. 158) reconhece poderes da Comissão para solucionar débito de condômino inadimplente.

A legitimidade da comissão para atuar em juízo, em ação em que postulava em nome dos adquirentes a outorga das escrituras e, ainda, a reparação de perdas e danos, foi reconhecida pelo STJ, por maioria, por tratar a questão de direitos individuais homogêneos e em razão do contexto normativo que atualmente admite as ações coletivas.[10]

Os membros eleitos da Comissão podem ter seus motivos de abdicar da representação; ausência definitiva ou temporária, interesses conflitantes, falta de tempo disponível, desentendimento com os adquirentes ou qualquer outra razão que aconselhe o seu afastamento. E não é lógico que, contra a vontade, permaneçam sujeitos aos deveres de representantes. Cabe-lhes, obviamente, a faculdade de *renúncia à representação,* caso em que a Assembleia fará a substituição. Cumpre ressalvar, como em todo caso de representação, que o término voluntário não pode surpreender os representados, cumprindo aos renunciantes praticar aqueles atos que se não possam interromper ou concluir os que sejam urgentes.

Como em toda espécie de representação, o representante pode ser afastado pela vontade dos representados. A Assembleia tem, pois, o direito de *revogar o poder de representação.*

A Lei n. 4.591/1964 não estabelece critério para a revogação, deixando ao arbítrio dos interessados a menção das condições de exercício, forma de preenchimento das vagas ocasionais, substituição eventual ou no caso de realizar o membro eleito a alienação de seus direitos a terceiro, e ainda a propósito de sua destituição (art. 50, § 3.º). Tudo, porém, subordinado às limitações legais, especialmente naquilo que traduzir preceituação de ordem pública.

Pode acontecer, também, que o contrato nada preveja. Ainda assim, a destituição há de ser reconhecida como um direito da Assembleia, porque o conflito de interesses ou a perda da confiança do representado no representante cria uma situação insustentável. E é de princípio que sempre assiste ao comitente a faculdade de interromper a comissão.

---

[10] "Incorporação. Comissão de Representantes. Direitos dos adquirentes das unidades. Tratando-se de direitos individuais homogêneos, decorrentes do vínculo entre adquirentes das unidades e incorporador, é de se reconhecer a legitimidade da comissão de representantes para defendê-los em juízo. Interpretação das normas da Lei n. 4.591/64 em consonância com o contexto normativo em que estão hoje inseridas, a admitir as ações coletivas" (STJ, REsp 30181-SP, rel. Min. Eduardo Ribeiro, *DJ* 13.03.1995).

Em qualquer hipótese, porém, de reserva expressa da faculdade de destituir ou de omissão do instrumento, a destituição estará sujeita a certas exigências cautelares. Para que se não instilem a insegurança e a instabilidade, é preciso resguardar com um *quorum* especial a decisão revogatória. E, para que não fique ao sabor de maioria eventual, somente pela *maioria absoluta* dos votos dos contratantes (computados igualmente os cessionários e sub-rogatários) deve ter validade a deliberação da Assembleia, revogando o poder da Comissão, *ad instar* do que a Lei n. 4.591 prescreve para a revogação dos atos da Comissão.

A revogação, como a renúncia, pode alcançar a Comissão inteira ou qualquer dos seus membros, porque as razões justificativas de uma ou de outra podem alcançar a totalidade de seus integrantes, bem como atingir um ou alguns.

Sobre a morte pouco há o que dizer. É a causa determinante da cessação das relações jurídicas, notadamente quando se estabelecem *intuitu personae*, como é o caso da representação, filha da confiança desfrutada pelo representante junto aos representados. Morrendo o membro da Comissão, não lhe sucedem os herdeiros no poder ou na investidura, porém a substituição se impõe, na forma do previsto no contrato, ou mediante eleição pela Assembleia, na omissão deste.

155. Preço fixo e reajustável. A construção por empreitada admite a estipulação do preço fixo, como do preço reajustável, por índices previamente determinados. O Código Civil de 1916 (art. 1.246) já previa a inalterabilidade do preço da empreitada, ainda no caso de alta dos materiais ou dos salários. Entretanto, se dúvidas ocorreram quanto à admissibilidade do reajustamento convencionado no próprio contrato, estas se desfizeram com a inovação dos bons princípios, como tivemos ensejo de examinar em estudo especial.[11]

A Lei n. 4.591 franqueia ambas as modalidades de empreitada de construção (art. 55), mas, obviando as deturpações de conceito que tanto perturbaram os contratos de empreitada na edificação de prédios, notadamente na época inflacionária, esclarece que, contratada a empreitada por preço fixo, este é irreajustável. Quem pretenda o direito de rever o preço terá de usar desde logo da franqueza necessária e contratá-lo abertamente. Se convencionar preço certo, suportará as consequências, ainda que lhe advenham prejuízo e sacrifício.

Reversamente, se pretender o empreiteiro o direito de reajustar, deverá mencioná-lo com clareza e expressamente precisar as épocas, as formas e as bases do reajustamento, fora dos quais não lhe assiste o direito de variar o valor (art. 55, §§ 1.º e 2.º).

Cabem à Comissão de Representantes a atribuição de fiscalizar o andamento da obra, a observância do projeto, e bem assim o cálculo do reajustamento, que aprovará com força obrigatória para os adquirentes, salvo, naturalmente, revogação pela Assembleia, conforme visto acima (n. 153, *supra*).

Os adquirentes não podem, em nenhum caso, ser surpreendidos pela pretensão de reajuste.

---

[11] Caio Mário da Silva Pereira, Empreitada, *Revista dos Tribunais*, v. 245, p. 7.

A uma, porque nunca se presume a faculdade de reajustamento. Na falta de expressa referência, os contratos de empreitada entendem-se a preço fixo (art. 55, § 6.º). Empreiteiro que deseje reajustar terá de dizê-lo abertamente.

A duas porque, adotado o critério do reajustamento, o empreiteiro é obrigado a trazer os interessados devidamente informados dele, apregoando em toda publicidade ou propaganda escrita, além de discriminar também, com toda clareza, o valor da quota do terreno e o preço da construção. As mesmas alusões terão de constar de qualquer documentação relativa à incorporação, tais como cartas-propostas, escrituras, documentos provisórios, recibos de inscrição (art. 56, §§ 1.º e 2.º).

A discriminação da quota do terreno tem como objetivo deixar bem claro que sobre ela não poderão incidir os índices de reajustamento, por se tratar de um valor naturalmente estável.

156. Obra por administração. A construção pode ser por administração ou a preço de custo, na qual os adquirentes assumem a responsabilidade pelo pagamento do custo integral da obra. Ainda que do contrato conste a estimativa de seu preço, será meramente informativo. Pela própria natureza, a construção, sob este regime, traduz o encargo de custeio total pelos adquirentes, na forma do que ficar previsto no contrato, ou em proporção das frações ideais do terreno (art. 58).

No entanto, neste contrato, a lei acautela os adquirentes contra a malversação de suas economias, determinando que as faturas, as duplicatas, os recibos e quaisquer documentos sejam emitidos em nome do condomínio dos contratantes, para o que se torna desde logo necessário identificá-lo. Se o mesmo construtor tocar simultaneamente mais de uma obra, terá de efetuar as encomendas e os pedidos em nome de cada uma, para que os títulos e as quitações venham discriminados (art. 58, § 1.º).

A fim de evitar, por outro lado, a confusão de contas e o mau emprego dos recursos de um prédio em outro, as contribuições dos adquirentes serão, igualmente, recolhidas em contas individuadas e distintas, a serem movimentadas na forma que o contrato prevê (art. 58, § 2.º), inclusive com o visto da Comissão de Representantes ou de um de seus membros, se assim ficar estipulado. Grandes prejuízos têm sido exatamente causados pelo mau emprego das verbas, quando o dinheiro dos adquirentes de unidades em um edifício é desviado para outro construído pelo mesmo profissional e, quando se informam aqueles, lá se foram os recursos e vem a falta de numerário.

No regime de construção por administração, é obrigatório (art. 59 e seus parágrafos) que o contrato registre o orçamento do custo da obra, com estrita observância dos critérios e das normas padronizados para cada tipo de prédio pela ABNT, segundo o disposto no art. 53 da Lei n. 4.591, e estudado acima (V. n. 135, *supra*).

As revisões de estimativas são semestrais, acompanhadas pela Comissão de Representantes. Os esquemas de contribuição podem ser alterados nos quantitativos, nas épocas e na distribuição das prestações. No entanto, em caso de majoração destas, o novo esquema será comunicado aos contratantes com antecedência mínima de 45 dias, em relação às datas em que serão feitos os recolhimentos das prestações alteradas (art. 60 e parágrafo).

Posteriormente à Lei n. 4.591/1964, novos critérios de reajuste passaram a admitir a atualização mensal ou anual dos preços, como referido acima, no n. 155.

Para o caso de construção por administração a Comissão de Representantes se torna mais útil e sua presença mais assídua. Se na empreitada, especialmente reajustável, a fiscalização é necessária, mais ainda o será na construção por preço de custo, sujeita a erros, a desvios, a má orientação. Daí haver a Lei do *Condomínio e Incorporações* cuidado particularmente do assunto (art. 61), minudenciando as suas atribuições:

a) examinar os balancetes, organizados pelos construtores, dos recebimentos e das despesas do condomínio dos contratantes, aprová-los ou impugná-los, examinando a documentação respectiva;

b) fiscalizar concorrências relativas às compras dos materiais necessários à obra ou aos serviços a ela inerentes;

c) contratar, em nome do condomínio, com qualquer condômino, modificações por ele solicitadas em sua respectiva unidade, a serem administradas pelo construtor, desde que não prejudiquem unidade de outro condômino e não estejam em desacordo com o parecer técnico do construtor;

d) fiscalizar a arrecadação das contribuições destinadas à construção;

e) exercer as demais obrigações inerentes a sua função representativa dos contratantes e fiscalizadora da construção e praticar todos os atos necessários ao funcionamento regular do condomínio.

Também para esta modalidade de contrato de construção a lei manda que se especifiquem em toda publicidade o preço da fração ideal do terreno e o montante do orçamento atualizado do custo da construção, com a referência precisa do mês a que o orçamento se reporta e à padronização. As mesmas indicações constarão das cartas-propostas, escrituras e demais documentos.

157. Exceção de contrato não cumprido. O contrato de construção, qualquer que seja a modalidade adotada, como bilateral que é, tem de ser rigorosamente cumprido, tanto da parte do construtor (seja ele o incorporador ou não) como da parte dos adquirentes.

Poderão dele constar cláusulas normais, nessas avenças, como o pagamento dos juros de mora, condição resolutiva etc.

Entretanto, não teve a lei o propósito de instituir um sistema de princípios com o intuito exclusivo de defender os adquirentes. É certo que o fez, e nem podia deixar de ser assim, pois o incorporador e o construtor, como técnicos e como profissionais de seus ofícios, estão amparados pela experiência, como ainda pelas suas organizações empresariais, sempre dotadas de assistência jurídica eficiente.

Procurou, também, acautelar o construtor contra a falta de pagamento e condicionou o recebimento das unidades à *quitação* com os compromissos. Na verdade, cada contratante somente será imitido na posse da unidade adquirida se estiver em dia com as obrigações assumidas, inclusive as relativas à construção. Até que o pagamento se efetive, o construtor, o incorporador e o condomínio, conforme o caso (Lei n. 4.591, art. 52), terão direito de retenção sobre a respectiva unidade. Veio a lei resolver o caso definitivamente, com justiça, e evitar litígios. É claro que os adquirentes não podem pretender que em relação a eles sejam cumpridas as obrigações de que são credores, se estão em débito. O direito comum prevê, com a *exceptio non adimpleti contractus* (e no caso pode ser levada ao rigor de *exceptio non adimpleti rite contractus*), que o contratante em falta com os seus compromissos contratuais não pode exigir o implemento dos do outro.[12] Controvertiam os escritores e vacilavam os Tribunais quanto ao reconhecimento de *retenção ao construtor*. Com o tempo, propendeu-se para uma orientação favorável. E ultimamente, não obstante as divergências de fundamentação, prevaleceu entre os nossos civilistas a ideia de reconhecer direito de retenção ao empreiteiro-construtor, acompanhados de perto pela jurisprudência.[13-14] Todavia, as dúvidas levantadas a propósito do direito de retenção ficam desfeitas pela palavra do legislador. Não importa que o adquirente tenha cumprido antes os seus deveres. O que a lei quer é que, no momento da entrega, fiquem acertadas todas as contas. Não vindo a unidade a contento, o adquirente pode enjeitá-la, mas, não estando em dia com as suas obrigações, não tem direito a receber, podendo o credor retê-las, até que o devedor satisfaça todas as suas obrigações. O direito de retenção estende-se ao débito pelos reajustamentos, devidos ao construtor.[15]

Tendo em vista que o art. 52 da Lei n. 4.591/1964, que assegura o direito de retenção contra o adquirente em atraso, se acha localizado na Seção I do Capítulo III, que trata "Da Construção em Geral", deve aplicar-se tanto à construção "por empreitada" quanto à ajustada por administração.

158. Responsabilidade pela obra. Embora não seja personalíssimo, no sentido de que o construtor tem a liberdade de subcontratar mão de obra e trabalhos especializados, e de que a morte do construtor põe termo à relação jurídica criada,[16] a construção do edifício ou do conjunto de edificações, qualquer que seja a modalidade escolhida, é da responsabilidade do construtor, que não tem o direito de transferir a outro profissional a execução da obra nem tem a faculdade de se liberar dos compromissos assumidos, a não ser por acordo bilateral ou com a entrega das unidades concluídas e acabadas nos termos das especificações.

---

[12] Serpa Lopes, *Exceções substanciais, passim.*

[13] Arnoldo Medeiros da Fonseca, *Direito de retenção*, p. 228; J. E. Miranda Carvalho, *Contrato de empreitada*, p. 352; Magalhães Gomes, *Direito de retenção no Código Civil brasileiro*, p. 267; Hely Lopes Meirelles, *Direito de construir*, p. 269.

[14] "Cobrança. Constituição de comissão de representantes do condomínio. Ato válido. Contrato de construção pelo sistema de administração. Responsabilidades dos condôminos com as despesas. Existência da dívida. Manutenção da sentença. Desprovimento do apelo. O sistema escolhido para consecução da obra foi o de administração, onde deve haver comunhão de esforços e participação de todos os interessados. Estabelece a Lei n. 4.591/64 que cada contratante só será imitido na posse de sua unidade se estiver em dia com as obrigações assumidas, inclusive as relativas à construção, exercendo o construtor e o condomínio, até então, o direito de retenção sobre a respectiva unidade" (TJRJ, 19.ª Câmara Cível, Apelação Cível n. 2007.001.26009, rel. Des. Vera Maria Van Hombeeck, j. 31.07.2007).

[15] *Revista do Tribunal de Justiça* da Guanabara, v. 28, p. 436.

[16] Hely Lopes Meirelles, *Direito de construir*, p. 552.

É claro que, celebrado o contrato de construção com uma sociedade, as alterações por que passe esta não o atingem, seja na estrutura societária propriamente dita (substituição de sócios, entrada de novos ou saída de antigos), seja na direção técnica (afastamento ou substituição dos engenheiros responsáveis). O elemento subjetivo da relação jurídica não se modifica e o contrato de construção subsiste em seus termos originários.

Reversamente, o trespasse ou alienação da unidade autônoma, salvo cláusula proibitiva, é lícito, porque, se do lado do construtor as condições pessoais de idoneidade técnico-financeira são consideradas, os adquirentes de unidade não se representam pelos mesmos elementos e requisitos.

Capítulo **XVII**

INFRAÇÕES E PENALIDADES[1]

159. Prevenção e sanção. Toda lei é dotada de sanção, embora a intensidade desta varie, o que suscitou mesmo distribuí-las em *perfeitas, menos que perfeitas e imperfeitas,* conforme expusemos e explicamos em nossas *Instituições de direito civil* (v. I, n. 21), arrimado a bons autores, tanto nossos quanto alheios.

Aqui, em termos de incorporação e construção de edifícios, antes da Lei n. 4.591/1964 imperavam a desordem e a irresponsabilidade. Foi com enorme esforço que conseguimos,[2] fazendo apelo a toda sorte de invocações e citações, construir a figura do incorporador e definir os seus deveres. Entretanto, sentíamos a falta de sanções expressas, sempre nos parecendo que a omissão era uma falha imperdoável do legislador. Interessado e experiente, o incorporador inseria no contrato cláusulas defensivas de seus interesses e criava uma técnica de autoproteção, de que extraía os meios necessários a se resguardar contra o inadimplemento das obrigações do adquirente. Sendo, porém, convencionais as penas e instituídas pelo incorporador, não tratava este de catalogar punições para si próprio. E, por conseguinte, ficava o adquirente à mercê da outra parte, correndo a sorte de sua honorabilidade.

A Lei do *Condomínio e Incorporações* atribuiu a maior importância ao fato, e não olvidou que a sanção é necessária, seja como técnica de intimidação, seja como arma de que se utiliza o prejudicado, para chamar o contraventor à ordem.

Tem, pois, a dupla função, preventiva e punitiva. Vale como meio de defesa, em qualquer caso. Ora traduz ameaça ao infrator potencial, alertando-o para o fato de que

---

[1]   Nota do editor: o texto na cor preta indica o texto original do Professor Caio Mário, e o texto na cor cinza é de autoria dos atualizadores. Os capítulos e itens de autoria dos atualizadores, além de estarem na cor cinza, estão indicados com letras após o número.

[2]   *Vide* Caio Mário da Silva Pereira, *Propriedade horizontal,* p. 151 e segs.

pode ser castigado se vier a ofender a disposição da lei, ora significa o estabelecimento de um sistema repressivo por via do qual os rigores da norma são levados àquele que se afastar do comportamento normal. Não esquecendo, entretanto, da bilateralidade do contrato, cogitou de prever sanções igualmente bilaterais, desta maneira alertando ambos os contratantes, em relação à obrigatoriedade das avenças e dever de observá-las.

160. O procedimento do art. 63 da Lei n. 4.591/1964. É lícito, diz a lei, estipular no contrato, sem prejuízo de outras sanções, que a falta de pagamento, por parte do adquirente ou contratante, de três prestações do preço da construção implique a sua resolução (art. 63) ou respondam os direitos pela fração ideal adquirida e parte de construção que se lhe adiciona.[3]

À primeira vista pareceria ocioso o preceito. É da natureza do contrato bilateral a cláusula resolutiva. Se a tácita é pacificamente aceita em nosso direito (V. n. 147, *supra*), por maioria de razões a expressa é perfeitamente cabível.

O objetivo do legislador foi, porém, outro. Não quis, tão somente, dizer que a cláusula resolutiva pode ser expressamente ajustada. Foi mais longe, e prescreveu a sua extensão, o seu mecanismo e os seus efeitos, conforme aqui examinaremos em seguida.

Quanto à extensão, a cláusula resolutiva vincula-se assim às prestações originariamente estabelecidas, como àquelas resultantes de reajustamentos subsequentes ou aditivos contratuais. Pela mesma razão que a inadimplência das prestações inicialmente estipuladas justifica a resolução do negócio jurídico, a falta de cumprimento, relativamente às geradas pelas revisões de preço, as fundadas no próprio contrato ou em alterações subsequentes igualmente devem ter a mesma consequência.

Participam da mesma natureza das primitivas. O que descabe, no entanto, é atribuir efeito resolutivo a obrigações unilateralmente impostas, vale dizer: se o adquirente for intimado a pagar quantia que lhe exija o construtor, sem que se trate de prestações nascidas de cláusulas ajustadas, a mesma consequência não se lhe pode imputar, restando ao construtor a via judiciária, para obter o seu acertamento e efetuar-lhe o recebimento.

A inovação de maior monta no tocante ao efeito da cláusula resolutória está no seu mecanismo, quanto ao contrato de construção. É que ela, aqui, não opera *pleno iure,* porém requer a notificação ao adquirente para que, no prazo de dez dias, purgue a mora (art. 63). Embora a exigência contrarie, em princípio, a natureza auto-operante da cláusula resolutória expressa, o princípio não é novo em nosso direito, já que também o Decreto-lei n. 58, de 10 de dezembro de 1937, relativamente aos terrenos loteados, adotou critério análogo, retirando aqueles contratos do campo da *mora ex re,* e exigindo sempre a interpelação ao devedor remisso, com o oferecimento de uma oportunidade de *emendatio morae,* em prazo aberto.[4]

---

[3] Os requisitos e fundamentos da resolução do contrato de promessa de venda por inadimplemento de obrigações do incorporador e do promitente comprador são objeto dos itens 148-A a 148-D, nos quais são consideradas as normas dos arts. 43-A e 67-A da Lei n. 4.591/1964, com a redação dada pela Lei n. 13.786/2018.

[4] Caio Mário da Silva Pereira, *Instituições de direito civil,* v. III, n. 214.

Também aqui, no regime da Lei n. 4.591, adotou-se, para o contrato de construção, a regra da *mora ex persona*. À vista, pois, do preceito especial, neste caso ora examinado, *dies non interpellat pro homine*. Para que a resolução tenha cabida, é mister a interpelação do devedor, para que emende a mora no prazo de dez dias.

A notificação deve ser feita pessoalmente ao adquirente inadimplente, sob pena de nulidade de todo o procedimento de cobrança e leilão.

Teve razão o legislador assim dispondo, porque alterou fundamentalmente o efeito da mora, no contrato de construção. Pelo regime do Código Civil a resolução requer pronunciamento judicial. Pelo da Lei n. 4.591/1964, não.

A resolução extrajudicial do contrato de incorporação prevista nos arts. 63 da Lei n. 4.591/1964 e 1.º, VI e VII, da Lei n. 4.864/1965 veio a ser reforçada pelo art. 62 da Lei n. 13.097/2015, que deu nova redação ao art. 1.º do Decreto-lei n. 745/1969, anteriormente referido, e a ele acrescentou um parágrafo único, segundo o qual caracteriza-se o inadimplemento absoluto da obrigação do promitente comprador e, em consequência, opera-se a resolução de pleno direito da promessa, independentemente de intervenção judicial, se tiver sido estipulada cláusula resolutiva expressa e o promitente comprador deixar de purgar a mora no prazo fixado na interpelação.

A par dessa norma, a Lei n. 14.382/2022 veio suprir importante lacuna em relação aos contratos de promessa que tenham sido registrados no Registro de Imóveis, mediante inclusão do art. 251-A na Lei n. 6.015/1973, que dispõe sobre o cancelamento do registro mediante procedimento extrajudicial promovido pelo oficial do Registro de Imóveis da situação do imóvel. Esse tema é melhor desenvolvido no item 148-B, *supra*, Capítulo XV.

Trata-se de norma procedimental pela qual o promitente comprador será intimado pelo oficial do Registro de Imóveis para purgar a mora no prazo de trinta dias, em conformidade com os critérios estabelecidos pelo Código de Processo Civil para comunicação dos atos processuais, podendo o oficial delegar essa diligência ao oficial do Registro de Títulos e Documentos da situação do imóvel ou do domicílio de quem deva receber a intimação.

O procedimento extrajudicial não viola o princípio do contraditório, tendo em vista que, além de expressamente regulado por lei e só ser admitido nos contratos em que se estipule a cláusula resolutiva expressa, o adquirente é intimado a purgar a mora no prazo legal, depois de decorrido um período de graça de noventa dias, que a ele confere "elementos satisfatórios de contraditório, uma vez que a interpelação será absolutamente capaz de informar o devedor da inauguração do procedimento, possibilitando, concomitantemente, sua reação".[5]

---

[5] "A execução instituída pela Lei n. 4.591/1964 possibilitou a realização de leilão extrajudicial, devendo, no entanto, a opção por sua utilização constar sempre, previamente, do contrato estabelecido entre as partes envolvidas na incorporação. A necessidade de previsão contratual da medida expropriatória extrajudicial, e a ocorrência de prévia interpelação do devedor para que seja constituído em mora, dão a essa espécie de execução elementos satisfatórios de contraditório, uma vez que a interpelação será absolutamente capaz de informar o devedor da inauguração do

Desde a instituição desse procedimento especial pela Lei n. 4.591/1964, o procedimento extrajudicial passou a ser legalmente admitido para outras espécies de contratos, entre os quais citam-se os contratos de empréstimo hipotecário vinculados ao Sistema Financeiro da Habitação (Decreto-lei n. 70/1966), os de empréstimo garantidos por propriedade fiduciária de bem imóvel (Lei n. 9.514/1997, art. 27), além da usucapião extrajudicial prevista no art. 216-A da Lei n. 6.015/1973, com a redação dada pelo art. 1.071 da Lei n. 13.105/2015 (Código de Processo Civil) e pela Lei n. 13.465/2017, entre outros procedimentos extrajudiciais de execução e expropriação de bens.

161. Leilão extrajudicial. Uma vez verificada a mora, por não ter o adquirente acudido à intimação para que venha emendá-la, a Comissão de Representantes ficará autorizada, desde logo e de pleno direito, a efetuar a pública venda em *leilão* anunciado na forma do contrato, dos direitos do adquirente, assim da parte construída, como da fração ideal, caso em que o arrematante se sub-rogará nos direitos e nas obrigações, quanto ao contrato de construção. Iguais poderes foram conferidos ao incorporador pelo art. 1.º, inciso VII, da Lei n. 4.864/1965.[6]

Se o maior lanço encontrado no leilão for inferior ao desembolso efetuado pelo inadimplente, para a quota do terreno e a construção, bem como despesas efetuadas, percentagens correspondentes à comissão (5%), multa (10%), honorários advocatícios e anúncios, considerar-se-á não realizada a venda, e a novo leilão se procederá, com prévio anúncio.

Feita a arrematação, caberá à Assembleia Geral dos Condôminos, por votação unânime, direito de preferência para adjudicar, em benefício do condomínio, os direitos leiloados, pelo mesmo preço e nas mesmas condições da arrecadação efetuada pelo terceiro.

Apurado o preço da arrematação ou adjudicação, deduzir-se-lhe-ão o débito, os honorários de advogado, a percentagem relativa à comissão (5%) e à multa (10%) em benefício do condomínio, bem como despesas, inclusive com publicações. O remanescente eventual será, então, restituído ao adquirente faltoso. Se é justo que não compartilhe ele das vantagens nem da multa e comissão instituída em favor do condomínio, não poderá este, por outro lado, locupletar-se à sua custa, retendo a valorização dos direitos do inadimplente.

---

procedimento, possibilitando, concomitantemente, sua reação. Nos termos da execução extrajudicial da Lei n. 4.591/1964, não é necessária a realização de uma segunda notificação do devedor com o objetivo de cientificá-lo da data e hora do leilão, após a interpelação que o constitui em mora" (REsp 1.399.024-RJ, rel. Min. Luís Felipe Salomão, *DJe* 11.12.2015).

6 Lei n. 4.864/1965: "Art. 1.º (...). VI – A rescisão do contrato por inadimplemento do adquirente somente poderá ocorrer após o atraso de, no mínimo, 3 (três) meses do vencimento de qualquer obrigação contratual ou de 3 (três) prestações mensais, assegurado ao devedor o direito de purgar a mora dentro do prazo de 90 (noventa) dias, a contar da data do vencimento da obrigação não cumprida ou da primeira prestação não paga. VII – Nos casos de rescisão a que se refere o item anterior, o alienante poderá promover a transferência para terceiro dos direitos decorrentes do contrato, observadas, no que forem aplicáveis, as disposições dos §§ 1.º a 8.º do art. 63 da Lei n. 4.591, de 16 de dezembro de 1964, ficando o alienante, para tal fim, investido dos poderes naqueles dispositivos conferidos à Comissão de Representantes".

Para os fins e as medidas prescritos como sanção ao contratante infiel, a Comissão de Representantes ficará investida de poderes irrevogáveis, na vigência do contrato de construção, para, em nome do condômino inadimplente, praticar os atos necessários, fixar condições, determinar preço, outorgar escrituras, celebrar contratos, receber importâncias, dar quitação, sub-rogar o arrematante em direitos e obrigações e imiti-lo na posse, transmitir-lhe domínio, responder pela evicção, receber citação, propor ações, constituir advogados (art. 63, § 5.º). Tudo isso independentemente da outorga de mandato especial, porque, neste caso, os poderes vêm da lei.

Não se trata, como se percebe, de conferir poderes a determinada pessoa, porém, logicamente se infere a existência de atribuições *ex vi legis,* atribuídas à Comissão de Representantes, na sua qualidade de órgão de defesa dos direitos da comunhão e enquanto se não extinguir pela entrega das unidades e da conclusão do edifício. Todas essas medidas se estabelecem no interesse dos condôminos, que seriam os prejudicados com o atraso do adquirente remisso. É claro que o construtor tem o direito de receber as prestações a ele devidas. Contudo, é claro, também, que a mora dos adquirentes desequilibra a caixa e, consequentemente, altera o plano financeiro da obra. Se o problema fosse tão somente o das conveniências do construtor como parte contratante, resolver-se-ia como em qualquer outro contrato bilateral: cobrança das prestações ou invocação da cláusula resolutória, na forma do direito comum. Estando, todavia, em jogo, afora o interesse do construtor e do adquirente em mora, todo o conjunto dos candidatos às demais unidades autônomas, a lei instituiu, então, este sistema que é peculiar ao caso, e criou a técnica das vendas em leilão, por autoridade da Comissão de Representantes, investindo-a dos necessários poderes irrevogáveis para levar a efeito a operação, em todas as suas fases.

A medida não se diria uma criação original de nosso direito ou uma inovação extravagante do legislador de 1964. Ao revés, encontra bom amparo em bom exemplo. A lei francesa de 1938, que regulamentou as sociedades de construção e a copropriedade dos imóveis divididos por apartamentos, autoriza a sociedade a excluir o sócio faltoso e a proceder à venda forçada de seus direitos sociais, mediante um procedimento simplificado, inspirado nas execuções em Bolsa.[7]

Cumpre, entretanto, salientar que o sistema instituído na Lei n. 4.591/1964, minudenciado acima, não funciona de pleno direito. Ao contrário, requer convenção expressa. É o que se infere do disposto no art. 63, que admite seja *estipulada a resolução* do contrato, mas faculta, por outro lado, fique expresso que, na falta de pagamento, pelo débito respondam os direitos à fração ideal do terreno e à parte construída, na forma do que estabelecem os seus parágrafos, como vimos acima. Para se ter bem presente o princípio e ainda a natureza convencional da adoção do critério instituído nesta lei, convém ter à vista o texto respectivo: "É lícito estipular no contrato, sem prejuízo de outras sanções, que a falta de pagamento – por parte do adquirente ou contratante, de três prestações do preço da construção, quer estabelecidas inicialmente, quer alteradas ou criadas posteriormente, quando for o caso, depois de prévia notificação com prazo

---

[7]   Frédéric Denis, *Sociétés de Constructions et Copropriété des Immeubles divises par Appartements,* p. 37.

de dez dias para purgação de mora – implique na rescisão do contrato, conforme nele se fixar ou que, na falta de pagamento, pelo débito respondam os direitos à respectiva fração ideal do terreno e à parte construída e adicionada, na forma abaixo estabelecida, se outra não fixar o contrato".[8]

A aquisição da unidade leiloada, pelo próprio condomínio, tem suscitado problemas que nos levam a uma referência especial no n. 172-A.

162. Irrevogabilidade e irrenunciabilidade dos poderes da Comissão de Representantes. Os poderes outorgados à *Comissão de Representantes,* para os fins e o efeito previstos acima (n. 161, *supra),* já vimos que são irrevogáveis. Contudo, não se trata de uma irrevogabilidade convencional, que a doutrina e a jurisprudência têm entendido suscetível, não obstante, de cessação, uma vez que o mandante se sujeite às perdas e danos. Trata-se, porém, de poderes outorgados como cláusula ou condição para cumprimento de contrato bilateral, que o Código Civil de 1916 já considerava irrevogável (art. 1.317, n. II e atual art. 684 do Código Civil atual) e cuja irrevogabilidade vem reforçada pelo disposto na mesma Lei do *Condomínio e Incorporações.*

Esta, com efeito, alude à condição do mandato, e por mais de uma vez. Refere-se-lhe no § 5.º do art. 63, quando discrimina os poderes de que pode ser investida a Comissão de Representantes, para todas as fases da operação de venda, desde a fixação de preço até a transmissão de domínio ao arrematante, acrescentando que o mandato assim outorgado é *irrevogável.*

Não contente, entretanto, com a disposição, exclui este mandato das hipóteses legais de sua cessação. Usa a lei uma linguagem inadequada, pois confunde na palavra *revogação* outros casos de terminação do mandato. Revogação é o ato de vontade do mandante. Entretanto, como não só por ele se põe termo ao mandato, cuidou o § 6.º do art. 63 de acrescentar que a morte, falência ou concordata do condômino, ou sua dissolução, se se tratar de sociedade, não "revogarão" o mandato, o qual poderá ser exercido pela Comissão de Representantes até a conclusão dos pagamentos devidos, ainda que a unidade pertença a menor. Cometeu falha técnica, pois ali quis referir-se, genericamente, à "terminação" do mandato.

Uma vez investida a Comissão nos poderes necessários, somente com o cumprimento do contrato cessam as suas atribuições.

Ocioso é, então, indagar se podem ocorrer outras hipóteses de terminação do mandato ou se, ao revés, o enunciado legal esgota a sua ocorrência. A questão não é *despicienda,* porque, ao lado da morte e da revogação, ainda se inserem na lei (Código Civil, art. 1.316) a mudança de estado, a interdição e a renúncia, além do escoamento do prazo, de que não há cogitar aqui.

---

[8] "Direito civil. Condomínio de Construção. Lei n. 4.591/64, art. 63. Leilão extrajudicial. Ausência de previsão contratual. Impossibilidade. I – Não é possível a realização de leilão extrajudicial da quota-parte do condômino inadimplente se não há previsão contratual, conforme exegese do art. 63 da Lei n. 4.591/64" (STJ, REsp n. 345677-SP, rel. Min. Antonio de Pádua Ribeiro, *DJ* 19.12.2003).

E a resposta somente será no sentido de que os poderes sobrevivem a qualquer causa. A mudança de estado e a interdição alinham-se como casos análogos à morte, porém de muito menos profundo alcance. A morte é, normalmente, causa de extinção das relações jurídicas. O mesmo não ocorre com a interdição e a mudança de estado, que as respeitam, transmudando apenas a forma de exercício dos direitos. Levando-se em consideração que a Lei n. 4.591/1964 estabeleceu os critérios defensivos do interesse dos condôminos, aliando-os à outorga de poderes irrevogáveis, e acrescentou que a morte não rompe esta representação, força é concluir que também não lhe põem fim a interdição e a mudança de estado.

Igualmente se raciocinará quanto à *renúncia*. Esta, com efeito, é uma faculdade que se reconhece ao mandatário de abdicar dos poderes, no resguardo de sua liberdade. Acontece, porém, que, no caso da Lei do *Condomínio e Incorporações*, não há mandato conferido em razão da pessoa do mandatário nem este é individualmente escolhido pelo mandante. O que a lei diz, e o faz muito claramente, é que dos poderes bastantes ficará investida a *Comissão de Representantes*. E, como esta é um órgão de defesa e de representação legalmente instituído, cuja existência perdura até o final do contrato de construção, conclui-se, forçosamente, que existe como entidade abstrata e subsiste independentemente da substituição total ou parcial de seus membros. Se é lícito a qualquer de seus integrantes afastar-se, nem por isto se perturbam as relações entre os adquirentes e a Comissão de Representantes, que será sempre o órgão de defesa e de representação dos comunheiros, até que cessem as suas atividades. Destarte, não cabe a renúncia como meio de terminar o mandato, porque, se ocorrer a de um dos seus elementos, será substituído; e se todos deixarem, será reconstituída.

Investida daqueles poderes a Comissão dos Representantes, não importa cessação pela renúncia, como pela revogação correlata. A natureza do mandato e da Comissão mandatária o repele frontalmente.

163. Débitos fiscais. Como se vê, o processo de alienação da parte pertencente ao condômino remisso não pode sofrer embaraços, quer originários da atuação da Comissão de Representantes, quer oriundos do próprio contratante infiel, na medida em que se trata de transferência forçada de direitos, a propósito da qual o STJ já reconheceu que a adjudicação de bens em favor do credor em processo de execução caracteriza "ato executivo de transferência forçada de bens, razão pela qual não fica impedida pela indisponibilidade cautelar, que se refere à disposição voluntária pelo devedor".[9]

---

9   "Recurso especial. Civil e processual civil. Ação civil pública. Indisponibilidade de bens. Integralidade do patrimônio. Execução. Expropriação. Adjudicação de bem. Coisa determinada e específica. Impedimento. Ausência. 1. Cinge-se a controvérsia a determinar se: a) a indisponibilidade de bens do executado, deferida em ação civil pública, impede a adjudicação de um determinado bem a credor que executa o devedor comum com substrato em título executivo judicial; e b) é possível ao juiz negar-se assinar a carta de adjudicação sob esse fundamento, mesmo já tendo extinto a execução com substrato no art. 794, II, do CPC/73. 2. A indisponibilidade é medida cautelar atípica, deferida com substrato no poder geral de cautela do juiz, por meio da qual é resguardado o resultado prático de uma ação pela restrição ao direito do devedor de dispor

No entanto, a lei ainda vai mais longe e enuncia que não haverá, igualmente, obstáculo em razão dos débitos fiscais e assemelhados.

Se pender dívida à Fazenda Pública ou às instituições de Previdência Social, não impedirá a venda da unidade em leilão público. Os créditos respectivos, sem perderem o privilégio que naturalmente os acompanha, não deixarão de ser atendidos preferencialmente. A falta de cumprimento deste dever teria como consequência ser o adquirente perseguido pelo credor, que iria a suas expensas e sob pena de execução judicial solver a dívida preexistente.

A Lei do *Condomínio e Incorporações*, entretanto, já cogita de acautelar o credor e de defender o adquirente, dispondo que, realizado o leilão (não obstante o débito fiscal ou para com a Previdência Social), ao condômino somente será entregue o saldo, se houver, mediante a prova de quitação com o Fisco e com a instituição respectiva. Na falta de exibição das provas de liberação, a Comissão de Representantes consignará judicialmente a importância equivalente aos débitos existentes, fazendo citar a entidade credora. Aqui há um reparo à linguagem da lei: custa crer que a Comissão Mista do Congresso tenha se expressado tão mal, dizendo que seria consignada a importância, "dando-se ciência do fato à entidade credora". É claro que, sendo a consignação uma ação em que o credor é réu, contra ele será ajuizada. No entanto, parecendo que na emenda e na redação da Comissão parlamentar todos desconheciam os dados mais elementares da equação processual, redigiu-se o inciso como se fosse possível propor a ação consignatória sem que o credor fosse o réu, e depois dela ajuizada alguém lhe desse ciência. O erro foi de linguagem ou o defeito de expressão: o que se quer dizer é que a Comissão de Representantes consignará a importância em juízo, com citação da entidade credora.

164. Acréscimos moratórios. No sistema de sanções contra o adquirente tratamos, até agora, da mais grave e mais severa. Entretanto, nem é a única nem é razoável que o devedor comece por sofrer os seus rigores, nem é natural que o construtor tenha sempre de aguardar o decurso do tempo correspondente a três prestações. É lícito, ao revés, que outras penalidades sejam convencionadas, atuando gradativamente, e desta sorte mantendo o adquirente sob potencialidade de sua aplicação, e também livre de suportar desde logo a pena máxima, à vista de uma primeira inadimplência.

Pode, pois, o contrato estabelecer que, independentemente da estipulação relativa à resolução do contrato e venda dos direitos em leilão público, as partes convencionem a

---

sobre a integralidade do seu patrimônio, sem, contudo, privá-lo definitivamente do domínio e cujo desrespeito acarreta a nulidade da alienação ou oneração. 3. A indisponibilidade cautelar, diferentemente do arresto, da inalienabilidade e da impenhorabilidade, legal ou voluntárias, atinge todo o patrimônio do devedor, e não um bem específico, não vinculando, portanto, qualquer bem particular à satisfação de um determinado crédito. 4. Além disso, apesar de a adjudicação possuir características similares à dação em pagamento, dela distingue-se por nada ter de contratual, consistindo, em verdade, em ato executivo de transferência forçada de bens, razão pela qual não fica impedida pela indisponibilidade cautelar, que se refere à disposição voluntária pelo devedor. 5. Recurso especial conhecido e provido" (REsp 1.493.067/RJ, rela. Mina. Nancy Andrighi, Terceira Turma, *DJe* 24.3.2017).

Cap. XVII • Infrações e Penalidades | 361

incidência de *multas* e *penas de mora* para o caso de atraso no pagamento das prestações ou depósito das contribuições. A multa pode ser ajustada como simples penalidade e atingir o adquirente moroso de pleno direito. Não há mister, neste caso, que se proceda à interpelação do devedor, pois a prestação certa a termo certo constitui desde logo o *reus debendi* em mora, mediante a aplicação pura e simples da regra *dies interpellat pro homine*. O só fato da mora *ex re* basta para sujeitar o contratante em demora ao pagamento da multa. Não há contradição na lei no tocante à mora. Esta ocorre de pleno direito nos casos aqui previstos. Na hipótese, porém, de resolução do contrato e venda extrajudicial da unidade é mister a interpelação.

Também podem ser estipulados, e independem igualmente de interpelação, juros moratórios, que o adquirente tem de pagar ao construtor pelo retardamento da *solutio* de quaisquer das prestações ou ao condomínio pelo atraso nos depósitos.

Ficou, porém, apurado que, em virtude de a inflação impor ao papel-moeda depreciação muito elevada, a incidência dos juros de mora tornou-se inócua, sendo mesmo vantajoso ao devedor relapso pagar os juros, ganhando a diferença entre estes e o índice de depreciação.

Obviando ao mal, tem-se recorrido aos processos de reavaliação dos débitos, com indexação da dívida e sua atualização em face de fatores corretivos. A prática, que não pode ser adotada sem autorização legal, encontra aqui o apoio devido, pois o contrato de construção poderá dispor que o valor das prestações em atraso seja corrigível em função da variação do índice geral de preços, mensalmente publicado pelo Conselho Nacional de Economia,[10] registrando as oscilações do poder aquisitivo da moeda nacional (Lei n. 4.591, art. 63, § 9.º). É preciso, entretanto, entender o inciso, já que a sua redação não é adequada. Fazendo alusão às "prestações pagas com atraso", pode dar a impressão de que é lícito ao construtor reajustar o valor de prestações já solvidas. É inexato. A pena não tem efeito retro-operante. Pode o construtor, autorizado pelo contrato, exigir que o adquirente em mora lhe pague as prestações atrasadas com reavaliação do valor ou aplicando-lhe índice de correção monetária. Uma vez, porém, recebida a prestação, o débito se extingue, e já não é mais permitido ao credor reabri-lo, para reclamar a correção que não pediu enquanto a dívida estava em aberto, salvo quanto aos depósitos em conta, que não induzem quitação.

165. O membro da Comissão de Representantes. O condômino ou candidato eleito para a Comissão de Representantes não pode, por este fato, fugir ao cumprimento das obrigações. Ao contrário, mais zeloso deve ser com o implemento do contrato, pois que lhe foi confiada função dupla, de fiscalização e de representação dos adquirentes e contratantes.

Se, não obstante, incorrer em mora, perde automaticamente o mandato, além de se sujeitar às penas convencionais, e será substituído.

---

[10] Com a extinção do Conselho Nacional de Economia, a correção de valores faz-se adotando os índices levantados pela Fundação Getúlio Vargas, ou Unidade-padrão de Capital (UPC) ou outro critério objetivo.

166. Órgãos de publicidade. O art. 64 da Lei do *Condomínio e Incorporações* contém um pequeno preceito que o nosso Anteprojeto não registrava e que reputamos inadequado e inexequível. Estabelece ele que os órgãos que divulgarem publicidade sem os requisitos exigidos pelo art. 32, § 3.º, e arts. 56 e 62, sujeitam-se à multa correspondente ao dobro do preço pago pelo anunciante, a qual reverterá em favor da respectiva Municipalidade.

Causa mesmo estranheza que o Congresso Nacional tenha aprovado tal norma.

Podem, então, o jornal, o rádio ou a televisão ser convertidos em instrumentos de fiscalização do lançamento de incorporações? Têm eles meios de saber se os documentos depositados em cartório se acham em ordem?

São regras desta espécie, cuja inaplicabilidade desde logo se revela, que desmoralizam um sistema. É claro que o incorporador tem de ser fiscalizado, mas por órgão da Administração. O veículo de publicidade incorre em faltas no que diz respeito à publicidade, segundo o que dispõem as leis. No entanto, estender-lhes as penas pelas faltas alheias é inadequado e, mais que isso, reflete tal inanidade, dado que já nasce o dispositivo letra morta.

167. Incorporador e construtor: sanções. Depois de penalizar o adquirente ou candidato pelas infrações contratuais, a Lei n. 4.591 passa a cuidar do incorporador e do construtor. E é aí que o legislador vem escutar a grita de todos, quantos sofreram no passado pela irresponsabilidade dos inescrupulosos.

A nova lei teve então as suas atenções voltadas para a pessoa do incorporador, em razão de seus deveres, e marcou a nova orientação legislativa do País em função do sistema instituído, pelo qual reveste de sanções a observância daquelas normas.

Numa visão panorâmica, as penas com que se ameaça o incorporador têm em vista o seu comportamento sob dois aspectos diferentes: na qualidade de parte em um contrato bilateral e em função do lado social da atividade que desenvolve. Como parte contratante, incumbe-lhe a obrigação de dar execução ao ajuste. Tem ele o dever de seguir à risca as avenças estipuladas, guardando estrita fidelidade aos planos e projetos, pois foi à vista deles que o adquirente firmou a proposta ou celebrou o contrato; respeitando rigorosamente os esquemas financeiros preestabelecidos, pois foi na ponderação de seu alcance que o adquirente assumiu encargos de solver as prestações; atendo-se à condição de irreajustabilidade do preço, salvo se houver sido expressamente convencionada a sua revisão, pois foi na perspectiva de certo montante que o adquirente contratou. Então, como parte em um contrato bilateral, o incorporador e o construtor estão sujeitos ao avençado e, no caso de contravirem ao obrigado, hão de sofrer os rigores da lei.

Entretanto, encarada a atividade do incorporador de outro ângulo, verifica-se que ele mobiliza capitais alheios, atua no plano da economia popular, oferece ao grande público anônimo os seus serviços e, no caso de frustração dos resultados, o impacto desborda da pessoa do outro contratante para alcançar a própria comunidade e, portanto, tem efeitos sociais tão profundos ou talvez mais do que os de natureza meramente individual.

Na consideração destas circunstâncias é, pois, a orientação impressa na Lei do *Condomínio e Incorporações*, que ordena as penalidades contra o incorporador e o construtor em termos de reprimir as infringências a normas de extensão social, como às outras de cunho meramente individual.

Contudo, não se contenta a nova lei com a definição da responsabilidade. Vai muito além, porque caracteriza como delito criminal procedimentos específicos ou condutas contrárias às normas instituídas para o ordenamento da incorporação.

168. Crime contra a economia popular. É, na verdade, crime contra a economia popular promover incorporação, fazendo em propostas, contratos, prospectos ou comunicação ao público ou aos interessados afirmação falsa sobre a constituição do condomínio, alienação das frações ideais do terreno ou sobre a construção das edificações (art. 65).

A definição do delito está bem clara e é de apuração objetiva. Na sua etiologia não se insere a indagação do *animus* do agente, a saber, se teve ou não o propósito de prejudicar. Para a lei, é crime o fato em si de informar mal a respeito da incorporação anunciada ou em andamento. O público e os interessados confiam as suas economias à vista de certos dados. E, como a incorporação gera a concentração de recursos enormes, arrecadados nesse público, a lei impõe a contrapartida da lealdade nas divulgações e nas informações.

Por duas formas pode-se incidir na falta aqui prevista: por ação ou por omissão. Infringe a lei quem deturpa os fatos, deforma os elementos ou altera os dados, levando ao conhecimento do público ou dos interessados uma situação que não corresponde à realidade. Contravém a ela, igualmente, aquele que sonega informações ou omite esclarecimentos que tinha e devia prestar, levando outrem a supor uma realidade inexistente, em razão da falta de devida elucidação. Desde que a informação é inexata, a explicação omissa ou a afirmação falsa, sobre aquelas circunstâncias que a lei salienta e considera fundamentais na incorporação ou na construção, concretiza-se a figura delituosa e incorre o agente nas penas de um a quatro anos de reclusão e multa de cinco a cinquenta vezes o maior salário mínimo legal vigente no País. Paga, pois, o infrator com a pena carcerária e paga ainda com a sanção econômica que, variável na proporção das elevações salariais, acompanhará os aumentos de custo de vida, permanecendo sempre atualizada.

169. Responsabilidade pessoal. Quando o incorporador, o construtor ou o corretor são pessoa física, a responsabilidade civil e a responsabilidade criminal facilmente se apuram, porque o fato é imputável à pessoa determinada, que arcará assim com as consequências do delito cometido. No entanto, no caso de ser pessoa jurídica, como *societas distat a singulis,* a responsabilidade civil fica adstrita aos haveres sociais, e a criminal se esvai, se se ater ao conceito clássico da imputabilidade direta, exclusivamente.

Acontece que o nosso direito positivo já conhecia a projeção da responsabilidade criminal para a pessoa do administrador da pessoa jurídica no plano da legislação bancária e em especial no campo da liquidação das instituições financeiras, bem como na configuração mesma dos crimes contra a economia popular (Decreto-lei n. 9.328, de 10 de junho de 1946; Lei n. 1.808, de 7 de janeiro de 1953; Lei n. 1.521, de 26 de dezembro de 1951).[11] Em nossa monografia da *Propriedade horizontal* defendemos a extensão do

---

[11] Cf. a atual legislação: Lei n. 6.024, de 13 de março de 1974.

princípio às incorporações (n. 100), sob fundamento de que o mau emprego dos capitais, a má administração da sociedade, as facilidades com que se conduzem os diretores, quando frustram o empreendimento, constituem na verdade faltas, incorreções e abusos de natureza pessoal, e não da sociedade, como ente abstrato. Se tais pessoas físicas houvessem sido mais comedidas nos gastos, houvessem arriscado menos, houvessem deixado de aplicar o numerário em proveito próprio, houvessem pautado o seu comportamento por uma linha de exação, o edifício seria concluído. Numa apuração de culpas, emergem as dos diretores, administradores e gerentes, *ut singuli,* e na verdade não haveria quebra da distinção clássica entre a sociedade e seus sócios, mas a verificação da falta pessoal deles, se se lhes imputar à conduta individual o fato delituoso.

Nossa argumentação foi considerada, e o legislador, após definir o crime no art. 65, imprimiu-lhe a extensibilidade que havíamos preconizado em nossa obra publicada em 1961.

Efetivamente, a Lei n. 4.591/1964 completa a caracterização do crime, dispondo que incorrem na mesma pena:

I – O incorporador, o corretor e o construtor, individuais, bem como os diretores ou gerentes da empresa coletiva incorporadora, corretora ou construtora que, em proposta, contrato, publicidade, prospecto, relatório, parecer, balanço ou comunicação ao público ou aos condôminos, candidatos ou subscritores de unidades, fizerem afirmação falsa sobre a constituição do condomínio, alienação das frações ideais ou sobre a construção das edificações;

II – O incorporador, o corretor e o construtor individuais, bem como os diretores ou gerentes de empresa coletiva, incorporadora, corretora ou construtora que usarem, ainda que a título de empréstimo, em proveito próprio ou de terceiro, bens ou haveres destinados a incorporação contratada por administração, sem prévia autorização dos interessados.

A prisão do indiciado, segundo o art. 11 da Lei n. 4.864/1965, somente poderá ocorrer por mandado judicial. Vale dizer que a autoridade policial não pode efetuá-la *sponte sua.*

170. Contravenções penais. Além da configuração do crime contra a economia popular, que examinamos no parágrafo anterior, com sua extensão aos diretores, administradores e gerentes das sociedades, numa escala menos grave, porém de alta significação, a Lei n. 4.591, de 16 de dezembro de 1964, considera contravenções penais alguns fatos e pune-os com pena pecuniária, que pode variar de cinco a vinte vezes o maior salário mínimo vigente no País, e que, acompanhando as majorações salariais, se mantém em estado de permanente atualização (art. 66).

São *contravenções penais,* puníveis na forma do que dispõe a lei de repressão aos crimes contra a economia popular (Lei n. 4.591, de 16 de dezembro de 1964):

I – Negociar o incorporador frações ideais de terreno sem previamente satisfazer às exigências da Lei do *Condomínio e Incorporações.*

O incorporador exerce atividade social importante e o legislador condiciona o lançamento da incorporação à observância de requisitos e satisfação de exigências, analisados e explicados na presente obra. A falta de atendimento a tais imposições é contravenção, que se pune pecuniariamente, como acaba de ser visto.

II – Omitir o incorporador em qualquer documento de ajuste as indicações a que se referem os arts. 37 e 38 da Lei n. 4.591/1964.

Trata-se, conforme foi examinado acima (V. n. 137 a 139, *supra*), da obrigatória menção dos ônus reais ou fiscais que pesem sobre o terreno, ou da pendência de qualquer ação que possa comprometê-lo, bem como de achar-se o imóvel ocupado. Entre os deveres do incorporador está a indicação destas circunstâncias, que exigem providências para a liberação e demandam tempo capaz de retardar o início da obra ou sujeitar os adquirentes a despesas. No capítulo das sanções, o legislador pune como contravenção as omissões, e desta sorte sujeita o incorporador a cumprir o comando legal, sob pena de incorrer em punição severa.

III – Deixar o incorporador, sem justa causa, de promover a celebração dos contratos relativos à fração ideal do terreno, à construção e à convenção do condomínio, nos prazos previstos, e também já estudados (V. n. 140, *supra*).

Aqui, a linguagem legal cambiou. Não é contravenção punível a ultrapassagem dos prazos, pura e simples. Pode, mesmo, ocorrer que o incorporador não supere os empeços que lhe surjam pela frente, sem embargo dos esforços envidados. E, então, justifica-se a demora. Entretanto, a contravenção existe, atraindo as penas sobre ele, se lhe faltar causa justificada para retardar as providências.

(A alínea IV foi vedada).

V – Omitir o incorporador, no contrato, a indicação a que se refere o § 5.º do art. 55, ou seja, a menção do orçamento atualizado da obra, segundo as prescrições da lei (V. n. 156, *supra*).

A exigência legal seria letra morta sem sanção, e esta é a punição do incorporador faltoso. Como se trata de providência pessoal, define-se a contravenção sem se indagar da causa.

VI – Paralisar o incorporador a obra por mais de 30 dias ou retardar-lhe excessivamente o andamento sem justa causa.

Podem ser causas justas o embargo da autoridade não motivado pela ação ou omissão do incorporador ou do construtor; a falta de meios pecuniários devida ao retardo dos adquirentes quanto ao recolhimento das contribuições; e ainda a força maior.

171. Responsabilidade solidária. A lei, punindo o incorporador pelas faltas definidas como contravenção penal, não deixou imunes os demais participantes do negócio. Admitiu a hipótese, considerada padrão, de o incorporador ser o responsável direto como parte contratante e, levando-lhe o rigor da Lei de Economia Popular, obriga-o a exercer constante assistência e vigilância. O incorporador não pode funcionar como um mero intermediário, que aproxima os interessados e sai do negócio com o seu lucro assegurado. Ao contrário, a ele está preso até o fim e sofre a pena se se omitir.

No entanto, no caso de contratos relativos a incorporações, de que não participa o incorporador, responderão solidariamente pelas faltas capituladas como contravenções o construtor, o corretor, o proprietário do terreno, desde que figurem no contrato, com direito regressivo contra o incorporador, se as faltas cometidas lhe foram imputadas.

A redação do preceito, que vem expresso no parágrafo único do art. 66, é infeliz, pela extensão e pelas remissões ora a um, ora a outro dos responsáveis. Bastaria, para sentenciar com singeleza, que estendesse às pessoas mencionadas o rigor punitivo, uma vez provado que a qualquer delas se deva a contravenção, sem importar se é ou não parte no contrato.

Deixando de ser simples, o legislador criou dificuldades à aplicação das penas e, por isso mesmo, arrefeceu a sua severidade.

172. Sanção civil. Não podemos omitir, neste capítulo, uma palavra sobre a sanção civil. Já foi, aliás, decidido na justiça que ao adquirente é lícito sustar o pagamento das prestações em caso de desvio de valores ou não aplicação na construção.[12]

Vimos que a lei impõe ao incorporador, ao construtor, ao corretor um complexo de deveres a que os sujeita, sob pena de *incorrerem* nas penas corporal e pecuniária.

Isto sem prejuízo, evidentemente, da *responsabilidade civil.*

Ontologicamente, o conceito de ilícito é unitário. Para a lei civil e para a lei penal, envolve sempre a apuração de certos requisitos, que se resumem assim: *a) conduta do agente; b) violação de norma preexistente,* seja ela o comando da lei ou a cláusula do contrato; c) *imputabilidade* ou atribuição do resultado à consciência do agente; d) penetração da conduta na esfera jurídica alheia.[13]

Contudo, se para o direito penal a repressão do delito é o meio de restaurar o desequilíbrio social roto, para o direito civil é um atentado contra o interesse privado de outrem.

O mesmo fato pode ser reprimido simultaneamente no cível e no crime.

Assim, se a conduta do incorporador e, por extensão, do construtor ou do corretor constitui violação da norma, suscetível de punição criminal, esta se dá na forma do que a lei expressamente define, pois não há delito criminal sem prévia caracterização.

Se a conduta violar direitos ou causar danos ao adquirente, está o responsável sujeito a indenizar o prejuízo, segundo os princípios do direito comum, que compreendem o dano emergente e o lucro cessante, conceitos sobre os quais não nos estendemos aqui, reportando-nos ao que todos os escritores ensinam, inclusive nós mesmos, em nossas *Instituições.*

Se o fato for suscetível de punição como crime ou contravenção, e ao mesmo tempo causar prejuízo ao interessado, cabe a este, sem embargo da ação penal que venha a ser intentada, o direito ao ressarcimento, pela ação cível, obrigando o responsável a satisfazer o *damnum emergens* e o *lucrum cessans,* que derivam da transgressão do preceito legal ou da cláusula do contrato.

172-A. Poder aquisitivo do condomínio. Instituto novo de direito, como ficou esclarecido acima (n. 30 a 34, *supra*), tem de ser tratado como tal. O *condomínio especial* em edifício coletivo tem, portanto, as suas características próprias. Não pode ser tratado

---

[12] *Revista Forense*, v. 210, p. 149.
[13] Caio Mário da Silva Pereira, *Instituições de direito civil*, v. I, n. 113.

como um conceito antigo. Se é um direito novo, se tem suas linhas estruturais próprias, assim há que ser entendido. Entendido e aplicado.

E pelo fato de não se atentar para esta caracterização própria é que providências legais têm sido distorcidas, mal interpretadas e descumpridas.

Referimo-nos, em particular, ao *poder aquisitivo do condomínio*. A faculdade de adquirir direitos.

Concretamente, a situação se configura particularmente na aplicação do art. 63, § 3.º, da Lei n. 4.591, de 16 de dezembro de 1964. Ali se estabelece que na fase de construção, sendo esta por administração, pode a Comissão de Representantes levar a leilão público a unidade do adquirente remisso. Realizada a licitação, a unidade será vendida em segunda praça, pelo maior lanço encontrado (art. 63, § 1.º). Nas vinte e quatro horas seguintes à realização do leilão final, o condomínio, por decisão unânime da Assembleia Geral, em condições de igualdade com terceiros, terá preferência na aquisição dos bens, caso em que serão adjudicados ao condomínio (art. 63, § 2.º).

A aplicação deste inciso tem gerado dúvidas e incertezas. Começaram estas, levantadas por oficiais do Registro Imobiliário, recusando a transcrição em nome do condomínio, sob o fundamento de que só a pessoa (física ou jurídica) tem a subjetividade para adquirir direitos. E, não sendo o condomínio dotado de personalidade, não pode ser o adquirente da unidade praceada.

Nesse caso, somente aos condôminos, individualmente considerados, seria reconhecida a faculdade aquisitiva, e em tal caso a transcrição hábil a operar a aquisição da propriedade far-se-ia em nome individual de todos os condôminos.

São inúmeros, é bem de ver, os problemas e inconvenientes que medida dessa ordem suscita. De começo, sabe-se que o conjunto condominial é variável: no curso de uma construção, dificilmente ocorre que os mesmos adquirentes originários permaneçam até final. Rarissimamente mesmo. Ora é um que aliena o seu direito, ora outro que sucede *causa mortis* a algum premorto, ora mesmo uma seriação de transmissões fazendo passar a unidade de mão em mão. Ainda no caso de se conservarem imutáveis, a aquisição em nome individual de todos levanta problema difícil no tocante à destinação futura da unidade adjudicada, cuja alienação dependeria da anuência de todos, e ainda do comparecimento unânime no ato alienatório.

Ninguém põe em dúvida esses males, que é necessário sejam evitados.

E somente a adjudicação ao "condomínio" e não aos "condôminos" os obvia.

A propósito, porém, da transcrição aquisitiva em nome do condomínio, duas posições são tomadas: de um lado os que o recusam e de outro os que, para admiti-lo, entendem necessário recorrer ao conceito de sua personificação. A matéria já tem sido tratada com brilhantismo no Estado da Guanabara e de São Paulo, em pareceres, sentenças e acórdãos, a que têm emprestado sua autoridade, entre outros, Everardo Moreira Lima, Thiago Ribas Filho, Olavo Tostes Filho, Carlos Gualda, Frutuoso de Aragão Bulcão, Oscar Tenório, Eduardo Jara, Salvador Pinto, Júlio Alberto Alvares, Wilson Bussada.

Com a responsabilidade pela autoria do Projeto que se converteu na lei vigente não podemos faltar com a nossa opinião a respeito.

E, a nosso ver, o problema tem sido colocado, partindo do pressuposto de que o condomínio especial está subordinado aos mesmos princípios dominantes em matéria de condomínio tradicional. Esta é uma noção que há de ser liminarmente afastada.

Trata-se de um instituto novo (n. 30 a 34, *supra*), sujeito a uma disciplina própria, e que obedece aos ditames da legislação específica como de sua preceituação doutrinária peculiar.

É certo que o condomínio não é pessoa jurídica (n. 37, 40, 90, *supra*). Os direitos e os deveres são reconhecidos e impostos aos condôminos *ut singuli*. Assim se vê nos arts. 3.º (condomínio de todos), 9.º (os proprietários, promitentes compradores, cessionários ou promitentes cessionários dos direitos pertinentes à aquisição de unidades autônomas), 12 (cada condômino), 19 (cada condômino), 24 (assembleia de condôminos), 52 (imissão de cada contratante na posse de sua unidade). Todas as vezes que a lei faz referência a direitos e deveres, atribui uns e outros aos condôminos individualmente. Nunca alude ao condomínio como sujeito passivo ou ativo de uns ou de outros.

Este é, pois, um dado certo e positivo. Em face da doutrina legal brasileira, amparada por boa sorte de autoridades, o condomínio não é uma pessoa jurídica.

Acontece que, sem lhe conceder a personificação, o legislador em certas circunstâncias trata-o como se fosse dotado de personalidade. Na construção por administração, embora seja esta de responsabilidade dos proprietários ou adquirentes (art. 58), as faturas e os recibos são emitidos "em nome do condomínio" (art. 58, n. I), como em "conta aberta em nome do condomínio" serão depositadas as contribuições dos condôminos.

Ao aludir, então, à adjudicação em nome do condomínio, a lei abdica de sua personificação.

Ora, ao intérprete cabe entender e aplicar a lei, tal como é e vem redigida. O hermeneuta não se deixará dominar por ideias preconcebidas para interpretar somente à luz de conceitos vetustos. O grande trabalho do aplicador é construir pelo entendimento e pela boa compreensão da lei.

E se esta se desgarra de conceitos tradicionais, para exprimir noções vigentes no tempo atual e para dar solução a problemas que a vida social contemporânea suscita, não pode ser explicada senão à luz dos novos conceitos.

O juiz é o grande construtor do direito. Foi a elaboração pretoriana que vivificou o direito romano em mil anos de vida da sociedade romana e construiu uma sistemática que sobrevive dois milênios depois. E, se os romanos não recuaram diante da necessidade de construir, deram-nos o exemplo para que edifiquemos também.

No entendimento da lei, não cabe ao hermeneuta entendê-la, recusando os seus princípios. Se, pois, a Lei n. 4.591 não dá personalidade jurídica ao condomínio, não caberá por certo ao intérprete, a fim de aplicá-la, considerar necessário forçar uma subjetividade condominial que a lei não reconhece.

No entanto, se a Lei n. 4.591 concede *ao condomínio* a adjudicação de unidade leiloada, não pode o aplicador recusar esta aquisição, sob fundamento de que o condomínio não tem personalidade jurídica. O julgador deve aplicar a lei como está redigida e se é a lei que concede a adjudicação, bom será o entendimento que permita a sua aplicação. E *a contrario sensu* má aquela que vai dar na sua inaplicabilidade.

Se a lei *concede a adjudicação ao condomínio,* o condomínio *pode adjudicar ex vi legis,* e a adjudicação tem de ser também *ope legis transcrita em nome do condomínio.*

E nem se diga que o legislador de 1964 inovou em nosso direito. Ao revés, já encontrou abertos caminhos exemplares. O *espólio,* posto que não tenha personalidade jurídica, é representado pelo inventariante, comparece em escritura de alienação e adquire direitos. A *massa falida,* igualmente, é representada, e lhe é reconhecida a faculdade de cumprir contratos bilaterais de que resulta eventualmente a aquisição de direitos. E tudo se passa sem que jamais se exigisse, num ou noutro caso, o reconhecimento de personalidade jurídica à herança ou à massa falida.

Também o condomínio, posto que não seja dotado de personalidade jurídica, recebeu da lei o poder especial de adquirir, por adjudicação, unidade leiloada na forma do art. 63 e seu § 3.º.

Ao intérprete compete entender a disposição tal como redigida, sem criar à sua compreensão condições estranhas ao que se contém no preceito.

Aos encarregados de sua aplicação, por outro lado, não é lícito interpretá-lo em sentido contrário ao que preceitua. Se o legislador diz que a unidade leiloada pode ser, em face da deliberação tomada em Assembleia Geral, adjudicada "ao condomínio", não será correto dar-lhe interpretação que conclua de modo contrário ao comando legal.

O nosso direito, no tocante à aquisição da propriedade imóvel por ato *inter vivos,* estabelece que a sua ocorrência reside na transcrição do título no Registro Imobiliário (Código Civil, art. 530, n. I).

Uma vez que a lei especial criou esta modalidade aquisitiva específica – adjudicação da unidade leiloada ao condomínio –, há que se proceder à transcrição respectiva. Juridicamente, não pode haver solução diversa, ainda que os mais tradicionalistas estranhem o fato.

Neste mesmo rumo, ponderáveis manifestações doutrinárias já se pronunciaram.[14] De notar, também, as decisões dos tribunais a respeito do poder aquisitivo do condomínio.[15]

---

[14] Wilson Bussada, *Condomínio interpretado pelos tribunais,* p. 36; Caio Mário da Silva Peheira. Estudos de direito civil, *Revista do Instituto dos Advogados Brasileiros,* n. 38, p. 54 e segs., 1973.

[15] Ver: *Revista do Tribunal de Justiça* da Guanabara, v. 29, p. 296; *Revista dos Tribunais,* v. 453, p. 216; *Adcoas,* n. 18.561, 1973; n. 28.154 e 29.632, 1974; *Diário de Justiça* de 21.01.1971 (apenso), p. 37.

Capítulo XVII-A

A INCORPORAÇÃO IMOBILIÁRIA E O CÓDIGO DE DEFESA DO CONSUMIDOR[1-2]

172-B. Proteção da relação de consumo. No processo de evolução da teoria do contrato, a antiga visão individualista e liberal cede lugar a uma concepção na qual se privilegiam a boa-fé objetiva e o equilíbrio e intensifica-se a intervenção legislativa visando compensar a vulnerabilidade do contratante mais fraco.

É em conformidade com essa concepção que a Lei n. 4.591/1964 caracteriza o contrato de incorporação; institui um sistema de proteção do adquirente e estabelece requisitos para comercialização das unidades imobiliárias, que devem ser articulados a outros requisitos, relacionados aos tipos contratuais empregados na atividade da incorporação, sejam os regulados pelo Código Civil (arts. 481, 483, 533, 586, 593, 610 e 1.417) ou pelas Leis n. 4.591/1964 e 9.514/1997, entre outras.

A par desse sistema específico, sobreveio em 1990 a lei geral de proteção e defesa do consumidor – Lei n. 8.078/1990 (Código de Proteção e Defesa do Consumidor) –, que define as bases da Política Nacional das Relações de Consumo com o propósito de atender às necessidades dos consumidores e harmonizar os interesses dos participantes das relações de consumo, "sempre com base na boa-fé e equilíbrio nas relações entre consumidores e fornecedores" (art. 4.º, III).

172-C. O CDC como Lei Geral. O CDC caracteriza-se como *lei geral*, ao agrupar as normas de proteção aplicáveis à universalidade das relações de consumo, sem discriminar quaisquer espécies de contratos ou situações.

---

[1] Nota do editor: o texto na cor preta indica o texto original do Professor Caio Mário, e o texto na cor cinza é de autoria dos atualizadores. Os capítulos e itens de autoria dos atualizadores, além de estarem na cor cinza, estão indicados com letras após o número.

[2] C. Parecer emitido pelo Professor Caio Mário da Silva Pereira publicado na *Revista dos Tribunais*, v. 712, p. 102-111, dez. 1995. Este atualizador também trata da matéria em seu *Da incorporação imobiliária*.

É também *lei especial* em sua face subjetiva, na medida em que se dirige *exclusivamente às relações entre consumidores e fornecedores*, dispondo sobre o dever de informação, vícios, práticas e cláusulas abusivas, desconsideração da personalidade jurídica etc., em relação aos contratos de consumo, nada dispondo sobre a estrutura e a função dos contratos em espécie.[3]

Em relação ao Código Civil, por exemplo, o CDC é lei especial, mas no tocante ao contrato de incorporação é lei geral, na medida em que este é legalmente qualificado como contrato de consumo, nas situações em que o adquirente seja o destinatário final da unidade imobiliária (CDC, art. 2.º e §§ 1.º e 2.º do art. 3.º) e, portanto, submete-se às normas gerais de proteção do consumidor.

Como lei geral, o CDC pode incidir sobre o contrato de incorporação em relação à publicidade enganosa capaz de causar danos materiais ou morais aos adquirentes (CDC, arts. 37 e 51), à proibição de cláusulas abusivas, como as que exijam do adquirente vantagem manifestamente excessiva, deixem de estipular prazo para cumprimento da obrigação do incorporador, elevem sem justa causa o preço da unidade imobiliária (CDC, arts. 39, V, X, XII), as que inviabilizam a revisão do contrato em razão de excessiva onerosidade para o consumidor (art. 6.º, IV e V); pode incidir, ainda, em relação a cláusulas que impossibilitem, exonerem ou atenuem a responsabilidade do fornecedor (incorporador ou construtor), inviabilizem a inversão do ônus da prova, permitam ao fornecedor (incorporador ou construtor) alterar unilateralmente o preço da unidade, entre outras (CDC, art. 51); além dessas, há a norma segundo a qual é nula a cláusula que estabeleça a perda da totalidade das quantias pagas, nos contratos de promessa de compra e venda e de alienação fiduciária (CDC, art. 53); ainda como lei geral, o CDC pode ser aplicado também em relação à responsabilidade objetiva do incorporador e do construtor pela segurança e solidez da obra e pela reparação dos danos decorrentes de defeito da edificação (art. 12); na fase pós-contratual, incide a regra geral da responsabilidade solidária dos fornecedores (incorporador e construtor) pelos vícios de qualidade e quantidade que tornem a coisa (unidade imobiliária) imprópria ou inadequada ao fim a que se destina ou que lhes diminua o valor (CDC, arts. 18 e 19).

Essas, entre outras disposições do CDC, aplicam-se ao contrato de incorporação por serem normas gerais dos contratos de consumo, mas, não obstante, esse contrato continua regido pela Lei n. 4.591/1964 naquilo que é específico, ressalvada, naturalmente, a aplicação do CDC quando necessário o preenchimento de lacunas da lei especial sobre as incorporações.

Assim é porque a Lei n. 4.591/1964, precursora que é do CDC em matéria de proteção do contratante hipossuficiente, consubstancia um sistema de proteção do adquirente de imóvel em construção, formulado em conformidade com a estrutura e a função dos tipos contratuais empregados na incorporação e com propósito de suprir a vulnerabilidade do adquirente nesse contexto específico. O pressuposto da Lei das Incorporações, revelado por ocasião da sua promulgação, era que "a desigualdade contratual é muito flagrante nesta matéria. Não podia continuar relegada para o plano da convenção livre. A Lei n. 4.591,

---

[3] Claudia Lima Marques, *Contratos no Código de Defesa do Consumidor*, p. 618.

Cap. XVII-A • A Incorporação Imobiliária e o Código de Defesa do Consumidor | 373

de 16 de dezembro de 1964, mencionou, então, certas regras, de aplicação obrigatória, que constituem condições legais de incorporação".[4]

Vejam-se as principais disposições da Lei n. 4.591/1964 relacionadas à boa-fé objetiva, ao equilíbrio do contrato e à proteção patrimonial dos adquirentes.

A primeira dessas disposições estabelece como requisito necessário para negociação das unidades imobiliárias o prévio arquivamento, no Registro de Imóveis, dos documentos que caracterizem o futuro empreendimento e legitimem o incorporador a vender as unidades (art. 32); segue-se o dever de informar aos adquirentes periodicamente o andamento da obra (art. 43, I); além desses requisitos das fases pré-contratual e contratual, a lei fixa os elementos da estrutura do contrato e dita seu conteúdo, ao indicar os critérios admitidos para reajuste dos preços, fixar prazo para celebração do contrato, estabelecer a irretratabilidade da promessa de compra e venda etc. (arts. 32 a 62); no sistema de proteção dos adquirentes há permissão de separação patrimonial de cada empreendimento, que livra a incorporação dos efeitos de eventual falência ou recuperação judicial da empresa incorporadora, inclusive ao investir a comissão de representantes dos adquirentes de poderes para prosseguir a obra com autonomia em relação ao processo falimentar, para outorgar as escrituras "definitivas" aos adquirentes, independentemente de alvará judicial, e para vender as unidades do "estoque" do incorporador, mediante leilão extrajudicial (arts. 31-A a 31-F);[5] a Lei n. 4.591/1964 estabelece a responsabilidade objetiva do incorporador, impondo-lhe o dever de, independentemente de culpa, indenizar os adquirentes dos prejuízos que a estes advierem do fato de não se concluir a edificação ou de se retardar injustificadamente a conclusão da obra (art. 43, II), entre outros traços típicos do contrato de incorporação.

O cotejo entre o CDC e a Lei n. 4.591/1964 evidencia rigorosa identidade de pressupostos e de propósitos entre ambas, distinguindo-se apenas quanto ao campo de incidência, pois, enquanto o CDC é aplicável às relações de consumo em geral, a Lei n. 4.591/1964 se aplica especificamente aos contratos de alienação de imóveis nas incorporações imobiliárias.

Registre-se que nos primeiros anos de vigência do CDC houve quem defendesse sua aplicação ampla e irrestrita também às incorporações imobiliárias,[6] mas decorrido o tempo necessário para amadurecimento da sua interpretação consolida-se o entendimento de que não se pode cogitar de "sua autonomia em relação a outros ramos do direito, nem a sua aplicação a todos os casos do mercado";[7] bem a propósito, o próprio CDC reconhece que não tem exclusividade na proteção do contratante mais fraco, ao dispor (art. 7.º) que os direitos nele previstos não excluem outros, entre eles os instituídos por legislação ordinária, como é o caso da Lei das Incorporações; assim, a incidência do CDC não afasta a aplicação de leis especiais quanto ao objeto, como são os casos da legislação sobre

---

[4] N. 143, *supra*.

[5] V. Capítulo XIV-A, *supra*.

[6] Rogério Ferraz Donnini, *A revisão dos contratos no Código Civil e no Código de Defesa do Consumidor*, p. 140.

[7] Claudia Lima Marques, *Contratos no Código de Defesa do Consumidor*, p. 705-706.

incorporações, seguro-saúde, mensalidades escolares, transporte aéreo, consórcios, entre outras. Exemplo dessa coexistência de normas no sistema é o reconhecimento, pela ADIn 2.591, da incidência do CDC nas relações jurídicas decorrentes de operações bancárias, na qual o Supremo Tribunal Federal decidiu pela convivência do CDC e da legislação especial sobre o sistema financeiro, "em razão dos diferentes aspectos que uma mesma realidade apresenta, fazendo com que ela possa amoldar-se aos âmbitos normativos de diferentes leis".[8]

Afinal, como recomenda o método sistemático de interpretação, é necessário considerar o direito como um todo, a partir de uma visão teleológica e de um exercício a um só tempo sistemático e tópico.

Assim, a harmonização entre as normas gerais do CDC e as normas especiais da Lei das Incorporações há de resultar de interpretação compatível com a noção de sistema, em razão da qual elas se complementam a partir da concepção da unidade do ordenamento.

Veja-se, por exemplo, a questão da responsabilidade em relação à solidez e segurança da obra e, bem assim, a eventuais danos decorrentes de defeitos da edificação: embora os arts. 12 e 14 do CDC definam regra geral de responsabilização objetiva, passível de incidir sobre a atividade do incorporador ou do construtor (porque integrantes da categoria de fornecedor), o certo é que o art. 43, II, da Lei n. 4.591/1964 trata de modo específico da responsabilidade objetiva do incorporador e do construtor, tendo sido essa norma formulada com a atenção voltada para as peculiaridades da construção civil.

A par dessa particularidade, há outras situações para as quais tanto a lei geral quanto a lei especial instituem regras, mas neste caso deve ser priorizada a regra da lei especial tendo em vista que é dotada de maior eficácia em razão da especificidade com que foi formulada.

O dever de informação exigido especificamente para as incorporações pelos arts. 32 e 43, I, da Lei n. 4.591/1964 foi instituído com especial grau de precisão, porque leva em consideração as peculiaridades da oferta de imóveis a construir e da fiscalização das obras de construção civil, enquanto o CDC dispõe sobre o dever geral de informação, sem atentar para as características da venda de imóveis em construção.

Entretanto, apesar de a incorporação se sujeitar a essas normas especiais, sobre ela incidem as normas do CDC com ela compatíveis e que não encontrem paralelo na Lei n. 4.591/1964.

São os casos, por exemplo, das normas que se referem a vantagem exagerada concedida ao fornecedor, à força vinculante da oferta, às penalidades por atraso da obra, aos critérios e limites de devolução das quantias pagas pelo adquirente em razão de desfazimento de promessa de venda, à limitação das taxas de juros, ao prazo para liberação de garantia real incidente sobre o imóvel, à obrigatoriedade de fornecimento ao adquirente de um "manual de proprietário", à desconsideração da personalidade jurídica da sociedade fornecedora e à facilitação da defesa dos direitos do consumidor, admitindo-se a inversão do ônus da prova, quando for verossímil sua alegação ou quando o consumidor

---

[8] Trecho do voto do Ministro Joaquim Barbosa.

Cap. XVII-A • A Incorporação Imobiliária e o Código de Defesa do Consumidor | 375

for hipossuficiente, entre outros. Quaisquer dessas situações não reguladas pela Lei das Incorporações submetem-se ao CDC.

E assim convivem as normas da Lei das Incorporações e as normas gerais do CDC, sobre estas prevalecendo a lei especial naquilo que tem de específico, ressalvado que suas lacunas devem ser preenchidas pela aplicação do CDC e das cláusulas gerais do Código Civil.

As considerações aqui brevemente anotadas recomendam detida reflexão em relação a situações que reclamem a aplicação de princípios de proteção do contratante mais fraco, pois, fundamentalmente, é necessário averiguar a existência, no sistema, de norma direcionada especificamente à situação de que se trata, sobretudo em razão da sua maior racionalidade em cotejo com normas gerais que não se adéquem à especificidade da situação.

Especificamente, em relação à incorporação imobiliária, a interpretação dos contratos de compra e venda, de promessa de compra e venda, de compra e venda com pacto adjeto de alienação fiduciária, de prestação de serviços de empreitada ou de construção por administração, entre outros, quando aplicados na atividade da incorporação imobiliária, deve levar em conta que a tipificação definida no Código Civil e em leis especiais complementa-se com as disposições da Lei n. 4.591/1964, entre elas as relativas à boa-fé, ao equilíbrio e à função social do contrato, que, aliás, são comuns a todas as espécies de contrato, não se restringindo, portanto, às relações de consumo. Embora seja o contrato de incorporação qualificado como relação de consumo, dele não se podem apartar outros setores da economia "convindo remanesçam disciplinados os respectivos contratos pela lei específica (n. 4.591/1964), ainda que com a acolhida de preceitos do CDC no atinente à sua proposta, propaganda, etc."[9]

Algumas situações peculiares evidenciam a necessidade de cotejo entre as soluções preconizadas por cada uma dessas leis de proteção do consumidor.

É o caso das regras gerais do CDC relativas à outorga do contrato de aquisição da unidade a construir; neste caso, a Lei n. 4.591/1964 fixa prazo para outorga do contrato pelo incorporador e qualifica o ajuste preliminar, e até mesmo o recibo de sinal, como instrumento hábil para registro no Registro de Imóveis, que confere ao adquirente direito real sobre a fração ideal e acessões correspondentes à unidade adquirida e o legitima à adjudicação compulsória e à cobrança de multa (Lei n. 4.591/1964, art. 35).

Situação peculiar igualmente não atendida pelo CDC é o eventual desequilíbrio patrimonial da empresa incorporadora, do qual resulte a paralisação ou o atraso da obra e, ainda, sua falência; neste caso, as regras gerais do CDC não atendem à singularidade do contrato de incorporação, mas a Lei n. 4.591/1964 permite a *blindagem* do empreendimento imobiliário, mediante afetação, e confere poderes à comissão de representantes dos adquirentes para, mediante procedimentos extrajudiciais, assumir o controle da obra, levá-la a termo, entregar as unidades aos adquirentes e, até mesmo, firmar as escrituras "definitivas" das unidades em favor destes, tudo independentemente de intervenção judicial.

---

9   Luiz Roldão de Freitas Gomes, *Elementos de responsabilidade civil*, p. 210.

No tocante à sujeição do contrato de incorporação à lei especial, é digno de nota o acórdão do REsp n. 80036-SP, segundo o qual a eventual aplicação do CDC a esse tipo de contrato se dá por força dos princípios gerais por ele introduzidos no sistema civil, ressalvado, entretanto, que "o contrato de incorporação, no que tem de específico, é regido pela lei que lhe é própria (Lei 4.591/64)",[10] e a jurisprudência tem assim sinalizado em atenção à estrutura e função do contrato, cuja consecução nem sempre é viabilizada pelos meios dispostos no CDC.

172-D. Compra e venda com pacto adjeto de alienação fiduciária. O mesmo ocorre em relação à compra e venda com pacto adjeto de alienação fiduciária em garantia, que se submete a regime jurídico próprio, expresso por lei especial nova (Lei n. 9.514/1997).

Para melhor compreensão das peculiaridades dos regimes jurídicos dessas espécies de contrato em face das normas gerais do CDC, é útil considerar o critério de acertamento de haveres para efeito de extinção do contrato por inadimplemento da obrigação do promitente comprador ou do devedor fiduciante.

O art. 53 do CDC dispõe que é nula a cláusula que preveja a perda total das quantias pagas no contrato de promessa de compra e venda e no de compra e venda com pacto adjeto de alienação fiduciária, em caso de extinção do contrato por inadimplemento da obrigação do devedor.

Os procedimentos são diferenciados, consoante as distintas naturezas de cada espécie de contrato.

Na promessa de compra e venda, o meio legalmente adequado de extinção do contrato por inadimplemento da obrigação do promitente comprador é a ação de resolução, processada mediante procedimento comum, de rito ordinário, que deve ser necessariamente precedido de notificação do promitente comprador para purgar a mora (Decreto-lei n. 745/1969); resolvido o contrato, as partes retornam ao estado anterior, com a recuperação do imóvel pelo promitente vendedor e a restituição ao promitente comprador das quantias que este havia pago, deduzidas a multa pelo inadimplemento e demais encargos.

Já o procedimento de extinção da propriedade fiduciária é substancialmente diverso, porque se trata de garantia, que não se extingue por resolução do contrato de garantia, mas, sim, pelo pagamento (inclusive mediante dação) ou pela execução do crédito; neste último caso, a propriedade se consolida no patrimônio do credor e o imóvel é ofertado em dois leilões públicos, visando à obtenção de recursos financeiros para satisfação do crédito e entrega do eventual saldo ao fiduciante.

Dadas essas diferenças estruturais e funcionais, a jurisprudência do STJ firmou-se no sentido da prevalência das normas especiais sobre a execução fiduciária sobre a regra geral do art. 53 do CDC, com fundamento no critério da especialidade e da cronologia, vindo esse entendimento a ser positivado pela Lei n. 13.786/2018, ao incluir o art. 67-A na Lei n. 4.591/1964 e o art. 32-A na Lei n. 6.766/1979, cujos §§ 14 e 3º, respectivamente,

---

[10] REsp n. 80036-SP, j. 12.2.1996, rel. Min. Ruy Rosado de Aguiar Jr.

Cap. XVII-A • A Incorporação Imobiliária e o Código de Defesa do Consumidor | 377

esclarecem que o modo específico de extinção forçada do contrato de crédito com alienação fiduciária, por inadimplemento do devedor, é o procedimento de execução.

Posteriormente, e diante de divergências nas instâncias ordinárias, o STJ afetou o REsp 1.891.498-SP à sistemática dos recursos repetitivos, tendo fixado a seguinte tese jurídica:

Tema 1.095/STJ: "Em contrato de compra e venda de imóvel com garantia de alienação fiduciária devidamente registrado em cartório, a resolução do pacto, na hipótese de inadimplemento do devedor, devidamente constituído em mora, deverá observar a forma prevista na Lei n. 9.514/1997, por se tratar de legislação específica, afastando-se, por conseguinte, a aplicação do Código de Defesa do Consumidor".[11]

A decisão foi proferida em recurso interposto por incorporadora imobiliária e tem por objeto contrato de venda de imóvel com financiamento direto e alienação fiduciária em favor da própria vendedora, e, assim, põe fim às divergências observadas vez por outra em decisões de instância ordinária que interpretavam essa operação como "tentativa de burlar o sistema de defesa do consumidor",[12] partindo da equivocada premissa de que a alienação fiduciária só poderia ser contratada em favor de um terceiro financiador.

Confirma-se, portanto, que a constituição de garantia real em favor do próprio vendedor atende à lógica das vendas a crédito em geral (CC, art. 491) e está prevista na Lei n.9.514/1997, que faculta a livre contratação de alienação fiduciária de imóveis "por qualquer pessoa física ou jurídica" (arts. 5º e 22), abrangendo as vendas de imóveis pelas incorporadoras e loteadoras e até entre particulares, não havendo, portanto, nenhum impedimento legal a que o loteador ou o incorporador celebre o contrato de venda com financiamento direto e garantia fiduciária.

No item 140-B desta obra são apreciados alguns aspectos dessa tese jurídica merecedores de atenção.

172-E. Superendividamento do consumidor. Nesse processo de convivência merece atenção a Lei n. 14.181/2021, que introduz no CDC normas relativas à oferta de crédito e ao tratamento do superendividamento do consumidor, incluindo entre os princípios da política nacional das relações de consumo o fomento de ações direcionadas à educação financeira, à prevenção e ao tratamento ao superendividamento, visando à preservação do mínimo existencial, por meio de recuperação de dívidas (art. 4.º, IX e X). Nesse contexto, a Lei cria novos direitos básicos do consumidor, entre eles o de a preservação do mínimo existencial, nos termos da regulamentação, na repactuação de dívidas e na concessão de crédito (art. 6.º, XI, XII e XIII).

---

[11] STJ, 2ª Seção, rel. Min. Marco Buzzi, j. 26.10.2022, *DJe* 19.12.2022.

[12] "Agravo de instrumento. Compra e venda de imóvel com cláusula de alienação fiduciária. Rescisão contratual. Tutela urgência. No caso em questão a vendedora se confunde com a credora fiduciária, na tentativa de burlar o sistema de defesa do consumidor, o que não se admite e assim, presentes elementos que evidenciam a probabilidade do direito e o perigo de dano ou risco ao resultado útil do processo fica demonstrada a possibilidade da concessão da tutela de urgência. Inteligência do art. 300 do CPC. Decisão mantida. Recurso desprovido" (TJ/SP, AI nº 2086602-91.2022.8.26.0000, 26ª Câmara Direito Privado, Des. Rel. Felipe Ferreira, j. 28.07.2022).

Entre os deveres do fornecedor do crédito, posição em que eventualmente se encontra o incorporador, estão o de informação sobre o custo efetivo total, dos juros mensais e dos encargos da mora, do montante do débito e das condições de liquidação antecipada, entre outros (art. 54-B, I a V). Além disso, o art. 54-D impede o fornecedor de conceder crédito sem prévia análise da capacidade de pagamento do pretendente.

A compra de produto com financiamento, com ou sem garantia real, envolve a conexão de contratos (art. 54-F), podendo importar em invalidação ou ineficácia do contrato principal, que, por sua vez, "implicará, de pleno direito, a do contrato de crédito que lhe seja conexo".

Podem se sujeitar a essas normas contratos de financiamento imobiliário ou venda a crédito de imóveis a construir pelo regime da incorporação imobiliária, celebrados exclusivamente entre o incorporador e o adquirente ou entre estes e o financiador, quando caracterizem relação de consumo, com pacto adjeto de garantia fiduciária ou hipotecária, respeitadas a estrutura e a função do tipo contratual. Nesses casos, quando caracterizem relações de consumo, a análise da capacidade de pagamento do adquirente, além de ser norma prudencial típica desse negócio, passou a constituir dever do fornecedor do crédito, seja o incorporador ou o banco (art. 54-D do CDC).

Dadas a qualificação legal e as singularidades de que se reveste o contrato de venda com financiamento bancário ou pelo próprio incorporador (Lei n. 9.514/1997, arts. 4.º e 5.º, e Lei n. 10.931/2004, art. 46 e ss.), o § 1.º do art. 104-A do CDC os exclui do procedimento de repactuação de dívidas.

Capítulo XVIII

ESTÍMULO À INDÚSTRIA DE CONSTRUÇÃO CIVIL[1]

172-F. Nota preliminar dos atualizadores. O processo de urbanização no Brasil intensifica-se entre os anos 1940/1950 de forma desordenada, sobretudo em relação à construção de edificações coletivas e sua comercialização.

A desordem deve-se, em parte, à falta de determinação política para o planejamento urbano e, em parte, à ausência de disciplina legal da atividade da produção e comercialização de imóveis "na planta". Nesse ambiente, registraram-se algumas iniciativas esporádicas voltadas para o financiamento de moradias, que, entretanto, não lograram êxito não só pela falta de sistematização das normas legais relativas à atividade empresarial de produção e à venda de imóveis em construção, como, também, pela depreciação monetária, que frustrava o retorno dos capitais emprestados e, portanto, desencorajava os investimentos na produção imobiliária; além disso, os recursos orçamentários não eram suficientes para atender à crescente demanda por moradias da população de baixa renda.

É nesse contexto que, na década de 1950, o Professor Caio Mário formulou sua clássica tese *Propriedade horizontal*, na qual caracterizou a propriedade condominial especial, formada por unidades imobiliárias autônomas integrantes de conjuntos imobiliários, sistematizou a disciplina da atividade empresarial denominada incorporação imobiliária, formulou um sistema de proteção e defesa dos direitos do adquirente de imóveis em construção e fixou os elementos de caracterização do contrato de incorporação, tudo nos termos do Anteprojeto de Lei que consubstancia a conclusão da sua tese, que apresentou à Conferência Nacional da Ordem dos Advogados do Brasil, em Fortaleza, Ceará, em 1959.

---

[1] Nota do editor: o texto na cor preta indica o texto original do Professor Caio Mário, e o texto na cor cinza é de autoria dos atualizadores. Os capítulos e itens de autoria dos atualizadores, além de estarem na cor cinza, estão indicados com letras após o número.

A Lei n. 4.591/1964 é fruto dessa tese e reproduz, com algumas alterações não substanciais, o Anteprojeto de Lei divulgado no livro *Propriedade horizontal*, lançado em 1960 pela Editora Forense.

A Lei n. 4.591/1964 sofreu importantes alterações ao longo do tempo, e a ela se relacionaram outras leis, com destaque para o seguinte:

(i) Lei n. 4.380/1964, que criou o Sistema Financeiro da Habitação – SFH (ver Capítulo XIX);

(ii) Lei n. 4.864/1965, que definiu medidas de estímulo à indústria da construção civil (ver item 139-A, Capítulo XIII e Capítulo XVIII);

(iii) Lei n. 9.514/1997, que criou o Sistema Financeiro Imobiliário (SFI), a alienação fiduciária de bem imóvel e a securitização de créditos imobiliários por companhias securitizadoras,[2] mediante emissão de Certificados de Recebíveis Imobiliários (CRIs);[3]

(iv) Lei n. 10.931/2004, que instituiu o patrimônio de afetação e o regime especial tributário a ele relativo (ver Capítulo XIV-A), bem como criou diversos títulos de crédito, a saber: a Letra de Crédito Imobiliário (LCI),[4] a Cédula de Crédito Imobiliário (CCI)[5] e a Cédula de Crédito Bancário (CCB);[6]

(v) Lei n. 13.097/2018, que criou a Letra Imobiliária Garantidas (LIG)[7] e estabeleceu, no art. 55, que "A alienação ou oneração de unidades autônomas integrantes de incorpo-

---

[2] As companhias securitizadoras são instituições não financeiras constituídas sob a forma de sociedades por ações, que têm por finalidade a aquisição de direitos creditórios e a emissão de Certificados de Recebíveis ou outros títulos e valores mobiliários representativos de operações de securitização.

[3] Nos termos do art. 6.º da Lei n. 9.514/1997, o CRI é um "título de crédito nominativo, de livre negociação, lastreado em créditos imobiliários e constitui promessa de pagamento em dinheiro".

[4] Nos termos do art. 12 da Lei n. 10.931/2004, "Os bancos comerciais, os bancos múltiplos com carteira de crédito imobiliário, a Caixa Econômica Federal, as sociedades de crédito imobiliário, as associações de poupança e empréstimo, as companhias hipotecárias e demais espécies de instituições que, para as operações a que se refere este artigo, venham a ser expressamente autorizadas pelo Banco Central do Brasil, poderão emitir, independentemente de tradição efetiva, Letra de Crédito Imobiliário – LCI, lastreada por créditos imobiliários garantidos por hipoteca ou por alienação fiduciária de coisa imóvel, conferindo aos seus tomadores direito de crédito pelo valor nominal, juros e, se for o caso, atualização monetária nelas estipulados".

[5] A CCI é emitida pelo credor do crédito imobiliário e poderá ser integral, quando representar a totalidade do crédito, ou fracionária, quando representar parte dele, não podendo a soma das CCI fracionárias emitidas em relação a cada crédito exceder o valor total do crédito que elas representam (art. 18, § 1.º, da Lei n. 10.931/2004).

[6] Nos termos do art. 26 da Lei n. 10.931/2004, a CCB é um "título de crédito emitido, por pessoa física ou jurídica, em favor de instituição financeira ou de entidade a esta equiparada, representando promessa de pagamento em dinheiro, decorrente de operação de crédito, de qualquer modalidade". A instituição credora deve integrar o Sistema Financeiro Nacional, sendo admitida a emissão da CCB em favor de instituição domiciliada no exterior, desde que a obrigação esteja sujeita exclusivamente à lei e ao foro brasileiros. A CCB emitida em favor de instituição domiciliada no exterior poderá ser emitida em moeda estrangeira. E, conforme o art. 27, a CCB poderá ser emitida com ou sem garantia, real ou fidejussória, cedularmente constituída.

[7] A LIG é um título de crédito nominativo, transferível e de livre negociação, garantido por Carteira de Ativos submetida a regime fiduciário, consiste em promessa de pagamento em dinheiro e será

ração imobiliária, parcelamento do solo ou condomínio edilício, devidamente registrada, não poderá ser objeto de evicção ou de decretação de ineficácia, mas eventuais credores do alienante ficam sub-rogados no preço ou no eventual crédito imobiliário, sem prejuízo das perdas e danos imputáveis ao incorporador ou empreendedor, decorrentes de seu dolo ou culpa, bem como da aplicação das disposições constantes da Lei nº 8.078, de 11 de setembro de 1990" (Código de Defesa do Consumidor);

(vi) Lei n. 13.786/2018, conhecida como "Lei dos Distratos", que regulou o quadro--resumo; o direito de arrependimento do consumidor nos 7 dias subsequentes à celebração do contrato; o prazo de tolerância de 180 dias para a conclusão da obra; e os efeitos da resolução e do distrato da promessa de compra e venda (multa, retenções e prazo de devolução); e

(vii) Medida Provisória n. 1.103/2022, que criou a Letra de Risco de Seguro (LRS),[8] por meio de Sociedade Seguradora de Propósito Específico (SSPE),[9] e estabelece as regras gerais aplicáveis à securitização de direitos creditórios e à emissão de certificados de recebíveis, inclusive os CRIs, criados pela já citada Lei n. 9.514/1997.

Apesar de os capítulos supramencionados tratarem de leis específicas, os termos em que o Professor Caio Mário discorreu sobre os problemas a elas associados mostram-se adequados ao estudo e à melhor compreensão do ambiente atual, notadamente pelo embasamento doutrinário com o qual o professor dotou essa apreciação.

Assim, optamos por manter tais capítulos nos termos em que foram estruturados, como forma de oferecer ao leitor oportunidade singular para tomar conhecimento de importantes questões suscitadas naquele momento histórico à luz de fundamentos doutrinários.

173. O setor habitacional. Como temos salientado em várias oportunidades no desenvolvimento desta obra, o setor habitacional mereceu as mais francas atenções dos poderes públicos nestes últimos anos. Pode-se, mesmo, dizer que nunca se olhou com tamanho interesse e sobretudo com tão viva preocupação de imprimir solução legal aos problemas ligados às atividades imobiliárias, como após a Revolução de 31 de março de 1964. Tal é a determinação governamental neste sentido que se pode dividir a elaboração legislativa nacional em duas fases, anterior e posterior a essa data. Na primeira vigorava um desordenado regime de inquilinato, despido de toda orientação

---

emitida por instituições financeiras, exclusivamente sob a forma escritural, mediante registro em depositário central autorizado pelo Banco Central do Brasil.

[8]   Título de crédito nominativo, transferível e de livre negociação, representativo de promessa de pagamento em dinheiro, vinculado a riscos de seguros e resseguros, sendo de emissão exclusiva da SSPE.

[9]   A SSPE é a sociedade seguradora que tem como finalidade exclusiva realizar uma ou mais operações, independentes patrimonialmente, de aceitação de riscos de seguros, previdência complementar, saúde suplementar, resseguro ou retrocessão de uma ou mais contrapartes e seu financiamento via emissão de LRS, instrumento de dívida vinculada a riscos de seguros e resseguros.

científica, que causou, ao lado de alguns fatores de ordem econômico-financeira, a fuga dos capitais para outros planos de investimento, pois a segurança oferecida pela imobilização não trazia rentabilidade compensadora. E, tal como ocorreu em outros países que enfrentaram em termos análogos a crise residencial, nós a tivemos agravada pela força das circunstâncias, acusando as estatísticas (não sabemos se com base em dados extraídos de fontes muito precisas e autorizadas) um *déficit* da ordem de oito milhões de habitações. Todos os aspectos do problema foram atacados: emendou-se a Constituição da República, criou-se o Banco Nacional da Habitação que possibilita a estrutura financeira das construções em grande escala, adotaram-se medidas tributárias destinadas especificamente a encarar de frente as causas do fenômeno construção, reformulou-se a legislação do inquilinato, atualizou-a a legislação reguladora do condomínio e incorporações.

Somos testemunha, pessoalmente, deste grande esforço, uma vez que demos a nossa colaboração direta ao seu desenvolvimento, não apenas elaborando o Anteprojeto que se veio a converter na Lei n. 4.591 de 1964 (Lei do Condomínio e Incorporações), como ainda prestando larga cooperação na redação de uma Lei do Inquilinato, por cuja parte jurídica somos, por um lado, responsáveis.

Na continuação deste plano, entendeu o legislador insuficientes as medidas até então adotadas, por lhe parecer a deficiência de unidades tão grande que somente a adoção de providências diretas de incentivo poderia estimular os investidores, facilitar as construções e atrair para este campo a atenção do capital ávido de aplicação que concilie rendimento satisfatório com a estabilidade que o seu emprego no giro de negociações mais arriscadas proporciona, e que não seduz aos que pretendem tê-lo em termos de maior segurança.

Foi com este propósito que se elaborou em seguida a Lei n. 4.864, de 29 de novembro de 1965. Sua epígrafe revela um programa, que é o seu objetivo: "Cria medidas de estímulo à indústria de construção civil". De perto, sentimos a necessidade deste estímulo, quando, ao ensejo dos estudos que realizamos, quer por ocasião em que se preparava a Emenda Constitucional n. 10, quer da redação do Projeto de Lei do Inquilinato, quer da Lei do Condomínio e Incorporações. Não somente os proprietários de imóveis e os adquirentes de unidades em edifícios incorporados, mas também, e quase diríamos principalmente, os industriais da construção civil, altamente deficitária como mercado de inversão financeira, e como mercado de trabalho, notadamente da mão de obra não especializada, clamavam por nova política.

A nova lei de estímulo à indústria de construção civil traz, pois, uma boa inspiração, se se levar em conta o seu objetivo de reabrir estes mercados, que vieram entre nós florescentes até a Segunda Guerra Mundial, entrando em curva descendente acentuada e uniformemente acelerada depois dela. Um dever elementar leva-nos, pois, a lhe trazer o nosso aplauso, no plano geral. Seu objetivo é sadio e o propósito que a anima é dos mais promissores.

No desenvolvimento de um programa de estímulo, merecem ser salientados os diversos setores em que este diploma interfere, trazendo derrogação a várias leis vigentes, cujos princípios pareceram ao legislador conveniente alterar, afeiçoando-lhes a orientação

Cap. XVIII • Estímulo à Indústria de Construção Civil   383

neste rumo de tão róseas esperanças. Daí a variada gama de valores jurídicos atingidos e, consequentemente, a mutação de princípios consagrados já em várias leis que começavam a sedimentar-se. A nova lei, a uma só vez, interfere na legislação fiscal (imposto de selo, imposto de renda, imposto de consumo); penetra no disciplinamento dos mercados de capitais; atua nos planos financeiros, especialmente com a determinação de critérios de correção monetária; altera a lei do mercado de capitais; modifica a legislação atinente ao Banco Nacional da Habitação, investe na lei reguladora do Condomínio e Incorporações, atinge a Lei do Inquilinato em pontos básicos, já objeto de vibrantes polêmicas, precisamente por alcançar o que poderíamos dizer a zona incandescente dos choques de interesses econômicos de locadores e locatários.

174. Correção monetária. A Lei n. 4.864/1965 considera em primeiro plano a escala móvel de preços, por meio da correção monetária. Fomos o primeiro a tratar do assunto no Brasil, escrevendo a respeito em 1955, e voltando ao tema em 1961.[10] Temos, pois, as nossas convicções e as temos proclamado, sustentando-as em termos que não traduzam cerceamento ao reajuste das obrigações contratuais, mas não se convertam por outro lado em medida altamente inflacionária, capaz de gerar a instabilidade econômica e provocar a asfixia do devedor. A adoção das chamadas cláusulas monetárias ou cláusulas econômicas *(escala movei, escalator clause, échelle mobile, numeri indici)* que diferem das cláusulas simplesmente monetárias (cláusula ouro, cláusula moeda estrangeira, cláusula valor ouro, cláusula valor moeda estrangeira), não obstante ganharem terreno no espírito dos juristas deste século, não deixam, contudo, de encontrar opositores de envergadura, como Vasseur e Guitton, por entenderem que os débitos corrigidos em função de um coeficiente multiplicador elevam a moeda da solução ou do pagamento comparativamente com a moeda da celebração do contrato ou da constituição da obrigação e se transformam por isso mesmo em instrumento de desequilíbrio das prestações, em vez de concorrerem para a afirmação do princípio da justiça comutativa.[11]

Como não se pode, a nosso ver, colocar alguém razoavelmente contra as cláusulas econômicas, a não ser quando venham elas a contrariar os princípios de ordem pública (Giuseppe Romano-Pavoni), fixamos a nossa posição jurídica,[12] nestes estudos a que acima nos referimos, bem como *de lege ferenda* na elaboração do Anteprojeto do Código de Obrigações que tivemos a honra de redigir a convite do Governo Federal e que, como Projeto, chegou a ser enviado ao Congresso Nacional, em 1965. Entendemos, quer no plano doutrinário, quer no legislativo, que é lícito permitir a adoção pelas partes das cláusulas econômicas, ditas de correção monetária, mas policiadas legislativamente para que se não convertam em instrumento de desequilíbrio. É, pois, como quem já tem

---

[10] Caio Mario da Silva Pereira, Cláusula de escala móvel, *Revista dos Tribunais,* v. 234, p. 3; *Instituições de direito civil,* v. II, n. 148.

[11] Michel Vasseur, Le Droit des Clauses Monétaires et les Enseignements de l'Économie Politique, *Revue Trimestrielle de Droit Civil,* p. 434, 1952; H. Guitton, Le Problème Économique de l'Indexation, *Revue Économique,* p. 187, 1955.

[12] Cf. Giuseppe Romano-Pavoni, Osservazioni sulle claosole monetarie e le obbligazioni che ne derivano, *Rivista di Diritto Commerciale,* v. 50, parte I, p. 387.

posição tomada na matéria, e que se manifesta de espírito aberto para acolher o sistema corretivo da depreciação monetária, que examinamos este aspecto da lei de incentivo à indústria de construção civil.

175. Reajuste das prestações. A Lei n. 4.864/1965, com o cuidado de resguardar a aplicação da Lei n. 4.591/1964, estabelece que os contratos, que tiverem por objeto a venda ou a construção de habitações com pagamento a prazo, poderão prever a correção monetária da dívida, com o consequente reajustamento das prestações mensais de amortização e juros. Aceita, em princípio, a estipulação da cláusula econômica adjecta aos contratos de venda ou de construção, mas inexplicavelmente alude à de "habitações", parecendo à primeira vista excluir todos os demais tipos de edificações, como sejam os edifícios-garagem, os edifícios-mercado, os edifícios profissionais etc. Não parece, porém, ser esta a intenção do legislador, uma vez que o mesmo interesse posto no estímulo à construção de prédio residencial vinga na de outro de cunho comercial ou profissional. O que decorre da expressão é o sentido meramente exemplificativo, figurando a qualificação "habitacional" sem caráter exclusivo.

Assentado o princípio, passa a lei a desenvolver, no seu mesmo art. 1.º, as normas de aplicação do reajustamento das prestações:

Somente poderão ser corrigidos os débitos provindos dos contratos de venda, promessa de venda, cessão e promessa de cessão ou os contratos de construção que tenham por objeto prédios construídos ou terrenos destinados a receberem construção contratada, inclusive unidades autônomas e respectivas frações ideais em edifício coletivo. Escapam à faculdade de receberem tais cláusulas quaisquer outros tipos contratuais, com apoio nesta lei.

No entanto, não é todo contrato de venda ou de construção indistintamente. São passíveis de correção monetária em verdade as vendas ou construções *financiadas,* pois a Lei n. 4.864/1965 (art. 1.º, alínea II) menciona explicitamente a "parte financiada", com subordinação ao pagamento em prestações mensais de igual valor, incluindo amortização e juros, convencionados estes à taxa máxima que seja fixada pela autoridade pública competente. A variação tolerada nos montantes das prestações somente poderá ocorrer quanto às devidas posteriormente à entrega das unidades autônomas relativamente às anteriores. As prestações intermediárias, se houver, são insuscetíveis de correção, bem como o saldo devedor a elas correspondente, exceção feita à prestação vinculada à entrega das chaves, desde que não exceda, inicialmente, a 10% (dez por cento) do valor original da parte financiada.

A correção monetária não poderá amiudar-se, mas, ao contrário, operar-se-á em períodos mínimos prefixados, nem é lícito adotar qualquer coeficiente de reajustamento, senão com base em índice de preços apurados pelo Ministério do Planejamento ou pela Fundação Getúlio Vargas, e o contrato deverá indicar, minuciosamente, as condições de reajustamento e o coeficiente convencionado.

Aplicado o índice legítimo e obedecidas as limitações legais, o valor reajustado não entrará em vigor imediatamente, mas respeitará um prazo não inferior a sessenta dias, a contar do término do mês da correção.

Como uma espécie de contraprestação pelo fato de se autorizar a correção monetária das prestações, oferece-se, de um lado, ao devedor a ensancha de liquidar antecipadamente a dívida ou efetuar soluções parciais e, de outro lado, restringe-se a resolução do contrato por inadimplemento do adquirente ao caso de se estender a mora ao prazo de três meses do vencimento de qualquer obrigação contratual ou de três prestações mensais, assegurado ao devedor o direito de purgá-la ou emendá-la dentro do lapso de noventa dias, a contar da data do vencimento da obrigação não cumprida, ou da primeira prestação em atraso, se se tratar desta hipótese.

Cabe, neste passo, uma indagação relevante, a saber, se a constituição em mora, para o duplo efeito da resolução do contrato e da *emendatio morae* aí prevista, pode dar-se automaticamente *(mora ex re)*, ou se se torna necessária a interpelação ou notificação ao devedor *(mora ex persona)*. Não havendo o legislador ao assunto se dedicado expressamente, deve entender-se que se reportou aos princípios gerais, que entre nós estatuem somente a exigência da interpelação na falta de termo certo e de liquidez da obrigação. Nas obrigações líquidas e a termo vigora a regra segundo a qual o inadimplemento constitui o devedor de pleno direito em mora (Código Civil, art. 960). Desde que não foi afastada expressamente esta norma, que traduz o princípio *dies interpellat pro homine*, são lícitas sua invocação e aplicação, pois este, entre nós, é *commune praeceptum*.[13]

Ocorrendo a resolução do contrato por força do disposto no inciso ora examinado, permite a Lei n. 4.864/1965 ao alienante transferir a terceiro os direitos decorrentes do contrato, observado, no que couber, o disposto no art. 63, §§ 1.º e 8.º, da Lei n. 4.591/1964, já oportunamente objeto de estudo no lugar próprio (V. n. 161, *supra*). Para tais fins, o alienante fica investido de poderes análogos aos conferidos à Comissão de Representantes, desnecessária a outorga expressa de procuração especial. É um caso de representação legal, conforme deduzimos acima (V. n. 162, *supra*).

176. Sistema Financeiro de Habitação. Nos contratos de alienação de imóveis a sociedades imobiliárias (Lei n. 4.728, de 14 de julho de 1965, art. 63), poder-se-á prever a correção monetária examinada no número anterior e prevista no art. 1.º, alínea III, da Lei n. 4.864/1965, ficando isentas da tributação do imposto de renda as diferenças nominais do principal dos contratos, resultantes do reajustamento consequente.

Mediante prévia autorização do Conselho Monetário Nacional, as entidades integrantes do sistema financeiro de habitação poderão operar com as cláusulas de correção estabelecidas pela lei de estímulo à indústria de construção civil. No entanto, se o valor do imóvel, objeto desses contratos, não exceder a trezentas vezes o maior salário mínimo vigente no País, será obrigatório observar, nos moldes adotados ou determinados pelo Banco Nacional da Habitação, o seguro de vida de renda temporária em nome e benefício do adquirente, como parte integrante do contrato. Se o imóvel adquirido tiver valor menor do que trezentas e maior de duzentas vezes o maior salário mínimo, a providência relativa a esse seguro é facultativa, quando do contrato constar o compromisso expresso

---

[13] Caio Mário da Silva Pereira, *Instituições de direito civil*, v. II, n. 173.

do alienante em oferecer ao espólio do adquirente a opção, por 90 (noventa) dias, entre continuar com a unidade nas condições do contrato ou receber, em prazo igual ao de sua vigência, a devolução de todas as prestações pagas, com a respectiva correção monetária, além dos juros convencionais.

177. Correção monetária em favor do adquirente. A correção monetária, que em princípio beneficia o alienante, poderá eventualmente favorecer o adquirente. Tal é o caso da resolução do contrato por culpa do primeiro, em que a indenização ao comprador se fará com a correção monetária até o efetivo pagamento, segundo os mesmos índices estipulados contratualmente. A disposição que o estabelece (Lei n. 4.864/1965, art. 3.º) omitiu, entretanto, providência cautelar da maior importância. Faltou a disposição de garantia ao alienatário contra o alienante, pois, se este incorrer em falta que implique a resolução de vários contratos e haja de pagar indenização a diversos adquirentes, todas sujeitas a correção monetária, a consequência quase inevitável é encontrar baldo de recursos financeiros com que atender a compromisso dia a dia mais vultoso. A solução única é instituir obrigatoriamente um seguro-fidelidade, pelo qual a responsabilidade da execução destas obrigações passe ao segurador, ou outra modalidade que permita sempre a existência de um terceiro, forte economicamente, para suportar o encargo, no descumprimento efetivo por parte do contratante culpado.

178. Crédito imobiliário. Sempre sustentamos que uma das razões da queda nos índices de construção foi de ordem financeira. Enquanto os estabelecimentos de crédito e as carteiras imobiliárias dos Institutos e das Caixas de Aposentadoria e Pensões mantiveram em vigor um sistema de financiamento, presenciamos ao espetáculo entusiasmante do desenvolvimento maciço das cidades, especialmente nos grandes centros, onde bairros inteiros eclodiam no espaço limitado de poucos anos. É certo que outros fatores influíram na diminuição das construções, ligados ao problema de rentabilidade pouco satisfatória para o investimento imobiliário, conforme já expusemos no início deste livro (V. n. 24, *supra*). Um setor, porém, da crise habitacional forçosamente se prenderia a outras causas de natureza financeira. Referimo-nos à aquisição da casa própria. Aí, quem compra ou quem constrói não tem em mira o emprego de um capital ou a busca de uma determinada modalidade de investimento. Não lhe ocorre a questão da rentabilidade, mas a procura de unidade residencial, casa ou apartamento, para seu abrigo e da família. E neste plano o que faltou foi o financiamento. As instituições particulares ou autárquicas perderam a disponibilidade técnica. O empréstimo para aquisição ou construção de prédio não pode ser a curto prazo. Entretanto, acontece que dentro da espiral inflacionária o retorno do capital a longo prazo retira toda a flexibilidade ao encaixe, pela redução qualitativa dos valores investidos. Exemplificativamente: se a entidade emprega a quantia de cem milhões em empréstimos imobiliários a prazo médio (cinco anos), o retorno do montante, embora quantitativamente idêntico (cem milhões), na verdade transforma-se em valor real reduzido ao meio (cinquenta milhões), e no reemprego daquele capital a entidade poderá atender apenas à metade do volume aquisitivo inicial; se no retorno operar-se a redução nas mesmas bases, ocorre que, dez anos após o início das operações, o atendimento fica reduzido a um quarto da capacidade originária. Daí ter havido a evasão de capitais disponíveis desta inversão. E, com o tempo, instituições privadas e parestatais foram empregar o seu dinheiro em outras aplicações.

Empreendendo o planejamento, em larga escala, das construções, mormente nas faixas mais desprotegidas (habitação popular e média), a nova legislação não podia descurar, como efetivamente não descurou, o aspecto financeiro. O Banco Nacional da Habitação já havia tratado o assunto em termos práticos, oferecendo dados positivos ao equacionamento da questão (V. n. 21, *supra*).

Agora retoma o legislador o assunto e, na Lei n. 4.864/1965, estabelece disposições especificamente destinadas ao financiamento das construções (art. 15 e seus parágrafos). São providências instituídas à vista da natureza especial deste estabelecimento bancário. Não se cogita aqui do empréstimo feito ao adquirente de unidade habitacional tampouco de financiamento direto às empresas incorporadoras ou construtoras. O de que este diploma de estímulo à construção civil cogita é do financiamento internacional a projetos ou planos de construção ou venda de habitações no País, com a manutenção de um fundo de compensação de variações cambiais e monetárias, relativas a empréstimos externos. Para a consecução deste objetivo, compete ao Banco Central adotar as medidas adequadas, todas sujeitas aos critérios determinados nos referidos incisos, facilmente compreensíveis de sua leitura (V. o texto da lei na Terceira Parte, Legislação, *infra*).

179. Sociedades de crédito imobiliário. Ainda constitui atribuição do Banco Central conceder autorização às sociedades de crédito e financiamento para se transformarem em sociedades de crédito imobiliário, com as características que lhes atribui a lei que traçou os lineamentos do Plano Nacional de Habitação (Lei n. 4.380), ou para manterem carteira especializada nas operações de crédito imobiliário, caso em que não deixarão as suas atividades normais, porém se estenderão neste campo financeiro.

As sociedades de crédito imobiliário (compreendidas as que operam neste ramo mediante a abertura de carteira especializada) terão acesso ao mercado de capitais ou financeiro, segundo as normas disciplinares traçadas pelo Conselho Monetário Nacional, que lhes fixará as condições operacionais ativas e passivas (Lei n. 4.864/1965, art. 20).

180. Financiamento do setor imobiliário. As Caixas Econômicas Federais, ouvido o Conselho Superior das Caixas Econômicas, darão preferência, nas suas operações de crédito imobiliário, ao financiamento de projetos de iniciativa privada para a construção e venda, a prazo, em edificações ou conjuntos de edificações, de unidades habitacionais de interesse social, ou destinadas às classes de nível médio de renda (Lei n. 4.864/1965, art. 21). É a reabertura dos planos de colocação de numerário no setor imobiliário, que no passado concorreu, largamente, para o desenvolvimento dos núcleos urbanos. Os critérios de colocação dos capitais dependem, naturalmente, de programação minudente, mas a lei já prevê, desde logo, o financiamento ou a promessa de financiamento, mediante abertura de crédito a ser utilizado na medida da entrega das unidades habitacionais, ou antecipação até o limite de sessenta por cento (60%) do financiamento contratado, em função da execução da obra.

181. Entidades estatais e sociedades de economia mista. Também as disponibilidades de entidades estatais e de sociedades de economia mista serão canalizadas para o setor imobiliário, com a observância de normas gerais disciplinadoras, além das que possam compor a regulamentação efetiva de seu emprego. Em linhas gerais, a Lei n. 4.864/1965 estabelece que:

I – Serão empregados em habitações de valor até cem (100) vezes o maior salário mínimo mensal recursos em percentagem fixada bienalmente pelo Banco Nacional da Habitação, tendo em vista as condições de mercado e a distribuição pelas várias regiões do País, segundo as necessidades locais e a capacidade de absorção das unidades.

II – 20% dos recursos serão aplicados em unidades de valor médio, entre 300 e 400 vezes o maior salário mínimo.

III – É vedada a aplicação em unidades de valor superior a 400 vezes o maior salário mínimo.

Omitiu-se uma faixa, talvez a de significação social mais berrante, compreendendo as habitações de valor superior a 100 e inferior a 200 vezes o maior salário mínimo, falha esta somente atribuível a um cochilo, pois seria imperdoável se tivesse havido a exclusão proposital.

Entretanto, de outro lado, o legislador teve o cuidado de determinar que uma parcela dos recursos compreendidos no item I seja obrigatoriamente destinada, segundo os critérios que o Banco Nacional da Habitação estipular, ao financiamento de projetos que visem à eliminação de favelas, mocambos e outras aglomerações que a lei, com toda a razão, classifica de subumanas.

182. Plano Nacional de Habitação. Além de outras disposições, algumas já objeto de observações neste capítulo, a Lei n. 4.864/1965 modificou normas integrantes do sistema instituído pela Lei n. 4.380, de 21 de agosto de 1964 (Plano Nacional de Habitação), notadamente a subscrição compulsória de letras imobiliárias, emitidas pelo Banco Nacional da Habitação no montante de 5% (cinco por cento) sobre o valor da construção (casa ou unidade em edifício coletivo), quando esta estiver dentro na faixa compreendida entre 850 (oitocentos e cinquenta) e 1.150 (mil cento e cinquenta) vezes o maior salário mínimo vigente no País; e no montante de 10% (dez por cento) sobre o que exceder de tal limite, feita a estimativa à data da concessão do "habite-se". As autoridades municipais, antes da concessão deste para os prédios residenciais, exigirão do construtor uma declaração do custo efetivo da obra e, quando for o caso, a comprovação pelo proprietário relativa ao cumprimento desta obrigação.

183. Fundo de Garantia por Tempo de Serviço. A bem dizer num coroamento de providências, a Lei n. 5.107, de 13 de setembro de 1966 (seguida do Decreto n. 59.820, de 20 de dezembro de 1966 [revogado pelo Decreto n. 99.684/1990]), veio dotar o Banco Nacional da Habitação de recursos imensos para cumprimento de programa habitacional extraídos do Fundo de Garantia por Tempo de Serviço. As aplicações do Fundo serão feitas pelo BNH ou por outros órgãos integrantes do Sistema Financeiro de Habitação, ou ainda estabelecimentos bancários credenciados pelo Conselho Monetário Nacional, uma vez preenchidas condições mínimas de garantia real, correção monetária e rentabilidade superior ao custo do dinheiro depositado.

184. Isenções fiscais. No setor tributário, a nova lei isenta de imposto de consumo as casas e edificações pré-fabricadas, inclusive os respectivos componentes, quando destinados a montagem, desde que façam parte integrante da unidade fornecida diretamente pela empresa produtora e desde que os materiais empregados na produção desses componentes tenham sido devidamente tributados.

Por outro lado, a Lei n. 4.864/1965 cria diversas isenções de imposto de selo:

a) contrato de promessa de financiamento, em que uma das partes seja instituição financeira;

b) cartas de intenção de financiamento, em que uma das partes seja instituição financeira;

c) cessão de direitos que constitua cumprimento de promessa de cessão de direitos já tributada;

d) opção de compra ou venda de bens imóveis;

e) os adiantamentos ou reembolsos efetuados pelo proprietário ao construtor, para pagamento de débitos de sua responsabilidade.

A matéria está, hoje, superada com a supressão do imposto de selo.

185. Locações. A Lei n. 4.864/1965 por duas vezes derrogou a Lei do Inquilinato em pontos substanciais.

A primeira, ao subtrair do seu império a locação dos imóveis cujo "habite-se" venha a ser expedido após a sua vigência, admitindo, ainda, a correção monetária dos alugueres na forma e pelos índices que o contrato determinar. Não se trata de uma liberação dos aluguéis para os novos prédios, porém de medida de muito maior alcance e profundidade, uma vez que retira da sujeição ao regime de controle todos os imóveis, cuja construção for concluída após a data da lei.

O preceito rompe com o princípio da igualdade de todos perante a lei, porque institui duplo critério para os efeitos da mesma relação jurídica: em razão da idade do prédio ou pelo fato de se concluir a sua construção antes ou depois de certo acontecimento, vigora um regime jurídico diverso de outro regime jurídico. É certo que um mesmo sistema de direito pode conter preceituação variegada ou exibir normas distintas, mas não é certo que um mesmo sistema jurídico obedeça a inspirações filosóficas divergentes. Em matéria de locação, a filosofia dominante há quase trinta anos é a da conciliação das duas ordens de interesses: direito de propriedade e segurança do locatário contra a especulação e o abuso. O que tem predominado não somente neste setor, mas também na vida contratual, em geral, é a realização da justiça comutativa. A lei nova rompe com este critério. E o faz injustificadamente. Só se compreenderia a liberação total no momento em que, pelo resultado dos esforços e do planejamento ou pelo efeito da política de estímulo, já estivesse normalizado o mercado locatício. A verdade, porém, é que isto ainda não ocorreu, e a própria Lei n. 4.864 é o melhor testemunho, pois tem total obviedade o argumento extraído de sua própria existência: se o problema já estivesse resolvido, dispensar-se-ia o legislador de votar medidas de estímulo à indústria de construção civil. Contra as razões de conveniência geral, contudo, a Lei n. 4.864/1965 decidiu que para os imóveis cujo habite-se se expeça após a sua vigência não mais vige a Lei do Inquilinato. Prevalece o ajuste de aluguéis e admite-se a sua correção monetária na forma e pelos índices que o contrato determinar. Findo o prazo da locação ou ajustada esta por tempo indeterminado, o locatário, notificado para sua entrega, por não convir ao locador continuar a locação, terá o prazo de três (3) meses para desocupá-lo, se for urbano (art. 17 e seu parágrafo único).

Não terá, pois, o juiz o critério de apuração das necessidades. A razão determinante do pedido já não será mais a retomada por um motivo determinado. Basta a conveniência do locador, que no mais das vezes irá confundir-se com o puro arbítrio ou o mero capricho.

O segundo ponto sobre o qual a lei de incentivo à construção civil se voltou contra a do inquilinato foi, ao dispor no art. 28, e a pretexto de desdobrar em dois o § 2.º do art. 1.º da Lei n. 4.494, de 25 de novembro de 1964 (Lei do Inquilinato): "Esta lei não se aplica às locações para fins não residenciais, as quais se regerão pelo Código Civil ou pelo Decreto n. 24.150, de 20 de abril de 1934, conforme o caso admitida a correção monetária dos aluguéis, na forma e pelos índices que o contrato fixar, ou na falta de estipulação, por arbitramento judicial, de dois em dois anos".

Sobre não trazer estímulo nenhum a novas construções, pois se propõe liberar todos os contratos de locação não residenciais, passados, presentes e futuros, criou-se uma situação de surpresa e de constrangimento aos locatários, com reflexos inflacionários inevitáveis.

O outro parágrafo (3.º) estabelece: "Na hipótese de não ser proposta ação renovatória de locações regidas pelo Decreto n. 24.150, de 20 de abril de 1934, as condições da renovação, bem como a fixação e a revisão do aluguel se subordinarão ao Código Civil, caso o locador não pretenda a retomada do imóvel".

Como é por demais conhecido, no regime da antiga Lei do Inquilinato discutiu-se o efeito da omissão do locatário, protegido pela Lei de Luvas, quanto à propositura da ação renovatória. A jurisprudência vacilou, podendo-se apontar numerosos arestos num sentido quanto noutro, a saber, ora considerando que a locação passava ao regime da lei do inquilinato, ora entendendo que, se o locatário mercantil abria mão ou decaía de uma certa proteção legal (a da Lei de Luvas), passava a incidir no direito comum, pois não estivera antes sob o império da Lei do Inquilinato. Depois de numerosas tergiversações, veio afinal o Supremo Tribunal Federal fixar-se neste último rumo, consignando a *Súmula da jurisprudência predominante no Supremo Tribunal Federal,* sob n. 375: "Não renovada a locação regida pelo Decreto n. 24.150, de 20.4.34, aplica-se o direito comum e não a legislação especial do inquilinato". A Lei n. 4.864/1965 converteu, pois, em preceito esta orientação jurisprudencial.

186. Resistência. Como era de esperar, e o previmos em pronunciamentos reiterados, a resistência contra a Lei do Condomínio e Incorporações não foi pequena. Profissionais desta atividade, mal habituados, nela enxergaram instrumento contrário aos seus interesses. Serventuários de justiça exageraram a sua repercussão nos atos notariais. O público adquirente, trabalhado com certa parcialidade, descontentou-se com as novas exigências, reputando-as formalidades inúteis. Não obstante isso, a parte sadia da indústria de construção de edifícios e conjuntos de edificações recebeu-a bem. E, à medida de sua aplicação, verifica-se todo o seu préstimo, a pôr ordem e disciplina no que antes era um caos.

Com o decorrer do tempo, com a sedimentação de seus princípios e com a possível emenda que venha a sofrer, numa hora de maior amadurecimento e meditação, cremos certo o seu êxito total. Já se podem colher hoje os seus frutos. E melhores virão, quando as últimas resistências forem batidas e se conseguir a sua completa integração na consciência jurídica do País...

187. Salário mínimo. De acordo com a Lei n. 6.205, de 29 de abril de 1975, os valores monetários fixados com base no salário mínimo não serão considerados para quaisquer fins de direito (art. 1.º). Todavia, os contratos com prazo determinado, vigentes àquela data, inclusive os de locação, não estão sujeitos a tais restrições.

Capítulo XIX

MERCADO DE BAIXA RENDA[1]

* Confira-se a *Nota preliminar dos atualizadores* no início do Capítulo XVIII – Estímulo à indústria de construção civil.

188. O promissor mercado de baixa renda. Relegado por anos a fio a segundo plano, o mercado de baixa renda foi, paulatinamente, reconhecido como a potencial força motriz da prosperidade econômica.

Nesse segmento, a aquisição de imóveis em condomínio oferece a vantagem inicial do preço do terreno. Existe uma tendência crescente, no Brasil, em relação a este fator. Só os loteamentos já muito afastados ainda permitem preço baixo e condições favoráveis. Altos, portanto, os preços de terrenos, são adquiridos pelos incorporadores e, fracionando o custo e lucros pelo número de unidades, a quota correspondente a cada uma é mais acessível ao adquirente de renda baixa.

Para o incorporador é mais conveniente a construção do edifício coletivo e em condomínio. De um lado, a diminuição dos encargos de administração na fase de construir: um só engenheiro, um só mestre de obras, um grupo de operários concentrado num mesmo local, fornecimento e conservação de materiais num só lugar – tudo isso barateia o custo da edificação.

De outro lado, a construção em condomínio facilita para o incorporador a colocação das unidades desde o início (venda no "lançamento" ou venda "na planta"), proporcionando-lhe recursos financeiros imediatos, arrecadados no conjunto dos condôminos, com a correspondente fragmentação dos riscos. De um modo geral, o fluxo de caixa

---

[1] Nota do editor: o texto na cor preta indica o texto original do Professor Caio Mário, e o texto na cor cinza é de autoria dos atualizadores. Os capítulos e itens de autoria dos atualizadores, além de estarem na cor cinza, estão indicados com letras após o número.

mantém-se mais ou menos constante, o que proporciona o andamento da obra em ritmo pouco variável. Entretanto, é claro que não se pode contar com pontualidade rigorosa e uniforme, se o número de condôminos á muito grande. A Lei n. 4.591 oferece, entretanto, ao construtor, que contrata a obra em regime de administração, o instrumento eficiente da venda do apartamento do condômino em atraso, efetuada pela Comissão de Representantes, e sem os tropeços e as delongas da venda judicial (V. n. 161, *supra*). A bem da verdade, é preciso assinalar que é rara a utilização desta faculdade.

No que diz respeito aos apartamentos de segmento de renda baixa, o incorporador e o construtor não ficam na dependência das prestações individuais dos condôminos. Realizam a edificação financiada, sendo dois os critérios usuais. O primeiro é o financiamento individual: o incorporador encaminha os documentos do candidato e a entidade filiada ao Sistema Financeiro de Habitação (sociedades imobiliárias, Caixas Econômicas, bancos que operam como agentes financeiros do BNH) libera os empréstimos. O segundo é o financiamento à empresa, modalidade pela qual o incorporador obtém numerário para todo o edifício, que é construído sem a dependência das contribuições individuais dos adquirentes. No curso da construção, ou mesmo depois que esta é concluída sob a responsabilidade direta do incorporador, as vendas das unidades transferem para os condôminos os respectivos compromissos e o incorporador, que era a princípio devedor do todo, vai sendo liberado parcialmente. No momento em que consegue colocar todos os apartamentos, recebe quitação de todo o débito.

O sistema tem funcionado com eficiência relativa, porque o financiamento tomado na entidade está sujeito a juros e correção monetária. Se não for bem administrado e se o incorporador não conseguir a colocação de todo o conjunto em prazo breve ou não for muito sólido, os ônus absorvem o seu lucro e mesmo lhe impõem prejuízo sério. Não são raros os casos de perdas tão graves que chegam a comprometer a solvência da empresa.

Encarada a questão, porém, de um ângulo de visada mais global, ressalta a excelência do sistema. Se for ele apreciado pelos resultados, força é convir que são estes favoráveis, pois o número de unidades residenciais para segmento de renda baixa tem crescido sensivelmente no País.

Não se pode negar, todavia, a existência de desvantagens na aquisição de unidades em regime condominial. O comprador tem pouca ingerência na edificação. Nas classes mais altas, a presença do condômino adquirente, sua experiência e seu desembaraço lhe proporcionam oportunidades de acompanhar mais de perto o desenvolvimento da obra e, portanto, tê-la melhor, mas ao segmento de renda baixa faltam estes atributos e em consequência os acabamentos são inferiores.

O grande problema é, entretanto, o financeiro. O compromisso do adquirente é assumido com base em dois fatores conhecidos: a sua renda familiar e a prestação a que se obriga. Esta há de caber dentro daquela. Só um insensato contrataria em outras condições. No entanto, a construção demanda certo tempo, que varia conforme o tipo do edifício, de 18 a 30 meses. Nesse interregno, o adquirente pode sofrer um desnível provocado por duas causas: *a)* a prestação da construção sobe, porque fora subordinada à correção monetária, ajustada em Unidade Padrão de Capital (UPC), que é trimestralmente reajustada pelo BNH (Banco Nacional da Habitação); b) a sua renda familiar decai em confronto com a alta do custo de vida, ou pode sofrer diminuição matemática se um dos membros da família fica desempregado ou ainda se acontecem despesas extraordinárias (como doença de um familiar).

Desequilibrada a equação renda-compromisso, o adquirente retarda uma prestação, é onerado com o juro moratório e, se não remedeia logo a crise, esta se agrava e pode ele vir a perder a sua unidade. O BNH tem sido muito tolerante, as empresas que operam no sistema imobiliário também. Contudo, a perda é inevitável se o condômino não consegue pagar. Se a construção está em curso, vem a resolução do contrato. Se já terminada, ocorre a execução da hipoteca, com a venda da unidade.

Entretanto, num ou noutro caso, o defeito não é da modalidade condominial.

Em qualquer sistema, em condomínio ou em aquisição individual, o fenômeno poderá verificar-se com as mesmas consequências.

A vida condominial oferece, às vezes, inconvenientes oriundos do sistema em si mesmo. Perante terceiros, o conjunto dos coproprietários é tratado como se fosse uma entidade ou uma pessoa jurídica, para efeito de ser definida a responsabilidade civil por fatos danosos a terceiros. Por exemplo: o Tribunal de Justiça do antigo Estado da Guanabara condenou a coletividade dos condôminos de um edifício pelos danos causados a uma pessoa que, ao se utilizar do elevador, foi vítima de seu mau funcionamento.[2] Ao ser liquidada a condenação, o montante da indenização tem de ser rateado entre todos, vindo a sofrer cada um a percussão, no seu orçamento, da quota do que a comunidade tem de pagar. O Supremo Tribunal Federal decidiu, noutro caso, que o dono de estabelecimento de ensino que funciona em edifício coletivo responde pelos danos causados por seus alunos.[3]

Outro problema é ligado ao pagamento das despesas de condomínio, que será apreciado adiante *(V. n. 190, infra).*

Em visão perspectiva, não se pode dar um julgamento de todo o sistema. Não se pode, numa apreciação global, dizer se a aquisição em condomínio, neste País, é melhor ou pior do que a compra de imóvel residencial em outra modalidade jurídica. Este juízo de valor decorre, evidentemente, das circunstâncias locais, ou até regionais.

Na região Centro-Sul, onde as condições econômicas são superiores às da região Norte-Nordeste, e onde as duas espécies de propriedade existem paralelamente, a compra de habitação em condomínio de segmento de baixa renda é frequente, oferecendo vantagens para os compradores, quais sejam: preço mais baixo quando o conjunto habitacional situa-se mais próximo dos grandes centros; maior facilidade para a construção, porque a iniciativa desta é entregue a empresas especializadas; verificação de documentos e expurgo da propriedade do terreno; maior facilidade de financiamento individual, que é também praticada e amparada no sistema imobiliário. Apenas justifica-se a maior aceitação do regime condominial nestas localidades.

---

[2] *Revista Forense*, v. 239, p. 151.

[3] *Revista Trimestral de Jurisprudência*, v. 63 (1973), p. 89.

Fora dos grandes centros urbanos, predomina a modalidade de aquisição da casa unifamiliar, e até da construção própria, no caso de o interessado adquirir o terreno a longo prazo, para aí levantar sua residência. No entanto, esta hipótese é menos frequente, não podendo ser considerada para solução de massa. O sistema imobiliário funciona, então, no financiamento e na construção de conjuntos habitacionais compostos de numerosas unidades individuais, então, no financiamento e na construção de conjuntos habitacionais compostos de numerosas unidades individuais.

Nas regiões Norte-Nordeste, onde as grandes cidades são mais escassas, o condomínio é forma aquisitiva hoje admitida entre as pessoas das classes A e B (pessoas de renda alta e média). Na classe C (pessoas de baixa renda), a solução condominial somente é difundida nos grandes centros e não encontra receptividade compensadora fora deles. Como demonstrativo deste fato está este outro: nas regiões Norte-Nordeste a prática condominial é bem menos utilizada, mesmo entre pessoas das classes mais favorecidas.

Numa apreciação de conjunto, pode-se dizer que o condomínio é praticado e difundido em todas as classes, nos centros mais populosos, nas cidades maiores, nas localidades, onde a atividade imobiliária se apresenta mais conveniente economicamente, estimulando as empresas na sua exploração.

A título de esclarecimento e de ilustração, o Brasil atravessa presentemente uma fase de enorme desenvolvimento do mercado imobiliário. Acreditamos mesmo que jamais o imóvel atraiu tanto. Os preços atingem níveis muitos altos e, não obstante, os lançamentos de edifícios de apartamentos (frequentíssimos) encontram plena receptividade. As construções são levadas a bom termo e normalmente em tempo curto. Os adquirentes não faltam com as suas prestações. Presentemente, compra-se imóvel para residência própria, para revenda e como investimento de boas perspectivas de futuro. Reina, assim, enorme otimismo no setor.

E, como é natural, o condomínio encontra-se seguramente implantado e vitorioso.

Como termômetro do surto de progresso imobiliário está o reduzido número de questões judiciais, entre adquirentes e incorporadores. Nas épocas de recessão, os litígios se avolumam, em contraste com os períodos de euforia, nos quais a perspectiva de ganho estimula o adquirente no cumprimento do contrato e o incorporador na realização do edifício.

O coroamento do esquema está no Sistema Financeiro de Habitação, que vem promovendo a captação de poupanças em todas as classes, mediante a colocação de letras imobiliárias e contas de depósito com juros e correção monetária, cadernetas de poupança, acrescidas de incentivo fiscal consistente em ser permitido deduzir da renda tributável percentual do saldo médio dos depósitos. Com este conjunto de medidas, os recursos destinados aos financiamentos imobiliários têm sido bastante fartos.

Não faltando o dinheiro no curso da construção, os edifícios são concluídos no prazo previsto, as unidades entregues aos adquirentes e duas forças atuam simultaneamente: a confiança do adquirente e a assistência econômica ao construtor. Desta conjugação de forças convergentes resulta o enorme incremento da atividade, proporcionando resultados positivos, especialmente em relação à solução do problema habitacional, que vem sendo atacado racionalmente e com eficiência.

O Sistema Financeiro de Habitação tem como centro o Banco Nacional da Habitação, que financia as construções indiretamente. O BNH não faz empréstimo aos adquirentes de unidades. Procede por meio do que se denominam os seus "Agentes Financeiros", que podem ser as Caixas Econômicas, bancos particulares e sociedades imobiliárias.

189. Uso do condomínio. Uma vez terminada a construção e investidos os adquirentes na posse de suas unidades, desaparece a figura do incorporador e a Comissão de Representantes dissolve-se.

Nesse momento, instala-se a Assembleia de Condôminos, que é o órgão deliberativo da comunidade, e elege-se o síndico, ou administrador do condomínio. Pode ser remunerado ou não. Quase sempre não o é.

As atribuições da Assembleia e do síndico são, nas suas linhas gerais, as que constam da lei especial, suplementadas pelas disposições da "Convenção do Condomínio". Esta Convenção pode ser votada pela dita Assembleia ou vir desde o início do empreendimento já aprovada em escritura pública. Normalmente, vigora esta segunda hipótese.

A título de esclarecimento, a lei dá aos condôminos competência para a aprovação da Convenção ou sua modificação ulterior, pelo voto de maioria, que representa pelo menos dois terços.

É conveniente, todavia, suprir a falta da Convenção de modo mais eficaz, como se verá mais adiante.

O síndico exerce o mandato pelo tempo previsto na convenção, não excedente de dois anos. Paralelamente, as Sociedades de Administração tomam a seu cargo, mediante remuneração, as funções puramente administrativas, tais como a arrecadação das contribuições dos condôminos para as despesas do edifício, pagamentos a empregados etc.

O síndico, que exerce funções gerenciais, não pode, todavia, delegar aquelas que constituem o relacionamento pessoal com os condôminos e especialmente as que importam em atos de autoridade.

O síndico incumbe o porteiro do edifício de zelar pela sua disciplina, e este pode proibir a entrada de pessoas inconvenientes, impedir que pelo *hall* social circulem mercadorias, marcar as horas de entrada de cargas, a entrada de serviço às pessoas em trajes de banho (nas cidades da orla marítima).

Se o condômino comete contravenção de normas disciplinares, estatuídas na lei ou na Convenção condominial, o síndico lhe aplica multa (com recurso para a Assembleia Geral de Condôminos).

O síndico é o representante do condomínio perante as autoridades. Se o condomínio tem alguma questão em juízo, como sujeito ativo ou sujeito passivo, é o síndico que o defende, podendo para isso contratar e constituir advogado. A lei confere ação ao síndico para cobrar dos condôminos, pela via executiva, as contribuições em atraso ou as multas em que incorram.

Em quaisquer dos seus aspectos e em todos os níveis, a direção e administração do condomínio são matéria da economia interna da comunidade. Os condôminos decidem livremente o que seja de seu interesse. O síndico dá execução às deliberações da Assembleia e pratica os atos de administração – tudo sem interferência estatal de qualquer espécie, inclusive no que diz respeito à manutenção da ordem: evitar ruídos ou a circulação de pessoas inconvenientes; observar a hora de fechar e abrir a porta de entrada social, manter vigilante noturno, tudo o que diga respeito à boa ordem da casa.

Caberá, contudo, apelo às autoridades quando o condômino ou o estranho transcende os limites das normas de conveniência e comete falta que exija a ação policial ou judiciária.

A convivência comunitária é, em todos os níveis, fonte de atritos. Já desde os romanos se dizia que a copropriedade era geradora de conflitos e por isso mesmo tinha caráter excepcional e transitório.

É óbvio que a vida em comunidade estreita, em que os seus membros estão em contato direto e frequente, há de proporcionar mais numerosas oportunidades de desentendimentos. É claro que muitos se evitam com apelo à boa razão ou pela boa educação dos comunheiros.

No entanto, é claro, também, que no segmento de renda baixa estes problemas se agravam com a ocorrência de outros, de natureza econômica e de cunho social, que serão examinados sob estes dois títulos.

190. Problemas econômicos. Todo condomínio tem problemas de ordem financeira, mas nos de segmento de baixa renda eles se agravam.

De acordo com a Lei do Condomínio e Incorporações, a Assembleia Geral dos Condôminos anualmente aprova o orçamento das despesas, que abrangem pagamento de empregados, taxas de serviço (luz e água), material de limpeza das áreas comuns, custeio de elevadores e eventuais reparações que necessariamente ocorrem, indenização a algum empregado despedido, fundo de reserva para atender a algum gasto não previsto especificamente. Ao mesmo tempo, procede-se ao rateio das despesas orçamentárias entre os condôminos e, como a todo apartamento corresponderá sempre uma "fração ideal" no terreno e partes comuns, as despesas atribuídas aos condôminos na proporção de suas "frações ideais". Mensal ou trimestralmente (segundo o que disponha a Convenção do Condomínio), cada apartamento é obrigado a pagar, diretamente ao síndico ou à Sociedade Administradora contratada, a parcela que lhe corresponde.

O primeiro problema nos condomínios de segmento de renda baixa surge no recolhimento das quotas de condomínio. Os condôminos, pelo fato mesmo de sua baixa rentabilidade, atrasam com o pagamento, sujeitando-se à multa que automaticamente lhes advém da mora em si mesma. Se o atraso perdura, o síndico terá de promover a cobrança judicial, o que é feito por via executiva, uma vez que a prévia aprovação orçamentária atribui caráter de liquidez e certeza aos débitos por despesas de condomínio (V. n. 93 e 105, *supra*).

O problema que aí reside tem duas conotações: de um lado, puramente econômico, pois a falta de solução oportuna reflete nas disponibilidades da caixa e vem, então, o *déficit* orçamentário, que acarreta, em si mesmo, distúrbios; de outro lado, social, pois a cobrança direta ao condômino remisso e a execução judicial acabam por criar ambiente de tensão emocional que não deixa de ter consequências.

Outro problema é a cobertura de *déficit* orçamentário. Mesmo quando as despesas condominiais são cuidadosamente previstas, podem surgir gastos extraordinários que

Cap. XIX • Mercado de Baixa Renda 399

devem igualmente ser rateados entre os condôminos, na mesma proporção, e não será fácil atender à exigência nos condomínios de segmento de renda baixa.

A falta de pagamento das despesas condominiais cria uma espécie de emulação entre os moradores; se um pequeno grupo não paga, outros acham que não devem suportar o agravamento dos encargos, e assim generaliza-se o atraso das contribuições. Não dispondo de recursos, o síndico deixa de pagar as contas de luz e de água. E, se a mora chegar a ponto de importar na suspensão do fornecimento, vem o caos. Este é um ponto que reclama a melhoria do sistema, no que se refere aos condomínios de segmento de renda baixa (V. n. 192, *infra*).

Ainda no campo dos problemas econômicos está a realização de obras e melhoramentos. O lado jurídico da questão não oferece dificuldade, uma vez que à Assembleia Geral compete aprová-los. Levada a proposta à Assembleia e submetida a votos, a minoria é obrigada a aceitá-la, uma vez que a aprovação se dê com o *quorum* regular, conforme o disposto na Lei ou na Convenção de Condomínio. No momento, porém, de sua execução, quando a cobertura financeira vai exigir a participação da comunidade, esbarra na deficiência de disponibilidades de cada um. Para contornar a questão, os condomínios de segmento de renda baixa reduzem ao mínimo as obras no edifício, o que produz a consequência de seu envelhecimento precoce. Para as obras indispensáveis torna-se necessário iniciar a arrecadação dos fundos com grande defasagem em relação ao início dos serviços e retardar a sua execução, o que reflete no seu custo. E, desta sorte, os condôminos caem neste círculo vicioso: pelo fato de terem renda baixa, contribuem com parcelas pequenas para as obras; e como estas se prolongam, encarecem obrigatoriamente. Quer dizer: nos condomínios de segmento de renda baixa, as obras e os serviços de conservação e melhoria custam mais caro do que naqueles em que os condôminos dispõem de maior resistência financeira. E, como não se realizam com frequência, tornam-se mais onerosos quando têm de ser executados.

Num terceiro aspecto, ainda os problemas econômicos têm de ser encarados. Normalmente, na classe C os apartamentos têm de ser adquiridos a longo prazo e obviamente sob hipoteca. Esta, no sistema imobiliário vigente, sujeita o devedor ao pagamento da amortização do capital, mais juros e mais correção monetária. As prestações são, portanto, reajustadas com base no salário mínimo, sem a produtividade. Foi criado um Fundo de Compensação de Variações Salariais (FCVS) para cobrir a diferença eventualmente apurada nas correções trimestrais.

Ocorrendo um desnível salarial na vida do devedor (ou porque as suas despesas cresceram ou porque perdeu uma parte ativa na efetivação de seu orçamento doméstico ou por outra razão qualquer), o compromisso preferencialmente sacrificado é a prestação de aquisição do apartamento. Os outros ele não pode procrastinar: alimentação e transporte, em primeiro plano; vestuário e saúde, em seguida. Na flexão dos gastos, o da aquisição não pode ser comprimido pela sua rigidez contratual, mas inevitavelmente é onde se dá o atraso. Deixa o devedor de pagar em dia. Sujeita-se, por isso mesmo, às penalidades contratuais (juros de mora e multa), o que é um gravame a mais.

Se o atraso se repete, advém a execução da hipoteca, com toda a sequela de desequilíbrio na vida do condomínio. Além do problema individual, não se pode deixar de atentar no seu reflexo sobre o condomínio: no momento em que o condômino começa a atrasar com as prestações hipotecárias, é comum suspender também o recolhimento da quota de condomínio que lhe compete.

Leiloado o seu apartamento, dificilmente o produto da arrematação cobre o débito à entidade financeira, mais as custas judiciais e os honorários de advogado, de modo a acusar saldo para atender às despesas de condomínio. Ficando estas em aberto, o adquirente acaba suportando este ônus, que agrava as suas já sacrificadas disponibilidades orçamentárias.

O mesmo pode acontecer se o condômino simplesmente deixa de recolher a quota de condomínio e, na execução que lhe mova o síndico, a penhora recai sobre o apartamento. Neste caso, a hipoteca vence por antecipação, e se o praceamento não cobrir o débito hipotecário e as despesas condominiais devidas pelo executado, toda a comunidade sofre repercussão do débito, com aumento de seus encargos.

Correlato a este problema econômico vem outro de cunho social: quando o morador se convence do desequilíbrio financeiro e de que não pode conservar a sua unidade, abandona-a.

E ocorre a devastação ou a invasão. Ou o apartamento é saqueado com a retirada de tudo que é removível (portas, janelas, instalações hidráulicas e elétricas) ou é ocupado por estranhos ou por marginais. Quando a entidade financeira promove a execução do devedor relapso, tem de proceder à desocupação da unidade e, depois à sua restauração, quase reconstrução total.

É claro que esses problemas não são específicos do regime em condomínio. Também ocorrem nos conjuntos habitacionais compostos de residências unifamiliares.

Existindo, entretanto, nos condomínios, não se podem omitir e pedem solução.

Entretanto, no edifício em condomínio a situação é mais grave: acontecendo a deterioração das partes comuns do edifício ou a eventual invasão ou ocupação de algumas unidades por pessoas de maus costumes, as famílias sérias e bem ordenadas debandam, deixam os seus apartamentos e suspendem os pagamentos. Tudo isso obriga o BNH a tomar medidas drásticas, judiciais e policiais, o que demanda tempo, trabalho e repercute nos esquemas financeiros.

191. Problemas sociais. No segmento de renda baixa os problemas sociais do condomínio são mais graves do que nas classes A e B, embora nestas também existam, mas de outra natureza, possivelmente.

Salvo casos excepcionais, os grandes conjuntos imobiliários para pessoas da classe C acham-se situados em bairros afastados ou na periferia das cidades. O primeiro entrave que têm de suportar os seus moradores é o transporte. Deverão deslocar-se para o local de trabalho, onde entram nas primeiras horas do dia e de onde saem no fim da tarde. Os sistemas de transporte coletivo no Brasil ainda se processam pelo tráfego de superfície: ferroviário e rodoviário. Presentemente, nas duas maiores cidades (Rio de Janeiro e São Paulo) processa-se a construção da rede subterrânea de transporte. Em São Paulo, está funcionando a primeira linha, e no Rio com perspectivas animadoras. Enquanto, porém, não estiver em pleno uso o tráfego subterrâneo, o transporte de superfície dia a dia se agrava. Os trens e ônibus, por muito numerosos que sejam, não dão vazão fácil ao afluxo de pessoas nas horas de maior densidade de passageiros. Resultado: o desconforto, a superlotação dos veículos e não raro os atrasos criam para as multidões, que se deslocam no começo e no fim do dia, condições psicológicas desfavoráveis que refletem negativamente nos dois aspectos a considerar: do rendimento do trabalho e do relacionamento no lar, quando não geram depredações de veículos. No primeiro, as más condições do deslocamento influem em que o trabalhador já inicia a sua jornada um tanto desgastado (cansaço físico e psíquico) e com isso a sua capacidade de trabalho fica naturalmente reduzida. Passando pelas mesmas dificuldades de transporte no fim do dia, os desgastes não deixam de influir no seu relacionamento doméstico. A mulher e os filhos sentem-lhe o reflexo.

A necessidade de reforço para a renda familiar leva a mulher, também, a trabalhar. E, quando não exerce atividade mais sedentária (costura ou outra que lhe permita a presença no lar), os mesmos fatos se repetem com ela também.

É claro que não é este um "problema específico do condomínio", mas uma consequência indireta dele pela inevitável localização remota do local de trabalho.

A vida no apartamento, sujeita ao confinamento tanto maior como menores as dimensões dele (uma resultante fatal no segmento de renda baixa), cria duas espécies de influências, por seu turno suscitando problemas sociais. De um lado, a aproximação muito chegada de pais e filhos, e de irmãos, com as inevitáveis discussões e os atritos. De outro lado, a ausência de acomodações, proporcionando aos filhos menores a ausência do ambiente doméstico: preferem eles estar nas áreas comuns do edifício, em companhia dos amigos ou colegas, a permanecerem em casa. Daí advêm problemas educacionais e o enfraquecimento da autoridade dos pais, que somente poderia ser suprida pelo reforço de carinho, mas este nem sempre é cultivado devido àquelas condições psicológicas acima aludidas. Ocorre, então, um círculo vicioso: a renda baixa impondo certo tipo condominial e este gerando problemas de relacionamento que a habitação modesta agrava em vez de minorar.

Não é mal brasileiro, porém universal, este do relacionamento dos jovens com os seus pais. E não é um problema do condomínio em si mesmo. Examinamo-lo, todavia, aqui, dentro do condomínio, onde ele se apresenta frequente e ostensivo.

Não cremos se possa atribuir a delinquência juvenil a este fator. É um fenômeno mais comum nas classes desfavorecidas, habitantes em barracos nos morros, filhos de pessoas que não têm condições de adquirir unidade em condomínio ou de outra espécie. Entre essas é que o abandono na infância e primeira juventude leva à ausência permanente de casa, forçando-os a prover por qualquer meio a própria subsistência e conduzindo-os até ao crime. A propósito, aliás, e segundo os dados apontados pela Fundação Estadual do Bem-Estar do Menor (FEBEM), do antigo Estado da Guanabara, o índice de criminalidade juvenil é muito reduzido; não chega a 0,001 no Rio de Janeiro, onde as condições habitacionais para as classes desfavorecidas foram sempre difíceis em razão da situação topográfica da cidade.

Nos condomínios de segmento de renda baixa vive uma classe social que luta com dificuldades de várias ordens, mas onde existe um sólido vínculo familiar que exerce frenação sobre o comportamento juvenil. Nem sempre muito eficiente, mas de certo modo real, assegurando a formação de um espírito de corpo com efeitos positivos. Os pais têm interesse e cuidado na formação dos filhos. Procuram custear seus estudos ou encaminhá-los na obtenção de bolsas. Quando eles atingem a idade de trabalho (14 anos), procuram obter-lhes ocupação. Não são raros (embora não muito frequentes, evidentemente) os jovens provindos desta classe e portanto moradores de conjuntos habitacionais em condomínios deste tipo, que cursam universidades e vêm a exercer com êxito profissão liberal. Como professor universitário temos tido muitos alunos nestas condições e os vemos, com grande alegria, triunfar.

A promiscuidade nos conjuntos habitacionais, inclusive nos condomínios, estimula a formação de bandos de garotos que, sem chegarem contudo à delinquência, poderão, num futuro não muito remoto, constituir problema social grave: a irresponsabilidade multitudinária, criada pela ação em conjunto na qual a conduta individual se despersonaliza no comportamento grupal, inspira muitas vezes a ação inconveniente, predatória.

O vício dos tóxicos (particularmente a "marijuana") é facilitado nas formações coletivas e o exemplo dado dentro de um grupo de jovens contamina inevitavelmente outros. Desta sorte, o condomínio, propiciando a aproximação, constitui aumento na propagação do tóxico. Não é este, também, um problema específico do condomínio, nem se pode dizer que o seja do condomínio de segmento de renda baixa, mas nesta classe, pelo conjunto de circunstâncias aqui apontadas, e por outras também, a ocorrência do uso de tóxicos é um perigo social constante.

Não existem remédios especiais para melhorar a vida nos condomínios. Somente há medidas de caráter geral, tais como os trabalhos de assistência social, maior conforto, atrações mais numerosas. Segundo dados colhidos no Banco Nacional da Habitação, alguns dos seus agentes financeiros já dispõem de serviço assistencial eficiente e satisfatório. Desta sorte, procede preventivamente, antecipando-se ao que possa, no futuro, constituir motivo de maiores apreensões.

A facilidade de venda de eletrodomésticos, entre os quais incluem-se os aparelhos de televisão, é um fator pedagógico de grande valia. Mesmo as pessoas de renda baixa conseguem adquirir o seu TV em pagamentos mensais reduzidos. E este é um atrativo para os jovens que, assistindo aos programas, já encontram aí razão de permanecerem em casa.

Não é muito frequente, no Brasil, a convivência de pessoas de níveis salariais diferentes no mesmo condomínio. Opera-se como que uma seleção econômica na sua formação, tendo em vista que as pessoas de renda baixa não têm condições para comprar unidades mais dispendiosas. E, reversamente, os que contam com renda familiar mais elevada procuram apartamentos melhores, ou mais amplos, ou mais bem localizados.

Onde, porém, ocorre a aproximação, esta se dá sem problemas. Em Brasília, os edifícios são ocupados por servidores públicos ou autárquicos, e é comum conviverem no mesmo prédio pessoas de níveis salariais diferentes; um edifício é concluído e a Administração o destina a certo Departamento, transferido para a nova capital. Diversos servidores são deslocados e passam a ocupar o mesmo edifício, que mais tarde é vendido aos seus ocupantes. Passam eles, portanto, a constituir um condomínio, no qual as diferenças salariais existem e às vezes em desníveis acentuados. Sem prejudicar a convivência.

Em outras cidades, onde o fato acontece, embora sem as causas geradoras equivalentes, notadamente por não haver a transferência originária de servidores, não se observam igualmente problemas devidos a este fator.

192. Sugestões para o aperfeiçoamento do sistema. Da exposição aqui feita, vê-se que o regime condominial tem sido muito utilizado no Brasil e com resultados positivos. Nas classes A e B em muito melhores condições. Na classe C, com aspectos negativos que a experiência vem encontrando e apontando, mas não são embaraços irremovíveis. Ao contrário, permitem correções, que poderão ser adotadas, e com elas o regime funcionará melhor.

Na fase de construção, que é um dos pontos de atrito do regime condominial, torna-se necessário dotar os condôminos de maior poder fiscalizador. A Comissão de Representantes, que é uma inovação útil da Lei n. 4.591, não atua sempre como devera fazê-lo. Em princípio, os membros da Comissão são eleitos pelos condôminos, mas nem sempre isso acontece, porque no início os adquirentes de unidades não se conhecem, ou são pouco numerosos ou desinteressados, e então o incorporador faz a indicação dos seus componentes. A Comissão torna-se, então, um prolongamento do incorporador, ou conivente com ele. Cumpre dar maior ação fiscalizadora aos condôminos e ainda prestar-lhes apoio pela cooperação de órgãos públicos. Pela legislação em vigor, os Conselhos Regionais de Engenharia fiscalizam a atuação do "responsável técnico" pela construção e as autoridades locais a observância dos regulamentos de obras. Será então conveniente outorgar poderes a um ou a outro, ou criar um órgão especializado, dotado de poder controlador e de flexibilidade bastante para atuar com eficiência e presteza, a quem os adquirentes possam encaminhar as suas queixas e as suas reclamações. Aliás, no Projeto da Lei do Condomínio e Incorporações, que elaboramos, havíamos incluído sistema de fiscalização que não prevaleceu, desprezado no processo de elaboração legislativa (V. n. 133).

Conforme ficou acima desenvolvido, tanto a Lei do Condomínio e Incorporações como a legislação do Sistema Financeiro de Habitação instituíram a execução do devedor relapso mediante a venda extrajudicial de sua unidade (V. n. 161, *supra*).

A princípio, a técnica foi recebida com desconfiança. Houve, mesmo, juízes que entenderam ser inconstitucional esta medida, por lhes parecer que retirava do Poder Judiciário a apreciação da questão. Hoje, desapareceu totalmente a dúvida, tendo o Tribunal Federal de Recursos decidido que esta modalidade executória é perfeitamente válida.

Entretanto, outra questão permanece em aberto: quando a venda extrajudicial se efetua na fase de construção e esta é realizada em regime de administração ou "por preço de custo", a Lei n. 4.591/1964 autoriza (art. 63, § 3.º) que "o condomínio" adjudique a unidade leiloada, adquirindo-a para si. Foi aí que surgiu dúvida, entendendo alguns que "o condomínio" não tem personalidade jurídica e portanto não pode adquirir; e sugeriam que a aquisição devera fazer-se "pelos condôminos". A solução não satisfaz, porque, ao ser adjudicada a unidade aos condôminos, individualmente, o seu destino futuro (aluguel ou venda, especialmente a venda) ficará na dependência das vontades individuais e isso é inconveniente ao extremo, pela dificuldade ou até a impossibilidade de reuni-los, levando-se em conta que no momento da revenda pode algum condômino achar-se ausente; outro ter morrido e estar sendo sucedido por herdeiros menores; ou até haver algum condômino que por mero capricho recuse o seu acordo à deliberação alienatória (V. n. 172-A).

Sempre entendemos que a lei deve ser interpretada estritamente nos seus termos; e, desde que atribui "ao condomínio" a faculdade aquisitiva, assim deve ser interpretada, considerando-se que o dispositivo tem caráter excepcional e peculiar. Foi um direito que a lei concedeu "ao condomínio" e não tem o intérprete o poder de suprimi-lo. Sempre sustentamos que, se a lei permite "ao condomínio" adjudicar a unidade e ele exerce este direito, assim terá de ser feito, inscrevendo-se a aquisição no Registro Imobiliário em nome "do condomínio" como tal, sem a objeção de que não tem personalidade jurídica. É um caso especial de atuação anômala e assim deve ser observado. Aliás, no direito brasileiro, não é estranha a ideia de excepcionalmente a lei conferir o poder de atuação e a faculdade de adquirir e exercer direitos em situações análogas: a "herança aberta" não tem personalidade jurídica, como igualmente não a tem a "massa falida"; e, num como noutro caso, a lei reconhece a capacidade de ação para adquirir e exercer direitos, por via de seus representantes, que são respectivamente o inventariante e o síndico. Assim, também, no caso do condomínio, a Comissão de Representantes, na fase de incorporação, procede como representante dos adquirentes, e, depois de concluído, o síndico representa o condomínio.[4]

Se a dúvida, porém, existe, cumpre esclarecê-la, e neste sentido uma alteração legislativa, acompanhada de disposição especial no Regulamento dos Registros Públicos, facilitaria a utilização daquela faculdade legal, com grande benefício para os condôminos.

Ao cogitar dos "problemas econômicos", ficou acentuada a irregularidade no recolhimento das contribuições destinadas a cobrir as despesas do condomínio, com todas as suas consequências e implicações – desde as dificuldades com a manutenção e limpeza das partes e coisas comuns, até as repercussões de caráter social que vão ter na invasão de unidades por pessoas de maus costumes e marginais (ver n. 190, *supra*).

O problema é efetivamente grave porque ligado ao *status* econômico dos condôminos: no momento em que se esboça o desequilíbrio na equação orçamento-encargos e vem a necessidade de restringir alguma despesa, é a quota no rateio das de condomínio a primeira a sofrer. A alimentação não pode ser suprimida; o vestuário e o transporte são indispensáveis para comparecer ao trabalho; objetos de uso doméstico têm de ser pagos, porque normalmente adquiridos na modalidade creditícia da alienação fiduciária e, faltando a prestação, o credor os apreende; a mensalidade devida pela compra de unidade pode sujeitar o adquirente a perdê-la. A quota nas despesas de condomínio representa, em consequência, o elo mais fraco ou menos sensível nas despesas do morador, porque é aquele encargo que sofre a sanção menos rigorosa ou mais remota. O condômino em atraso será executado, o que é uma ameaça, mas de efeito retardado.

Cessando o pagamento ou suspendendo-o, o condômino estará armando, para si mesmo, um encadeamento de sequelas que poderão atingi-lo fundamente. E ele o faz um

---

[4] No n. 172-A, *supra*, desenvolvemos a tese e aqui retornamos ao assunto por uma questão apenas metodológica.

tanto inconsciente daquelas consequências, na esperança ou mesmo na suposição de que venha a resolver a questão. Se o consegue, tanto melhor. Se não o faz, sofre os resultados.

Torna-se, então, necessário dar um encaminhamento ao assunto. Embora seja, sempre, questão individual, a sua constância converte-a em problemática global. Daí a conveniência de imprimir-lhe uma solução de natureza coletiva.

O Banco Nacional da Habitação (BNH), que já sentiu de perto as suas percussões, procurou contornar os seus efeitos, baixando Resolução autorizando os seus agentes financeiros a incluir as despesas de condomínio no preço da unidade. Foi uma forma razoável de enfrentar a questão, mas ao próprio BNH ocorreram dúvidas: de um lado a que se liga à legitimidade ou juridicidade da medida e de outro lado o receio dos abusos. Este último ponto é menos grave, pois, estando os agentes financeiros subordinados à ação fiscalizadora do banco, poderá este exercer pressão no sentido de evitar a cobrança excessiva. Terá um trabalho a mais, mas é um organismo muito bem aparelhado e tem condições de realizá-lo. O outro aspecto é mais delicado. O comprador paga o preço da unidade com os seus componentes e os acréscimos normais (juros e correção monetária). A quota-parte no rateio das despesas de condomínio tem destinação diversa.

Dado, porém, que na sua repercussão indireta pode atingir a própria estrutura do sistema, levando o condômino até a perda da sua unidade, faltando com este dever, a Resolução do BNH encontra justificativa plena e tanto maior que é inspirada no propósito de defender o condômino contra aquela eventualidade.

Uma alteração na legislação ou regulamentação poderá resolver o problema nos seus dois aspectos. As dúvidas quanto à juridicidade da medida desaparecerão com um provimento legislativo ou regulamentar. E, na mesma lei em que fosse instituído, estabelecer-se--ia o sistema de segurança que investisse o BNH de instrumentos técnicos hábeis a exercer fiscalização rigorosa para obstar que essa providência cautelar se convertesse em motivo de aproveitamento por parte das instituições que operam como seus agentes financeiros.

Tendo em vista, entretanto, a natureza da medida, e especialmente o seu campo de incidência, que são os condomínios de segmento de renda baixa, praticamente subordinadas todas ao Sistema Financeiro de Habitação, o provimento deverá percutir na legislação especializada deste setor, e não constituir reforma da Lei do Condomínio e Incorporações, que, por ser mais genérica, abrange no seu império todas as modalidades condominiais.

A aglutinação das despesas de condomínio na composição do preço proveria a administração do condomínio dos recursos necessários a atender aos serviços de utilidade (água, esgoto, energia elétrica) e ainda lhe proporcionaria os meios de enfrentar as despesas de limpeza, manutenção e conservação do edifício, assegurando, desta sorte, aos condôminos melhores condições de conforto e higiene e ao edifício maior durabilidade.

Não haveria, nesta providência, encarecimento da unidade, porque a despesa de condomínio somente seria acrescida às prestações do preço aquisitivo a partir da conclusão e entrega do edifício, que é quando o condômino passa mesmo a estar sujeito ao seu pagamento.

Demais disso, todo adquirente de imóvel (em condomínio ou de natureza unifamiliar) está hoje convencido da excelência do investimento, de tal modo que o preço de custo é sempre superado pela valorização.

Será, portanto, apenas uma questão de educar e convencer.

Outro problema, atinente ao condomínio em geral e com aplicação imediata nos de segmento de renda baixa, é o da Convenção do Condomínio. Conforme assinalamos no n. 14, *supra*, todo condomínio deve ser regido por normas disciplinares, que definam os direitos e os deveres dos condôminos, dos moradores do edifício e até dos que eventual ou transitoriamente o utilizem. É a sua lei interna, pela qual se regem todos, e que estabelece os critérios e *standards* de ação da comunidade.

A Lei n. 4.591/1964, consciente da sua necessidade, estabeleceu disposição obrigatória (art. 9.º) pela qual ficou estatuído que os condôminos elaborarão a Convenção de condomínio.

Trata-se, porém, de norma sem sanção, daquelas que os romanos denominavam *lex imperfecta*. Institui uma determinação, mas não cria cominação ao transgressor, procurando indiretamente o legislador atingir o resultado a que visa.

Todo condomínio deve ter uma Convenção, mas, se não o aprovarem os condôminos, nada lhes acontece. Tão somente no caso de surgir algum conflito ou ocorrer algum problema, as disposições legais referentes à convivência comunal aplicam-se subsidiariamente.

É pouco. A experiência demonstrou que a normação interna do condomínio exerce um efeito psicológico muito mais intenso sobre o espírito dos comunheiros do que a lei geral. O síndico do edifício sente muito maior autoridade quando invoca a Convenção do que quando ameaça o infrator com os rigores da lei.

Uma sugestão pode ser adotada com a introdução de uma Convenção *standard*, aprovada legislativamente, e de aplicação obrigatória no caso de não votarem os condôminos a sua própria Convenção. Destarte, abrir-se-ia uma alternativa: os condôminos têm sempre a faculdade e o dever de aprovar a Convenção do seu condomínio, condição definida com a expressão poder-dever da terminologia de Ferrara ou de Michoud. E a sua Convenção, a par daquelas disposições que seriam de sua livre escolha, teria de observar um mínimo de preceituação, tal como a Lei do Condomínio e Incorporações estabeleceu no art. 9.º: discriminação das partes de cada um, destino geral ou particular de cada parte do edifício, modo de usar as coisas comuns, encargos, forma de contribuição de cada condômino para as despesas de custeio e extraordinárias, modo de escolher o síndico e atribuições deste, modo de convocar a Assembleia Geral e *quorum* para as deliberações.

A sugestão seria para atender à hipótese de não votarem os condôminos a sua Convenção. Neste caso, a lei instituiria um padrão, que teria aplicação imediata e necessária como Convenção de Condomínio, de aplicação compulsória para o caso de não existir a que fosse aprovada, e enquanto não o fosse. Com isso não estaria ferido o princípio da autonomia da vontade. Os condôminos têm a liberdade de votar a Convenção como complexo de normas internas de disciplina da comunidade – direito estatutário (Gurvitch) ou direito corporativo (Planiol, Ripert *et* Boulanger). Mais do que isso, conservam sempre aquela liberdade, seja para a todo tempo votarem-na seja para lhe introduzirem as modificações que forem de sua conveniência. Contudo, enquanto não tomarem esta iniciativa, a lei supre a ausência da normação condominial, instituindo as regras de disciplina comunitária, cuja aplicação seria coercitiva e automática, desde o momento em que o edifício é concluído e o condomínio instituído, até o momento em que a Convenção seja aprovada e inscrita no Registro de Imóveis.

A melhoria do sistema condominial não pode descurar os problemas sociais que gera. Conforme acima visto, não se pode dizer que a vida em condomínio proporcione a criação específica de problemas sociais. Estes existem, em todas as faixas, no mundo moderno. Os desajustes entre as ambições e os *status* em todos os países estão atraindo a atenção dos especialistas e deles reclamando soluções ou, quando menos, sugestões capazes de reduzir a pressão constante.

Nos conjuntos habitacionais, de um modo geral (em regime de condomínio ou no de habitações unifamiliares), existe um fator que estimula a sua maior frequência e é a propinquidade constante e necessária das pessoas.

Nos edifícios coletivos, e em particular nos condomínios de pessoas de renda baixa, forçosamente surgem causas determinantes do agravamento do problema: a concentração de pessoas que suportam constantemente o impacto das necessidades geradas pela insuficiência das rendas familiares; a heterogeneidade da procedência, pois, enquanto uns se acham no mesmo nível social de suas origens, outros ali se encontram por terem galgado um degrau na escala econômica pela melhoria salarial e outros ainda ficam rebaixados pelos azares da vida ou pela força das circunstâncias; a diversidade de educação. Por motivos vários e fatores diversos, existem problemas sociais que em outros ambientes vêm a ser superados pela utilização de recursos que faltam nas pessoas de renda baixa.

O que particularmente é de considerar é a natureza da solução empregada na problemática social. Enquanto entre pessoas de renda alta (classe A), e mesmo na classe B, a fórmula de encaminhamento destas questões tem cunho individual, nas pessoas de renda baixa tê-lo-á coletivo. Vale dizer: nas classes favorecidas, os desajustes são contornados e superados pela procura de caminhos que as condições econômicas da família comportam: consulta a psicólogo, análise individual ou grupal, admissão de filho em colégio ou mudança de ambiente colegial, viagens etc. Nas classes menos favorecidas, faltam as disponibilidades para esses derivativos.

Quando se projetam, então, os problemas na comunidade de pessoas de renda baixa, não há possibilidade de sua solução com apelo a esquemas individuais. O problema social há de ter solução igualmente social. E é claro que não é o condomínio que se encarregará do assunto. A ele, aos seus componentes, e ao administrador do edifício faltam os meios financeiros e as condições psicológicas indispensáveis.

A solução adequada há que ser buscada de fora, heterógena.

Como em certa passagem assinalamos anteriormente, alguns agentes financeiros do BNH estão utilizando um serviço de assistência social nos conjuntos habitacionais, inclusive nos edifícios em condomínio. E, segundo informações colhidas no Banco Nacional da Habitação, com resultados satisfatórios.

Contudo, não basta.

Nós vivemos um mundo que especialmente se caracteriza pela grandiosidade. Tudo se faz grande. Tudo se torna grande. E, neste clima megálico, as soluções somente devem ser procuradas em termos igualmente maciços: transporte de massa, ensino de massa, abastecimento de massa, habitação de massa.

No momento em que se procura a solução para os problemas sociais que eclodem nos aglomerados humanos que habitam os grandes conjuntos habitacionais, necessariamente é de ser tentada também a solução de massa.

A tendência muito frequente nos povos em desenvolvimento é a aproximação do governo ou o apelo ao governo, nas horas difíceis. Este paternalismo governamental é frequente.

Entretanto, a experiência demonstra que a onipresença do governo não pode e não deve continuar. Especialmente no setor da problemática social. O governo é pouco flexível. A sua atuação é lenta. Os órgãos do governo tendem naturalmente para a burocracia e por isso mesmo não podem ter a desenvoltura de agir com presteza e com improvisação, quando se faz sentir a necessidade de atuação imediata.

É, então, aconselhável deslocar a solução das questões dessa ordem – proliferantes nos conjuntos habitacionais, inclusive nos edifícios em condomínio de pessoas de renda baixa – a organismos dotados de aparelhamento técnico e material humano competente, que possam movimentar recursos financeiros vultosos e com raio de ação amplo.

Interessados nestes problemas pelas injunções de nossa atividade profissional e universitária, e um tanto empenhados neles pela nossa participação na elaboração da Lei do Condomínio e Incorporações, acompanhamos a sua evolução natural e sempre estamos atentos ao que se faz ou se propõe fazer.

Neste terreno da solução dos problemas sociais dos grandes conjuntos habitacionais, entendemos que em dois planos, que se entrecruzam, deverá fazer-se sentir a ação: educação e melhoria de vida. A constância do serviço de assistência social poderá proporcionar melhor padrão aos seus ocupantes e deverá valer-se de constante inspiração pedagógica. Não basta que se construa um belo conjunto habitacional, composto de vivendas unifamiliares ou de apartamentos em condomínio, e entregá-lo a quem não sabe ou não pode usá-lo. É preciso ensinar a morar no ambiente melhor; ensinar a viver em comunidade densa; ajudar a procurar melhores meios de subsistência para que a vida seja mais confortável.

Contamos, entre nós, com entidades de elevado nível, perfeitamente aparelhadas para trabalhos desta natureza, como a Legião Brasileira de Assistência, Organização das Pioneiras Sociais. Outras entidades, de menores proporções, há, em todas as cidades, que poderão ser conclamadas para este elevado mister.

A complexidade do problema habitacional no mundo moderno convoca a atenção de todos. As obras especializadas em urbanismo, como as de Leonardo Benevolo (*Aux Sources de l'Urbanisme Moderne*), Miguel Angel Berçaitz (*Problemas Jurídicos dei Urbanismo*), C. Bauer (*Modem Housing*), Mme. de Craon (*Du Logement du Pauvre et de l'Ouvrier*), P. Lavedan (*Histoire de l'Urbanisme*) e em particular os estudos promovidos e as soluções propostas por J. B. Godin (*Familistère*) fornecem aos estudiosos do problema duas conclusões aparentemente contraditórias, mas que na realidade não o são. Podem, em verdade, ser coordenadas para a determinação de uma constante ou de uma tendência que teve início um tanto tímido no século passado e se afirma e acentua dentro de nossa geração.

A primeira conclusão, ou primeira observação, revela o descaso, o desinteresse, o desprezo que anteriormente se dava à habitação das pessoas de renda baixa. Neste parti-

Cap. XIX • Mercado de Baixa Renda | **409**

cular, a Europa é o grande campo de prova ou o fornecedor de materiais de pesquisa. No velho continente, enquanto as classes favorecidas (aristocracia, mais tarde substituída pela alta burguesia) ocupavam palácios dotados dos mais elevados padrões de luxo e requintes de exibição de objetos de enorme valor, as pessoas de renda baixa viviam em condições subumanas, sem o menor resquício de conforto e expostas às piores condições de higiene. Foi no século passado que surgiram experiências de melhoria sistemática do urbanismo para as pessoas de renda baixa.

Neste século repetiram-se com frequência e acabaram por se tornar uma preocupação programática dos governos, das entidades assistenciais, das indústrias desenvolvidas. Hoje, pode-se dizer que ocorrem a conscientização generalizada do problema e a procura de sua solução. Solução de massa.

Estas duas observações – descaso para o assunto no passado e cuidados assinalados no presente –, que são as duas conclusões a que nos vimos referindo, permitem coordená-las na determinação de uma linha evolutiva ou de uma constante. Sente-se, cada vez mais, a necessidade de proporcionar vida condigna às pessoas de renda baixa.

No Brasil, este programa data de algumas dezenas de anos. A construção das chamadas "Casas Populares" atraiu a atenção dos organismos governamentais e dos institutos de previdência social. Financiamentos em grande escala permitiram numerosas construções não somente nas grandes cidades, mas também no interior, sob as duas formas de unidades em condomínio e habitações unifamiliares.

Entretanto, ocorreu neste País um fator de paralisação deste grande esforço: a inflação. De crônica que vinha sendo, mas crescente em níveis relativos, assumiu na década de 50 proporções alarmantes. E com isso o financiamento das construções não pôde resistir. As importâncias desembolsadas pelos órgãos financiadores, em cifras cada vez mais vultosas para enfrentar os custos crescentes das edificações, estavam naturalmente sujeitas a retorno a longo prazo. Consequência foi que o dinheiro recebido dos adquirentes cada vez representava menos como força econômica ou como poder aquisitivo, embora mantivesse valor nominal estável. É óbvio que a persistência de uma política desta ordem haveria de importar no rompimento do equilíbrio e gerar o caos.

Foi preciso, então, suprimir os financiamentos imobiliários a longo prazo. Os bancos comerciais não podiam realizá-los porque recebiam depósitos à vista ou a curto prazo. As caixas econômicas e os institutos de previdência sofreram o desnível orçamentário entre o crescimento das despesas e o valor real dos capitais retomados.

Com a Revolução de 1964, depois de um levantamento do *déficit* habitacional feito com seriedade e espírito construtivo, empreenderam-se as experiências conjugadas para estimular a construção em massa, em todos os níveis.

Foi reformulada a legislação, que disciplinava as locações dos prédios urbanos e que vinha orientada no sentido de "congelar" os preços. É claro (e estranho que não fosse enxergado) que o preço inalterável, dentro do ciclo inflacionário, constituía desestímulo ao investimento imobiliário, isto é: a fuga dos capitais para outro gênero de aplicação mais rentável. Trabalhando na elaboração da primeira das leis de reforma do sistema de locações (Lei n. 4.494, de 25 de novembro de 1964), pudemos aquilatar a percussão da baixa renda dos prédios alugados no desinteresse pela inversão de recursos na construção de prédios.

Ao mesmo tempo foi fundamentalmente alterado o sistema condominial, com a Lei n. 4.591, de 16 de dezembro de 1964. Este diploma (Lei do Condomínio e Incorporações) teve dois méritos básicos: atualizou o sistema jurídico do condomínio que estava vinculado à Lei n. 5.481, de 1928, e moralizou o mercado imobiliário, proporcionando segurança ao investidor e confiança nas realizações programadas neste setor.

Ao mesmo tempo, iniciou-se, com a criação do Banco Nacional da Habitação, o suporte financeiro para as construções destinadas ao segmento de renda baixa, conjugando a captação de recursos compulsórios mediante o recolhimento do Fundo de Garantia por Tempo de Serviço (FGTS) e outras contribuições, e o estímulo à poupança popular, com a instituição das "letras imobiliárias" e a difusão das "cadernetas de poupança". A legislação do Imposto de Renda autoriza deduzir da renda bruta anual uma percentagem do saldo médio e com isso leva os contribuintes a aplicar nesta modalidade de economia uma parte dos seus rendimentos. Destarte, os que auferem melhores proventos concorrem, indiretamente, para a formação de disponibilidades canalizadas pelas empresas componentes do Sistema Financeiro de Habitação para o custeio de novas vivendas.

Num outro setor, ordenou-se um esquema de correção monetária, que veio a aperfeiçoar-se no que constitui a Unidade-Padrão de Capital (UPC). O Sistema funciona estabelecendo-se que o comprador de um apartamento ou de uma casa (residência unifamiliar) assume o compromisso de pagar numa moeda variável ou flexível. O valor matemático de cada prestação mensal é expresso em certo número de UPC, cujo valor monetário é trimestralmente fixado pelo BNH (Banco Nacional da Habitação), com base nos índices de elevação dos custos. O comprador deve em UPC e, ao pagar, solve o compromisso em valor convertido. Assim, o reembolso da quantia empregada na construção do imóvel tem retorno assegurado em valor atualizado, que permite reaplicar em novas construções (V. n. 164 e 175).

Sobrepondo-se a isso, é de se acentuar o grande esforço nacional de combate à inflação. É verdade que não se logrou ainda debelar totalmente este flagelo. No entanto, os resultados da política deflacionária fazem-se sentir gradativamente. A espiral crescente chegou a atingir, em 1964, mais de 90%.

E o ano de 1973 encerrou-se com os índices contidos no nível de 14%. Com todo o desequilíbrio existente mesmo nos países mais desenvolvidos, cujo surto inflacionário fatalmente o País importa, os índices em 1975 são otimistas. É claro que não satisfaz. É preciso reduzi-los ainda mais. O certo, porém, é que a compressão vem sendo perseguida sem descanso. De nada valeriam todos esses remédios acima apontados se a depreciação do poder de compra, da moeda, baixasse em índices muito grandes. Se tal se desse, a correção monetária haveria de se operar em cifras demasiado elevadas e as pessoas de renda baixa não suportariam o pagamento em valor convertido. E, tal fosse o desequilíbrio, acabaria gerando o colapso do sistema imobiliário. Para o bom rendimento do esquema é imprescindível que a inflação seja contida, para que se não eleve demasiadamente a prestação do comprador e se mantenha ao alcance de seus rendimentos.

O resultado nestes dez anos de aplicação conjugada deste esquema é positivo. Muito se construiu, em todas as faixas.

Este é o ponto marcante da política habitacional vigente: antes, as edificações salientavam o crescimento das moradias de pessoas de renda alta (classe A). Em número mais reduzido das pessoas de classe média (classe B). E em quantidade muito inferior para as pessoas de renda baixa (classe C). Hoje, da coordenação de todos esses fatores procura-se atender às pessoas de renda baixa, fundamentalmente.

Aqui, voltamos ao ponto opcional: qual seria melhor para as pessoas de renda baixa, a construção da vivenda unifamiliar ou o edifício em condomínio?

Numa análise consciente do problema e tendo em vista a vastidão continental do Brasil, onde existem regiões de alto desenvolvimento econômico e outras lamentavelmente subdesenvolvidas, acreditamos que as duas modalidades técnicas têm que sobreviver. Ambas com falhas e com qualidades positivas; ambas com vantagens e desvantagens.

Tendo em vista o valor elevado e sempre crescente dos terrenos nas proximidades dos núcleos urbanos mais densos (a que não falta uma boa dose de especulação, inevitável e incontrolável no regime da livre-iniciativa), acreditamos que o regime condominial supera nestas localidades a casa isolada.

É preciso, entretanto, aperfeiçoar o sistema, com medidas de saneamento, correção financeira, assistência social e melhoria de condições de conforto. É necessário que o morador dos conjuntos habitacionais em condomínio receba maior amparo direto e indireto com a abertura de praças, cultivo de plantas nas imediações do edifício, atrativos e conforto, para que a sua casa se mantenha em nível de vida razoável e se não deteriore em pouco tempo.

Entendemos que, com as melhorias sugeridas e outras que a experiência das entidades mais ligadas ao problema possa executar, o regime do condomínio de pessoas de renda baixa seja propulsor de enorme progresso habitacional no País.

CAPÍTULO XX

REFORMULAÇÃO DO SISTEMA DE FINANCIAMENTO IMOBILIÁRIO[1]

193. Normas sobre financiamento imobiliário. As normas sobre financiamento imobiliário no Brasil só vieram a ser sistematizadas na década de 1960, basicamente mediante promulgação das Leis n. 4.380/1964, n. 4.591/1964 e n. 4.864/1965; a primeira delas criou o Sistema Financeiro da Habitação (SFH) e o Banco Nacional da Habitação (BNH), órgão central com a função de regulamentar e fiscalizar as operações dos agentes financeiros do SFH e operar como banco de segunda linha, no refinanciamento de empréstimos habitacionais, sobretudo para as classes de baixa renda; a segunda disciplinou a atividade da produção e venda de imóveis e instituiu um sistema de proteção do adquirente de imóveis em construção; e a terceira instituiu medidas de estímulo à indústria da construção civil.

Toda essa legislação se encontra em vigor, ressalvadas derrogações de várias disposições da Lei n. 4.380/1964.

Passados os primeiros anos da década de 1980, entretanto, o mercado começou a enfrentar sérios problemas, por exemplo, a fuga de investimentos em razão de vários fatores, entre eles (i) o recrudescimento de altos níveis de depreciação da moeda, que tornam insustentáveis operações de longo prazo, como são os financiamentos habitacionais; (ii) a inexistência de um sistema de garantias cuja execução assegurasse a manutenção do fluxo de retorno dos empréstimos; e (iii) a insegurança jurídica decorrente da excessiva interferência do Estado nas relações contratuais.

Nesse contexto, o BNH foi extinto em 1986, fato que "travou" o mercado de financiamento imobiliário, gerando grave crise que ensejou intenso debate sobre a matéria, cujas

---

[1] Nota do editor: o texto na cor preta indica o texto original do Professor Caio Mário, e o texto na cor cinza é de autoria dos atualizadores. Os capítulos e itens de autoria dos atualizadores, além de estarem na cor cinza, estão indicados com letras após o número.

conclusões indicaram a conveniência de criação de sistemas de financiamento distintos e separados, isto é, um sistema destinado ao financiamento das operações de mercado e outro voltado aos financiamentos habitacionais de natureza assistencial.

194. SFI e SNHS. A partir desses pressupostos, e para adequar ou viabilizar fontes de recursos compatíveis com cada uma dessas destinações e, de outra parte, rever ou renovar o sistema de garantias imobiliárias, de modo a tornar mais eficaz a proteção do crédito, foram promulgadas duas leis destinadas às *operações de mercado,* a de n. 9.514, de 20 de novembro de 1997, que instituiu o Sistema de Financiamento Imobiliário (SFI), e a de n. 10.931, de 2 de agosto de 2004, que criou a Cédula de Crédito Imobiliário (CCI), regulamentou a afetação patrimonial do acervo dos empreendimentos imobiliários, entre outras providências, e uma lei destinada aos financiamentos de natureza assistencial, a de n. 11.124, de 16 de junho de 2005, que instituiu o Sistema Nacional de Habitação de Interesse Social – SNHS, que prevê o suprimento das necessidades de habitação de interesse social, notadamente mediante aplicação de recursos orçamentários, *a fundo perdido.*

As Leis n. 9.514/1997 e n. 10.931/2004 articulam mecanismos jurídicos e legais destinados à viabilização de novas fontes de recursos para o setor da produção, comercialização e financiamento de imóveis, entre as quais se destacam:

a) criação de um novo título de crédito, lastreado em créditos imobiliários, a que a lei denominou Certificado de Recebíveis Imobiliários (CRI), além de novos mecanismos e instrumentos de captação de recursos e de financiamento, mais adequados às demandas da economia contemporânea;

b) autorização para funcionamento de companhias denominadas *securitizadoras,* com a função específica de adquirir e securitizar créditos imobiliários, constituindo uma *ponte* entre o mercado produtor de imóveis e o mercado de capitais, mediante emissão e colocação de títulos de crédito, notadamente os CRIs;

c) regulamentação de novas garantias reais, de natureza fiduciária, compatíveis com as necessidades de proteção do crédito;

d) criação de nova modalidade de garantia, baseada na teoria da afetação, mediante segregação patrimonial do acervo de empreendimentos imobiliários.

A partir desse instrumental básico, preconiza-se o funcionamento de um mercado de títulos lastreados em créditos imobiliários, no qual o novo título (CRI) reúna, num só instrumento, a segurança do vínculo real com imóveis e as condições de negociabilidade dos valores mobiliários.

Embora não abandone a hipoteca, o novo sistema privilegia a ideia da fidúcia, tendo em vista duas características peculiares da garantia fiduciária, que a tornam incomparavelmente mais eficaz do que a hipoteca: *primeiro*, o fato de que na garantia fiduciária o devedor transmite a propriedade do bem (conquanto fiduciariamente) ao credor, afastando-o, portanto, do risco de excussão por parte de qualquer outro credor, e, *segundo*, a simplificação e celeridade da realização da garantia, que se faz independentemente de intervenção judicial.

Cap. XX • Reformulação do Sistema de Financiamento Imobiliário | 415

A fidúcia é traço comum a todas as operações, em todo o circuito dos créditos – serve como garantia na comercialização de imóveis, na qual o tomador de um empréstimo transfere ao emprestador a propriedade fiduciária do imóvel, mediante contrato de *alienação fiduciária*; serve como garantia do financiador da produção de imóveis, hipótese em que o incorporador, dispondo de créditos decorrentes da comercialização de imóveis, transfere-os ao financiador, mediante contrato de *cessão fiduciária*; serve para segurança do mercado investidor, ao permitir que os créditos que lastreiam a emissão de títulos sejam submetidos a um regime fiduciário, pelo qual esses créditos ficam vinculados à satisfação dos títulos adquiridos pelos investidores *(regime fiduciário de créditos "securitizados")*; e, por fim, serve para garantia dos adquirentes de imóveis em construção e demais credores das empresas incorporadoras, mediante constituição de um *patrimônio de afetação* para cada empreendimento imobiliário.

Cada uma dessas figuras já foi comentada no item 172-F (Capítulo XVIII), ao qual remetemos o leitor.

195. Programa Minha Casa, Minha Vida (PMCMV). O Programa Minha Casa Minha Vida foi lançado pelo Governo Federal em 2009, com o objetivo de estimular a construção civil e reduzir o déficit habitacional de baixa renda, que em 2008 correspondia a 21% da população brasileira[2]. Os recursos proviriam do Orçamento Geral da União e do Fundo de Garantia por Tempo de Serviço (FGTS), tendo a Caixa Econômica Federal como seu principal veículo de implementação.

Desde então, o PCMV passou por várias fases. A primeira teve início com a Lei n. 11.977/2009, que fixou as diretrizes do programa. O objetivo era fomentar, com financiamentos a juros reduzidos, a construção e aquisição de 1 milhão de unidades habitacionais, destinadas a famílias com baixa renda mensal.

A segunda fase foi inaugurada pela Lei n. 12.424/2011, que alterou a Lei n. 11.977/2009, e pelo Decreto n. 7.499/2011, tendo como principais novidades: (i) a ampliação das faixas de renda, com a criação de três intervalos de renda: Faixas 1, 2 e 3; e (ii) a criação do Programa Nacional de Habitação Urbana (PNHU), para fomentar, no âmbito da Faixa 1, a produção e aquisição de novas residências e a requalificação de imóveis já construídos, e do Programa Nacional de Habitação Rural (PNHR), para famílias situadas no espaço rural.

Previu-se, ainda, para municípios com mais de 50 mil habitantes, a instituição de dois fundos: Fundo de Arrendamento Residencial (FAR)[3] e Fundo de Desenvolvimento Social (FDS). As Faixas 2 e 3 foram beneficiadas com financiamento habitacional, para aquisição de imóveis prontos ou a construir, bem como financiamento para construtoras e incorporadoras.

---

[2]   Os dados constam de relatório apresentado pelo Ministério das Cidades, a partir da Pesquisa Nacional por Amostra de Domicílios (Pnad)/IBGE. Disponível em https://antigo.mdr.gov.br/images/stories/ArquivosSNH/ArquivosPDF/DHB_2008_Final_2011.pdf. Acesso em: 12.07.2023.

[3]   Nela, a iniciativa privada apresenta projetos a serem avaliados e aprovados pelas instituições financeiras, a fim de se obter acesso aos recursos do FAR.

Em sua terceira fase, o Programa MCMV foi regido pela Lei n. 13.173/2015 e passou a contar com a Faixa 1.5, havendo, ainda, a implementação de medidas para melhorar a qualidade das construções e a acessibilidade das pessoas com necessidades especiais. Nessa época, foram editadas a Portaria Interministerial n. 96/2016 (transferência de recursos da União ao FDS) e a Resolução n. 214/2016, do Conselho Curador do FDS (Programa Minha Casa, Minha Vida – Entidades).

A quarta fase foi objeto da Medida Provisória n. 996/2020, convertida na Lei n. 14.118/2021 e regulamentada pelo Decreto n. 10.600/2021, com o novo nome Programa Minha Casa Verde e Amarela, e teve foco na melhoria das condições de vida e no desenvolvimento urbano sustentável. As famílias elegíveis foram divididas em Grupos Urbanos 1, 2 e 3, e Grupos Rurais 1, 2 e 3, de acordo com a renda bruta familiar mensal (urbano) ou anual (rural), com medidas adicionais para estimular o setor da construção civil, e priorização de famílias: (i) que tivessem a mulher como responsável; (ii) de que fizessem parte pessoas com deficiência, idosos, crianças ou adolescentes; e (iii) em situação de risco e vulnerabilidade.

A atual fase do PMCMV é regulada pela Medida Provisória n. 1.162/2023, convertida na Lei n. 14.620/2023, e pelo Decreto n. 11.439/2023, novamente com Faixas 1, 2 e 3, conforme a renda mensal familiar. O programa explicita a possibilidade de locação social (Lei n. 11.124/2005) como forma de garantir habitação às famílias.

BIBLIOGRAFIA

ABELHA, André. *Abuso do direito no condomínio edilício*. Porto Alegre: Sergio Antonio Fabris Editor, 2013.

ABELHA, André. Aquisição de unidade condominial em hasta pública: é preciso nadar contra a corrente da intuição. In: NEVES, José Roberto de Castro et al. (org.). *Lições de direito imobiliário*: homenagem a Sylvio Capanema de Souza. Rio de Janeiro: GZ Editora, 2021.

ABELHA, André. Condomínio em multipropriedade. In: BORGES, Marcus Vinicius Motter (coord.). *Curso de direito imobiliário brasileiro*. São Paulo: RT, 2021.

AÉBY, Frédéric. *La propriété des appartements*. Bruxelas: Établissements Émile Brulart, 1960.

AMARAL, Francisco. *Direito Civil* – Introdução. 6. ed. Rio de Janeiro: Editora Renovar, 2006.

AMATI, Ricardo. Il condominio pro diviso delle case. *Rivista di Diritto Commerciale*, Parte I, p. 333, 1927.

ANDREOLLI, Marcello. *I regolamenti di condomínio*. Torino: UTET, 1961.

ARCAÑA, Luis Maria. *La propiedad horizontal*. Buenos Aires: Niza, 1960.

AZEVEDO, Marques. *A hipoteca*. São Paulo Monteiro Lobato, 1925.

BENDERSKY, Mário J. Las asambleas de propietarios en el régimen de propiedad horizontal. *La Ley*, de 12 de novembro de 1958, Buenos Aires.

BENDERSKY, Mário J. *Nulidad de asambleas en el régimen de propiedad horizontal*. Buenos Aires: Abeledo-Perrot, 1950.

BERLE JR., Adolfo; MEANS, Gardiner C. *A propriedade privada na economia moderna*. Rio de Janeiro: Editora Ipanema, 1957.

BEVILÁQUA, Clóvis. *Direito das coisas*. Rio de Janeiro: Freitas Bastos, 1946.

BEVILÁQUA, Clóvis. *Teoria geral do direito civil*. 2. ed. Rio de Janeiro: Livraria Francisco Alves, 1929.

BORGES, Marcus Vinicius Motter (coord.). *Curso de direito imobiliário brasileiro*. São Paulo: RT, 2021.

BORJES, Isabel Cristina Porto; ROSA, Karin Regina Rick; MORAES. *Condomínio edilício e a possibilidade de usucapião das áreas de uso comum*. Rio de Janeiro: Lumen Juris, 2024.

BRANDÃO, Alonso Caldas. *Manual do condomínio*. Rio de Janeiro: Coelho Branco, 1965.

BUSSADA, Wilson. *Condomínio interpretado pelos tribunais*. Rio de Janeiro: Trabalhistas, 1975.

CAMERON, Oswald. *Traité théorique et pratique de la copropriété et de la division des maisons par etages et par appartements*. Bruxelas: Biran Hill, 1925.

CAMPOS BATALHA, Wilson de Sousa. *Loteamentos e condomínios*. São Paulo: Max Limonad, 1953.

CARRILLO, José A. Rabella de. *La propiedad horizontal*. Barcelona: Ediciones Acervo, 1960.

CHALHUB, Melhim Namem. *Incorporação imobiliária*. 6. ed. rev. e atual. Rio de Janeiro: Forense, 2022.

CHALHUB, Melhim Namem. *Alienação fiduciária* – Negócio fiduciário. 7. ed. Rio de Janeiro: Forense, 2022.

CHALHUB, Melhim Namem. *Alienação fiduciária, incorporação imobiliária e mercado de capitais*: estudos e pareceres. 2. tiragem. Rio de Janeiro: Renovar, 2015.

CHALHUB, Melhim Namem. A segurança jurídica do contrato de alienação fiduciária por instrumento particular. *Migalhas*, 4 dez. 2024. Disponível em: https://www.migalhas.com.br/coluna/migalhas-edilicias/420900/seguranca-juridica-de-alienacao-fiduciaria--por-instrumento-particular.

CHALHUB, Melhim Namen; ABELHA, André. *Projetos de retrofit e conversão de uso em condomínios pulverizados*: como superar o desafio da unanimidade? Disponível em https://www.migalhas.com.br/coluna/migalhas-edilicias/349230/projetos-de-retrofit-e--conversao-de-uso-em-condominios-pulverizados. Acesso em 15.7.2022.

CHALLAY, Félicien. *Histoire de la propriété*. Paris: Presses Universitaires, 1958.

COLIN et CAPITANT. *Cours elémentaire de droit civil français*. Paris: Dalloz, 1939. v. l.

CORET, Alain. *Le condominium*. Paris: LGDJ, 1960.

CUNHA GONÇALVES, Luís. *Da propriedade horizontal ou por andares*. Lisboa: Atica, 1956.

DENIS, Frédéric. *Sociétés de constructions et copropriété dês immeubles divisés par appartements*. Paris: Librairie du Journal des Notaires et des Avocats, 1959.

DONNINI, Rogério Ferraz. *A revisão dos contratos no Código Civil e no Código de Defesa do Consumidor*. São Paulo: Saraiva, 1999.

ESPÍNOLA, Eduardo. *Posse, propriedade, condomínio, direitos autorais*. Rio de Janeiro: Conquista, 1956.

FLORENZANO, Zola. *Condomínio e incorporações*. Rio de Janeiro: Forense, 1966.

FONTBONA, Francisco S. J. *Estado prehorizontal*. Buenos Aires: Rolandino, 1970.

FRANCO, J. Nascimento; GONDO, Nisske. *Condomínio em edifícios*. São Paulo: RT.

GAMA, Guilherme Calmon Nogueira da; ALLEVATO, Guilherme Cinti. Lei do SERP e a instituição antecipada dos condomínios edilícios. *Migalhas*, 20 abr. 2023. Disponível em https://www.migalhas.com.br/coluna/migalhas-edilicias/424524/incorporacao-de--condominio--duplo-registro-nao-previsto-na-lei. Acesso em: 8.3.2025.

GOLDSCHMIDT, Roberto. *La Ley Venezolana de Propiedad de Apartamentos de 1957*. *Boletin deI Instituto de Derecho Comparado de México*, p. 75, 1957.

GOMES, Luiz Roldão de Freitas. *Elementos de responsabilidade civil.* Rio de Janeiro: Renovar, 2000.

GOMES, Orlando. *Direitos reais.* Rio de Janeiro: Forense, 1958.

GONÇALVES, Aderbal da Cunha. *Da propriedade resolúvel.* São Paulo: RT, 1979.

GONÇALVES, Carlos Roberto. *Direito Civil Brasileiro*: direito das coisas. 10. ed. São Paulo: Saraiva, 2015. v. V.

GONZALEZ, A. Ventura. *Traveset y derecho de propiedad horizontal.* Barcelona: Bosch, 1961.

GUERRA, Armando. *Da propriedade horizontal.* Coimbra: Coimbra Editora, 1964.

HÉBRAUD, P. La Copropriété par Appartements. *Revue Trimestrielle de Droit Civil,* p. 23, 1938.

JANSSE, Lucien. *La propriété.* Paris: Les Éditions Ouvrieres Economie-Humanisme, 1953.

KISCHINEWSKY-BROCQUISSE, Edith. *Statut de la Copropriété des Immeubles et Sociétés de Construction.* Paris: Techniques, 1958.

LAJE, Eduardo Jorge. *La propiedad horizontal en la legislación argentina.* Buenos Aires: Abeledo Perrot, 1957.

LASSAGA, Ornar A. *Naturaleza jurídica y sistematización de la ley de horizontalidad inmobiliaria.* Rosário: Ed. Rosario, 1959.

LIRA, Ricardo Cesar Pereira. O direito de superfície. Ensaio de uma teoria geral. *Revista de Direito da Procuradoria-Geral do Estado do Rio de Janeiro,* n. 38, 1979.

LOPES, Mário de Sousa. Conceito moderno de propriedade. *Revista dos Tribunais,* v. 160, p. 501.

LOUREIRO, Francisco Eduardo. Comentários ao art. 1.331 do Código Civil. In: GODOY, Claudio Luiz Bueno de et al. *Código Civil comentado*: doutrina e jurisprudência. Coord. Ministro Cezar Peluso. 17. ed. São Paulo: Ed. Santana de Parnaíba, 2023.

MAGALHÃES, Roberto Barcelos. *Teoria e prática do condomínio.* Rio de Janeiro: Konfino, 1966.

MAIA, Paulo Carneiro. A representação orgânica no condomínio por planos. *Revista dos Tribunais,* São Paulo, 1960.

MAIA, Paulo Carneiro. *Sobre a individuação da responsabilidade na execução do projeto condominial.* São Paulo: RT, 1957.

MARQUES, Claudia Lima. *Contratos no Código de Defesa do Consumidor.* 5. ed. São Paulo: RT, 2006

MARTINEZ, Manuel Borja. *La propiedad de pisos e departamentos en derecho mexicano.* Ciudad de México: Editorial Porrúa, 1994.

MASDEU, Zanon. *La propiedad de casas por pisos.* Barcelona, abril, 1964.

MAZEAUD, Henri. La Loi du 28 Juin 1938, et les Immeubles Divisés par Appartements Antérieurement à la Publication de la Loi. *Dalloz Hebdomadaire*, Paris, p. 41-44, 1939.

MAZEAUD, MAZEAUD et MAZEAUD. *Leçons de Droit Civil,* Paris, v. III, n. 1.345, 1961.

MESSINEO, Francesco. *Manual de derecho civil y comercial.* Buenos Aires: Ediciones Jurídicas Europa-América, 1971. v. II.

MESSINEO, Francesco. *Manuale di Diritto civile e commerciale.* Milano: A. Giuffre, 1965.

MOREIRA ALVES, José Carlos. *Alienação fiduciária em garantia.* 2. ed. Rio de Janeiro: Forense, 1999.

NARDY, Luiz Adolfo. Incorporação de condomínio. *Revista dos Tribunais,* v. 336, p. 13.

NASCIMENTO FRANCO; NISSKE GONDO. *Manual prático das incorporações imobiliárias.* São Paulo: Sugestões Literárias, 1967.

OLIVA, Milena Donato. *Condomínio edilício e subjetividade*: análise crítica da categoria dos entes despersonalizados. In: MONTEIRO FILHO, Carlos Edison do Rêgo; GUEDES, Gisela Sampaio da Cruz; MEIRELES, Rose Melo Vencelau (coord.). Direito Civil – Direito UERJ. Rio de Janeiro: Freitas Bastos e UERJ, 2015. v. 2.

OLIVEIRA, Carlos Eduardo Elias de; TARTUCE, Flavio. *Condomínio protoedilício e condomínio edilício*: distinções à luz da Lei 14.382/22 (Lei do SERP). Disponível em https://www.migalhas.com.br/coluna/migalhas-notariais-e-registrais/380353/condominio-protoedilicio--e-edilicio-distincoes-da-lei-14-382-22. Acesso em: 05.03.2025.

PEREIRA, Caio Mário da Silva. *Contratos.* 12. ed. Rio de Janeiro: Forense, v. III.

PEREIRA, Caio Mário da Silva. Críticas ao Anteprojeto do Código Civil, *Revista do Instituto dos Advogados Brasileiros*, n. 20, 1972.

PEREIRA, Caio Mário da Silva. *Instituições de direito civil.* Rio de Janeiro: Forense.

PEREIRA, Caio Mário da Silva. *Instituições de direito privado.* Atualização de Maria Celina Bodin de Moraes. 20. ed. Rio de Janeiro: Forense, 2004. v. I.

PEREIRA, Caio Mário da Silva. Propiedad horizontal. *Ciencia Jurídica,* Buenos Aires, v. 2, p. 6, 1962.

PEREIRA, Caio Mário da Silva. Propiedad horizontal. *Cuadernos de las Jornadas Latino--americanas sobre Propiedad Horizontal*, Montevidéu, 1962.

PEREIRA, Caio Mário da Silva. *Propriedade horizontal.* Rio de Janeiro: Forense, 1961.

PERETTI GRIVA, Domenico R. Casa di vari proprietari. *Nuovo Digesto Italiano.*

PERETTI GRIVA, Domenico R. *Il condominio delle case divise in parti.* Torino: UTET, 1960.

PEREYRA, Virgilio Reffino. *La propiedad horizontal de los inmuebles.* Buenos Aires, 1947.

PIMENTEL DUARTE. *Edifícios de apartamentos.* Rio de Janeiro, 1935.

POIRIER, Pierre. *Le propriétaire d'appartements.* Bruxelas: Editorial Office, 1936.

PONTES DE MIRANDA, Franciso Cavalcanti. *Tratado de direito privado.* Campinas: Bookseller, 2000. t. XII.

PONTES DE MIRANDA, Franciso Cavalcanti. *Tratado de direito privado.* São Paulo: Revista dos Tribunais, 12. ed., 2012, t. I.

RACCIATTI, Hernán. *Propiedad por pisos o por departamentos.* Buenos Aires: Depalma, 1958.

RALUY, José Peré. *La propiedad horizontal.* Barcelona: Dux Ediciones y Publicaciones, 1961.

RIPERT, Planiol; BOULANGER. *Traité Élémentaire de Droit Civil.* Paris: LGDJ, 1950. v. I.

ROCCA, Ival; GRIFFI, Omar. *Prehorizontalidad.* Buenos Aires: Bias, 1972.

ROSEMBERG, Santiago. *Teoria de la propiedad horizontal en la Argentina.* Santa Fé: Libreria Editorial Castelvi, 1954.

RUGGIERO E MAROI. *Istituzioni di diritto privato.* Milano: Giuseppe Pricipato,1949.

SALIS, Lino. *Il condominio negli edifici.* Torino: UTET, 1959.

SANTIAGO DANTAS, Francisco Clementino. *Programa de Direito Civil.* 3. ed. Rio de Janeiro: Forense, 2001.

SERPA LOPES, Miguel Maria. *Curso de direito civil.* Rio de Janeiro: Freitas Bastos, 1960. v. VI.

SERPA LOPES, Miguel Maria. *Tratado dos registros públicos*. 3. ed. Rio de Janeiro: Freitas Bastos, 1955. v. 3.

SCHERMANN, Adolpho. *Administração de edifícios*. Rio de Janeiro: Americana, 1972.

SIMONCELLI, Domenico. Superfícies. *Nuovo Digesto Italiano*.

SOARES, Orlando. *Incorporações imobiliárias e condomínio*. Rio de Janeiro: Forense, 1973.

SOLUS, Henry. Droits des Copropriétaires sur les Parties Communes d'une Maison Divisée par Étages. *Revue Trimestrielle* de *Droit Civil*, p. 280, 1938.

VALVERDE Y VALVERDE, Calixto. *Tratado de derecho civil español*. Valladolid: Talleres Tipográficos Cuesta, 1935. v. II.

VIANA, Marco Aurélio S. *Comentários ao novo Código Civil* – Dos direitos reais. Coordenação de Sálvio de Figueiredo Teixeira. 2. ed. Rio de Janeiro: Forense, 2004. v. XVI, p. 533.

VISCO, Antônio. *La Disciplina Giuridica delle case in condomínio*. Milano: A. Giuffrè, 1953.

WALET, Pierre. *Les Sociétés de Construction*. Paris: Sirey, 1966.

ZURFLUH, A. *Copropriété d'Appartements*. Paris: Sirey, 1960.

ZURFLUH, A. *Société de Construction*. Paris: Sirey, 1959.

ENUNCIADOS DO CONSELHO DA JUSTIÇA FEDERAL (CJF)

	I Jornada de Direito Civil	
Enunciado 85	Usucapião	Para efeitos do art. 1.240, *caput*, do novo Código Civil, entende-se por "área urbana" o imóvel edificado ou não, inclusive unidades autônomas vinculadas a condomínios edilícios.
Enunciado 89	Loteamento de acesso controlado	O disposto nos arts. 1.331 a 1.358 do novo Código Civil aplica-se, no que couber, aos condomínios assemelhados, tais como loteamentos fechados, multipropriedade imobiliária e clubes de campo.
Enunciado 90	Personalidade jurídica	Deve ser reconhecida personalidade jurídica ao condomínio edilício nas relações jurídicas inerentes às atividades de seu peculiar interesse. (Alterado pelo Enunciado 246 da III Jornada de Direito Civil)
Enunciado 91	Vaga de garagem	A convenção de condomínio ou a assembleia geral podem vedar a locação de área de garagem ou abrigo para veículos a estranhos ao condomínio.
Enunciado 92	Penalidades	As sanções do art. 1.337 do novo Código Civil não podem ser aplicadas sem que se garanta direito de defesa ao condômino nocivo.

	III Jornada de Direito Civil	
Enunciado 246	Personalidade jurídica	Deve ser reconhecida personalidade jurídica ao condomínio edilício.
Enunciado 247	Parte comum	No condomínio edilício é possível a utilização exclusiva de área "comum" que, pelas próprias características da edificação, não se preste ao "uso comum" dos demais condôminos.
Enunciado 248	Regimento interno	O quórum para alteração do regimento interno do condomínio edilício pode ser livremente fixado na convenção.

IV Jornada de Direito Civil		
Enunciado 320	Vaga de garagem	O direito de preferência de que trata o art. 1.338 deve ser assegurado não apenas nos casos de locação, mas também na hipótese de venda da garagem.
Enunciado 323	Patrimônio de afetação	É dispensável a anuência dos adquirentes de unidades imobiliárias no "termo de afetação" da incorporação imobiliária.
Enunciado 324	Patrimônio de afetação	É possível a averbação do termo de afetação de incorporação imobiliária (Lei n. 4.591/1964, art. 31b) a qualquer tempo, na matrícula do terreno, mesmo antes do registro do respectivo Memorial de Incorporação no Registro de Imóveis.

V Jornada de Direito Civil		
Enunciado 504	Condomínio unipessoal	A escritura declaratória de instituição e convenção firmada pelo titular único de edificação composta por unidades autônomas é título hábil para registro da propriedade horizontal no competente registro de imóveis, nos termos dos arts. 1.332 a 1.334 do Código Civil.
Enunciado 505	Desconto por pagamento antecipado	É nula a estipulação que, dissimulando ou embutindo multa acima de 2%, confere suposto desconto de pontualidade no pagamento da taxa condominial, pois configura fraude à lei (Código Civil, art. 1.336, § 1.º), e não redução por merecimento.

VI Jornada de Direito Civil		
Enunciado 557	Objetos lançados ou caídos	Nos termos do art. 938 do CC, se a coisa cair ou for lançada de condomínio edilício, não sendo possível identificar de qual unidade, responderá o condomínio, assegurado o direito de regresso.
Enunciado 566	Animais	A cláusula convencional que restringe a permanência de animais em unidades autônomas residenciais deve ser valorada à luz dos parâmetros legais de sossego, insalubridade e periculosidade.
Enunciado 596	Usucapião	O condomínio edilício pode adquirir imóvel por usucapião.

VIII Jornada de Direito Civil		
Enunciado 625	Patrimônio de afetação	A incorporação imobiliária que tenha por objeto o condomínio de lotes poderá ser submetida ao regime do patrimônio de afetação, na forma da lei especial.
Enunciado 628	Patrimônio de afetação	Os patrimônios de afetação não se submetem aos efeitos de recuperação judicial da sociedade instituidora e prosseguirão sua atividade com autonomia e incomunicáveis em relação ao seu patrimônio geral, aos demais patrimônios de afetação por ela constituídos e ao plano de recuperação até que extintos, nos termos da legislação respectiva, quando seu resultado patrimonial, positivo ou negativo, será incorporado ao patrimônio geral da sociedade instituidora.

IX Jornada de Direito Civil

Enunciado 653	Quadro-resumo	O quadro-resumo a que se refere o art. 35-A da Lei n. 4.591/1964 é obrigação do incorporador na alienação de imóveis em fase de construção ou já construídos.
Enunciado 665	Retrofit	A reconstrução de edifício realizada com o propósito de comercialização das unidades durante a obra sujeita-se ao regime da incorporação imobiliária e torna exigível o registro do Memorial de Incorporação.

I Jornada de Direito Notarial e Registral

Enunciado 24	Prazo de carência	Na incorporação imobiliária, prevista no art. 68 da Lei n. 4.591/1964, a dispensa do prazo de carência é faculdade do incorporador, que poderá fixá-lo a fim de exercer eventual direito de denúncia.
Enunciado 26	Condomínio urbano simples	O condomínio urbano simples não se limita a imóveis residenciais.
Enunciado 30	Instituição de condomínio	A instituição de condomínio, sem prévia incorporação, em prédio consideravelmente antigo ou anterior à Lei n. 4.591/1964, cuja construção já se encontra concluída e averbada no Registro de Imóveis, não depende da apresentação de novo projeto de construção aprovado pela municipalidade.

I Jornada de Direito Processual Civil

Enunciado 100	CPC/1973	Interpreta-se a expressão "condomínio edilício" do art. 784, X, do CPC de forma a compreender tanto os condomínios verticais quanto os horizontais de lotes, nos termos do art. 1.358-A do Código Civil.

SÚMULAS E TEMAS DO STJ E DO STF

Tema 1.266 STJ	Alienação fiduciária	Definir se é possível penhorar o imóvel alienado fiduciariamente em decorrência de dívida condominial. (Pendente de julgamento)
Tema 1.158 STJ	Alienação fiduciária	O credor fiduciário, antes da consolidação da propriedade e da imissão na posse do imóvel objeto da alienação fiduciária, não pode ser considerado sujeito passivo do Imposto Predial e Territorial Urbano (IPTU), uma vez que não se enquadra em nenhuma das hipóteses previstas no art. 34 do Código Tributário Nacional (CTN).
Tema 1.099 STJ	Corretagem	Prazo prescricional aplicável à pretensão de restituição da comissão de corretagem na hipótese de resolução do contrato por culpa da construtora/incorporadora, em virtude de atraso na entrega do imóvel. (Pendente de julgamento)
Tema 1.002 STJ	Juros no distrato	Nos compromissos de compra e venda de unidades imobiliárias anteriores à Lei n. 13.786/2018, em que é pleiteada a resolução do contrato por iniciativa do promitente comprador de forma diversa da cláusula penal convencionada, os juros de mora incidem a partir do trânsito em julgado da decisão.
Tema 996 STJ	Programa Minha Casa, Minha Vida	1.1. Na aquisição de unidades autônomas em construção, o contrato deverá estabelecer, de forma clara, expressa e inteligível, o prazo certo para a entrega do imóvel, o qual não poderá estar vinculado à concessão do financiamento, ou a nenhum outro negócio jurídico, exceto o acréscimo do prazo de tolerância; 1.2. No caso de descumprimento do prazo para a entrega do imóvel, incluído o período de tolerância, o prejuízo do comprador é presumido, consistente na injusta privação do uso do bem, a ensejar o pagamento de indenização, na forma de aluguel mensal, com base no valor locatício de imóvel assemelhado, com termo final na data da disponibilização da posse direta ao adquirente da unidade autônoma. 1.3. É ilícito cobrar do adquirente juros de obra, ou outro encargo equivalente, após o prazo ajustado no contrato para a entrega das chaves da unidade autônoma, incluído o período de tolerância. 1.4. O descumprimento do prazo de entrega do imóvel, computado o período de tolerância, faz cessar a incidência de correção monetária sobre o saldo devedor com base em indexador setorial, que reflete o custo da construção civil, o qual deverá ser substituído pelo IPCA, salvo quando este último for mais gravoso ao consumidor.

Tema 971 STJ	Inversão de multa	No contrato de adesão firmado entre o comprador e a construtora/incorporadora, havendo previsão de cláusula penal apenas para o inadimplemento do adquirente, deverá ela ser considerada para a fixação da indenização pelo inadimplemento do vendedor. As obrigações heterogêneas (obrigações de fazer e de dar) serão convertidas em dinheiro, por arbitramento judicial.
Tema 970 STJ	Cumulação de multa	A cláusula penal moratória tem a finalidade de indenizar pelo adimplemento tardio da obrigação, e, em regra, estabelecida em valor equivalente ao locativo, afasta-se sua cumulação com lucros cessantes.
Tema 960 STJ	Programa Minha Casa, Minha Vida	Ressalvada a denominada Faixa 1, em que não há intermediação imobiliária, é válida a cláusula contratual que transfere ao promitente-comprador a obrigação de pagar a comissão de corretagem nos contratos de promessa de compra e venda do Programa Minha Casa, Minha Vida, desde que previamente informado o preço total da aquisição da unidade autônoma, com o destaque do valor da comissão de corretagem.
Tema 949 STJ	Condomínio e prescrição	Na vigência do Código Civil de 2002, é quinquenal o prazo prescricional para que o condomínio geral ou edifício (horizontal ou vertical) exerça a pretensão de cobrança da taxa condominial ordinária ou extraordinária constante em instrumento público ou particular, a contar do dia seguinte ao vencimento da prestação.
Tema 939 STJ	Corretagem	Legitimidade passiva "ad causam" da incorporadora, na condição de promitente-vendedora, para responder pela restituição ao consumidor dos valores pagos a título de comissão de corretagem e de taxa de assessoria técnico-imobiliária, nas demandas em que se alega prática abusiva na transferência desses encargos ao consumidor.
Tema 938 STJ	Corretagem	(i) Incidência da prescrição trienal sobre a pretensão de restituição dos valores pagos a título de comissão de corretagem ou de serviço de assistência técnico-imobiliária (SATI), ou atividade congênere (art. 206, § 3.º, IV, CC). (vide REsp 1.551.956/SP); (ii) Validade da cláusula contratual que transfere ao promitente-comprador a obrigação de pagar a comissão de corretagem nos contratos de promessa de compra e venda de unidade autônoma em regime de incorporação imobiliária, desde que previamente informado o preço total da aquisição da unidade autônoma, com o destaque do valor da comissão de corretagem; (vide REsp 1.599.511/SP); (ii, parte final) Abusividade da cobrança pelo promitente-vendedor do serviço de assessoria técnico-imobiliária (SATI), ou atividade congênere, vinculado à celebração de promessa de compra e venda de imóvel. (vide REsp 1.599.511/SP)
Tema 886 STJ	Condomínio e legitimidade passiva	a) O que define a responsabilidade pelo pagamento das obrigações condominiais não é o registro do compromisso de venda e compra, mas a relação jurídica material com o imóvel, representada pela imissão na posse pelo promissário comprador e pela ciência inequívoca do Condomínio acerca da transação; b) Havendo compromisso de compra e venda não levado a registro, a responsabilidade pelas despesas de condomínio pode recair tanto sobre o promitente vendedor quanto sobre o promissário comprador, dependendo das circunstâncias de cada caso concreto; c) Se restar comprovado: (i) que o promissário comprador imitira-se na posse; e (ii) o Condomínio teve ciência inequívoca da transação, afasta-se a legitimidade passiva do promitente vendedor para responder por despesas condominiais relativas a período em que a posse foi exercida pelo promissário comprador.

Tema 882 STJ	Loteamento de acesso controlado	As taxas de manutenção criadas por associações de moradores não obrigam os não associados ou que a elas não anuíram.
Tema 577 STJ	Distrato	Em contratos submetidos ao Código de Defesa do Consumidor, é abusiva a cláusula contratual que determina a restituição dos valores devidos somente ao término da obra ou de forma parcelada, na hipótese de resolução de contrato de promessa de compra e venda de imóvel, por culpa de qualquer dos contratantes.
Súmula 543 STJ	Distrato	Na hipótese de resolução de contrato de promessa de compra e venda de imóvel submetido ao Código de Defesa do Consumidor, deve ocorrer a imediata restituição das parcelas pagas pelo promitente comprador – integralmente, em caso de culpa exclusiva do promitente vendedor/construtor, ou parcialmente, caso tenha sido o comprador quem deu causa ao desfazimento.
Tema 492 STF	Loteamento de acesso controlado	É inconstitucional a cobrança por parte de associação de taxa de manutenção e conservação de loteamento imobiliário urbano de proprietário não associado até o advento da Lei n. 13.465/2017, ou de anterior lei municipal que discipline a questão, a partir da qual se torna possível a cotização dos proprietários de imóveis, titulares de direitos ou moradores em loteamentos de acesso controlado, que (i) já possuindo lote, adiram ao ato constitutivo das entidades equiparadas a administradoras de imóveis ou (ii) sendo novos adquirentes de lotes, o ato constitutivo da obrigação esteja registrado no competente Registro de Imóveis.
Súmula 449 STJ	Vaga de garagem	A vaga de garagem que possui matrícula própria no registro de imóveis não constitui bem de família para efeito de penhora.
Tema 414 STJ	Tarifa de água	Não é lícita a cobrança de tarifa de água no valor do consumo mínimo multiplicado pelo número de economias existentes no imóvel, quando houver único hidrômetro no local. A cobrança pelo fornecimento de água aos condomínios em que o consumo total de água é medido por único hidrômetro deve se dar pelo consumo real aferido.
Súmula 308 STJ	Hipoteca	A hipoteca firmada entre a construtora e o agente financeiro, anterior ou posterior à celebração da promessa de compra e venda, não tem eficácia perante os adquirentes do imóvel.
Súmula 260 STJ	Convenção sem registro	A convenção de condomínio aprovada, ainda que sem registro, é eficaz para regular as relações entre condôminos.